이계집

이 책은 2017~2019년도 정부(교육부)의 재원으로 한국고전번역원의 지원을 받아 수행된 '권역별거점연구소협동번역사업'의 결과물임.

This work was supported by Institute for the Translation of Korean Classics - Grant funded by the Korean Government.

한국고전번역원 한국문집번역총서/성균관대학교 대동문화연구원

이계집 5

耳溪集

홍양호 지음 서한석 옮김
洪良浩

일러두기

1. 이 책의 번역 대본은 한국고전번역원에서 간행한 한국문집총간 241집 소재《이계집(耳溪集)》으로 하였다. 번역 대본의 원문 텍스트와 원문 이미지는 한국고전종합DB(http://db.itkc.or.kr)에서 확인할 수 있다.
2. 내용이 간단한 역주는 간주(間註)로, 긴 역주는 각주(脚註)로 처리하였다.
3. 한자는 필요한 경우 이해를 돕기 위하여 넣었으며, 운문(韻文)은 원문을 병기하였다.
4. 맞춤법과 띄어쓰기는 한글 맞춤법과 표준어 규정을 따랐다.
5. 이 책에서 사용한 부호는 다음과 같다.
   ( ) : 번역문과 음이 같은 한자를 묶는다.
   〔 〕: 번역문과 뜻은 같으나 음이 다른 한자를 묶는다.
   " " : 대화 등의 인용문을 묶는다.
   ' ' : " " 안의 재인용 또는 강조 문구를 묶는다.
   「 」: ' ' 안의 재인용을 묶는다.
   《 》: 책명 및 각주의 전거(典據)를 묶는다.
   〈 〉: 책의 편명 및 운문·산문의 제목을 묶는다.

차례

이계집 제10권

서문序

이계집 제11권

송서序

이계집 제12권

이계집 제13권

기記

이계집 제14권

기記

이계집

제10권

서문 序

서문序

《중흥가모》 서문[1]

中興嘉謨序

선비는 나라의 원기이니 현명한 이와 간사한 자가 나아가고 물러남에 나라의 성쇠(盛衰)가 달려 있다. 이 때문에 성인(聖人)도 《주역》의 태(泰)와 비(否) 두 괘에서 군자와 소인이 쇠하고 흥하는 기미에 대해 극언(極言)하였으니,[2] 어찌 중하지 않겠는가! 내가 기묘사류(己

1 중흥가모 서문 : 1781년(정조5) 이계는 《국조보감(國朝寶鑑)》 찬집청 당상(纂輯廳堂上)이 되어 중종(中宗)조의 보감을 찬집하는 데 참여하였고, 이 과정에서 기묘사림(己卯士林)과 기묘사화(己卯士禍)에 대한 각종 자료를 열람하였다. 이후 이계는 기묘사림들이 제시한 정책들을 중심으로 조정의 정교(政敎)와 중종을 보필한 사실을 집록(輯錄)하고, 기묘사화와 이들의 신원 및 복관에 관한 내용을 정리하여 《중흥가모》를 펴낸 뒤 이 서문을 썼다. 이계는 이 글을 통해 중종(中宗)을 성리학이 정착되어가던 시기 중흥의 기반을 다진 군주로, 그리고 조광조를 비롯한 기묘사림들은 단순한 피해자가 아니라 성리학적 이상에 기반한 왕도정치를 실현하고자 했던 개혁가이자 정치가로서 자리매김한 것이라고 할 수 있다.

2 성인(聖人)도……극언(極言)하였으니 : 태괘(䷊)는 양(☰)인 군자가 안에 있고 음(☷)인 소인이 바깥에 있으니 하늘과 땅의 기운이 서로 통하여 군자의 도가 자라나고 소인의 도는 소멸되는 것을 의미하며, 비괘(䷋)는 안에 음인 소인이 있고 바깥에 양인 군자가 있어서 하늘과 땅의 기운이 서로 막혀 통하지 않고 소인의 도가 자라나고 군자의

卯士類)[3]의 나아가고 물러남에 대해 더욱 느낀 바가 있다.

생각건대 우리 조선은 고려 말에 부처를 숭상하고 무(武)를 중시하던 뒤를 이었음에도 문교(文敎)를 통해 일변(一變)하였으니 찬란하도다, 그 성대함이여! 여러 세대에 걸쳐 점차 교화가 이루어져서 중종(中宗)조의 중흥(中興)에 이르러서는 사류(士類)가 울연히 흥기하였다. 밝은 임금과 훌륭한 신하가 서로 만나서 정사를 세우고 가르침을 펼침에 한결같이 삼대(三代)를 기준으로 삼으니, 천재일우(千載一遇)의 좋은 시기를 만났다고 할 만하였다. 이러한 때를 만나 정암(靜庵 조광조(趙光祖))과 충암(冲菴 김정(金淨)) 등 제현(諸賢)들이 임금님의 신임을 전일(專一)하게 얻어 아뢰면 따르고 계획하면 시행함으로써 교화가 행해지는 것이 풀이 바람에 눕는 듯[4] 역말〔驛馬〕로 전하는 듯 하였으니, 성인께서 말씀하신 일 년, 삼 년의 효과[5]라고 해도 지나치지 않았다.

도는 소멸되는 것을 의미한다. 극언하였다는 것은 이 두 괘의 단전(彖傳)을 말하는 것으로 보인다. 태괘의 단전에는 "군자의 도는 자라나고 소인의 도는 소멸되어 간다."라고 하였고, 비괘의 단전에는, "소인의 도는 자라나고 군자의 도는 소멸되어 간다."라고 하였다. 군자와 소인은 공존할 수 없어서 한쪽이 성하면 다른 한쪽이 쇠하는 것을 가리킨다.

3 기묘사류(己卯士類) : 기묘사화(己卯士禍) 때 화를 당한 사림(士林)들을 가리키는 말이다. 기묘사화는 1519년(중종14) 조광조(趙光祖), 김정(金淨), 김식(金湜) 등 많은 신진사류(新進士類)들이 남곤(南袞), 심정(沈貞), 홍경주(洪景舟) 등 훈구파(勳舊派)에 의해서 숙청당한 사건이다.

4 풀이……듯 : 윗사람이 덕으로 교화하면 아랫사람들이 따른다는 말이다. 《논어》 〈안연(顔淵)〉에서 계강자(季康子)가 정치에 대해 묻자 공자가 "군자의 덕은 바람과 같고 소인의 덕은 풀과 같다. 풀 위에 바람이 불면 반드시 눕는다.〔君子之德風, 小人之德草. 草上之風, 必偃.〕"라고 하였다.

5 성인께서……효과 : 《논어》 〈자로(子路)〉에 공자가 "만일 나를 등용해 주는 자가

다만 한스러운 점은, 여러 군자들이 지치(至治)를 구하는 것이 너무 급하고 일을 벌이는 것이 너무 빨랐으며,[6] 임금의 마음을 바로잡는 데 납약(納約)[7]의 뜻이 부족하고 사람을 쓰는 데 포용하는 도량이 없었기 때문에 처비(萋斐)의 참소[8]를 격발하여 끝내는 일패도지(一敗塗地)하게 된 것이니, 백세 이후에도 사람들로 하여금 크게 탄식하고 눈물을 흘리게 한다. 그러나 나는 기묘사화의 시말을 잘 살펴보면 중묘(中廟)의 성덕이 이전 시대보다 뛰어나다는 것과 우리나라가 영원히 지속될 국운이 천억 년 계속 드리워질 것을 알 수 있다고 생각한다. 이는 어째서인가?

예로부터 나라가 혼란해지고 멸망하는 것은 모두 소인이 군자를 죽

있다면 1년만 하더라도 괜찮을 것이니, 3년이면 이루어짐이 있을 것이다.〔苟有用我者, 朞月而已可也, 三年有成.〕"라고 말한 내용이 있다.

6 지치(至治)를……빨랐으며 : 이 구절은 송(宋)나라 소식(蘇軾)의 말에서 따온 것이다. 신종(神宗)이 정치의 득실에 대해 말하게 하자 소식은 "폐하께서는 지치(至治)를 구하는 것은 너무 급하고 말을 받아들이는 것이 너무 넓으며 사람을 등용하는 것은 너무 급합니다.〔陛下求治太急, 聽言太廣, 進人太銳.〕"라고 답한 일이 있다. 《東坡全集 東坡先生墓誌銘》 일설에 지치는 신법(新法), 진인(進人)은 신진(新進)을 의미하는 것이라고 한다.

7 납약(納約) : '납약자유(納約自牖)'에서 온 말로, 신하가 임금을 깨우칠 때는 극진한 충성과 옳은 방법으로 임금이 잘 알 수 있는 것부터 시작하여 믿음을 얻어야 한다는 뜻이다. 《주역》 〈감괘(坎卦) 육사(六四)〉에 "맺음을 들이되 통하는 곳으로부터 하면 끝내 허물이 없으리라.〔納約自牖, 終无咎.〕"라는 구절에서 유래하였다.

8 처비(萋斐)의 참소 : 처비는 작은 무늬를 말하는데 참소하는 이들이 작은 일을 엮어 확대하여 큰 허물로 만들어 낸다는 뜻이다. 《시경》 〈소아(小雅) 항백(巷伯)〉에 "알록달록 작은 무늬 화려한 무늬 이루었네. 남을 해치는 사람이여 또한 너무 심하구나.〔萋兮斐兮, 成是貝錦. 彼譖人者, 亦已大甚.〕"라고 하였다.

이고 해친 데에서 비롯되었다. 한(漢)나라의 홍공(弘恭)과 석현(石顯),[9] 당나라의 노기(盧杞)와 원재(元載),[10] 송나라의 장돈(章惇)과 채변(蔡卞)[11]이 선한 선비들을 일망타진(一網打盡)하자 이에 따라 나라도 국세(國勢)를 떨치지 못하게 되어 끝내는 멸망에 이르렀으니, 지나

9 홍공(弘恭)과 석현(石顯) : 한(漢)나라 선제(宣帝)와 원제(元帝) 때의 환관들로 황제의 신임을 받아서 국정을 농단한 이들이다. 홍공은 궁형(宮刑) 대신 중황문(中黃門)이 되고 선제 때 황제권을 강화하기 위해 환관을 임용할 때 중서령(中書令)이 되었다. 법령을 잘 알고 주청(奏請)을 잘하여 오랫동안 조정에 있으면서 자신을 따르지 않는 이들은 배척하였다. 중서복야(中書僕射)인 석현과 함께 재능이 있다고 일컬어졌다. 석현은 원제 때의 간신으로 원제가 병에 걸렸을 때 권력을 독점하고 탐욕을 채웠다. 원제의 사부인 소망지(蕭望之) 등과 대립하여 소망지는 감옥에서 독약을 마시고 자살하였으며 주감(周堪), 유갱생(劉更生) 등은 금고(禁錮)당하여 다시 임용되지 못하였다. 《漢書 卷93 佞幸傳》

10 노기(盧杞)와 원재(元載) : 노기(?~785)는 당나라 덕종(德宗) 때의 간신(奸臣)이다. 재상이 되었을 때 현명한 이들을 시기하여 자신를 따르지 않으면 사지(死地)로 몰아넣고 대신 자신의 무리를 천거하였다. 국정을 전횡하다가 신주 사마(新州司馬)로 좌천되고 사면을 받아 풍주(灃州)로 옮겼다가 죽었다. 《新唐書 卷223下 盧杞列傳》 원재(?~777)는 도학(道學)에 정통하여 관직에 진출하였고 권신(權臣) 이보국(李輔國)과 사이가 좋아 중서시랑동평장사(中書侍郞同平章事)에 이르렀다. 대종(代宗)이 이보국 등 권신을 제거할 때 도움을 주어 신임을 받았으나 점차 국정을 전횡하고 사욕을 채우며 자신을 따르지 않는 이들을 배척하므로 결국 체포되어 죽임을 당하였다. 《舊唐書 卷118 元載列傳》

11 장돈(章惇)과 채변(蔡卞) : 장돈(1035~1105)은 북송(北宋) 때의 정치가이다. 왕안석(王安石)이 집권하자 발탁되어 변경을 개척하는 등 공을 세우기도 하였다. 철종(哲宗) 때 채경(蔡京) 등과 신법(新法)을 시행하고 이에 반대했던 정이(程頤), 사마광(司馬光) 등 구법당(舊法黨) 인사들을 탄압하였다. 채변(1058~1117)은 채경의 동생으로 왕안석의 문인이자 사위이다. 안진경(顔眞卿)에게 서예를 배워 일가를 이루었으나 황제를 속이고 구법당 문인들을 탄압하여 비난을 받았다.

간 일에서 분명하게 징험할 수 있다.

우리나라의 기묘사화 또한 참으로 참혹한 것이었지만 나라가 망하는 데까지 이르지 않았던 데에는 실로 그만한 까닭이 있다. 중묘(中廟)가 뭇 현인을 물리칠 때 나라를 해치는 소인이라 일컫지 않았으니, 이는 단지 소인배의 간사한 참소[12]가 지극히 위험하고 교묘하여 임금이 들으면 마음이 흔들릴 만하였기 때문에 부득이하여 물리친 것이다. 그리고 그 죄상을 성토한 것도 "궤격(詭激)하다", "분경(紛更)하다"[13]라고 말한 것에 불과하였기 때문에 십 년도 되지 않아 이미 후회하는 마음이 싹트게 되었다. 이후 선비들이 연이어 일어나고 신원(伸冤)을 호소하는 말이 점차 나오므로 포증(褒贈)의 은전을 거행하기에 이르렀으니, 도학(道學)의 한줄기 맥락이 시종일관 끊기지 않고 그 유풍과 여운은 시간이 갈수록 더욱 밝게 드러나서 결국은 명종(明宗)·선조

12 소인배의 간사한 참소 : 원문의 '좌복지참(左腹之讒)'은 어진 사람을 해치기 위해 간사한 말로 임금에게 참소하는 것을 말한다. 《주역》〈명이(明夷) 육사(六四)〉에 "왼쪽 배로 들어감은 마음과 뜻을 얻은 것이다.〔入于左腹, 獲心意也.〕"라는 구절이 있는데, 전(傳)에서는 "왼쪽 배로 들어가는 것은 사벽(邪僻)한 길로 군주에게 들어가서 마음과 뜻을 얻는 것을 말한다."라고 하였다.

13 궤격(詭激)하다 분경(紛更)하다 : 궤격은 언행이 과격하고 일반적인 기준을 벗어났다는 뜻이고, 분경은 어지러이 일을 벌려서 분삽스럽게 고친다는 의미이다. 1519년(중종14) 11월 15일 정광필(鄭光弼), 홍경주(洪景舟), 남곤(南袞) 등은 조광조(趙光祖) 등이 궤격하다고 하였고, 같은 날 중종이 의금부에 내린 전지(傳旨)에서도 "후진을 유인하여 궤격이 버릇이 되게 하여 국론과 조정을 날로 그릇되게 하였다.〔引誘後進, 詭激成習, 使國論朝政日非.〕"라고 하였다. 또 중종은 1544년 4월 송세형(宋世珩)등의 상소에 대한 비답에서 "조광조의 일은 내가 시말을 모두 알고 있다. 당초에는 과연 취할 만한 일이 있기도 했지만 마침내는 기구신(耆舊臣)들을 배척하고 옛 법을 변란(變亂)시켰다.……"라고 말한 일이 있다. 《中宗實錄 14年 11月 15日, 39年 4月 7日》

(宣祖)조의 밝고 아름다운 다스림을 열게 되었다. 한때의 잘못된 거조(擧條)가 임금의 허물을 고치는 데 해가 되지 않았고[14] 국가의 원기도 깎여 손상되지 않은 채 지금까지 이백 년이나 되었다. 사대부들이 도학을 숭상하고 명절(名節)을 중히 여기며 이에 힘입어 국가의 원기가 공고하게 유지될 수 있었던 것은 오로지 기묘사류의 공이니 이 어찌 위대하다 하지 않겠는가!

세상에 전하는 《기묘록(己卯錄)》[15]에는 제현들의 언행과 화를 당하게 된 대강의 내용이 기술되어 있지만 여전히 상세하지 못한 부분이 있다. 그분들이 벼슬에 올라 교화를 보좌한 것과 훌륭한 계책으로 아름다운 정사를 펼친 것에 대해서는 기록되어 있지 않으니 후세 사람들이 상고할 방법이 없었다.

임인년(1782, 정조6)에 신 양호는 외람되이 관직(館職)에 들어가 중묘(中廟)의 《보감》을 찬수하는 데 참여하여[16] 비사(秘史)를 열람할

14 임금의……않았고 : 원문의 '일월지갱(日月之更)'은 《논어》 〈자장(子張)〉에 "군자의 허물은 마치 일식, 월식과 같아서, 과실이 있으면 사람들이 다 볼 수 있고, 고치면 사람들이 다 우러른다.〔君子之過也, 如日月之食焉, 過也, 人皆見之, 更也, 人皆仰之.〕"라고 한 데서 온 말이다.

15 기묘록(己卯錄) : 1638년(인조16) 충청도 관찰사로 있던 김육(金堉)이 저술한 책 1권으로 《기묘제현전(己卯諸賢傳)》이라고도 불린다. 이 책은 김정국(金正國)의 《기묘당적(己卯黨籍)》과 안로(安璐)의 《기묘록보유(己卯錄補遺)》를 바탕으로 저술된 것이다. 《기묘당적》은 화를 당한 94인의 생년·급제·최종 관직만을 소략하게 기록하였고, 《기묘록보유》는 35인을 추가하여 129인의 호와 시호, 재능과 인간됨, 친척 관계, 시작(詩作), 사망 연대 등 자세한 사항을 기록하였다. 《기묘록》은 더 많은 인원을 보충하여 218인에 이르며 사화 때 당한 처분에 따라 인물들을 분류하여 수록하였다.

16 관직(館職)에……참여하여 : 이계는 1781년(정조5) 《영조실록》 찬수청 당상이

수 있었고, 이에 비로소 당시 임금과 신하가 만난 성대함과 계고(啓告)하고 설시(設施)하는[17] 아름다움에 완연히 《서경》 전모(典謨)[18]의 기상이 있어서 순수한 왕도정치(王道政治)를 거의 이루었음을 알게 되었다.

애석하도다, 중도에 좌절되어 완성됨에 이르지 못하였도다. 그분들의 큰 도리와 절개는 이미 《보감》에 실려 있지만 임금께 아뢴 아름다운 말과 널리 시행한 좋은 계책은 이루 다 실을 수가 없었다. 그러므로 을해년(1515, 중종10) 정암이 나와 등용된 날[19]부터 시작하여 조정에서 행한 정교(政教)의 아름다움과 제현들이 날마다 잘 보필한 성대함을 모아서 집록(輯錄)하여 책으로 만들고 《중흥가모》라고 이름하였다. 책의 말미에는 기묘화변이 일어난 것과 만년에 신원(伸寃)하고 복관(復官)했던 논의를 첨부하여 하편(下篇)으로 따로 만들어서 사류들이 나아가고 물러난 본말이 드러나게끔 하였다.

되었고 여름에 한성부 좌우윤이 되었으며 《국조보감(國朝寶鑑)》 찬집청 당상이 되어 중종(中宗) 조의 《보감》을 찬집하였다. 《국조보감》은 이듬해인 1782년 11월에 완성되었다. 참고로 홍경모의 《관암전서(冠巖全書)》 권26 〈신축갱재첩(辛丑賡載帖)〉에는 "정종 5년 신축년……문헌공 부군께서 당시 한성부의 아윤으로 지춘추관을 겸하시고 중묘의 《보감》을 찬수하시니 7개월이 지나 책이 완성되었다."라고 하였다.

17 계고(啓告)하고 설시(設施)하는 : 계고는 어떤 일에 대한 의견이나 경위를 아뢰는 것이고 설시는 실제로 일을 시행하는 것이다.

18 서경 전모(典謨) : 《서경》의 〈요전(堯典)〉, 〈순전(舜典)〉과 〈대우모(大禹謨)〉, 〈고요모(皐陶謨)〉 등을 가리킨다. 제왕의 도리와 치국의 도리에 관한 내용들인데 여기서는 요(堯), 순(舜), 우(禹) 같은 훌륭한 임금과 신하들이 함께 만나 태평성대를 이룩한 것을 비유한 말이다.

19 을해년……날 : 1515년(중종10)에 조광조는 성균관의 천거를 받아 관직을 제수받았고, 이해 8월 22일 문과 전시에 급제하여 성균관 전적(典籍)이 되었으며 11월에는 사간원 정언이 되었다.

혹자가 "기묘년의 화를 중흥의 계책과 함께 기록하는 것은 합당치 않습니다."라고 말하였는데, 나는 이렇게 말하였다.

"그렇지 않습니다. 이는 여러 간신(奸臣)들의 죄이지 중묘의 본의가 아니어서 결국 후회하는 뜻을 보이시고 마침내 신백(申白)의 길을 열어주셨으니, 이를 통해 성인께서 전환(轉環)[20]하는 도량을 더더욱 잘 볼 수 있습니다. 생각해보면 이 일이 중묘의 성덕에 무슨 손상될 것이 있겠습니까? 바로 이것이 내가 그 시말을 함께 수록한 까닭이니, 장차 치도(治道)의 성쇠가 전적으로 사류의 진퇴에 달려 있고 우리나라의 운세가 항상 융성하고 쇠퇴하지 않는 것은 중묘께서 사류들을 의지하고 신임해주신 덕분이라는 것을 보여주고자 해서입니다."

20 전환(轉環) : 둥근 고리를 돌리듯 임금이 받아들이기 쉬운 것부터 간언(諫言)을 함으로써, 임금의 마음을 돌리는 것을 말한다.

《가자수언》 서문[21]

賈子粹言序

삼대(三代) 이하로는 서한(西漢)의 문장이 최고이니 후세 사람들이 미칠 수 없다. 서한의 문장 중에서는 오로지 가 태부(賈太傅 가의(賈誼))가 가장 드높고 순정하여 제자(諸子) 중의 으뜸이 되었다. 그의 경술은 《주례(周禮)》에 근본하였고, 치도(治道)를 논한 것은 시무(時務)에 절실하며, 문장은 《춘추좌전(春秋左傳)》과 《국어(國語)》를 넘나들고, 사부(辭賦)는 굴원(屈原)·송옥(宋玉)[22]과 백중이다. 더구나 그는 천부적 자질이 뛰어나고 지조가 맑고 꿋꿋하여 임금 앞에서도 물러서고 굽힌 적이 없었거늘, 강관(絳灌)의 무리[23]를 따르고

21 가자수언 서문 : 《가자수언》은 이계가 1797년(정조21)에 한(漢)나라 가의(賈誼)의 문장을 선집하여 펴낸 책으로 2권 1책이다. 상편(上篇)에는 〈과진론(過秦論)〉, 〈진정사소(陳政事疏)〉, 〈조굴원부(弔屈原賦)〉 등 9편이, 하편(下篇)에는 가의의 《신서(新書)》에 수록된 내용의 일부가 실려 있다. 이계는 삼대(三代) 이후 서한(西漢)의 문장이 최고이고 그중에서도 가의가 으뜸이라고 평가하였고, 문장뿐만 아니라 경세(經世)와 시무(時務)에 절실하고 충군애국의 지조 또한 뛰어난 통유(通儒)요 기재(奇才)라고 보았다. 이는 가의에게 경세의 재주가 있다고 한 주자(朱子)의 견해를 받아들인 것으로 보인다.

22 굴원(屈原) 송옥(宋玉) : 두 사람 모두 초(楚)나라의 대부(大夫)로 초사(楚辭)의 대표적인 작가이다. 송옥은 굴원의 제자라고도 한다.

23 강관(絳灌)의 무리 : 한 고조(漢高祖) 유방(劉邦)이 천하를 평정할 때 공을 세운 강후(絳侯) 주발(周勃)과 영음후(潁陰侯) 관영(灌嬰) 등을 가리킨다. 가의가 태중 대부(太中大夫)가 되어 예악(禮樂)을 제정하고 정치 개혁에 관한 상소를 올리자 이들을 중심으로 한 원로대신들이 가의를 장사왕(長沙王)의 태부(太傅)로 좌천시켰다.

자 하였겠는가. 그가 당시 사람들에게 받아들여지지 않은 것도 당연하다.

그가 〈치안책(治安策)〉[24]에서 한 말을 살펴보건대 모두가 순수한 왕도(王道)의 다스림이었다. 그가 말한 태자를 가르치고, 명분을 바르게 하고, 예속을 도탑게 하고, 청렴한 절개를 권면하고, 제후국을 제어하고, 화이(華夷)를 엄격히 구분하는 것[25]은 정(正)에서 나오지 않은 것이 하나도 없다. 또 "한 치의 땅과 한 사람의 백성도 천자는 이롭게 여기는 바가 없어야 하니, 진실로 오직 다스림을 안정시킬 뿐이다."라는 것은, 이른바 "천하를 공적인 것으로 여겨 간여하지 않는다〔公天下而不與焉〕"라는 것으로 맹자 이후에는 이러한 말을 한 사람이 없었다.[26]

24 치안책(治安策) : 가의가 26세 무렵인 한 문제(漢文帝) 6년(기원전 174)에 양회왕(梁懷王)의 태부(太傅)로 있으면서 시국의 문제점과 정치 개혁에 관해 올린 상소문이다.

25 태자를……것 : 가의는 〈치안책〉에서, 제후국을 제어할 것, 화이(華夷)를 구분하고 흉노를 제압할 것, 태자를 올바르게 교육시킬 것, 법제를 정하고 예의와 염치를 지키도록 할 것 등 국가와 사회 전반에 결쳐 문제점을 지적하고 개혁을 주장하였다. 《漢書 卷48 賈誼傳》

26 이른바……없었다 : "천하를 공적인 것으로 여겨 간여하지 않는다."는 말은 본래 공자의 말로 "높고도 높도다, 순 임금 우 임금은 천하를 소유하고도 간여치 않으셨도다.〔巍巍乎! 舜禹之有天下也而不與焉.〕"라고 하였고, 이후 맹자가 "임금답도다, 순이여 높고도 높구나. 천하를 소유하고도 간여치 않으셨도다.〔君哉, 舜也. 巍巍乎有天下而不與焉.〕"라고 하였다. 《論語 泰伯》《孟子 滕文公》 참고로 이계는 이러한 실례로 정전법(井田法)을 거론하기도 하였다. 1800년(정조24) 윤4월 주연(冑筵)에서 "맹자는 일찌기 '인정은 필시 정전법에서 시작된다.'라고 하였으니, 제(齊) 양(梁) 진(陳)의 왕들이 말단적인 것을 말하면 곧 '오묘의 집에 뽕나무를 심는 것, 이것이 바로 왕도정치의 근본이다.'라고 답하였습니다. 정전법은……천하를 공적인 것으로 여겨 간여하지 않는

시험삼아 그의 문사(文辭)를 말해보자면 〈과진론(過秦論)〉[27]은 필력이 웅방(雄放)하여 이사(李斯)[28]와 같고, 〈복부(服賦)〉[29]는 문장의 구상〔意匠〕이 기이하고 오묘하여 장주(莊周)[30]와 같으니, 사마상여(司馬相如)[31] 이하는 따져볼 것조차 없다. 오직 동 강도(董江都)[32]가 순유

것이니, 성인께서 천하를 다스린 대법도 이 장에서 벗어나지 않습니다.〔孟子嘗言, 仁政必自經界始. 其對齊梁陳王道末端則輒曰, '五畝之宅, 樹之以桑, 此乃王政之本也.' 井田之法……所以公天下而不與者. 聖人治天下之大法, 不外於此章矣.〕"라고 말한 바 있다. 《耳溪外集 卷2 胄筵講說 庚申 閏4月 16日》

27 과진론(過秦論) : 진나라의 실정에 대해 쓴 글로, 진나라는 힘으로 억누르고 형벌로 위협하는 정치를 통해 일시적으로 천하를 굴복시켰지만 원한과 반발이 일어나 오래 보존하지 못했으니, 한나라는 예의와 도덕에 따라 백성을 어루만지는 정치를 해야 한다고 주장하는 내용이다.

28 이사(李斯) : 진(秦)나라의 사상가이자 정치가이다. 시황제(始皇帝) 때 승상이 되어 군현제(郡縣制)를 실시하고 화폐와 문자, 도량형의 통일을 추진하는 등 공을 세웠으나 한편으로는 분서갱유(焚書坑儒)를 단행하도록 하였다. 〈상진황축객서(上秦皇逐客書)〉 등의 문장이 유명하다.

29 복부(服賦) : 〈복부(鵩賦)〉, 〈복조부(鵩鳥賦)〉라고도 한다. 가의가 장사왕(長沙王)의 태부(太傅)로 좌천되었을 때 흉조(凶鳥)로 여겨지던 복조가 집으로 날아들자 자신의 수명이 길지 않을 것으로 여기고 지은 글로, 주인과 복조의 문답 형태로 구성되어 있다. 가의의 초사(楚辭) 중 대표작으로 주희(朱熹)가 펴낸 《초사집주(楚辭集注)》에도 수록되었다.《史記 卷84 賈誼列傳》

30 장주(莊周) : 도가(道家) 사상가이자 문학자인 장자(莊子)이다. 《장자》는 우화(寓話)를 많이 활용하고 독특한 비유와 문체로 인해 명문(名文)으로 꼽힌다. 이계는 〈복부〉가 주인과 복조의 문답 형태로 구성된 점에 주목하여 우화를 활용한 장자와 연관 지은 듯하다.

31 사마상여(司馬相如) : 한(漢)나라의 문인이자 관료이다. 중랑장(中郎將) 효문원령(孝文園令) 등을 지냈다. 사부(辭賦)에 뛰어나 무제(武帝)의 총애를 받았다. 초(楚)나라의 풍물과 아름다운 모습을 읊은 〈자허부(子虛賦)〉나 황제의 사냥을 아름답게 묘

(醇儒)라고 일컬어지기는 하지만 "의리를 바르게 하고 도를 밝힌다〔正誼明道〕"[33]라는 한 마디 외에는 문의(文義)에 얽매이고 재이설(災異說)을 견강부회하여[34] 실용에 도움이 되는 바가 없었다. 그러므로 재주와

사한 〈상림부(上林賦)〉 등이 유명하다. 문장의 수식을 중시하는 육조(六朝)의 문풍에 영향을 주었다.

32 동 강도(董江都) : 한나라의 학자이자 관료인 동중서(董仲舒)이다. 무제(武帝) 때 강도(江都)의 재상(宰相)에 임명되었으므로 이렇게 불렸다. 《춘추(春秋)》를 읽어 경제(景帝) 때 박사가 되었고, 무제(武帝) 때 치국(治國)의 방략을 구하자 천인삼책(天人三策)을 올려 유학을 중시할 것과 천인감응(天人感應) 등의 학설을 제시하였다. 한나라 때 유학의 체계를 다지고 유학이 국교화하는 데 영향을 끼쳤고, 유향(劉向)은 그에 대해 "왕좌지재(王佐之才)가 있다"고 평하였으며, 그 당시에 순유(醇儒)라 하여 모든 학사(學士)들이 그를 존경하였다고 한다. 《漢書 卷56 董仲舒列傳》

33 의리를……밝힌다 : 《한서(漢書)》 권56 〈동중서열전(董仲舒列傳)〉에 "인인(仁人)은 그 옳음을 바르게 지키고 이익을 도모하지 않으며 그 도를 밝히고 공로를 계산하지 않는다. 그러므로 중니의 문하에서는 오척 동자도 오패를 입에 담는 것을 수치로 여겼으니, 간사함과 무력을 앞세우고 인의는 소홀히 했기 때문이다.〔夫仁人者, 正其誼不謀其利, 明其道不計其功. 是以仲尼之門, 五尺之童羞稱五伯, 爲其先詐力而後仁誼也.〕"라는 구절에서 나온 말이다. 이 구절은 《근사록(近思錄)》 〈관성현(觀聖賢)〉에도 인용되어 "의리를 바르게 하고 이익은 꾀하지 말며, 도를 밝히고 공은 계산하지 말라.〔正其義, 不謀其利, 明其道, 不計其功.〕"라고 하였다.

34 재이설(災異說)을 견강부회하여 : 동중서의 천인감응설(天人感應說)을 가리킨다. 유학과 음양(陰陽) 사상을 결합시킨 것으로, 인간이 잘못된 행위를 하면 재앙이나 이변이 생긴다는 것이다. 동중서는 〈현량대책(賢良對策)〉에서도 제왕이 방탕·나태한 것, 제후들이 왕을 배반하고 토지를 다투는 것, 형벌이 법도에 맞지 않게 시행되어 사악한 기운이 쌓이는 것, 위아래가 화합하지 못하여 음양이 뒤틀리는 것 등을 논한 바 있다. 또 그가 좌천되어 교서국(膠西國)에 있을 때 요동에 있는 한 고조(漢高祖)의 사당에 화재가 일어나자 재이설에 따라 이를 논하는 글을 썼는데, 그를 시기하던 사람이 이 글을 관아에 바치는 바람에 사형 판결을 받았다가 사면된 일이 있다. 이 이후부터는 재이에 관한 학설을 강론하지 않았다고 한다. 《史記 卷121 儒林列傳 董仲舒》《漢書

학식을 모두 갖추고 체용을 겸비한 자를 구하자면 오로지 가자(賈子) 한 사람뿐이니, 참으로 치국(治國)의 재주를 가진 통유(通儒)요, 군왕을 보필할 기재(奇才)이다. 양왕(梁王)이 말에서 떨어지자 근심하고 슬퍼하다가 죽음에 이르게 된 것[35]에 대해서, 후세 사람들은 그의 도량이 좁다고 나무라지만 이를 통해 그의 독실한 충애(忠愛)가 지극한 정성에서 나왔음을 볼 수 있으니 그는 참으로 군자인 것이다.

태사공(太史公 사마천(司馬遷))은 가의가 "신불해(申不害)와 한비자(韓非子)의 사상을 밝혔다."라고 하였는데[36] 어디에 근거한 것인지 모르겠으나 사람을 알아본다고 하기에는 부족하다. 좋도다! 유향(劉向) 씨의 말이여. "가생은 국체(國體)에 통달하였으니 비록 옛날의 이윤(伊尹)과 관중(管仲)이라 해도 그보다 크게 뛰어나지는 못하다. 만약 그가 당시에 등용되었다면 공업과 교화가 필시 성대하였을 터인데 용렬한 신하에게 해를 당하였으니 매우 애석하다."[37]라고 하였다. 효경제(孝景

卷56 列傳 董仲舒》

35 양왕(梁王)이……것 : 양왕은 문제(文帝)의 막내 아들 양회왕(梁懷王)이다. 가의는 장사왕(長沙王)의 태부(太傅)로 좌천되었다가 문제의 부름을 받고 양회왕의 태부가 되었다. 양회왕이 말을 타다가 떨어져 죽자, 가의는 자신이 책무를 다하지 못했다고 하며 애통해한 나머지 이듬해 33살의 나이로 세상을 떠났다.

36 태사공은……하였는데 : 《한서(漢書)》 권62 〈사마천전(司馬遷傳)〉에 "가의와 조조는 신불해와 한비자의 학설을 밝혔다.〔賈誼朝錯明申韓〕"라고 하였고, 《사기(史記)》 권130 〈태사공자서(太史公自序)〉에는 "가생과 조조는 신불해와 상앙의 학설을 밝혔다.〔賈生晁錯明申商〕"라고 하였다.

37 가생은……애석하다 : 이 구절은《한서(漢書)》 권48 〈가의전(賈誼傳)〉의 찬(贊)에 보인다. 이윤(伊尹)은 은(殷)나라 탕왕(湯王)을 보좌한 명재상으로, 하(夏)나라 걸왕(桀王)을 멸망시켜 난세를 평정하고 정치를 안정시킨 인물이다. 관중(管仲)은 춘

帝)에 이르러 칠국(七國)의 난을 정벌[38]한 뒤 비로소 가의의 말을 생각하여 제후국을 분할하였고, 효무제(孝武帝)는 정삭(正朔)을 고치고 사방의 오랑캐들을 토벌하였으니,[39] 가의의 계책이 대략 시행된 것이다. 애석하도다! 하늘이 수명을 더 주지 않아서 밝은 임금과 조우하게 하지 않았으니, 배운 바를 크게 펼쳐 한나라를 삼고(三古)[40]에 비견되도록 만들 수가 없었다.

추(春秋)시대 제(齊)나라의 부국강병을 이루어 환공(桓公)을 패자(霸者)로 만들고 이민족의 침입을 막는 데 공을 세웠다. 용렬한 신하에게 해를 당했다는 것은 주발(周勃)과 관녕(管寧) 등 당시 한(漢)나라의 중신(重臣)들이 가의의 개혁 정책에 반발하여 장사왕의 태부로 좌천시킨 것을 의미한다.

38 효경제(孝景帝)에……정벌 : 효경제는 전한의 6대 황제인 효경황제(孝景皇帝) 유계(劉啓, B.C.188~B.C.141)이다. 부친인 문제(文帝)를 이어 왕조의 기반을 다지고 선정을 펼침으로써 문경지치(文景之治)라고 불리는 태평성대를 이루었다. 칠국의 난은 경제 때인 B.C. 154년에 일어난 반란이다. 경제가 조조(晁錯)의 삭번책(削藩策)을 따라 초(楚)와 조(趙) 등 제후국의 봉지(封地)를 삭감하자 오왕(吳王) 유비(劉濞)가 초왕(楚王) 유무(劉戊), 조왕(趙王) 유수(劉遂), 제남왕(濟南王) 유벽광(劉辟光), 치천왕(淄川王) 유현(劉賢), 교서왕(膠西王) 유앙(劉昂), 교동왕(膠東王) 유웅거(劉雄渠) 등 종실의 제후들과 연합하여 반란을 일으켰으나 3개월 만에 평정되었다.

39 효무제(孝武帝)는……토벌하였으니 : 효무제는 한나라의 7대 황제인 세종(世宗) 효무황제(孝武皇帝) 유철(劉徹, B.C.156~B.C.87년)이다. 유학에 기반하여 국가를 다스렸으며 흉노를 크게 무찌르고 남월(南越), 위만조선(衛滿朝鮮)을 멸망시키는 등 영토를 확장시킴으로써 한나라의 전성기를 열었다.

40 삼고(三古) : 중국 고대를 상고(上古) 중고(中古) 하고(下古)로 나누어 보는 것을 말한다. 《예기》 〈예운(禮運)〉의 소(疏)에서는 "복희(伏羲)는 상고, 신농(神農)은 중고, 오제(五帝)는 하고이다."라고 하였고, 《한서(漢書)》 권30 〈예문지(藝文志)〉 '세력삼고(世歷三古)'의 주(註)에서는 "복희가 상고, 문왕(文王)이 중고, 공자(孔子)가 하고이다."라고 하였다. 여기서는 중국 고대 성군들이 일어나 태평성대를 이루었던 시기를 가리켜 말한 것으로 보인다.

후세에 이르러 양웅(揚雄) 같은 대유(大儒)는 그의 사부(詞賦)를 논하면서 오히려 사마상여(司馬相如)의 아래에 두었고,[41] 한유(韓愈)는 한나라 때의 이름난 선비들을 열거하여 사마천과 양웅 등 여러 사람을 들었지만 가의는 들지 않았으니,[42] 가의는 이에 한 번 더 불우하였다. 오직 주부자(朱夫子)가 그의 초사(楚辭)를 뽑고[43] 그의 경세의 재주를 크게 칭찬하면서 "문장은 여사일 뿐이지만 그의 우뚝하고 탁월함

41 양웅(揚雄)……두었고 : 양웅(揚雄)은 전한(前漢) 말기의 학자이자 문인으로 한 성제(漢成帝)를 수행하며 지은 〈감천부(甘泉賦)〉, 〈하동부(河東賦)〉 등이 널리 알려졌고 이외에 《법언(法言)》《태현경(太玄經)》 등의 저술을 남겼다. 사마상여(司馬相如) 이후 가장 뛰어난 사부(詞賦) 작가로 평가받는다. 양웅이 가의보다 사마상여를 높이 평가한 것은 《법언》 권2 〈오자(吾子)〉에 보인다. "시인의 부는 아름다우면서도 법도에 맞는데 사인(詞人)의 부는 아름다움이 지나치다. 만일 공자의 문하에서 부를 사용했다면 가의는 당(堂)에 오르고 사마상여는 실(室)에 들어갔을 것이다. 그러나 부를 사용하지 않았으니 어찌하랴.〔詩人之賦麗而則, 詞人之賦麗而淫. 如孔氏之門用賦也, 則賈誼升堂, 相如入室, 其如不用何.〕"라고 하였다.

42 한유(韓愈)는……않았으니 : 이 내용은 《당송팔대가문초(唐宋八大家文鈔)》 한문공문초(韓文公文抄) 권5 〈답최립지서(答崔立之書)〉에 보인다. "이른바 '굉사(宏辭)'란 것이 어찌 오늘날 말하는 '박학굉사(博學宏辭)'의 '굉사'이겠습니까? 가령 옛날에 굴원(屈原)·맹가(孟軻)·사마천(司馬遷)·사마상여·양웅 같은 호걸스런 선비들에게 이런 시험에 나아가 응시하게 했더라면 저들은 반드시 마음에 부끄러움을 품고서 스스로 나아가지 않고 그만두었을 것입니다〔夫所謂宏辭者, 豈今之所謂者乎? 誠使古之豪傑之士, 若屈原、孟軻、司馬遷、相如、揚雄之徒, 進於是選, 必知其懷慚, 乃不自進而已耳.〕"라고 하였다.

43 주부자(朱夫子)가……뽑고 : 초사는 중국 남방 초(楚)나라 지역에서 불려지던 노래로 굴원(屈原)과 송옥(宋玉) 및 한나라 때 지어진 모방작을 통틀어 일컫는 말이다. 주희는 《초사집주(楚辭集注)》 8권과 부록으로 《초사변증(楚辭辨證)》 2권 그리고 《초사후어(楚辭後語)》 6권을 저술하였다. 가의의 작품인 〈석서(惜誓)〉, 〈조굴원부(吊屈原賦)〉, 〈복조부(鵩鳥賦)〉는 《초사집주》 권8에 수록되었다.

은 사마상여 같은 무리들과 견줄 바가 아니다."[44]라고 하였으니, 천년이 지난 뒤에야 비로소 공론(公論)이 정해진 것이다.

나는 이에 그의 저서를 각별히 중시하여 《가자수언(賈子粹言)》이라 이름하며 한나라 유자들 중 으뜸으로 추대하는 바이다. 세상에 전해지는 《신서(新書)》는 번잡하여 요점이 적고 어지러워 조리도 없으며 반드시 모두가 가의에게서 나온 것이라고 할 수도 없으므로,[45] 산삭하고 정리하여 책의 끝에 덧붙였다. 그런 뒤에야 가의의 책이 순정하게 바른 곳으로 귀결되어 유감이 없으리니, 백대가 지난 후에도 나를 가자의 지음(知音)이라 여길 것이다.

44 문장은……아니다 : 이 내용은 《초사집주》 권8 〈복조부〉 서문에 보인다. "〈복조부〉는 가의가 지은 것이다.……가의는 경세의 재주가 있어 문장은 여사일 뿐이나 그 우뚝하고 탁절함은 사마상여 같은 무리들과 견줄 바가 아니다.〔服賦者賈誼之所作也……誼有經世之才, 文章盖其餘事, 而奇偉卓絶, 非相如輩所彷彿.〕"라고 하였다.

45 신서(新書)는……없으므로 : 《신서》는 《가자신서(賈子新書)》라고도 하며 10권 58편으로 구성되어 있다. 이 책에 대해 후대인의 위서(僞書)라는 견해도 있고 가의의 작품에 일부 가필된 것으로 보는 견해도 있다. 이계의 언급은 이러한 견해들이 반영된 것이다.

《육서경위》 서문[46]

六書經緯序

천지의 원기(元氣)가 나뉘어 만물이 형태를 가지게 되었다. 성인이 나타나서 위로 살펴보고 아래로 관찰하여, 불룩하게 나를 덮고 있는 것은 하늘이라 이르고 끝없이 넓어 나를 받치고 있는 것은 땅이라고 하였으며 또 가깝게는 몸에서 취하고 멀리는 사물에서 구함으로써 무릇 형체가 있는 족속과 일 중에 비슷한 것들을 모두 좇아서 이름을 지었다. 이미 이름을 지음에 비로소 결승(結繩)으로 기록을 하였고[47] 결승으로 부족해지자 그것을 문자로 쓰게 되니, 이것이 바로 문자가

46 육서경위 서문 : 이계가 약 1,700자의 해서(楷書) 한자를 《주역》의 원리에 바탕하고 자형(字形)에 입각하여 의미를 해설한 저술이다. 처음에는 《육서묘계(六書妙契)》라고 하였다가 내용을 가감한 뒤 《육서경위》라고 하였다. 자형을 통해서 뜻을 유추하는 방식으로 문자를 이해한 것은 당시로서는 매우 독특한 방식이라고 한다. 조선시대 문자학 관련 저술이 학습을 위한 자서류(字書類) 외에 많지 않은 점을 감안하면 이계의 《육서경위》는 조선 후기 문자학을 대표하는 저술로써 의미를 지닌다. 《耳溪集 卷15 與戴翰林衢亨書》《耳溪 洪良浩의 『六書經緯』에 관한 研究, 金賢美, 成均館大 教育大學院 碩士學位論文》《文準彗, 『六書經緯』의 構成과 體製. 중국어문논역총간 36》 참고로 《이계외집》 권10에 수록된 〈육서경위 서문〔六書經緯序〕〉에는 문장의 끝에 "요 임금 원년으로부터 69번째 갑진년 이계거사 씀〔唐堯元載後六十九甲辰, 耳溪居士序.〕"이라는 구절이 더 있다.

47 결승(結繩)으로 기록을 하였고 : 상고 시대에 문자(文字)가 만들어지기 전에는 끈으로 매듭을 지어 문자 대신 사용했던 일을 가리킨다. 《주역》 〈계사 하(繫辭下)〉에 "상고 때에는 결승으로 다스렸는데 후세에 성인이 이를 서계로 바꿨다.〔上古結繩而治, 後世聖人易之以書契.〕"라는 내용이 있다.

생겨나게 된 까닭이다.

수많은 만물(萬物)도 모두 하늘을 아버지로 삼고 땅을 어머니로 삼으며 번다한 만사(萬事)도 모두 순하면 길하고 거스르면 흉하다. 이런 까닭에 성인께서는 상(象)을 살펴보고 이치를 밝히며 사물에 나아가 가르침을 남기셨다. 포희씨가 괘를 그린 것이나 창힐씨가 글자를 만든 일은[48] 모두 천지의 화육(化育)을 돕고 생민(生民)의 도를 열어 밝히며[49] 천하의 힘써야 할 일을 이룬 것이다. 그러나 괘(卦)라는 것은 만물의 형상을 본받아 뜻을 보여준 것일 뿐이요, 서(書)라는 것은 말로 엮어서 도를 밝히는 것이니, 서가 아니면 괘와 상이 드러나지 못한다. 그런 까닭에 천지가 자리를 잡으면 육서(六書)와 팔괘가 나란히 그 안에서 행해지니 크도다, 서여!

《주례》에 보씨(保氏)가 육서로 국자(國子)를 가르쳤다[50]고 하니 이

48 포희(包犧)씨가……일은 : 포희는 중국 고대의 제왕인 복희(伏羲)의 별칭이다. 《주역》〈계사전 하(繫辭傳下)〉에 "옛날 포희씨가 천하에 왕 노릇 할 때 위로는 하늘에서 상을 관찰하고 아래로는 땅에서 법을 관찰하며, 새와 짐승의 문과 천지의 마땅함을 관찰하며, 가까이는 자신에게서 상을 취하고 멀리는 사물에게서 취하였다. 이에 비로소 팔괘를 만들어 신명의 덕과 통하고 만물의 정을 분류하였다."라고 하였다. 창힐(倉頡)은 황제(黃帝)의 사관(史官)으로 그 당시 문자가 없어서 매듭을 지어〔結繩〕 사용하고 있었는데, 새와 짐승의 발자국을 보고 문자를 창안하였다고 한다. 《說文解字 序》

49 생민의……밝히며 : 백성들을 깨우쳐 밝게 인도해 준다는 의미이다. 《시경》〈대아(大雅) 판(板)〉에, "하늘이 백성을 밝혀 주심에……백성들 밝혀 줌이 매우 쉽도다.〔天之牖民……牖民孔易.〕"라는 구절이 있다.

50 보씨(保氏)가……가르쳤다 : 보씨는 왕의 악한 행동에 대해 간언하고, 국자(國子)를 도(道)로써 보양(輔養)하고 육예(六藝)를 가르치는〔保氏掌諫王惡, 而養國子以道, 乃教之六藝.〕 일을 맡은 관원이다. 《周禮 地官 保氏》 이계의 이 구절은 《한서(漢書)》 권30 〈예문지(藝文志)〉에 수록된 '소학(小學)'에 관한 내용 중에서 따온 것으로 보인

것이 이른바 소학(小學)[51]으로 육서에 밝아야 도가 여기에 있다는 것이다. 창힐씨가 죽은 뒤로는 신성(神聖)들이 연이어 창제하시어 질(質)과 문(文)을 서로 계승하셨는데 주(周)나라에 이르러 크게 갖추어졌다. 전국(戰國)시대에 이르자 원기(元氣)는 손상되고 인사(人事)는 황폐해졌다. 순박하고 간오한 글(文)은 사물의 변화를 다 표현하여 당세의 쓰임새에는 알맞지 못하게 되었다. 이에 진(秦)의 이사(李斯)는 대전(大篆)을 바꿔 소전(小篆)을 만들고[52] 정막(程邈)은 소전을 변화시켜 예서(隷書)를 만들었다.[53] 한나라에 이르러서는 또다시 변화하여

다. "옛날에는 8세에 소학에 입학하였다. 주관(周官)에 보씨(保氏)가 국자(國子)의 양성을 담당하여 육서(六書)를 가르쳤으니, 상형・상사・상의・상성・전주・가차라는 것은 글자가 만들어진 기본이다.〔古者八歲入小學, 故周官保氏掌養國子, 敎之六書, 謂象形・象事・象意・象聲・轉注・假借, 造字之本也.〕"라는 내용이 있다.

51 소학(小學) : 여기서 '소학'은 한자(漢字)에 대해 연구하는 학문을 가리킨다. 이는 《한서(漢書)》 권30 〈예문지(藝文志)〉에 보이는 분류를 따른 것이다. 〈예문지 소학〉 항목을 보면, 결승(結繩) 이후 문자의 변천과 주나라에서 한나라까지의 교육 및 문자에 관한 저술 등이 간략히 언급되었다. 소학은 이후 주안점에 따라 문자학(文字學), 성운학(聲韻學), 훈고학(訓詁學)으로 세분화되었다. 우리나라에서는 18세기 후반에 문자 훈고학에 대한 관심이 드러나기 시작하였다. 1792년 정조(正祖)가 《규장전운(奎章全韻)》의 교정을 지시하고 육서(六書)에 대해 질문을 내린 〈육서책(六書策)〉이 대표적인 예라고 할 수 있다. 《靑莊館全書 雅亭遺稿 卷12 六書策》

52 진(秦)의……만들고 : 대전(大篆)은 동주(東周)시대 태사인 사주(史籀)가 만들어 사용하였다고 하며, 진(秦)나라에 이르러 승상인 이사가 이를 간단하게 하여 소전(小篆)을 만들었다.

53 예서를 만들었으며 : 진(秦)나라 사람인 정막(程邈)이 전서(篆書)를 고쳐서 예서를 만든 것을 가리킨다. 정막은 본래 옥리(獄吏)였는데 죄를 지어 감옥에 갇혔다. 감옥에 있는 동안 전서체의 둥근 필법을 가감하여 예서 3천여 자를 만들자, 진시황이 죄를 사면하고 어사로 삼았다.

해서(楷書)[54]가 되었다.

자체(字體)가 여러 차례 변함에 육서의 의의가 전해지지 않게 되니 세상에서 자학(字學)을 한다는 이들은 오로지 해성(諧聲)만 좇아 구할 뿐이었다.[55] 그러므로 천하에 차고 넘치는 것이 저 삼운(三韻)과 사성(四聲)에 대한 계보(系譜) 같은 것[56]뿐이다. 오로지 《설문해자(說文解字)》 한 책만이 전적으로 글자의 의미를 풀이하기는 했으나 어미〔母〕는 거론하면서 자식〔子〕은 빼놓음으로써 소략하여 구비되지 못하였다.[57] 그러므로 오히려 옛 성인께서 만드신 정밀한 의의와 심오한 뜻을

54 해서(楷書) : 예서에서 점차 변화하고 발전한 서체이다. 후한 말기 무렵 시작되어 위진남북조 때 발전하였다.

55 해성(諧聲)만……뿐이었다 : 해성(諧聲)은 육서 중 형성(形聲)을 말한다. 글자의 반은 뜻을 나타내고 나머지 반은 음(音)을 나타내는 방법이다. 이 구절은 대개의 문자학 저술들이 글자의 본의(本義)에만 집중한다는 의미이다.

56 삼운(三韻)과……것 : 당시 운서에는 간략하게나마 자해(字解)가 있었기 때문에 이계가 당시 널리 퍼져 있던 운서(韻書)들을 통틀어 거론한 것으로 보인다. 조선의 운학(韻學)과 운서 편찬을 보면 평성・상성・거성・입성의 사성(四聲)을 엄격하게 구별하는 방식과 평성・상성・거성의 삼성(三聲)만 중시하고 입성을 따지지 않는 방식이 있다. 삼성을 중시한 대표적인 예는 고려 시대에 저술된 것으로 알려진 《삼운통고(三韻通考)》를 들 수 있고, 정조 때 편찬된 《어정규장전운(御定奎章全韻)》은 다시 사성(四聲)의 분류 방식으로 복귀한 대표적 관찬(官撰) 운서이다. 《한국의 韻書와 운서 활용 방식, 심경호, 漢子漢文硏究 5. 2009》

고려 때 저술된 《삼운통고》에 글자를 증보하고 자해를 추가한 것이 이 1702년(숙종 28) 박두세(朴斗世)의 《삼운보유(三韻補遺)》이고, 숙종 연간 김제겸(金濟謙)과 성효기(成孝基)가 《삼운보유》를 다시 증보한 것이 《증보삼운통고(增補三韻通考)》이다. 1747년(영조23) 박성원(朴性源)이 《증보삼운통고》에 수록된 모든 글자에 한글로 중국 자음(字音)과 조선 한자음을 기록하여 《화동정음통석운고(華東正音通釋韻考)》를 펴냈다.

볼 수가 없었으니 내가 일찍이 이 점을 한탄했었다.

지난해 내가 북새(北塞)로 좌천되었을 때[58] 문을 닫고 들어앉아 외물과 접하지 않으면서 정신을 집중하고 묵묵히 사색하여 다소 깨우친 바가 있었다. 이에 금문(今文)에서 항상 사용하는 1,700여 자를 취하여 상형(象形), 회의(會意), 지사(指事), 형성(形聲)은 각각 글자의 모양에 따라서 뜻을 풀이하니 점획(點畫)의 과(戈)와 적(趯)[59]이 모두 지향하는 바가 있게 되었고,[60] 전주(轉注)와 가차(假借)는 서로 섞여

57 어미는……못하였다 : 《설문해자》는 9,353개의 소전(小篆)의 자형(字形)과 본의를, 문(文)으로서의 상형·지사와 자(字)로서의 회의·형성과 용자(用字)로서의 전주·가차로 나누어 육서의 원리로 글자를 설명한 자서이다. 고문(古文)·주문(籀文)·전문(篆文)에 의거하여 한자의 원류와 발전의 관건을 파악하였는데, 주로 소전에 의거하여 자형을 분석하였으므로 오류가 많고 또 형성자가 대부분인데 형성자는 의부(義符)에서 뜻이 도출되므로 경우에 따라 본뜻과 다르게 과장되게 해석되는 경우가 있다. 이계는 이러한 폐단을 지적하고 금문(今文)을 사용하여 자의(字意) 중심의 해석을 하였다. 《耳溪 洪良浩의 『六書經緯』에 관한 硏究, 金賢美, 成均館大 敎育大學院 碩士學位論文. 14~20면 참조》 이계가 말한 '擧母遺子'는 《설문해자》의 이러한 점을 지적한 것으로 판단된다.

58 북새(北塞)로 좌천되었을 때 : 이계가 1777년(정조1)부터 1779년 2월까지 경흥부사(慶興府使)에 임명되었던 것을 말한다. 정조 즉위 후 홍국영(洪國榮)으로 인해 외직으로 나가게 된 것이다.

59 과(戈)와 적(趯) : 서예 필법의 종류로 팔법(八法)에 속한다. 과(戈)는 과법(戈法)으로 과각(戈脚) 혹은 배적법(背趯法)이라고도 한다. 오른쪽 아래 대각선 방향으로 내려가다가 끝에서 갈고리 모양으로 위로 치켜올리는 모양을 말한다. 적(趯)은 수직으로 내려가다가 왼쪽으로 치켜 올라가는 모양의 획이다.

60 모두……되었고 : 이계가 자의를 풀이한 방식을 설명한 것이다. 몇 가지 예를 들면 다음과 같다. 〈앙관편〉은 '天' '地' '人'으로 시작되는데 "天者, 一大無上也.(하늘은 유일하게 커서 위가 없는 것이다.)" "地者, 土中包池也.(땅은 흙 가운데에 못을 포함하고

나와서 류를 미루어 곁으로 통하면,[61] 천하의 문자를 다 알 수 있다. 나누어 분류한 것은 《주역》 〈계사전(繫辭傳)〉에 근본하였고,[62] 말을 정리한 것은 《이아(爾雅)》와 《석명(釋名)》[63]을 본떴다. 요컨대 말은 간략하면서도 의미는 분명하여 어리석은 사람들이라 하더라도 모두

있는 것이다.)"라고 하였다. 또 〈원취편〉의 '木' '水' '火' '土' '金' 등은 "木者, 象枝根也.(木은 가지와 뿌리를 상형하였다.)" "水者, 象川流也.(水는 냇물의 흐름을 상형하였다.)"라고 하였다. 〈찬덕편〉은 도덕관념이나 심리에 관한 글자들이며 '仁' '義' '禮' '智' '信'으로 시작한다. "義者, 善在我也.(義는 善이 나에게 있는 것이다.)" "禮者, 示以體也.(禮는 몸으로 보이는 것이다.)"라고 하였다.

61 전주(傳注)……통하면 : 여러 의미를 지닌 글자와 〈변명편〉의 글자 풀이가 여기에 해당될 듯하다. 예를 들어 '易'에 대해서는 "日月相代爲變易, 日下多人爲交易, 日之旋行爲簡易.(해와 달이 서로 번갈아 교대하므로 變易이 된다. 해 아래에 사람이 많으니 交易이 된다. 해가 선행하는 것이 簡易가 된다.)." 〈변명편〉은 숫자, 색, 방향 등 개념이나 상태를 나타내는 글자들이 있는데 어떤 글자와 그 반의어를 배열하기도 하고, 또 일부 글자들은 의미가 아니라 구조적인 형태 때문에 모아 분류한 것으로 보인다. 예를 들어 색에 관한 글자 중에 '青' '赤' '黃' '黑' '紅' '紫' '絳' '綠' '緇' '縞' '素'가 차례로 수록되었고, '林' '森' '炎' '焱' '吅' '品' '晶' '淼' '姦' '蟲' '靐' '犇' '猋' '毳' '皛' '磊' '轟' 같은 글자들이 순서대로 배열된 것이 그러하다. 또 '戎' '蠻' '狄' '夷' '羌氐羯' '獯鬻' '玁狁' '獩貊' '三苗' 등 낱자가 아니라 단어를 설명한 경우도 보인다.

62 나누어……근본하였고 : 천지인(天地人) 삼재(三才)에 따라 분류한 것을 말하는데, 《육서경위》의 편명을 살펴보면 《주역》 〈계사전 하(繫辭傳下)〉에 언급된 문자의 발전 과정에 대한 내용과 거의 일치함을 볼 수 있다.

63 《이아(爾雅)》와 《석명(釋名)》 : 《이아》는 중국에서 가장 오래된 자서(字書)로, 《시경》, 《서경》, 《주역》, 《예기》, 《춘추》에 수록된 한자들의 음과 뜻을 풀이한 책이다. 현재는 서진(西晉) 때 곽박(郭璞)이 저술한 《이아주(爾雅註)》가 전한다. 훈고학(訓詁學)이나 고증학(考證學)에서 특히 중시하였고 13경(經) 중의 하나로 꼽힌다. 《석명》은 한(漢)나라 때 유희(劉熙)가 저술한 백과사전류의 책으로 8권 27편으로 구성된다. 《이아》를 모방하여 1,502개 사물의 명칭을 27가지로 분류하여 풀이하였다.

참여하여 알 수 있으므로 이에 《육서경위》라고 이름하니, 경위라는 것은 자연의 문채이다. 그러나 수천 년 뒤에 태어나서 위로 옛 성인께서 마음을 쓴 것을 찾으려 하니 멀고도 깊도다. 어찌 감히 어긋나지 않았다고 할 수 있겠는가!

몇 년 뒤에 서쪽으로 중국을 유람하면서[64] 육서에 관한 학문을 널리 구하다가 이른바 《육서정온(六書精蘊)》[65]을 얻었다. 이는 황명의 태상(太常) 위교(魏校)[66]가 펴낸 것으로 수록된 글자는 천여 자이며 위로는 종(鐘)과 정(鼎)에 새겨진 흔적[67]까지 미치고 아래로는 전서와 예서의 변화를 연구한 것이다. 스스로는 옛 사람들의 심법(心法)을 터득하여 육서의 남긴 의미를 거의 다 파악했다[68]고 했지만 그러나 이 책은 오로

64 몇……유람하면서 : 1782년(정조6) 10월 동지 겸 사은부사(冬至兼謝恩副使)가 되어 북경에 다녀온 것을 말한다.

65 《육서정온(六書精蘊)》: 위교가 펴낸 자전(字典)으로 6권이며 부록으로 그의 제자가 지은 《음석(音釋)》 1권이 있다. 상수(象數), 천문(天文), 지리(地理), 궁실(宮室), 인체(人體), 초목(草木) 등의 항목으로 분류되었다.

66 위교(魏校) : 위교(1483~1543)는 명나라 때의 관리이자 학자로, 호는 장거(莊渠), 자는 자재(子才)이다. 1505년(홍치18) 과거에 급제하여 진사가 되었고 관직은 태상시 경(太常寺卿)에 올랐다. 시호는 장간(莊簡)이다. 이승훈(李承勳)·호세녕(胡世寧)·여우선(餘祐善)과 함께 남도사군자(南都四君子)라고 일컬어졌다. 저서로 《대학지귀(大學指歸)》·《육서정온》·《춘추경세(春秋經世)》 등이 있다.

67 종(鐘)과……흔적 : 금문(金文)을 가리킨다. 중국 은(殷)나라와 주(周)나라 때에 각종 청동기물에 새긴 명문(銘文)이다.

68 옛……파악했다 : 위교가 쓴 〈육서정온서(六書精蘊序)〉에 "고문(古文)을 통해서 소전(小篆)이 바뀐 것을 바로잡고, 소전에서 옳은 것을 선택하여 고문에서 빠진 부분을 보충한다.〔因古文是正小篆之譌, 擇於小篆可者尙補古文之闕.〕"라고 하거나 "오직 창힐을 본받고 주문을 참고하여 기물에 새겨진 금문(金文)을 하나로 정하고, 이사의 소전

지 고전(古篆)을 위주로 하였기에 지금 사람들은 이해할 수 없는 부분이 많다. 지금 시대에 있으면서 금문(今文)[69]을 모두 폐하고자 하는 것이 가능하겠는가, 그럴 수는 없는 일이다.

시험삼아 내 책을 가지고 고증해보니 옛에 합치되지 않는 것이 열 중에 하나 둘은 되므로 약간 시정(是正)하였다. 금문으로 인하여 스스로 하나의 의를 이루어 세교에 보탬이 있으면 아울러 보존하였으니, 또한 이사와 정막이 보태고 뺀 의도를 드러내고자 한 것이다.

혹자가 말하기를 "문자가 변한 것이 극에 달했거늘 어찌하여 모두 옛 글자로 돌이키지 않으십니까?" 하였다. 나는 다음과 같이 말하였다. "문자가 변한 것은 바로 시대가 변한 것이지요. 시대라는 것은 하늘이 하는 바입니다. 궁실에 거처하고 예복을 입게 되어 움집에 살고 가죽옷을 입지 않게 된 지 오래되었거늘 유독 문자만 그러하겠습니까? 《역전》에서 '때에 따라 변하여 도를 따른다.〔隨時變易以從道〕'[70]라고 하였으니 변하지 않는 것은 도(道)입니다. 주자는 '기(氣)로써 형체를 만들고 이(理) 또한 부여한다.〔氣以成形 理亦賦焉〕'라고 하였

중에서 옳은 것은 취하고 옳지 못한 것은 바르게 고친다.〔惟祖頡而參諸籀, 若盤盂書定而一之, 斯篆可者取之, 其不可者釐正之.〕"는 등의 언급이 있다. 후대의 문인들은 그의 이러한 말에 대해 근거 없이 주문을 이용해서 소전을 고치고 복고(復古)라고 하였다면서 비판하였다. 《莊渠遺書 卷6》《四庫全書總目提要》

69 금문(今文) : 여기에서는 예서 이후의 서체를 통틀어 말한 것으로 보인다. 한나라 때 그 당시 사용되던 예서(隸書)를 금문이라고 하여 전서(篆書) 같은 고문(古文)과 구별하였다.

70 역전(易傳)에서……따른다 : 《역전》은 1099년 송(宋)나라의 유학자 정이천(程伊川)이 《주역》에 주석을 단 책이다. 책의 서문 첫머리에 "역은 변화하는 것이다. 때에 따라 변하여 도를 따른다.〔易, 變易也, 隨時變易以從道.〕"라는 구절이 있다.

습니다.[71] 이미 형체가 있고 이(理)가 따라서 깃들어 있으니, 어찌 옛과 지금이 다르겠습니까! 나는 형상〔象〕에 나아가 이치〔理〕를 밝혔을 뿐입니다."

71 주자는……하였습니다 : 《중용장구》 제1장에 있는 주희(朱熹)의 주에 "하늘이 음양오행으로 만물을 화생(化生)함에 기로 형체를 이루고 이 또한 부여하니, 명령하는 것과 같다.〔天以陰陽五行, 化生萬物, 氣以成形, 而理亦賦焉, 猶命令也.〕"라고 하였다.

《사부선요》 서문[72]

四部選要序

백실거사(白室居士) 유치경(柳稚敬)이 천하 고금의 서적들을 모아서 네 부류로 나누었다. 집안에서 2, 3을 취하고 남에게서 1, 2를 취하여 이름하기를 《사부선요(四部選要)》라고 하고 나에게 서문을 구하였다. 채 반도 못 읽었는데 정신이 아득해져서 멍하게 있다가 말하기를 "풍부하도다! 만물의 이치와 백대의 변화가 모두 여기에 있구나." 라고 하였다.

이에 객이 말하기를 "비록 그렇긴 합니다만 도(道)에는 치우친 것과 바른 것이 있고 배움에는 큰 것과 작은 것이 있으며 말에는 순수한 것과 잡스러운 것이 있습니다. 넓기는 하나 그 요점을 알지 못하니 내가 보기에 애를 썼지만 쓰기에는 맞지 않습니다."라고 하였다.

내가 이에 답하였다. "그대의 말이 그럴듯합니다만 오히려 저 사람

72 사부선요 서문 : 상고시대 이후 문장〔文〕의 발생과 변천을 개괄하고, 《사부선요》의 성격과 의의에 대해 박문약례(博文約禮)로 풀이한 글이다. 《사부선요》는 8년에 걸쳐 집성(集成)되면서 서명이나 권수(卷數)가 바뀌었다. 이계 외에 신경준(申景濬)과 목만중(睦萬中)도 서문을 썼는데, 세 사람의 글 모두 서명이 다르다. 신경준은 "완산 사람 유치경이 구류백가의 말을 모아 책을 만들고 《사부절선》이라고 이름하였다. 총 38권으로 8년에 걸쳐 완성했다."라고 하며, 요점을 파악하고 지식을 넓혀 세상의 변화를 아는 것이 중요하다고 하였다. 《旅菴遺稿 卷3 四部節選序》 목만중(睦萬中)은 후대로 갈수록 책이 너무 많아져서 평생 보아도 하나의 유파조차 보기 어려우므로 여러 책에서 간추려 모아 8년에 걸쳐 58권을 집성(集成)했다고 하고, 경사자집(經史子集)별로 수록된 책들을 간단히 언급하였다. 《餘窩集 卷11 四部酌選序》

이 마음 쓰는 것을 모르는 것입니다. 무릇 하늘이 낳고 땅이 기르는 것 중에 밝게 빛나면 해와 달이 되고, 높아지면 산(山)과 악(嶽)이 되며, 깊어지면 강과 바다가 되고, 떨쳐 일어나면 바람과 우레와 비와 눈이 되고, 흩어지면 새와 동물과 초목과 물고기 자라와 벌레가 되지요. 이 모두가 천지의 기운을 얻은 것이지만 생화(生化)가 끊임이 없어서 무리가 나뉘어 다른 부류가 되는 것이니 결코 서로 비슷할 수 없습니다.

무릇 문장〔文〕이라는 것은 조화를 형상화하여 사물의 변화를 다하는 것입니다. 복희(伏羲)가 괘를 그린 것이나 대우(大禹)가 낙서(洛書)를 부연한 것,[73] 문왕의 단사(彖辭)[74]와 공자의 십익(十翼)[75]은 일찍이 서로 답습한 적이 없지요. 《서경》은 일을 기록한 것이고 《시경》은 뜻을 말한 것이며 《춘추》는 법을 밝힌 것이니, 일찍이 서로 뒤섞인 적이 없습니다.

73 복희(伏羲)……것 : 복희는 황하에서 〈하도(河圖)〉를 얻어 이를 바탕으로 팔괘(八卦)를 만들었으며, 우(禹)는 낙수(洛水)에서 〈낙서(洛書)〉를 얻어 〈홍범구주(洪範九疇)〉를 만들었다고 한다. 주나라 무왕(武王)이 기자(箕子)에게 정치에 대해 묻자, 기자는 홍범구주로써 답하였다.

74 문왕(文王)의 단사(彖辭) : 단사는 《주역》 괘(卦)의 뜻을 풀이한 글로 주나라 문왕이 유리(羑里)에 갇혀 있을 때 저술한 것이다. 《주역》 〈계사 하(繫辭下)〉 제7장에 "하(夏)나라와 상(商)나라의 말기에 주역의 도가 중간에 쇠미해졌는데, 문왕이 유리에 갇혀 있을 때 단사(彖辭)를 달아서 주역의 도가 다시 일어났다.〔夏商之末, 易道中微, 文王拘於羑里而繫彖辭, 易道復興.〕"라고 하였다.

75 십익(十翼) : 공자가 지었다고 하는 《주역》의 주석서 열 편으로, 단전(彖傳) 상(上)·하(下), 상전(象傳) 상·하, 계사전(繫辭傳) 상·하, 문언전(文言傳), 설괘전(說卦傳), 잡괘전(雜卦傳), 서괘전(序卦傳)을 말한다.

초나라 사람들의 이소(離騷)[76]나 한나라 사람들의 부(賦),[77] 장자(莊子)와 열자(列子)의 거리낌 없는 언설,[78] 관중(管仲)과 상앙(商鞅)의 형명(刑名),[79] 손무(孫武)와 오기(吳起)의 기정(寄正),[80] 가의(賈誼)

76 초나라 사람들의 이소(離騷) : 중국 초나라 지역에서 불려지던 민요풍의 노래인 초사(楚辭)를 말한다. 초사 중에서도 굴원(屈原)의 작품을 이소라고 하는데 그는 시국의 혼란함과 마음속의 울분 그리고 우국충정의 감정을 읊었다. 훗날 주자(朱子)가 《초사집주(楚辭集注)》 8권을 편찬했는데, 1권에서 5권은 '이소(離騷)'라 하여 굴원의 부(賦) 25편을 수록하였고 6권에서 8권은 '속이소(續離騷)'라 하여 송옥(宋玉) 이하 작가의 작품 16편을 수록했다.

77 한나라 사람들의 부(賦) : 부는 한나라 때 궁중에서 유행했던 문학 갈래의 하나이다. 운문의 일종으로 초사의 영향을 받아 발전하였고 내용보다는 운율이나 수사 등 형식적인 미를 중시하였다. 동방삭(東方朔), 사마상여(司馬相如), 양웅(揚雄) 등이 대표적인 작가이다.

78 장자(莊子)와……언설 : 춘추전국시대의 사상가인 장주(莊周)와 열어구(列禦寇)의 저술에 우회적으로 유학을 비판하는 내용이 있기 때문에 이렇게 말한 것이다.

79 관중(管仲) 상앙(商鞅)의 형명(刑名) : 관중은 춘추시대 제나라의 명재상으로 법가(法家)의 대표적인 인물로 알려져 있기도 하다. 제나라의 부흥을 이루어 제 환공(齊桓公)이 패자(覇者)가 되는 데 큰 역할을 하였다. 상앙은 전국시대 진(秦)나라의 정치가로 진 효공(秦孝公)에게 발탁되어 재상으로 있으면서 엄격한 법치를 행하였고 여러 방면에 걸친 개혁을 단행하였다. 형명은 형명학(形名學)으로 법률과 형벌로 나라를 다스릴 것을 강조하는 학문을 말하는데 관중과 상앙이 법가의 인물이기 때문에 한 말이다.

80 손무(孫武) 오기(吳起)의 기정(寄正) : 손무(기원전 545~기원전 470)는 춘추전국시대의 병법가로 《손자병법(孫子兵法)》을 저술하였다. 오왕(吳王) 합려(闔閭)의 군사(軍師)가 되어 이후 초(楚)나라와 월(越)나라와의 전쟁에서 승리하는 데 공헌하였다. 오기(吳起) 역시 춘추전국시대의 병법가이다. 초(楚)나라 도왕(悼王)에게 재상으로 발탁되어 개혁정책을 시행하였다. 기정(寄正)은 '기정(奇正)'으로도 쓴다. 병법 용어로 진(陣)을 치고 마주하여 싸우는 것을 정(正)이라고 하고, 병사를 매복하였다가

가 다스림을 논한 것,[81] 사마씨가 사실을 기록한 것[82]들은 각자 자신이 배운 바를 가지고 문장으로 구체화시킨 것입니다. 아래로 육조(六朝)나 당(唐)나라, 송(宋)나라 이후에 이르면 붓을 쥐고 글〔辭〕로 엮어내는 사람들이 도(道)에는 편벽되고 바름이 있고 글에는 잘하고 못함이 있으니, 요약하자면 모두 한 시대의 운을 타고 옛 사람들의 배움을 전하는 것입니다.

이단(異端)의 허황되고 거짓된 말, 의술(醫術)이나 각종 기예(技藝)의 기록, 해외의 난잡하게 지껄이는 소리들은 비록 세교에 보탬이 되지는 않으나 또한 백공(百工)의 기예를 구비할 수 있고 사방의 풍속을 징험할 수 있습니다. 이는 모두 천지의 조화가 만물에 다 있어서 만물이 태어남에 하나라도 없어서는 안 됩니다.

지나간 일을 미루어 앞으로 올 일을 알아서 무궁한 데에까지 이르는 것 또한 이와 같습니다. 봉황의 쟁쟁한 울음과 메추라기의 짹짹거림은 맑고 탁함이 멀지만 천기(天機)를 얻음은 한가지이며, 기린은 동물을 죽이지 않고[83] 시랑(豺狼)은 물어뜯기를 좋아하니 그 어질고 포악함이

엄습하는 것을 기(寄)라고 한다.

81 가의(賈誼)……것 : 가의는 전한(前漢)의 문인 겸 학자이다. 젊은 나이로 박사(博士)가 되어 국가 제도를 정비하기 위한 많은 의견을 상주했으나 조정 대신들의 시기와 질시를 받았고 33살의 젊은 나이에 요절하였다. 이 구절은 가의가 진(秦)나라의 멸망 원인과 한나라의 정책 방향을 거론한 〈과진론(過秦論)〉이나 당시 한나라의 정세를 분석하고 개혁안을 제시한 〈치안책(治安策)〉 등을 저술한 일을 말한 것이다.

82 사마씨가……것 : 사마천(司馬遷)이 《사기(史記)》를 저술한 것을 말한다.

83 기린은……않고 : 《시경》 〈주남(周南) 인지지(麟之趾)〉의 주석에 "기린의 발은 살아 있는 풀과 벌레를 밟지 않는다.〔麟之足, 不踐生草, 不履生蟲.〕"라고 하였다.

현격히 다르지만 하늘로부터 부여받은 성품을 따른다는 점에서는 마찬가지입니다. 구엽(九葉)의 삼(蔘)이나 천년 묵은 복령(茯苓)[84]으로 양생(養生)을 할 수는 있지만, 병의 치료에 있어서 때때로 오두(烏頭)[85]만 못한 경우가 있는 것은 사물의 성질이 각각 달라 사용함에 이로움과 이롭지 못함이 있는 것입니다.

쥐의 간은 박(璞)이 되고[86] 뱀의 오줌은 금으로 변하며[87] 말똥〔馬通〕으로는 진사(辰砂)를 볶을 수 있고[88] 섬수(蟾酥)로는 옥을 자를 수 있습

84 구엽(九葉)의……복령(茯苓) : 구엽의 삼은 오래묵은 귀한 산삼을 의미하는 것으로 보인다. 산삼은 줄기 하나에 다섯 개의 잎이 나는데, 20년 이하의 산삼은 대체로 삼지오엽(三枝五葉 세 개의 가지, 한 가지에 다섯 잎새)이며 오래될수록 줄기가 늘어난다고 한다. 복령은 약재로도 쓰이는데 소나무 뿌리에 기생하여 성장한다. 《신선전(神仙傳)》에서는 송진이 땅속으로 스며들어 천 년이 지나면 복령이 된다고 하였고, 《회남자(淮南子)》〈설산훈(說山訓)〉에서는 "천년 묵은 소나무 아래에 복령이 있다.〔千年之松, 下有茯苓.〕"라고 하였다. 옛날 사람들은 복령을 먹으면 신선이 될 수 있다고 여겼다.

85 오두(烏頭) : 미나리아재비과의 식물로 한약재로 쓰인다. 오두의 모근(母根)을 건조한 것이 천오(川烏)이고, 오두의 자근경(子根經)을 가공한 것이 부자(附子)이다. 독성이 강해서 사약(賜藥)의 재료로 쓰이기도 하였다.

86 쥐의……되고 : 쥐의 간이 박옥이 된다는 말의 정확한 의미는 상고하지 못하였다. 다만 '璞'의 의미 중에 '말린 쥐'라는 의미가 있고, 주(周)나라 사람들은 포를 뜨지 않은 쥐를 박(璞, 鼠璞)이라고 불렀다. 《尹文子 大道 下》 후대에도 쥐고기를 먹었다는 기록이 보인다.

87 뱀의……변하며 : 뱀의 오줌은 물이 아닌 노란색의 젤리 형태로 굳으면 단단해지는데 옛 사람들이 이를 보고 금으로 변한다고 생각했던 듯하다. 혹은 한약재로 쓰이는 사황(蛇黃)을 가리켜 말한 것일 수도 있다. 사황은 우황(牛黃)처럼 뱀의 뱃속에서 생기는 것으로 매우 귀하다. 혹은 사함석(蛇含石)을 말하기도 하는데 사함석은 뱀이 겨울을 날 때 입에 물고 있는 누른 흙이다. 《本草綱目》《東醫寶鑑》

니다.[89] 이는 기(氣)에 서로 제어함이 있는 것으로 천하다고 해서 버릴 물건은 없는 것이지요. 이로써 본다면 학술이 치우치거나 바르거나 문장이 빼어나거나 졸렬하거나 간에 모두 이것은 보존하고 저것은 폐기해서는 안 됩니다.

치경의 마음씀이 참으로 부지런하다 할 수 있습니다. 도(道)를 구하는 사람은 경서(經書)에서 하고, 옛 일을 살피는 사람은 사서(史書)에서 하며, 제자(諸子)를 흠모하여 문장에 뜻을 둔 사람은 각자 본성(本性)이 서로 가까운 데로 나아가면 재주를 이룰 수 있을 것이니, 모두 배울 만한 것이고 모두가 쓰임에 이를 수 있는 것이거늘 어찌 쓰임새에 맞지 않는다고 하십니까? 공자께서 말씀하시기를 '문(文)을 널리 배우고 예(禮)로써 요약한다'[90]고 하셨습니다. 배우기를 넓게 한 뒤라야 요약을 말할 수 있으니 요약은 그 사람에게 달려 있는

88 말똥〔馬通〕으로는……있고 : 진사는 주사로 붉은 빛을 내는 광물이다. 약재로 사용하며 선가(仙家)에서는 불사약(不死藥)으로 여겨지기도 하였다. 말똥은 예로부터 연료로 사용되어 왔기에 주사를 볶을 수 있다고 한 듯하다. 이민구(李敏求)의 시 〈신가마통신(申家馬通薪)〉이나 다른 자료를 보면 조선시대에도 말똥을 연료로 쓰는 일이 있었다. 《東洲集 卷22 西湖錄》

89 섬수(蟾酥)로는……있습니다 : 섬수는 두꺼비의 분비물 혹은 두꺼비의 신을 말린 것으로 약재로도 사용되는데 성질이 차고 독성이 강하다. 옛 사람들은 섬수가 옥을 연하게 만든다고 여겼기 때문에 자를 수 있다고 한 것이다. 《청장관전서(靑莊館全書)》 〈이목구심서(耳目口心書)〉에 "두꺼비의 진액이 옥(玉)을 연하게 만든다.〔蟾酥軟玉〕"라고 하였다.

90 문(文)을……요약한다 : 널리 학문을 닦고 예에 맞게 행한다는 의미이다. 《논어》 〈자한(子罕)〉에 안연(顔淵)이 "선생님께서 나를 문으로써 넓혀 주시고, 예로써 요약하여 주신다.〔博我以文, 約我以禮.〕"라고 하였다.

것입니다."

이에 객이 말하였다. "하신 말씀이 참으로 좋습니다. 치경은 힘써야 할 바를 알고 있었군요."

《경세정운도설》 서문[91]

經世正韻圖說序

하늘과 땅 사이에 온갖 소리들이 있으나 오직 사람의 소리만이 그 중화(中和)를 가장 잘 얻었다. 무릇 하늘의 소리는 우레요 땅의 소리는 바람이지만, 오음(五音)으로써 절제함이 없으니 율려(律呂)[92]에 어울리지 못한다.

사람의 소리에는 어금닛소리〔牙音〕, 혓소리〔舌音〕, 입술소리〔舌音〕, 잇소리〔齒音〕, 목구멍소리〔喉音〕의 다섯 가지 소리가 있어서 각(角), 치(徵), 궁(宮), 상(商), 우(羽)의 오음(五音)에 부합하는 까닭에 천지에 있는 온갖 소리를 다할 수 있다. 그러나 소리〔聲〕는 형체가 없는 까닭에 글〔文〕을 빌려서 펼쳐진다. 이에 상형(象形), 형성(形成) 등 육서(六書)[93]의 계보(系譜)가 있게 되었고, 율려(律呂)에 올려서 악기로 연주할 수 있게 되었다.

91 경세정운도설 서문 : 《경세정운도설》은 1678년(숙종4) 최석정(崔錫鼎)이 지은 운서(韻書)로 훈민정음의 창제원리와 의의를 서술한 책이다. 이계는 서문의 말미에 직접 초성(初聲)을 상형(象形)하여 만든 표를 덧붙여 놓았다.

92 율려(律呂) : 옛날 성음(聲音)을 조정하는 관(管)으로 황제(黃帝)가 영윤(伶倫)에게 명하여 12율려를 만들게 하였다고 한다. 여기서는 음률(音律), 악률(樂律)의 의미로 사용되었다.

93 육서(六書) : 한자를 조자(造字) 원리에 따라 여섯 가지 부류로 나눈 것을 말한다. 상형(象形) · 지사(指事) · 형성(形聲) · 회의(會意) · 전주(轉注) · 가차(假借)이다. 이계는 《육서경위(六書經緯)》를 지어서 약 1,700자의 해서(楷書) 한자를 자형(字形)에 입각하여 의미를 해설하기도 하였다.

그렇지만 문자는 중국에서 처음 나왔기 때문에 외국과 완전하게 통할 수가 없으니 외국 사람들은 반드시 방언으로 통역하고 풀어야 한다. 오로지 우리나라만은 지역이 중화와 가장 가깝고 발음도 중국 음〔漢音〕과 차이가 크지 않아서 나라가 생겨난 이래 방언으로 번역한 것이 없었다. 허나 글자의 발음조차도 상세하지 못하니 하물며 율려를 맞출 수 있었겠는가!

이 얼마나 행운인가, 새로운 운이 열리고 돋는 태양을 맞이하여 성인께서 일어나셨도다! 우리 세종 장헌대왕(世宗莊憲大王)께서는 하늘이 내신 예지(睿智)로 개물성무(開物成務)[94]하셨다. 훈민정음 28자를 창제하여 28수(宿)의 별자리에 응하게 하시고, 자형(字形)은 규벽(奎壁)의 둥글고 굽은 형상을 관찰하시며, 점과 획은 소전(小篆)과 분예(分隸)[95]의 자체를 본뜨시니, 분명하고도 간단하여 어린아이와 부녀자라 하더라도 모두 알 수 있으며 이끌어 펼치면 천하의 문자를 모두 쓸 수 있고 사방의 어음(語音)과 통할 수 있다.

아아, 성대하도다. 위대한 성인께서 창제하심이여! 태호(太皞)가

94 개물성무(開物成務) : 사물의 진상(眞象)을 밝혀서 인사(人事)가 온당하게 되도록 한다는 뜻이다.

95 소전(小篆)과 분예(分隸) : 소전은 전서(篆書)의 일종으로 대전(大篆)을 간략화한 글자이다. 진시황(秦始皇)이 중국을 통일한 뒤 문자를 정리하기 위하여 재상인 이사(李斯)에게 명하여 만들었다고 한다. 분예(分隸)는 예서로 후한(後漢) 때 사용되던 서체이다. 예서는 진나라 때 발생하여 전한(前漢) 말에 완성되었으며 팔분예(八分隸) 또는 팔분(八分)이라고 하였다. 전한 중기까지는 전서의 점획이 생략되고 곡선이 직선으로 변한 고예(古隸)가 많이 쓰였으나, 후한에 이르러 세련미와 파책(波磔 삐침)을 더한 팔분예(八分隸)가 나타났다.

괘(卦)를 그리고 사황(史皇)이 글자를 만든 것[96]과 공효(功效)가 같도다. 이로부터 중화의 자음과 통하고 아악(雅樂)에 어우러져서 우리나라 문헌의 성대함이 중화와 나란하게 되니, 신하 중에 문정공(文貞公) 최석정(崔錫鼎)이라는 이가 그 심오한 이치를 드러내고 자세히 부연하여 책을 지었다.

소리〔聲〕는 초성(初聲)·중성(中聲)·종성(終聲)으로 나누고, 운〔韻〕은 평성(平聲)·상성(上聲)·거성(去聲)·입성(入聲)으로 나누고, 음(音)은 개발(開發)과 수폐(收閉)로 나누며, 분류하여 사상(四象)과 팔괘(八卦)의 수(數)에 짝짓고, 미루어 나아가 《황극경세서(皇極經世書)》에 부합[97]하게 하였다. 크고도 넉넉하도다, 보상(輔相)에 참여하여 도왔으니[98] 좌씨가 소신(素臣)이 된 것에 가까울 것이다.[99]

96 태호(太皞)가……것 : 태호는 중국 신화에 나오는 복희(伏羲)이다. 삼황(三皇) 중의 한 사람으로 예악(禮樂)을 제정하고 농경과 목축, 수렵 등을 가르쳤으며 팔괘(八卦)를 그렸다고 전해진다. 사황은 창힐(蒼頡)이다. 황제(黃帝) 때의 사관(史官)으로 눈이 넷이고 새와 동물들의 발자국을 보고 문자를 창제하였다고 한다.

97 황극경세서(皇極經世書)에 부합 : 《황극경세서》는 송(宋)나라 소옹(邵雍)의 저술이다. 역리(易理)를 응용한 수리(數理)로 천지만물을 관찰하여 설명하였고, 여기에 성음율려(聲音律呂)를 논한 부분도 있다. 훈민정음을 창제할 때 역학적(易學的) 원리를 따른 것은 훈민정음 해례에서도 언급되었다. 최석정은 《황극경세서》에 기반하고 오행설(五行說)의 틀에 맞추어 한글을 설명하였다. 초성 17자를 오행에 따라 분석한 것 외에 중성(中聲) 모음과 종성(終聲)도 《황극경세서》의 연역도(衍易圖)와 오행의 원리에 따라 설명하였는데 이는 기존의 연구에서 한층 정교하게 발전된 것이라고 한다.

98 보상(輔相)에……도왔으니 : 보상은 재성보상(財成輔相)의 의미이다. 재성은 임금이 천지의 도를 체득하여 통치의 방법을 이룬다는 것이고, 보상은 임금이 천지가 만물을 화육하는 일을 보조하는 것이다. 참여하여 도왔다는 것은 《중용》의 "천지에

그러나 가만히 살펴보면 《정운도설》에서 가지를 나누고 실마리를 풀어낸 것이 비록 그 변화를 다하기는 하였으나 유독 형상을 관찰하여 글자를 만든 뜻에는 미치지 못하였으니, 이는 너무 정중한 나머지 감히 단언하지 못한 것이 아니겠는가!

내가 참람되고 망녕됨을 헤아리지 않고 삼가 초성 열일곱 자[100]에 나아가 어금닛소리〔牙音〕, 혓소리〔舌音〕, 입술소리〔脣音〕, 잇소리〔齒音〕, 목구멍소리〔喉音〕의 오음(五音)을 취하고, 네모지고 둥글며 굽고 곧은 획으로 인하여 개구(開口)와 합구(合口),[101] 전형(全形)과 반형(半形)을 배합하여 짝지어 육서 중 상형(象形)의 예에 맞추어 감히 첫머리에 있는 어제(御製) 뒤에 부치니, 이로써 성음(聲音)의 이치가 하늘에서부터 나온 것이요 인위적인 것이 아님을 드러내었다.

성인께서 만물의 진상(眞象)을 밝혀 백성을 깨우쳐 주신 위업[102]과

참여하여 화육(化育)을 돕는다.〔參天地而贊化育〕"라는 구절에서 따온 것이다. 세종이 훈민정음을 창제하여 백성들을 도운 위업을 최석정이 참여하여 도왔다는 의미로 쓴 말이다.

99 좌씨가……것이다 : 《춘추》를 지은 공자(孔子)를 소왕(素王)이라고 하고, 《춘추좌씨전(春秋左氏傳)》을 지은 좌구명(左丘明)은 공자의 뜻을 계술했다 하여 소신(素臣)이라고 한다. 이 구절은 세종대왕이 훈민정음을 창제한 뜻을 최석정이 계술했다는 의미로 쓴 말이다.

100 초성……자 : 훈민정음에서 말한 정음 28자 중 초성 17자는 ㄱ, ㄴ. ㄷ, ㄹ, ㅁ, ㅂ, ㅅ, ㅇ, ㅈ, ㅊ, ㅋ, ㅌ, ㅍ, ㅎ, ㆁ, ㆆ, ㅿ이다.

101 개구(開口) 합구(合口) : 개음은 개구음(開口音)으로 모음을 발음할 때 입술은 움직이지 않고 입만 벌려서 내는 소리이고, 합음은 합구음(合口音)으로 입술을 둥글게 하여 내는 소리이다.

102 만물의……위업 : 원문은 개물유민(開物牖民)으로 개물은 개물성무(開物成務)

의(義)를 정밀히 하여 신묘한 경지에 들어가는 미묘함[103]이 찬란히 밝게 드러나 더 이상 남은 것이 없으니, 지극한 성인이 아니라면 그 누가 붓 끝으로 형상화하여 만뢰(萬籟)[104]의 변화를 다할 수 있었으랴! 《주역》에 이르기를 "천상을 우러러 살펴보고 가까이 몸에서 취하여", "헤아리고 논의하여 변화를 이룬다"[105]라고 한 것은 바로 이것을 말하는 것이다.

이고, 유민(牖民)은 백성들을 인도하여 깨우친다는 의미이다. 《시경》〈대아(大雅) 판(板)〉에 "하늘이 백성을 깨우쳐 줌이 훈 같고 지 같으며……백성들을 깨우쳐 줌이 매우 쉽도다.〔天之牖民, 如壎如篪.……牖民孔易.〕"라고 하였다.

103 의(義)를……미묘함 : 이 말은 《주역》〈계사전 하(繫辭傳下)〉에서 따온 것으로 "의를 정밀히 하여 신묘한 경지에 들어감은 씀을 지극히 하기 위해서요, 씀을 이롭게 하여 몸을 편안히 함은 덕을 높이기 위해서이다.〔精義入神, 以致用也, 利用安身, 以崇德也.〕"라고 하였다.

104 만뢰(萬籟) : 만뢰는 천지간의 모든 소리를 말하는 것으로 《장자》〈제물론(齊物論)〉에서 말한 하늘의 소리(天籟), 땅의 소리(地籟), 사람의 소리(人籟) 등을 가리킨다.

105 주역에……이룬다 : 이는 《주역》〈계사 하(繫辭下)〉에 나온 구절을 각각 인용한 것이다. "포희씨가 천하를 다스릴 때 위로 하늘에서 상(象)을 살피고 아래로 땅에서 법(法)을 살피며, 조수(鳥獸)의 무늬와 천지(天地)의 마땅함을 관찰하며, 가깝게는 자신의 몸에서 취하고 멀리는 사물에서 취하였다. 이에 비로소 팔괘(八卦)를 만들어 신명의 덕을 통하고 만물의 정을 분류하였다.〔古者包犧氏之王天下也, 仰則觀象於天, 俯則觀法於地, 觀鳥獸之文與天地之宜, 近取諸身, 遠取諸物. 於是始作八卦, 以通神明之德, 以類萬物之情.〕"라고 하였고, 또 《주역》〈계사 상(繫辭上)〉에 "헤아린 뒤에 말하고, 의논한 뒤에 움직이니, 헤아리고 의논하여 그 변화를 이룬다.〔擬之而後言, 議之而後動, 擬議以成其變化.〕"라고 하였다.

부(附) 훈민정음 초성(初聲) 상형도(象形圖)

ㄱ	군(君)의 초성	어금닛소리〔牙音〕	어금니의 형태를 본뜸
ㅋ	쾌(快)의 초성	어금닛소리 중성(重聲)	
ㆁ	업(業)의 초성	목구멍과 어금니 사잇소리〔喉牙間音〕	목젖〔喉扇〕의 모습을 본뜸
ㄴ	나(那)의 초성	혓소리〔舌音〕	혀의 모양을 본뜸
ㄷ	두(斗)의 초성	혓소리	혀를 흔드는 모양을 본뜸
ㅌ	탄(呑)의 초성	혓소리 중성(重聲)	
ㅂ	별(彆)의 초성	입술소리〔唇音〕	입을 반쯤 벌린 모양을 본뜸
ㅍ	표(漂)의 초성	입술소리	입을 벌린 모양을 본뜸
ㅁ	미(彌)의 초성	입술소리	입 모양을 본뜸
ㅅ	술(戌)의 초성	잇소리〔齒音〕	이의 모양을 본뜸
ㅈ	즉(卽)의 초성	이와 혀의 사잇소리〔齒舌間音〕	잇몸의 모양을 본뜸
ㅊ	침(侵)의 초성	목구멍과 혀의 사잇소리〔喉舌間音〕	
ㅇ	욕(欲)의 초성	얕은 목구멍소리〔淺喉音〕	목구멍의 모양을 본뜸

ㆆ	읍(挹)의 초성	목구멍과 이의 사잇소리〔喉齒間音〕	목구멍과 잇몸의 모양을 본뜸
ㅎ	허(虛)의 초성	깊은 목구멍소리〔深喉音〕	
ㄹ	려(閭)의 초성	반혓소리〔半舌音〕	혀를 만 모양을 본뜸
ㅿ	양(穰)의 초성	반잇소리〔半齒音〕	이를 반쯤 벌린 모양을 본뜸

《해동명장전》 서문[106]

海東名將傳序

천하의 대법(大法)은 두 가지가 있으니 문(文)과 무(武)일 뿐이다. 《춘추좌전(春秋左傳)》에 "문으로는 백성이 따르게 할 수 있고, 무로는 적이 두려워하게 할 수 있다."[107]라고 하였고, 《주역》 〈계사(繫辭)〉에서는 "황제(黃帝)와 요(堯), 순(舜)은 의상을 드리우고 가만히 앉아서 나라를 다스렸다."[108]고 하고 이어서 "활과 화살의 예리함으로 천하에 위엄을 보였다."[109]라고 하였으니, 문과 무 두 가지는 나란히

106 해동명장전(海東名將傳) : 이계가 삼국시대(三國時代)부터 인조(仁祖) 대까지 국난을 극복하고 나라를 빛낸 장수들을 입전(立傳)한 책이다. 6권 3책 분량으로 김유신(金庾信)부터 유형(柳珩)에 이르기까지 총 46명의 전기가 왕조별로 나뉘어 수록되었으며, 의병이나 승병(僧兵)을 이끈 장수도 포함되었다. 이계는 문약(文弱)에 빠진 세태와 난리를 겪은 뒤에도 무사안일에 빠져 있는 풍조에 경종을 울리고, 사대부들에게 무비(武備)도 소홀히 해서는 안 된다는 것을 강조하였다.

107 문으로는……있다 : 이 구절은 《춘추》가 아니라 《사기》 권64 〈사마양저 열전(司馬穰苴列傳)〉에 보인다. 안영(晏嬰)이 제경공(齊景公)에게 사마양저를 천거하면서, "양저가 비록 전씨(田氏)의 서얼(庶孽)이긴 합니다만 그는 문으로는 무리를 따르게 할 수 있고 무로는 적을 두려워하게 할 수 있으니 군께서 시험해보십시오.〔穰苴雖田氏庶孽, 然其人文能附衆, 武能威敵, 願君試之.〕"라고 하였다.

108 황제(黃帝)와……다스렸다 : 《주역》 〈계사전 하(繫辭傳下)〉에 "황제와 요(堯), 순(舜)이 의상을 드리우고 가만히 앉아 있어도 천하가 잘 다스려졌으니, 이는 대개 천지의 법도를 취했기 때문이었다.〔黃帝堯舜垂衣裳而天下治, 蓋取諸乾坤.〕"라고 하였다.

109 활과……보였다 : 《주역》 〈계사전 하(繫辭傳下)〉 "나무를 구부려 활을 만들고

행해져야지 어느 한쪽을 버려서는 안 된다. 삼대(三代)의 융성함은 모두 이러한 도(道)를 써서 오랫동안 잘 다스려지고 백성들을 편안하게 해주었던 것이니, 후세 사람들이 미칠 수 있는 바가 아니다. 저 한(漢)나라와 당(唐)나라 이후로는 이 두 가지를 버려두고 나라를 다스린다는 것은 듣지 못하였다.

생각해보면 우리나라는 강역이 멀리 떨어져 있고 인재가 고루(固陋)하고 과문(寡聞)하여 중국과 비교할 수도 없었으나, 다행히 기자(箕子)가 남긴 교화에 힘입어 옷깃을 왼쪽으로 여미는 습속을 면할 수 있었다.[110] 삼한(三韓)시대에는 인문(人文)이 발달하지 못하였고, 신라와 고려 이후에 비로소 도(道)를 논하여 나라를 다스리고 정책을 시행하였으나[111] 무력과 전쟁으로 나라를 세워 죽이고 토벌하는 것을

나무를 깎아 화살을 만들어 그 이로움을 활용해서 천하를 제압한다.〔弦木爲弧, 剡木爲矢, 弧矢之利, 以威天下.〕"라고 하였다.

110 기자가……있었다 : 이 구절은 기자동래설(箕子東來說)에 따른 것으로 기자가 조선으로 온 뒤부터 사람들이 교화되어 중화의 문명을 따르게 되었다는 의미이다. 기자는 은(殷)나라 말기의 삼인(三仁) 중 한 사람으로 은나라가 망한 뒤 무왕(武王)이 기자를 대우하여 조선(朝鮮)에 책봉했다고 한다. 옷깃을 왼쪽으로 여미는 것은 이민족의 풍속을 일컬은 것으로 《논어》 〈헌문(憲問)〉에 "관중이 없었다면 우리는 머리를 풀어 헤치고 옷깃을 왼쪽으로 여미고 있을 것이다.〔微管仲, 吾其被髮左衽矣.〕"라고 말한 공자의 말에서 나온 것이다.

111 도(道)를……시행하였으나 : 원문의 '경방(經邦)'은 '논도경방(論道經邦)' 즉 도를 논하여 나라를 다스린다는 것으로 재상의 직무를 의미한다. 《서경》 〈주관(周官)〉에 "태사, 태부, 태보를 세우노니, 이가 바로 삼공이다. 도를 논하고 나라를 다스리며, 음양을 조화시켜 다스리나니, 관원을 반드시 구비할 것이 아니라, 오직 적임자를 등용할 뿐이다.〔立太師・太傅・太保, 玆惟三公. 論道經邦, 燮理陰陽, 官不必備, 惟其人.〕"라는 구절에서 나온 말이다. '제치(制治)'는 미리 정책을 시행한다는 뜻으로 《서경》

장기(長技)로 삼았으므로 외부의 강적을 막아내고 기이한 계책을 내어 변화에 대응하는 인물이 대대로 끊기지 않았다. 이를테면 신라의 각간(角干) 김유신(金庾信)이나 고구려의 을지문덕(乙支文德)은 국가의 어려움을 직접 평정하여 그 공이 삼한을 뒤덮으니 비록 옛날의 뛰어난 명장이라 해도 이보다 더할 수는 없다.

왕씨(王氏)의 고려에 이르러서는 오백 년 사이에 거란, 몽골, 홍건, 흑치[112]의 부류가 성을 무너뜨리고 고을을 도륙하며 백성들을 어육(魚肉)으로 만들어 그렇지 않은 해가 거의 없었다. 그러나 그때마다 반드시 어려움을 막아내고 의기(義氣)로운 인물이 나와 대응하였으니 태사 강감찬(姜邯贊)[113]과 상락 김방경(金方慶)[114] 등은 그중에서도 걸출하게 뛰어난 사람들이었다. 병력이 적고 약하지 않았던 때가 없었지만 이로인해 나라의 영토가 줄어든 적이 없었으므로 천하의 모든 나라들

〈주서(周書) 주관(周官)〉에 "혼란스러워지기 전에 정책을 시행하고 위태로워지기 전에 나라를 보위한다.〔制治于未亂, 保邦于未危.〕"라는 구절에서 나온 것이다.

112 흑치 : 본래 먼 변방에 있는 나라를 의미하지만 여기서는 이빨을 검게 물들인 민족, 즉 왜(倭)를 가리킨다.

113 강감찬(姜邯贊) : 강감찬(948~1031)은 고려의 명장으로 계속되는 거란의 침입을 격퇴하고 나라를 보전하는 데 큰 공을 세웠다. 1018년(현종9) 12월 거란이 대대적으로 침범해오자, 상원수(上元帥)가 되어 흥화진(興化鎭) 전투와 귀주대첩(龜州大捷) 등을 통하여 크게 물리쳤다. 이 싸움으로 인해 993년 이래 국왕의 친조(親朝)와 강동육주(江東六州)의 반환 등을 내세우며 빈번하게 계속되던 거란의 침입이 좌절되었다.

114 상락(上洛) 김방경(金方慶) : 김방경(1212~1300)은 고려 후기의 무신(武臣)으로 본관은 안동(安東)이고 자는 본연(本然), 시호는 충렬(忠烈)이다. 충직한 성품으로 인망이 두터웠고, 삼별초(三別抄)를 제압하는 데 큰 공을 세웠다. 원(元)이 일본을 정벌할 때 출전하여 공을 세우기도 하였으나 태풍과 전염병으로 인해 돌아왔다. 치사(致仕)한 뒤 상락군 개국공(上洛君開國公)에 봉해졌으므로 상락이라 일컬은 것이다.

이 꺼려하며 강한 나라라고 불렀던 것이다.

본조에 들어온 이후 나라의 넓이는 옛날 그대로이고 백성들도 줄어들지 않았으나 병력과 전공(戰功)은 고려보다 크게 뒤떨어졌다. 한번 임진년의 난리를 만나자 팔로(八路)가 와해되었으니 진실로 황조(皇朝)의 힘에 의지하지 않았다면 나라를 유지하지 못하였을 것이다.[115] 또 병자년의 난리에 이르러서는 적의 철기(鐵騎)가 파죽지세로 빈 고을에 들어가듯[116] 승승장구(乘勝長驅)하고 우리는 허둥지둥 헐떡이며 달아나다가 수십 일만에 목숨을 구걸하였으니, 도대체 어찌 된 까닭이던가?

이는 오직 문치(文治)가 성하고 무력(武力)은 쇠해져서 갈수록 힘이 없고 약해져서 떨치지 못하게 된 데에 말미암은 것이다. 난리가 끝나자마자 마치 아무 일도 없었던 것처럼 태연하게 지내니 이 어찌 애통한 일이 아니겠는가! 나는 이 점을 우려하여 위로는 신라에서부터 아래로는 본조에 이르기까지 우리나라의 명장(名將)들을 모아 입전(立傳)하였으니, 옛일을 가져다 지금 시대를 경계하여, 나라의 사대부들로 하여금 모두가 문과 무가 본래 두 가지 이치가 아니고 재상과 장수가[117]

115 진실로……것이다 : 명(明)나라의 구원병 파견과 원조로 인해 조선이 멸망하지 않고 보전될 수 있었다고 보는 것이다.

116 빈 고을에 들어가듯 : 원문은 '승허읍(升虛邑)'으로 이는 《주역》 〈승괘(升卦) 구삼(九三)〉에 보인다. 상(象)에서는 "빈 고을에 들어가는 것은 저지당할까 의심할 바가 전혀 없는 것이다.〔升虛邑, 无所疑也.〕"라고 하였다.

117 재상과 장수 : 원문의 "안위주의(安危注意)"는 《사기(史記)》 권97 〈육가열전(陸賈列傳)〉의 "천하가 편안할 때에는 재상을 주의하고, 천하가 위태로울 때에는 장수를 주의한다.〔天下安, 注意相, 天下危, 注意將.〕"라는 구절에서 나온 말이다.

서로 경중이 되는 것을 알게 하고자 한 것이다.

가만히 살펴보건대 우리나라의 명장으로 충무공(忠武公) 이순신(李舜臣), 원수(元帥) 권율(權慄), 홍의장군(紅衣將軍) 곽재우(郭再祐) 같은 몇몇 분들은 빼어난 재주와 위대한 공로가 신라나 고려의 장수들에 못지않으니 나라에 사람이 없다고는 말할 수 없다. 다만 평소에 양성하지 않고 난리를 당해서야 중임을 맡겨서 다행히 공을 이룬 것일 뿐이니, 이른바 천리 밖에서 적을 꺾어서 국세(國勢)를 성대히 하고 먼 나라 사람에게 위엄을 보여준 것은 아니다.

아아, 우리나라에서 많은 인물들이 배출된 것은 울연히 성대하다고 할 만하다. 도학(道學)과 문장(文章)과 절의(節義)에 있어서는 위로 당(唐)나라 송(宋)나라와 같아서 감히 다른 나라가 견줄 바가 아니었으니 이에 천하 후세에 할 말이 있게 되었다. 후세의 역사가들은 거의 부끄러움이 없게 되었지만 유독 간성(干城)의 인재[118]에 있어서만은 도리어 삼국시대에도 미치지 못하니, 어찌 산천이 낳고 기르는 것이 옛날만 못해서이겠는가. 아니면 하늘이 인재를 양성함이 이것만 후(厚)하게 해주고 저것은 박(薄)하게 해주어서가 아니겠는가?

다행인 것은 서쪽, 남쪽과 우호를 맺어 닭이 울고 개가 짖는 소리에 놀라지 않고 수백 년 동안 태평성대를 향유하기에 이른 것이니,[119] 이는

118 간성(干城)의 인재 : 간성은 무장(武將)을 가리킨다. 무장은 국가를 보호하는 방패와 같고 성(城)과 같다는 의미로, 《시경》 〈주남(周南) 토저(兎罝)〉에 "굳센 무부는 나라의 간성이로다.〔赳赳武夫, 國之干城.〕"라고 하였다.

119 다행인……것이니 : 서쪽은 여진족인 청나라와 병자호란 때 맺은 화친을 가리키고, 남쪽은 일본과 임진왜란 때 강화조약을 맺은 것을 가리킨다. 이 구절은 임진왜란과 병자호란 이후 이계가 이 글을 쓰던 18세기 말에 이르기까지 큰 전쟁이 일어나지 않았다

실로 조종(祖宗)께서 쌓은 덕이요 국가의 큰 복록(福祿)이다. 비록 그렇기는 하지만 나라를 위한 원대한 계책으로는 이것만 믿고 편안히 지내서는 안 된다. 공자께서는 "문사가 있는 사람은 반드시 무비를 갖추어야 한다."[120]라고 말씀하셨으니 의미심장하도다, 성인의 가르침이여! 이 책을 읽는 사람들은 이에 나의 뜻을 알 수 있을 것이다.

는 의미이다.

120 문사가……한다 : 《공자가어(孔子家語)》 〈상노(相魯)〉에 보인다. 공자가 노(魯)나라의 대사구(大司寇)로 있을 때, 정공(定公)이 제후(齊侯)와 협곡에서 회합하려 하였다. 이에 공자가 말하기를 "신이 듣건대, 문사(文事)가 있는 자는 반드시 무비(武備)가 있어야 하고, 무사(武事)가 있는 자도 반드시 문비(文備)가 있어야 한다고 하였습니다. 옛날에 제후가 국경을 나갈 때에는 반드시 관원을 갖추어 따르게 하였으니, 좌우사마를 갖추어 호종하도록 하십시오.〔臣聞有文事者, 必有武備, 有武事者, 必有文備. 古者諸侯出疆, 必具官以從, 請具左右司馬.〕"라고 하였다.

《윤충헌공 실기》 서문[121] 윤충헌공은 윤전(尹烇)이다
尹忠憲公 烇 實紀序

신하된 자가 국난을 당하여 목숨을 바치는 것은 분명 직분상 당연한 일이다. 그러나 공자께서 살신성인(殺身成仁)이라 인정하시고 맹자께서 사생취의(捨生取義)라 칭찬하신 것[122]은 천명(天命)의 정리(正理)를 얻고 만세(萬世)의 대강(大綱)을 수립했기 때문이다. 그런데 그 식견은 일이 벌어지기 전에 훤히 알 수 있고 그 말은 위태롭게 될 것을 구할 수 있었음에도 힘이 미치지 못하여 끝내 몸을 바쳐 순국(殉國)하기에 이르면, 군자는 그 뜻을 더욱 슬프게 여기고 그 죽음을

121 윤충헌공 실기 서문 : 병자호란 때 강화도에서 순절한 윤전(尹烇, 1575~1637)에 관한 기록을 모아 펴낸 《윤충헌공실기》에 대한 서문으로, 윤전의 성품과 탁월한 식견(識見)을 기리며 후인들에게 본보기가 될 것이라고 평하는 내용이다. 《윤충헌공실기》는 윤전의 5대손 윤광석(尹光碩, 1747~1799) 등에 의해 1795년(正祖19)에 간행되었다. 윤전의 본관은 파평(坡平), 자는 회숙(晦叔), 호는 후촌(後村), 시호는 충헌(忠憲)이다. 1636년 병자호란이 발발했을 때 빈궁(嬪宮)을 배종(陪從)하여 강화도로 갔다. 강화도가 함락되자 송시직(李時稷) 등과 함께 자결하고자 두 번이나 목을 매었지만 구출되었고, 다시 칼로 자결하였는데 절명(絶命)하기 직전에 적병을 크게 꾸짖다가 피살되었다. 《실록》에는 청군(淸軍)이 철수해 돌아갈 때 성 밖으로 끌려나가 살해되었다고 되어 있다. 《顯宗實錄 2年 4月 17日》

122 공자께서……것 : 《논어》 〈위령공(衛靈公)〉에 "지사와 인인은 살기 위하여 인을 해치지 않고, 목숨을 바쳐서 인을 이루는 일은 있다.〔志士仁人, 無求生以害仁, 有殺身以成仁.〕"라고 하였고, 《맹자》 〈고자 상(告子上)〉에 "삶도 내가 바라는 바이고 의도 내가 바라는 바이지만 두 가지를 겸할 수 없다면 삶을 버리고 의를 취하겠다.〔生亦我所欲也, 義亦我所欲也, 二者不可得兼, 舍生而取義者也.〕"라고 하였다.

더욱 애석해한다.

나는 윤 충헌공께서 강화도에서 순사(殉死)하신 것에 대해 책을 덮고 시름겨워하는 바이다. 아아, 병자년의 일을 어찌 차마 말할 수 있으랴! 그 당시 몸바쳐 순국한 여러 현인들은 우뚝한 절의가 밝게 드러났으니 모두가 천하의 후세 사람들에게 떳떳하게 할 말이 있을 것이다. 그러나 유독 충헌공은 북쪽 사신이 흔단(釁端)을 일으키자[123] 사람들에게 말하기를, "우리가 이미 화친을 끊어버려서 조야(朝野)가 흉흉하거늘 조정에서는 신경도 쓰지 않고 안일하게 지내면서 미리 방비하여 막을 계책은 하나도 내지 않고 있다."라고 하였으니, 공께서 사전에 나라를 근심하는 우국충정이 이와 같았다.

종묘와 사직의 신주가 강화도로 옮겨감[124]에 이르러서는 재상에게

123 북쪽……일으키자 : 1636년(인조14) 2월 용골대(龍骨大), 마부대(馬夫大) 등이 사신으로 왔을 때 외교적인 문제가 일어났던 것을 말한다. 이들은 후금(後金) 태종(太宗)의 존호(尊號)를 조선에 알리고 인조(仁祖)의 비(妃) 인열왕후(仁烈王后) 한씨(韓氏)의 문상(問喪)을 위해 왔다. 그런데 자신들을 황제라 일컫고 조선을 속국(屬國)처럼 대함으로써 조선 측의 격한 반발을 불러일으켰다. 이에 조정의 신하들이 척화(斥和)를 주장하자 인조도 접견을 거절하고 국서(國書)를 받지 않았다. 《仁祖實錄 14年 2月 16日, 2月 21日, 4月 26日》

124 종묘와……옮겨감 : 청군은 1636년 12월 9일 압록강을 건넌 뒤 빠른 속도로 진격하였다. 13일에 평양, 14일에 개성을 지났다는 소식이 전해지자 인조는 원임대신(原任大臣) 윤방(尹昉)과 김상용(金尙容)으로 하여금 종묘사직의 신주를 받들고 세자빈 강씨(姜氏)와 원손(元孫), 봉림대군(鳳林大君), 인평대군(麟坪大君) 등을 인도하여 강화도로 피난 가도록 하였다. 참고로 강화도가 함락되는 와중에 종묘사직의 신주들을 땅에 파묻었다가 파헤치고 다시 파묻는 등의 일이 있었고, 전쟁이 끝난 뒤 훼손된 신주는 보수하거나 다시 만들었다. 이 일은 외규장각 의궤 중 《종묘수리도감의궤(宗廟修理都監儀軌)》에 자세하다.

편지를 올려서 김경징(金慶徵)[125]과 이민구(李敏求)[126]가 적을 막지 않고 방비를 해이하게 하는 죄를 통렬하게 논척하였다. 이어 청하기를 "급히 명을 내려서 나루터에 나아가 주둔하여 병력의 위세를 보이고 선박을 정돈하며, 안으로 강화도의 수비를 공고히 다지고 밖으로는 위태로운 남한산성을 지원해야 한다."라고 하였으나 이 말이 끝내 쓰이지 못하였다.

북쪽 병사들이 날 듯이 바다를 건너자 섬 전체가 와해되어 버렸다. 대신(大臣)과 종신(從臣)들은 서로 이끌고 타오르는 화염 속으로 뛰어들었으며,[127] 뜻 있는 선비와 용맹한 장부들은 어깨를 나란히 하고 적의 칼날에 목숨을 잃었으니, 비록 나라를 그르친 자들의 살점을 씹어먹는다 한들 이 일에 무슨 보탬이 되겠는가!

아아, 만약 공의 말이 화친을 끊은 초기에 쓰였다면 어찌 창졸지간에

125 김경징(金慶徵) : 김경징(1589~1637)은 인조반정(仁祖反正)의 공신이다. 병자호란 때 강도검찰사(江都檢察使)가 되어 방어의 임무를 맡아 부사 이민구(李敏求), 종사관(從事官) 홍명일(洪命一)과 함께 부임하였다. 독단적으로 일을 처리하고 지리적인 이점을 믿어 대비책을 강구하지 않다가 청군이 바다를 건너 쳐들어오자 나룻배를 타고 도망쳤다. 병자호란이 끝난 뒤 탄핵받고 사사(賜死)되었다.

126 이민구(李敏求) : 이민구(1589~1670)는 이수광(李睟光)의 아들로 1612년(광해군4) 문과에 급제하였다. 1624년 이괄(李适)의 난에 장만(張晩)의 종사관이 되어 공을 세웠다. 1636년 병자호란 때 강도검찰부사(江都檢察副使)가 되어 강화도로 갔으나 청군이 쳐들어오자 도망쳤다.

127 대신(大臣)과……뛰어들었으며 : 김상용(金尙容)이 강화성의 남문루(南門樓)에 화약을 장치하고 이를 터뜨린 뒤 뛰어들어 자결하였고, 이때 전 우승지(右承旨) 홍명형(洪命亨)과 생원 김익겸(金益兼), 별좌(別坐) 권순장(權順長) 등도 함께 자결한 것을 말한다. 김상용의 손자와 노복 한 명도 따라서 자결하였다.

파천(播遷)하는 거조가 있었겠으며, 천참(天塹)[128]을 지킬 때에 쓰였다면 어찌 짓밟히고 살육당하는 재앙이 있었으랴! 공과 같은 분은 살아서는 쓰러져가는 나라를 부지(扶持)하는 충성[129]을 다하였고 죽어서는 나라의 은혜에 보답하려는 마음을 밝혔다고 할 수 있으니, 평소에 익히고 함양한 것이 가슴속에 보전되지 않았다면 어찌 이렇게까지 할 수 있었겠는가!

듣기에 공께서는 젊었을 적에 우계(牛溪 성혼(成渾))와 사계(沙溪 김장생(金長生)) 두 분 군자를 종유(從遊)하였고, 또 중형(仲兄)인 팔송공(八松公)[130]과 함께 대단(臺端)[131]에 서 있을 때에는 엄격한 풍모로 스스로를 검속하면서 억눌려 침체되어도 후회하지 않았다고 하니, 이는 학문에 근본으로 삼은 바가 있어서 하루아침에 비분강개하여 목숨을 버린 사람이 견줄 수 있는 바가 아님을 볼 수 있다.

128 천참(天塹) : 천연적으로 이루어진 험한 해자(垓字)라는 의미로 중국의 장강(長江)을 가리키는 경우가 많으나, 여기에서는 강화도와 남한산성을 비유한 말로 쓰였다.

129 나라를……충성 : 원문의 '부전(扶顚)'은 넘어지려는 것을 부축한다는 말로 국가의 위기를 구제한다는 뜻이다. 춘추시대 노(魯)나라의 계씨(季氏)가 전유(顓臾)를 정벌하려 하자, 공자가 당시 계씨의 가신으로 있으면서도 이를 막지 않는 염구(冉求)에게, "위태로운데도 붙잡아 주지 못하고 넘어지는데도 부축해 주지 못하면, 저 보좌하는 신하를 어디에다 쓰겠느냐?〔危而不持, 顚而不扶, 則將焉用彼相矣.〕"라고 말한 데에서 유래하였다. 《論語 季氏》

130 팔송공(八松公) : 윤전의 형인 윤황(尹煌,1571~1639)으로 팔송은 호이다. 1597년(선조 30) 문과에 급제하여 내외의 여러 관직을 두루 역임하였다. 정묘호란 때 주화(主和)에 반대하였고, 병자호란 때에도 척화를 주장하다가 탄핵을 받았다. 시호는 문정(文正)이다.

131 대단(臺端) : 대각(臺閣)의 말단이라는 뜻으로, 사헌부와 사간원의 간관(諫官)들을 통틀어 이르는 말이다.

공께서 돌아가신 뒤 이미 관직을 추증하였고 또 사당을 세웠으니 융숭하게 보답하는 도리에 유감은 없을 것이다. 그런데 지금 공의 이손(耳孫)인 함양 군수(咸陽郡守) 광석(光碩) 보(甫)가 공께서 순사하신 시말과 유문(遺文) 및 행장(行狀)과 묘지(墓誌)를 모아서 판각을 하여 후세에 전하고자 나에게 글을 청하였다.

아아, 이 책이 완성되면 영원토록 신하된 사람들을 권면할 수 있으니 단지 한 집안의 문헌일 뿐만이 아니다. 나 양호는 평소 공의 의로움을 사모하여 채찍을 잡고 수레를 몰기를 원하였으나[132] 그 당시 공의 깊은 식견과 강직한 논의가 이처럼 우뚝했을 줄은 자세히 알지 못하였다. 그러므로 유독 이 점을 표창하고 선양(宣揚)하였으니, 후세에 이 책을 보는 이는 공의 언의(言議)가 실로 국가의 존망과 관련이 있어 단지 목숨을 바친 큰 절개뿐만이 아님을 알게 될 것이다.

132 채찍을……원하였으나 : 공경하고 사모한다는 의미로 한 말이다. 채찍을 잡는다는 말은 《사기(史記)》 권62 〈관안열전(管晏列傳)〉에 "안자(晏子)가 살아 있다면 내가 비록 그를 위해 말채찍을 잡는다 해도 기꺼이 받들어 할 것이다.〔假令晏子而在, 余雖爲之執鞭, 所忻慕焉.〕"라는 말에서 유래하였다.

조씨 십삼충록 서문[133]

趙氏十三忠錄序

충(忠)이란 신하된 자의 대절(大節)로 성인께서는 이를 "인(人)을 이루었다."[134]라고 하셨다. 한 나라에서 한 사람을 얻는 것도 어려운데 하물며 한 가문에 있어서랴! 한 가문에서 한 사람을 얻는 것도 어려운데 하물며 십여 인에 있어서랴! 나는 함안(咸安) 조씨(趙氏) 가문에 대해 오싹하게 놀라서 감탄하고 탄식하는 바이다.

삼가 가전(家傳)을 살펴보니, 어계선생(漁溪先生) 휘 려(旅)[135]는 태

133 조씨 십삼충록 서문 : 이 글은 함안 조씨 가문 조려(趙旅)와 그의 4세, 5세, 6세 후손들의 행적을 기술하며 충절을 기리는 글로 1794년(정조18)에 쓰였다. 원래 1784년(정조8) 서산서원(西山書院)에서 《함안조씨십충실록(咸安趙氏十忠實錄)》을 간행하여 조려(趙旅)·조붕(趙鵬)·조방(趙埅)·조종도(趙宗道)·조신도(趙信道)·조민도(趙敏道)·조응도(趙凝道)·조익도(趙益道)·조선도(趙善道)·조계선(趙繼先) 10인의 사적을 수록하였고, 서문은 채제공(蔡濟恭), 발문은 조옹(趙瀜)이 썼다. 이후 조탄(趙坦)·조준남(趙俊男)·조형도(趙亨道) 3인의 사적을 추가하여 간행하고 《함안조씨십삼충실록》이라고 부른 듯하다. 국립중앙도서관에 소장된 《함안조씨십충실록》을 보면 책의 후반부에 이계의 서문을 포함하여 16년가량의 내용이 덧붙어 있고 발미에 '咸安趙氏十三忠實錄終 西山書院藏板'이라고 되어 있다.

134 인(仁)을……이루었다 : 살신성인(殺身成仁)을 말한다. 《논어》〈위령공(衛靈公)〉의 "지사와 인인은 목숨을 구하고자 인을 해치지 않고, 목숨을 바쳐서 인을 이루는 일은 있다.〔志士仁人, 無救生以害仁, 有殺身以成仁.〕"라는 구절에서 나온 말이다.

135 어계선생(漁溪先生) 휘 려(旅) : 생육신(生六臣)의 한 사람인 조려(趙旅, 1420~1489)이다. 호는 어계이고 시호는 정절(貞節)이다. 1455년(단종3) 단종이 세조(世祖)에게 선위(禪位)하자 성균관에 있다가 고향인 함안(咸安)으로 돌아가 은거하였다. 1698

학생(太學生)으로서 장릉(莊陵 단종(端宗))이 내선(內禪)[136]하자 여러 유생들에게 읍하여 인사하고, 낙동강(洛東江)가의 백이산(伯夷山) 아래로 돌아가 은거하여 종신토록 출사하지 않았다. 당시 사람들이 그를 김열경(金悅卿 김시습(金時習))에 비겼으니 거의 인(仁)을 구해서 인을 얻은 사람이다.[137]

이후로 자손들은 대대로 충의(忠義)를 돈독히 하였다. 4세손 붕(鵬)은 훈련원 첨정(訓練院僉正)으로 임진왜란 때 의기를 떨쳐 왜적과 싸웠으나 화살이 떨어지고 힘이 다하자 적을 꾸짖다가 죽었다.

탄(坦)은 적들이 부친의 무덤을 도굴하자 널〔柩〕을 짊어지고 강물을 헤엄쳐 건너가서 임시로 장사를 지냈다. 복수할 것을 맹서하고 홍의장군(紅衣將軍) 곽재우(郭再祐)를 따라 화왕산성(火旺山城)[138]을 지키면서 참획(斬獲)한 것이 매우 많았다. 체찰사(體察使) 이원익(李元翼)

년(숙종24)에 단종(端宗)이 추복(追復)된 뒤 이조참판에 추증되었다. 함안 서산서원(西山書院)에 김시습(金時習)·이맹전(李孟專)·원호(元昊)·남효온(南孝溫)·성담수(成聃壽) 등과 함께 배향되었다. 귀향하여 서산(西山)가에 살았는데 후세 사람들이 서산을 백이산(伯夷山)이라고 불렀다고 한다.

136 장릉(莊陵)이 내선(內禪) : 장릉은 단종의 능호(陵號)이고, 내선은 생전에 왕위를 물려주는 것이다. 1455년(단종3) 윤6월 11일 단종이 수양대군(首陽大君)에게 양위(讓位)한 것을 가리킨다.

137 인(仁)을……사람이다 : 이 구절은 《논어》 〈술이(述而)〉에 수록된 자공(子貢)과 공자의 대화에서 나온 것이다. "'백이와 숙제는 어떠한 사람입니까?' '옛날의 현인이다.' '원망하였습니까?' '인을 구하여 인을 얻었으니, 또 무엇을 원망하였겠는가.'〔'伯夷叔齊何人也?' 曰'古之賢人也.' 曰'怨乎?' 曰'求仁而得仁. 又何怨.'〕"라고 하였다.

138 화왕산성(火旺山城) : 경상남도 창녕에 있는 산성이다. 삼국시대에 축성되었고 폐성되었으나 임진왜란 때인 1596년(선조29) 이원익(李元翼)이 수축하였고, 이듬해 곽재우가 내성(內城)을 쌓고 이곳을 근거지로 삼아 왜군을 막는 공을 세웠다.

공이 조정에 아뢰어 훈련판관(訓鍊判官)에 제수되고 원종공신(原從功臣)[139]에 녹훈(錄勳)되었다. 그 아우 방(埅)은 형과 함께 산성을 수비하며 힘을 다해 싸워서 적을 물리쳤다.

5세손 종도(宗道)는 정유재란(丁酉再亂) 때 함양 군수(咸陽郡守)로 있었는데 이미 체차(遞差)되었음에도 떠나지 않고 고을의 자제들을 거느리고 굳게 지키다가 성이 함락되자 아내와 함께 죽었다. 신도(信道)는 온양 군수(溫陽郡守)로 선조(宣祖)를 호종(扈從)하였고, 이후 한강가에서 왜적들을 염탐하던 중 적과 마주쳐 전사하였다.[140]

민도(敏道)는 순변사(巡邊使) 이일(李鎰)을 따라 상주(尙州)에서 전사하였다. 준남(俊男)은 왜적이 조상의 묘를 파헤치자 서슬퍼런 칼날을 무릅쓰고 왜적들 가운데로 들어가 흙을 파서 시신을 덮었다. 적들이 항복하라고 을러댔으나 굴하지 않고 차고 있던 칼을 빼 스스로 목을 찔러 자결하였다.

응도(凝道)는 고성 현령(固城縣令)이었는데 적이 갑자기 닥치자 힘껏 싸우다가 전사하였다. 익도(益道)는 갑자년(1624, 인조2)에 역적 이괄(李适)의 막하(幕下)에 있었는데 이괄이 그를 꺼려하여 외지(外地)로 파견하였다. 가던 도중에 이괄이 반란을 일으켰다는 말을 듣고 말을 달려 행재소로 나아갔다. 상(上)의 명을 받고 도원수(都元帥) 장만(張晩)의 진영(陣營)으로 가서, 선봉에 서서 적을 공격하였고 이

139 원종공신(原從功臣) : 왕실이나 국가에 공을 세운 정공신(正功臣)을 정할 때 작은 공을 세운 사람에게 주는 공신 칭호이다.

140 온양 군수(溫陽郡守)로……전사하였다 : 원문은 '호종점적(扈從覘賊)'인데 조신도의 행적을 살펴서 '한강가'를 추가하여 번역하였다.

괄의 반란이 진압된 뒤 녹훈(錄勳)되었다.[141]

선도(善道)는 갑오년(1594, 선조27)에 겨우 열다섯 살이었다. 천병(天兵)이 남하(南下)한다는 것을 듣고 모친에게 청하여 술 한 병을 들고 천장(天將 명(明)나라 장군)의 진영에 나아가 말하기를 "제가 일찍이 책을 읽다가 '단사호장(簞食壺漿)으로 왕사(王師)를 맞이한다'[142]라는 것을 보았습니다. 감히 이 술을 족하께 바칩니다."라고 하였다. 천장이 이를 크게 기특해하며, "훌륭하도다, 충효로운 아이로다."라고 하였다. 갑자년 이괄의 난이 일어나자 절도사(節度使)를 좇아 길마재〔鞍峴〕의 진영[143]에 갔고 이후 책훈(策勳)되었다.

형도(亨道)는 병자호란(1636, 인조14) 때 나이 70이 넘었으나 전(前) 군수(郡守)로서 홀로 근왕(勤王)하였다. 충주에 이르렀을 때 화의(和義)가 성립되었다는 소식을 듣자 북쪽을 향해 통곡하고 곧장 고향으로 돌아왔는데 등창이 나서 죽었다.[144]

141 갑자년에……녹훈되었다 : 갑자년은 1624년(인조2)으로 이괄의 반란이 일어났던 해이다. 녹훈되었다는 것은 이괄의 난을 진압하는 데 공을 세웠다는 의미로, 조익도가 진무공신(振武功臣)에 녹훈(錄勳)된 것을 말한다.

142 단사호장(簞食壺漿)으로……맞이한다 : 먹을 것과 마실 것을 준비하여 군대를 환영한다는 의미로 여기서는 명나라 군대를 환영한다는 뜻이다. 《맹자》〈양혜왕 하(梁惠王下)〉에 "대바구니에 밥을 담고 병에다 장물을 담아서 왕(王)의 군대를 환영한다.〔簞食壺漿, 以迎王師.〕"라고 하였다.

143 길마재〔鞍峴〕의 진영 : 도원수(都元帥) 장만(張晩)이 거느리는 관군을 말한다. 1624(갑자)년에 이괄이 난을 일으키자 장만이 거느리는 관군이 이괄의 반군을 추격해왔다. 이괄이 한양에 입성하자 장만 등은 길마재〔鞍峴〕에 진을 치고 반란군과 전투를 벌여 크게 승리했다. 이괄은 대패한 뒤 패잔병을 이끌고 달아나다가 이천에 이르렀을 때 부하들에게 살해당하였다.《國朝寶鑑 卷34 仁祖1》

6세손 계선(繼先)은 정묘년(1627, 인조5) 의주 부윤(義州府尹) 이완(李莞)의 막하에 있었는데, 오랑캐들이 밤에 습격하여 성이 함락될 때 힘이 다하여 죽었다.

어계(漁溪) 이후 모두 6대에 걸쳐서 적을 죽인 이가 7인, 종군하여 적을 물리친 이가 4인, 근왕하다가 병사한 이가 1인이니, 죽고 산 것은 비록 다르지만 나라에 충성한 것은 한가지이다. 아아, 성대하도다. 예전에 들어보지도 못한 일이다. 이를 통해 국조에서 절의(節義)를 배양한 교화가 유독 한 가문에 모여서 역사책에 기록하여 후세에 영원히 전할 만하다는 것을 볼 수 있다. 나의 직분(職分)이 태사(太史)이므로 삼가 관직과 성명과 사적(事蹟)을 서술하여 국사를 편찬하는 데 대비하고자 한다.

144 등창이 나서 죽었다 : 원문은 '저발배사(疽發背死)'로 이는 등에 독창이 나서 죽었다는 뜻인데 항우의 군사(君師)인 범증(范增)이 모함을 받고 물러나 돌아갈 때 등창이 나서 죽었다는 이야기에서 따온 것이다.

《호남 절의록》 서문[145]

湖南節義錄序

성인께서 신하된 사람의 대절(大節)을 일컬어 견위수명(見危授命)이라고 하시고 또 살신성인(殺身成仁)이라고 하셨다.[146] 국가가 위태롭고 어려운 시대를 만나 목숨을 바치고 몸을 버리는 것은 신하된 도리를 다하는 것이니 이를 일러 절의(節義)라고 한다. 그러나 예로부터 국가의 신하들 중 절의로써 일컬어지는 자는 한 시대마다 손으로 꼽을 만큼에 불과하였으니 어찌 이리 어렵단 말인가!

145 호남 절의록 서문 : 《호남절의록》은 나라의 위기에 공을 세우거나 절의(節義)를 지킨 호남 출신 인물들의 사적(事蹟)을 수록한 책이다. 임진왜란과 이괄의 난, 정묘호란, 병자호란 그리고 영조 때의 이인좌(李麟佐)의 난 등 다섯 차례의 큰 국난과 왜구와 여진의 국경 침입, 명(明)의 요청으로 출전하여 후금(後金)과 벌인 전투 등에 관련된 인물들이 실렸다. 이 책은 1799년(정조23)에 간행되었고 이계 외에 유광천(柳匡天)·고정헌(高廷憲)의 서문이 함께 있으며, 판본에 따라 고정헌의 서문만 수록된 것도 있다. 본문에서 이계는 수록된 이들이 900여 명에 이른다고 하였지만 함께 순절한 사람들까지 모두 포함하면 수록된 인물은 총 1,460여 명에 이른다. 호남에서 일어났던 의병(義兵)의 규모나 주도층의 성격 등을 파악할 수 있어 사료적 가치가 높다.

146 견위수명(見危授命)이라고……하셨다 : '견위수명'과 '살신성인'은 공자가 한 말로, 여기서는 나라의 위태로움을 구제하고자 목숨을 바쳤다는 의미이다. 《논어》 〈헌문(憲問)〉에서 자로(子路)가 성인(成人)에 대해 물었을 때 공자는 "이익을 보면 의(義)를 생각하고, 위태로운 것을 보면 목숨을 바쳐 구하며, 오랜 약속에 평소의 말을 잊지 않는다면 또한 성인이라고 할 수 있다.〔見利思義, 見危授命, 久要不忘平生之言, 亦可以爲成人矣.〕"라고 하였고, 《논어》 〈위령공(衛靈公)〉에서 공자는, "뜻 있는 선비와 어진 사람은 삶을 구하다가 인을 해치는 경우는 없고, 목숨을 바쳐서 인을 이루는 경우는 있다.〔志士仁人, 無求生以害仁, 有殺身以成仁.〕"라고 하였다.

돌이켜보면 우리나라는 불행을 당하여 중세에 어려움이 많았다. 옛날 임진년(1592)부터 병자년(1636)에 이르기까지 네 차례나 큰 난리를 겪었으니, 첫번째는 섬나라 오랑캐들이 나라를 뒤흔든 것[147]이요, 둘째는 장수가 반란을 일으켜 거병한 것[148]이며, 셋째는 항복한 장수가 원한을 갚은 것[149]이고 넷째는 서쪽 이웃나라가 급작스럽게 군대를 보낸 것[150]이다. 크게는 8년에 걸친 전쟁으로 백성들이 어육이 되었고 급하게는 3일 만에 도성까지 들이닥쳐 종사(宗社)가 거의 뒤집어질 뻔하였다.[151] 용맹한 장수와 굳센 병사들의 시체가 너른 들판을 채우고

147 섬나라……것 : 1592년(선조25)에 일어난 임진왜란을 말한다.

148 장수가……것 : 1624년에 일어났던 이괄의 난이다. 인조(仁祖)가 즉위한 이후 역모(逆謀)에 관한 무고사건이 일어나 이괄의 아들과 휘하의 장수가 조사를 받게 되었다. 이에 이괄이 평안도의 정예병을 거느리고 반란을 일으켜 20여 일 만인 2월 11일에 한양에 입성하였으나, 이후 장만(張晩)이 이끄는 관군에 패하여 도망치던 중 2월 15일 부하들에게 살해당하고 반란은 진압되었다.

149 항복한……것 : 1627년(인조5) 1월부터 3월까지 일어났던 정묘호란을 말한다. 명나라의 요청으로 출병한 강홍립(姜弘立)은 광해군의 지시로 후금에 항복하고 억류되어 있었다. 인조반정 이후 조선은 친명배금(親明排金) 정책을 시행하였고 이괄의 난 때 후금으로 달아난 잔당들이 조선의 실정을 알리자, 후금은 이괄의 잔당과 강홍립 등을 앞세우고 광해군의 원수를 갚는다는 명분으로 침입하였다. 항복한 장수가 원한을 갚는다는 것은 이를 빗대어 표현한 것이다.

150 서쪽……것 : 본래 '서쪽 이웃〔西隣〕'은 춘추시대 진(秦)나라를 의미하였는데 여기서는 청(淸)나라를 의미한다. 1636년에 일어난 병자호란을 말한다.

151 크게는……뻔하였다 : 8년에 걸친 전쟁은 임진왜란을 말하고, 3일 만에 도성까지 들이닥쳤다는 것은 병자호란을 말한 것이다. 후금(後金)은 1636년 12월 9일 압록강을 건넌 뒤 빠른 속도로 진격하여 13일에 평양, 14일에 개성을 통과하였고 15일에는 남한산성까지 이르렀다. 침입 소식을 알리는 장계는 12일에 도착하였고 인조는 14일에 강화도로 가려다가 이미 후금군에 길이 막히자 남한산성으로 들어갔다.

충성스러운 신하와 의로운 선비가 타오르는 불길 속으로 몸을 던졌으며, 성을 지키다가 적에게 죽임을 당한 이가 있고 사지가 잘리면서 죽을 때까지 싸운 자도 있으며 무리를 모아 근왕(勤王)한 자가 있고 의기(義氣)를 떨치다 목숨을 바친 자도 있다. 왕왕 전군(全軍)이 모두 몰살당하거나 한 집안 모두가 도륙당하기도 하였으니, 하늘의 태양도 빛을 잃고 산천에는 모두 피가 흘러넘쳤다.

당시 나라의 형세가 참으로 위태로워 불안하였거늘 끝내 조종(祖宗)의 영령[152]께 제사를 올릴 수 있고 나라를 무사히 보전할 수 있었던 것[153]은 실로 조종께서 쌓으신 덕(德)에 힘입은 것이다. 받은 천명(天命)이 크고 주밀하여[154] 확고하게 흔들리지 않는 형세가 있었고 또 선비들이 의기(義氣)를 배양하고 백성들의 마음을 결집시켜서 마치 자제들이 부형을 지킴에 죽음을 무릅쓰고 물러나지 않는 것처럼 하였던 덕분이다. 이 어찌 위대하지 않으랴!

팔도(八道) 중에서도 의병을 일으켜 국난에 달려온 이들은 호남이 가장 성대하고 적을 무찌르고 공을 세운 이들 또한 호남에 많았으니,

152 조종(祖宗)의 영령 : 원문의 '묘석(廟祏)'은 종묘(宗廟)에서 신주를 담아두는 석갑(石匣)인데, 조종(祖宗)의 신령(神靈)을 비유하는 말로 쓰인다.

153 나라를……것 : 원문의 '금구무결(金甌無缺)'은 금으로 만든 사발이 이가 빠지지 않고 완전한 형태를 유지하는 것으로, 국가가 온전하고 견고하게 유지되는 것을 비유한다. 《남사(南史)》 권62 〈주이전(朱异傳)〉에 무제(武帝)가 "내 나라는 금사발과 같아 이가 빠진 곳이 하나도 없다.〔言我國家猶若金甌, 無一傷缺.〕"라고 말한 데에서 유래하였다.

154 받은……주밀하여 : '기명(基命)'은 천명(天命)을 받는 것을 의미한다. 《시경》 〈주송(周頌) 호천유성명(昊天有成命)〉에 "하늘이 정한 명을 문왕과 무왕이 받으셨네. 성왕이 편히 지내지 못하여 밤낮으로 명을 닦아 크고 치밀하게 하였네.〔昊天有成命, 二后受之. 成王不敢康, 夙夜基命宥密.〕"라고 하였다.

이는 산천이 웅장하고 수려하며 풍속은 호방하고 굳세어 기절(氣節)과 의리(義理)를 높이고 명예와 절조를 중히 여겼기 때문일 것이다. 조정에서 포장(褒奬)하고 격려(激勵)하였으니 이미 유감이 없어서 지금까지도 사람들의 이목에 환히 비추고 사서(史書)에 이름이 밝게 빛난다. 그러나 본도의 인사들은 세월이 멀어짐에 따라 성광(聲光)도 희미해졌다고 여기고 모두 모아서 한 부(部)로 묶어 후세에 영원히 전하고자 하였다. 위로는 나라에서 인재들을 기르고 이루어낸 아름다움을 천양하고 아래로는 사대부들의 대(代)를 이은 덕(德)과 남긴 업적을 현창하며, 아울러 척화(斥和)를 주장하여 정도(正道)를 지킨 신하들과 의(義)를 지켜 목숨을 바쳤던 선비들도 덧붙였다. 또 을묘년에 왜(倭)를 막아낸 것[155]과 정사년에 호인(胡人)들을 방어한 일,[156] 무오년에 병사들을 징발한 일[157]과 무신년의 반란[158]이 있었을 때 위용(威勇)을 수립

155 을묘년에……것 : 을묘왜변(乙卯倭變)이다. 1555년(명종10) 5월 전라남도 강진과 진도 일대에 왜구들이 대거 침입하여 약탈과 노략질을 벌인 것을 말한다. 당시 절도사 원적(元積)과 장흥부사 한온(韓蘊) 등이 전사하였다.

156 정사년에…… 일 : 1557년(명종12) 5월 여진족이 침입한 것을 말한다. 《호남절의록》〈정사의적(丁巳義蹟)〉에 만포첨사(滿浦僉使) 송문조(宋文祖)와 종성판관(鍾城判官) 최희정(崔希汀) 두 사람이 수록되어 있다. 송문조에 관해서는 《순조실록》 2년 1월 28일 기사와 《일성록(日省錄)》 정조 24년 3월 22일 기사에 보인다.

157 무오년에……일 : 무오년은 1618년(광해군10)이다. 당시 명의 요청으로 강홍립을 원수로 삼아 조선군을 파병한 일을 말한다. 명과 조선, 여진의 연합군과 후금군은 사르후(薩爾滸, 深河)에서 싸웠는데, 이 전투에서 후금이 승리하여 만주를 차지하고 전세가 기울기 시작하였다. 후방에 있던 조선군은 후금군에 맞섰지만 크게 패하고 포위당한 끝에 항복하였다. 《호남절의록》에 수록된 인물로는 이유길(李有吉)·이부영(李富永)·오신남(吳信男)·최처중(崔處中)·오직(吳稷)·이계종(李繼宗)·윤득(尹得)·박응추(朴應樞)가 있다. 말미에 송덕일(宋德馹)이 있는데 이는 임진왜란 때 이순

하고 공을 세운 사람에 이르기까지, 모두 합쳐서 분류해보면 총 구백여 인이나 되니 어찌 그리 성대하단 말인가!

내가 젊었을 적에 거듭 명을 받아 호남에 가면서 산천의 아름다움과 문헌의 훌륭함, 명현들의 절조(節操) 있는 행실을 두루 살펴본 적이 있다. 묘표(墓表)와 기(記)와 전(傳)은 요사이 찬술하여 드러낸 것인데 더구나 나와 동종(同宗)으로 도(道) 안에 살고 있는 사람들 중에서 걸출한 공을 수립한 이가 많아 《창의록》에 이름이 올랐다. 장차 꽃다운 명성을 후세에 드리울 것이니, 나 또한 영광을 함께할 것이다.

여기에 수록된 제현들의 후손들은 각자 노력함으로써 선조의 아름다움을 계승하고 이름과 행실을 닦아서, 거처함에 임금께 충성하는 의(義)를 강구하고 나아가서는 나라를 호위하려는 정성을 생각하여 우리 열성조의 깊은 은덕과 두터운 은혜를 저버리지 않는다면 일로(一路)의 영광이 될 것이요 후세에 영원히 알려질 것이다.

신(李舜臣)의 참좌(參佐)였다.

158 무신년 반란 : 1728년(영조4)에 일어난 이인좌(李麟佐)의 난을 가리킨다. 영조 즉위 후 소론 강경파 인사들은 영조가 숙종의 아들이 아니고 경종의 죽음과도 연관이 있다 하여 밀풍군(密豊君) 이탄(李坦)을 왕으로 추대하려 하였다. 이인좌는 청주에서 거병하여 3월 15일 청주성을 함락시켰고, 영남과 호남에서도 동조하는 세력이 일어났다. 그러나 24일 관군에게 대패하고 체포되어 처형당했으며 나머지 반군도 모두 소탕되었다. 이때 공을 세운 인물들은 분무공신(奮武功臣)에 녹훈되었고 그 전말을 기록한 것이 《분무녹훈도감의궤(奮武錄勳都監儀軌)》이다.

《진양 사세 충의 합편》 서문[159]

晉陽四世忠義合編序

마음을 다해 임금을 섬기는 것을 충(忠)이라고 하고 몸을 잊고 나라를 위해 목숨을 바치는 것을 의(義)라고 한다. 이것이 바로 신하된 자의 대절(大節)이니 국가가 유지하여 장구하게 보전되는 것이 실로 여기에 힘입은 바가 있다. 작은 나라가 천자의 조정을 섬김에 있어서도 그 의리가 또한 이와 같으니 그런 까닭에 공자께서 《춘추》를 지으실 때 이에 엄격하고 신중하셨다.

우리나라는 황명(皇明)으로부터 재앙에서 구해주고 멸망에서 일으켜준 은혜를 받았으니 임금과 신하, 아비와 자식의 관계와 같다. 이에 우리 성상께서 즉위하신 뒤 처음으로 그 의리를 밝히사 매년 단(壇)에 제향을 올리시고 몸소 홀과 제기를 받드셨으며,[160] 삼황(三皇)의 기일

159 진양 사세 충의 합편 서문 : 진주 유씨(晉州柳氏) 가문의 4대에 걸친 8사람의 절행(節行)을 수록한 책에 쓴 서문이다.

160 매년……받드셨으며 : 대보단(大報壇)에서 친히 제사를 지낸 것을 말한다. 대보단은 숙종(肅宗)이 임진왜란 때 명 신종(明神宗) 만력제(萬曆帝)가 군내를 보내 나라를 구해준 은혜를 기리기 위해 1704년(숙종30)에 지은 단으로 창덕궁 금원(禁苑) 밖, 옛 별대영(別隊營) 자리에 제단 형태로 지어졌다. 1749년(영조25) 대대적인 보수와 증축을 하면서 명 태조(明太祖)와 마지막 의종(毅宗)까지 함께 제사를 지냈다. 초기에는 명나라가 멸망한 3월 상순에 한 차례 친제(親祭)를 지냈고, 1749년부터는 세 황제의 기일 및 즉위일에 망배례(望拜禮)를 행하였다. 특히 기일에 행한 망배례는 공개적으로 행하였으며 명나라에서 귀화한 사람들의 후손이나 임진왜란과 병자호란 때 활약한 충신 및 열사들의 후손도 참여하였다.

(忌日)마다 향(香)을 올리고 요배(遙拜)하시며 공북문(拱北門)을 돌아보고 풍천지감(風泉之感)을 부치셨다.[161] 조신(朝臣)들 중 명나라를 위해 절조를 다한 이들은 더욱 간곡하고 후하게 하시니 그들을 포장(襃奬)하고 추증(追贈)하며 또 후손을 녹용(錄用)하시고 이어 재신(宰臣) 이의준(李義駿)과 문신 성대중(成大中)에게 명하여 《존주록(尊周錄)》[162]을 편찬하게 하셨다.

그리하여 지난 병자·정축년[163] 무렵과 갑신년[164] 이후 절행(節行)과 언론(言論)으로 대의(大義)에 관계된 것들이, 가려진 것은 모두 밝혀

161 삼황(三皇)의……부치셨다 : 삼황은 명 태조(明太祖)와 신종(神宗), 마지막 황제 의종(毅宗)이다. 공북문은 대보단의 남쪽 외곽에 있던 문의 이름이다. '공북(拱北)'은 '공진(拱辰)'과 같은 의미로 《논어》 〈위정(爲政)〉에 "덕정(德政)을 행하면 북신(北辰)이 제자리에 있어도 뭇 별들이 북신을 향하는 것과 같다.〔爲政以德, 譬如北辰居其所, 而衆星共之.〕"라는 구절에서 유래하였다. '풍천지감'은 《시경》 〈회풍(檜風) 비풍(匪風)〉과 〈조풍(曹風) 하천(下泉)〉을 가리킨다. 본래 제후국 사람들이 주(周)나라를 생각하여 지은 시인데 여기서는 명나라를 생각하는 마음을 빗대어 표현한 것이다.

162 존주록(尊周錄) : 1623년(인조1) 인조 즉위 후 장만(張晩)을 팔도 도원수(八道都元帥)로 임명하여 가도(椵島)에 주둔한 모문룡(毛文龍)과 함께 후금(後金)을 공격하도록 한 기사부터 1800년(정조24) 5월 정조가 승하한 직후까지 후금 및 청과의 전쟁, 대외 교섭사 및 이와 관련된 국가의 행사, 제신(諸臣)들의 사적을 기록한 책이다. 책의 첫머리에는 1796년(정조20) 7월 23일 정조가 좌승지 이서구(李書九), 예조판서 민종현(閔鐘顯), 부총관 이의준(李義駿) 등을 성정각(誠正閣)으로 불러서 완성된 초본(艸本)을 수정하고 이서구와 성대중(成大中)에게 범례를 작성하도록 지시한 사실 등이 수록되어 있다.

163 병자·정축년 : 1636년(인조14)부터 1637년(인조15)으로 병자호란을 말한다.

164 갑신년 : 1644년(인조22)이다. 이해 4월 25일 이자성(李自成)의 반란군이 북경을 함락시키자 명나라의 16대 황제인 의종(毅宗) 숭정제(崇禎帝)가 자금성(紫禁城)의 북쪽 경산(景山)에서 목을 매어 자진(自盡)함으로써 명나라가 멸망하였다.

지고 사소한 것도 모두 드러나서 북두성처럼 밝게 빛나고 숭산(嵩山)과 화산(華山)처럼 우뚝해졌으니 천하 만세에 할 말이 있게 되었다.

우리 나라의 사대부들 중에서 《존주록》에 이름이 오른 사람들은 존귀하고 영광스럽지 않음이 없다. 그런데 한 집안에서 사대(四代)에 걸쳐 충직(忠直)으로 기틀을 세우고 절의로 서업(緖業)을 전하여 시호(諡號)를 받고 입전(立傳)된 이가 여덟이나 있으니 진양 유씨(晉陽柳氏)가 그러하다. 어찌 그리 성대한가!

처음에는 정민공(貞敏公)[165] 이 엄숙한 얼굴빛으로 조정에 서서 삿된 것을 물리치고 바른 것을 지켜 사기(士氣)를 넓히고 국맥(國脈)을 부지하여 우뚝하게 명신(名臣)이 되었고 후손들이 번성하여 대대로 위인들이 나왔다.

충경공(忠景公)[166] 같은 이는 임진왜란을 당하여 진충보국(盡忠報國)이라고 등에 새기고[167] 충무공 이순신과 한마음이 되어 죽을 힘을

165 정민공(貞敏公) : 유진동(柳辰仝, 1497~1561)이다. 자는 숙춘(叔春), 호는 죽당(竹堂), 정민은 시호이다. 1522년(중종17) 사마시를 거쳐 1531년(중종26) 문과에 급제하고 예문관 검열이 되었다. 공조 판서를 거쳐 오위도총부 도총관(五衛都摠府都摠管)에 이르렀다.

166 충경공(忠景公) : 유형(柳珩, 1566~1615)이다. 유진동의 손자이다. 자는 사온(士溫), 호는 석담(石潭), 충경(忠景)은 시호이다. 임진왜란 때 창의사 김천일(金千鎰)을 따라 활동하고, 의주 행재소(行在所)에 가서 선전관(宣傳官)에 임명되었다. 1594년(선조27) 무과에 급제했고, 1597년(선조30) 통제사 이순신(李舜臣)의 막료가 되어 공을 세웠고, 훗날 삼도수군 통제사(三道水軍統制使)와 각지의 병마절도사(兵馬節度使)를 역임하고 황해도 병마절도사로 재임 중 죽었다. 이순신은 후임자를 묻는 이덕형(李德馨)의 질문에 '충의와 담략으로 유형만한 이가 없다'고 대답한 일이 있다. 《月沙集 卷42 嘉善大夫咸鏡北道兵馬節度使柳公神道碑銘》

다했으면서도 공훈은 사양하여 자처하지 않았다.

충장공(忠壯公)은 병자년의 난리를 당하여 외로운 군사들을 이끌고 강한 적을 물리쳤다.[168] 화친(和親)이 맺어진 뒤 억지로 징병(徵兵) 요구에 응했지만 화살촉과 탄환을 제거하고 발포하니 의로운 명성이 화이(華夷)에 드러났다.[169]

167 등에 새기고 : 유형은 1594년(선조27) 무과에 급제한 뒤 선조의 친유(親諭)를 받고 감격하여 '진충보국(盡忠報國)' 네 글자를 등에 새겼다고 한다. 옛날 송(宋)나라 때의 충신이자 명장인 악비(岳飛)가 자신의 등에 '진충보국' 네 글자를 문신으로 새긴 일을 본받은 것으로 보인다. 유형의 손자인 훈련원 도정(訓鍊院都正) 유병연(柳炳然)도 등에 네 글자의 문신을 새겼다고 한다.《日省錄 正祖20年 8月 9日》

168 충장공(忠壯公)은……물리쳤다 : 충장공은 유림(柳琳, 1581~1643)으로 유진동의 손자이다. 1603년(선조36) 무과에 급제하고 1636년(인조14)에 평안도 병마절도사에 임명되었다. 병자호란 때 순찰사 홍명구(洪命耉)와 함께 적병을 추격하여 철원과 김화(金華)에서 전공을 세웠다. 청의 요구로 명(明)과의 전투에 출전했었고 귀국 후 지중추부사(知中樞府事)·통제사(統制使) 등을 역임하였다.

강한 적을 물리쳤다는 것은 김화에서의 전투를 말한다. 유림은 안주성(安州城)을 우회한 청군을 추격하였고 관찰사 홍명구(洪命耉)의 부대와 합류하여 철원에서 도르곤〔多爾袞〕의 좌익군(左翼軍) 일부를 물리쳤다. 이후 김화로 이동한 이들은 1만여 청군의 공격을 받았으나, 지형의 이점을 살려서 네 차례에 걸친 공격을 모두 막아내었다.

169 화살촉과……드러났다 : 1638년(인조16) 7월 28일 청나라의 요구에 의해 군대를 파견하면서 이시영(李時英)을 상장(上將), 유림을 부장(副將)으로 임명하였다. 이들은 고의로 행군을 지체하여 기일에 늦게 도착하였고 청나라 장수 마부대는 늦게 온 것을 책망하고 되돌려보냈다. 1641년 2월에는 청의 금주위(錦州衛) 공격에 참여하게 되었는데 당시 유림은 병을 핑계로 누워 있으면서 밀명(密命)을 내려 공포(空砲)를 쏘게 하였다.《練藜室記述 仁祖朝 故事本末》《東溟集 권15 統制使柳公神道碑》 명성이 화이에 드러났다는 것은 정조(正祖)의 말을 통해 알 수 있다. 정조는 "유림은 명(明)나라를 위하여 금주(金州)의 전투에서 절의를 온전히 하였으므로 저 나라 사람들이 지금까지도 칭찬하고 있다."라고 말한 일이 있다.《弘齋全書 卷45 右議政尹蓍東請故統制使

익위공(翊衛公)[170]의 경우 정사년(1617, 광해군9) 흉악한 논의(인목대비(仁穆大妃) 폐비론(廢妃論))가 일어났을 때 항소(抗疏)하여 인륜(人倫)을 부지(扶持)하였으며, 계해년(1623, 인조 원년) 거의(擧義)하던 날에는 법도를 지키고 참여하지 않았다. 정축년(1637, 인조15) 이후로 복수설치(復讎雪恥)의 의를 통렬히 진술하니 사람들이 호전(胡銓)의 봉사(封事)에 비겼다.[171]

진양공(晉陽公) 같은 경우는 강홍립(姜弘立)의 부름에 나아가지 않았고,[172] 옥성(玉城)의 막하로 달려가 선두에서 길마재〔鞍峴〕에 올라

柳珩故訓鍊都正柳炳然贈諡筵奏批》

170 익위공(翊衛公) : 유충걸(柳忠傑, 1588~1665)이다. 자는 신백(藎伯), 호는 금사(錦沙)이다. 유진동의 증손이고 유형(柳珩)의 아들이다. 1613년(광해군5) 정조(鄭造)와 윤인(尹訒) 등이 폐모론을 주장하자 이들을 탄핵하는 상소를 올렸다가 처벌되었고, 인목대비(仁穆大妃)가 폐위되자 분개하여 은거하였다. 인조반정 이후 관직에 나아갔고 병자호란 때 사재감 직장(司宰監直長)으로 의병을 일으켰다. 세자익위사 익위(世子翊衛司翊衛), 현감(縣監)을 지냈다.

171 정축년……비겼다 : 정축년은 1637년이다. 이해 1월 30일 인조가 남한산성에서 나와 청군에 항복하였다. 유충걸은 전쟁이 끝난 후 청나라에 복수하고 설욕할 방책을 상소한 일이 있다. 호전(1102~1180)은 남송 때의 관료로, 자는 방형(邦衡), 호는 담암(澹菴)이다. 호전의 봉사는 〈상고종봉사(上高宗奉事)〉를 말한다. 그는 금(金)나라와의 화친을 극력 반대하는 입장이었는데, 이 봉사에서 화의를 주장한 진회(秦檜)·손근(孫近)·왕륜(王倫) 등을 처벌할 것을 주장하였다.

172 진양공(晉陽公)……않았고 : 진양공은 유효걸(柳孝傑, 1594~1627)로 자는 성백(誠伯), 시호는 장의(莊毅)이다. 유진동의 증손이고 유형의 아들이다. 1618년(광해군10) 무과에 급제하여 황해 병사(黃海兵使)·황주 목사(黃州牧使)를 지냈다. 평안도 병마절도사(平安道兵馬節度使)에 이르렀으며 좌찬성에 추증되었다. 강홍립의 부름에 나아가지 않았다는 것은 강홍립이 출병할 때 소집령을 내렸으나 가지 않은 것을 말한다. 《일성록》 정조 20년 8월 9일 기사에 "유효걸은 강홍립(姜弘立)의 부름에 굴복하지 않았

특별한 공적을 함께 이루었으나 원훈(元勳)을 극력 사양하니, 그 아름다움은 남의춘(南宜春)과 나란하였다.[173]

무민공(武愍公)[174]의 경우는 이정익(李貞翼)[175]과 함께 임금에게 심복처럼 믿음을 받아 20년이나 병사를 거느렸다. 억울한 죽음을 면치 못하였지만 오히려 연산(燕山)에 뼈를 묻지 못하는 것을 한으로 여겼고, 채 십 년이 되지 않아 억울함이 풀리고 신원(伸寃)되었다.[176]

다."라고 하였다. 유효걸이 강홍립의 소집령에 응하기 꺼려 하자 그의 동생인 유지걸(柳智傑)이 대신 종군하였다. 유지걸에 대해서는 글의 후반부에 보인다.

173 옥성(玉城)의……나란하였다 : 옥성은 옥성부원군(玉城府院君) 장만이다. 유효걸은 이괄의 난이 일어났을 때 장만의 휘하에서 공을 세워 진무공신(振武功臣)에 책록되고 진양군(晋陽君)에 봉해졌다. 남의춘(南宜春)은 남이흥(南以興, 1576~1627)으로 자는 사호(士豪), 호는 성은(城隱), 시호는 충장(忠壯)이다. 이괄의 난에 공을 세워 진무공신(振武功臣) 1등에 책록되고 의춘군(宜春君)에 봉해졌다. 1627년(인조5) 정묘호란 때 안주성에서 후금군에 맞서다가 성이 함락되자 불을 지르고 뛰어들어 죽었다.

174 무민공(武愍公) : 유혁연(柳赫然,1616~1680)으로 자는 회이(晦爾), 호는 야당(野堂), 시호는 무민(武愍)이다. 유형의 손자이고 유효걸의 아들이다. 1644년(인조22) 무과에 급제하였다. 효종(孝宗)의 신임을 받아 이완(李浣)과 함께 북벌 계획에 적극적으로 참여하였다. 1680년(숙종6) 경신대출척(庚申大黜陟) 때 연루되어 유배당한 뒤 사사(賜死)되었고, 1689년(숙종15) 기사환국(己巳換局) 때 신원되고 영의정에 추증되었다.

175 이정익(李貞翼) : 이완(李浣, 1602~1674)이다. 자는 징지(澄之), 호는 매죽헌(梅竹軒), 시호는 정익이다. 1624년(인조2) 무과에 급제하여 만포첨사(滿浦僉使)가 되었다. 북벌과 군비확충을 추진하던 효종의 신임을 받아 어영대장(御營大將)이 되고 이어 훈련대장을 16년간이나 지냈다. 현종 때에도 군제개편과 군비개혁을 위해 노력하였다.

176 억울한……신원되었다 : 억울한 죽음이란 유혁연 옥사(柳赫然獄事)를 말한다. 1680년(숙종6) 허견(許堅)의 역모에 관련하여 일어난 사건으로 이 해 3월 28일 훈련대장에서 해임된 유혁연은 4월에 일어난 허견의 옥사에 관련되어 국문을 받고 유배당하여

충의공(忠毅公)[177]의 경우는 영능(寧陵)께서 철장(鐵杖)을 연습하고 목마(木馬)를 세워 활 쏘시던 때[178] 송 문정(宋文正)이 부지런히 힘쓰라는 밀지(密旨)를 받자[179] 그 또한 등에 글자를 새겨 그 선조의 유지를 이었고 일찍이 악무목(岳武穆)의 "무신은 죽음을 아끼지 않는다."[180]라는 의리를 흠모하였다.

이 일곱 분은 모두 관직과 이름이 밝게 드러나 사람들의 이목을 찬란

9월에 사사(賜死)되었다. 연산(燕山)은 여기서는 연산부(燕山府) 즉 북경(北京)을 가리킨다. 송(宋)나라 휘종(徽宗)이 1122년(선화4) 거란으로부터 이 지역을 탈환하여 연산부를 설치한 일이 있다. 연산에 뼈를 묻지 못했다는 것은 북벌을 이루지 못했기 때문에 한 말인 듯하다. 억울함이 풀리고 신원되었다는 것은 유혁연이 1680년(숙종6)에 사사되었다가 1689년(숙종15)에 신원되고 영의정에 추증된 것을 말한다.

177 충의공(忠毅公) : 유병연(柳炳然, 1625~1681)이다. 자는 문숙(文叔), 시호는 충의(忠毅)이다. 유형의 손자이고 유충걸의 아들이다. 조부와 마찬가지로 등에 '진충보국' 네 글자를 새겼다. 각지의 병마절도사와 수군절도사, 포도대장 등을 지냈다. 효종 때 이완(李浣)이 장수의 자질이 있다고 천거한 일도 있다. 《正祖實錄 20年 8月 9日》

178 영능(寧陵)께서……때 : 영능(寧陵)은 효종(孝宗)을 가리킨다. 중국 송(宋)나라 효종이 궁궐의 뜰에 목마를 세워 기사(騎射)를 익히고 철장(鐵杖)으로 힘을 단련하면서 나라를 부흥(復興)시키는 데에 뜻을 두었다. 효종 또한 이를 본받아서 후원에서 활쏘기와 말타기를 익힌 일이 있다.

179 송 문정(宋文正)……받자 : 송 문정은 송시열(宋時烈, 1607~1689)이다. 효종이 즉위한 뒤 북벌과 관련하여 김집(金集)·송준길(宋浚吉)·송시열·이유태(李惟泰)·유계(兪棨), 다섯 사람에게 밀지(密旨)를 내렸고, 1659년(효종10) 송시열·송준길·이유태·유계와 허적(許積)에게 다시 밀지를 내린 일이 있다.

180 악무목(岳武穆)……않는다 : 악무목은 남송(南宋)의 충신 악비(岳飛, 1103~1141)이다. 무목은 시호(諡號)이다. 악비가 태평성세를 구현할 수 있는 계책에 대해서 질문을 받자 "문신이 재물을 탐내지 않고 무신이 죽음을 아끼지 않으면, 천하가 태평해질 것이다.〔文臣不愛錢, 武臣不惜死, 天下太平矣.〕"라고 답한 일이 있다. 《宋史 卷365 岳飛列傳》

히 비추거니와, 통제공(統制公) 성채(星彩)가 대의(大義)에 참여해 들은 것과 경력공(經歷公) 성하(星河)가 기사년(1689, 숙종15)에 의(義)를 굳게 지킨 것은 전(傳)과 시장(諡狀)에 부록하여 드러내었으니 또한 선대의 공렬(功烈)을 잘 이은 이들이다.

의사(義士)인 지걸(智傑)[181]은 충경공의 측실(側室)의 자식으로서 관례를 올리지도 않은 나이에 용감하게 심하(深河)의 싸움에 나아가 드높은 기개를 굽히지 않다가 흰 깃발 아래에서 죽었다. 임금을 섬기는 참된 마음과 의로운 기개는 저 옛날 왕기(汪錡)[182]보다도 뛰어나니, 실로 열장부(烈丈夫)요 기남자(奇男子)라 할 만하다. 지금 성상(聖上)께서는 의리를 따져서 예를 새롭게 만드는 경우를 미루어 후사(後嗣)를 세워주셨으며 관직을 추증하고 정려를 내리셨다.[183]

181 지걸(智傑) : 유지걸(柳智傑, 1601~1619)로 유형(柳珩)의 서자이다. 1618년(광해군10) 명(明)나라의 요구로 강홍립이 출병할 때 그의 형 효걸(孝傑)이 소집령을 받았으나 강홍립의 휘하로 들어가기를 꺼리자 대신 종군하였다. 이듬해 심하(深河)에서 후금군과 만났을 때 후금군은 홍기(紅旗)와 백기(白旗)를 걸어놓고 투항할 자는 홍기로, 저항할 자는 백기로 모일 것을 요구하였다. 유지걸은 백기로 가서 죽음을 택하였다. 1796년(정조20) 정려문이 내려지고 호조좌랑에 추증되었다.

182 왕기(汪錡) : 춘추시대 노(魯)나라의 동자(童子)로 어린 나이에 나라를 지키고자 싸우다 전사하자 공자가 칭송하였다. 《예기》 〈단궁 하(檀弓下)〉에 "노나라와 제(齊)나라가 낭(郎)에서 싸울 적에 공숙우인(公叔禺人)이 이웃 마을의 동자인 왕기와 함께 싸움터로 가서 싸우다가 죽었다. 노나라 사람들이 동자 왕기를 상(殤)의 예(禮)로 장례하지 않고자 하여 중니(仲尼)에게 묻자, 중니는 '능히 창과 방패를 잡고서 사직(社稷)을 보호하였으니, 비록 상의 예로 장례하지 않더라도 옳지 않겠는가.'라고 하였다.〔戰于郎, 公叔禺人與其隣重汪錡, 往皆死焉. 魯人欲勿殤重汪錡, 問於仲尼, 仲尼曰, 能執干戈, 以衛社稷, 雖欲勿殤也, 不亦可乎.〕"라는 내용이 있다.

183 성상께서는……내리셨다 : 이와 관련된 내용은 《홍재전서》 권45 〈우의정 윤시동

이상의 일은 성조(聖朝)에서 수백 년 동안 배식(培植)해온 교화가 유독 한 가문에 모인 것이자 정민공이 덕(德)을 쌓아 후대에 끼쳐준 공으로 말미암은 것이다. 이는 실로 나라의 영광이니 어찌 유씨들만의 영광이겠는가! 그 후손들은 후대로 갈수록 더욱 번성하여 문무(文武)의 관원이 연잇고, 앞뒤로 번창하여 울연히 명문거족이 되었으니, 이를 통해서 선한 이에 대한 하늘의 보답이 끊임없음을 볼 수 있다.

이에 여러 후손들이 서로 논의하여 말하기를 "우리 선조의 열의(烈義)가 이제 크게 현창되어 더 이상 유감이 없는데, 임금께 받은 크나큰 은혜를 현양하여 먼 후세까지 전해 보여주지 않아서야 되겠는가?"라고 하였다. 이에 장전(狀傳)을 모아 편집하여 한 책으로 만들고 이름하기를 《사세충의편(四世忠義編)》이라고 하였다. 바야흐로 책판을 새겨 간행하려 할 때에 상(上)께서도 이 일을 들으시고 특명으로 규장각 주자소(鑄字所)의 활자를 내려주시니 실로 보기 드문 특별한 은혜였다. 정민공의 후손인 협기(協基)와 헌주(憲周)와 진항(鎭恒)이 내가 태사의 직분을 맡고 있다 하여 한 마디 말을 구해 서문을 얻어 책머리에 두고자 하였다. 나는 일찍이 정민공의 시장(諡狀)을 찬술[184]한 바 있어 평소 그 세덕(世德)을 흠모하였으므로 드디어 사양하지 못하고 쓰게 되었다. 또 유씨들에게 다음과 같이 말하는 바이다.

"신하된 사람의 지절(志節)은 충의(忠義)보다 큰 것이 없으며 임금

청고통제사유형 고훈련도정유병연증시 연주비(右議政尹著東請故統制使柳珩故訓鍊都正柳炳然贈謚筵奏批〉에 보인다.

184 정민공의……찬술 : 본집 권38에 유진동(柳辰仝)에 대한 〈공조판서 유공 시장(工曹判書柳公諡狀)〉이 있다.

의 포장(褒奬)으로는 시호(諡號)를 내려주는 것보다 중한 것이 없다. 너희 유씨는 충의(忠義)로써 시호를 받은 이가 다섯 분이나 될 정도로 많으며 사륜(絲綸)[185]에 드러나고 간책(簡策)에서 빛이 나니, 성주(聖主)께서 신하의 절조(節操)를 권면하시고 세상에 교훈을 드리운 것이 아아, 지극하도다! 무릇 자손된 자들이 어찌 가슴속에 아로새기기를 조상이 등에 글자를 새긴 것과 같이 하지 않겠는가! 대를 이어 충정(忠貞)을 도타이 하고 충심으로 나라에 보답하여 신중하게 실추(失墜)시키지 않는다면, 명조(名祖)의 후예가 되기에 부끄러움이 없을 것이요 나라와 더불어 기쁨을 함께할 것이다.[186]

시경에 이르기를 '모든 주나라의 선비들도 대대로 드러나리라〔凡周之士 不顯亦世〕'[187]라고 한 것은 '후손들이 선조들의 아름다움을 이어 계승〔世濟其美〕'[188]함을 이른 것이요, '너의 자식을 잘 가르쳐 선한 것

185 사륜(絲綸) : 임금의 조서(詔書)를 의미한다. 《예기》〈치의(緇衣)〉에 "왕의 말이 처음에는 가는 명주실 같지만 그것이 나와 행해짐에는 동아줄 같이 굵어진다.〔王言如絲, 其出如綸.〕"라는 구절에서 유래한 말이다.

186 나라와……것이다 : 《맹자》〈양혜왕 하(梁惠王下)〉에 "오래된 나라라는 것은 교목이 있는 것을 말함이 아니요, 세신이 있음을 말하는 것이다.〔所謂故國者, 非謂有喬木之謂也, 有世臣之謂也.〕"라고 하였고, 그 주에 "세신은 여러 대에 걸쳐 공훈이 있는 신하이니, 나라와 더불어 좋고 나쁨을 함께하는 자이다.〔世臣, 累世勳舊之臣, 與國同休戚者也.〕"라고 하였다.

187 시경에……드러나리라 : 《시경》〈대아(大雅) 문왕(文王)〉에 "문왕의 뒤를 이은 자손들이 본손과 지손이 백대를 전할 것이며, 모든 주나라의 선비들도 대대로 드러나리로다.〔文王孫子, 本支百世, 凡周之士, 不顯亦世.〕"라고 하였다.

188 후손들이……계승 : 《춘추좌씨전》 문공(文公) 18년 기사에 "후세가 그 아름다움을 이어 그 명성 떨어뜨리지 않네.〔世濟其美, 不隕其名.〕"라고 하였고, 공영달(孔穎達)의 소(疏)에 "세제기미는 후대가 전대의 아름다움을 잇는 것이다.〔世濟其美, 後世承前

을 닮으라.〔教誨爾子 式穀似之〕'[189]라고 한 것은 '후세에 넉넉함을 남겨주어야 함〔垂裕後昆〕'[190]을 이른 것이다. 유씨들이여, 어찌 힘쓰지 않겠는가."

世之美.〕"라고 하였다.

189 너의……닮으라 : 《시경》〈소아(小雅) 소완(小宛)〉에 "명령(螟蛉)의 새끼를 과라(蜾蠃)가 업고 가네. 너도 자식을 잘 가르쳐서 훌륭한 점을 닮게 하라.〔中原有菽, 庶民采之. 螟蛉有子, 蜾蠃負之. 教誨爾子, 式穀似之.〕"라고 하였다.

190 후세에……함 : 후손들에게 덕행을 많이 남겨준다는 의미이다. 《서경》〈주서(周書) 중훼지고(仲虺之誥)〉에 "의로 일을 바로잡고 예로 마음을 제어하여 후세에 넉넉함을 남겨주어야 한다.〔以義制事, 以禮制心, 垂裕後昆.〕"라고 하였다.

《문화진학편》 서문[191]

文華進學編序

하늘이 때맞춰 비를 내려주면 천지의 조화가 흘러 행해지니 초목은 이를 기다려 싹을 틔우고[192] 벌레와 새들도 이에 따라 날고 뛰며, 군자는 이로써 성인이 사람을 진작시키는 오묘함에 비유하였다.[193] 우리 성상께서는 문명(文明)의 운수를 타서 군사(君師)의 책임[194]을 맡으셨고 열조(烈祖)의 뜻을 우러러 계승하여 처음으로 규장각을 세우

191 문화진학편 서문 : 《문화진학편》은 이계의 종제(從弟)인 홍인호(洪仁浩)와 홍의호(洪義浩) 형제가 초계문신(抄啓文臣)으로 있는 동안 지었던 시문과 그에 대한 정조(正祖)의 비답(批答) 등을 묶어서 펴낸 책이다. 홍인호(1753~1799)는 1777년(정조 원년)에 문과에 급제하여 대사헌에 이르렀으며, 홍의호(1758~1826)는 1784년(정조 8)에 문과에 급제하고 호조, 예조, 공조 판서를 지냈다.

192 초목은……틔우고 : 원문은 '草木待之而甲坼'으로 이 부분은 《주역》 〈해괘(解卦)〉의 "천지의 기운이 풀려 우레와 비가 일고, 우레와 비가 일어나 백과와 초목이 모두 싹을 틔우니, 해(解)의 때가 크도다.〔天地解而雷雨作, 雷雨作而百果草木皆甲拆, 解之時大矣哉.〕"라는 구절에서 따온 것이다.

193 군자는……비유하였다 : 《시경》 〈대아 한록(旱麓)〉에, "솔개는 날아 하늘에 이르고, 물고기는 못에서 뛰놀도다. 화락한 군자여, 어찌 사람을 진작시키지 않으리오?〔鳶飛戾天, 魚躍于淵. 豈弟君子, 遐不作人?〕"라고 하였다. 여기서 군자는 문왕을 가리킨다.

194 군사(君師)의 책임 : 군사는 천자(天子) 혹은 임금을 의미한다. 《대학장구》 서문에 "만약 총명과 지혜가 있어서 그 본성을 지극하게 하고 있는 자가 그 사이에서 나오면, 천(天)은 반드시 그를 명하여 억조창생의 임금으로 삼아서 백성을 다스려 교화해서 그 본성을 회복하게 한다.〔一有聰明睿智能盡其性者出於其間, 則天必命之以爲億兆之君師, 使之治而教之, 以復其性.〕"라고 하였다.

고 한 시대의 빼어난 인재들을 선발하여 모아 기르셨다. 날마다 과정(課程)을 두고 달마다 시험을 치며 햇수를 헤아려 고하를 품별하니, 십수 년 사이에 문풍이 성대하게 진작되고 문채가 찬란하게 이루어져 동방에 나라가 생긴 이래로 이보다 더 성대했던 적은 없었다.

우리 종제(從弟)인 인호(仁浩)와 의호(義浩) 형제가 차례로 고과(高科)에 오르고 정선(精選)에 발탁되어 붓을 쥐고 문장을 지으면서 정밀하게 연구하여 재주를 겨루었다.[195] 비유하자면 남산의 표범이 안개를 만나 무늬를 이루고[196] 단혈(丹穴)의 봉황[197]이 운율에 맞춰 조화로운 소리를 내는 것과 같아서, 그 문장은 혁혁하고 그 소리는 쟁쟁하여 임금의 포장(褒奬)을 찬란하게 받고 영화로운 은사(恩賜)가 잇따랐다. 처음부터 끝까지 겨우 5년이었는데 자급(資級)이 바뀌고 등급을 뛰어넘어 은 정대(銀鞓帶)에 옥 관자[198]를 달았다. 당시의 여러 선비들 중에

195 정선(精選)에……겨루었다 : 이들이 초계문신(抄啓文臣)에 선발된 것을 말한다. 홍인호는 1781년(정조5), 홍의호는 1784년(정조8)에 선발되었고 당시 이들을 선발한 사람은 서명선(徐命善)이다.《抄啓文臣題名錄》 초계문신은 37세 이하의 젊은 문신(文臣) 중 재능이 뛰어난 이들을 선발하여 규장각에서 3년간 교육하던 제도이다. 매달 정해진 날짜에 과강(課講), 과제(課製)를 통해 평가하였다.

196 남산의……이루고 : 남산현표(南山玄豹)를 말한다. 한(漢)나라 유향(劉向)의 《열녀전(列女傳)》에 "첩이 들으니 남산에 검은 표범이 있는데 안개비 속에서 이레 동안 아무 것도 먹지 않고 산 위에 가만히 있다고 합니다. 이는 무엇 때문이겠습니까? 그 털을 윤택하게 하여 문장을 이루기 위해서입니다." 하였다.《列女傳 卷2 賢明傳 陶答子妻》

197 단혈(丹穴)의 봉황 : 원문의 '우(羽)'는 날짐승을 뜻한다.《산해경(山海經)》〈남산경(南山經)〉에 "단혈의 산에……새가 있다. 그 모양은 닭과 같은데 오색 빛으로 무늬가 있으니 봉황이라고 한다.〔丹穴之山……有鳥焉, 其狀如雞, 五采而文, 名曰鳳皇.〕"라고 하였다.

서 이보다 앞설 만한 사람이 없어서 강좌(江左)의 기운(機雲)[199]에 비유하니 국가의 성대함을 드높이고 가문의 영광을 빛낸 것이라고 할 수 있다.

지금 의호가 전후로 지었던 글들을 차례대로 모으고 삼가 어비(御批)와 하사받은 상도 수록하여 성군을 만난 영광과 성취시켜주신 은혜를 기록하여 직접 손으로 깨끗하게 써서 세 권을 완성하고 나의 한마디 말을 구하여 서문으로 삼고자 하였다. 책을 펼쳐 살펴보니 찬란하기로는 온갖 꽃들이 모인 가게인 듯, 여러 옥들이 모인 숲[200]인 듯하여, 냄새를 맡으면 향기가 나고 던지면 소리가 나니[201] 참으로 진귀하게 여길 만하였다. 그러나 성주(聖主)께서 인재를 배양하고 양성한 뜻이 어찌 사조(詞藻)에만 달려 있을 뿐이겠는가! 사대부가 군왕의 정치를 돕고 문교(文敎)를 빛내는 데에는 이보다 더 큰 것이 있으니, 너는 힘써야 할 것이다.

198 은 정대(銀鞓帶)에 옥 관자 : 정대는 관리들이 공복(公服)에 차던 가죽띠이다. 은으로 장식된 정대는 정삼품에서 종육품까지 문무 관원들이 사용하였다. 옥관자는 정삼품 당상관 이상이라야 찰 수 있었다.

199 강좌(江左)의 기운(機雲) : 위진남북조(魏晉南北朝)시대 진(晉)나라의 육기(陸機)와 육운(陸雲) 형제를 가리킨다. 두 형제 모두 당시 시문(詩文)으로 명성을 크게 떨쳤다.

200 여러 옥들이……숲 : 군옥산은 서왕모(西王母)가 산다는 전설상의 산인데, 옛 제왕들의 서고(書庫)를 뜻하기도 한다.

201 던지면……나니 : 원문은 '척지이유성(擲之而有聲)'으로 이는 척지금성(擲地金聲)과 같은 말로 훌륭한 문장을 의미한다. 진(晉)나라의 손작(孫綽)이 〈천태산부(天台山賦)〉를 짓고 나서 벗 범영기(范榮期)에게 "그대가 시험삼아 이 부(賦)를 땅에 던지면 금석 소리가 날 것일세.〔卿試擲地, 當作金石聲.〕"라고 한 데서 나온 표현이다.

《필적유휘》 서문[202]

筆跡類彙序

양자운(楊子雲)이 말하기를 "글씨는 마음의 그림이니 마음의 그림이 드러나면 군자인지 소인인지 알 수 있다."[203]라고 하였다. 그런 까닭에 현명한 사람이 모두 글씨를 잘 쓰는 것은 아니지만 글씨를 잘 쓰는 사람은 대개 문아(文雅)하고 호준(豪俊)한 선비이니 그의 정신이 점획에 깃드는 것과 기상이 결구에 드러나는 것을 가릴 수 없다. 편간(片簡)이나 척독(尺牘) 같은 것은 심상하게 휘둘러 쓰는 것으로 천기(天機)에서 발현된 것이 더더욱 꾸밈을 용납하지 않는다. 글씨를 잘 보는 사람들은 간독(簡牘)을 통해서 징험하는 것을 좋아하는데,

202 필적유휘 서문 : 조홍진(趙弘鎭, 1743~1821)의 《필적유휘》에 쓴 서문으로 이계가 73세 때인 1796년(정조20) 중추(仲秋)에 쓴 글이다. 《필적유휘》는 고려의 원천석(元天錫,1330~?)으로부터 정조 때의 황운조(黃運祚, 1730~1800)에 이르기까지 역대 명인(名人)들의 글씨를 모은 것으로 대부분 초서 간찰이다. 전체 구성은 '춘(春)'·'하(夏)'·'추(秋)'·'동(冬)'·'사(四)'·'시(時)'·'절(節)'의 7첩(帖)으로 나뉘었고, 총 205인의 작품 234점이 실렸다. 《조선 명현 서화첩 필적유휘(筆跡類彙) 7첩에 대한 연구, 이기운, 國學硏究29, 한국국학진흥원, 2016》 조홍진의 본관은 풍양, 자는 관보(寬甫), 호는 창암(牕嵓)이다. 1783년(정조7) 과거에 급제하고 1785년에는 초계문신에 발탁되어 규장각에 들어갔다. 벼슬은 종2품에 이르렀고 기로소(耆老所)에 들어갔다. 조홍진은 이계의 사돈으로 홍경모(洪敬謨)가 그의 사위이다.

203 양자운(揚子雲)이……있다 : 양자운은 양웅(揚雄)이다. 양웅의 《법언(法言)》 권5 〈문신(問神)〉에 "말은 마음의 소리요, 글씨는 마음의 그림이다. 소리와 그림으로 드러나니 군자와 소인을 알 수 있다.〔言心聲也, 書心畫也, 聲畫形, 君子小人見矣.〕"라고 하였다.

단지 쓴 사람의 삿되고 바르고 현명하고 어리석은 것뿐만 아니라 귀하고 천함, 장수와 요절하는 것 또한 점칠 수가 있다. 그러므로 옛날의 서법책은 〈순화첩(淳化帖)〉[204] 이후부터 대개 역대 명인(名人)들의 간독(簡牘)을 모은 것이 많다.

우리나라는 평소 서첩을 모각(模刻)하는 데 익숙하지 않다. 호사가들이 종종 고인의 수독(手牘)을 모아 서주(書廚)의 보배로 만들기도 하지만 오로지 널리 모으는 데에만 힘을 쓰고 가려서 골라내는 것은 정밀하지 못하므로 보는 사람들이 흠으로 여겼다.

조 학사(趙學士) 관보(寬甫)는 옛것에 마음을 두고 서법을 좋아하여 동방 명인들의 수적(手跡)을 망라하여 수집하였다. 위아래 수백 년 동안의 유현(儒賢)과 재사(才士), 달관(達官)과 고인(高人)들의 글씨를 갖추어 싣지 않음이 없고 각각 부류를 세워 무리짓고 종류별로 모았다. 한묵의 숲[205]에도 엄연히 사법(史法)이 있어서 인물의 성쇠를 살필 수 있고 세도의 승강(升降)을 느낄 수 있으니, 그 마음씀이 부지런하면서도 세심하다고 할 만하다.

후세에 보는 사람이 손으로 가리켜 논하며, "아무개는 도학이 훌륭하다", "아무개는 훈업(勳業)이 전해질 만하다", "문장이 참으로 아름답

204 순화첩(淳化帖) : 〈순화비각법첩(淳化秘閣法帖)〉이다. 송(宋)나라 순화3년(992) 송 태종(宋太宗)이 왕저(王著)에게 궁정의 내부(內府)에 소장된 역대의 법첩(法帖) 중 명작들을 모각(模刻)하여 10권으로 펴낸 첩이다. 이후 청나라에 이르기까지 많은 번각판이 나와 서예사에 많은 영향을 끼쳤다.

205 한묵의 숲 : 필묵(筆墨)의 숲이라는 말로 본래 문장이 모여 있는 곳 즉 문단(文壇)을 비유하는 말로 사용된다. 여기에서는 뒷 문장의 내용으로 보아 조홍진의 《필적유휘》를 가리키는 것으로 보인다.

다", "명예와 절개가 참으로 위대하다"라고 말하게 할 수 있을 것이다. 또 말하기를 "저 사람은 관직이 높고 녹봉이 후하지만 지위가 덕에 걸맞지 않는 자인가 아니면 비방도 받지 않고 칭송도 받지 않아서[206] 청탁(淸濁)의 사이에 처해 있는 사람인가."라고 하리니, 오직 스스로 취사선택할 뿐이다.

206 비방도……않아서 : 송(宋)나라 왕우칭(王禹偁)의 〈대루원기(待漏院記)〉에 "또 비방을 받는 일도 없고 칭찬을 받는 일도 없으며, 무리지어 나가고 무리지어 물러나, 자리를 차지하여 녹만 받으면서 인원수나 채우고 몸이나 보전하려는 자가 있는데, 이런 자는 또한 취할 것이 없다.〔復有無毁無譽, 旅進旅退, 竊位而苟祿 備員而全身者 亦無所取焉.〕"라고 하였다. 재능이나 능력이 없어 남들을 따라 자리나 차지하고 있다는 의미이다.

《풍요속선》 서문[207]

風謠續選序

풍(風)이라는 것은 동남쪽의 온화한 기운이다. 그것이 땅 위에 불어오니 《주역》에서는 관괘(觀卦)가 되고,[208] 그것이 만물을 고동시키니 사람에게는 시(詩)가 된다. 그러므로 옛날의 성왕들은 백성들의 풍속을 살펴보고자 하면 반드시 시를 통해서 살펴보았다. 요 임금 같은 성인도 미행(微行)을 하며 백성들에게 들었으니 강구요(康衢謠)와 격양가(擊壤歌)[209]가 그것이다.

207 풍요속선 서문 : 《풍요속선》은 1797년(정조21)에 천수경(千壽慶)을 비롯한 송석원시사(松石園詩社)가 주도하여 펴낸 여항시인(閭巷詩人)들의 시집이다. 천수경이 편집하고 장혼(張混)이 교정하였으며 7권 3책 분량에 333인의 작품 723수를 수록하였다. 이 책은 1737년(영조13)에 《소대풍요(昭代風謠)》와 1857년(철종8)에 간행된 《풍요삼선(風謠三選)》의 중간에 위치하여, 18세기 여항문학의 흐름과 발전상을 반영한다.

208 땅……관괘가 되고 : 《주역》 〈관괘(觀卦) 상(象)〉에 "바람이 땅 위에 부는 것이 관이다. 선왕이 이를 보고 사방을 두루 살피고 백성의 풍속을 관찰하여 교화를 베푼다.〔風行地上, 觀. 先王以, 省方觀民設教.〕"라고 하였다.

209 강구요(康衢謠)와 격양가(擊壤歌) : 요 임금이 천하가 잘 다스려지는지 살펴보기 위해 미복(微服)을 하고 거리에 나아갔을 때 들은 노래들이다. 강구요는 거리의 아이들이 노래한 것으로 "우리 백성들을 먹여 살리시니 당신의 지극한 덕 아님이 없네. 알지도 못하면서 상제의 법칙을 따르네.〔立我烝民, 莫非爾極. 不識不知, 順帝之則.〕"라고 하였다. 《列子 仲尼》 격양가는 어느 노인이 부른 노래로 "해가 뜨면 일하고 해가 지면 쉰다네. 우물 파서 물 마시고 밭을 일궈 밥 먹으니 임금의 힘이 나와 무슨 상관이 있으랴.〔日出而作, 日入而息, 鑿井而飮, 耕田而食, 帝力於我何有哉.〕"라고 하였다.

성주(成周) 때에 이르러 드디어 진시관풍(陳詩觀風)[210]의 법도가 생겨나니 《시경》의 〈국풍(國風)〉[211]이 그것이다. 열국(列國)의 풍(風)은 모두 마을의 노래와 거리의 가요에서 나온 것으로 그 정감과 뜻을 드러낸 것이 모두 천기(天氣)에서 발한 것이니, 이에 사방의 풍속을 보고 치란(治亂)의 근본을 살필 수 있다. 공자께서 말씀하신 "시를 통해 정치의 잘잘못을 살펴볼 수 있다."[212]라고 한 것은 이것을 말한 것이다. 후세로 내려갈수록 시체(詩體)가 여러 차례 변화하여 인공(人工)은 우세해지고 천기(天機)는 얕아지니 자연의 참됨을 잃게 되었다. 그러나 풍속의 같고 다름과 치도(治道)의 성하고 쇠퇴함은 가릴 수 없는 점이 있다.

우리나라는 땅이 부상(榑桑)[213]에 가깝고 별자리는 기미(箕尾)의 분야로 문명에 가장 부합되는 구역을 점하였으나 봉역(封域)이 너무 멀

210 진시관풍(陳詩觀風) : 진시(陳詩)는 민간의 시가(詩歌)를 채집하고 진헌(進獻)하는 것이고, 관풍(觀風)은 백성들의 실정을 살펴서 정치의 잘잘못을 판단하는 일이다. 《예기》 〈왕제(王制)〉에 "태사에게 시를 진헌하도록 명하여 백성의 풍속을 살핀다.〔命大師陳詩, 以觀民風.〕"라고 하였다.

211 시경의 국풍(國風) : 《시경》 국풍은 15개 나라의 민간가요 160편이 실려 있다. 주나라 당시 일반 백성들의 사상과 감정 등을 노래한 것으로 남녀 간의 애정이나 현실에 대한 원망과 비판 등을 살펴볼 수 있다.

212 공자께서……있다 : 《논어》 〈양화(陽貨)〉에서 공자가 "《시경》은 감흥을 일으킬 수 있고, 정치의 잘잘못을 살필 수 있고, 다른 사람들과 어울릴 수 있고, 원망할 수 있고, 가까이는 어버이를 섬기고 멀리는 임금을 섬길 수 있고, 새와 짐승, 풀과 나무의 이름을 많이 알 수 있다.〔詩, 可以興, 可以觀, 可以群, 可以怨, 邇之事父, 遠之事君, 多識於鳥獸草木之名.〕"라고 한 말에서 인용한 것이다.

213 부상(榑桑) : 전설상의 신목(神木)인 부상(扶桑)으로, 해가 뜨는 곳을 의미한다.

고 외져서 난잡하고 음란한 소리를 떨쳐내지 못하였다. 아조(我朝)에 이르러 문치(文治)를 크게 떨쳐서 전대의 누습을 말끔히 씻어내어 명유(名儒)와 재사(才士)가 성대한 소리를 울리고 아름답게 문채를 떨치니 중원(中原)과 나란히 달릴 만하였다. 그리하여 길거리의 허름한 집에서조차 문장을 배우고 산수(山水)를 읊조리며 태평성세를 노래하는 자들이 성대하게 일어나니, 벼락과 우레가 크게 울림에 동면하던 온갖 벌레들이 일제히 깨어나고 따뜻한 봄볕이 비춰줌에 온갖 꽃들이 다투어 피어나는 것 같았다. 비록 소리에는 높고 낮은 차이가 있고 색에는 짙고 옅은 다름이 있지만 천기를 얻었다는 점에서는 동일하다.

진(秦)나라의 쟁(箏)과 조(趙)나라의 슬(瑟)로는 지방 풍속을 구분할 수 있고[214] 와부(瓦缶)와 토고(土鼓)는 광악(廣樂)에 갖추어 둘 수 있다.[215] 군자는 이를 통해 살펴볼 수 있으므로 국조의 성대한 시기에 문병(文柄)을 주관한 자가 그것을 채집(採輯)하여 《소대풍요(昭代風謠)》라고 이름하니 세상에 전해진 것이 한 갑자(甲子)가 되었다.[216]

214 진나라의……있고 : 원문의 '진쟁조슬(秦箏趙瑟)'은 본래 귀한 악기라는 의미인데 여기에서는 나라와 지역마다 악기와 풍속이 다르다는 것을 빗대어 표현한 것이다. 춘추시대 조왕(趙王)과 진왕(秦王)이 회담에서 서로 쟁(箏)과 슬(瑟)을 타게 하고 사관을 시켜 기록하게 한 일에서 유래한 말이다. 《史記 卷81 廉頗藺相如列傳》

215 와부(瓦缶)와……있다 : 와부와 토고는 흙으로 만든 장군과 북으로 민간의 보잘것 없는 악기와 음악을 상징한다. 광악(廣樂)은 균천광악(鈞天廣樂)이다. 균천은 천제(天帝)의 거처라는 의미로 천상의 음악인데 여기서는 궁중음악을 의미한다. 춘추시대에 조간자(趙簡子)가 병이 나 혼수상태에 빠졌다가 깨어난 뒤, 균천에 가서 광악을 듣고 왔다고 말한 고사가 전한다. 《史記 卷43 趙世家》 이 구절은 민간의 음악과 노래도 궁중에서 연주함으로써 정치에 도움이 될 수 있다는 의미이다.

216 소대풍요(昭代風謠)……되었다 : 《소대풍요》는 조선 후기 여항시인들의 시선집

더구나 지금은 성인께서 위에 계시면서 고무(鼓舞)하고 진작(振作)하시어 만물이 화락하니 마치 바람이 불어옴에 사물이 막 자라나는 것[217]과 같아서, 멀리까지 펼쳐지지 않음이 없고 어두운 것이 밝혀지지 않음이 없게 되었다. 쟁쟁하게 화답하여 울리고 양양하게 귀에 완연한 것이 이에 가장 성대해지자 당대의 사림(詞林)을 또 수집해 모아서 계속하여 3권을 만들었다.

시대가 아래로 내려왔어도 인재는 도리어 줄을 이으니 곤륜산의 한 조각 돌은 꿰어서 노리개로 찰 수 있고 계림(桂林)의 쓸모없는 나무는 오히려 화려한 집을 꾸밀 수 있다. 참으로 천기는 끊어진 적이 없고 왕화(王化)는 세월이 흐를수록 더욱 드러난다. 내가 보기에 음조(音調)가 맑고 고우며 문체는 화려하면서도 우아하니, 동방의 기운이 홀로 온유돈후(溫柔敦厚)한 기풍을 얻었다는 것을 징험할 수 있다. 그야말로 강타(江沱)의 유녀(游女)도 모두 비흥(比興)을 이해할 수 있고[218]

으로, 1737년(영조13)에 9권 2책으로 간행되었다. 162인의 시작품 685수가 실려 있으며, 역관과 의원을 중심으로 한 중인(中人)과 노비의 작품도 수록되어 있다. 《풍요속선》은 《소대풍요》가 간행된 지 61년째인 1797년에 간행되었다.

217 바람이……것 : 원문의 '풍동(風動)'은 교화(敎化)를 상징하는 말로 여기서는 정조(正祖)의 치적을 비유한다. 《서경》 〈우서(虞書) 대우모(大禹謨)〉에 순(舜) 임금이 "나로 하여금 바라는 대로 다스려져서 교화가 사방에 도달하여 바람이 풀 위에 불어 쏠리게 하는 것과 같으니, 이는 바로 너의 아름다운 공이다.〔俾予, 從欲以治, 四方風動, 惟乃之休.〕"라고 말한 구절이 있다.

218 강타(江沱)의……있고 : 강타는 장강(長江)과 타강(沱江) 일대를 가리키는데 중앙에서 멀리 떨어진 변두리라는 의미이다. 비흥(比興)은 《시경》 육의(六義)에 포함되는 비(比)와 흥(興)으로 본래 시의 표현 수법이나 여기서는 시를 가리킨다. 이 구절은 먼 변두리에 사는 미천한 여인들도 시를 안다는 의미이다.

수사(洙泗)[219]의 동자(童子)도 장구(章句)를 모두 통달하여 아는 것과 같으니, 이 어찌 성음(聲音)을 갑작스레 얻어서 그러한 것이겠는가! 바람이 불어옴에 먼 데서부터임을 알 수 있도다.[220] 이를 계속 이어 나가면 장차 무궁한 경지에 이를 것이다. 내가 과거에 태사(太史) 직분에 있었다 하여 찾아와서 서문을 요청하니 드디어 거듭 감탄하면서 이 글을 쓴다. 이에 우리나라의 시경[221]으로 갖추어 두노라.

219 수사(洙泗) : 산동성(山東省) 곡부(曲阜) 북쪽의 수수(洙水)와 사수(泗水)를 가리킨다. 공자가 수수와 사수 사이에서 제자들을 모아 강학을 하였으므로 훗날 유학을 가리키는 말로 쓰이게 되었다.

220 바람이……있도다 : 이 구절은 《중용장구》 33장의 "군자(君子)의 도(道)는 담박하되 싫지 않으며, 간략하되 문채가 나며, 온화하되 조리가 있으니, 먼 곳이 가까운 곳부터 시작함을 알며, 바람이 불어오는 곳을 알며, 은미한 것이 드러남을 안다면, 더불어 덕(德)에 들어갈 수 있을 것이다.〔君子之道, 淡而不厭, 簡而文, 溫而理, 知遠之近, 知風之自, 知微之顯, 可與入德矣.〕"라고 한 구절에서 온 것이다.

221 시경 : 원문의 '사시(四始)'는 여러 의미가 있는데 여기서는 《시경》의 풍(風)·소아(小雅)·대아(大雅)·송(頌)을 가리키는 것으로 보았다.

《경수연계첩》 서문[222]

慶壽宴稧帖序

옛날 우리 소경대왕(昭敬大王 선조(宣祖)) 36년 계묘년(1603)에 전(前) 참의(參議) 이거(李蘧) 공의 모친 채씨(蔡氏)가 백 살이 되니 임금께

222 경수연계첩 서문 : 이익(李瀷)이 쓴 〈공조판서 죽창 윤공 행장(工曹判書竹窓尹公行狀)〉에 따르면, 홍이상(洪履祥)과 윤돈(尹暾)의 모친이 연로한데다가 생일이 같은 달이어서 두 사람이 함께 잔치를 베풀었고, 이후 연로한 부모를 봉양하는 공경대부들과 함께 경수계(慶壽契)를 조직하고, 생신 때마다 모두 모여서 함께 술잔을 올려 장수를 기원하였다. 이들이 모친에게 올렸던 경수연을 그린 그림이 〈경수연도慶壽宴圖〉로 남아 있다.

그림 1 〈경수연도慶壽宴圖〉 서울시역사박물관 소장

서 이를 듣고 특별하게 여겨 이공 거의 관작을 일급(一級) 올리고 채씨는 정부인(貞夫人)으로 삼으셨다.[223] 이해 가을 이공이 경기도 관찰사에 제수되자 잔치를 열어 축수(祝壽)하니 공경대부들이 모두 모였다.[224] 한공(韓公) 준겸(韓浚謙)이 사람들에게 말하기를 "우리 경대부 중에서 노모가 있는 사람으로 어버이에게 효도하려는 마음이 어찌 이 대부에게 뒤지겠습니까! 바라건대 채 부인의 장수를 기원하면서 우리 어버이도 축수하여 이 경사를 함께 하는 것이 어떻습니까?"라고 하였다. 당시 진신대부들 중에 노모를 봉양하는 이가 열세 사람이나 되었는데[225] 모두가 "좋습니다."라고 하였다. 나의 선조인 모당

223 소경대왕(昭敬大王)……삼으셨다 : 허목(許穆)의 〈경수연도기(慶壽宴圖記)〉에 보인다. 1602년(선조35) 승정원에서 전 참의 이거(李蘧)의 노모가 99세이니 은전을 베풀어야 한다고 아뢰자 후하게 은사를 내렸다. 이듬해인 1603년 정월에 선조는 이거의 어머니가 100세가 되었으니 정례적(定例的)으로 식량과 찬물(饌物)을 지급하고 아들 이거는 작위를 더해 포상하라고 하였다. 이에 이거는 가선대부(嘉善大夫)가 되고 동지중추부사(同知中樞府事)에서 우윤(右尹), 형조 참판을 거쳐 경기 관찰사(京畿觀察使)가 되었다.

224 이해……모였다 : 〈경수연도기〉에 의하면 이 잔치는 1604년(선조37) 9월에 열렸고 여러 공경과 백관의 장들이 다 모여서 지켜보았다고 한다.

225 당시……되었는데 : 당시 경대부 중 어머니를 봉양하는 집안이 열 곳으로 열세 명의 고관들이 나열되었다. 진흥군(晉興君) 강신(姜紳), 진창군(晉昌君) 강인(姜絪), 금계군(錦溪君) 박동량(朴東亮), 판서(判書) 윤돈(尹暾), 참판(參判) 한준겸(韓浚謙), 중추(中樞) 홍이상(洪履祥), 참판(參判) 남이신(南以信), 중추(中樞) 이거, 여흥군(驪興君) 민중남(閔中男), 참지(參知) 윤수민(尹壽民), 장악원 첨정(掌樂院僉正) 권형(權詗), 강 익위(姜翊衛), 이 중부(李中部) 13명이라고 하였다.《記言 卷12 慶壽宴圖記》 이들은 1604년의 잔치에 모두 모였고 이듬해인 1605년(선조38) 4월에 합동으로 경수연을 치렀다. 강 익위는 강신과 강인의 동생인 강담(姜紞), 이 중부는 이거의 동생인 이원(李薳)이다.《慶壽宴圖, 서울역사박물관 소장》

(慕堂)선생[226]도 여기에 참여하였다.

을사년(1605, 선조38) 여름 4월에 성 남쪽의 집에서 크게 모여 잔치를 벌였는데, 팔로(八路)에서 필요한 물품을 보태주고 상(上)께서는 악무(樂舞)를 내려주시어[227] 화려하게 꾸며주셨다. 여러 부인들은 당(堂)에 모여 앉고[228] 여러 자손들은 차례대로 치사(致辭)하고 술잔을 올리니 질서정연하고 화기애애하였다. 초거(軺車)[229]를 탄 이가 9인이요, 관(冠)과 홀(笏)을 갖추고 일을 맡아보는 이가 16인[230]이나 되었으

226 모당선생(慕堂先生) : 홍이상(洪履祥, 1549~1615)이다. 이계의 선조로 초명은 인상(麟祥), 자는 군서(君瑞)·원례(元禮), 호는 모당(慕堂), 시호는 문경(文敬)이다.

227 팔로(八路)에서……내려주시어 : 《성호전집(星湖全集)》 권66 〈공조판서죽창윤공행장(工曹判書竹窓尹公行狀)〉에 의하면, 당시 선조는 소식을 듣고 먼저 태상악(太常樂)을 하사하고 제도(諸道)에 명하여 비용을 보태주게 하였으며, 모든 관사의 낮근무를 정지하고 모임에 참석하도록 하였다고 한다.

228 부인들은……앉고 : 허목의 〈경수연도기〉에 의하면 이거의 모친이 상수(上壽)로 나이가 가장 많고 강신의 모친 정경부인(貞敬夫人)이 외명부(外命婦)의 품계가 가장 귀하므로 두 사람이 대청 중앙에 남향하여 앉았다. 이하 여덟 명의 부인들은 각각 품계에 따라 차례를 정하여 동서로 나뉘어 마주 보고 앉았으며 모시고 있는 여러 부인들은 각각 그 뒤에 자리하였다. 이익(李瀷)의 〈경수연도서(慶壽宴圖序)〉에 의하면, 강신의 모친 정경부인 윤씨(尹氏)는 83세, 윤돈의 모친 정경부인 남씨(南氏)는 80세, 홍이상의 모친 정부인 백씨(白氏)는 78세, 한순겸의 모친 성부인 신씨(申氏)는 74세, 남이신의 모친 정부인 신씨(愼氏)는 70세, 민중남의 모친 정부인 이씨(李氏)는 84세, 윤수민의 모친 조씨(趙氏)는 82세, 권형의 모친 김씨(金氏)는 88세였다.

229 초거(軺車) : 초헌(軺軒)으로 종2품 이상의 관리가 타는 수레이다. 두 개의 긴 채 사이에 의자처럼 앉게 되어 있고 그 아래에는 줏대에 외바퀴가 달려 있다. 잔치에 참여한 사람들의 신분이 높은 것을 비유한 말이다.

230 일을……16인 : 《경수연도》에는 대부인 10인과 13인의 계원 외에 입시자제(入侍子弟) 8인과 집사자제(執事子弟) 19인이 기록되어 있다. 16인이라고 한 것은 집사자제

니 참으로 성대한 일이었다.

태사(太史)가 이미 이 일을 사책(史策)에 기록하였고 또 그림을 잘 그리는 이가 광경을 그렸으며, 당대의 거장인 백헌(白軒) 이공(李公 이경석(李景奭))과 미수(眉叟) 허공(許公 허목(許穆)) 같은 분들이 나란히 그 일을 서술하여[231] 크게 펼쳤다. 여러 집에서 각각 한 본씩 소장하였는데 지금까지 6, 7대가 지나서 이백 년이나 되었고, 중간에 전쟁을 겪으면서 산실되고 파손되어 남아 있는 것이 거의 없었다. 이공의 후손인 방빈(昉彬)이 개연히 고가(故家)를 두루 찾아다니며 한두 부 파손된 것을 구한 뒤 이를 모사(摸寫)[232]하여 완전한 첩으로 만들었다. 또 제가(諸家)의 후손들에게 가시(歌詩)를 구하여 오래도록 전하고자 하면서 나에게도 후서(後序)를 써달라고 부탁하였는데 의리상 감히 사양할 수가 없어 삼가 그 대강을 기록하여 보내주었다.

아아, 이를 통해 중흥의 성대한 때에 원기가 두터움을 볼 수 있으니 우리 성상께서 석류(錫類)[233]들에게 복을 내리시자 한 시대가 모두 인수지역(仁壽之域)[234]으로 도야(陶冶)되었다. 당시의 사대부들은 부모

를 말한 것으로 보인다.

231 백헌(白軒)……서술하여 : 이경석(李景奭)의 〈백세채부인경수연도서(百歲蔡夫人慶壽宴圖序)〉(《백헌집(白軒集)》 권30)와 허목(許穆)의 〈경수연도기(慶壽宴圖記)〉(《기언》 권12)를 말한다.

232 모사(摸寫) : 원문은 '묘사(描寫)'인데 문맥의 의미상 모사(摸寫)로 보고 수정하여 번역하였다.

233 석류(錫類) : 복을 받을 사람이라는 의미로 여기에서는 효자를 가리킨다. 《시경》 〈대아(大雅) 기취(旣醉)〉에 "효자의 효는 다함이 없어서 영원히 복을 받으리라.〔孝子不匱, 永錫爾類.〕"라는 말에서 유래하였다.

234 인수지역(仁壽之域) : 사람들이 모두 천수(天壽)를 누리며 편안하게 살아가는

에게 효도하지 않는 이가 없고 벗들과 화목하며 풍류(風流)는 도타워서 다 함께 태평성대의 성대한 광경을 이루어내었으니 후세의 사람들로 하여금 감발(感發)하여 흥기(興起)하게 한다. 이것을 어찌 나와 그대만이 사사로이 할 수 있는 것이겠는가! 여러 부인들의 씨족과 연갑(年甲), 여러 대부들의 이름과 관질(官秩) 그리고 예의(禮儀)의 아름다움과 성용(聲容)의 성대함은 두 분 공이 쓴 서문에 상세하므로 지금 다시 기록하지 않는다.

태평성대를 가리키는 말이다. 인수(仁壽)는 《논어》 〈옹야(雍也)〉에 "인을 좋아하는 사람은 장수한다.〔仁者壽〕"라는 말에서 유래하였다. 《한서(漢書)》 권22 〈예악지(禮樂志)〉에 "한 세상의 백성들을 몰아서 인수 지역으로 인도한다면, 풍속이 어찌 성강 때처럼 되지 않을 것이며, 수명이 어찌 고종 때처럼 되지 않겠는가.〔驅一世之民, 濟之仁壽之域, 則俗何以不若成康, 壽何以不若高宗.〕"라고 하였다.

《마진휘성》 서문[235]

麻疹彙成序

천지의 큰 덕을 생(生)이라고 하는데[236] 오직 사람이 태어남에 육기(六氣)는 밖에서 치고[237] 칠정(七情)은 안에서 갉아먹어[238] 생(生)을 해치니 성인이 일어나 의약으로써 그러한 것을 치료하였다. 이에 신농씨(神農氏)[239]가 온갖 풀들을 맛보고 헌원씨(軒轅氏)가 《소문(素

235 마진휘성 서문 : 《마진휘성》은 홍역에 대한 의서이다. 《동의속방(東醫俗方)》·《동의보감(東醫寶鑑)》·《급유방(及幼方)》 등 종래의 의서에서 관련 내용을 채록(採錄)하고 그 당시에 경험된 처방을 합하여 편찬하였다. 저자 이원풍(李元豊, 1759~미상)은 본관은 정읍(井邑), 자는 대유(大有), 호는 요산주인(樂山主人)이다. 본래 1777년(정조1) 역과(譯科)에 급제한 역관이었으나 의학에 정통하고 아이들의 병을 치료하는 데 능하여 이름이 알려졌다. 《유이태 생애와 마진편 연구, 경희대 한국역사학과 박사학위논문, 2015》

236 천지의……하는데 : 《주역》〈계사 하(繫辭下)〉에 "천지의 큰 덕을 생이라 하고 성인의 큰 보배를 지위라고 한다.〔天地之大德曰生, 聖人之大寶曰位.〕"라고 하였다. 생(生)이란 만물을 생육하는 것이다.

237 육기(六氣)는……치고 : 육기는 풍(風)·화(火)·한(寒)·서(暑)·습(濕)·조(燥)이다. 한의학에서 말하는 운기설(運氣說)로 오운(五運)과 육기를 따져서 기후의 변화와 질병의 발생 등을 예측하는 것을 말한다.

238 칠정(七情)은……갉아먹어 : 칠정은 희(喜)·노(怒)·우(憂)·사(思)·비(悲)·공(恐)·경(驚)의 7가지 감정을 말한다. 갑작스럽게 강한 자극을 받거나 혹은 정기적으로 받은 자극이 인체의 정상적인 생리활동 범위를 초과하여 인체의 기기(氣機)를 문란하게 하고 장부의 음양기혈(陰陽氣血)을 실조시키면 질병이 발생한다. 이를 내상칠정(內傷七情)이라고 한다.

239 신농씨(神農氏) : 중국 신화시대의 제왕이다. 의약(醫藥), 쟁기와 보습, 도기(陶

問)》[240]을 지은 이후로 명의(名醫)들이 대대로 배출되어 세상 사람들을 구제하면서 비법을 전하였다. 그러나 천지가 생겨난 지 오래되자 사람들이 걸리는 병도 만여 종이나 되어 404가지[241] 뿐만이 아니니 그저 앞시대 사람들이 효험을 본 처방만 살펴서는 병을 치료할 수 없게 되었다.

마진(痲疹 홍역) 같은 것은 마마[痘]와 같은 종류이나 이름은 다르니 상고시대에 없던 것이다. 그러므로 치료 방법도 옛날 신의(神醫)에게 근본하지 않고 오로지 형증(形症)과 운기(運氣)만 본다. 의술로 세상에 이름이 알려진 이들은 먼저 그 형증을 살펴보고 불치(不治)・난치(難治)・이치(易治)의 조목으로 나누는데, 이른바 불치의 경우는 대개 반립(斑粒)의 많고 적음과 독기(毒氣)의 얕고 깊음으로 분별한다. 그러나 사람이 타고난 성질에는 튼튼하고 약함이 있고 시대의 운기(運氣)에는 오르고 내림이 있거늘, 어찌하여 병에 걸린 초기에 치료할 수 있고 없음이 이미 판가름난단 말인가. 내 생각에는 불행히도 이 병이 헌황(軒皇 황제(黃帝)) 때나 춘추(春秋)시대 이전에 나타나지 않아서 기백(岐伯)과 월인(越人)[242]의 손을 거치지 않았기 때문에, 증세(症

器), 활 등을 발명했다고 한다. 중국 의학의 시조로 받들어지며 수많은 약초를 맛보았다는 이야기가 전한다.

240 소문(素問) : 중국에서 가장 오래된 의학서인 《황제내경(黃帝內經)》에 포함되었고 그 중 전반부에 해당한다. 천인합일(天人合一)이나 음양오행(陰陽五行)에 따른 병리학이 주된 내용이다.

241 404가지 : 사람의 오장(五臟)에 각각 여든한 가지의 병이 있는데 죽음[死] 하나를 빼고 404가지의 병이라고 한 것이다. 일반적으로 각종 질병을 의미한다.

242 기백(岐伯)과 월인(越人) : 기백(岐伯)은 황제(黃帝) 때의 명의이다. 월인은 전

狀)를 논하고 약을 쓰는 데 있어 변하지 않는 신묘한 처방을 끝내 얻지 못한 것이라고 하겠다.

이군 원풍(元豐)은 소아병을 잘 치료하는 것으로 세상에 이름이 났다. 마진의 치료법이 예로부터 의서(醫書)에 없어서 방법을 살펴서 병증을 치료할 수 없음을 일찍부터 한스럽게 여겨 옛 의술을 널리 고증하여 요지(要旨)를 가져오고 근세에 이미 증명된 처방을 참고하여, 모두 모아 책으로 만들고 《마진휘성》이라고 이름하였다.

먼저 운기(運氣)를 논하고 그 다음에 형증을 논하였는데 큰 요강을 나열하고 세목을 나누어 손바닥을 보듯 분명하니 병을 살피는 사람들로 하여금 집증(執症)[243]에 현혹되지 않고 난치와 이치(易治)를 분별하여 치료에도 조리가 있게 하였다. 중생을 널리 구제하는 방도에 크게 공을 세웠으니 그의 마음씀이 참으로 성실하고 부지런하다. 전에 듣기로는 송(宋)나라 가정(嘉定) 연간[244]에 태의원(太醫院)에서 《소아위생론(小兒衛生論)》 20권[245]을 편찬했다고 하는데 여기 실린 두진(痘

국(戰國)시대의 명의(名醫)로 알려진 편작(扁鵲)의 성명이다. 편작은 환자의 오장(五臟)을 투시하는 경지에까지 이르렀다고 전한다. 편작은 원래 황제 때의 인물인데, 뒤에 전국시대 정(鄭) 땅 사람 진월인(秦越人)의 의술이 신묘하여 그를 편작이라고 하였다고 한다. 《史記 卷105 扁鵲列傳》

243 집증(執症) : 본래 증세를 살펴서 병을 알아낸다는 의미인데, 여기서는 겉으로 드러난 병증을 의미하는 듯하다.

244 가정(嘉定) : 남송(南宋) 영종(寧宗)의 네 번째 연호로 1208년부터 1224년까지 17년간 사용하였다.

245 소아위생론 : 《소아위생총미논방(小兒衛生總微論方)》을 말한다. 남송(南宋) 시대에 간행된 저자미상의 의학서적으로 총 20권이다. 영유아(嬰幼兒) 및 소아(小兒)들에게 보이는 질병의 원인과 징후, 방약(方藥)과 치료법 등이 수록되어 있다. 명(明)나

疹)[246]에 대한 처방이 필시 이 책과 일치하는 점이 있을 것이다. 군이 그 책을 구해서 징험해 보길 바란다.[247]

라 홍치(弘治) 연간에 인행(印行)하면서 《보유대전(保幼大全)》 또는 《보영대전(保嬰大全)》으로 명칭이 바뀌기도 하였다.

246 두진 : 전염병(傳染病)의 일종(一種)인 두창(痘瘡)이 드러난 증세(症勢)이다. 춥고 열(熱)이 나며 얼굴로부터 전신(全身)에 붉은 점(點)이 생기는 것이 홍역(紅疫)과 비슷하다.

247 군이……바란다 : 이 책의 저자인 이원풍이 본래 한학 역관(漢學譯官) 출신이므로 사행을 따라 중국에 갔을 때 의서를 구해보기 바란다는 의미로 쓴 말이다.

《수졸재 가훈》 서문[248]

守拙齋家訓序

도(道)는 일용(日用)에 있으며 배움(學)은 비근(卑近)한 것부터 먼저 한다. 그런 까닭에 공자는 "평소에 말을 미덥게 하고 평소에 행동은 삼간다."[249]라고 하였고, 맹자는 "도는 가까운 데에 있는데 먼 데서 구한다"[250]라고 하였으니 용(庸)이라는 것은 일용의 평상(平常)을 말하는 것이다. 나는 일찍이 세상의 학자들이 비근한 것은 싫어하고 고원(高遠)한 것에만 힘을 써서 끝내 도(道)에 들어갈 수 없게 되는 것을 병통으로 여겼다.

248 수졸재 가훈 서문 : 이계의 벗 강유(姜游)의 부탁을 받고 쓴 글로, 강종열(姜宗說, 1582~1651)의 《수졸재 가훈》에 의의를 부여하며 강씨 가문의 연원을 칭송하고 자손들의 번창을 기원하는 내용이다. 강종열은 병자호란 이후 이천(利川)에 은거하여 수졸재(守拙齋)를 짓고 학문에 힘썼다. 본 번역에서는 국립중앙도서관에 소장된 《수졸재 가훈》을 참고하였다. 이 책은 강유가 1775년(영조51) 청송 부사(靑松府使)로 재임할 때 출간한 것으로 표제는 《수졸재집》으로 되어 있다. 강종열이 지은 〈수졸재기(守拙齋記)〉와 가훈, 아들 강돈(姜惇)이 가훈의 각 항목에 대해 부연설명한 〈술계(述戒)〉와 강종열의 시에 강돈이 차운한 〈자효록(慈孝錄)〉 등이 수록되었다.

249 평소에……삼간다 : 《주역》 〈건괘(乾卦) 문언(文言)〉에 "평소에 말을 미덥게 하고 평소에 행동을 삼가서, 사악함을 막고 그 성실함을 보존한다.〔庸言之信, 庸行之謹, 閑邪存其誠.〕"라고 하였다.

250 도는……구한다 : 《맹자》 〈이루 상(離婁上)〉에 "도가 가까운 곳에 있는데도 먼 곳에서 찾고, 일이 쉬운 데에 있는데도 어려운 데에서 찾으려 한다. 그러나 사람들이 어버이를 어버이로 모시고 어른을 어른으로 모시기만 한다면, 천하가 태평해질 것이다.〔道在邇而求諸遠, 事在易而求諸難, 人人親其親長其長, 而天下平.〕"라고 하였다.

지금 수졸재(守拙齋) 강공(姜公)이 저술한 가훈(家訓)을 보니 공은 학문을 할 때 먼저 해야 할 바를 알았다는 것을 알 수 있다. '팔당(八當)[251]'이라고 한 것은 일상에서 기거하고 말하고 움직이는 상규(常規)를 논한 것이요, '팔필(八必)[252]'이라는 것은 몸가짐과 남을 대하는 방도를 논한 것이니, 일상생활에서 삼가고 조심하여 세세하게 작은 것까지 두루 살핀다면 마음을 단속하여 욕구(欲求)를 억제할 수 있다. 공의 아들 진사공(進士公 강돈(姜惇))이 또 이를 부연하고 발휘시켰으니[253]

251 팔당(八當) : 1. 글자를 읽을 때 허투루 읽지 말고 음을 분별해야 한다.〔讀字毋虛聲當辨音〕 2. 글을 논할 때 농담을 하지 말고 의미를 찾아야 한다.〔論文毋戱談當索味〕 3. 말을 할 때 높고 급하게 하지 말고 부드럽고 온화하게 해야 한다.〔出言毋高急當柔和〕 4. 걸을 때는 흐트러지지 말고 침착하고 조용히 걸어야 한다.〔行步毋散放當安詳〕 5. 기쁜 일을 만나도 가볍게 행동하지 말고 멀리 생각해야 한다.〔逢喜毋輕動當遠念〕 6. 화가 나도 갑자기 드러내지 말고 천천히 살펴야 한다.〔有怒毋猝發當徐察〕 7. 일을 논의할 때에는 고집을 부리지 말고 중론을 따라야 한다.〔論議毋固執當從衆〕 8. 일을 할 때 특이한 것을 일삼지 말고 풍속을 따라야 한다.〔行事毋崖異當循俗〕

252 팔필(八必) : 1. 학문을 할 때 출입이 잦아선 안 되니 반드시 학업이 황폐해진다.〔出入毋頻數業必荒〕 2. 사귈 때 희롱해선 안 되니 반드시 틈이 생겨난다.〔交遊毋弄押釁必萌〕 3. 밥을 먹을 때 배가 불러서는 안 되니 반드시 기운이 게을러진다.〔喫飯毋充腹氣必惰〕 4. 술을 마실 때 주량을 넘어서는 안 되니 반드시 병이 생긴다.〔飮酒毋過量病必作〕 5. 손님을 나가서 맞지 않으면 안 되니 반드시 정이 소원해진다.〔客來毋逢出情必疎〕 6. 남에게 준 것을 가벼이 빼앗아선 안 되니 반드시 후회가 많아진다.〔人與毋輕取悔必多〕 7. 나랏일을 망녕되이 논해선 안 되니 반드시 후환이 이른다.〔官政毋妄議患必至〕 8. 남의 잘못을 사람들에게 전해선 안 되니 반드시 모욕을 받게 된다.〔人過毋傳說辱必至〕

253 아들……발휘시켰으니 : 《수졸재집》에 수록된 〈술계(述戒)〉를 가리키는 것으로 보인다. 이는 강종열의 아들 강돈(姜惇)이 수졸재 가훈의 각 항목마다 부연 설명을 한 것이다.

모두 후학의 모범이자 본보기가 될 만하다.

공이 저술한 〈수졸재기〉[254]를 보고는 마음에서 자득하여 외물을 좇지 않았던 것을 더욱 잘 볼 수 있었으니, 참으로 옛날에 이른바 은거하여 뜻을 구한 군자이다. 또 진사공이 쓴 〈자효록(慈孝錄)〉[255]을 보고 가문에 전해지는 돈독한 실행(實行)에 그럴만한 연원이 있다는 것을 알게 되었다. 아아, 실로 아름답도다! 공의 5세손이 승지(承旨)로 있다가 청송(青松)의 읍재가 되자 남은 글을 모아 한 질(帙)로 만들고 이를 판각(板刻)하여 널리 전하고자 하면서 나에게 한마디 말을 구하였다.

내가 이 책을 보니 일용과 평상의 사이를 벗어나지 않으며 절실하게 묻고 가까운 것을 생각하는 의의[256]를 얻었다. 그러므로 자제(子弟)들이 외우고 지키면 몸가짐을 삼가는 선비가 될 것이요, 미루어 나가면 마음을 다스리고 도(道)를 구하는 방법 또한 여기에서 벗어나지 않으니 《안씨가훈》·《여씨가훈》[257]과 서로 표리가 될 만하다. 이 어

254 수졸재기(守拙齋記) : 1646년(인조 24) 11월 수졸재를 짓고 그 이듬해에 쓴 글로 졸(拙)이라는 이름을 붙인 이유를 논하였다. 교(巧)와 졸(拙)을 비교하고 하늘로부터 부여받은 본성(本性)과 분수(分數)를 지켜서 세상의 영욕이나 권세 같은 외물에 흔들리지 않겠다는 내용이다.

255 자효록(慈孝錄) : 〈자효록〉과 〈속자효록〉이 있다. 강종열이 병을 앓고 난 뒤 지은 한시와 아들 강돈이 여기에 차운한 시들을 모아서 엮은 것이다.

256 절실하게……의의 : 《논어》〈자장(子張)〉에 "자하가 말하기를, 널리 배우고 뜻을 독실히 하며 절실하게 묻고 가깝게 생각하면 인이 그 안에 있다.〔子夏曰, 博學而篤志, 切問而近思, 仁在其中矣.〕"라는 구절을 인용한 것이다.

257 안씨가훈·여씨가훈 : 《안씨가훈》은 위진남북조(魏晉南北朝) 때의 학자 안지추(顔之推, 531~591)가 자손을 위해 쓴 책으로, 학문과 문학부터 잡기에 이르기까지

찌 단지 강씨 일문만의 아름다운 전범(典範)이 되는 데 그치겠는가! 승지의 이름은 유(游)이니 나의 벗이다. 효성스럽고 우애로우며 학문과 지식이 있어서 선조의 가르침을 잘 지켜 가문의 명성을 크게 떨치니, 나는 이에 기쁘게 이 글을 쓰노라.

다양한 내용이 서술되어 있다. 여기서 말한 《여씨가훈》은 송(宋)나라 여본중(呂本中)의 동몽훈(童蒙訓)을 가리키는 것으로 보인다.

《화계집》 서문[258]

花溪集序

내가 경진년(1760, 영조36) 가을에 경주 부윤(慶州府尹)이 되어서 우선 고을에 있는 현명한 선비들을 방문하였는데, 화계(花溪) 유 처사(柳處士) 의건(宜健)이라는 이가 백발이 되어서까지도 경전을 깊이 연구했고 이미 죽은 지 한 달이 지났다는 것을 듣게 되었다. 이에 무척 애석하여 공이 갑자기 죽은 것을 한스러워하며 내가 늦게 간 것을 한탄했었다. 이 일로 인해 그 사위인 진사 남용만(南龍萬)과 교분을 맺고 공의 본말을 상세히 들을 수 있었다.

공은 《주역》의 이치를 깊이 깨우친 분이었다. 평소에 늘 자신의 생년(生年)이 정강성(鄭康成)[259]과 같은 정묘년이라고 말하며 "정강성은 74세에 이르러 경진년(200, 후한(後漢) 건안(建安)5)에 죽었으니 내

258 화계집 서문 : 유의건(柳宜健, 1687～1760)의 《화계집》에 쓴 서문으로 서술 시기는 1777년(정조 원년) 무렵으로 추정된다. 다만 이계가 본 것은 《화계집》이 아니라 저자의 손자 남경희(南景羲)가 정리한 《화계집략(花溪集略)》이다. 유의건은 본관은 서산(瑞山), 자는 순겸(順兼), 호는 화계(花溪)·정묵재(靜默齋)이다. 1735년(영조11) 진사시(進士試)에 합격하였으나 과거를 단념한 채 화계(花溪)에 서당을 짓고 학문에 침잠하여 제자들을 양성하다가 1760년(영조36)에 졸하였다.

259 정강성(鄭康成) : 한(漢)나라의 유학자 정현(鄭玄, 127～200)이다. 강성은 그의 자이다. 산동(山東) 고밀(高密) 출신으로 고밀선생이라고도 불렸다. 마융(馬融)의 문인이고 한나라 때의 대표적인 경학가(經學家)로서 삼경(三經)을 비롯한 많은 책의 주석서를 남겼고 당시 순유(純儒)라고 추앙을 받았다. 본문의 '정묘년'은 127년 후한 영건(永建) 2년이다.

가 부여받은 수명도 비슷하지 않은가?"라고 하였다. 그러다가 경진년(1760, 영조36)이 되자 "고밀선생(高密先生 정현(鄭玄))이 조화를 타고 가려 하니 경진년 유월은 무더위가 성한 때요. 화계처사가 일명(一命)을 함께하니 우물가 오동나무가 가을을 맞아 잎새 떨굴 때라네.〔高密先生欲化去 庚辰六月炎威爍 花溪處士同一命 井上梧桐秋葉落〕"라는 시를 지었다. 그런데 이해 가을이 되자 공이 과연 몰(歿)하였다. 공이 몰하던 날 집안 사람들이 상구(喪具)를 손질하며 붓과 벼루를 꺼내던 중에 벼룻집이 절로 깨졌는데, 그 안에서 "경진년 7월에 물건이 사람과 함께 없어질 것이다."라고 쓰인 종이가 나왔다. 이는 공이 직접 쓴 것으로 이를 본 사람들 모두가 놀라서 기이하게 여겼으니, 공이 명수(命數)에 정밀한 것이 이와 같았다.

내가 한양으로 돌아왔을 때 공의 외손인 남군(南君) 경희(景羲)가 과거에 급제하여 경사로 오면서 《화계집략(花溪集畧)》 2권[260]을 가지고 와 내게 보여주니 바로 유공의 유고였다. 시(詩)는 한담(閑澹)하여 조탁(彫琢)과 수식(修飾)을 일삼지 않았고, 문(文)은 변박(辯博)하여 각각 조리와 지취(志趣)가 있으니 가슴속에 온축(蘊蓄)한 것을 충분히 볼 수 있었다.

역설(易說) 여러 편[261]은 정밀하게 분석하고 심오한 뜻을 드러내어

260 화계집략(花溪集畧) 2권 : 저자 유의건은 생전에 사위 남용만(南龍萬)에게 유고(遺稿)의 산정을 당부하였다. 남용만은 산정을 마치고 1761년에 발문을 썼으나 간행은 하지 못하였다. 이후 남용만의 아들인 남경희가 《화계집》을 추려 《화계집략》 한 질을 만들어서 이계에게 보여준 것이다.

261 역설……편 : 《화계집》 권11에 수록된 4편의 논(論)을 말하는 것으로 보인다. 〈독역의의괘변의(讀易疑義卦變疑)〉·〈선천변위후천설(先天變爲後天說)〉·〈독역해

독자적인 견해로 스스로 오묘한 이치를 터득한 부분이 왕왕 있으니 참으로 공경할 만하였다. 나도 만년에 《주역》에 힘을 썼지만 돌이켜보면 심오한 의미를 드러내어 의혹을 변별한 바가 없었다. 지금 공의 〈독역의의괘변의(讀易疑義卦變疑)〉와 〈선천변위후천설(先天變爲後天說)〉 두 가지 설을 보니 묵묵히 계합하는 것이 적이 있었다. 이에 살아생전에 만나보지 못한 것이 더더욱 한스러워 그저 광세지감(曠世之感)[262]을 느낄 뿐이다. 마침내 서문을 써서 돌려준다.

조(讀易解嘲)〉·〈독역관규(讀易管窺)〉가 있다.

262 광세지감(曠世之感) : 같은 시대에 태어나 서로 만나지 못한 것을 아쉬워하는 심정을 말한다.

《여암집》 서문[263]

旅菴集序

무엇을 문(文)이라 하는가? 이(理)에 상(象)을 붙인 것이다. 도서(圖書)[264]가 나와서 천지의 형상이 드러나고 서계(書契)[265]가 지어져서 사람의 글〔人文〕이 시작되니, 문은 상(象)에서 생겨나고 이(理)는 문에서 드러난다. 그러므로 공자(孔子)의 문하에서 사람을 가르칠 때에도 문을 우선하여 이에 문학(文學)의 과목[266]이 있게 되었다. 그러나 이른바 문이란 이(理)와 도(道)를 통합하여 이름 붙인 것이다. 아래로

263 여암집 서문 : 이계의 벗인 신경준(申景濬, 1712~1781)의 《여암집》에 쓴 서문이다. 신경준의 해박한 지식, 학문적 성과를 추앙하면서 실학적인 면모를 강조하였다. 신경준은 1754년(영조30) 이계가 주관한 과거에서 급제하고 이후 여러 관직을 역임하였고, 《운해 훈민정음(韻解訓民正音)》과 《강계지(疆界誌)》, 《도로고(道路考)》 등 문자학, 성운학(聲韻學), 지리학 등 다양한 분야에 많은 업적을 남겼다.

264 도서(圖書) : 하도(河圖)와 낙서(洛書)이다. 하도는 복희(伏羲) 때 황하에 용마(龍馬)가 등에 지고 나왔다는 그림이다. 55개의 점으로 표현되었으며 복희가 이를 보고 팔괘(八卦)를 만들었다. 낙서는 우(禹) 임금 때 낙수(洛水)에서 거북이의 등에 그려져 있던 그림으로 45개의 점으로 구성된다. 이를 바탕으로 하여 〈홍범구수(洪範九疇)〉가 만들어졌다.

265 서계(書契) : 최초의 문자로 나무에 새겨 쓴 것이다. 신농(神農) 때에는 노끈을 묶어서 정사〔結繩之政〕를 펼쳤고, 복희 때에 이르러 서계를 만들었다는 내용이 《주역》 〈계사전 하(繫辭傳下)〉에 있다.

266 문학(文學)의 과목 : 《논어》 〈선진(先進)〉에 "덕행은 안연(顏淵)・민자건(閔子騫)・염백우(冉伯牛)・중궁(仲弓)이요, 언어는 재아(宰我)・자공(子貢)이요, 정사는 염유(冉有)・계로(季路)요, 문학은 자유(子游)・자하(子夏)이다."라고 하였다.

내려와 춘추시대에 이르자 이단(異端)이 일어나기 시작하여 구류(九流)[267]가 서로 경쟁하면서 각자의 학술을 문으로 드러내었는데 실질(實質)이 없는 빈말은 한 적이 없었다. 초(楚)나라의 사(辭)[268]와 한(漢)나라의 부(賦)[269]가 흥하면서부터 과장하는 풍조가 흘러넘치고 이(理)에 근거하지 않으니 드디어 문과 도가 별개로 갈라졌다. 그렇지만 중국 사람들은 각각 자신의 스승만을 스승으로 삼고 각각 자신이 배운 것만을 배워서, 배움에 치우침과 순수함이 있고 말에는 교묘함과 졸렬함이 있되 모두가 스스로 문호를 세울 수 있었다.

우리 나라는 영토는 좁고 견문은 부족하여 세상의 배우는 자들이 그저 옛 사람들의 찌꺼기와 껍데기만 취하여 베낄 뿐이어서 자득하여 일가(一家)를 이루는 이가 매우 드물다. 비유하자면 사람들이 옷을 입고 음식을 먹음에 있어 장터에서 곡식을 구걸하거나 저자에서 비단을 팔아서 굶주림과 추위를 막을 뿐, 능히 씨를 뿌리고 옷감을 짜지 못하니 창고를 엿보면 텅 비어 있을 뿐인 것과 같다. 그러므로 문장을

267 구류(九流) : 춘추전국시대에 성했던 9개 학술 유파로, 유가(儒家), 도가(道家), 음양가(陰陽家), 법가(法家), 명가(名家), 묵가(墨家), 종횡가(縱橫家), 잡가(雜家), 농가(農家)가 해당한다.

268 초(楚)나라의 사(辭) : 초사(楚辭)는 초나라 지역에서 불리던 가요 혹은 그것을 모방한 문체의 이름이다. 구어(口語)를 활용한 장구(長句)와 방언 그리고 허사(虛辭)를 많이 사용하며 무속신앙의 영향으로 종교적 신비성과 신화적 환상성이 강한 특징이 있다. 굴원(屈原)과 송옥(宋玉)이 유명하고 한(漢)나라 이후까지도 많이 지어졌다.

269 한(漢)나라의 부(賦) : 한부(漢賦)는 산문과 운문이 혼합된 형태로 《시경》과 초사의 영향을 받았다. 문인들이 황제의 공적(功績)을 노래하고 덕(德)을 칭송하는 용도로 활용되어, 기문(奇文)과 괴자(怪字), 전고(典故)를 많이 사용하는 등 대상을 과장되고 아름답게 수식하는 데 치중하였다.

쓸 때 근본이 없고 근본이 없으니 쉬 고갈되어 버린다.

여암(旅菴) 신공(申公)은 출중한 재주와 해박한 지식에다 깊이 연구하여 이치를 탐색하는 공력을 더하였다. 멀리는 감석(甘石)의 경(經)[270]과 장해(章亥)의 지(誌),[271] 가까이는 주구(州鳩)의 악보(樂譜)[272]와 사마법(司馬法)[273]에 이르기까지 빗장을 열어 깊숙한 곳까지 드러내지 않음이 없고, 백가(百家)를 두루 망라하여 우리 유학의 도와 절충하니, 말을 하면 해박하고 도도하여 다함이 없고 조리가 있어 명확한 근거가 있었다. 글로 드러낸 것은 옛 사람들의 입을 답습하지 않아 자신의 폐부에서 나오고, 법도에 얽매이지 않았으나 저절로 요점에 합치되어 탁월하게 일가(家)의 말을 이루었으니 실로 출중한 큰 재주요, 보기 드문 통유(通儒)라고 할 만하다.

내가 젊은 날에 호남(湖南)에서 시험을 주관할 때 공이 남도(南道)의 선비로서 급제하고 왕경(王京)에서 벼슬하여 드디어 교분을 맺게 되었는데, 그 속마음을 살펴보면 미칠 수가 없어서 눈이 휘둥그레질

270 감석(甘石)의 경(經) : 천문학 서적을 말한다. 감석은 전국시대 제(齊)나라 사람인 감공(甘公)과 위(魏)나라 사람인 석신(石申)을 아울러 일컫는 말이다. 《史記 卷27 天官書》

271 장해(章亥)의 지(誌) : 지리지(地理誌)를 말한다. 장해는 날리기를 잘했다는 진설 속의 인물인 대장(大章)과 수해(竪亥)이다. 우(禹) 임금이 대장과 수해를 시켜 동서의 거리와 남북의 거리를 재어보게 했다고 한다. 《淮南子 卷4 地形訓》

272 주구(州鳩)의 악보(樂譜) : 주구는 주 경왕(周景王) 때의 악관(樂官)의 이름이다. 경왕이 율려(律呂)에 대하여 묻자 답한 일이 전한다. 《國語 周語》

273 사마법(司馬法) : 여기서는 병법(兵法)의 의미로 쓴 것이다. 《사마법》은 무경칠서(武經七書) 중 하나로 춘추시대 제(齊)나라 사람 사마양저(司馬穰苴)의 병법이다. 《史記 卷64 司馬穰苴列傳》

뿐이었다. 매번 고금의 일을 이야기하고 명분과 의리를 분석할 때면 밤낮없이 계속하여 끝나지 않았다. 모이고 헤어지고 성해지고 쇠해짐을 거듭하면서 거의 삼십여 년을 시종일관 한결같이 하였으니 참으로 옛날에 이른바 지음(知音)의 사귐이었다.

공이 나이가 들어 남쪽으로 돌아갔다가 세상을 떠나자, 공의 사위인 이군(李君) 영갑(永甲)이 유고를 가지고 찾아와서 서문을 구하였다. 전권(全卷)을 읽어보니 전할 만한 것이 열 중에 일고여덟이나 되었다. 《소사문답(素沙問答)》[274] · 《동음해(東音解)》[275] · 《강계지(疆界志)》[276] 같은 여러 글들은 모두가 천하의 기이한 문장으로 전인(前人)들이 언급하지 않았던 바이니, 후세에 반드시 이를 알아줄 사람들이 있을 것이다.

아아, 나는 이에 적이 크게 한스러운 점이 있다. 공은 항상 나에게

274 소사문답(素沙問答) : 신경준은 1737년(영조13) 부친상을 당하였고 상을 마친 뒤 경기도 소사(素沙)로 옮겨갔다가 3년 뒤에 다시 직산으로 이사를 갔다. 이때 《소사문답》과 《직주기(稷州記)》를 저술하였는데 《소사문답》은 소사의 지명을 논제로 사물의 형상과 색상에 관해 자신의 견해를 기술한 것으로, 유학의 도와 마음을 다스릴 수 있는 요체를 밝히고자 한 것이다.

275 동음해(東音解) : 《언서음해(諺書音解)》이다. 한글에 관한 음운서이다. 18세기 소론 · 남인 지식인들 사이에는 중화주의에 바탕하여 동음(東音), 즉 조선의 한자음이 청나라의 음보다 고음(古音)에 가깝다는 의식이 있었다. 신경준과 이계 역시 이러한 시각을 지니고 있었던 것으로 보인다. 《조선후기 소론계의 東音 인식과 訓民正音 연구, 조성산, 한국사학보36》

276 강계지(疆界志) : 신경준이 저술한 3권 3책의 역사지리서로, 서문에서는 제목을 《강계고(疆界考)》라고 하였다. 상고시대로부터 조선 중기에 이르기까지 시대별로 국토의 강계(疆界)와 위치, 산천, 성첩(城堞), 교린(交隣), 외침(外侵) 등과 자신의 의견을 기술하였다.

"우리들이 바닷가 모퉁이에서 태어나 눈으로 중화(中華)의 거대함을 보지 못한 채 옛 사람들이 남긴 책만 읽고 있으니, 모두 종이 위에서 추측만 하는 것일 뿐이지요. 나와 그대가 혹 사명(使命)을 받들고 서쪽 중국을 유람하게 되면 평소 논했던 것들을 거의 징험할 수 있을 것입니다."라고 말했었다. 공이 몰한 이듬해 나는 처음으로 연경(燕京)에 갔다. 산하(山河)의 거대함과 풍속의 변화, 고금 제도의 인습(因襲)과 변혁(變革)을 살펴보니, 분명하게 합치되고 밝게 트여 깨달은 점이 많았다. 그러나 공은 다시 돌아올 수 없으니 장차 누구에게 말해주고 누가 들어준단 말인가, 아아 슬프도다!

《춘암집》 서문[277]

春菴集序

호남에는 이름난 산과 큰 못이 많아서 기이하고 남달리 준수한 선비들이 왕왕 나타난다. 내가 어렸을 적에 소 처사(蘇處士)의 〈속적벽부(續赤壁賦)〉를 본 적이 있다. 이는 임술년(1742, 영조18) 가을에 처사가 배를 타고 동복(同福)의 적벽(赤壁)[278]을 유람하면서 〈적벽부(赤壁賦)〉를 모방하여 지은 것[279]이다. 문장이 넓고 호방하여 자첨(子瞻 소식(蘇軾))의 풍모(風貌)가 있으니 사람들 사이에 널리 회자(膾炙)되었다. 내가 〈속적벽부〉를 무릎을 치며 읊조리다가 소 처사를 직접 만나보지 못한 것을 한스러워했다.

277 춘암집 서문 : 소응천(蘇凝天, 1704~1760)의 문장을 통해서 그의 인품과 학식을 칭송하는 내용이다. 소응천의 본관은 진주(晋州), 자는 일혼(一渾), 호는 춘암이다. 어려서 사장(詞章)에 힘썼으나 간재(艮齋) 최규서(崔奎瑞)를 만난 이후 경술(經術)에 전념하였다. 성격이 호탕하여 벼슬에 뜻을 두지 않았고 당대의 명사(名士)들과 교유하고 명승지를 두루 유람하며 음풍농월(吟風弄月)로 일생을 마쳤다. 《삽교만록(雪橋漫錄)》에 수록된 검녀(劍女) 이야기에는 소응천이 당대의 뛰어난 선비로 칭송받았다는 내용이 실려 있기도 하다.

278 동복(同福)의 적벽(赤壁) : 전라남도 화순군(和順郡) 이서면(二西面) 창랑천(滄浪川)에 있는 절벽이다. 기묘사화(己卯士禍) 때 이곳으로 귀양 온 최산두(崔山斗)가 중국의 적벽에 버금간다 하여 이름 붙였다고 한다.

279 유람하면서……것 : 〈적벽부〉는 송(宋)나라 소식(蘇軾)의 대표적인 작품이다. 〈전적벽부(前赤壁賦)〉와 〈후적벽부(後赤壁賦)〉가 있으며, 〈전적벽부〉의 첫머리는 "임술년 가을 7월 16일〔壬戌之秋七月旣望〕"이라는 구절로 시작된다.

처사가 세상을 떠난 지 30여 년에 종자(從子) 숙행(叔行)이 공의 언행(言行)을 기록한 것과 공이 저술한 시문(詩文)을 가지고 와서 묘갈명(墓碣銘)[280]을 구하고 또 문집의 서문도 청하였다. 내가 묘갈명을 짓고 나서 다시 문집을 읽어보았는데, 공은 천부의 재능이 특출하여 겨우 말을 배우기 시작했을 때부터 입만 열면 문장이 이루어졌다. 시(詩)는 천기(天機)에서 나온 것으로 호탕하여 거침이 없고 습속(習俗)에 얽매이지 않았으며 온윤(溫潤)하고 전아(典雅)하여 저절로 법도에 들어맞았다. 문장은 가슴속에서 흘러나온 것으로 넓고 넓어 다함이 없으니 비유하자면 태호(太湖)의 물[281]에 풍랑이 잦아들면 만상(萬象)이 모두 드러나고 기원(淇園)의 대나무밭[282]에 안개와 비가 걷히면 일천 개의 죽순(竹筍)이 절로 자라는 것과 같았다. 인위적으로 짜맞추는 공을 들이지 않아도 문채(文采)가 찬란하게 빛나니, 바른 성정(性情)과 높은 재주와 풍격, 심오한 본원(本源)을 알 수 있다.

학문을 논한 여러 편의 글은 한결같이 낙민(洛閩)[283]의 문로(門路)를 좇아서 곧바로 도(道)의 큰 근원을 들여다본 것이다. 애석하도다! 그

280 묘갈명 : 본집의 권30에 수록된 〈춘암소공묘갈명(春菴蘇公墓碣銘)〉을 말한다.

281 태호(太湖)의 물 : 태호는 강소성(江蘇省)과 절강성(浙江省)의 접경 지역에 위치한 호수로 중국에서 세 번째로 크다. 48개의 섬과 72개의 산봉우리가 있어 예로부터 절경으로 일컬어진다.

282 기원(淇園)의 대나무밭 : 《시경》 〈위풍(衛風) 기욱(淇奧)〉에 "기수 물굽이를 바라보니, 푸른 대나무가 의의하도다. 아름답게 문채 나는 우리 님이여, 깎고 다듬은 위에 쪼고 간 듯하네.〔瞻彼淇奧, 綠竹猗猗. 有匪君子, 如切如磋, 如琢如磨.〕"라는 구절에서 인용한 말이다.

283 낙민(洛閩) : 낙양(洛陽)의 정호(程顥)·정이(程頤) 형제와 민중(閩中)의 주희(朱熹)를 통틀어 일컫는 것으로 정주(程朱)의 이학(理學)을 뜻한다.

의 경학(經學)에 관한 학설들이 산실(散失)되어 전해지지 않으니, 그 조예(造詣)의 정미(精微)함을 살펴볼 수 없게 되었다. 그러나 내가 일찍이 그의 언행(言行)을 살펴보고 출처(出處)를 관찰해보니, 몸가짐과 마음가짐이 순수하고 독실한 것은 법도와 준칙을 따르는 사람이요, 기상(氣像)이 호매하고 초연한 것은 은일(隱逸)의 무리인 듯하였다. 후세에 역사를 기록하는 이들이 공을 어느 과(科)에 둘지는 모르겠으나 어찌 단지 문장에만 둘 뿐이겠는가!

《활산집》 서문[284]

活山集序

계림(鷄林)은 서라씨(徐羅氏 신라)의 옛 도읍지이다. 삼한(三韓)을 하나로 통합하여 나라를 누린 것이 천 년이나 되니 그 산천의 웅장하고 수려한 것과 인재(人材)를 양육하여 배출한 것[285]은 우리나라에서 으뜸이다. 그런 까닭에 이름난 신하들과 훌륭한 유자(儒者)들이 성대하게 무리지어 배출되었는데 근세 이래로 점점 떨치지 못하게 되니 논하는 이들이 슬퍼하였다.

경진년(1760, 영조 36) 내가 경주 부윤(慶州府尹)이 되었을 때 학교를 일으키고 선비들을 성취시키려는 뜻이 있었는데, 진사(進士) 남붕로(南鵬路)라는 이가 온 고을에 명망이 있어 영남좌도(嶺南左道)가 모두 경도되었다는 것을 듣게 되었다. 이에 예(禮)를 갖추어 초빙하여

284 활산집 서문 : 이계가 경주 부윤(慶州府尹)으로 있을 때 남용만(南龍萬, 1709~1784)과 교분을 맺은 일과 서문을 쓰게 된 경위 등을 말하였다. 이 글은 남용만의 아들 경희(景羲)의 부탁으로 1793년(정조17) 5월 5일에 쓰였다. 남용만의 본관은 영양(英陽), 자(字)는 붕로(鵬路), 호(號)는 활산이다. 《활산집》은 남용만의 문집으로, 본집 7권과 어록(語錄)과 부록(附錄) 각 1권으로 9권 5책 분량이며 남용만의 아들 경채(景采)와 경희 등이 1793년에 간행하였다. 《활산집》에는 저자가 이계에게 보낸 편지글과 송서(送序) 그리고 이계가 써준 묘갈명 등이 실려 있다.

285 양육하여 배출한 것 : 원문은 '정독(亭毒)'으로 성장(成長)시키고 성숙(成熟)시킨다는 의미이다. 《노자》 51장에 "도는 낳고, 덕은 기른다. 자라게 하고 길러주며, 양육하고 키워준다.〔道生之, 德畜之. 長之育之, 亭之毒之.〕"라는 구절에서 유래한 말이다.

학궁(學宮)에 머물게 하고 많은 선비들의 스승으로 삼아서 문예(文藝)를 가르치고 경술(經術)을 강(講)하게 하니 일 년 만에 찬란하게 인재(人材)들이 이루어졌다. 배우는 이들이 이에 명활산(明活山)[286] 아래로 가서 덕계(德谿) 위에 서당(書堂)을 짓고 함께 모여 학업을 닦으므로, 내가 편액(扁額)을 쓰고 서(序)를 지어주었다.

내가 조정으로 돌아옴에 미쳐 붕로 또한 도천(道薦)에 올라 침랑(寢郎)을 제수받았지만[287] 나아가지 않고 거문고를 연주하고 책을 저술하면서 노년을 보냈다. 매번 득의(得意)한 시문(詩文)을 지으면 번번히 천 리 먼길을 보내어 내게 보여주었고 나 또한 마찬가지였으니 서로 깊이 인정해준 것이 이와 같았다.

군의 둘째 아들인 경희(景羲)가 젊은 나이로 고과(高科)에 급제한 뒤 서울로 올라와서 나를 방문하였다. 얼마 후 붕로가 몰하니 나는 만시(挽詩)를 부쳐서 그를 애도하였다. 경희는 상(喪)을 마친 뒤 《활산유고(活山遺稿)》 4권을 가지고 와서 내게 서문을 구하였다.

내가 전질(全秩)을 다 읽어보니 거대하고 넓어 다함이 없고 크고 맑은 울림이 있고 질박(質樸)하나 속되지 않고 심오(深奧)하지만 교묘

286 명활산(明活山) : 명활산은 경주부의 동쪽으로 11리에 있는 산이다. 《新增東國輿地勝覽 권21 慶尙道 慶州府》 《활산집》 권4에 수록된 〈활산설(活山說)〉에 의하면 명활산은 경주부의 진산이며, 자신이 이 산에 의지하여 살아가고 있기 때문에 산의 이름을 호로 삼았다고 하였다.

287 도천(道薦)에……제수받았지만 : 도천은 감사(監司)가 도내(道內)의 걸출한 인재를 조정에 천거하여 상주하는 것이다. 침랑은 종묘(宗廟) 혹은 능원(陵園)의 영(令)이나 참봉(參奉)을 말한다. 남용만은 1778년(정조2) 희릉 참봉(禧陵參奉)에 제수되었으나 나아가지 않았다. 《正祖實錄 2年 7月 30일》

(巧妙)한 데 빠지지 않았다. 학문은 넓고 기운은 두터우니 말세(末世)의 소리가 아니었다. 애석하도다, 먼 변방에서 늙어가서 당시에 쓰일 수가 없었도다. 다행히도 그 아들이 가학(家學)을 잘 이어받았으니 장차 큰 명성이 있을 것이요, 종유(從遊)하던 선비들도 스스로 분발하여 명성을 이룬 이들이 많으니, 동도(東都 경주)의 문풍이 이로부터 다시 진작(振作)될 것이다. 문집 중에는 나와 수창한 것들이 많이 있어 완연히 어제 일인 듯하거늘 머리 센 늙은이만 홀로 남아 있으니, 나도 모르게 책을 어루만지며 슬피 탄식하는 바이다.

《수산집》 서문[288]

修山集序

선비의 학문은 경술(經術)에 근본하는데 경술은 체(體)와 용(用)이 있으니, 성리(性理)는 체이고 정사(政事)는 용이다. 체가 이미 밝다 하더라도 고금(古今)의 역사와 전장(典章) 제도에 통달하지 못하면 이를 미루어 정사에 적용하기에는 부족하다. 우리나라의 유자(儒者) 중에 성리에 밝은 이들이 울연히 성대하지만 유독 역사와 전장(典章)의 학문에 대해서는 왕왕 소략하게 여겨 연구하지 않았다. 그러므로 실제 정사에 미루어 쓸 때에는 중국의 대유(大儒)만 못한 점이 있으니 대개 산천으로 말미암아 제한을 받기 때문일 것이다. 우리나라의 넓이나 강역(疆域), 전장과 고실(故實)에 대해서는 더더욱 유념해야 마땅하지만 전혀 살펴보지 않으니 나는 항상 이를 병통으로 여겼다.

지금 수산(修山) 이공(李公)의 유고(遺稿)를 보니 학문은 경술(經術)을 종지(宗旨)로 삼아서 문장으로 드러내었고 겸하여 역사를 연구하였는데 특히 우리나라의 지리(地理)에 밝았다. 위로는 멀리 단군

288 수산집 서문 : 이계가 76세 때 이종휘(李種徽, 1731～1797)의 아들인 이동직(李東稷, 1749～?)의 부탁을 받아 쓴 글로, 저술 시기는 1800년(정조23) 1월이다. 이종휘의 본관은 전주(全州)이고 자는 덕숙(德叔), 수산은 호이다. 고구려를 중시하고 만주를 우리의 옛 영토로 인식하였으며, 역사와 지리를 결합하여 해석함으로써 실학파 학자들에게 영향을 주었고, 양명학의 영향을 받아 독자적인 사학체계(史學體系)를 세움으로써 역사 연구에 큰 업적을 남겼다. 이계의 이 글 역시 이종휘의 역사인식과 성과에 주목한 것이다.

(檀君)과 기자(箕子), 삼한(三韓)으로부터 아래로는 신라와 고구려, 백제 즈음에 이르기까지, 산천의 험이(險易)와 강계(疆界)의 연혁(沿革)을 직접 손으로 만지고 발로 밟아본 것이나 다름이 없었다. 숙신(肅愼)·옥저(沃沮)·예맥(濊貊)·발해(渤海)처럼 궁벽하고 어두워 책에서 상고하기도 어렵고 이합(離合)이 일정치 않은 것에 대해서는 여기저기서 인용하여 곡진히 고증하고 세세히 분석하고 이어나가서, 마치 장(璋)을 합치면 규(珪)를 알고[289] 소매를 이으면 의복이 이루어지는 것처럼 찬란하게 눈앞에 펼쳐 보여주었다. 그가 들인 공력이 전일(專一)하고도 해박하니 어찌 그리 위대한가.

나는 일찍이 서쪽과 북쪽의 양계(兩界)[290]의 관리가 된 적이 있어서 강 건너편의 지형에 대해 대략 들은 적이 있었다. 사군(四郡)을 비워둔 채 버려둔 것[291]과 후주(厚州)를 오랫동안 폐기한 것[292] 그리고 선춘비

289 장(璋)을……알고 : 규(圭)와 장(璋)은 제후가 조회(朝會)할 때 드는 옥으로, 장은 반쪽짜리이고 규는 온전한 형태이다. 장을 합하면 규가 되고 규를 반쪽 내면 장이 된다.

290 양계(兩界) : 평안남북도와 함경남북도를 말한다. 이계는 1777년(정조 1)에 경흥 부사가 되고, 1791년(정조15) 4월에는 평안도 관찰사가 되었다.

291 사군(四郡)을……것 : 폐사군(廢四郡)을 말한다. 세종(世宗) 때 최윤덕(崔潤德) 등을 보내 여진족을 토벌하고 압록강 상류에 여연(閭延)·자성(慈城)·무창(茂昌)·우예(虞芮) 4군을 설치하였다. 이후 이 지역을 유지하기가 쉽지 않으니 폐지하자는 논의가 일어났고 결국 세조 원년에 철폐하여 백성들을 귀성(龜城)으로 옮긴 뒤 버려진 땅이 되었다. 《硏經齋全集 卷51 四郡考》

292 후주(厚州)를……것 : 후주는 평안북도의 북동부에 있던 부(府)로 지금의 후창군(厚昌郡) 일대에 해당한다. 1664년(현종5) 후주진(厚州鎭)을 설치하였고 1822년(순조22)에 이르러 후주진이 후주부로 승격되었다. 참고로 《연경재전집》 권51 〈후주기략(厚州紀略)〉에 자세한 내용이 보인다.

(先春碑)를 찾지 못한 것[293]은 나라의 전장에 흠결이라고 생각했는데, 또 성상께 아뢴 사람이 있어서 근래에 다행히도 사군은 우리 영토 안으로 점차 편입되었고 후주도 이미 진(鎭)을 설치하여 지키고 있다. 그러나 오직 선춘비에 대해서만은 진(秦)나라의 산과 초(楚)나라의 강물인 양 막연하게 여겨서 버려두고 신경을 쓰지 않았고, 듣는 사람들도 모두 우활하다고 여겼다.

공의 의서(擬書) 3편[294]을 읽어 보니 뜻이 서로 맞아 합치되고 가슴 속이 시원하여 얻음이 있는 듯하였다. 멀리 내다보는 생각과 큰 역량은

293 선춘비(先春碑)……것 : 선춘비는 윤관(尹瓘)이 9성을 개척하고 선춘령(先春嶺) 위에 세운 비석이다. 《신증동국여지승람》 권50 〈함경도 회령도호부(會寧都護府)〉에 다음과 같은 내용이 있다. "선춘령은 두만강 북쪽 7백 리에 있으며 윤관이 땅을 개척하며 이곳까지 이르러 공험진(公嶮鎭)에 성을 쌓고 드디어 고개 위에 비석을 세워 '고려의 국경'이라고 새겼다. 비석의 사면에 모두 글씨가 있었는데 오랑캐들이 모두 지워버렸다." 비석의 위치를 찾지 않았다는 것은 선춘령의 위치가 확실히 밝혀지지 않은 것을 말한다. 《신증동국여지승람》의 주(注)에는, 공험진의 위치와 예종(睿宗) 때 성을 쌓았다가 여진에게 돌려준 진(鎭)에 대해 말하면서 정확한 위치를 조사할 수가 없다고 말하는 내용이 보인다. 선춘령의 위치에 대해서는 이설이 분분하다. 일부 학자들은 길주(吉州) 이남이라고 보았는데, 이계는 백두산 인근으로 보았다. 본집의 권5 〈삭방풍요(朔方風謠) 사군록(四郡錄)〉에 수록된 〈시중대(侍中臺)〉 시에 관련 내용이 보인다.

294 의서(擬書) 3편 : 이는 《수산집》 권14 〈동국여지잡기(東國輿地雜記)〉에 수록된 〈의여어유소장군서(擬與魚有沼將軍書)〉, 〈의여김공종서서(擬與金公宗瑞書)〉, 〈의정묘후여집정서(擬丁卯後與執政書)〉를 가리킨다. 이 글들은 북방 영토의 회복이라는 이종휘의 염원이 담긴 것으로, 각각 세조(世祖) 때 명(明)의 요청으로 건주위(建州衛)를 정벌한 어유소가 고구려와 발해의 옛 영토를 돌려달라고 요청하지 못한 것을 애석해하고, 김종서가 육진(六鎭)을 개척하면서 선춘령까지 가지 못한 것을 안타까워하였으며, 북방의 영토를 회복하고 지켜야 하는 정당성과 방안을 펼쳐내었다.

근세의 사대부들이 미칠 수 있는 바가 아니거늘, 머리가 셀 때까지 시골에 파묻혀 영락한 채 세상을 떠났으니, 이 어찌 애석한 일이 아니겠는가! 백 세 뒤의 후인들은 필시 광세지감을 느끼며 우리나라에도 인물이 있었음을 기쁘게 여길 것이다.

그의 문장은 의론(議論)이 바르고 도달한 경지는 고원(高遠)하여 팔가(八家)[295]의 궤범(軌範)을 좇는 데 급급해하지 않았지만 세상을 경륜(經綸)하고 사물을 구제하려는 뜻이 류(類)에 따라 펼쳐져서 가릴 수가 없으니,[296] 여기에서 그의 학문에 체와 용이 구비(具備)되어 정사에 베풀 수 있음을 볼 수 있다. 기(紀)·전(傳)·표(表)·지(志) 등 여러 편은 실박하지만 속되지 않고 자세하지만 번거롭지 않아《사기》와《한서》의 문체를 얻었다. 시(詩)·부(賦)·잡저(雜著)는 여사(餘事)이므로 지금 여기에서 다 논하지는 않는다.

나는 젊었을 때 사우(士友)들 사이에 노닐면서 그의 높은 명성을 익숙하게 들었지만, 학식과 인품을 직접 만나서 겪어보지는 못하였다. 지금 공의 후사(後嗣)인 대간군(大諫君)[297]이 유집(遺集)을 가지고 찾

295 팔가(八家) : 팔가(八家)는 당(唐)나라와 송(宋)나라에 걸쳐 명성을 떨친 여덟 명의 문장가들로, 당나라의 한유(韓愈)·유종원(柳宗元), 송나라의 구양수(歐陽脩)·소순(蘇洵)·소식(蘇軾)·소철(蘇轍)·증공(曾鞏)·왕안석(王安石)이다.

296 류(類)에……없으니 : 촉류이장(觸類而長)에서 따온 말로《주역》〈계사 상(繫辭上)〉에 "이끌어 펴서 류에 따라 확장하면 천하의 할 수 있는 일은 모두 마칠 수 있다.〔引而伸之, 觸類而長之, 天下之能事畢矣.〕"라고 하였다.

297 대간군(大諫君) : 이종휘의 큰아들 이동직(李東稷)이다. 이동직은 1775년(영조 51) 정시문과에 급제하여 관직에 나아갔다. 홍국영(洪國榮) 등 권세가들을 탄핵하고, 1792(정조16)년에는《열하일기(熱河日記)》의 문체가 저속하다는 것을 상소하였으며, 서학(西學)과 관련하여 이가환(李家煥)을 논척하는 등 주자학적 전통을 고수하려는

아와서 서문을 구하였다. 그 책을 읽고 나서 나도 모르게 망연자실하였으니, 같은 시대에 태어나 살았으면서도 지음을 만나지 못했던 것을 더더욱 한스럽게 여기는 바이다.

입장을 취하였다. 이계가 대간군이라고 일컬은 것은 그가 1795년(정조19)년 4월 28일 사간원(司諫院) 대사간(大司諫)에 제수되었기 때문이다.

《지계집》 서문[298]

芝溪集序

주(周)나라가 쇠약해지자 악(樂)이 무너지고 시(詩)는 없어졌다. 아송(雅頌)이 변하여 사부(辭賦)[299]가 되니 화려하고 아름다운 말이 우세해져서 천기(天機)의 참됨과 성정(性情)의 바름은 결국 볼 수 없게 되었다. 한(漢)나라가 흥기함에 패궁(沛宮)에서 대풍가(大風歌)[300]를 부르고 분수(汾水)에서 추풍사(秋風辭)[301]를 부르니, 기상은 웅혼하

298 지계집 서문 : 송재도(宋載道, 1727~1793)의 문집에 쓴 서문으로 역대 시체(詩體)의 변천을 개괄하고 함께 어울려 노닐던 일을 회상하는 내용이다. 송재도의 본관은 은진(恩津)이고 자는 덕문(德文) 호는 지계이다. 이계와 홍병철(洪秉喆) 등 당대의 문인들과 교유하였고, 시문의 격률(格律)은 고아(古雅)하여 당(唐)나라 이후의 말은 쓰지 않았고 서법은 농려(濃麗)하였다. 《研經齋全集 卷49 世好錄 宋載道》

299 사부(辭賦) : 초사(楚辭)와 한부(漢賦)를 아울러 일컫는 말이다. 114쪽 주268, 주269 참조.

300 대풍가(大風歌) : 한 고조(漢高祖) 유방(劉邦)이 천하를 통일한 뒤 잔치자리에서 부른 노래이다. 유방은 통일 뒤에 고향인 패(沛) 땅에서 부로(父老)와 자제(子弟)들을 초대하여 잔치를 베풀었다. 분위기가 무르익자 직접 축(筑)을 치면서 노래하기를 "큰 바람이 일어나니 구름이 날리는구나. 위엄을 천하에 떨치고 고향으로 돌아왔네. 어떻게 하면 용맹한 병사들을 얻어서 사방을 지키게 할까.〔大風起兮雲飛揚 威加海內兮歸故鄕 安得猛士兮守四方.〕"라고 하였다. 《史記 卷8 高祖本紀》

301 추풍사(秋風辭) : 한 무제(漢武帝)가 하동(河東)을 순시할 때 배를 띄우고 신하들과 술을 마시다가 흥이 올라 지은 노래로 내용은 다음과 같다. "가을바람 일어남에 흰구름 흩날리니 초목은 누렇게 지고 기러기는 남으로 나네. 난초는 아름답고 국화는 향기로운데 아름다운 이 생각나 잊을 수 없어라. 누선을 띄워서 분수를 건너니 중류를 가로질러 흰 물결 날리네. 퉁소 소리 북 소리에 뱃노래 부르니 즐거움이 끝이 없어

고 음절은 맑고 깨끗하여 다시 대아(大雅)의 소리가 떨쳐지게 되었다. 위(魏)나라와 진(晉)나라 이후 가행(歌行)[302]이 번갈아 일어나 성당(盛唐)으로 이어졌고 이에 시운(詩運)이 크게 창성(昌盛)하였다. 한번 근체시(近體詩)[303]가 만들어진 뒤로부터 대우(對偶)를 공으로 삼고 운율(韻律)을 격조(格調)로 삼게 되니, 학사 대부들의 정신과 기력이 깎여나가서 천기(天機)가 생동하는 오묘함에 울림과 형상이 없어지고, 시인들의 온유돈후(溫柔敦厚)[304]한 기풍이 이로 말미암아 얽매이게 되었다. 간혹 빼어난 재주로 새로운 풍격과 체재를 만드는 이가 있기는 했지만 끝내 옛 아송(雅頌)에 합치되지는 못하였다.

우리나라 사람들의 시는 오로지 근체시만을 숭상하여 비록 명가대수(名家大手)라 하는 사람들도 모두가 성률(聲律)의 장단을 비교하고 모양새의 교묘함과 졸렬함을 다투는 데 불과하였다. 고인들의 온화하고 유장(悠長)한 음조가 아득해져서 보기 어려우니, 이 애석함을 어찌 이기겠는가!

나의 벗 송덕문(宋德文)이 자지계(紫芝溪)[305]에 은거하여 뜻을 옛날

슬픈 정이 많아지네. 한창 시절이 얼마나 되랴 늙어감을 어이할까.〔秋風起兮白雲飛, 草木黃落兮雁南歸. 蘭有秀兮菊有芳, 懷佳人兮不能忘. 泛樓船兮濟汾河, 橫中流兮揚素波. 簫鼓鳴兮發棹歌, 歡樂極兮哀情多. 少壯幾時兮奈老何.〕"

302 가행(歌行) : 정형화되지 않고 자유로운 리듬에 따라 노래하는 시가(詩歌)로 민간 가요에서 유래한 악부(樂府)의 일종이다.

303 근체시(近體詩) : 당(唐)나라 때 확립된 한시체(漢詩體)이다. 구절의 숫자나, 평측(平仄)에 따른 배열, 문장의 대구(對句) 등 엄격한 규칙이 적용되었다.

304 온유돈후(溫柔敦厚) : 《예기》〈경해(經解)〉에 "온유돈후(溫柔敦厚)는 시교(詩敎)"라는 말이 보인다. 이황(李滉)은 진실하고 맑은 소리로 사람들을 순화하여 비루함을 씻어내는 것을 온유돈후라고 보았다.

에 두고 행동은 간략(簡略)히 하여 세속의 풍상을 벗어났고 시 읊기를 좋아하였다. 개연히 옛 작자들을 모범으로 삼았으나 규칙을 따르는 데에만 급급하지 않아서 음조(音調)가 크고 거침이 없었지만 저절로 법도에 들어맞았다. 성당(盛唐)의 정수(精粹)를 삼키고 진위(晉魏)의 풍골(風骨)에 잠기니 그 맛은 넉넉하고 좋으며 그 색은 창연(蒼然)하고 그윽하여, 우뚝하게 높이 보고 넓게 걸어서 근세의 번잡스럽고 촉급한 절조(節操)를 한바탕 씻어내었다.

이때에 소영(小瀛) 홍성기(洪聖幾)[306]와 병초(屛樵) 홍재여(洪載汝)[307]가 자각(紫閣)의 언덕에 머물면서 고시(古詩)를 창도(倡導)하고 덕문과 시사(詩社)를 결성[308]하여 풍아(風雅)를 고취(鼓吹)시키며 바둑과 술로 질탕하게 노니니, 당세의 문사들 중 문초(文初) 신광하(申光河)[309]와 자회(子晦) 나열(羅烈)[310] 같은 사람들이 소문을 듣고 다투어

305 자지계(紫芝溪) : 종로구 창신동 근처에 있던 자지동(紫芝洞)을 말한다.

306 소영(小瀛) 홍성기(洪聖幾) : 홍병철(洪秉喆, 1727~?)이다. 본관은 남양(南陽), 자는 성기(聖幾) 혹은 보량(保良), 호는 소영거사(小瀛居士)이다. 1759년(영조35)에 진사시에 합격하였으나 50세가 넘도록 문과에 급제하지 못하자 귀향하였다. 이계와 송재도 등과 친분이 깊었다.

307 병초(屛樵) 홍재여(洪載汝) : 홍경후(洪景厚 1734~?)이다. 본관은 남양이고 재여는 자, 병초는 호이다. 1763년(영조39) 승광 생원시에 합격하였고, 금천 현감(衿川縣監)·시흥 현령(始興縣令)·장성 부사(長城府使) 등을 역임하였다. 이계, 송재도 등과 함께 자각시사에서 활동하였다. 본집의 권9에 홍경후에 대한 만사(輓詞)가 있다. 《本集 卷9 哀輓錄 洪長城載汝景厚輓》

308 자각(紫閣)의……결성 : 자각은 자각봉(紫閣峯) 즉 남산을 가리킨다. 송재도는 현재의 종로구 창신동 근처인 자지동(紫芝洞)에 살면서 이계, 홍병철, 홍경후 등 문인들과 자각시사(紫閣詩社)를 결성하여 활동하였다.

309 신광하(申光河) : 신광하(1729~1796)의 본관은 고령(高靈), 자는 문초(文初),

모였다. 봄에 꽃이 피고 가을에 낙엽이 질 때 창수(唱酬)하는 시문(詩文)들이 연이어져 그 문채와 풍류가 도성에 널리 퍼지니, 나도 항상 나귀를 타고 가서 참여하였다.

덕문은 초서를 잘 썼고 성기는 거문고 타기를 좋아하였다. 술을 마신 뒤 흥이 오르면 취한 붓자루에는 먹물이 흥건하고 호방한 거문고 가락은 오르내리는데, 솔바람 소리는 운(韻)을 돕고 산의 꽃잎은 왕왕 자리에 떨어지니 좌중의 모두가 시선을 집중하고 무릎을 치면서 기이함을 칭찬하여 사원(詞苑)의 훌륭한 볼거리라고 하였다. 이렇게 한 지가 네댓 해였는데 성기가 아들을 잃자[311] 온 집안이 동협(東峽)으로 내려갔고, 이후로 시사의 여러 선비들도 뿔뿔이 흩어지게 되었다.

임자년(1792, 정조16) 내가 평안도 관찰사로 있을 때 덕문이 한 필 말을 타고 와서 대동강가를 유람하였다. 동명왕(東明王)의 옛 자취[312]를 찾고 기자(箕子)의 초상[313]을 우러러보고 조천석(朝天石)[314]에

호는 진택(震澤)으로 석북(石北) 신광수(申光洙)가 그의 형이다. 1751년(영조27) 사마시에 합격하였다. 시문에 솜씨가 있고 산수 유람을 좋아하여 수많은 기행시(紀行詩)와 기행문을 남겼다. 당시 목만갑(睦萬甲)·이헌경(李獻慶)·정범조(丁範祖) 등과 사문장(四文章)으로 꼽혔다고 한다.

310 나열(羅烈) : 나열(1731~1803)의 본관은 안정(安定), 자는 자회(子晦), 호는 주계(朱溪), 해양(海陽)이다. 1753년(영조29) 사마시에 합격하였다. 헌릉참봉(獻陵參奉)을 시작으로 여러 관직을 거치고 돈녕부도정에 이르렀다. 만년에는 전국의 산수를 유람하며 시와 글씨를 즐겼는데, 시는 두보(杜甫)를, 글씨는 왕희지(王羲之)를 따랐다고 한다.

311 아들을 잃자 : 원문은 '서하(西河)'로 본래 자식 잃은 슬픔을 뜻한다. 공자가 죽은 뒤 자하(子夏)가 서하에 살았는데 하나뿐인 아들이 먼저 죽자 슬퍼 울다가 시력을 잃은 일에서 나온 말이다. 《史記 卷67 仲尼弟子列傳》

서 배를 띄우고 경파루(鏡波樓)[315]에서 시를 지으면서 수십 일 동안 머물다가 흥이 다하자 돌아갔다. 을묘년(1795, 정조19) 내가 사명(使命)을 받들고 연경에 갔다가 돌아오는 길에 봉황성(鳳凰城)[316]에 이르러 덕문이 죽었다는 소식을 들었는데 또 얼마 후에는 성기와 문초가 차례대로 세상을 떠났다. 지나간 일을 회상해보니 일겁(一刦)이나 지난 것 같은데 머리 센 늙은이만 홀로 남아 있으니 회포를 나눌 이 없는 이 아득함에 어찌할 바를 모르겠도다.

지금 덕문의 아들 현정(賢鼎)이 유고를 수집하고 나에게 와서 서문

312 동명왕(東明王)의 옛 자취 : 평양에 있는 동명왕의 유적으로 동명왕의 궁궐이었던 구제궁(九梯宮)과 말을 기르던 기린굴(麒麟窟), 말을 타고 하늘에 조회하러 올라갔다는 조천석(朝天石)이 있다. 구제궁 안의 청운교(靑雲橋)와 백운교(白雲橋)는 동명왕 때의 사다리라고 하고, 평양부 밖 5리에 있는 통한교(通漢橋)는 동명왕이 하늘을 오갈 때 경유한 곳이라고 한다. 동명왕의 사당인 동명왕사(東明王祠)도 있다.《新增東國輿地勝覽 卷51 平安道 平壤府》

313 기자(箕子)의 초상 : 기자사(箕子祠)를 참배했다는 의미로 보인다. 기자사는 고려 숙종 때인 1105년(숙종10) 정문(鄭文)이 건의하여 세웠고 일 년에 두 차례 제사를 지냈다. 조선 세종 때 중수하고 비석을 세웠다.《新增東國輿地勝覽 卷51 平安道 平壤府》

314 조천석(朝天石) : 대동강가 부벽루(浮碧樓) 아래 기린굴 근처에 있는 큰 바위이다. 동명왕이 기린굴에서 기린마를 타고 조천석으로 와서 하늘로 올라갔다는 전설이 전한다.

315 경파루(鏡波樓) : 본래 평양의 좌영(左營)으로 무너져 비어 있던 것을 1791년(정조15) 이계가 평안도 관찰사가 되었을 때 다시 세우고 편액(扁額)을 썼다. 대동강 서쪽의 절벽 위에 자리하여 아래에는 모래사장이 둘렀고 오른쪽은 연광정(練光亭)이, 왼쪽은 부벽루(浮碧樓)가 보였다고 한다.《本集 卷12 鏡波樓記》

316 봉황성(鳳凰城) : 중국 동북부 요녕성(遼寧省) 봉황산(鳳凰山)에 있는 고구려 때의 성이다.

을 청하였다. 책을 펼치고 채 반도 읽지 못했거늘 늙은이의 눈시울에 그렁그렁 눈물이 맺히니 차마 다 읽을 수가 없었다. 재여(載汝 홍경후)에게 부탁하여 편차하고 분류해서 후세에 전해지도록 힘쓰게 하고, 드디어 그 바른 문로(門路)와 높은 홍취 그리고 한때 성대했던 풍류와 평소 서로 깊이 인정했던 것을 서술하여 머리글로 삼는 바이다. 아아, 심흉(心胸)이 넓고 탁 트였으며 지취(志趣)가 호탕하고 빼어나니 그의 시를 읽으면 그 사람됨을 상상할 수 있다. 후세에 이 책을 읽는 이는 내게 포의의 지음(知音)이 있었음을 알아주리라.

《대방세고》 서문[317]

帶方世稿序

우리나라에서 인재가 많이 나기로 꼭 호남(湖南)과 영남(嶺南)을 일컬으니 신령스러운 땅의 화육이 다른 곳과는 사뭇 다르기 때문일 것이다. 나는 일찍이 호수를 따라 남쪽으로 내려가서 서석산(瑞石山)[318]과 월출산(月出山)에 오르고 구림(鳩林)의 들판[319]을 지나고 탐라(耽羅)의 나루까지 이르렀었다. 산봉우리의 수려함과 지기(地氣)의 맑고 밝음을 살펴보니 빼어나고 걸출한 선비가 나오는 것이 당연하다.

본조에 들어와 김하서(金河西 김인후(金麟厚))・유미암(柳眉巖 유희춘(柳希春))・기고봉(奇高峰 기대승(奇大升))은 도학(道學)으로 존경을 받

317 대방세고 서문 : 《대방세고(帶方世稿)》는 삭녕 최씨(朔寧崔氏) 3대(代)에 걸친 다섯 사람의 유문(遺文)을 한데 묶은 책이다. 대방은 남원(南原)의 옛 이름으로 이들의 세거지가 남원이었기에 이름한 것이다. 이 책은 최시옹(崔是翁, 1646~1730)이 편찬한 것으로 본래 《산남세고(山南世稿)》였으나, 1800년(정조24) 노봉서원(露峯書院)에서 간행하면서 《대방세고》로 개칭되었다. 1책은 최상중(崔尙重)의 《미능재집(未能齋集)》, 2책은 최연(崔葕)의 《성만집(星灣集)》, 3책은 최온(崔蘊)의 《폄재집(砭齋集)》, 4책은 최휘지(崔徽之)의 《오주집(鰲洲集)》, 5책은 최유지(崔攸之)의 《간호집(艮湖集)》이 수록되었다.

318 서석산(瑞石山) : 무등산(無等山)을 말한다. 무진악(武珍岳) 또는 서석산이라고 불리기도 하는데 서석산은 상서로운 돌이 있다 하여 불린 이름이라고 한다.

319 구림(鳩林)의 들판 : 구림은 현재 영암군 군서면 일대로 월출산의 서남쪽 줄기인 주지봉(朱芝峰) 아래이다. 구림이라는 명칭은 도선(道詵)의 탄생설화에서 비롯된 것으로, 도선이 갓 태어났을 때 숲속에 버렸더니 비둘기들이 덮어 보호해주었다하여 그 숲을 구림(鳩林)이라고 부르게 되었다.

았고, 고태헌(高苔軒 고경명(高敬命)) · 조중봉(趙重峰 조헌(趙憲)) · 김건재(金健齋 김천일(金千鎰)) · 양좌랑(梁佐郎 양산숙(梁山璹))은 절의로 드러났으며, 박눌재(朴訥齋 박상(朴祥)) · 정송강(鄭松江 정철(鄭澈)) · 임석천(林石川 임억령(林億齡)) · 최고죽(崔孤竹 최경창(崔慶昌)) · 백옥봉(白玉峰 백광훈(白光勳))은 문장으로 한 시대를 울렸다. 이 외에도 이름난 유자(儒者)와 재주있는 선비가 울연하게 연이어 배출되었다.

지금 대방의 최씨세고를 보니, 미능재(未能齋 최상중(崔尙重)) · 성만(星灣 최연(崔葕)) · 폄재(砭齋 최온(崔蘊)) · 오주(鰲洲 최휘지(崔徽之)) · 간호(艮湖 최유지(崔攸之)), 3대에 걸친 다섯 분은 절행(節行)과 경술(經術)을 우뚝하게 수립하여 모두 세상에 이름이 날 만하였으나 애석하게도 난리를 거치면서 모두 흩어져 각각 일가(一家)의 체제를 갖출 수가 없었다. 후손이 흩어진 나머지를 모아 엮어서 다섯 권으로 만들고 인쇄하여 널리 전하고자 하였다.

아아, 참으로 적은 분량이로다. 하지만 미능재는 바로 미암(眉巖)의 문인(門人)으로 학문이 순정(純正)하고 견식(見識)이 월등히 뛰어났다. 항상 포의(布衣)의 신분으로 항장(抗章)을 올려서 율곡(栗谷) 이문성공(李文成公)의 무고함을 호소하고, 정여립(鄭汝立)과 정인홍(鄭仁弘)의 간사함을 미리 간파하였으니 일세의 사람들이 공의 명론(名論)을 인정하였다.

성만(星灣)은 혼조(昏朝 광해군) 때를 당하여 관직을 사양하고 고향으로 돌아가 전묘(田畝)에서 살았다. 인조(仁祖)가 즉위한 이후에 비로소 발탁되어 쓰였지만, 병자년과 정축년[320] 이후로는 영달의 길을

320 병자년과 정축년 : 1636년과 1637년이다. 병자호란을 말한다.

기꺼워하지 않았다. 임금님이 여러 차례 불렀으나 관직에 나아가지 않았고, 나아가고 물러남에 한결같이 바른 도를 따랐다.

폄재(砭齋)는 은거하여 자신의 도를 지키고 산림 속에서 덕을 길렀다. 갑자년과 병자년의 난리에 거듭 의병을 일으켰고,[321] 효묘(孝廟 효종(孝宗))께서 잠저(潛邸)에 계실 때 유일(遺逸)로써 대군 사부(大君師傅)에 임명되었다.[322] 효묘께서 왕위를 계승함에 감반(甘盤)의 옛일에 따라 사유(師儒)의 직임을 제수하였으나 겸손하게 사양하여 나아가지 않았고[323] 종신토록 초야에 머물렀다.

오주(鰲洲)는 성만(星灣)의 아들로 가학(家學)을 이어받아 행실을 닦고 도학을 깅구하며 동강(東崗)을 굳게 지켰다.[324] 표류한 중국인을

321 갑자년과……일으켰고 : 갑자년은 1623년(광해15)에 일어난 이괄의 난을, 병자년의 난리는 1636년에 일어난 병자호란을 가리킨다.

322 효묘(孝廟)께서……임명되었다 : 유일(遺逸)은 조선시대에 학식과 인품을 갖춘 선비가 초야에 묻혀 있는 경우 과거시험을 거치지 않고 발탁하는 인재등용 방법이다. 최온은 1636년(인조14) 6월 최명길(崔鳴吉)의 추천을 받았다. 최온이 대군사부였던 것은 《효종실록》 즉위년 5월 14일 기사에 보인다.

323 감반(甘盤)의……않았고 : 감반은 중국 은(殷)나라의 22대 왕 고종(高宗)의 현신(賢臣)이다. 고종이 왕위에 오르기 전에 그에게 글을 배웠는데 왕위에 오른 후 그를 등용하여 정승으로 삼은 일이 있다. 사유는 여기에서는 성균관(成均館)의 관식을 의미한다. 효종은 즉위 직후인 1649년 5월 14일 송시열과 최온을 함께 불렀고, 이후 사업(司業), 진선(進善), 장령(掌令), 동부승지(同副承旨) 등을 제수하였으나 최온은 모두 사양하고 나가지 않았다.

324 동강(東崗)을 굳게 지켰다 : 벼슬에 나가지 않고 은거하는 것을 의미한다. 후한(後漢) 안제(安帝) 때 주섭(周燮)이 벼슬에 나아가지 않자 종족(宗族)의 사람이 "선세(先世)로부터 훈총(勳寵)이 줄을 이었는데 그대만 어찌 유독 동강의 비탈을 지키고 있는가?〔自先世以來, 勳寵相承, 君獨何爲守東岡之陂乎?〕"라고 말한 데에서 유래하였

통해서 중국의 소식을 듣게 되자 강개하게 눈물을 떨구며 시를 지었다.[325] "옛날 중국에 열세 개 성이 있었거늘, 듣자하니 주씨 황제 한 모퉁이 보전한다네. 네 개 성(省)이 초나라 세 집보다 나으니,[326] 누가 강좌의 관이오[327]가 될 것인가.〔中州舊有十三省 聞說朱皇保一隅 四

다.《後漢書 卷53 周燮列傳》

325 표류한……지었다 : 1652년(효종3) 3월 30일 중국 남경(南京) 소주(蘇州) 지역의 상인들이 일본에 무역하러 갔다가 돌아가던 중 제주 정의현(旌義縣)에 표류한 일을 말한다. 조선은 이들을 통하여 중국 강남 지역의 정세와 일본 및 유구에 관한 소식을 접하였다. 그런데《송자대전(宋子大全)》을 보면 표류한 이들이 명나라의 의복을 입고 있었고 "천주(泉州)와 장주(漳州) 사이 동남쪽 한 모퉁이에 황통(皇統)이 아직도 남아 있으며, 우리는 그곳 사람들이다."라고 말했다는 내용이 보인다. 원래 이들은 자신들을 다시 일본으로 보내달라고 청했으나 조선 측은 훗날 청나라의 힐문을 우려하여 북경으로 보냈다. 우암은 명나라가 아직 존재한다는 이들의 말을 듣고 눈물을 흘리기도 하였다.《孝宗實錄 3年 3月 30日》《宋子大全附錄 卷5 年譜 崇禎 4年 5月》 오주가 눈물을 흘리며 시를 지었다는 것도 우암과 같은 이유로 보인다.

326 네 개……나으니 : '네 개 성'은 중국 사람들이 표류했던 무렵에 남명(南明)의 세력이 네 개의 성에 걸쳐 있었던 것을 말한다. 1651년에서 1652년 무렵 남명은 영력제(永曆帝) 계왕(桂王) 주유랑(朱由榔)이 사천(四川)・귀주(貴州)・운남(雲南)・광서(廣西)의 네 개 성에 걸쳐 세력을 유지하고 있었다. '초나라 세 집〔三戶楚〕'은 강포(强暴)함을 두려워하지 않고 분기하여 나라를 위해 복수한다는 의미이다. 전국(戰國)시대 말 초 회왕(楚懷王)이 진(秦)나라에 갔다가 끝내 돌아오지 못하자 초나라 사람들이 진나라를 원망하였다. 당시 초 남공(楚南公)이 "초나라가 비록 세 집만 남는다 하더라도 진나라를 멸망시키는 것은 분명히 초나라일 것이다.〔楚雖三戶, 亡秦必楚也.〕"라고 말한 데에서 유래하였다.《史記 卷7 項羽本紀》

327 강좌(江左)의 관이오(管夷吾) : 위태로운 시기에 나라를 안정시킬 훌륭한 재상을 말한다. 관이오는 제 환공(齊桓公)을 도와 패업(霸業)을 이루게 한 관중(管仲)인데, 강좌의 관이오는 위진남북조시대의 명재상인 진(晉)나라의 왕도(王導)를 비유한 말이다. 강좌는 장강(長江)의 동쪽 즉 강동(江東)이다. 진 원제(晉元帝)가 장강을 건너

省全勝三戶楚 孰爲江左管夷吾]"라고 하였으니 그의 뜻을 볼 수 있다.

간호(艮湖)는 폄재(砭齋)의 아들로 학문을 함에 궁리(窮理)를 주로 하고 재주는 세상을 경영할 만하여 유종(儒宗)의 추대를 받았다.

이 다섯 분이 한 가문에서 나란히 홍기하였는데, 밝은 덕과 출처(出處)가 후세인들에게 모범이 되어 쇠퇴한 풍속을 일으킬 만하니, 문장의 고하(高下)는 따질 만한 것이 못 된다. 더구나 그 논의는 순정(醇精)하고 풍조(風調)는 아순(雅馴)하여 결코 들뜨고 곱기만 한 음조가 없으니, 또한 그 사람을 알고 그 시대를 논한다는 것[328]을 알 수 있다.

간호의 5세손인 익효(翊孝)가 완산에서부터 산을 넘고 물을 건너 천 리 먼 길을 유고를 가지고 와서 서문을 구하였다. 나는 후대에 태어난 데다 학문도 얕으니 어찌 가려진 광채를 드러내고 후세에 진실을 전달할 수 있으랴. 그렇긴 하지만 오늘날 호남을 보면 유서깊은 가문이 영락하고 문풍이 떨쳐지지 못하고 있어서 이 때문에 길이 강개한 마음으로 탄식했었다. 이에 사양하지 않고 서문을 지었으니 남쪽 지

건업(建業)에 도읍을 정하자 온교(溫嶠)가 국가의 형세를 걱정하였다. 어느 날 승상(丞相)인 왕도(王道)와 대화를 나눈 뒤 "강좌에 원래부터 관이오가 있거늘 내가 또 무엇을 걱정하랴.〔江左自有管夷吾, 吾復何慮.〕"라고 하면서 기뻐했다는 고사가 있다. 《晉書 卷67 溫嶠列傳》

328 사람을……것 : 《맹자》〈만장 하(萬章下)〉에 "이 세상의 훌륭한 선비와 벗하는 것으로 충분하지 못하면 다시 옛 시대로 올라가서 옛 사람을 논한다. 그 시를 낭송하고 글을 읽으면서도 그가 어떤 사람인지 몰라서야 되겠는가. 때문에 그 당세를 논하는 것이니 이것이 바로 옛 시대로 올라가서 벗하는 것이다.〔以友天下之善士爲未足, 又尚論古之人. 讀其書誦其詩, 不知其人可乎, 是以論其世也, 是尚友也.〕"라고 하였다.

방의 학자들로 하여금 보게 한다면 그 유풍(遺風)을 듣고 흥기하는 이가 있을 것이다.

《완산 최씨 족보》 중간 서문
完山崔氏族譜重刊序

《주역》 〈가인괘(家人卦)〉의 상전(象傳)에 이르기를 "바람이 불에서 나오는 것이 가인(家人)이다."[329]라고 하였다. 바람은 화목함〔和〕을 상징하고 불은 밝음을 상징하니 이것이 가인에 처하는 도리이다. 〈동인괘(同人卦)〉의 상전에서는 "군자가 이를 본받아 부류별로 모으고 사물을 구별한다."[330]라고 하니 이것이 보첩(譜牒)의 근원이다. 《서경》 〈요진(堯典)〉에서는 "백성들을 고루 밝히셨다.〔平章百姓〕"[331]라고 하였는데, 이는 백관 중에 성(姓)을 얻은 자를 말하는 것이니 이것이 족성(族姓)의 기원이다.

성주(成周) 시대에 이르러 비로소 족사(族師)의 관원을 두어 계령(戒令)을 맡게 하였다.[332] 아래로 내려와 춘추시대에 이르자 진(晉)나

329 바람이……가인(家人)이다 : 《주역》 〈가인괘 상전(象傳)〉에 "바람이 불에서 나옴이 〈가인괘〉의 형상이니, 군자가 이 이치를 써서 말에 진실함이 있고 행실에 상도가 있게 한다.〔風自火出家人, 君子以, 言有物而行有恒.〕"라고 하였다.

330 군자가……구별한다 : 《주역》 〈동인괘(同人卦) 상선(象傳)〉에 "하늘과 불은 동인이니, 군자는 이로써 부류별로 무리지어 사물을 구별한다.〔天與火同人, 君子以類族辨物.〕"라는 구절에서 유래하였다.

331 백성들을 고루 밝히셨다 : 《서경》 〈요전(堯典)〉에 "능히 큰 덕을 밝히시어 구족을 친애하시고 구족이 이미 화목하거늘 백성들을 고루 밝히시니 백성이 스스로 덕을 밝히며, 만방을 화합하여 융화시키니 아아, 백성들이 교화되어 화합하였다.〔克明俊德, 以親九族, 九族既睦, 平章百姓, 百姓昭明, 協和萬邦, 黎民於變時雍.〕"라고 하였다.

332 성주(成周)……하였다 : 족사(族師)는 주(周)나라 때의 관직으로 당정(黨正),

라에는 난씨(欒氏)와 극씨(郤氏)[333]가 있게 되고, 제(齊)나라에는 고씨(高氏)와 국씨(國氏)[334]가 있었으며, 초(楚)나라에는 소씨(昭氏)와 굴씨(屈氏)[335]가 있었으니, 모두 씨족(氏族)으로 중시되었던 것이다. 한(漢)나라와 위진(魏晉)시대 이후로는 귀한 성씨와 이름난 종족이 손가락을 꼽으며 헤아릴 수 있게 되었다.

우리나라에서는 더더욱 씨족을 중히 여겼다. 신라 때 육부(六部)의 대인(大人)들이 함께 거서간(居西干)을 옹립하여 나라를 세우고 도읍을 건설한 이후로 각각 성(姓)을 받아 종신(宗臣)이 되었으니[336] 최씨

비장(比長)과 함께 지관(地官)에 속한다. 당정은 한 당(黨 5백 家)의 장으로서 정령(政令)과 교치(教治)를 담당하고, 족사(族師)는 당정의 차석으로 계령(戒令)과 정사(政事)를 담당하며, 비장(比長)은 한 비(比, 5家)를 맡아 다스린다.

333 난씨(欒氏)와 극씨(郤氏) : 춘추시대 진(晉)나라의 명문거족(巨族)들이다. 난씨는 진나라의 대부인 난서(欒書)의 족당(族黨)을 가리킨다. 극씨(郤氏) 또한 진나라의 명문거족으로 진 여공(晉厲公) 때 극씨 일문에서 경(卿)이 셋, 대부가 다섯에 이르기도 하였다.

334 고씨(高氏)와 국씨(國氏) : 춘추시대 제(齊)나라에서 대대로 상경(上卿)을 지낸 가문인 고씨(高氏)와 국씨(國氏) 일족을 말한다. 이들은 제 환공(齊桓公) 때부터 있었던 양대(兩大) 집정(執政) 가문으로, 주(周)나라 천자가 제후(齊侯)인 여씨(呂氏)를 보좌하여 제나라를 수호하라고 직접 봉(封)해준 가문이다. 대표적인 인물로는 고혜(高傒)와 국귀보(國歸父) 등을 들 수 있다.

335 소씨(昭氏)와 굴씨(屈氏) : 초(楚)나라의 명문거족들로 경씨(景氏)와 함께 일컬어졌다. 소씨(昭氏)는 초나라의 왕족으로 초 소왕(楚昭王)의 아들 자량(子良)의 후손들이 소왕의 후손이라 하여 소(昭)를 씨(氏)로 삼았다고 한다. 소혜휼(昭奚恤)·소어(昭魚) 등이 대표적인 인물이다. 굴씨(屈氏)는 춘추시대 초 무왕(楚武王)의 아들인 웅하(熊瑕)가 관직이 막오(莫敖)에 이른 뒤 굴(屈)땅에 봉해졌고 이후 후손들이 굴(屈)을 성씨로 삼았다. 대표적인 인물로 굴원(屈原)이 있다. 다만 굴씨의 기원에 관해서는 여러 이설(異說)들이 있다.

는 그 중의 하나이다. 최씨 중에도 여러 파(派)가 있으나 완산(完山)을 본관으로 하는 이들이 가장 번성하여 삼한(三韓)의 갑족(甲族)이라 일컬어졌다. 융경(隆慶) 연간[337]에 처음으로 보첩(譜牒)을 만들었는데, 점차 세대가 멀어지니 상고하기가 어려워지고 사람들이 많아지니 누락되기가 쉬웠다. 본손(本孫)과 지손(支孫)이 더욱 번성함에 자연히 편간(編簡)도 늘어나서 만력(萬曆) 경신년(1620, 광해군12)과 숭정(崇禎) 을축년(1625, 인조3)에 족보를 간행하기에 이르렀다. 후손들 중의 현명한 이들이 자료를 수집하여 변증하고 당시의 명공(名公)이 포장(鋪張)하여 기술하였으니, 또한 자세하게 잘 갖추어놓았다. 을축년 이후로 여러 파(派)들이 더욱 번성하니 이에 모두가 "옛일을 이어 완성시킬 때이다."라고 말하였다.

신라와 고려 즈음에 문장과 명절(名節)로 우뚝한 분들이 연이어 나와 끊이지 않았는데 모두 완주백(完州伯)[338]을 시조로 삼는다. 본조에 이르러서는 판돈녕(判敦寧) 양도공(良度公)[339]과 좌찬성 경절공(敬節

336 신라……되었으니 : 이는 박혁거세(朴赫居世)의 탄생과 신라의 건국에 관한 내용이다. 거서간은 거슬한(居瑟邯)이라고도 하며 신라 초기에 사용된 왕의 칭호이다. 육부(六部)는 사로국에 있던 여섯 개의 촌(村)을 개칭한 것으로, 양부(梁部), 사량부(沙梁部), 본피부(本彼部), 점량부(漸梁部), 한기부(漢祇部), 습비부(習比部)이다. 이들은 각각 성(姓)을 받았는데, 양부는 이(李), 사량부는 최(崔), 본피부는 정(鄭), 점량부는 손(孫), 한기부는 배(裵), 습비부는 설(薛)의 성을 받았다.

337 융경(隆慶) 연간 : 명나라의 12대 황제 목종(穆宗) 때의 연호로 1567년부터 1572년까지 사용되었다.

338 완주백(完州伯) : 전주 최씨의 시조 문열공(文烈公) 최순작(崔純爵)이다. 고려 정종(正宗) 때 문과에 급제하고 병부상서와 신호위상장군(神號衛上將軍)을 지낸 뒤 완산부 개국백(完山府開國伯)에 봉해졌다.

公)[340]이 충효와 청백(淸白)으로 나란하니 형제가 한 시대에 명성을 떨쳤다. 지천(遲川) 문충공(文忠公)[341]은 훈업(勳業)이 세상을 뒤덮을 만하고, 명곡(明谷) 문정공(文貞公)[342]은 경술(經術)로써 보좌하니, 조부와 손자가 서로 계승하여 걸출한 명재상이 되었다. 관찰사(觀察使) 홍한(弘僩)·대총재(大冢宰) 천건(天健)·좌참찬(左參贊) 관(寬)[343]

339 판돈녕(判敦寧) 양도공(良度公) : 원문에 '襄度公'으로 되어 있으나 이는 오기이므로 '良度公'으로 수정하였다. 양도공은 최사의(崔士儀, 1376~1452)로 자는 범숙(範叔), 시호는 양도이다. 음보(蔭補)로 관직에 진출하여 판돈녕부사(判敦寧府事)에 이르렀고 궤장(几杖)을 받았다. 사후에 세종조의 청백리(淸白吏)에 녹선되었다.

340 좌찬성 경절공(敬節公) : 최사강(崔士康, 1385~1443)이다. 최사의의 동생으로 음서로 관직에 진출하여 의정부 우찬성(議政府右贊成)에 이르고 판이조사(判吏曹事)를 겸대하였다. 세종의 총애를 받았고 장녀가 태종(太宗)의 왕자인 성녕군(誠寧君), 둘째딸은 금성대군(錦城大君), 손녀는 임영대군(臨瀛大君)과 결혼하였다.

341 지천(遲川) 문충공(文忠公) : 최명길(崔鳴吉, 1586~1647), 자는 자겸(子謙), 호는 지천(遲川), 시호는 문충(文忠)이다. 이항복(李恒福)의 문하에서 수학하였다. 1605년(선조38) 과거에 급제하였다. 인조반정(仁祖反正) 때 1등 공신(功臣)이 되었고, 병자호란 때 강화론을 주장하였다. 성리학과 문장에 뛰어났고 서예에도 이름이 있었다.

342 명곡(明谷) 문정공(文貞公) : 최석정(崔錫鼎, 1646~1715), 최명길의 손자이다. 자는 여시(汝時)·여화(汝和), 호는 존와(存窩)·명곡(明谷), 시호는 문정(文貞)이다. 1671년 문과에 급제하여 승문원에 들어갔다. 숙종 연간의 정치적 혼란기에 부침을 거듭하였다. 18세기에 들어서는 열 번이나 정승의 지위에 올랐다.

343 관찰사(觀察使)……관(寬) : 최홍한(崔弘僩, 1528~?)의 자는 관부(寬夫)이다. 1558년(명종13) 문과에 급제하였고 도승지, 전라 감사 등을 역임하였다. 최천건(崔天健, 1568~1617)의 자는 여이(汝以), 호는 분음(汾陰)이다. 1588년(선조21) 문과에 급제하였고 임진왜란 때 2차례 명나라에 다녀왔다. 동지춘추관사, 판서 등을 역임하였다. 최관(崔寬 1613~1695)의 자는 율보(栗甫)이다. 1651년(효종2) 문과에 급제하고 좌찬성(左參贊)에 이르렀다. 1686년(숙종12) 도승지에 임명되었으나 사양하였고 이후

또한 모두 높은 관직에 오른 명망 있는 분들이다.

우리나라의 명망 높은 가문으로 견줄 바가 드물었으나 애석하게도 그 후예들이 점차 미약해지니 족보를 개수(改修)할 수가 없었다. 지천공의 총손(冢孫)인 군수 재수씨(在修氏)가 개연히 분발하여 종손(宗孫)인 수침씨(守忱氏)와 함께 일족의 여러 사람들에게 통고(通告)하고 판각할 것을 계획하였으나 미처 일을 시작하지는 못하였다. 지금 군수의 사자(嗣子)인 문현(文顯)이 선친의 뜻을 이어서 굳은 뜻을 지니고 일을 시작하려 하면서 나에게 서문을 구하였다. 《예기(禮記)》에 말하기를 "조상을 높이기 때문에 종통(宗統)을 공경하고, 종통을 공경하기 때문에 종족을 거둔다."[344]라고 하였다. 종족을 거두는 도리는 화목함과 밝음을 벗어나지 않으니 화목함으로써 뜻을 통하고 밝음으로써 사물을 구별하면 가인괘의 의미가 남김없이 구현될 것이다. 최군은 힘쓸지어다.

관직에 나아가지 않았다. 청백리에 녹선(錄選)되었다.

344 조상을……거둔다 : 《예기》 〈대전(大傳)〉에 "사람의 도는 부모를 친히 하는 것이다. 부모를 친히 하기 때문에 조상을 높이고, 조상을 높이기 때문에 종통(宗統)을 공경하고 종통을 공경하기 때문에 종족을 거둔다.〔人道親親也. 親親故尊祖, 尊祖故敬宗, 敬宗故收族.〕"라고 하였다.

《월담 최공 연보》 서문[345] 월담 최공은 최황(崔滉)이다.

月潭崔公 滉 年譜序

우리나라의 유학은 문헌(文憲) 최공(崔公)[346]이 처음 창도(倡導)했는데 세상에 전해지는 것은 단지 구재(九齋)[347]라는 이름뿐이다. 이후 대대로 명망(名望) 높고 덕행(德行) 있는 사람들이 있었으나 고려 때는 상고할 만한 문헌이 없다. 아조(我朝 조선(朝鮮))에 이르러서는 월담공(月潭公)이라는 분이 있었으니, 관직은 이상(二相)[348]에 오르고 나라의 충성스러운 신하가 되었으나 또한 후세에 전할 만한 저술이 없어서 단지 연보 한 권만이 집안에 소장되어 있을 뿐이었는데, 지금

345 월담 최공 연보 서문 : 선조 때의 문신인 최황(崔滉, 1529~1603)의 연보에 쓴 서문이다. 최황은 이중호(李仲虎)의 문인으로 1566년(명종21) 문과에 급제하였다. 종계변무(宗系辨誣)에 공을 세워 광국공신(光國功臣)이 되고, 정여립(鄭汝立)의 반란 때에는 옥사를 처리하여 평난공신(平難功臣)이 되었다. 임진왜란 때 선조를 호종(扈從)하고 많은 방책을 제시하였고 지방관으로 선정을 베풀어 송덕비가 세워졌다.

346 문헌(文憲) 최공(崔公) : 최충(崔沖, 984~1068)이다. 본관은 해주(海州), 자는 호연(浩然), 호는 성재(惺齋) 등이다. 관직은 문하시중(門下侍中)에 이르렀고 관직에서 물러난 뒤에 사학십이도(私學十二徒)의 하나인 문헌공도(文憲公徒)를 만들어서 경서와 사장(詞章)을 교육하였다.

347 구재(九齋) : 최충이 문헌공도를 창시하여 송악산(松岳山) 아래에 학당(學堂)을 마련하고, 경업(敬業)·진덕(進德)·수도(修道)·솔성(率性)·낙성(樂性)·태화(泰和)·대빙(待聘)·성명(誠明)·고도(造道)의 구재(九齋)로 나누어 교육을 행하였다. 《耳溪集 卷12 文憲書院九齋記》

348 이상(二相) : 의정부 찬성(議政府贊成)의 별칭이다. 최황은 임진왜란 이후 좌찬성에 올랐다.

그 원손(遠孫)인 영관(永寬)이 이를 간행하고자 원고를 가지고 서울로 와서 나를 보고 머리말을 청하였다.

삼가 살펴보니 공은 목릉(穆陵 선조(宣祖))의 성세(盛際)에 태어나 과거에 급제하고 높은 반열에 올랐으니 필시 언론과 업적 중에 밝게 빛나는 것들이 많을 것이다. 시험삼아 연보에 수록된 것을 상고해보니 다음과 같았다.

사신의 명을 받들고 황조(皇朝 명(明)나라)에 갔을 때[349] 승려들의 순서가 우리보다 윗자리에 있는 것을 보고는 물러나와 자리로 나아가지 않았으니, 이단(異端)을 물리치고 정도(正道)를 지키려는 논의가 중국 사림들에게 칭송을 받았다. 사간원(司諫院)에 들어가서는 정여립(鄭汝立)[350]의 간사함이 필시 나라를 망칠 것이라고 예언하여 동료들 사이에서 용납받지 못하였다. 임진년(1592, 선조25)에는 어가(御駕)를 호종(扈從)하며 흥의역(興義驛)[351]에 이르렀는데, 창졸지간에 일어난 사변으로 인해 종묘와 사직의 신주를 땅에 묻자는 논의[352]가 있었으나

349 사신의……때 : 최황은 1583년(선조16)에 성절사(聖節使)로서, 1588년(선조21) 4월에는 사은부사(謝恩副使)가 되어 명나라에 다녀왔다.

350 정여립(鄭汝立) : 정여립(1546~1589)의 본관은 동래(東萊)이고 자는 인백(仁伯)이다. 1570년(선조2) 문과에 급제하여 관직에 진출하였나. 낙향한 뒤 죽도(竹島)에서 대동계(大同契)를 조직하여 활동하였는데, 이들이 모반을 꾀한다는 고변이 있어 관련자들이 체포되고 정여립은 죽도에서 자결하였다. 이 사건이 1589년에 있었던 기축옥사(己丑獄事)이다.

351 흥의역(興義驛) : 황해도 금천군(金川郡)에 있는 역이다.

352 종묘와……논의 : 선조가 한양을 나갈 때 종묘와 사직의 신주만 싣고 가고 원묘(原廟)의 위판들은 땅속에 묻었다. 개성에 이르렀다가 다시 평양으로 떠날 때 신주를 파묻고자 하였는데 윤두수가 신주를 받들고 오게 하자고 청한 일이 있다. 최황도 당시

공이 소리 높여 이를 막으니 결국 중단되었다. 병신년(1596, 선조29)에 왜국(倭國)과 통신(通信)하려 할 때 공이 항언(抗言)하기를, "왜와 우리는 같은 하늘 아래 살 수 없는 사이로 지금 사신을 보내는 것은 어쩔 수 없는 형편에서 임시방편으로 나온 것이기는 하나 '통신'이라고 일컫는 것만은 결코 불가하니 꼭 보내야 한다면 차라리 '근수책사(跟隨冊使)'라고 칭해야 한다."[353]라고 하였다. 올곧은 말과 바른 기운이 지금까지도 늠름하니 이 몇 가지 사적을 통해 본다면, 공이 평소 지조를 바르게 지킨 것과 식견이 높은 것을 알 수 있다.

《회전(會典)》을 청해 받아온 자문(咨文)이나 경인년(1590, 선조23)에 옥사(獄事)를 살핀 노고로 철권(鐵券)에 책명(策名)[354]된 것은, 공에게 있어서는 오히려 사소한 것일 뿐이다. 용만(龍灣 의주(義州))에 있을 때 올린 서계(書啓)에는 좋은 계획과 원대한 계책이 많았음에도

같은 주장을 했던 것으로 보인다. 《宣祖實錄 25年 5月 1日, 11月 16日》《國朝寶鑑 卷31 宣祖 25年》

353 왜와……한다 : 임진왜란 중 명(明)의 요구로 조선도 일본에 사신을 파견하게 된 것을 말한다. 이 말은 《선조실록》 29년 6월 3일 기사에 보이는데 실록에는 윤두수가 한 말로 기록되어 있다.

354 회전(會典)을……책명(策名) : 최황이 종계변무(宗系辨誣)와 정여립의 모반 때 각각 공신(功臣)에 녹훈된 것을 말한다. 종계변무는 《대명회전(大明會典)》 등에 이성계가 이인임(李仁任)의 아들로 기재된 것을 시정하려는 것으로, 여러 차례 시정을 요청한 끝에 1589년(선조22) 성절사(聖節使) 윤근수(尹根壽)가 개정된 《대명회전》을 받아옴으로써 일단락되었다. 이듬해 종계변무에 공을 세운 인물들을 광국공신(光國功臣)으로 녹훈하였는데, 최황은 해성군(海城君)에 봉해지고 수충공성광국공신(輸忠貢誠光國功臣)이 되었다. 경인년에 옥사를 다스렸다는 것은 1589년 일어났던 기축옥사 즉 정여립의 모반에 옥사를 처리했다는 것이다. 최황은 이때의 공로로 평난공신(平難功臣) 3등에 녹훈되었다.

모두 다 시행되지 못하였으니, 실로 애석한 일이다.

나는 일찍이 구재(九齋)의 비명(碑銘)과 구재기(九齋記)[355]를 썼으므로, 평소 문헌공이 학문을 창도한 공을 흠모하고 후손들이 차차 침체된 점을 안타까워했다. 지금 월담공이 조정에 있을 때의 행적을 보니 또한 문헌공이 남긴 풍모와 여운을 볼 수 있었다. 최씨의 후손 되는 이들이 문헌공을 본받고자 한다면 어찌 월담공을 먼저 스승으로 삼지 않을 수 있겠는가.

355 구재(九齋)의……구재기(九齋記) : 비명(碑銘)은 본집의 권25에 수록된 〈자하동구재유허비 병서(紫霞洞九齋遺墟碑 并序)〉로, 최충과 구재에 대해 설명하고 최충의 후손 최영수(崔永壽)가 유허비를 세우고자 찾아온 일 등을 언급하였다. 기문(記文)은 본집의 권12에 수록된 〈문헌서원 구재기(文憲書院九齋記)〉이다. 이계가 황해도 관찰사로 있을 때 쓴 글로 서원을 중수(重修)한 뒤 저술한 것이다.

이계집

제11권

송서 序

서문 序

송서序

관서백 채백규에게 주는 송서[1] 채백규는 채제공(蔡濟恭)이다
送關西伯蔡伯規 濟恭 序

평양은 단군씨의 옛 도읍으로, 단군은 요(堯) 임금과 같은 시대에 나라를 다스렸다.[2] 이후 천여 년이 지나 기자(箕子)가 차지하였고[3] 기

1 관서백 채백규에게 주는 송서 : 채제공(蔡濟恭, 1720~1799)이 평안도 관찰사로 부임하게 되었을 때 써준 송서(送序)로 무(武)보다는 문(文)을 우선해야 함을 강조하였다. 채제공은 본관은 평강(平康), 자는 백규(伯規), 호는 번암(樊巖)이다. 1743년(영조19) 문과에 급제하여 관직에 진출하였고 영조(英祖)와 정조(正祖)의 신임을 받아 많은 업적을 남겼다. 채제공이 평안도 관찰사에 임명된 것은 1774년(영조50) 4월이고 이듬해 5월에 사직하였다.

2 요(堯) 임금과……다스렸다 : 《삼국유사(三國遺事)》 권1 〈기이(紀異) 고조선(古朝鮮)〉에 보인다. 단군왕검(檀君王儉)이 요(堯)가 즉위한 지 50년 되는 경인년에 평양성에 도읍하여 조선이라고 일컬었고, 다시 도읍을 백악산(白岳山) 아사달(阿斯達)로 옮겼다고 하였다. 《동국통감(東國通鑑)》에서는 기원전 2333년 무진년에 건국하였다고 하였다.

3 기자(箕子)가 차지하였고 : 기자조선(箕子朝鮮)을 말한다. 기자는 은(殷)나라의 마지막 왕인 주(紂)의 숙부로 태사(太師)를 지냈고, 미자(微子)·비간(比干)과 더불어 '은나라 말기의 세 현인〔殷末三仁〕'으로 일컬어졌다. 무왕(武王)이 주(周)나라를 세우자 홍범구주(洪範九疇)를 바쳤고 무왕은 기자를 조선에 봉했다고 한다.

씨가 천년을 누린 뒤 덕이 쇠해지자 위만(衛滿)에게 빼앗겼다.[4] 고구려와 전쟁을 하였으며, 왕씨(王氏)가 반란을 일으켰고,[5] 다시 오백여 년이 지난 뒤 아조(我朝 조선(朝鮮))가 일어나 삼한(三韓)을 하나로 만들고 군현(郡縣)으로 삼았다.

풍산(豐山) 홍양한(洪良漢)이 말하기를 "내가 평양을 살펴보고, 풍속은 정교(政教)에 근본하는 것이지 산천(山川)에 매인 것이 아니라는 것을 알게 되었다."라고 하였다. 단군의 시대에는 백성들이 순박하여 도당씨(陶唐氏)[6]의 유풍(遺風)이 있었고, 기자가 예악(禮樂)을 지니고 동쪽으로 오자 팔조(八條)의 법[7]이 행해져 이륜(彝倫)이 펼쳐졌으니 은(殷)나라의 바탕〔質〕과 주(周)나라의 꾸밈〔文〕[8]이 있었다. 저 위씨

4 위만(衛滿)에게 빼앗겼다 : 위만조선(衛滿朝鮮)을 말한다. 기원전 194년부터 기원전 108년까지 존속하였다. 연왕(燕王) 노관(盧綰)이 한(漢)나라에 반란을 일으켰다가 실패하자, 위만이 1,000여 명을 거느리고 패수(浿水)를 건너와 정착하였다. 고조선의 준왕(準王)이 그를 요동태수(遼東太守)에 임명하였는데, 점차 세력을 키워 기원전 194년에 준왕을 쫓아내고 왕검성에 도읍하였다.

5 고구려가……일으켰다 : 고구려와 전쟁을 했다는 것은 삼국시대에 신라가 통일한 것을 말하고, 왕씨의 반란이란 후삼국(後三國)시대에 이어 왕건(王建)이 고려를 개국한 것을 말한다.

6 도당씨(陶唐氏) : 중국 고대의 성군(聖君)인 요(堯) 임금을 말한다. 제곡(帝嚳)의 아들로 산서성(山西省) 평양(平陽)에 도읍하였다.

7 팔조(八條)의 법 : 고조선 때의 8가지 법규인 범금팔조(犯禁八條)로 남을 죽이면 사형에 처하고 남을 다치게 하면 곡식으로 보상하며, 남의 물건을 훔치면 노예가 된다는 세 가지만 전해지고 있다.

8 은(殷)나라의……꾸밈〔文〕 : 자장(子張)이 십세(十世) 이후를 알 수 있느냐고 묻자 공자가 하(夏)·은(殷)·주(周)의 예(禮)를 논하며 답한 일이 있다. 이에 관한 마씨(馬氏)의 주에 "하나라는 충후함을 숭상하였고, 은나라는 질박함을 숭상하였고, 주나라

(衛氏 위만조선)와 고씨(高氏 고구려), 왕씨(王氏 고려) 이후로는 풍속이 무예를 숭상하고 재물과 이익을 탐하여 시서예양(詩書禮讓)이 있다는 것을 다시 알지 못하게 되었으니, 비유하자면 옹주(雍州)의 기산(岐山)을 주나라가 차지하고 있을 때에는 밭을 가는 이들이 밭두둑을 양보하였으나,[9] 진(秦)나라가 차지하고 있을 때에는 며느리와 시어미가 서로 좋아하지 않고 입술을 삐죽거리며 따진 것[10]과 같다.

내가 서도(西道)에서 관직 생활을 한 것이 두 번인데, 왕검(王儉)의 옛 성을 바라보고 정전(井田)의 유지(遺址)를 밟으면서 단군과 기자의 유풍을 상상해보면서 백성들의 풍속이 떨쳐지지 못하는 것을 마음 아

는 화려함을 숭상했다.〔夏尙忠, 殷尙質, 周尙文.〕"라는 구절이 있다. 《論語 爲政》

9 옹주(雍州)의……양보하였으나 : 기산(岐山)은 주(周)나라 태왕(太王)이 적인(狄人)의 침입을 피해 도읍을 옮긴 곳으로, 이후 주나라가 천하를 통일하는 데 기초가 된 곳이다. 밭두둑을 양보한 것은 문왕(文王)의 고사이다. 문왕이 서백(西伯)이 되어 덕을 쌓자 사방에서 귀의하였다. 우(虞)나라와 예(芮)나라의 군주가 토지를 다투며 오랫동안 결론을 내지 못하다가 함께 주나라에 조회하러 갔다. 이들은 주나라에서 밭 가는 이는 밭두둑을 양보하고 행인은 길을 양보하며, 읍에서는 남녀가 길을 달리하고 백발의 노인은 짐을 들지 않고, 조정에서는 사(士)가 대부에게 양보하고 대부는 경(卿)에게 양보하는 모습을 보았다. 이에 두 사람은 크게 깨우치고 돌아가 토지를 다투지 않았다. 이 소식이 알려지자 40여 개 나라가 귀의했다고 한다. 《詩經 大雅 緜》《史略 卷1 周》

10 며느리와……것 : 《통감절요》 권7 〈한기(漢紀) 태종효문황제(太宗孝文皇帝) 6년〉에 수록된 가의(賈誼)의 상소문에 보인다. "상앙(商鞅)이 예의와 인은(仁恩)을 버리고 진격하여 점령하는 데에만 마음을 쏟으니, 이를 행한 지 2년 만에 진나라의 풍속이 날로 허물어졌습니다.……며느리와 시어미가 서로 좋아하지 않으면 입술을 삐죽거리며 서로 따진다.〔商君遺禮義棄仁恩, 幷心於進取, 行之二歲, 秦俗日敗……婦姑不相說, 則反脣而相稽.〕"라는 구절이 있다.

파했었다. 그런데 채공(蔡公) 백규(伯規)가 구경(九卿)[11]으로서 평양에 관찰사로 부임하게 되었으니, 나는 서문(西門)[12]이 적임자를 얻은 것을 기뻐하면서 인현(仁賢)이 일어나고 풍속이 변한 유래의 근본을 미루어 이러한 내용을 채공이 떠나는 길에 말해주었다.

객 중에 논란하는 이가 있어 말하기를 "관서(關西)는 나라의 변경(邊境)입니다. 북쪽으로 말갈(靺鞨)과 이웃하고 서쪽으로는 요계(遼薊)[13]와 접해 있어 실로 무(武)를 써야 하는 곳이니 어찌 문교(文教)를 쓸 수 있겠습니까?" 하였다. 이에 나는 다음과 같이 말하였다.

"그렇지 않습니다. 무릇 문(文)이란 날줄〔經〕이요, 무(武)란 씨줄〔緯〕입니다. 무는 스스로 무만 해서 되는 것이 아니요, 문으로 인해 성해지게 됩니다. 전(傳)에 이르기를 "문으로는 백성을 따르게 하고 무로는 적이 두려워하게 할 수 있다.〔文能附衆 武能威敵.〕"[14]라고 하였으니 이는 백성들이 따른 이후에 적을 두렵게 할 수 있다는 말입니다. 그러므로 진문공(晉文公)은 한 번의 싸움으로 패자(覇者)가 되었으니

11 구경(九卿) : 조선시대 정승(政丞)을 잇는 고관(高官) 9인을 말한다. 의정부의 좌우 찬성(左右贊成)과 육조(六曹)의 판서(判書), 한성 판윤(漢城判尹)으로 이들은 재신(宰臣) 혹은 중신(重臣)으로 불렸다. 채제공은 관찰사가 되기 이전에 병조와 호조의 판서를 지냈다.

12 서문(西門) : 여기서 서문은 서도(西道)의 의미로 평안도를 가리킨다.

13 요계(遼薊) : 중국의 요양(遼陽)과 계주(薊州) 지역이다.

14 문으로는……있다 : 《사기》 권64 〈사마양저 열전(司馬穰苴列傳)〉에, 안영(晏嬰)이 제 경공(齊景公)에게 사마양저를 천거하면서, "양저가 비록 전씨(田氏)의 서얼(庶孽)이긴 하나, 그 사람은 문으로는 무리를 따르게 할 수 있고 무로는 적이 두려워하게 할 수 있으니 군께서 시험해보십시오.〔穰苴雖田氏庶孽, 然其人文能附衆, 武能威敵, 願君試之.〕"라고 하였다.

이는 문의 교화[15]입니다. 공자가 '선한 사람이 7년 정도 백성을 가르치면 나라를 위해 전쟁에 나아가 싸우게 할 수 있다.'[16]라고 한 것은, 교화가 먼저이고 무력은 그 다음이라는 말입니다. 백규는 옛것을 좋아하고 문재(文才)가 있어서 대체(大體)를 공경하고 사공(事功)에 뜻을 두고 있으니 오직 백규에게는 이것을 말할 수 있을 뿐입니다."

15 진(晉)나라……교화 : 진 문공(晉文公)은 춘추오패(春秋五覇)의 한 사람으로, 제 환공(齊桓公)에 이어 두번째로 패자(覇者)가 된 인물이다. 한 번의 싸움을 통해 패자(覇者)가 된 것에 관한 내용은 《춘추좌씨전》 희공 27년 기사에 보이며 요약하면 다음과 같다. 문공이 희공24년(기원전631) 즉위한 지 2년 만에 백성들을 전쟁에 동원하려고 하였다. 이에 대부 호언(狐偃)이 반대하며 "백성들은 아직 의(義)를 모르며, 생활이 안정되지 않았습니다."라고 하였다. 이에 문공이 주나라 양왕(襄王)을 안정시키고 정치에 힘을 쏟자 백성들이 살 만해졌다. 다시 전쟁에 동원하려고 하자, 호언은 "백성들은 아직 신의를 모르니, 동원할 수 없습니다."라고 하였다. 이에 문공이 먼 지방을 정벌할 때 신의를 보였고, 백성들은 물건을 사고팔 때 이익만 취하지 않고 계약을 지켰다. 문공이 "이제 되겠는가?" 하고 묻자 호언은 "백성들은 아직 예를 알지 못해 공경심이 없습니다."라고 하였다. 문공은 봄철의 사냥을 통해서 예를 보여주고, 집질(執秩)을 만들어 관직을 바르게 하였다. 그런 뒤에야 백성들을 동원하여 제(齊)나라에 있던 초나라 신공(申公)의 군대를 몰아내고, 송(宋)나라를 포위하고 있던 초나라 자옥(子玉)의 군대를 물리쳤다.

16 선한 사람이……있다 : 《논어》 〈자로(子路)〉에 "선한 사람이 7년 정도 백성을 가르치면 나라를 위해 전쟁에 나아가 싸우게 할 수 있다.〔善人, 教民七年, 亦可以卽戎矣.〕"라고 하였다.

청엄 독우 이휘백에게 주는 송서[17] 이휘백은 이영봉(李榮鳳)이다
送靑嚴督郵李輝伯 榮鳳 序

선비〔士〕가 세상에 처함에 학문을 닦아서 명성을 시대에 떨친다. 그러나 반드시 사귐을 통해서 추어 올려지고 선배를 통해서 추천을 받으니 그렇게 한 뒤에야 명성이 드러나고 자신도 영예롭게 된다. 진실로 그렇지 못한 경우 재주와 능력을 품고 있으면서도 말라서 시들고 묻혀서 버려지는 이들이 즐비하다. 그러므로 공자는 "이 지방에 거처함에 대부 중의 현명한 자를 섬기고 선비 중의 어진 자를 벗해야 한다."라고 하였으니,[18] 이처럼 사귐은 중요한 것이다.

양산(楊山) 이휘백(李輝伯)은 어려서부터 재주가 있었다. 동자일 때 경사(京師)에 유학(遊學)하여 청계(淸溪) 조 상서(趙尙書)의 문하에서 학문을 배우고 제자(諸子) 및 문생(門生)들과 두루 교유하여 학

17 청엄……송서 : 찰방(察訪)으로 나가는 이영봉(李榮鳳, 1711~?)에게 준 송서로 1775년(영조51)에 쓴 글이다. 재능이 있으나 출세하지 못한 처지를 애석하게 여기는 내용이다. 이영봉은 본관은 전주(全州)이고, 1761년(영조37) 문과에 급제하였다. 이영봉이 찰방에 임명된 것은 1775년(영조51) 6월 20일이다. 《승정원일기》에는 청암 찰방(靑巖察訪)이라고 되어 있는데, 청암(靑巖)과 청엄(靑嚴)이 혼용되었다. 청엄역은 청엄도(靑嚴道)에 속한 역으로 나주의 북쪽에 위치하며 속역(屬驛)이 11개이고 찰방(察訪) 1인을 두었다. 《新增東國輿地勝覽 全羅道 羅州》《萬機要覽 軍政 驛遞》

18 공자는……하였으니 : 자공(子貢)이 인(仁)에 대해 묻자 공자가 답해주면서 "이 지방에 거처함에 대부 중에 어진 자를 섬겨야 하며, 선비 중에 인한 자를 벗 삼아야 한다.〔居是邦也, 事其大夫之賢者, 友其士之仁者.〕"라고 말한 일이 있다. 《論語 衛靈公》

업으로 명성이 높아졌다. 더불어 사귄 사람들이 모두 일대(一代)의 호걸들로 당시 휘백의 명성이 사우(士友) 사이에 널리 퍼지니, 때를 만난 것이라고 할 만하였다.

얼마 후 조 상서가 세상을 떠나고 제자와 문생들은 차례로 높은 관직에 올랐지만, 휘백은 유독 과거에 급제하지 못하고 성균관에 머물다가 나이 오십에 이르러서야 비로소 과거에 급제하였다.[19] 예전에 함께 노닐던 이들은 왕왕 관직도 높고 나이도 많았지만 이미 세상을 떠났고, 어떤 이는 명성을 떨치긴 하였으나 오래 살지 못하였으며, 겨우 남아 있는 사람들도 침굴(沈屈)하여 기력이 없었다. 이에 세상에 휘백을 알아줄 이가 없게 되었고 휘백 또한 늙고 병들어 더 이상 세상에 진출할 뜻을 두지 않았다. 다만 부모님이 집에 계신데 가난하여 봉양할 도리가 없었기에 낭료(郎僚)가 되어서 부침(浮沈)하며 박봉(薄俸)을 받은 지 10년이 되도록 높은 자리로 오르지 못하였으니 어찌 슬프지 않겠는가!

나는 늦게서야 휘백을 알게 되었는데, 단정한 모습과 굳은 의지, 담박하여 무언가를 붙좇지 않는 것을 사랑하였다. 매번 조용하게 젊었을 때의 교유의 성대함을 말할 때면 문채(文彩)와 풍도(風度)가 마치 전생(前生)의 일처럼 아득하여 탄식하고 울적해하지 않은 적이 없었다. 올해 여름 이부(吏部)의 정돈부(鄭敦夫)[20]가 전선(銓選)을 담당하

19 오십에……급제하였다 : 이영봉은 51세 되던 해인 1761년(영조37) 정시(廷試)에 급제하였다.

20 정돈부(鄭敦夫) : 정상순(鄭尙淳, 1723~1786)이다. 본관은 동래(東萊), 자는 돈부이다. 1753년(영조29) 문과에 급제하였고 판서에 이르렀다. 정상순이 이조 판서에 임명된 것은 1774년(영조20)과 1784년(정조8)으로 여기서는 1774년에 임명된 것을 말한다.

였는데 휘백이 나이 들어 굶주리고 있는 것이 안타까워 청엄 우승(青嚴郵丞)으로 선발하였다. 승(丞)은 역마(驛馬)를 관리하는 벼슬인데 휘백은 흔쾌히 받아들이고 불만스러워하지 않았으며, 채찍을 들고 남쪽으로 내려가면서 내게 인사를 하고 한마디 말을 구하였다.

나는 휘백이 어려서부터 장자(長者)의 문하에 노닐어 사우(士友)들 사이에 명성이 알려졌음에도 밀어주고 끌어주는 도움을 받지 못하여 백발이 되도록 외롭고 처량하게 살아가는 것을 안타까워하였다. 또 배운 것을 백성을 다스리는 데에 한번도 써보지 못하고 이제 갈기 달린 말을 관리하게 되었으니, 어찌 그리도 억눌린단 말인가! 그러나 호남(湖南)은 우리나라의 기북(冀北)[21]이다. 그대가 백성을 다스리는 방법을 가지고 말을 기르는 데 베푼다면 말은 실로 때를 잘 만난 것이겠거니와 휘백은 끝내 때를 만나지 못하려는가? 그의 행차에 임하여 거듭 애석해하는 바이다.

21 우리나라의 기북(冀北) : 호남을 중국의 기주(冀州)에 비유한 것으로 기주의 북쪽은 예로부터 좋은 말이 많이 생산되는 지역으로 알려졌다. 한유(韓愈)의 〈송온처사부하양군서(送溫處士赴河陽軍序)〉에 "기주의 북쪽은 천하에서 가장 말이 많은 곳이다.〔夫冀北馬多天下〕"라는 구절이 있다.

평강으로 부임하는 조사정에게 주는 송서[22] 조사정(趙士鼎)은 조중진(趙重鎭)이다

送趙士鼎 重鎭 之任平康序

풍양(豐壤) 조사정은 나의 어릴 적 친구이다. 글재주가 있으나 과거에 급제하지 못하고 음보(蔭補)로 낭관(郎官)이 되어 형조(刑曹)에 들어갔다. 상(上)께서 그의 이름을 들으시고 근세 하옥된 죄수들에 관해 올린 원서(爰書)[23]와 주언(奏讞)[24]과 판부(判付)[25]를 모아 후세에 규례(規例)가 될 만한 것들을 조목별로 나누어 상주(上奏)하도록 명하였는데, 자세하고 합당하니 성지(聖旨)에 걸맞았다. 상께서 그의 재주를 인정하여 "민사(民社)[26]에 시험해볼 만하다."라고 말씀하시고 이에 선발하여 평강현(平康縣)에 임명하셨다.

당시에 존대인(尊大人) 대간공(大諫公)[27]은 80세였으나 여전히 건

22 평강으로……송서 : 평강 현감(平康縣監)으로 부임하는 조중진(趙重鎭, 1732~?)에게 준 송서이다. 조중진의 자는 사정(士鼎)이다. 1754년(영조30) 생원이 되었고, 평강 현감·직산 현감(稷山縣監) 등을 역임하였다. 평강 현감에 제수된 것은 1785년(정조9) 6월 24일이므로 이 글 역시 이 무렵에 쓰인 것으로 보인다

23 원서(爰書) : 죄수들이 자신을 변명하는 내용의 글이다.《星湖僿說 卷14 人事門 爰書》

24 주언(奏讞) : 옥사를 평의하고 죄를 결정하여 임금에게 아뢰는 것이다.

25 판부(判付) : 사건에 대해 임금이 재가(裁可)하는 것을 말한다.

26 민사(民社) : 주(州)·현(縣) 등 지방 혹은 지방 장관을 의미한다.

27 대간공(大諫公) : 조중진의 부친 조재민(趙載敏 1706~?)이다. 1737년(영조13) 문과에 급제하고 예문관 검열(藝文館檢閱)을 시작으로 여러 관직을 두루 역임하였다.

강하셨다. 사정이 수레를 타고 임지(任地)로 부임할 때 내가 가서 전송하였는데 감탄하며 말하기를 "세상의 관직으로 부모를 봉양하는 이들 중에서 그 누가 '임금께서 주신 것, 나라의 은혜'라고 말하지 않겠는가마는 어찌 그대의 가문만 한 경우가 있겠는가!"라고 하였다. 처음 존공(尊公)께서 바닷가에 유배당했을 때[28] 십 년 동안 돌아올 기약이 없었거늘 성주(聖主)께서 밝게 살피시고 인자함으로 덮어주시어 단서(丹書)를 씻고[29] 관적(官籍)을 돌려주시니, 논자들은 공의 마음가짐이 충근(忠勤)하여 필시 신명(神明)이 보우한 것이며 또한 사정(士鼎)의 성효(誠孝)에 감동한 바가 있는 것이라고 하였다.

공이 돌아온 지 몇 년 뒤 둘째 아들 공진(公鎭)이 과거에 급제하여 시종(侍從)의 반열에 들자 은혜를 미루어 공의 직질(職秩)을 높여주었다.[30] 올해에는 또 팔질(八耋 80세)로 인하여 자급(資級)을 높여주었는데, 다시 사정이 은혜를 입어 전성(專城)의 봉양[31]을 하게 되니, 이에 사람들은 모두 공이 만년에야 복록을 누리게 되었다고 여겼다. 이는

28 바닷가에 유배당했을 때 : 조재민은 1755년(영조31) 신치운(申致雲)의 무고로 인하여 거제도에 정배되었다가 1763년(영조39)에 풀려난 일이 있다. 신치운은 1755년 나주 벽서 사건 이후 김일경(金一鏡)의 잔당인 심정연(沈鼎衍) 등과 함께 모반에 연루되어 처형된 인물이다.

29 단서(丹書)를 씻고 : 본래 단서는 죄적(罪籍) 즉 죄인이 죄를 지은 정상을 적은 도류안(徒流案)이나 형명부(刑名簿) 등을 가리킨다. 씻었다는 것은 사면받은 것을 말한다.

30 공진(公鎭)이……높여주었다 : 조공진(趙公鎭)은 1773년(영조49) 1월 12일 숭정전(崇政殿)에서 시행된 삼일제(三日製) 때 급제하였다. 《英祖實錄 49年 1月 12日》

31 전성(專城)의 봉양 : 자식이 출세하고 지방 수령으로 나아가 부모를 봉양하는 것을 말한다. 조중진이 평강 현감에 제수된 것을 말한다.

천도(天道)가 그대의 가문에 참으로 도타운 것이요, 성주(聖主)께서 만물을 도야(陶冶)하고 성취시켜주셔서 그러한 것이다. 이것이 내가 말한 바, 임금께서 내려주시고 나라에서 받은 은혜가 그대의 집안만 한 경우가 없다는 것이다. 사정이여, 그대는 장차 무엇으로써 은혜에 보답할 것인가.

내가 보니 존공께서는 수염과 눈썹이 눈처럼 희고 뺨은 붉은 옥처럼 발그레하며 정신과 외모도 옛 모습에서 전혀 쇠하지 않으셨다. 이번 행차에는 단지 산량(山梁)의 고기[32]와 석봉(石蜂)의 꿀[33]이 날마다 소반에 오를 뿐만이 아니니 천년 묵은 복령(茯苓)을 캐고 세 번 꽃 피는 영지(靈芝)를 꺾을 것이며, 정연(亭淵)[34]과 금사(金沙)의 사이에 배를 띄워 냇가의 노인이나 산골의 늙은이와 함께 노닐며 성은을 노래할 것이다.

사정 또한 어버이를 섬기는 마음으로 어른들을 섬기는 뜻을 미루어 나이 많은 분을 존경하고 덕망 높은 분에게 질정하며 자제(子弟)들을 이끌어 효제(孝悌)를 일으키면, 성인이 어버이를 어버이로 섬기고 어

32 산량(山梁)의 고기 : 산량(山梁)은 본래 산에 있는 다리인데 꿩의 별칭으로 쓰인다. 《논어》 〈향당(鄕黨)〉에 "공자께서 '산량의 암꿩이 제때로구나, 제때로구나.' 하지, 자로가 꿩을 잡아다가 먹이를 주니, 세 번 날개를 펴고 날아갔다.〔山梁雌雉, 時哉時哉. 子路共之, 三嗅而作.〕"라는 내용에서 비롯되었다.

33 석봉(石蜂)의 꿀 : 석봉(石蜂)은 바위틈에 집을 짓고 사는 벌로 여기에서 얻은 꿀이 석청(石淸)이다.

34 정연(亭淵) : 평강현(平康縣) 남쪽 40리에 있다. 마연(馬淵)에서 흘러내린 물이 현의 북쪽에서 남쪽으로 흐르다가 선유담(仙遊潭)의 물과 합쳐져서 정연이 된다고 하였다. 《順菴集 卷5 亭淵記》

른을 어른으로 대접한 교화[35]가 넓어져서 백성들이 만수(萬壽)를 축원하는 술잔을 다시금 공당(公堂)에 올리게 될 것이다.[36] 이렇게 한다면 자식 된 도리와 신하 된 직분에 능하다고 할 만하다. 평강은 작은 읍이고 사정은 훌륭한 선비이다. 나는 우선 이것만 말할 뿐이요, 관리의 사무에 대해서는 말하지 않는다.

35 성인이……교화 : 《맹자》 〈이루 상(離婁上)〉에 "사람들은 도가 가까운 곳에 있는데도 먼 곳에서 찾고, 일이 쉬운 데에 있는데도 어려운 데에서 찾으려 한다. 그러나 사람들마다 어버이를 어버이로 모시고 어른을 어른으로 모시기만 한다면, 천하가 태평해질 것이다.〔道在邇而求諸遠, 事在易而求諸難, 人人親其親長其長, 而天下平.〕"라고 하였다.

36 백성들이……것이다 : 공당에 올린다는 것은 《시경》 〈빈풍(豳風) 칠월(七月)〉에서 인용한 것이다. "시월엔 채마밭 깨끗이 닦고, 두 항아리 가득히 술을 걸러, 염소와 양을 잡아 잔치를 열고, 저 공당에 올라가서, 무소뿔 잔을 들어 비노니, 만수무강하리로다.〔十月滌場, 朋酒斯饗, 曰殺羔羊, 躋彼公堂, 稱彼兕觥, 萬壽無疆.〕"라고 하였다.

동래 부사 홍숙장에게 주는 송서[37] 홍숙장은 홍문영(洪文泳)이다

送萊伯洪叔章 文泳 序

지난 임인년(1782, 정조6) 겨울 나는 하정사(賀正使) 부사(副使)로 연경(燕京)에 갔었다.[38] 학사(學士) 홍숙장(洪叔章)이 서장관(書狀官)이 되었는데 그 직분은 따라 들어가는 역관(譯官)과 마부(馬夫), 만상(灣商)[39] 등 일행들을 검속하여 귀한 재물을 사들이고 금조(禁條)를 범하지 못하게 하는 것이었다. 명령을 따르지 않는 자가 있으면 크게는 나라에 욕이 되고 작게는 법규에 걸리니 그것이 오직 어려

37 동래 부사……송서 : 홍문영(洪文泳, 1732～?)은 동래 부사가 되기 전인 1782년(정조6) 서장관으로서 이계와 함께 청나라에 다녀온 인물로 초명은 홍문해(洪文海)이다. 본관은 남양(南陽), 자는 숙장(叔章)이다. 1775년(영조51) 정시에 급제하였으나 파방(罷榜)되었다가 1790년(정조14)에 복과(復科)되었다. 그런데 홍문해는 홍문영으로 개명한 뒤 1777년(정조1) 문과에 다시 급제하여 관직에 진출하였다. 동래 부사에 임명된 것은 1785년(정조9) 12월 28일이고, 이듬해 11월 19일 초량리 사람 추응덕(秋應德)이 왜인에게 물건 대금을 갚지 못하여 살해당하는 사건이 발생하자 파직당하였다.

38 지난……갔었다 : 이계는 1782년(정조6) 10월에 동지 겸 사은부사(冬至兼謝恩副使)에 임명되어 연경에 다녀왔다. 당시 정사는 정존겸(鄭存謙)이고 서장관이 홍문영이었다. 이들은 10월 22일에 정조에게 하직 인사를 하고 출발하여, 이듬해 3월 28일에 복명하였다.

39 만상(灣商) : 조선 후기 중국과 무역을 한 의주(義州) 상인을 말한다. 이들은 은과 인삼을 가지고 몰래 사신 일행에 끼어들어가거나 역관이나 관리와 결탁하는 등 밀무역을 하면서 문제를 일으키기도 하였다.

운 일이었다. 숙장은 간소(簡素)함으로 자신을 단속하고 엄격함으로 일행을 부려서 국서(國書)를 전달하고 연회(宴會)를 열어준 것 외에는 숙연하여 번잡한 일을 벌이지 않았다. 이에 날마다 나와 함께 지리지(地理志)를 살피고 풍요(風謠)를 채록하며 고적(古蹟)을 방문하면서 이를 모두 시로 읊어 내었으니, 이로써 강개한 심회를 터놓고 나그네의 근심을 잊은 채 서로 사이 좋게 지내며 기뻐하였다.

귀국한 뒤에는 사명을 잘 수행했다는 것으로 알려지니 한 해가 지난 뒤 비의(緋衣)에 발탁되고 은대(銀臺)에 들어가 간대부(諫大夫)에 선임되었다가[40] 얼마 뒤 다시 추천을 받아 동래 부사(東萊府使)에 제수되었다. 동래는 동쪽으로 바다에 접하여 왜(倭)와는 물 하나를 사이에 두고 있다. 관사(館舍)를 설치하여[41] 먹여주는 자가 일찍이 수백 명에 이르렀고 팔뚝 아래와 같은 우리 땅에 웅크리고 있어 마치 뱀떼를 길러 먹이는 듯하니, 동래는 중요한 진수(鎭守)인 것이다.

출발을 앞두고 나에게 말하기를 "떠나는 사람에겐 반드시 주는 글이 있는 법이니 하물며 공께서 저에 대해서야 말할 것이 있겠습니까?"라고 하였다. 나는 다음과 같이 말하였다.

40 비의(緋衣)에……선임되었다가 : 비의는 당상관이 입는 붉은 비단으로 만든 관복이다. 비의에 발탁되었다는 것은 당상관이 된 것을 말한다. 간대부는 사간 대부(司諫大夫)의 약칭으로 사간(司諫)에 임명된 것을 말한다. 홍문영은 연행에서 돌아온 뒤 1784년(정조8) 1월 10일 사간에 제수되었다.

41 관사(館舍)를 설치하여 : 왜관(倭館)을 설치하여 운영한 것을 말한다. 초기에는 부산포(釜山浦)와 내이포(乃而浦)에 설치했고 염포(鹽浦)와 가배량(加背梁)에도 추가하였다. 조일(朝日) 관계에 따라 변동을 거듭하여 1544년(중종39) 이후에는 부산포에만 두었다. 임진왜란 이후 여러 차례 옮겨졌다가 1678년(숙종4) 초량에 왜관을 설치하였다.

"그렇습니다, 그렇습니다. 그대는 일찍이 눈보라를 무릅쓰고 산해관(山海關)을 넘어 만 리 먼 이국 땅에 갔었지요. 지금 나라 안 천 리쯤 되는 길이 어찌 수고로울 것이 있겠습니까! 그대는 또 한 자쯤 되는 부절(符節)을 들고 겹겹의 관문들을 뚫고 가서 만국(萬國)이 회동(會同)하는 궁정(宮庭)에서 주선을 했었지요. 저 자그마하고 꽥꽥거리는 소리를 내는 추한 무리들이 어찌 그대에게 근심거리가 될 수 있겠습니까!

그렇긴 하지만 우리는 중국을 경외하고 중국은 우리를 공경하니 예법에 맞게 사귄다면 별다른 일이 일어나지 않을 것입니다. 그러나 오직 왜는 우리를 적으로 여기는 자들입니다. 저들은 성품이 간사하여 적으로 여기면 싸우고 속임수를 쓰면 기궤하며 때때로 과장되게 떠벌리고 자잘한 이익을 다투며 예기치 못한 데에서 흔단(釁端)을 만들어내니 비루하다고 하여 안이하게 대처해서는 결코 안 됩니다. 오직 간소함만이 멀리 있는 사람들도 복종시킬 수 있고 오직 엄격함만이 간사함을 꺾을 수 있는데, 이는 그대가 잘하는 바입니다. 혹 간략하되 너그러움에 미혹되면 태만해지고 엄격하되 급한 데 가까우면 각박해지니, 그대는 너그러움과 급한 사이에 처해야만 할 것입니다."

숙장이 옷깃을 여미고 사례하며 말하기를 "참으로 좋습니다. 말씀에 감복하였습니다. 저는 장차 왼쪽에는 활시위를 차고 오른쪽에는 가죽을 두르겠습니다.[42]"라고 하였다.

42 왼쪽에는……두르겠습니다 : 이 구절은 백성들을 다스릴 때 너그러움와 엄격함을 잘 조절하여 지방관으로서의 소임을 다하겠다는 의미이다. 활시위와 가죽은 완급(緩急)을 조절한다는 의미로 이는 《한비자(韓非子)》〈관행(觀行)〉에서 인용한 것이다.

"서문표(西門豹)는 성격이 급했기 때문에 가죽을 허리에 둘러 스스로 느긋해지고자 노력했고, 진(晉)나라의 동안우(董安于)는 성격이 느긋했기 때문에 활시위를 차고서 마음을 다잡고자 경계했다.〔西門豹之性急, 故佩韋以自緩, 董安于之心緩, 故佩弦以自急.〕"라고 하였다.

추파진에 부임하는 종자 홍낙유에게 주는 송서[43]

送從子樂游赴楸坡鎭序

종자(從子) 낙유(樂游)가 한림(翰林)에 있는 5년 동안 아침저녁으로 늘상 함께 하였더니, 지난달에 그간 쌓은 공적으로 인해 특별히 육품(六品)에 오르고 이어 추파 만호(楸坡萬戶)에 제수되었으며 춘추관의 직임도 그대로 겸대(兼帶)하였다. 길을 떠나려 함에 백부(伯父)가 한 잔 술을 따라 전송하며 다음과 같이 말하는 바이다.

"장부가 태어남에 뽕나무 활에 쑥대 화살〔桑弧蓬矢〕을 드는 것은 사방에 뜻을 두고 사업을 해야 함을 보여주는 것이다.[44] 네가 출사(出仕)한 이후 명을 받아서 호남의 적상산성(赤裳山城)에서 비사(秘史)를 포쇄(曝曬)하였고, 강화도의 마니산(摩尼山)에서 《실록》을 상고하였으며, 철령(鐵嶺)을 넘어가 함주(咸州)에서 유서(諭書)를 반포하였고, 파도를 건너가 교동(喬桐)에서 굶주린 백성들을 보살폈다. 귀양을 간

43 추파진에……송서 : 이계의 조카인 홍낙유(洪樂游, 1761~미상)가 평안도 강계도호부(江界都護府)의 추파진(楸坡鎭)으로 부임할 때 써준 송서이다. 홍낙유는 이계의 동생인 홍명호(洪明浩)의 아들이다. 추파 만호에 임명된 것은 1793년(정조17) 12월 27일이다. 근신(近臣)을 지방관으로 임명한 임금의 의도에 부응하여 훗날 서북방의 옛 영토를 회복하는 밑거름이 되도록 노력하라는 내용이다.

44 장부가……것이다 : 옛날에 나라에 세자(世子)가 태어나면 뽕나무 활로 쑥대 화살을 하늘과 땅 그리고 사방을 향해 쏘았는데, 이는 사방에 뜻을 두고 큰 사업을 성취해야 함을 상징한 것이다. 《예기》 〈내칙(內則)〉에 "국군에게 세자가 태어나면……활 쏘는 사람이 뽕나무로 만든 활로 쑥대 화살 여섯 개를 천지와 사방을 향해 쏜다.〔國君世子生……射人以桑弧蓬矢六, 射天地四方.〕"라는 구절이 있다.

것으로는 해서(海西)의 영강현(永康縣)과 영남의 거제도에 갔었다.[45] 지금은 또 손에 동관(彤管)을 쥐고 허리에 호창(虎韔)[46]을 두른 채 일산을 펼치고 말을 달려 패수(浿水)를 건너고 적령(狄嶺)을 넘어 서북쪽으로 이천 리를 가서 파저(婆瀦)의 물가[47]에 이를 것이다. 너의 나이가 이제 겨우 서른 남짓일 뿐이거늘 몇 년 사이에 발자취가 나라 안에 두루 미쳤으니 어찌 그리 씩씩하며 또 어찌 그리 기이한가! 그러나 너의 이 직분이 수졸(戍卒)을 어루만지고 군향(軍餉)을 지키며 봉화(烽火)를 신중히 하고 비상시의 사태를 기찰(譏察)할 뿐이라면 그저 한 장수의 일에 불과할 뿐이니 이 어찌 상께서 근신(近臣)에게 명을 내린 의도이겠는가!

내 너에게 한마디 해줄 말이 있다. 저 추파(楸坡)는 강계(江界)의 속진(屬鎭)이다. 강계 너머로는 폐기된 군(郡)이 넷 있으니[48] 너비와

45 귀양을……갔었다 : 1791년(정조 15) 역적 신기현(申驥顯)의 아들인 신집(申㠎)이 조흘강(照訖講)을 통과하였다는 이유로 탄핵을 받아 거제도에 유배당한 일이 있다.

46 손에……호창(虎韔) : 동관(彤管)은 자루가 붉은 붓으로 주(周)나라 때 여사(女史)가 동관으로 궁중의 정령(政令)이나 후비(后妃)의 일을 기록하였다. 호창(虎韔)은 호랑이 가죽으로 만든 활집으로 장군이 지니는 물품이다. 《시경》〈진풍(秦風) 소융(小戎)〉에 "여러 가지 깃털 무늬 방패가 빛나거늘 호피 활집에 강철 가슴걸이로다.〔蒙伐有苑, 虎韔鏤膺.〕" 동관을 쥔 것은 홍낙유가 춘추관의 직분을 겸대한 것을, 호창을 두른 것은 추파 만호가 된 것을 상징한다.

47 말을……물가 : 패수는 대동강이고 적령(狄嶺)은 평안북도 희천군과 강계군 사이에 있는 적유령(狄踰嶺)이다. 파저(婆瀦)는 파저강으로 압록강으로 흘러드는 지류의 하나인데 현재의 혼강(渾江)이라고 한다.

48 폐기된……있으니 : 여연(閭延)·우예(虞芮)·무창(茂昌)·자성(慈城)의 폐사군(廢四郡)을 말한다. 세종(世宗) 때 여진족을 막기 위해 설치하였으나 단종 때 여연·우예·무창의 3군을 폐했고, 세조(世祖) 때 자성군마저 폐지하였다. 숙종 이후 다시

길이가 칠백 리씩이다. 북쪽으로는 건주(建州)[49]와 이웃하고 동쪽으로는 삼수(三水)와 이어지니 우리나라 서북방의 요충지이다. 국초에는 장리(長吏 지방관)를 두고서 공부(貢賦)[50]를 거두었으나, 한번 야인(野人)들의 침략을 받은 이후로 비워두고 버려진 지 지금까지 이백 년이나 되었다.[51] 청나라 사람들이 뜻을 얻자 부락들을 모두 몰아서 산해관 안으로 들어갔으니, 압록강 북쪽에는 다시 남으로 와서 말을 먹이는 무리들이 없게 되었다.[52]

진(鎭)을 설치하자는 논의가 있었으나 실행되지 못하고 중단되었다.

49 건주(建州) : 지린〔吉林〕 일대를 가리키는데 여진족들이 이곳에 많이 거주하였다. 발해 때 설치된 62개 주 중의 하나였고, 명(明)나라 때에는 이곳에 위(衛)를 설치하였다.

50 공부(貢賦) : 공물(貢物)과 부세(賦稅)로 각 지방이 특산물을 현물로 바치는 것이다.

51 한번……되었다 : 시기적으로 볼 때 이 구절은 병자호란을 의미하는 것으로 보인다. 참고로 여진은 조선 초기부터 북방에서 크고 작은 소란을 일으켰다. 태종은 강계부(江界府)와 여연군(閭延郡)을 두어 여진에 대처하였고 세종은 사군육진을 개척하고 삼남(三南)의 백성들을 이주시켰으며 세조 때에 압록강변과 회령 인근의 여진을 축출하고 근거지를 토벌한 뒤 하삼도(下三道)의 백성 1만 명을 이주시킨 일이 있다. 성종 때인 1479년(성종10)에 건주위(建州衛) 여진이 침입하였고, 1491년(성종22)에는 동북 방면의 여진이 회령 조산보(造山堡)를 공격하는 등의 일이 있었다. 임진왜란 이후 명의 쇠퇴와 더불어 여진은 급격히 성장하였다.

52 청나라……되었다 : 청나라 사람들이 뜻을 얻었다는 것은 명나라를 몰아내고 중국 천하를 차지한 것을 말한다. '남으로 와서 말을 먹인다'는 구절의 원문은 '남목(南牧)'으로 이는 북방 민족들이 남쪽으로 내려와 침입하는 것을 뜻한다. 가의(賈誼)의 《과진론(過秦論)》에 "호인들이 감히 남쪽으로 내려와 말을 먹이지 못하였다.〔胡人不敢南下而牧馬〕"라는 구절이 있는데, 이는 한 무제(漢武帝)가 흉노(匈奴)를 쳐서 물리치자 흉노가 감히 남으로 내려와 말을 먹이지 못하였다는 데에서 나온 말이다.

조 상서(趙尙書) 계원(啓遠), 남 상국(南相國) 구만(九萬)은 국조(國朝)의 이름난 공경(公卿)으로 연이어 북도(北道)를 안찰하고 사군(四郡)의 회복을 창의(倡議)하였다.[53] 그러나 조정의 논의가 통일되지 않아 끝내 시행되지 못하였고, 지금 또 백여 년이나 지나버렸으니 식자들이 한스럽게 여기는 바이다. 나는 지난해에 평안도 관찰사로 있었으므로[54] 그곳의 토질이 비옥하고 물이 깊어서 백곡(百穀)이 모두 적합하며, 담비와 인삼으로 인한 넉넉함이 나라 안에서 으뜸이라는 것을 잘 알게 되었다. 그리하여 백성들의 실정을 살피고 상황을 기록해 왔다.

지금 너의 관할지역은 사군(四郡)과 접해 있고 부방(赴防)[55]할 지역은 무창(茂昌)과 자성(慈城) 사이에 있다. 너는 모름지기 그 산천

53 조 상서(趙尙書)……창의(倡議)하였다 : 이들이 사군의 회복을 창의한 것은 《정조실록》 2년(1778) 1월 13일 기사에 보인다. 1660년(현종 원년)에 조계원이 함경도 관찰사로 있을 때 후주(厚州)와 사군(四郡)을 다시 설치하는 일을 극력 주청했지만 시행하지 못하였다. 1673년(현종14년)에는 남구만이 함경도 관찰사가 되어 육진(六鎭) 및 폐사군을 순찰한 뒤 무산(茂山) 및 후주와 사군의 설치 및 길주(吉州)와 갑산(甲山) 사이에 길을 내는 것 등 3건(件)의 일을 청하고, 금성방략(金城方略)과 성경지도(盛京地圖) 등을 올렸다. 현종의 윤허를 받아 이듬해부터 무산(茂山)·풍산(豊山)·양영(梁永) 등 세 진보(鎭堡)를 설치하고 서쪽으로는 후주(厚州)를 설치하여 연강(沿江)을 개척할 계획을 세웠다. 그러나 《숙종실록》 9년 4월 3일자 기사를 보면 폐사군의 재설치에 대해, 다른 신하들이 설치와 유지가 불편하며 도리어 적에게 길을 열어주게 된다는 등의 이유로 반대하여 2개만 설치하기로 축소되었고 결국은 이마저도 무산되었음을 알 수 있다.

54 평안도 관찰사로 있었으므로 : 이계가 평안도 관찰사로 임명된 것은 1791년(정조15) 4월이고, 파직된 것은 1792년 11월이다.

55 부방(赴防) : 변경(邊境)에 파견(派遣)되어 수자리 사는 것을 말한다.

(山川)·도리(道里)·생리(生理)·물산(物產) 손바닥 보듯 명료하게 기록하여 돌아와 임금님의 서안(書案) 앞에 상주(上奏)해야만 할 것이다. 혹시라도 위로 성심(聖心)에 부합됨을 입어서 과감히 설치하여 곧바로 허항(虛項)의 아래 후주(厚州)의 옛터[56]까지 이른다면 조종(祖宗)의 영토가 처음으로 회복되어 서북지역에 민가의 연기가 서로 이어질 것이니, 화살 하나도 낭비하지 않고 앉아서 천리의 영토를 개척하는 셈이다. 육진(六鎭)을 개척한 공과 비교하면 그 어렵고 쉬움이 과연 어떠하겠는가! 무릇 이처럼 할 수 있다면 네가 사명을 받드는 것이 사마상여(司馬相如)가 촉(蜀)땅에 유시하고 당몽(唐蒙)이 서남방의 오랑캐와 통했던 것[57]에도 부끄럽지 않을 것이다. 너는 힘써야 할 것이다.

56 허항(虛項)의……옛터 : 허항은 허항령(虛項嶺)으로 함경남도 혜산군(惠山郡)과 무산군(茂山君) 사이에 있는 높은 고개이다. 후주(厚州)는 지금의 평안북도 후창군(厚昌郡) 일대에 해당한다. 압록강에 면해 있고 지형이 험준하다.

57 사마상여(司馬相如)가……것 : 한 무제 때 파양 현령(番陽縣令) 당몽(唐蒙)이 남월(南越)에 다녀온 뒤 야랑국(夜郎國)까지 길을 열 것을 주장하자 무제는 당몽을 낭중장(郎中將)으로 삼아 파견하였다. 당몽은 야랑국을 설득하여 관리를 두기로 하고 인근의 작은 나라들도 귀의시켜 건위군(犍爲郡)을 설치하였다. 이후 서이(西夷)들도 귀순하고자 하므로 무제가 사마상여를 파견하였는데 당시 촉군(蜀郡)의 장로들은 대개가 서이와 교통하는 것에 반대하였다. 이에 사마상여는 글을 지어서 천자에게 풍간(諷諫)을 하는 동시에 촉땅 사람들을 효유(曉諭)함으로써 결국 서이들을 귀순시키고 그 지역까지 길이 통하게 한 뒤 돌아왔다.《史記 卷116 西南夷列傳, 卷117 司馬相如列傳》

강진으로 부임하는 조학사 관보에게 주는 송서[58] 조관보는 조홍진(趙弘鎭)이다.

送趙學士寬甫 弘鎭 之任康津序

사대부가 벼슬에 올라 정무를 담당하면 오르고 내림이 있는 법이니 내려가는 것을 굽힌다〔屈〕고 하고 올라가는 것을 편다〔伸〕고 한다. 그러나 사물에는 잘 되는 경우와 안 되는 경우가 있고 때에는 이로운 때와 불리한 때가 있으니 올라간다고 해서 반드시 항상 펴지는 것은 아니요, 내려간다고 해서 반드시 오랫동안 굽어 있는 것도 아니다. 예로부터 이름난 공경(公卿)들이나 현명한 선비들은 곤액을 당한 뒤 떨쳐 일어나 자취를 남기고 어려움을 만난 뒤 형통함을 이룬 경우가 많다. 때문에 맹자는 "고통스럽고 어렵고 괴로우며 뜻대로 되지 않게 하여 못하던 것을 잘하게 해준다."[59]라고 하였으니 진실되도다, 가르

58 강진으로……송서 : 조홍진(1743~1821)은 본관은 풍양(豐陽), 자는 관보(寬甫)이다. 1783년(정조7) 문과에 급제하고 이듬해 홍문록(弘文錄)에 올랐다. 강진 현감에 제수된 것은 1796년(정조20) 12월 20일이다. 정조는 괴산 군수 조홍진과 강진 현감 송문술(宋文述)을 상환(相換)하고, 조홍진은 표류인 문제의 처리를 위해 즉시 사조(辭朝)하도록 하였다.

59 고통스럽고……해준다 : 《맹자》 〈고자 하(告子下)〉에 "하늘이 어떤 사람에게 큰 사명을 내리려 할 때에는, 반드시 먼저 그의 마음과 뜻을 고통스럽게 하고, 그의 힘줄과 뼈를 수고롭게 하고, 그의 육체를 굶주리게 하고, 그의 몸을 궁핍하게 하여, 행하는 일마다 어긋나서 이루지 못하게 하나니, 이는 그의 마음을 격동시키고 그의 성내는 것을 굳게 참고 버티도록 하여, 그가 잘하지 못했던 일을 더욱 잘할 수 있게 해주기 위함이다.〔天將降大任於是人也, 必先苦其心志, 勞其筋骨, 餓其體膚, 空乏其身, 行拂

침이여!

나도 내 자신에게서 직접 징험한 적이 있다. 나는 지난 정유년(1777, 정조 원년) 맑은 조정에 죄를 지어 북쪽 변방의 공주(孔州)에 폄직(貶職)되었다. 공주는 우리나라의 변방 끄트머리 바닷가로 말갈(靺鞨)의 옛터이며 이매(魑魅)의 소굴[60]로, 삼춘(三春)에도 꽃이 피지 않고 8월에도 눈이 내리며 옷에는 솜이 없고 음식은 오로지 기장과 보리뿐이다. 나는 당시 나이가 예순에 가까워 그곳의 풍토를 견딜 수 없었고 게다가 의원과 약조차도 없었다.

그러나 문을 닫고 들어앉아 경서를 공부하고 좋은 경계(境界)를 만나면 시를 지어서 시원스레 외물에 마음이 얽매이지 않았다. 이에 외모는 날로 풍성해지고 기운은 날로 강건해지니 2년 동안 수염은 전보다 많아지고 지은 글도 상자에 가득하여 지금까지도 다함 없이 얻은 바를 누리고 있다. 이는 아마도 조물주가 내 몸을 수고롭게 하고[61] 성주(聖主)께서 너를 옥으로 이루어주신다[62]는 것이리라.

조학사 관보가 때를 만나지 못하여 홍문관 응교(弘文館應教)로 강진

亂其所爲, 所以動心忍性, 增益其所不能.〕"라는 구절에서 따온 것이다.

60 이매(魑魅)의 소굴 : 이매는 사람을 해치는 도깨비를 가리키는데, 여기서는 사람들이 살지 않는 궁벽한 지역을 비유한 말이다.

61 조물주가……하고 : 원문의 '노아이형(勞我以形)'은 《장자(莊子)》〈대종사(大宗師)〉의 "대괴가 육체를 주어서 나를 살게 하고, 삶을 주어서 나를 수고롭게 한다.〔夫大塊載我以形, 勞我以生.〕"라는 구절에서 따온 것이다.

62 옥으로……주신다 : 이 구절은 어려운 일을 통해 장차 큰 인물이 될 것이라는 의미이다. 《시경》〈대아(大雅) 민로(民勞)〉에 "왕께서 너를 옥으로 만들고자 하시니 이 때문에 크게 간하노라.〔王欲玉女, 是用大諫.〕"라는 구절에서 따온 것이다.

현감(康津縣監)에 제수되었다. 겉으로 보기에는 마치 좌천된 듯하지만 특별한 은혜로 제수받은 것이니, 멀고 궁벽진 고을을 맡김으로써 반착(盤錯)의 재주[63]를 시험해보고자 한 것이리라. 관보를 아끼는 이들은 그가 어질다는 이유로 홀로 수고하는 것[64]을 애석해하지만, 나만은 이번 행차에서 만년에 절조를 닦고 나라의 은혜에 보답함을 점칠 수 있게 된 것을 기쁘게 여긴다.

무릇 강진은 서울로부터 천 리가 되지 않으니 공주(孔州)와 비교하면 삼분의 일밖에 안 된다. 또 호구(戶口)는 칠천이나 되어 번성하고 땅은 물고기와 쌀의 풍요로움을 지니며 귤과 유자, 대나무실[65]이 많으니 북쪽 변방의 불모지와 나란히 놓고 비교해 말할 수 없다. 오직 공부(貢賦)가 중하고 옥송(獄訟)이 번거로워서 백성을 어루만지고 다스리

63 반착(盤錯)의 재주 : 외직(外職)으로 나가 다스리기 어려운 고을을 잘 다스리는 것을 의미한다. 반착(盤錯)은 반근착절(盤根錯節)로 어지럽게 뒤엉킨 뿌리인데 해결하기 어려운 일을 뜻한다. 《후한서(後漢書)》 권58 〈우후열전(虞詡列傳)〉에 "쉬운 것을 구하지 않고 어려운 일을 피하지 않는 것이 신하의 직분이니, 뿌리가 뒤엉킨 곳을 만나지 않으면 날카로운 기구를 어찌 분별하겠는가?〔志不求易, 事不避難, 臣之職也, 不遇盤根錯節, 何以別利器?〕"라고 하였다.

64 홀로 수고하는 것 : 《시경》 〈소아(小雅) 북산(北山)〉에 "대부가 공평하지 못한지라, 나만 홀로 어질다고 수고롭구나.〔大夫不均, 我從事獨賢.〕"라고 하였는데, 맹자가 이 시를 인용하면서 "이것이 왕의 일이 아님이 없건만, 나만 홀로 어질다고 수고롭구나.〔此莫非王事, 我獨賢勞也.〕"라고 하였다.

65 귤과 유자 대나무살 : 이 구절은 한유(韓愈)의 《송요도사서(送廖道士序)》에서 인용한 것이다. "그 지역에서 생산되는 것은 신기(神氣)에 감응한 것으로 백금·수은·단사·석영·종유·귤과 유자·대나무살·크고 굵은 좋은 목재는 어느 것 하나 감당할 수 없다.〔其水土之所生, 神氣之所感, 白金·水銀·丹砂·石英·鍾乳·橘柚之包·竹箭之美·千尋之名材, 不能獨當也.〕"라고 하였다.

는 수고로움[66]이 꽤 들겠지만 그러나 이러한 것들은 관보가 잘하는 것들이다. 나는 내가 공주에서 얻은 것을 관보도 얻게 되기를 권면한다.

나는 일찍이 탐라에 곡식을 운반하는 일로 사명을 받들고 강진과 해남 사이에 가서 도솔암(兜率菴)[67]에 오르고 한라산 안개를 바라보며 만덕사(萬德寺)[68]에서 노닐고 김생(金生)의 필적[69]을 보았다. 토지는 비옥하여 백곡(百穀)이 빨리 익고, 산에는 시랑(豺狼)과 범이 없고 나무에는 동청(冬靑)이 많으니 남쪽 지방의 낙원이라는 것이 참으로 믿을만 하였다.

관보는 관청의 문을 열면 백성들의 일을 다스리고 문을 닫으면 옛 책을 읽을 것이다. 배운 바를 미루어 정사를 베푸는 데 시험하여 위엄

66 다스리는 수고로움 : 원문은 '전리반착(剸理盤錯)'이다. '전리(剸理)'는 '치리(治理)'와 같은 말이고, '반착(盤錯)'은 서린 뿌리와 얽힌 마디라는 뜻의 '반근착절(盤根錯節)'의 준말로 처리하기 어려운 일을 의미하는데, 지방관이 되어 다스리기 어려운 고을을 다스리는 것을 비유한다.

67 도솔암(兜率菴) : 전라남도 해남 달마산에 있으며 대흥사(大興寺)의 말사이다. 통일신라시대 의상대사(義相大師)가 창건했다고 전해진다.

68 만덕사(萬德寺) : 전라남도 강진군 만덕산에 소재한 백련사(白蓮寺)를 가리킨다. 대흥사의 말사로 조선시대에는 만덕사로 일컬어지기도 했다.

69 김생(金生)의 필적 : 백련사 안 기둥에 '만덕산(萬德山)' '백련사(白蓮社)'라는 현판이 걸려 있는데 김생의 필적이라고 전해진다.

그림 2 김생의 필적

과 은혜가 나란히 행해지고 관리와 백성들이 서로 편안하게 되어 근신(近臣)이 먼 변방의 백성들을 기르는 일의 체모를 얻는다면, 송사(訟事)의 처리도 물처럼 우유자적(優遊自適)하게 될 것이다. 이에 문장은 날마다 더욱 풍부해지고 식견은 날마다 더욱 정밀해져서 가슴속에 필시 충만하게 자득한 것이 있게 될 것이다. 훗날 보정(報政)[70]하고 돌아오면 나아가 세상에 쓰일 것이다. 비유하자면 가벼운 수레를 몰고 익숙한 길을 달려 거침이 없으면서도 여유로운 것[71]과 같으니 어떤 일이든 안 될 것이 있겠는가! 나는 장차 눈을 비비고 기다릴 것이다.

70 보정(報政) : 지방관이 임기를 채운 뒤 자신의 성과를 조정에 보고하는 것이다.

71 가벼운……것 : 어떤 일을 쉽고 익숙하게 처리하는 것을 비유한 말이다. 한유(韓愈)의 〈송석처사서(送石處士序)〉에 "마치 네 마리 말이 가벼운 수레를 몰고 익숙한 길을 가는데 왕량과 조보가 선후가 된 듯하다.〔若駟馬駕輕車就熟路, 而王良造父爲之先後也.〕"라고 하였다.

연경으로 가는 이 학사 치화에게 주는 송서[72] 이치화는 이치중(李致中)이다

送李學士穉和 致中 赴燕序

천하의 유람에는 세 종류가 있으니, 발로 하는 유람이 있고 눈으로만 하는 유람이 있으며 마음으로 하는 유람이 있다. 사마(駟馬)를 채찍질하여 달려갔다가 수레채에 기대어 돌아왔는데, 산천(山川)에 대해 물어도 험요(險要)를 모르고 성읍(城邑)에 대해 물어도 허실(虛實)을 모르고 풍속에 대해 물어도 동이(同異)를 분별할 줄 모르면 이는 발로 유람한 것일 뿐이다. 험요한 곳을 관찰하고 허실을 살피며 동이를 분별하면 유람을 잘한 것이기는 하나 그래도 눈에 국한된 것이다. 시골을 보면 도시를 알고 백성을 보면 교화를 알며 예(禮)를 보면 치란(治亂)을 징험하며 소리를 듣고 성쇠를 점치는 것은, 마음으로 살펴본 것이다. 우리나라의 사신들이 한 해에 한 번 중국에 가는데 발로 유람하는 경우가 대부분이다. 눈으로 유람하는 것도 어려운데 하물며 마음으로 유람하는 것에 있어서랴!

72 연경으로……송서 : 이치중(李致中, 1726~1802)이 1785년(정조9) 동지사(冬至使)의 부사(副使)로 북경에 가게 되었을 때 써준 송서이다. 청나라의 겉모습만 보지 말고 이면의 실정을 제대로 파악해 올 것을 권면하는 내용이다. 이치중은 본관은 전주(全州), 자는 치화(穉和)이다. 1761년(영조37) 문과에 장원급제하여 정언(正言)이 되었고 지중추부사(知中樞府事)에 이르렀다. 이치중이 사신에 임명된 것은 《승정원일기》 정조 9년 6월 25일자 기사에 보인다. 당시 정사는 안춘군(安春君) 융(烿), 부사(副使)는 이치중, 서장관(書狀官)은 송전(宋銓)이다.

이치화가 검행(檢行)[73]으로서 연경에 가는데 치화는 식견이 주밀(周密)하고 재주가 민첩하니 발로만 유람하지는 않을 것임을 나는 분명히 알겠다. 그렇기는 하지만 단지 눈만 믿지 말고 마음으로 들어야 한다. 옛날에 다른 나라에 사신으로 가는 이들은 그저 전대(專對)[74]만 한 것이 아니다. 계자(季子)가 풍속을 살펴본 것[75]이나 자공(子貢)이 예(禮)를 살펴본 것[76]은 그 중에서도 탁월한 경우이다. 그 다음은 오직 그 나라의 실정을 잘 탐지하는 것이리라. 실정을 잘 탐지하는 사람은 기미에도 밝을 뿐이다.

73 검행(檢行) : 본래 일행을 단속한다는 의미로 서장관(書狀官)을 가리키는데 이치화는 동지사 부사(副使)였다.

74 전대(專對) : 외국에 사신으로 갔을 때 상황에 따라 독자적으로 판단하여 외교 문제를 올바르게 처리하는 것을 말한다.

75 계자(季子)가……것 : 계자는 춘추시대 오(吳)나라의 공자(公子)인 계찰(季札)이다. 사신으로 다니며 각국의 대부들과 교유하였는데, 노(魯)나라에 사신으로 갔을 때 각 나라의 음악을 듣고 열국(列國)의 흥망성쇠를 꿰뚫어보고 주(周)나라가 왕이 된 까닭을 말한 일이 있다. 《史記 卷31 吳太伯世家》

76 자공(子貢)이……것 : 《맹자》 〈공손추 상(公孫丑上)〉에 "자공이 말하기를 '그 예(禮)를 보면 그 나라의 정치를 알 수 있고, 그 음악을 들으면 그 나라의 덕(德)을 알 수 있다.〔子貢曰, 見其禮而知其政, 聞其樂而知其德.〕'라고 하였다.

연경에 가는 동생 명호에게 주는 송서[77]

送舍弟明浩赴燕序

연(燕)은 천하의 북쪽 변방이다. 우(虞)나라와 하(夏)나라 때에는 유주(幽州)라고 하였으니 유(幽)라는 말은 어둡다, 음침하다는 뜻으로 공공(共工)이 유배되었던 곳이다.[78] 주(周)나라 때 소공(召公)을 봉(封)하였으나 취국(就國)하지 않았고,[79] 춘추(春秋)시대에는 중국(中國) 제후들의 맹약(盟約)에 참여할 수 없었고, 한(漢)나라 때에는 북평(北平), 당(唐)나라 때에는 범양(范陽)이라 하여 변경의 땅으로 일컬어졌다. 석경당(石敬瑭)의 후진(後晋)[80]에 이르러 거란(契丹)에게

77 연경에……송서 : 이계의 동생 홍명호(洪明浩, 1736~1819)가 1779년(정조3) 동지사(冬至使)의 서장관(書狀官)이 되어 연경(燕京)으로 갈 때 써준 글이다. 참고로 정사는 황인점(黃仁點), 부사는 홍검(洪檢)이었다.

78 공공(共工)이 유배되었던 곳이다 : 공공에 관해서는 여러 가지 설이 있는데 여기서는 요(堯)의 신하로 환두(驩兜), 삼묘(三苗), 곤(鯀) 등과 함께 사흉(四凶)으로 불렸던 인물을 가리킨다. 순(舜)이 공공을 유주(幽州)로 유배보내고, 환도(驩兜)를 숭산(崇山)에 귀양보내며 삼묘(三苗)를 삼위산(三危山)으로 축출하고, 곤(鯀)을 우산(羽山)에서 참하자 백성들이 따랐다고 하였다. 《書經 虞書 舜典》

79 소공(召公)을……않았고 : 취국(就國)은 제후가 천자의 도읍에 머물다가 자신의 봉국(封國)으로 돌아가는 것을 뜻한다. 소공은 주 무왕(周武王)의 동생 석(奭)이다. 무왕이 상(商)을 멸망시킨 뒤 소공을 계(薊)에 봉하여 연(燕)나라를 세웠다. 하지만 소공은 계속 호경(鎬京)에 머물며 무왕을 보좌하고 봉지(封地)에는 맏아들을 보내 다스렸다.

80 석경당(石敬瑭)의 후진(後晉) : 후진은 당나라 이후 오대(五代) 시대에 석경당(892~942)이 건국한 나라로 936년부터 946년까지 존속하였다. 석경당은 태원(太原)

바치더니 송(宋)나라에 이르러서도 이를 수복하지 못하여 결국 오랑캐의 영토가 되었다.

금(金)나라와 원(元)나라가 중국을 차지하고 인하여 그곳을 도읍으로 삼은 것은 그들의 근거지와 가깝기 때문이요 그들의 병마에 의지하기 위해서이지, 제왕(帝王)이 천하의 중심에 자리 잡아 사방으로 확장하려는 뜻은 아니다. 대명(大明)의 고황제(高皇帝)는 강남(江南)에서 굴기(屈起)하여 하북(河北)을 차지하고 금릉(金陵)에 도읍하였다.[81] 성조(成祖 영락제(永樂帝))를 연(燕)에 거처하도록 한 것은 먼 지역이라고 여겼기 때문일 것이다. 성조가 나라를 평정하자 연으로 천도(遷都)하였으니,[82] 이는 단지 왕업을 일으킨 땅으로 옛 영토를 그리워했기 때문이지 크고 원대한 계획에서 비롯된 것은 아니다.

한나라 때 도읍인 장안(長安)까지 산동(山東)의 세곡(歲穀)을 운반

출신으로 후당(後唐)의 명종(明宗)을 섬겨 하동절도사(河東節度使)가 되고 조국공(趙國公)에 봉해졌다. 936년 반란을 일으켰으나 태원에서 포위되자 거란에게 구원을 청하면서 연운십육주(燕雲十六州)를 할양하였고, 이후 거란의 원조를 받아 후당을 멸망시키고 후진을 세웠다.

81 고황제(高皇帝)는……도읍하였다 : 고황제는 명(明)을 건국한 태조 주원장(朱元璋)이다. 강남(江南)에서 세력을 키워 남경(南京)을 점령하고 각지의 군웅들을 굴복시켰으며, 1368년(공민왕17) 명나라를 세우고 남경에 도읍한 뒤 연호를 홍무(洪武)라고 하였다.

82 성조(成祖)가……천도(遷都)하였으니 : 성조는 명의 3대 황제 영락제(永樂帝, 1360~1424)로 주원장의 넷째 아들 주체(朱棣)이다. 10살 때 연왕(燕王)에 봉해졌고 이후 북방의 수비군을 통솔했다. 1398년(태조7) 조카인 건문제(建文帝)가 번왕(藩王) 약화 정책을 시행하자 1399년 8월 반란을 일으켰고 1402년 7월 남경을 기습하여 함락시킨 뒤 제위에 올랐다. 1407년부터 북경으로 천도를 추진하여 1421년에 천도하였다.

하는데 30종(鐘)을 옮기면 도착하는 것은 1섬뿐[83]이므로 대다수를 관중(關中)에서 취했거늘, 하물며 연은 강소(江蘇)나 절강(浙江)에서 만여 리나 될 만큼 멀리 떨어져 있음에랴! 백 년도 채 되지 않아 민력(民力)이 고갈되고 하늘의 명(命)도 다하니 끝내 유적(流賊)이 일어나 나라의 운세가 뒤집어지기에 이르렀다.[84] 식자(識者)들이 논하기를 명이 나라를 세운 뒤 천도한 것이 잘못이라고 하니 믿을 만한 말이 아니겠는가!

《시경》에 이르기를 "상나라의 도읍이 정연하니, 사방의 표준이로다."[85]라고 하였고, 또 "나라의 기내(畿內) 천 리는 백성들이 머무는 곳이다."[86]라고 하였으니, 치도(治道)의 쇠하고 융성함과 풍속의 후(厚)하고 박(薄)함이 여기에 달려 있다. 당우삼대(唐虞三代)의 성대함은 아득하거니와, 한나라 사람들의 문장은 질박하면서 웅건하고, 당나

83 30종(鐘)을……1섬뿐 : 《사기》 권112 〈평진후주보열전(平津侯主父列傳)〉에 진(秦)나라가 북하(北河) 일대의 수비를 위해서 말먹이와 군량을 실어 나르도록 하였는데, 바닷가에서 북하까지 "30종을 수송하다 보면 나중에 도착한 것은 겨우 1섬에 불과했다.〔率三十鍾而致一石〕"라고 하였다. 이는 본래 국고를 비게 하고 백성을 황폐하게 하면서까지 정벌을 해서는 안 된다는 것을 강조한 말이다. 참고로 1종(鍾)은 6섬 4말이다.

84 유적(流賊)이……이르렀다 : 유적(流賊)은 명나라 말기 각지에서 일어난 농민 반란 세력을 가리킨다. 이 구절은 이자성(李自成, 1606~1645)의 난으로 명나라가 멸망한 것을 말한다. 1644년 이자성의 농민군이 북경을 함락시키자 숭정제(崇禎帝)가 경산(景山)에서 자결하고 명나라는 건국한 지 277년 만에 멸망하였다.

85 상나라의……표준이로다 : 《시경》 〈상송(商頌) 은무(殷武)〉에 보인다.

86 나라의……곳이다 : 《시경》 〈상송(商頌) 현조(玄鳥)〉에 "나라의 기내(畿內) 천리는 백성들이 머무는 곳이니 저 사해에 비로소 봉역을 열어두노라.〔邦畿千里, 維民所止, 肇域彼四海.〕"라고 하였다.

라 사람들의 문장은 전아(典雅)하면서도 화려하고, 송나라 사람들의 문장은 명백하면서도 순하다. 문장을 보면 습속을 알 수 있는데 모두가 중화(中華)의 순정함을 얻은 것들이다. 황명(皇明)의 경우는 그렇지 않다. 선비들은 기절(氣節)을 중히 여겼으되 돈후하고 질박하며 겸손하게 사양하는 풍조가 적었고, 문장도 기이한 것을 숭상하였으되 연원이 깊고 유장한 음조는 없었다. 명망 있고 빼어난 작가라 일컬어지는 사람들도 왕왕 축(筑)을 치며 비장하게 노래하고[87] 눈을 부릅뜨고 큰 소리로 꾸짖는[88] 형상이 있었고, 또 그보다 못한 자들은 그저 치우치고 어긋난 사특한 눈속임으로 사람의 마음을 병들게 하여 세교(世敎)를 무너뜨릴 뿐이었다. 이것이 어찌 다스리는 도리를 잃어서일 뿐만이겠는가? 이 또한 나라를 세우고 도읍을 정할 때 북쪽 구석에 치우쳤기 때문이다. 공자는 "무기와 갑옷을 깔고 자고 죽어도 후회하지 않는 것은 북방의 강함이다."[89]라고 말하였으니 이는 중화(中和)와 먼 것을

87 축(筑)을……노래하고 : 전국(戰國)시대 연(燕)나라의 자객(刺客) 형가(荊軻)가 태자(太子) 단(丹)을 위해 진왕(秦王)을 죽이려고 떠날 때, 역수(易水)가에서 축(筑)의 명인인 고점리(高漸離)의 반주에 맞추어 "차가운 역수가에 바람결 쓸쓸한데, 장사 한 번 떠나면 다시 돌아오지 않으리.〔風蕭蕭兮易水寒, 壯士一去兮不復還.〕"라는 노래를 비장하게 부른 뒤 진나라로 떠난 일이 있다. 형가는 계략을 써서 진시황에게 가까이 접근하였으나 결국 실패하였다. 《史記 卷86 刺客列傳 荊軻》

88 눈을……꾸짖는 : 진(秦)나라 말기 항우(項羽)와 유방(劉邦)이 홍문(鴻門)에서 만나 베풀었던 잔치 장면에서 따온 것이다. 범증(范增)이 항장(項莊)을 시켜 유방을 죽이려 하였는데 유방이 위태롭다는 소식을 들은 번쾌가 연회석으로 뛰어들어가서 "눈을 부릅뜨고 항우를 바라보는데 그의 머리카락이 모두 솟구치고 눈초리가 찢어질 대로 찢어져 있었다.〔瞋目視項王, 頭髮上指, 目眥盡裂.〕"라고 하였다. 《史記 卷7 項羽本紀》

89 무기와……강함이다 : 자로(子路)가 강함을 묻자 공자는 남방(南方)의 강함과 북

꾸짖은 것이리라.

지금의 경사(京師)는 명나라 때의 옛 도읍이지만, 이는 명나라를 따른 것이 아니고 금나라와 원나라를 따른 것이다. 말하는 이들은 이에 연경의 지형이 천하의 으뜸이니 중요한 곳에 처하여 가벼운 것을 제어하는 것[90]이라고 말한다. 그렇다면 칠국(七國)의 시기[91]에 연(燕)나라가 가장 약해서 제(齊)나라나 조(趙)나라에 맞서 대항하지 못했던 것은 어찌 된 일인가. 또 어떤 이는 오랑캐들이 중화를 어지럽힌 지 오래되어서 중국의 근심거리가 늘 북방에 있었기 때문에 이곳에 도읍을 세워서 제압한 것이라고 하지만 이 또한 그렇지 않다. 송나라가 망한 것은 신법(新法)[92] 때문이요, 명나라가 망한 것은 유적(流賊) 때문일

방(北方)의 강함을 말하면서 "무기와 갑옷을 깔고 자고 죽어도 싫어하지 않는 것은 북방의 강함이다.〔衽金革, 死而不厭, 北方之强也.〕"라고 말한 내용이 있다.《禮記 中庸》

90 중요한……것 : 원문은 '거중어경(居重馭輕)'인데 여기서 중(重)은 도성을 경(輕)은 지방을 가리키는 것으로, 중앙에 병력을 집중하여 지방이나 변경을 쉽게 통제하는 것을 말한다.《사마법직해(司馬法直解)》〈무경칠서총평(武經七書總評)〉에 "한(漢)나라는 남군(南軍)과 북군(北軍) 두 군대를 두어 중요한 곳(중앙)에서 가벼운 곳(지방)을 제어하는 방법이 대강 갖추어졌었다.〔漢置南北二軍, 而居重馭輕之術, 粗備.〕"라고 하였다.

91 칠국(七國)의 시기 : 전국(戰國)시대를 말한다. 진(秦)·초(楚)·제(齊)·조(趙)·위(魏)·한(韓)·연(燕)의 일곱 나라가 강성하였다. 이들을 전국칠웅(戰國七雄)이라고도 부른다.

92 신법(新法) : 송(宋)나라 신종(神宗) 때 왕안석(王安石, 1069~1076)이 부국강병을 추진하며 시행했던 일련의 개혁 법안들이다. 전쟁으로 피폐해진 재정난을 극복하고 농민과 중소 상인들을 보호하여 부국강병을 이루는 것이 목적이었으나, 도리어 영세 농민들이 몰락하는 부작용이 있었다. 또 대지주와 대상인 기반의 보수적 관료들이 이에 반발하여 관료들이 구법당(舊法黨)과 신법당(新法黨)으로 나뉘어 대립했다.

뿐이거늘, 어떻게 여진(女眞)을 탓할 것이며 어찌 도읍 건설과 관계가 된단 말인가! 나는 이러한 까닭으로 이를 이어 왕자(王者)가 일어난다면 반드시 연경에 다시 도읍을 정하지는 않을 것이라고 말하는 바이다.

나의 동생이 서장관으로서 연경에 가게 되었다. 사람들은 모두 장쾌한 유람을 하게 된 것을 기뻐하지만 나는 유독 다음과 같이 말하는 바이다. "연은 중국이 아니고 바로 천하의 북쪽 변방이다. 볼 만한 것은 성곽과 궁궐의 웅장하고 화려함과 백성과 물자, 재화(財貨)가 풍성한 것뿐이니, 그것을 일러 상국(上國)의 실정을 살핀다고 할 수는 없다. 더구나 지금의 연은 옛날의 연이 아니니 의관(衣冠)에 있어서랴, 예악에 있어서랴!" 내가 다시 무슨 말을 하겠는가, 애오라지 연 지방의 본말을 서술하여 주는 것은, 장차 천하 사람들로 하여금 연이 제왕의 도읍지가 아님을 알게 하고자 함이니 거듭 성조(成祖 영락제)를 애석하게 여기는 바이다.

서기로 뽑혀 연경으로 가는 구생 윤익에게 주는 송서[93]

贈具生允翼充書記赴燕序

중국은 하나일 뿐이거늘 북쪽 호인(胡人)들은 '한(漢)'이라고 부르고 동쪽 사람들은 '당(唐)'이라고 부르니 어째서인가? 한나라는 무제(武帝)[94] 때부터 위엄을 떨쳐서 흉노(匈奴)를 굴복시키고 효선제(孝宣帝)[95] 때에 이르러서는 저들이 머리를 조아리며 입조(入朝)하였으니, 이후로 오랫동안 두려워 위축된 것이 누적되었다. 그러므로 지금은 한나라 때부터 오랜 시간이 지났음에도 불구하고 여전히 중국 사람들을 한인(漢人)이라고 부른다.

우리나라는 신라 때부터 비로소 중국과 소통하기 시작하였다. 당나

93 서기로……송서 : 1779년(정조3) 동지사(冬至使)의 서기(書記)가 되어 이계의 동생 홍명호와 함께 북경에 가게 된 구윤익(具允翼)에게 써준 글이다. 본문에서는 서기라고 하였는데 부사(副使) 홍검(洪檢)의 군관(軍官)이기도 하다.《承政院日記 正祖4年 3月 18日》 구윤익에 대한 자세한 사항은 상고하지 못하였다. 이계의 말을 통해 살펴보면, 문장 솜씨가 있는 문학지사(文學之士)로 당송고문(唐宋古文)과 당풍(唐風)의 시를 추구하였고 글씨도 잘 썼던 인물로 보인다.

94 무제(武帝) : 중국 전한(前漢)의 7대 황제로 이름은 유철(劉徹)이다. 재위기간은 기원전 141년~기원전 87년이다. 유학(儒學)에 기반하여 국가를 통치하였고, 흉노를 물리치고 남월(南越)을 물리치며 요동(遼東)에 사군(四郡)을 설치하는 등 영토를 확장시켜 한나라의 전성기를 열었다.

95 효선제(孝宣帝) : 전한의 10대 황제로 이름은 유순(劉詢)이다. 재위기간은 기원전 74년~기원전 49년이다. 묘호는 중종(中宗)이고 시호는 효선황제(孝宣皇帝)이다. 행정을 개혁하였고 흉노를 몰아내어 항복받는 등 한나라의 중흥을 이루었다는 평가를 받는다.

라의 전성기를 만나서는 이적(李勣)과 소열(蘇烈)[96]이 일찍이 황제의 군사를 거느리고 와서 고구려와 백제를 평정하는 것을 도왔다. 진덕여주(眞德女主)가 바친 직금시(織錦詩)는 《당시(唐詩)》에 수록되었고,[97] 김운경(金雲卿)[98]과 최치원(崔致遠)[99] 같은 여러 사람들이 빈공(賓貢)으로 당나라 조정에서 벼슬을 하여 당대의 문사(文士)들과 자웅을 겨루니 동방의 문풍(文風)이 이에 흥기되었다. 그런 까닭에 지금까지도 동쪽 사람들은 중국을 당이라고 부르며, 서화(書畫)·금기(錦綺)·기즙(器什)·여양(驢羊 당나귀) 같은 종류에 이르기까지도 모두

96 이적(李勣)과 소열(蘇烈) : 이적(594~669)은 당(唐)나라 초기의 장수이다. 진왕(秦王) 이세민(李世民 당태종)을 따라 돌궐(突厥)을 정복하였고, 이후 당 태종(唐太宗)을 따라 여러 차례 고구려를 공격하였으며 신라군과 함께 고구려를 공격하여 멸망시켰다. 소열(蘇烈, 592~667)은 당나라의 장수로 소정방(蘇定方)으로 알려졌다. 정방은 그의 자이다. 660년 나당(羅唐) 연합군의 대총관으로 신라군과 함께 백제를 협공하여 멸망시켰고, 이듬해에는 고구려를 공격하였다.

97 진덕여주(眞德女主)가……수록되었고 : 직금시(織錦詩)는 신라 때 진덕여왕이 지었다는 시로 〈치당태평송(致唐太平頌)〉·〈직금헌당고종(織錦獻唐高宗)〉으로도 일컬어지며 《전당시(全唐詩)》 등에 수록되어 전해진다. 당나라를 칭송하는 내용을 비단에 짜 넣어서 김춘추(金春秋)의 아들 법민(法敏)을 통해 당나라에 전했다고 한다. 《三國史記 卷5 新羅本紀5 眞德王》

98 김운경(金雲卿) : 신라의 숙위학생(宿衛學生)으로서 821년(헌덕왕13) 당나라의 빈공과(賓貢科)에 처음으로 합격하였다. 우감문위수부병조참군(右監門衛率府兵曹參軍)과 연주도독부사마(兗州都督府司馬)를 지냈고 841년(문성왕3)에 선위부사(宣慰副使)로 귀국하였다.

99 최치원(崔致遠) : 최치원(857~미상)은 본관은 경주(慶州), 자는 고운(孤雲)·해운(海雲)이다. 868년(경문왕8) 12세에 당나라로 유학을 떠나 18세 때 빈공과(賓貢科)에 급제하였다. 황소(黃巢)의 난(亂)이 일어났을 때 고변(高騈)의 종사관이 되어 〈격황소문(檄黃巢文)〉으로 문명을 떨쳤다.

'당' 자를 앞에 붙여서 귀하게 여기지 않음이 없다. 이러한 풍조가 오대(五代)[100]와 송(宋)·원(元)·명(明)나라를 거치는 동안에도 바뀌지 않았으니 어찌 까닭 없이 그러한 것이겠는가! 이런 까닭에 우리나라의 문장은 시가 가장 뛰어나며 모두 당나라를 시조로 삼고 있다.

구생(具生) 윤익(允翼)은 우리나라 사람으로 당나라에 뜻을 둔 이인데 연경으로 가는 내 동생을 따라가게 되었다. 이에 나는 다음과 같이 말하였다. "그대는 당나라를 보고자 하는가? 당나라는 볼 수가 없다. 송나라 이후로 다시는 개원(開元)·천보(天寶)[101] 연간의 풍조를 볼 수가 없거늘 하물며 지금의 중원(中原)에서 볼 수 있겠는가! 하지만 이번 사행의 노정에서 영평부(永平府)의 창려현(昌黎縣)을 지나다보면 붓처럼 뾰족하고 수려한 봉우리[102]가 우뚝하게 구름 낀 하늘에 솟아 있을 것인데, 그 아래가 바로 퇴지(退之) 선생의 고거(故居)라네. 이 분은 일찍이 팔대(八代)의 쇠퇴한 문풍을 다시 일으키고 풍아(風雅)의 음을 계승한 분이지.[103] 그대는 나를 위하여 그 유허(遺墟)에 한 잔

100 오대(五代) : 오대십국(五代十國, 907~979년) 시대를 말한다. 당나라가 멸망한 907년부터 송나라가 십국을 통일한 979년까지, 화북 지방에서 다섯 왕조가 교체되고, 그 외 지역에서도 여러 지방 정권이 흥망을 거듭한 격변기이다.

101 개원(開元)·천보(天寶) : 개원과 천보는 모두 당 현종(唐玄宗) 때의 연호로, 개원은 712년부터 741년까지 29년, 천보는 742년부터 756년까지 14년간 사용되었다. 현종의 치세(治世)를 의미한다.

102 영평부(永平府)의……봉우리 : 여러 《연행록》에서 이 봉우리가 문필봉(文筆峰)이라고 일컬어진다는 것과 창려현에 한유가 살았다거나 한유의 고거(故居)가 있는 곳이라고도 하고 혹은 한유의 선조가 살았던 곳이라는 이야기가 전해진다고 하였다.

103 팔대(八代)의……분이지 : 이는 한유(韓愈, 768~824)가 고문운동을 일으켜 문풍을 일변시킨 공로를 말한 것이다. 당나라 때 위진남북조 이래의 변려문(騈儷文)이

술을 올려주게. 천 년이 지났으나 여전히 어둡고 조용한 가운데 감응함이 있을 것이니."

유행하여 수식(修飾)에 치중하고 내용은 없는 부화(浮華)한 문학 풍조가 유행하였는데, 한유가 이에 반대하여 질박(質朴)한 선진(先秦)·양한(兩漢) 시대의 고문(古文)을 써야 한다고 주장하였다. 팔대(八代)는 동한(東漢)부터 위(魏)·진(晉)·송(宋)·제(齊)·양(梁)·진(陳)·수(隋)까지 여덟 왕조를 이른다. 풍아(風雅)는 《시경》에 수록된 〈국풍(國風)〉과 〈대아(大雅)〉, 〈소아(小雅)〉인데, 전하여 우아하고 올바른 훌륭한 시문(詩文)을 가리킨다.

연경에 가는 조 학사 사수에게 주는 송서[104] 조사수는 조정진(趙鼎鎭)이다

送趙學士士受 鼎鎭 赴燕序

지난번에 내 동생이 연경에 사신으로 갔다가 돌아와서 나에게 말하기를, "서양 선비들의 말을 들었는데 천하를 놓고 보면 중국은 손바닥 위의 손금 하나와 같다고 합니다. 지금 우리나라를 중국과 비교하면 또한 이와 같을 뿐이지요. 그러나 저들이 우리를 대우해주는 것이 매우 각별하니 관소(館所)는 상사(上舍)에 배정해주고 반열(班列)은 열국(列國)의 윗자리로 정해주며 음식물은 풍성하게 지급하고 접대는 근실하게 하여 우방(友邦)을 대하는 것과 다름이 없습니다. 구하고자 하면 얻지 못함이 없고 폐단이 있으면 살펴보지 않음이 없었으니, 이 어찌 우리가 예의의 나라이기 때문에 그러한 것이 아니겠습니까?"라고 하였다.

내가 웃으면서 말하였다. "그렇긴 하지만 그것 때문만은 아니다. 내

104 연경에……송서 : 서장관이 되어 청나라로 가는 조정진(趙鼎鎭, 1732~1792)에게 써준 송서로, 예의와 신의를 지키고 나라의 위신을 세울 것을 당부하였다. 조정진(趙鼎鎭, 1732~1792)은 1753년(영조29) 사마시에 합격하고 1777년(정조1) 문과에 급제하였다. 정랑(正郎)으로부터 판서(判書)·선혜청 당상(宣惠廳堂上)에 이르렀다. 조정진은 1780년(정조4) 진하 겸 사은사(進賀兼謝恩使)에 서장관 겸 장령(書狀官兼掌令)으로 사행에 참여하였다. 당시 정사(正使)는 금성위(錦城尉) 박명원(朴明源)이고 부사(副使)는 이조 판서 정원시(鄭元始)이다. 참고로 박지원(朴趾源)이 연행을 간 것도 이때이다.

일찍이 슬해(瑟海) 가에서 벼슬살이를 한 적이 있어서[105] 여진(女眞)의 본말에 대해 상세히 알고 있는데, 그들의 선조는 모두 우리나라의 북쪽 변두리에서 일어났다. 완안씨(完顏氏)[106]의 선조는 일찍이 고려에 신하로서 복종했었고, 청나라의 처음 시작은 바로 장백(長白)의 한 부락일 뿐이었으므로 항상 우리나라를 큰 나라로 여겨서 사모하면서 두려워한 지 오래였고, 그들이 요양(遙陽)과 심양(瀋陽) 일대를 차지하기에 이르러서도 또한 감히 우리에게 무례하게 굴지 못하였다. 저 정묘호란(丁卯胡亂) 같은 것은 겨우 요나라와 송(宋)나라의 관계 정도를 요구한 것[107]일 뿐이고, 이어 일어난 병자년의 참상은 우리가 자강(自强)하지 못하고 경망스레 흔단(釁端)을 일으켰기 때문일 뿐이지, 저들이 의도적으로 욕심을 채우고자 했던 것은 아니다.

지금 저들이 비록 중국의 영토를 다스리면서 사방의 이민족들을 어

105 슬해(瑟海)가에서……있어서 : 이계가 경흥 부사(慶興府使)로 나갔던 것을 말한다. 1777년(정조1) 10월 경흥 부사에 제수되어 1779년(정조3) 2월까지 재임하였다. 슬해는 두만강이 동해로 흘러드는 경흥 앞쪽의 바다를 일컫는다.

106 완안씨(完顏氏) : 여진(女眞)의 일파인 완안부(完顏部)이다. 이들은 거란이 세운 요(遼)나라의 지배를 받았으나 점차 세력을 확장하여 1115년에 추장 아구다[阿骨打]가 금(金)나라를 세웠다. 이후 송(宋)나라를 강남으로 밀어내고 만주, 내몽골, 화북(華北)을 장악하기도 하였지만 1234년 몽골에 멸망하였다.

107 정묘호란(丁卯胡亂)……것 : 정묘호란 때 맺은 조약(條約)을 의미한다. 그 중에는 두 나라가 형제국으로 인정할 것, 군대를 물리고 다시 침범하지 않을 것과 조선의 왕자를 인질로 보낼 것 등이 포함되어 있다. 송(宋)나라와 요(遼)나라의 관계는 전연의 맹[澶淵之盟]을 말한다. 1004년 전쟁을 벌이던 두 나라는 화친을 맺었는데, 서로 침입하지 않는다는 것과 막대한 양의 세폐(歲幣)를 바치기로 한 것 등이 주된 내용이다. 송나라가 형의 나라가 되기는 하였지만 연운(燕雲) 16주에 대한 요의 지배를 인정하여 명분을 상실하였고 이후 국력이 피폐해졌다.

루만져 천하 사람들의 머리를 자르게 하고 천하 사람들의 옷깃을 왼쪽으로 여미게 하였지만, 우리나라는 의관(衣冠)이 옛날 그대로이다. 저들이 우리를 대함에 내번(內蕃)으로 대하고 외번(外蕃)으로 여기지 않으며 빈객(賓客)으로 접대하고 비루하게 여기지 않는 것이 어찌 다른 까닭이 있어서이겠는가. 일찍이 지금의 천자[108]가 선세(先世)에 대해 기술하면서 "성조(聖祖)께서는 삼한(三韓)에서 자취를 일으키셨다."[109]라고 한 것을 보았으니, 이는 근본을 잊지 않은 것이다."

올해 황제가 70이 되어 온 세상에 은덕을 베푸니 조정에서도 특사를 보내 하례(賀禮)하기로 하였다.[110] 조학사(趙學士) 사수(士受)가 검행(檢行 서장관(書狀官))으로 선발되어 서쪽으로 떠나려 하면서 나에게 한마디 말을 구하므로 나는 내 동생에게 말해주었던 것으로 다음과 같이 말해주는 바이다.

108 지금의 천자 : 청나라의 6대 황제 건륭제(乾隆帝)를 말한다. 강희제(康熙帝)와 옹정제(雍正帝)를 이어서 청나라의 최전성기를 이룩하였다. 내치(內治)에 집중하고 재정을 확충하였으며 수차례 정벌을 통해 영토를 대폭 확장하였다. 한편 서양의 학문과 기술이 유입되고 동시에 중국 문화가 유럽으로 전파되기도 하였다.

109 성조(聖祖)께서는……일으키셨다 : 건륭제의 문집인 《낙선당전집(樂善堂全集)》 권12 〈만수일경운견묘강부(萬壽日經雲見苗疆賦)〉에 "청나라는 삼한에서 시작하여 황업을 정하고, 성경에서 공고히 하여 기틀을 세웠다.〔惟皇淸肇三韓而定業, 鞏盛京以立基.〕"라는 구절이 보인다. 참고로 본집의 권5 《삭방풍요(朔方風謠)》에 수록된 시 〈호산푸르고〔胡山靑〕〉의 원주에 "《건륭옥산집(乾隆玉山集)》에 이르기를 '성조(聖祖)께서는 삼한(三韓)에서 자취를 일으키셨다.〔乾隆玉山集有云, 聖祖發迹於三韓.〕'라고 하였다."라는 내용이 있다. 《건륭옥산집》은 어떤 책인지 미상이다.

110 올해……하였다 : 1780년(정조4)은 건륭제가 70세가 된 해이므로 생일인 8월 13일에 맞춰 진하사가 특별히 파견되었다. 그런데 칠순 잔치가 열하(熱河)에서 베풀어졌고 조선 사신들도 황제의 명으로 참석하게 되었으므로 열하를 방문했다.

"그대는 우리나라가 평소 저들에게 중히 여겨지는 것을 아는가? 어찌 두려운 바가 있어서이겠는가, 예의(禮義)와 신의(信義)를 흠모하는 것일 뿐이다. 춘추(春秋)시대에 큰 나라가 작은 나라를 에워싸고서도 감히 짓밟지 못하고 말하기를 '위아래에 예의가 있다〔上下有禮也〕'라고 하고, 삼군(三軍)이 국경에 들이닥쳤다가도 신의로 맹세한다라는 한마디 말에 굴복하였다. 그러므로 교린(交隣)의 도리로 예의보다 강한 것이 없고 신의보다 공고한 것이 없으니, 이것을 안다면 사방의 나라에 사신으로 가더라도 임금을 욕되게 하지 않을 것이요, 오랑캐의 땅에서 행하더라도 여유가 있을 것이다.[111]

사수의 내면은 올곧고 외면은 장중한데 올곧음은 신의의 바탕이요 장중함은 예의의 근간이니, 이로써 사신의 임무를 수행한다면 중한 바를 잃지 않을 것이다. 사신이 중히 여겨진다면 나라도 중히 여겨질 것이다."

111 사방의…… 것이다 : 자공(子貢)이 사(士)에 대해 묻자, 공자는 "염치 있게 처신하고, 다른 나라에 사신으로 가서 임금의 명을 욕되게 하지 않는다면 사라고 할 수 있을 것이다.〔行己有恥, 使於四方, 不辱君命, 可謂士矣.〕"라고 답하였다. 《論語 子路》. 또 자장(子長)이 행(行)에 대해 묻자 공자는 "말이 진실하고 믿음직하며 행실이 독실하고 공경스러우면 비록 오랑캐의 땅이라 해도 행해질 수 있으려니와, 말이 진실되고 미덥지 못하며 행실이 독실하고 공경스럽지 못하면 비록 자기 고향이라 한들 행해지겠느냐.〔言忠臣, 行篤敬, 雖蠻貊之邦, 行矣, 言不忠信, 行不篤敬, 雖州里, 行乎哉.〕"라고 답하였다. 《論語 衛靈公》

연경에 가는 이 학사에게 주는 송서[112] 이 학사는 이정운(李鼎運)이다

送李學士 鼎運 赴燕序

우리나라는 중국에 있어서 변방〔裔〕이다. 나라는 작고 땅은 좁아서 겨우 큰 군(郡) 하나에 견줄 정도이지만 그럼에도 불구하고 예의를 지키고 문교(文敎)를 숭상하니 중국 사람들도 이 때문에 중시한다. 지금 천하에서 의관(衣冠)을 차려입고 예를 갖추어 사양하는 것은 오로지 우리나라뿐이다. 이에 우리나라 사람들 또한 스스로 기뻐하여 드디어 중국을 가벼이 여기는 생각도 하게 되었다.

지난번 내가 사신으로 연경에 갈 때[113] 국경을 들어가서 그 풍속의 변천과 의관(衣冠)이 이상하게 변한 것을 보니 나도 모르게 묵묵히 가슴이 아파서 개연히 오랫동안 마음에서 잊혀지지 않았다. 그러나 천천히 거대한 규모와 엄격한 법도 그리고 이용후생(利用厚生)의 도구들을 살펴보니 오히려 선왕들의 제도가 남아 있었다. 나는 이에 비로소 대국(大國)을 가벼이 여길 수 없다는 것을 알게 되었다.

우리나라로 돌아올 때 이 학사(李學士) 공회(公會)가 서주(西州 충청

112 연경에……송서 : 이정운(1743~1800)은 자는 공회(公會), 호는 오사(五沙)이다. 정범조(丁範祖)・신광수(申光洙)・채제공(蔡濟恭) 등과 교유하였다. 이정운이 서장관에 임명된 것은 1784년(정조 8) 11월 4일의 일로, 진하 겸 사은사(進賀兼謝恩使) 정사는 박명원(朴明源), 부사는 윤승렬(尹承烈)이다.《日省錄 正祖8年 11月 4日》

113 지난……때 : 이계는 1782년(정조6) 10월에 동지 겸 사은부사(冬至兼謝恩副使)로서 북경에 갔다가, 이듬해에 돌아왔다.

남도 서천(舒川))에서부터 용성(龍城 의주(義州))까지 마중하러 와서 나에게 중국에 관한 일을 물어보았고 나는 내가 직접 본 것을 말해주었다. 2년이 지난 갑진년(1784, 정조8)에 주상(主上)께서 원자(元子)를 책봉(冊封)하여 저위(儲位)를 정하시고[114] 사신을 파견하여 경사(慶事)를 알리게 하였다. 이에 공회가 검행(檢行 서장관(書狀官))으로 선발되어 서쪽으로 가게 되었으므로 나는 공회를 전송하며 다음과 같이 말하는 바이다.

"그대는 이번 사행길에서 주(周)나라의 예법(禮法)이 오로지 우리나라에만 남아 있다는 것을 보게 될 것입니다. 무릇 주나라 사람들의 예법 중에 미리 저위를 세워두는 것보다 더 큰 것이 없으니, 이는 국본(國本)[115]을 중히 여기는 것이지요. 그런 까닭에 성왕(成王)이 포대기에 싸여 있을 때에도 사(士)를 시켜 업게 하고 단면(端冕)을 입혀 남교(南郊)에 현신(現身)[116]하게 했었습니다.

내가 이번에 가보았더니 중국은 이러한 예법에 대해 강구한 적이

114 주상(主上)께서……정하시고 : 문효세자(文孝世子, 1782~1786)가 책봉된 것을 말한다. 문효세자는 정조와 의빈(宜嬪) 성씨(成氏) 사이에 태어난 정조의 맏아들이다. 태어난 지 22개월 만인 1784년 7월에 세자로 책봉되었고, 2년 뒤인 1786년 6월 홍역으로 세상을 떠났다. 시호는 온효(溫孝)였다가 뒤에 문효로 개칭되었다.

115 국본(國本) : 옛날에 왕위를 계승할 사람을 정하여 태자(太子)로 세우는 것을 말하며 혹은 태자를 지칭하기도 한다.

116 성왕(成王)이……현신(現身) : 《대대예기(大戴禮記)》〈보부(保傅)〉편에 "옛날의 제왕은 태자가 태어나면 원래 예(禮)로써 거행하여, 사(士)로 하여금 업게 하고, 유사(有司)는 재계(齋戒)하고 현단복(玄端服)에 면류관(冕旒冠)을 쓰고 남교(南郊)에 보이니 하늘에 보이는 것이다.〔古之王者, 太子乃生, 固擧之禮, 使士負之. 有司參夙興端冕, 見之南郊, 見之天也.〕"라고 하였다.

없어서 국본을 비워놓은 채 정하지 않아,[117] 인심(人心)이 따를 데가 없고 교양(敎養)을 베풀 대상이 없게 되었습니다. 이 어찌 그릇된 일이 아니리오! 중국 사람들은 그대가 온 것을 보고 반드시 말하기를 '아름답도다, 동쪽 나라에서 고례(古禮)를 행함이여.'라고 할 것이고 또 말하기를 '크도다! 동쪽 나라 사람들은 국본을 중시하는구나.'라고 할 것이며, 태사(太師)는 사책(史策)에 쓰기를 '모년 모월 조선에서 사신을 보내어 저위를 세웠다고 알렸다.'라고 할 것이니, 이는 근세 중국에는 없는 것으로써 맹자가 일컬은 바 '왕자(王者)가 일어나면 반드시 와서 본받을 것이다.'라는 것이 이번 사행에 달려 있습니다.[118]

지난번 말했던 바 중국이 우리를 중시한다는 것을 이에 더더욱 징험할 수 있으며 우리가 중국을 가벼이 여기는 것도 애당초 지나친 것만은 아닙니다. 그대가 돌아오면 또 직접 보고 들은 것으로 나에게 말해주기를 바라는 바입니다."

117 중국은……않아 : 태자밀건법(太子密建法)을 말한다. 옹정제는 태자를 미리 정하여 공표하지 않았다. 황태자의 이름을 써서 건청궁(乾淸宮)에 숨겨두고 내무부(內務府)에서는 밀지(密旨)를 보관하다가 황제가 죽으면 밀지와 숨겨두었던 문서를 개봉하여 맞추어 보게 하였다.

118 왕자(王者)가……있습니다 : 맹자가 말한 내용은 《맹자》 〈등문공 상(滕文公上)〉에 보인다. 등문공(滕文公)이 나라를 다스리는 법에 대해 묻자, 맹자는 정전법(井田法)과 학교를 정비하여 인륜을 밝히고 인정(仁政)을 베풀라고 답한 뒤 "왕자가 일어나면 반드시 와서 본받을 것이니, 이는 왕자의 스승이 되는 것입니다.〔有王者起, 必來取法, 是爲王者師也.〕"라고 대답한 일이 있다. '이번 사행에 달려 있다'는 것은 이정운이 파견되는 주목적이 문효세자(文孝世子)의 책봉에 관한 일이기 때문에 말한 것이다.

연경에 가는 윤 시랑 위로에게 주는 송서[119] 윤위로(尹渭老)는 윤상동(尹尙東)이다
送尹侍郎渭老 尙東 赴燕序

나는 지난해 서쪽으로 중국을 유람하면서 청나라의 이름난 문인들 십여 명의 문장을 구해서 보았다. 모두가 학문은 순수하고 말은 간결하여 송(宋)나라 사람들의 풍조가 있어서 명(明)나라 말기의 부화(浮華)하고 촉급한 것에 비할 바가 아니었으니 문장이 시대와 성쇠를 함께한다는 것이 참으로 믿을 만했다. 그러나 오직 괴이한 것은, 문기(文氣)가 경박하게 드날려 심오한 바탕이 적고 소리가 맑게 뜨기만 하여 드넓고 큰 운(韻)이 없어서 끝내 온 세상을 아우르고 온 나라를 신하로 삼는 기상을 볼 수 없는 것이니, 이는 도대체 어찌 된 것인가.

아아, 나는 그 까닭을 안다. 저 중국은 주인이고 이적(夷狄)은 객(客)이다. 객이 주인을 침범하니 심정이 부끄럽고, 주인이 객에게 양보하니 기운이 위축되었다. 그러므로 북방 사람들의 사(詞)는 안으로는 부끄러워하면서 겉으로는 과장하고, 남방 사람들의 사는 속으로는 두

119 연경에……송서 : 연행을 가는 윤상동(尹尙東, 1728~?)에게 써준 송서이다. 문풍(文風)과 시대의 성쇠를 말하며 잘 살펴볼 것을 당부하는 내용이다. 윤상동은 본관은 해평(海平), 자는 위로(渭老)이다. 1759년(영조35) 진사가 되고 1775년(영조51) 문과에 급제하였다. 사옹원 봉사(司饔院奉事)를 시작으로 호조 참판(戶曹參判)·병조 참판(兵曹參判)·대사헌(大司憲) 등을 지냈다. 윤상동의 연행은 1786년(정조10)에 있었다. 이해 9월 무렵 동지 겸 사은사(冬至兼謝恩使)의 부사(副使)에 임명되었고, 정사 황인점(黃仁點)과 함께 북경에 갔다가 이듬해 2월 20일에 복명하였다.

려워하면서 겉모습은 부드러우니, 안팎이 서로 가려 참모습〔眞〕에서 멀리 떨어졌다. 어찌 당당한 바른 기운이 있겠으며 깊고 넓고 빼어난 소리가 있겠는가! 완안씨(完顏氏)와 기악씨(奇渥氏)[120] 때부터 이름난 유자(儒者)와 호걸스러운 선비라고 일컬어진 이들도 모두가 그러하였으니, 이에 비로소 옛날 통달한 사람이 풍속을 살펴서 그 나라의 실정을 탐지하고 음악을 듣고서 때를 안 것[121]이 참으로 까닭이 있다는 것을 깨달았다.

나의 벗 윤위로는 문장을 좋아하고 옛것에 뜻을 두었는데, 연경에 사신으로 가게 되었기에 이로써 그에게 말해주는 바이다. 위로여, 가시게. 묵묵히 마음속으로 곱씹어보면 반드시 의심이 풀려 깨닫는 것이 있을 것이고 묵묵히 마음 아픈 것도 있게 될 것이니.

120 완안씨(完顏氏)와 기악씨(奇渥氏) : 완안씨는 금(金)나라, 기악씨는 원(元)나라로 이민족이 나라를 세우고 중원을 차지한 시기를 말한다. 완안은 금(金)나라 황실의 성씨로 금 태조의 이름이 완안아골타(完顏阿骨打)이다. 기악씨는 기악온씨(奇渥溫氏)로 칭기스칸의 성이다. 칭기스칸의 "이름은 철목진(鐵木眞), 성은 기악온씨이며 몽고부(蒙古部) 사람."이라고 하였다. 《元史 卷1 太祖本紀》

121 옛날……것 : 춘추시대 오(吳)나라의 공자(公子)인 계찰(季札)의 고사(故事)를 말한다. 계찰이 노(魯)나라에 사신으로 가서 각국(各國)의 음악을 듣고 그 나라들의 흥망성쇠를 꿰뚫어보았다. 그 이후에도 사신으로 여러 나라를 다니면서 이름난 대부들과 교유하고 그 나라의 정세를 정확하게 판단한 일이 전해진다. 《史記 卷31 吳太伯世家》

연경에 가는 종자 낙유에게 주는 송서[122]

送從子樂游赴燕序

천하라는 것은 하늘의 아래이니 중국의 땅덩이로도 그것을 다하기에는 부족하다. 중국이란 것은 구토(九土)[123]의 중앙이니 한 주의 강역(疆域)으로는 그것을 감당하기에 부족하다. 우리나라 사신이 상국(上國)에 손님으로 가는 것은 연계(燕薊)[124]의 한 모퉁이에 지나지 않으니 중국을 보았다고 말하기에는 부족하다.

나는 십수 년 이래 두 번 사신의 명을 받들고 연경에 갔다. 산천의 크고 웅장함과 도읍의 화려하고 아름다움은 참으로 이미 물리도록 보았으나 선왕의 예악과 문장에 대해서는 아득하여 찾아볼 데가 없었으니, 생각에 의관(衣冠)을 차려입은 명망 있는 가문 출신의 중국 명사(名士)를 만나게 되면 그와 함께 격앙된 마음으로 담론을 나누고 싶었다.

임인년 사행[125] 때에는 한림(翰林) 대구형(戴衢亨)[126] 이 어린 나이에

122 연경에……송서 : 연행을 떠나는 조카 홍낙유(洪樂游, 1761～?)에게 써준 송서로 기윤(紀昀)을 만나 견문을 넓힐 것을 권하였다. 홍낙유는 1797년(정조21) 윤6월 15일 동지 겸 사은사(冬至兼謝恩使)의 서장관(書狀官)에 임명되었다. 사행의 정사(正使)는 김문순(金文淳), 부사(副使)는 신기(申耆)이고, 1797년 10월 15일에 출발하여 이듬해 3월 22일 복명하였다.

123 구토(九土) : 구주(九州)의 의미로 여기서는 중국 전체를 가리킨다.

124 연계(燕薊) : 지금의 북경(北京) 일대를 가리킨다. 연(燕)은 연산(燕山), 계(薊)는 계주(薊州)이다.

125 임인년 사행 : 임인년은 1782년(정조6)이다. 이 해에 이계는 동지 겸 사은부사(冬至兼謝恩副使)로 사행을 갔고, 제패련(齊佩蓮)·대구형(戴衢亨) 등의 청나라 문인

전시(殿試)에서 갑과(甲科)로 장원급제하여 명성이 드높았지만 끝내 안색(顔色)을 직접 접견하지는 못하고 그저 시편(詩篇)만 주고받았을 뿐이었다. 갑인년 두 번째 사행 때에는 대종백(大宗伯) 기공(紀公)[127]이 단문(端門)[128]에서 상을 나누어주었는데 내가 사신의 반열[129]에 있으면서 멀리 그 의용(儀容)을 바라보니 야위고 수려한 자태의 노성인(老成人)이었다. 멀리 떨어져 있어서 자리를 넘어 대화를 할 수는 없었으

들과 교유를 맺었다.

126 대구형(戴衢亨) : 대구형(1755~1811)의 자는 하지(荷之), 호는 연사(蓮士), 시호는 문단(文端)이다. 1778년(건륭43) 전시(殿試)에 장원을 하여 한림원 수찬(翰林院修撰)이 되었다. 가경(嘉慶) 연간에 시독학사(侍讀學士), 군기대신(軍機大臣), 체인각 대학사(體仁閣大學士) 등을 역임하였다. 산수화에 빼어났고, 저서로 《진무구재시고(震無咎齋詩稿)》가 있다.

127 갑인년……기공(紀公) : 갑인년은 1794년(정조18)으로 이계는 사은정사(謝恩正使)로 두 번째 청나라를 방문하였다. 대종백 기공은 기윤(紀昀, 1724~1805)이다. 기윤의 자(字)는 효람(曉嵐), 호는 석운(石雲)·관혁도인(觀弈道人)이다. 예부상서(禮部尙書), 협판대학사(協辦大學士) 등 많은 관직을 역임하고, 《사고전서(四庫全書)》 총찬수관(總纂修官)을 맡아 《사고전서총목제요(四庫全書總目提要)》를 저술하기도 하였다. 기윤은 두 번 예부상서를 역임하며 각국의 사신들을 만났고, 이 과정에서 조선의 문인들과 친분을 맺고 이후까지 교유를 지속하였다.

128 단문(端門) : 자금성(紫禁城)의 정문 중 하나로 오문(午門)과 천안문(天安門) 사이에 있다. 오문과 단문 사이의 공간은 어도(禦道)를 중심으로 좌우 양측에 백여 칸(間)의 조방(朝房)이 있어서 육과랑(六科廊)이라고 불리며 이곳에서 육부(六部)의 업무를 처리하였다. 오문부터 궐좌문(闕左門) 궐우문(闕右門) 사이는 왕공이나 대신들이 모이거나 조회를 기다리던 곳이다.

129 사신의 반열 : 원문은 '여정(旅庭)'으로 본래 천자의 정원에 제후가 공물을 바쳐 진열하는 것 혹은 바친 공물을 의미하는데, 여기서는 상을 받기 위해 예부의 조방 앞에서 사행단이 대기하고 있던 것을 가리킨다.

나, 기공 또한 자주 내게 시선을 주니 마치 서로 느끼는 바가 있는 듯하였다.

예식을 마친 뒤 물러나왔는데 기공이 사람을 보내어 은근한 뜻을 보이며 내가 지은 글을 보여달라고 청하니 우리나라의 문헌을 알아보고자 한 듯하다. 나는 겸손하게 사양하고자 했으나 그럴 수가 없어서 사행길에 지은 시와 문 약간 편을 적어서 보여주었는데, 공이 크게 칭찬을 하고 시와 문에 각각 머리말을 지어서 돌려보내주었다. 그 내용을 보니 중국 문장의 연원을 차례대로 들고 이어 말하기를, "남송(南宋) 이후로 고문(古文)이 사라졌고 명나라 삼백 년 동안 비록 한두 명 작가가 나오기는 했지만 끝내 끊어진 맥락을 잇지는 못하였다. 근세의 문장은 이단(異端)은 성해지고 정맥(正脈)은 미약해져서 적막하게 크게 떨칠 수가 없었다."라고 하였다. 나의 시문에 대해서는, "은연중에 고인(古人)과 부합하니 정맥(正脉)의 한 갈래가 유독 동쪽 나라로 전해졌음을 징험할 수 있다."[130]라고 운운하였으므로 나는 편지를 보내 사례하였다. 동쪽으로 돌아온 뒤에도 또 시장(詩章)과 문방(文房)을 보내주는 등 정성스러운 생각이 그지없어 해내의 지음(知音)으로 인정해주었으니, 참으로 《주역》에 이른바 "같은 기운은 서로 찾는다.〔同氣相求〕[131]"라는 것이다.

공의 호는 효람(曉嵐)이고 하간(河間) 사람이며 나와는 같은 해에

130 남송(南宋)……있다 : 이 구절은 본집의 권1에 수록된 기윤의 〈이계시집서(耳溪詩集序)〉와 〈이계문집서(耳溪文集序)〉를 말한다.

131 같은……찾는다 : 《주역》 〈건괘(乾卦) 문언(文言)〉에 "같은 소리끼리 서로 응하고 같은 기운끼리 서로 찾으니……이것은 각자 비슷한 것을 따르는 것이다.〔同聲相應, 同氣相求……則各從其類也.〕"라는 구절에서 유래하였다.

태어났다. 나이가 여든에 가까운데도 정력이 넘치고 건강하다. 지금은 내가 다녀온 뒤로 삼 년밖에 되지 않아서 수레바퀴 자국이 여전히 남궁(南宮)[132] 바깥에 남아 있을 것이다. 네가 다시 옛 자취를 따라간다면 기공은 필시 나를 보는 듯이 기뻐할 것이니 너는 나를 위해 안부를 묻고 옛 우호를 닦아야 할 것이다.

아아, 너와 내가 서로 연이어 상국에 사신으로 갔지만 끝내 주(周)나라와 한(漢)나라의 옛 도읍을 밟아보지 못하고, 제(齊)나라와 노(魯)나라의 오랜 가문을 방문하지 못하며 오(吳)나라와 초(楚)나라의 강산을 유람하지 못하였으니, 실로 한스러워할 만하다. 비록 그렇긴 하지만 기공은 박학다식하고 문장에 능한 선비로 한 시대의 중망(重望)을 짊어졌고 일찍이 부절(符節)을 쥐고 황하(黃河)의 근원을 찾아 곤륜(崑崙)의 서쪽까지 이르러서,[133] 장 박망(張博望)의 옛 자취[134]를 훨씬 뛰

132 남궁(南宮) : 남궁은 예조(禮曹)의 별칭이다. 이계가 중국에 갔을 때 기윤이 예부 상서로 있었으므로 이렇게 표현한 것이다.

133 일찍이……이르러서 : 건륭제는 1782년(건륭47) 7월 14일 특명을 내려 청해(青海)로 사람들을 파견하여 황하의 근원을 찾고 하신(河神)에게 제를 지내도록 한 일이 있다. 이후 기윤과 육석웅(陸錫熊) 등이 《하원기략(河源紀略)》이라는 책을 편찬하였다. 이는 조선에도 알려졌는데 1795년(정조19) 윤2월 22일 동지사 서장관 심흥영(沈興永)의 별단에 다음과 같은 내용이 있다. "상서(尙書) 기윤(紀昀)은……일찍이 황하(黃河)의 근원을 찾아보라는 사명(使命)을 받들고 2만여 리나 되는 먼 길을 끝까지 추적해서 비로소 근원을 발견하고는 《하원기략》을 찬술했다고 합니다."

134 장 박망(張博望)의 옛 자취 : 장 박망은 박망후(博望侯)로 봉해진 한나라의 장건(張騫)이다. 서역에 다녀오면서 실크로드를 개척한 일로 유명하지만 여기서는 내용상 황하의 근원을 찾아갔던 일을 말한다. 장건이 사명을 받들고 서역으로 가던 중에 뗏목을 타고 황하의 근원을 찾아 거슬러 올라갔는데, 도중에 견우와 직녀를 만나 직녀의 지기석을 받아 돌아왔고 돌아온 뒤에야 그들이 견우와 직녀라는 것을 알았다는 이야기가 전한

어넘었으니 천하의 장관을 다 보았다고 할 만하다. 이러한 분을 만나고 그의 언론을 들으면 또한 소자유(蘇子由)의 대관(大觀)[135]에 견줄 만하리라.

다. 장건은 근원까지 이르지 못했는데 기윤은 근원을 찾아갔기 때문에 한 말이다.

135 소자유(蘇子由)의 대관(大觀) : 소자유는 북송(北宋)의 문인 소철(蘇轍)이다. 소철의 〈추밀원 한태위에게 올리는 편지〔上樞密韓太尉書〕〉에 "제가 와서 산으로는 종남산, 숭산, 화산의 높다란 모습을 보았고, 물로는 황하의 크고도 깊은 것을 보았으며, 사람으로는 대문장인 구양공을 보았지만 오히려 태위를 아직 뵙지 못했습니다. 바라건대 현인의 광휘를 관찰하여 한마디 말씀을 듣고 스스로 장해지고자 하니, 그런 다음에야 천하의 큰 볼거리를 다 보아서 유감이 없다고 할 수 있을 것입니다.〔轍之來也, 於山見終南嵩華之高, 於水見黃河之大且深, 於人見歐陽公, 而猶以爲未見太尉也. 故願得觀賢人之光耀, 聞一言以自壯, 然後可以盡天下之大觀而無憾矣.〕"라고 하였다.

연경에 가는 조 상서 이진에게 주는 송서[136] 조이진(趙爾眞尙鎭)은 조상진(趙尙鎭)이다

送趙尙書爾眞 尙鎭 赴燕序

천지가 생겨난 지 오래되어 풍기(風氣)가 날로 계발(啓發)되고 강역이 날로 넓어졌다. 요(堯) 임금과 순(舜) 임금의 융성한 시기에는 명성과 교화가 사방에 미치니 동쪽으로 바다까지 이르고 서쪽으로 유사(流沙)까지 이르며 남쪽으로는 교지(交趾)에 이르고 북쪽으로는 삭방(朔方)에 이르렀으나[137] 이는 모두 사해(四海)의 안쪽에 불과하다. 무왕(武王)이 상(商)나라를 물리치자 숙신씨(肅愼氏)가 호시(楛矢)를 공물(貢物)로 바쳤으니[138] 이는 바로 우리나라 북쪽 변방의 민

136 연경에……송서 : 청나라의 번성함을 말하고 이를 직접 확인하고 올 것을 권하는 내용이다. 조상진(趙尙鎭, 1740~1820)은 본관은 풍양(豊壤)이고 자는 이진(爾珍), 시호는 익정(翼貞)이다. 1773년(영조49) 문과에 급제하고 판돈녕부사(判敦寧府事)에 이르렀다가 1816년(순조16)에 사직(辭職)하였다. 조상진의 연행은 1799년(정조23)의 일로, 이해 6월에 진하 겸 사은정사(進賀兼謝恩正使)에 임명되고 8월에 연경(燕京)으로 출발하여 11월에 돌아왔다. 당시 부사는 박기정(朴基正), 서장관은 한치응(韓致應)이다.

137 요(堯) 임금과……이르렀으나 : 《서경》 〈하서(夏書) 우공(禹貢)〉에 "동쪽으로 바다에 이르고 서쪽으로 유사에 미치며 북쪽부터 남쪽까지 명성과 교화가 온 세상에 퍼졌다.〔東漸于海, 西被于流沙, 朔南暨聲教, 訖于四海.〕"라는 구절에서 따온 말이다.

138 무왕(武王)이……바쳤으니 : 공자가 진(陳)나라에 있을 때 궁정(宮庭)에 죽은 송골매가 떨어졌는데, 돌화살 촉〔石砮〕의 호시(楛矢)가 박혀 있었다. 진 혜공(陳惠公)이 사람을 보내 공자에게 묻자, 공자는 "이 송골매는 먼 곳에서 왔습니다. 이것은 숙신씨의 화살입니다. 옛날 무왕이 상나라를 정복한 뒤 구이(九夷)와 모든 오랑캐들과 교통하

족이다. 성왕(成王)의 치세(治世)에는 월상씨(越裳氏)가 흰 꿩을 공물로 바쳤으니[139] 바로 지금의 점성국(占城國) 지방이다. 한 무제(漢武帝) 때에는 초요국(僬僥國)이 들어와 공물을 바쳤고,[140] 당 태종(唐太宗) 때에는 대진국(大秦國)에서 사신을 파견하여 그들의 경서를 헌상하였다.[141] 이후로도 사서(史書)에 기록이 끊이지 않는다. 원 세조(元世祖 쿠빌라이칸)와 명 성조(明成祖 영락제(永樂帝))는 서북 지역에 가장 힘을 기울여서 개척한 토지가 만여 리나 되는데,[142] 오늘날에는

여 토산물을 공물로 바치게 하여 직분을 잊지 않게끔 하니, 이에 숙신씨가 호시와 석노를 바쳤습니다.〔隼之來也遠矣. 此肅愼氏之矢也. 昔武王克商, 通道于九夷百蠻, 使各以其方賄來貢, 使無忘職業. 於是肅愼氏貢楛矢石砮.〕"라는 내용이 있다. 《國語 魯語下》

139 성왕(成王)의……바쳤으니 : 월상씨는 교지(交趾)의 남쪽에 있던 나라이다. 《후한서》 권86 〈남만전(南蠻傳)〉에 주공(周公)이 섭정(攝政)한 지 6년 만에 예악이 제작되고 천하가 화평해지자, 월상국이 세 명의 통역관을 거느리고 중역(重譯)을 하면서 와서 흰 꿩을 바쳤다는 내용이 있다. 점성국(占城國)은 인도차이나 반도에 있던 점불로(占不勞), 혹은 점파(占婆)로 오늘날의 베트남 남부에 있던 국가이다.

140 한 무제(漢武帝)……바쳤고 : 초요(僬僥)는 전설상의 나라 이름으로 중국의 동쪽에 있는 키가 작은 사람들 혹은 중국 서남쪽에 있는 키가 작은 소수민족을 가리킨다. 《列子 湯問》 《國語 魯語下》

141 당 태종(唐太宗)……헌상하였다 : 대진국은 로마인데 여기서는 로마가 아니라 페르시아를 가리킨다. 경서를 바쳤다는 것은 기독교 종파 중 이단시되던 네스토리우스교(Nestorianism) 즉 경교(景敎)가 중국으로 전래된 것을 말한다. 네스토리우스교의 선교사들은 기독교 내부의 대립과 이슬람의 박해를 피해서 인도와 중앙아시아 등지로 옮겨갔고, 635년에 장안에 도착하여 당 태종을 접견하였다.

142 원 세조(元世祖)……되는데 : 원 세조 쿠빌라이는 칭기즈칸의 손자이다. 내전을 평정하고 도읍을 북경으로 옮겼으며 국호를 원(元)으로 바꿨다. 송나라를 정복하고 고려와 미얀마, 참파, 자바 등을 공격하고 일본 정벌을 시도하였다. 명 성조 영락제는 명나라의 3대 황제로 재위기간은 1402년에서 1424년이다. 직접 대군을 거느리고 출전

영토가 더욱 넓어져 17개의 성(省)이 판도(版圖)에 들어왔으니[143] 백성들이 생겨난 이래로 일찍이 없었던 일이다. 아마도 위엄과 덕이 이전 시대를 크게 뛰어넘어서 그렇게 된 것이리라! 이는 해와 달이 비춰주고 비와 이슬이 길러주듯 자연스럽게 이루어진 것이니 사람의 힘으로 미칠 수 있는 바가 아니다.

나는 두 번 사명(使命)을 받들고 연경에 가면서 산하의 거대함과 풍속의 변천을 마음껏 보았다. 중국으로 흘러들어온 기이한 책과 괴이한 복장에 눈은 휘둥그레지고 정신은 깜짝 놀라니, 하란국(荷蘭國 네덜란드) 사신의 깃털 관과 구슬 신발, 새의 깃털을 잘라 만든 붓과 나뭇가지를 갈아 만든 먹(墨)처럼 와서 바친 보옥(寶玉)과 기물(奇物)들 그리고 구만 리를 항해(航海)한 것 같은 경우는 자못 부발함치(負髮含齒)의 부류가 아닌 듯하였다.[144] 공자가 "같은 문자를 쓴다.〔書同文〕"라고

하여 다섯 번에 걸쳐 몽골을 공격하여 헤이룽 강 하류까지 진출하였고, 안남(安南)을 정벌하고 티베트를 회유하였으며 환관 정화(鄭和)를 파견하여 아프리카까지 이르기도 하였다.

143 오늘날에는……들어왔으니 : 건륭제 때 수차례의 전쟁을 통해 영토가 크게 확장되었다. 티베트〔西藏〕와 위구르〔新疆〕까지 편입시켜 원나라 이래 최대 영토를 확보하였고 이는 오늘날까지도 이어지고 있다. 건륭제는 자신이 직접 나선 10번의 원정에서 모두 승리했다 하여 십전노인(十全老人)이라 불리기를 좋아하였다고 한다.

144 부발함치(負髮含齒)의……듯하였다 : 이 구절은 사람의 힘으로 이루어진 것이 아닌 듯했다는 의미이다. 부발함치는 '대발함치(戴髮含齒)'로 머리카락과 이빨이 있는 사람을 의미한다. 《열자(列子)》〈황제(黃帝)〉에 "일곱 자의 몸에 손과 발의 모양이 달라도 머리카락이 있고 이빨이 있으며 의지하며 모여사는 것들을 사람이라고 부른다.〔有七尺之骸, 手足之異, 戴髮含齒, 倚而趣者謂之人.〕"라고 하였다. 구만 리를 항해했다고 한 것은 이마두(利瑪竇)가 구라파에서 9만 리를 항해해서 중국으로 들어왔다고 하는 내용을 쓴 것으로 보인다.

말하였지만 《중용》에서는 "성인도 오히려 알지 못하는 바가 있다."[145] 라고 하였으니, 어찌 그렇지 않겠는가!

인하여 〈만국내조도(萬國來朝圖)〉[146]를 보았더니, 서양의 화융포

145 같은……있다 : 같은 문자를 쓴다는 것은 문물제도가 정비되어 통일되었다는 것을 의미한다. 《중용장구》 28장에 있는 공자의 말 중에 "지금 천하가 같은 수레를 타고 같은 문자를 쓰게 되었다.〔今天下車同軌, 書同文.〕"라는 구절이 있다. 또 《중용장구》 12장에는 "군자의 도는 그 용(用)이 광범위하다. 그래서 필부필부(匹夫匹婦)의 어리석은 수준으로도 다 함께 알 수가 있지만, 그 도의 지극한 차원에 이르면 비록 성인이라도 알지 못하는 점이 있다. 필부필부의 불초한 수준으로도 행할 수 있지만, 그 도의 지극한 차원에 이르면 비록 성인이라도 행할 수 없는 면이 있다."라고 하였다.

146 만국내조도(萬國來朝圖) : 청나라 궁중 화가들이 그린 그림으로 원단(元旦)에 자금성(紫禁城)에서 인근의 조선・일본・베트남부터 서양의 네덜란드・영국・프랑스에 이르기까지 각국의 사신들이 고유의 복장을 갖추고 공물을 바치며 진하(進賀)하는 모습을 그린 것이다. 건륭제의 지시로 사이(四夷)가 복종하고 만국이 조하(朝賀)하는 장면을 통해 청나라의 번영과 공덕을 찬양하려는 의도로 그린 것이라고 한다.

그림 3 〈만국내조도〉 부분. 각국의 사신들. 좌측 하단에 홍색 관복을 입은 조선 사신이 보인다.

(火絨布)와 유선침(遊仙枕),[147] 섬라(暹羅)의 화합자(火蛤子)와 유금창(流金槍), 일본의 해마(海馬), 유구(琉球)의 쌍작(雙鵲), 홍이(紅夷)의 조담경(照膽鏡),[148] 교지(交趾)의 풍촉(風燭)과 여토상(如兎象), 천축(天竺)의 비호(飛虎)·홍후(紅猴)·칠촌인(七寸人)의 기괴함과 신이함은 인간세상의 사물이 아닌 듯하였다. 그것을 〈우공(禹貢)〉에 열거한 구주(九州)의 산물과 〈왕회도(王會圖)〉[149]에서 궁정에 나열된 공물을 비교해보면 과연 어떠하겠는가. 이에 천지가 거대하여 없는 것이 없음을 볼 수 있으며 이를 이어 천만 년이 지나면 또 어떤

147 유선침(遊仙枕) : 전설에 나오는 신선의 베개이다. 베고 자면 십주(十洲), 삼도(三島), 사해(四海), 오호(五湖)를 모두 볼 수 있다고 한다. 《開元天寶遺事 遊仙枕條》

148 조담경(照膽鏡) : 진시황(秦始皇)의 거울로 사람의 내장(內臟)을 비춰볼 수 있었다고 한다.

149 왕회도(王會圖) : 당(唐)의 화가 염립본(閻立本)이 629년에 그린 작품으로 당나라에 조회하러 온 각국 사신들의 모습을 그렸다.

그림 4 〈왕회도〉 부분. 신라와 고구려 사신이 보인다.

나라에서 어떤 사물이 끊임없이 생겨날지 알 수 없는 일이다.

일찍이 생각해보았는데 천지는 하나의 거대한 그릇이고 음양은 하나의 대장(大匠)으로 멀고 가까움도 없고 크고 작음도 없으며, 기(氣)는 만 갈래로 다르지만 성(性)은 하나이니, 눈으로 보고 귀로 듣고 손으로 잡고 발로 행하는 것에는 차이가 없다. 때문에 맹자는 "발을 알지 못하면서 신발을 만드는 것은 천하 사람들의 발이 같기 때문이다."[150]라고 하였다. 어찌 반드시 사물마다 나아가 그 이치를 궁구해야 하리오! 산천의 정기가 맺혀서 기이한 형태를 이루고 지혜로운 재주로 교묘한 장치를 만든 것과 같은 경우, 그 묘리를 궁구하고 그 이름을 아는 것은 바로 장화(張華)나 곽박(郭璞)[151]이 했던 일과 같으니, 이는 군자가 급선무로 여길 바가 아니요 단지 한때의 즐거움에 이바지할 뿐으로 실용(實用)에는 아무 도움이 되지 않는다.

지금의 예부 상서 기윤(紀昀)은 걸출하고 박식하며 문장이 뛰어난 선비로, 춘관(春官 예부(禮部))의 전속국(典屬國)[152]을 전담한 지 이미

150 맹자는…… 때문이다 : 《맹자》〈고자 상(告子上)〉에 "성인(聖人)도 나와 동류(同類)인 자이다. 그러므로 용자(龍子)가 말하기를 '발을 알지 못하고 신을 만들더라도 내가 그 삼태기를 만들지 않을 줄을 안다.' 하였으니, 신이 서로 비슷함은 천하의 발이 같기 때문이다.〔聖人與我同類者. 故龍子曰, 不知足而爲屨, 我知其不爲蕢也. 屨之相似, 天下之足同也.〕"라고 하였다.

151 장화(張華)나 곽박(郭璞) : 장화는 서진(西晉)시대의 인물로《박물지(博物志)》를 저술하였다. 이는 중국 최초의 박물학 저작으로,《산해경(山海經)》을 이어 삼라만상을 기록한 기서(奇書)이다. 모두 10권이며 산천지리(山川地理), 비금주수(飛禽走獸), 인물전기(人物傳記), 신화고사(神話古史), 신선방술(神仙方術) 등으로 분류하였다. 곽박은 동진(東晉) 때 사람으로 박학다식하여 천문과 고문기자(古文奇字), 역산(曆算), 복서술(卜筮術)에 밝았고, 시부(詩賦)에도 뛰어났다.

십여 년이나 되었다. 나와 함께 고금 시대의 변천을 논하고 사방의 풍속에 대해 이야기하였는데, 일찍이 황하의 근원까지 가보았으니 장 박망(張博望)의 뗏목이나 주 목왕(周穆王)의 수레[153]보다도 더 멀리 갔었다.

지금 공은 우리나라의 종백(宗伯)으로서 큰 나라에 사신으로 가니 응당 기공(紀公)과 함께 춘관에서 예(禮)에 따라 만날 것이다. 시험 삼아 근년에 해외의 몇 개 나라에서 예물을 받들고 중국에 왔는지 물어보라. 〈주서(周書)〉에 이르기를 "진기한 새와 짐승을 나라에서 기르지 않으며 먼 지방의 물건을 보배로 여기지 않으면, 멀리 있는 사람이 이를 것이다.〔珍禽奇獸 不育於國 不寶遠物則遠人格.〕"[154]라고 하였으니, 식견이 있는 사람은 절로 알게 될 것이다.

152 전속국(典屬國) : 진(秦)·한(漢) 때의 관직 이름으로 외국과 관련된 일을 담당하였다.

153 장 박망(張博望)의……수레 : 장 박망(張博望)은 박망후(博望侯) 장건(張騫)이다. 장 박망의 뗏목은 그가 황하의 근원을 찾아갔던 일을 말한다. 203쪽 주134 참조. 주 목왕(周穆王)은 정사는 돌보지 않은 채 팔준마(八駿馬)가 끄는 수레를 타고 천하를 두루 유람하다가 곤륜산 꼭대기의 요지(瑤池)에 가서 전설적인 선녀 서왕모(西王母)를 만나 환대를 받았다는 이야기가 전한다. 《列子 周穆王》

154 주서(周書)……것이다 : 《서경》 〈주서 여오(旅獒)〉에 보인다.

서문序

금강산으로 유람가는 창암 박중함에게 주는 서문[155]

박중함(朴仲涵)은 박사해(朴師海)이다

贈蒼巖朴仲涵 師海 遊金剛序

사람은 모두 좋아하는 것이 있는데 좋아하는 것이 지나쳐서 도를 넘는 지경에 이르면 이를 지나치다, 심하다, 빠지다, 미쳤다〔淫〕라고 말한다. 그러므로 탐욕스러운 자는 재물에 미친 것이요, 방탕(放蕩)한 자는 색(色)에 미친 것이며 과탄(夸誕)한 자는 세력에 미친 것이요, 꼬장꼬장한 자는 명성에 미친 것이니 이는 모두 덕(德)의 추한 것이다. 오직 산과 물만은 사물 중의 맑은 것으로 산수를 좋아하는 자 또한 일민(逸民)[156]이 아니면 광사(曠士)[157]이니 이는 세상의 풍속보다 고고한 것이다.

155 금강산으로……서문 : 박사해(朴師海, 1711~미상)는 본관은 반남(潘南), 자는 중함(仲涵), 호는 창암(蒼巖)이다. 1755년(영조31) 문과에 급제하였고 지평·대사간(大司諫)·참의(參議) 등을 지냈다. 그림과 글씨에도 조예가 깊었다.

156 일민(逸民) : 학문과 덕행이 있으면서도 출사(出仕)하지 않고 묻혀 지내는 사람을 말한다.

157 광사(曠士) : 흉금이 넓게 트인 선비를 말한다.

우리나라에 창암거사(蒼巖居士)라는 이가 있다. 시(詩)에 뛰어나고 유람을 좋아하여 족적이 명산대천에 두루 미쳤는데, 금강산(金剛山)을 가장 좋아하여 세 번이나 갔으면서도 충분하다고 여기지 않았다. 올해 그의 나이 60여 세인데 또 한 필 말을 타고 금강산 유람을 하고자 하였다. 세상 사람들 중에 그를 비웃는 자가 있어 말하기를,

"이런 경우가 이른바 산수에 미쳤다는 것이지요. 한 번이면 적당하고 두 번은 즐겁지만 세 번, 네 번에 이르면 넘칩니다. 재물이나 색, 명성이나 권세에 비교한다면 맑고 탁하기가 현저히 다릅니다만, 미쳤다는 것에 있어서는 마찬가지입니다. 어찌 지나치게 좋아하는 폐단이 아니겠습니까."

라고 하였다. 이에 내가 그를 위해 다음과 같이 해명하였다.

"거사는 통달(通達)한 분이니 귀하고 또 현달하여 일찍이 세 번이나 이부(吏部)에 들어가셨습니다. 그럼에도 사람들이 명성이나 권세에 미쳤다고 하지 않고 산과 물에 미친 것을 들어 미쳤다고 하니 이는 바로 개결(介潔)한 것입니다. 어찌 단지 시속보다 높기만 할 뿐이겠습니까! 무릇 거사의 개결함으로 부귀(富貴)와 이록(利祿)이 어찌 마음에 걸리기나 하겠습니까! 그러나 유독 금강산에 대해서만은 독실하게 좋아하여 미친 줄도 모르고 있으니 저 금강산이란 것이 실로 천하의 우물(尤物)일 것입니다. 나는 아직 금강산을 보지 못한 사람입니다. 만약 한 번 보게 된다면 거사를 따라 미치게 되지 않을지 알 수 없습니다. 다만 거사가 미친 것은 미칠〔及〕 수 있습니다만 그 개결함은 미칠 수 없습니다."

거사가 내 말을 듣고 기뻐하므로 떠나는 길에 이러한 내용을 써서 주고자 한다.

남양으로 돌아가는 홍 상사 성기에게 주는 서문[158]

홍성기(洪聖幾)는 홍상철(洪相喆)이다

贈洪上舍聖幾 相喆 歸南陽序

천지에는 가득하지 않은 부분이 있어서[159] 만물을 만들어내는 것도 완전치 못하며, 오행(五行)은 각각의 공효(功效)만 오로지 하므로 만물은 두 가지 능력을 겸하지 못한다. 뿔이 있는 것은 윗 이빨이 없고 네 발로 다니는 것은 날개가 없으며 밤에 눈이 밝은 것은 낮에는 숨고 물에서 다니는 것은 뭍에서는 죽으니,[160] 만물도 오히려 그러하거

158 남양으로……서문 : 낙향(落鄕)하는 홍상철(洪相喆)에게 써준 글이다. 천지 만물이 두 가지 능력을 겸비할 수 없으니 지금은 굽혀 있어도 언젠가는 명성을 떨칠 것이라며 위로해주는 내용이다. 홍상철(1727~?)은 본관은 남양(南陽), 자는 보량(保良)이다. 1759년(영조35) 진사가 되었다. 이계와 친분이 두터웠고 난사(蘭社)에서 신광하(申光河)·송재도(宋載道)·성대중(成大中) 등 여러 문인과 함께 활동하였다.

159 천지에는……있어서 : 《회남자(淮南子)》〈천문훈(天文訓)〉을 보면, "옛날에 공공이 전욱에 제위를 다투었는데, 분노하여 부주산에 부딪혔는데 하늘의 기둥은 부러지고, 땅의 벼리가 끊어졌다. 하늘은 서북 쪽으로 기울어져서 일월성신도 그쪽으로 옮겨갔고, 땅은 동남 쪽으로 패여서 빗물과 먼지가 이쪽으로 돌아가게 되었다.〔昔者共工與顓頊爭爲帝，怒而觸不周之山，天柱折，地維絶．天傾西北，故日月星辰移焉．地不滿東南，故水潦塵埃歸焉.〕"라고 하였다.

160 뿔이……죽으니 : 이 구절은 《안씨가훈(顔氏家訓)》〈성사(省事)〉에서 따온 것으로 보인다. "잘 달리는 것은 날개가 없고, 잘 나는 것은 발가락 수가 적으며, 뿔이 있는 것은 윗니가 없고, 뒷다리가 튼튼한 것은 앞 발이 없으니, 천도(天道)가 만물(萬物)이 겸비하지 못하게 하기 때문일 것이다.〔能走者奪其翼, 善飛者減其指, 有角者無上齒, 豐後者無前足, 蓋天道不使物有兼焉也.〕"라고 하였다.

늘 하물며 사람에게 있어서랴!

설(契)은 교육을 담당하나 직(稷)처럼 농사를 지을 수는 없고, 기(夔)는 음악을 담당하나 공수(工倕)처럼 교묘하게 만들어낼 수는 없으며,[161] 안연(顔淵)과 염백우(冉伯牛)가 어질지만 언어(言語)에 있어서는 자공(子貢)에게 양보하고, 자유(子游)와 자하(子夏)는 문장을 잘하지만 정사(政事)에 있어서는 중유(仲由)와 염구(冉求)에게 양보해야 하니,[162] 성현들도 오히려 그러하거늘 하물며 그보다 못한 자에게 있어서랴!

무릇 재주와 학문은 성(性)에서 발현된 것으로 사람이 스스로 수양해야 하는 것이다. 궁(窮)하고 달(達)하는 것은 하늘의 명(命)이니 사람이 마음대로 할 수 있는 것이 아니다. 스스로 수양하는 것도 잘하고 못하고가 있거늘 하물며 하늘로부터 받은 명에 있어서랴! 때문에 재주 있는 자가 반드시 잘되는 것은 아니고 졸렬한 자가 반드시 낮은 데 있는 것도 아니며 지혜로운 자가 반드시 떨치는 것도 아니고 어리석은 자가 반드시 버려지는 것도 아니다. 옛날에도 오히려 그러하였거늘 하물며 후세(後世)에 있어서랴!

161 설(契)이……없으며 : 설(契)·직(稷)·기(夔)·공수(工倕)는 모두 요순(堯舜) 때의 현명하고 능력 있는 신하들이다. 설은 사도(司徒)를 맡아 교육을 담당하였고, 직은 후직(后稷)으로 요(堯) 임금 때 농관(農官)이 되어 백성들에게 농사를 가르치고 보급하였다. 기는 교육과 음악을 전담한 전악(典樂)이었고, 공수는 빼어난 솜씨를 지닌 기술자이다.

162 안연(顔淵)과……양보해야 하니 : 《논어》〈선진(先進)〉에 공자가 제자들에 대해 "덕행에는 안연·민자건·염백우·중궁이고, 언어에는 재아·자공이고, 정사에는 염유·계로이고, 문학에는 자유·자하이다.〔德行, 顔淵, 閔子騫, 冉伯牛, 仲弓, 言語, 宰我, 子貢, 政事, 冉有, 季路, 文學, 子游, 子夏.〕"라고 말한 데에서 유래한 것이다.

남양(南陽) 홍성기(洪聖幾)는 박학다식하고 옛것을 좋아하며 시와 노래를 잘하고 낙락(落落)하여 기걸찬 기운을 지녔다. 일찍이 시를 짓기를, "선비가 모두 소부(巢父)와 허유(許由)의 뜻을 지니면 누구와 더불어 사해를 함께 하리오.〔士皆巢許志 誰與共四海〕"라고 하였으니 그 뜻을 살펴보면 그 사람을 알 수 있다. 성기는 젊어서 진사(進士)에 급제하였으나 나이 오십이 될 때까지 불우하니 곤궁하여 가족을 부양할 수가 없었다. 장차 물러나 바닷가에서 농사를 지으려 하면서 얼굴에 뜻대로 되지 않는다는 듯한 기색이 있었다. 내가 술을 따라주며 다음과 같이 말하였다.

"그대는 문장은 부유하나 재물은 가난하고 포부는 크지만 명(命)은 박하니 이른바 두 가지 능력을 겸할 수 없다는 것이다. 그대로 하여금 하나를 선택하여 처하게 한다면 이것으로 저것과 바꿀 것인가? 나는 그대가 분명 그렇게 하고자 하지 않을 것임을 안다. 유독 무엇을 부족하게 생각하리오! 그러나 선비는 앞에서는 굽혀도 뒤에서는 펼쳐지고 몸은 궁해도 명성은 널리 알려지는 경우가 있다. 이는 나나 그대나 모두 알 수 없는 일이다. 우선 이러한 내용을 써서 준다. 성기의 이름은 상철(相喆)이고 자호(自號)는 소영거사(小瀛居士)라고 한다."

호남의 이여완에게 주는 서문[163] 이여완(李汝元)은 이여박(李如樸)이다

贈湖南李汝元 如樸 序

《서경》에 이르기를 "육부(六府)와 삼사(三事)의 일이 잘 다스려진다.〔六府三事允修〕"라고 하였으니, 육부라는 것은 수(水)·화(火)·금(金)·목(木)·토(土)·곡(穀)이고 삼사라는 것은 정덕(正德)·이용(利用)·후생(厚生)이다.[164] 육부는 하늘에 근본하고 삼사는 사람에게 행하는데, 정덕이란 것은 정치를 시행하는 근본이고 이용과 후생이란 것은 다스리는 도구이니 삼사로 육부를 다스리면 천하가

163 호남의……서문 : 고향으로 돌아가는 이여박(李如樸, 1740~1822)에게 써준 송서(送序)이다. 이계는 이여박의 수차(水車)에 주목하여 백성을 구제하는 공을 세웠다고 칭송하였다. 이여박은 강진에서 태어나 고창에서 살았던 학자이다. 가학(家學)을 이어받아 상수학(象數學)을 연구하고 수학서를 저술하였으며 혼천의(渾天儀)와 천문도를 만들기도 하였다. 또 수차(水車)에 관심을 두고 서학(西學)의 영향을 받아 수차의 일종인 용미차(龍尾車)를 만들기도 하였다. 《조선후기 서양식 수차와 실학자 李如樸, 김덕진, 남도문화연구 33권》

164 서경에……후생(厚生)이다 : 《서경》〈우서(虞書) 대우모(大禹謨)〉에 순(舜)이 우(禹)에게 "아, 너의 말이 옳다. 땅이 다스려짐에 하늘이 이루어져서 육부와 삼사가 진실로 다스려져서 만세토록 영원히 힘입음은 너의 공이다.〔兪. 地平天成, 六府三事允治, 萬世永賴時乃功.〕"라고 말한 구절이 있다. 이에 관한 채침(蔡沈)의 주에 "육부는 수·화·금·목·토·곡으로 이 여섯 가지는 재용이 나오는 것이므로 '부'라고 하였다. 삼사는 정덕·이용·후생이니 이 세 가지는 사람의 일 중 마땅히 해야 할 바이므로 '사'라고 하였다.〔六府卽水火金木土穀也. 六者財用之所自出, 故曰府. 三事, 正德·利用·厚生也, 三者, 人事之所當爲, 故曰事.〕"라는 내용이 보인다.

평안하다.

육부의 차례는 물〔水〕이 처음에 있고 곡식〔穀〕이 끝에 있다. 물은 만물을 낳는 시작이고 곡식은 백성을 기르는 근원이니, 물과 곡식이 합쳐지면 만백성의 뜻이 이루어진다. 그러므로 주관(周官)의 제도에서 치수(治水)를 더욱 중요하게 여겼으니, 구(溝)·혁(洫)·견(甽)·회(澮)[165]로 물길을 인도하고 천(川)·거(渠)·택(澤)·수(藪)로 물을 모아두는 것은, 모두 곡식을 기르고 가뭄에 대비하기 위해서이다.

그렇지만 지형에 높고 낮은 차이가 있고 천시(天時)는 비가 올 때와 맑은 때가 있어 고르지 않으니, 모자라는 부분은 부득불 인력으로 보조해야만 한다. 성왕(聖王)이 일어나면 재성보상(財成輔相)[166]의 다스림이 있게 되니, 이것이 바로 수차(水車)가 만들어지게 된 이유이다. 맹자는 "물을 쳐서 튀어오르게 하면 이마보다 더 높이 올라가게 할 수도 있고, 격동시켜 흐르게 하면 산 위에 있게 할 수도 있다.〔水搏而躍之 可使過顙 激而行之 可使在山.〕"[167]라고 하였으니, 물을 끌어다 쓰는 법은 그 유래가 오래되었다.

165 구(溝) 혁(洫) 견(甽) 회(澮) : 《주례(周禮)》〈동관(冬官) 고공기(考工記)〉에 보인다. 농부 9명이 정전(井田)을 이루는데 정과 정 사이의 너비와 깊이가 4자〔尺〕씩이면 구, 너비와 깊이가 8자씩은 혁, 너비와 깊이가 한 자씩이면 견, 회는 사방 백 리인 동(同)과 동 사이에 너비가 2심(尋 8자) 깊이가 2인(仞 7자 혹은 8자)인 것을 말한다.

166 재성보상(財成輔相) : 《주역》〈태괘(泰卦) 상(象)〉에 보인다. "천지가 사귀는 것이 태이니, 임금은 이를 본받아 천지의 도를 재성(財成)하며 천지의 의(宜)를 보상(輔相)하여 백성을 인도한다.〔天地交泰, 后以財成天地之道, 輔相天地之宜, 以左右民.〕"라는 구절에서 따온 말이다. 주자는 "재성은 지나침을 제재하고, 보상은 부족함을 돕는 것이다."라고 하였다.

167 물을……있다 : 《맹자》〈고자 상(告子上)〉에 보인다.

《주례(周禮)》에 도인(稻人)은 물을 소통하고 고르게 보내는 법[168]이 있었으나 시대가 오래되어 전해지지 않는다. 동한(東漢) 이후에 비로소 용골차(龍骨車)[169]가 만들어져서 서너 명의 힘만으로도 하루에 수십 묘(畝)에 물을 댈 수 있었고, 여기에 말이나 소를 매면 그 공효가 몇 곱절이나 되므로 역대로 이를 사용하였으며 백성들도 의지하였다. 만력(萬曆, 명 신종(明神宗)의 연호) 말기에 태서(泰西)의 이마두(利瑪竇)·웅삼발(熊三拔)[170]같은 무리들이 중국으로 들어와 용미차(龍尾

168 도인(稻人)은……법 : 도인은 주나라 때의 관명으로 농지 정리와 물길을 관장하였다. 《주례》〈지관 사도(地官司徒) 도인(稻人)〉에 "곡식과 수택(水澤)을 관장하여, 저수지를 만들어 물을 저장하고, 둑을 쌓아 물을 가두고, 구혁을 만들어 물을 소통시키고, 도랑을 만들어 물을 골고루 보내고, 논둑을 만들어 물을 막고, 큰 도랑을 만들어 물을 빼낸다.〔掌稼下地, 以豬畜水, 以防止水, 以溝蕩水, 以遂均水, 以列舍水 以澮寫水.〕"라는 내용이 있다.

169 용골차(龍骨車) : 나무로 만든 양수기라 할 수 있다. 위(魏)나라 때 마균(馬鈞)이 만들었다고 하며 번차(翻車)라고도 일컬어진다. 긴 상자 모양의 통 안에서 체인 형태로 나무 막대를 엮고 여기에 널빤지를 연결하여 회전시키면 널빤지가 움직이면서 물을 밀어 올린다.

그림 5 《농정전서》 번차(翻車 용골차)

170 이마두(利瑪竇) 웅삼발(熊三拔) : 이마두(利瑪竇)는 마테오 리치(Matteo Ricci, 1552~1610)이다. 예수회의 선교사로 명나라 때 중국에 와서 선교활동을 하였다. 천주교와 서양의 과학 등 서양학술에 관한 서적을 중국어로 번역하여 영향을 끼쳤다. 웅삼발은 사비아틴 데 우루시스(Sabbathin de Ursis, 1575~1620)로 예수회 선교사이다. 1606년(만력34, 선조39) 중국에 들어가 마테오 리치에게 중국어와 한문을 배운 뒤 천문역산서(天文曆算書) 편찬에 참여하였다. 또

車)・옥형차(玉衡車)・항승차(恒升車)[171]를 만들어내니, 그 제도는 더욱 교묘해지고 이로움은 더욱 커졌다.

나는 일찍이 두 번 연계(燕薊)를 유람하였지만 북쪽 지방에는 논이 없었으므로 수차의 제도를 보지 못하였다. 단지 황성(皇城) 안에서 불 끄는 기계[172]를 볼 수 있었는데 한 사람이 축(軸)을 돌리자 뿜어지는 물이 몇 길이나 되니, 가히 사람의 공력이 천기(天機)를 빼앗은 것이라고 할 만하였다. 우리나라는 오로지 논농사를 숭상하면서도 물을 끌어다 대는 법은 잘 알지 못하여, 한 번이라도 20여 일가량 비가 오지

서양의 수리(水利) 관련 기구와 시설에 관한 것을 정리하여 《태서수법(泰西水法)》이라는 책을 펴냈는데 여기에 수차와 저수지 등에 관한 도설도 수록되어 있다.

171 용미차(龍尾車) 옥형차(玉衡車) 항승차(恒升車) : 모두 수차이다. 용미차는 아르키메데스의 나선형 스크루를 이용한 것이고, 옥형차는 두 개의 실린더와 피스톤을 이용한 압축식 펌프이며, 항승차는 아래에 있는 물을 퍼올리는 펌프이다. 《사물로 본 조선, 문중양, 글항아리, 2015》

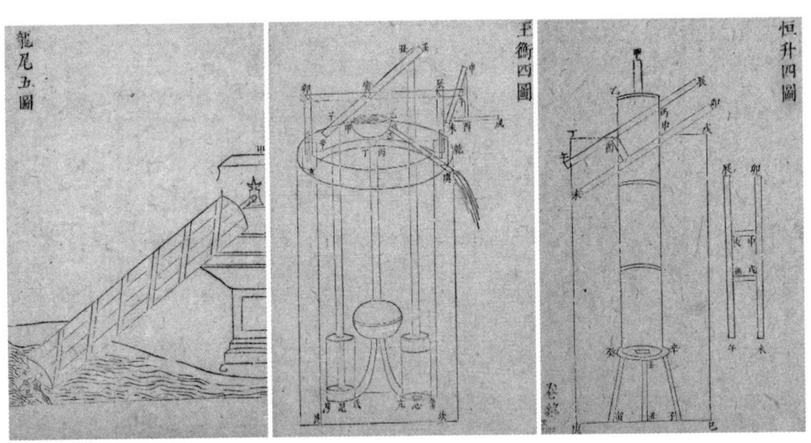

172 불 끄는 기계 : 《연원직지》 6권 〈유관별록(留館別錄)〉에 "소방거(消防車)에는 홍음거(虹飮車)・학음거(鶴飮車) 등의 제도가 있다."라는 내용이 보인다.

않는 때가 있으면 천 이랑의 곡식이 말라 들어가는 것을 우두커니 서서 바라보기만 할 뿐이다. 이 안타까움을 어이하랴!

지금 호남(湖南)의 이군(李君) 여박(如樸)이 한양으로 나를 찾아 왔는데 함께 이야기를 나누어보니 많은 사물에 대해 두루 지식이 있었다. 드디어 수차 이야기를 하게 되었는데 이미 오랫동안 공력을 들여서 그 원리를 깨우치고 있었다. 뜰에 작은 연못이 있어 그 방법을 시험해보도록 하니 대략 용미차의 제도를 모방한 것이었다. 하나의 축(軸)과 두개의 추(樞)를 나선형의 통으로 감싸고 있는데 물속에 꽂고 손으로 돌리자 아래에서 빨아들여 위로 뿜어내니 1각(刻)가량이 지났을 때 떠낸 물이 몇 동이나 되었다. 대략적인 내용을 보고 정밀한 부분을 알아내고 작은 부분을 가지고 큰 것을 유추하였으니, 이는 그 오묘함을 다한 것이라고 할 만하였다. 진실로 이 제도를 나라 안에 널리 반포하면 황무지를 변화시켜 양전(良田)으로 만들 수 있으며 가뭄을 당하더라도 풍년을 점칠 수 있을 것이다. 백성들을 넉넉하게 하고 국가를 여유롭게 하는 방법에 있어 그 이로움을 어찌 다 헤아릴 수 있으랴! 경서에 이르기를 "지혜로운 자는 사물을 만들어내고 교묘한 자는 이어나간다.〔智者刱物 巧者述焉〕"[173]라고 하였고 또 이르기를 "만물을 갖추고 씀을 다하며 기물(器物)을 이루어 천하를 이롭게 한다.〔備物 致用 立成器以爲天下利〕"[174]라고 하였으니 바로 이것을 가리키는 것이리라!

173 지혜로운……이어나간다 : 《주례》 〈동관고공기(冬官考工記)〉에 보인다.

174 만물을……이롭게 한다 : 《주역》 〈계사 상(繫辭上)〉에 보인다.

이군(李君)은 동강선생(桐岡先生)[175]의 아들이다. 가정에서 경술(經術)을 서로 전수하면서 이용후생의 방법까지 학문의 폭을 넓혔고 그 학문은 시무(時務)까지 겸통(兼通)하였으니 백성들을 구제하는 데 뜻을 둔 자 이리라! 그가 고향으로 돌아감에 이를 써서 주는 바이다.

175 동강선생(桐岡先生) : 이의경(李毅敬, 1704~1778)이다. 본관은 원주(原州)이고 자는 경호(景浩)이며 호는 동강(桐岡), 우락당(憂樂堂)이다. 윤동수(尹東洙)에게 수학하였다. 1748년(영조24) 익위사부솔(翊衛司副率)에 임명되어 사도세자(思悼世子)의 강관(講官)이 되었으나, 1762년(영조38) 사도세자가 죽자 물러나 다시 관직에 나가지 않았다.

주갑을 맞은 정시랑 시회에게 준 서문[176]

鄭侍郎時晦周甲序

내 나이 열여섯, 열일곱 무렵 과거 공부를 하고 있을 때, 나보다 몇 살 많은 정시회라는 이가 매우 명망이 높았고 사부(詞賦)로 성균관(成均館)을 크게 울렸다. 나는 그를 종유(從遊)하면서 거처할 때는 글을 함께 짓고 나가서는 과거에 함께 응시하였다. 시회는 재사(才思)가 남보다 뛰어나 매번 붓을 쥐고 생각을 펼쳐내면 동류(同類)들 중에서 특히 빼어났으므로 나는 일찍이 망연자실하지 않은 적이 없었다. 당시 함께 더불어 노닐던 십여 명은 모두가 당대의 젊은 인재들로서 단지 문장만 뛰어난 것이 아니었다. 뜻은 높고 재주는 호걸스러워 의연하게 고인을 스스로의 법도로 삼으니 그 성취가 어디까지 이를지 헤아릴 수가 없었다.

불행히도 십수 년 이래로 서로 연이어 세상을 떠나니 오래 살았던 이도 겨우 서른 안팎에 불과했고 남아 있는 이도 겨우 몇 명뿐이었다. 하늘이 재주 있는 이를 내는 것은 실로 우연이 아니거늘 성립(成立)하기의 어려움이 이와 같으니 아마도 기수(氣數)에 관련이 있기 때문이리라! 시회 또한 대과(大科)에 합격하지 못하자 중년에 과거를 포기하

176 주갑을……서문 : 벗의 환갑을 맞아 써준 글이다. 정경순(鄭景淳, 1721~1795)은 본관은 동래(東萊), 자는 시회, 호는 수정(修井)이다. 1744년(영조20) 진사가 되었다. 음서(蔭敍)로 관직에 진출하여 각지의 지방관을 지냈고 1791년(정조15) 공조판서에 이르렀다. 충주 목사로 있을 때 가흥창(可興倉)의 관리와 백성 구휼에 공을 세워 선정비가 세워졌고, 홍주 목사로 있을 때에도 정조(正祖)로부터 상을 받았다.

고 지방관을 전전하며 영락해가니 그가 좋아하는 바가 아니었다. 매번 나와 함께 마주 앉아 옛 노닐던 일을 이야기할 때면 어느새 서글피 탄식을 하곤 했다.

올 신축년(1781, 정조5)은 시회가 태어난 때로부터 갑자(甲子)가 한 바퀴 돈 해이므로 내가 가서 축하해주었다. 시회는 막 경주 부윤(慶州府尹)이 되었는데 병으로 인해 나아가지 않았다.[177] 나에게 말하기를, "어렸을 적 친구들 중에 오직 그대만 남아 있을 뿐이니, 나를 위해 한 마디 해주지 않으면 안 되겠네."라고 하였다. 나는 술잔을 들고서 다음과 같이 말하였다.

"선비가 이 세상에 태어나면 재주가 없음을 근심하지 말고 뜻을 두지 못한 것을 근심해야 하며, 뜻을 두지 못한 것을 근심하지 말고 오래 살지 못하는 것을 근심해야 하네. 오직 시회는 재주도 있고 뜻도 있으며 게다가 수명도 있네. 이는 하늘이 자네에게 준 것이니 옛적의 여러 벗들과 비교하자면 이미 후하고 또 온전하지 아니한가! 이는 그대를 위한 축수가 될 수 있을 걸세.

그렇지만 문장으로 나라를 빛내지 못했어도 후생들이 자네가 저술한 글을 외고, 재주와 학문으로 세상에 쓰이지 못했지만 사방에서 자네의 출처(出處)를 우러르니, 때를 만나고 만나지 못함에 있어 과연 어떠한가. 나 또한 늙어서 흰머리가 되었네. 장차 관직에서 물러나면 자네를 따라 산모퉁이와 물굽이에서 술병을 들고 시를 읊으며 남은

177 시회는……않았다 : 정경순이 경주 부윤에 임명된 것은 1781년(정조5) 6월 28일이고, 7월 12일에 신병(身病)으로 인해 파출(罷黜)되었다. 《承政院日記 正祖5 6月 28日, 7月 12日》

생을 마치리니 또한 스스로 즐기기에 충분할 걸세. 자네에게 이 글을 주고자 하네."

주갑을 맞은 소영거사 홍성기에게 준 서문[178]
小瀛居士洪聖幾周甲序

《주역》에 이르기를, "하늘의 1은 수(水)를 낳고 땅의 6은 이를 이룬다. 하늘의 5는 토(土)를 낳고 땅의 10은 이를 이룬다.〔天一生水 地六成之 天五生土 地十成之〕"[179]라고 하였다. 6과 10을 서로 곱하면 60이 되고, 천간(天干)과 지지(地支)가 엇갈려 짝지어도 또한 60에 그치고[180] 한 바퀴를 돌면 다시 시작되니 이것이 바로 천지의 대수(大數)이다. 그러므로 61세를 주갑(周甲)이라고 한다. 당요(唐堯) 원년(元年) 갑진년으로부터 이번 갑진년까지는 69주갑에 불과하다.[181] 지

178 주갑을……서문 : 1787년(정조11) 환갑을 맞은 벗 홍상철(洪相喆, 1727~미상)에게 장수를 축하하는 의미로 써준 글이다. 홍상철은 1759년(영조35) 진사가 되었고, 이계와 신광하(申光河)・송재도(宋載道)・성대중(成大中) 등 당대의 문인들과 난사(蘭社)에서 활동하였다. 본서에는 이 글 외에도 〈증홍상사성기 상철 귀남양서(贈洪上舍聖幾 相喆 歸南陽序)〉가 있어서 두 사람의 관계를 살펴볼 수 있다.

179 하늘의……이룬다 : 이는 《주역전의대전(周易傳義大全)》〈주역주자도설(周易朱子圖說)〉에 보인다. 이를 보면 주자는 '하도(河圖)'의 오행생성(五行生成)을 설명하면서 "하늘이 1로써 水를 낳으면 땅이 6으로써 이루어주고, 땅이 2로써 火를 낳으면 하늘이 7로써 이루어주고, 하늘이 3으로써 木을 낳으면 땅이 8로써 이루어주고, 땅이 4로써 金을 낳으면 하늘이 9로써 이루어주고, 하늘이 5로써 土를 낳으면 땅이 10으로써 이루어준다.〔天以一生水而地以六成之, 地以二生火而天以七成之, 天以三生木而地以八成之, 地以四生金而天以九成之, 天以五生土而地以十成之.〕"라고 하였다.

180 천간(天干)과……그치고 : 10개의 천간과 12개의 지지로 60갑자를 의미한다.

181 당요(唐堯)……불과하다 : '당요 원년 갑진년'은 요 임금이 즉위한 해로 기원전 2357년이다. '이번 갑진년'은 1784년(정조8)으로 4140년의 차이가 있는데, 이는 60갑

금 사람의 입장에서 당우(唐虞)의 시대를 보자면 어찌 아득한 옛날이 아니겠는가! 그러나 갑자로 헤아려보면 매우 멀다는 것을 깨닫지 못한다. 이로 말미암아 살펴보면 천지의 운행이 60년을 주기로 돌고 돈 것이 이미 오래되었다.

무릇 만물이 태어나면 모두 천지의 기(氣)를 받지만 명(命)이 길고 짧음은 일정하지 않다. 조균(朝菌)[182]의 수명은 해〔日〕와 달〔月〕로 헤아리고, 곤충(昆虫)의 수명은 봄과 가을로 헤아리며, 초목(草木)의 수명은 해〔朞〕와 윤달〔閏〕로 헤아리고, 날개가 있는 족속은 오래 살아도 수명이 10년을 넘지 못한다. 오직 사람은 만물의 영장으로 오기(五氣)[183]의 온전함을 얻었으니 잘 길러서 손상시키지 않으면 능히 천지의 수(數)에 합치될 수 있다. 그러나 육기(六氣)가 외면을 치고 오정(五情)이 내면을 손상시키니[184] 이에 단명하는 이가 많고 장수하는 이는 드물다. 때문에 사람이 태어난 지 60년이 되면 비로소 '장수한다'라고 하며 오복(五福)[185]의 첫번째에 열거한다. 안연(顔淵)과 염백우(冉伯

자가 69번 반복된 기간이다.

182 조균(朝菌) : 아침에 생겼다가 저녁에 사라지는 균류 식물이다. 《장자》〈소요유(逍遙遊)〉에 "조균은 밤과 새벽을 모르고 매미는 봄과 가을을 모르니 이는 수명이 짧아서이다.〔朝菌不知晦朔, 蟪蛄不知春秋, 此小年也.〕"라고 하였다.

183 오기(五氣) : 오기(五氣)는 여러 가지 설이 있는데 여기서는 오행(五行)의 기운을 의미하는 것으로 보인다.

184 육기(六氣)가…… 손상시키니 : 육기는 사람에게 영향을 끼치는 주위 환경을 말한다. 풍(風)・한(寒)・서(暑)・습(濕)・조(燥), 화(火)의 6가지이다. 오정은 사람의 다섯 가지 감정으로 기쁨〔喜〕・노여움〔怒〕・슬픔〔哀〕・즐거움〔樂〕・원망〔怨〕이다.

185 오복(五福) : 《서경》〈주서(周書) 홍범(洪範)〉에 "오복은 첫째는 장수하는 것이고, 둘째는 부유한 것이고, 셋째는 편안한 것이고, 넷째는 덕을 좋아하는 것이고, 다섯

牛)[186]가 어질었으나 장수하지 못하였고, 맹분(孟賁)과 하육(夏育)[187]이 용맹하였으나 장수하지 못하였으며, 왕공(王公)이 존귀하지만 그 권세(權勢)로도 취할 수 없고, 도주공(陶朱公)과 의돈(猗頓)[188]이 부유하지만 그 힘으로도 얻을 수 없었다. 오직 하늘로부터 명을 받은 자만이 장수할 수 있고 다른 사람들은 더불어 다툴 수가 없다. 그러니 사람이 수(壽)를 누려서 60에 이르는 것은 참으로 어려운 일이다.

나의 벗 홍성기는 정미년(1727, 영조3)에 태어났으니 올해 갑자가 한 바퀴 돌았다. 성기는 옛 도를 배웠으나 불우하여 그를 아는 이들은 그가 곤궁하게 늙어가는 것을 애석해한다. 하지만 나는 유독 술잔을 들고 축하하며 말하기를 "그대의 나이가 요 임금 이후 69갑자 중의 하나를 얻었으니 오래되었다고 할 수 있네. 안연·염백우·맹분·하육도 얻지 못했던 것이요, 왕공의 존귀함이나 도주공·의돈 같은 부유

째는 천명대로 살다가 죽는 것이다.〔五福, 一曰壽, 二曰富, 三曰康寧, 四曰攸好德, 五曰考終命.〕"라는 구절이 있다.

186 안연(顔淵)과 염백우(冉伯牛) : 안회(顔回)와 염경(冉耕)이다. 두 사람 모두 공자의 제자이다. 덕행(德行)에 뛰어나서 공문십철(孔門十哲)에 포함되었다.

187 맹분(孟賁)과 하육(夏育) : 맹분은 전국(戰國)시대 제(齊)나라의 용사로 용맹하다는 명성이 있었다. 물에서는 교룡(蛟龍)을 피하지 않고 뭍에서는 호랑이를 피하지 않았으며 맨손으로 쇠뿔을 뽑았다고 한다. 하육은 위(魏)나라의 용사로 천 균(千鈞)의 무게를 들 수 있었다고 한다.

188 도주공(陶朱公)과 의돈(猗頓) : 도주공은 춘추시대 초(楚)나라 사람 범려(范蠡)를 가리킨다. 범려는 월왕(越王) 구천(句踐)의 신하로 구천이 패권을 잡은 뒤 권세를 버리고 도(陶) 땅에 은거하여 도주공이라 칭했으며, 화식(貨殖)을 하여 큰 부자가 되었다. 의돈은 춘추시대 노(魯)나라 사람으로 도주공을 찾아가 부자 되는 비결을 물어본 뒤 훗날 왕공(王公)에 비길 만한 부자가 된 사람이다.《史記 卷129 貨殖列傳》

함으로도 바꿀 수 없었으니 귀하다고 할 수 있지. 잘 길러 손상시키지 않은 것이요, 이른바 명을 하늘로부터 받으니 다툴 수 없다는 것이로다. 어찌 그 곤궁하다 하여 애석해하겠는가. 그 곤궁함은 천성(天性)을 보전하기 위한 것일세. 나는 갑진년(1724, 경종4)에 태어난 사람으로 일찍이 말하기를 '당우의 시대는 나로부터 멀지 않으니 옛 사람들에게 미칠 수 없다고 하는 것은 의혹된 것이다.'라고 했었네. 지금 비록 늙었지만 그대와 함께 힘쓰기를 청하는 바일세."

이계집

제12권

記기

기記

문헌서원의 구재에 대한 기문[1]

文憲書院九齋記

문헌(文憲) 최 선생(崔先生)이 해주(海州)에 거처하면서 강학(講學)을 하여 생도를 가르치면서 구재(九齋)를 세워 배우는 자들이 머물게 하니, 첫째는 경업(敬業), 둘째는 진덕(進德), 셋째는 수도(修道), 넷째는 솔성(率性), 다섯째는 악성(樂性), 여섯째는 태화(泰和), 일곱째는 대빙(待聘), 여덟째는 성명(誠明), 아홉째는 조도(造道)라고 하였다. 처음 배우기 시작하는 이는 먼저 경업재에 머물면서 육예(六藝)의 문장[2]을 학습하여 차례대로 진덕재에 올라가며 마지막은 조도재에서 끝마치는데, 순서에 따라 진행하여 감히 등급을 뛰어넘지 못

1 문헌서원의……기문 : 이계가 황해도 관찰사로 있을 때 문헌서원을 중수(重修)한 일에 대해 기문을 써달라는 청을 받고 쓴 글이다. 문헌서원은 최충(崔沖, 984~1068)과 아들을 배향한 서원으로, 1549년(명종4) 주세붕(周世鵬)이 관찰사로 부임하여 지었고 이듬해 사액(賜額)되었다.

2 육예(六藝)의 문장 : 육예는 일반적으로 예(禮)·악(樂)·사(射)·어(御)·서(書)·수(數)의 기술을 가리키나, 여기서는 육경(六經), 즉 《시경》·《서경》·《예기》·《악기》·《역경》·《춘추》를 의미하는 것으로 보인다.

하니 《주관(周官)》에서 선비를 양성하는 제도와 같았다. 이에 선비들이 모두 울연히 흥기하여 나라에서 쓰이게 되었다.

선생이 태어난 것은 염락(濂洛) 제현(諸賢)들의 시대보다 앞서는데[3] 홀로 성인의 학문을 창도(倡導)함으로써 비로소 우리나라 사람들이 유학의 도가 중하다는 것을 알게 되었으니, 그 공적이 참으로 크다고 하겠다. 수도(修道)·솔성(率性)·성명(誠明) 같은 말들은 바로 《중용》의 구절이다. 《중용》을 드러내어 밝힌 것은 정자(程子)로부터 시작[4]되었는데 선생이 이것으로써 재(齋)의 이름으로 삼아서 배우는 이들을 가르쳤으니, 성인께서 도를 전한 은미한 말의 뜻을 깊이 터득하여 은연중에 정주(程朱)의 뜻에 부합함이 이와 같았다. 전(傳)에 이른바 "땅은 천여 리나 서로 떨어져 있고 시대는 천여 년이나 서로 떨어져 있으나, 부절처럼 합치되었다."[5]라는 것이니 이 어찌 성대한 일이 아니겠는가?

애석하게도 고려시대의 문헌은 징험할 것이 없어 그 당시 학문을

3 염락(濂洛)……앞서는데 : 염락은 염계(濂溪)와 낙양(洛陽)으로 송(宋)나라의 학자 주돈이(周敦頤)와 정호(程顥)·정이(程頤) 형제가 살던 곳이다. 후대에는 성리학 혹은 성리학자들을 의미하게 되었다. 최충이 송나라 때의 학자들보다 먼저 태어난 것을 강조하고자 한 말이다.

4 중용을……시작 : 《예기》에 포함되어 있던 중용을 정자(程子)가 별도로 분리하였고 이후 사서(四書)의 하나로 중시되었으므로 이렇게 말한 것이다.

5 땅은……합치되었다 : 《맹자》 〈이루 하(離婁下)〉에 "땅이 서로 떨어진 것이 천여 리나 되고 시대가 서로 다른 것도 천여 년이나 되지만 뜻을 얻어 중국에 도를 행하면 부절처럼 합치하니, 앞 시대의 성인이나 후대의 성인이나 그 법도는 한가지이다.〔地之相去也, 千有餘里, 世之相後也, 千有餘歲. 得志行乎中國, 若合符節, 先聖後聖, 其揆一也.〕"라고 하였다.

전수하기 위한 방법과 찬술한 말들은 모두 전해지지 않는다. 아조(我朝 조선(朝鮮))에 들어와 가정(嘉靖 명 세종(明世宗)의 연호) 을사년(1545, 인종 원년)이 되자 신재(愼齋) 주공(周公) 세붕(世鵬)[6]이 황해도 관찰사가 되어 선생의 옛 집터에 서원을 건립하고 제생들로 하여금 칭송하고 본받으며 학문에 전념케 하니 다행히 선생의 도가 땅에 떨어지지 않았다.

무릇 우리 생도들로 이 서원에 들어와 재(齋)에 오르는 자들이 그 명성을 우러러보고 그 의(義)를 사모하여 덕업(德業)의 기틀을 공경히 수양하고 성도(性道)의 미묘함을 생각해 분별하며 한결같이 구재의 가르침을 좇는다면 선생의 도가 다시금 이 세상에 밝혀질 수 있을 것이니, 주공(周公)이 후학에게 끼쳐준 아름다운 은혜를 거의 저버리지 않게 될 것이다.

선생은 고려 목종(穆宗) 때에 벼슬길에 나아가 관직은 태사 겸 문하시중(太師兼門下侍中)에 이르고 당대의 유종(儒宗)이 되었다. 이후 대대로 고관(高官)을 배출하였고 후손들은 아직도 해주에 살면서 학문과 덕행을 서로 전하고 있다. 지금 서원을 중수(重修)하는데 내가 외람되이 서원의 원장〔山長〕으로 있었기에 찾아와서 구재(九齋)의 규모에 대해 써달라고 청하였으므로 삼가 이러한 내용을 써서 걸어둔다.

6 신재(愼齋) 주공(周公) 세붕(世鵬) : 주세붕(1495~1554)의 본관은 상주(尙州), 자는 경유(景游), 호는 신재·남고(南皐), 시호는 문민(文敏)이다. 풍기 군수(豐基郡守)로 있던 1543년(중종38) 최초의 서원인 백운동서원(白雲洞書院)을 세웠고, 1549년(명종4)에 황해도 관찰사에 제수되자 해주에 문헌당서원(文獻堂書院)을 건립하는 등, 도학(道學)의 발전과 후학 양성을 위해 노력하였다. 본문에서 가정(嘉靖) 을사년(1545)이라고 한 것은 착오인 듯하다.

문회재에 대한 기문[7]

文會齋記

영남은 산이 모두 웅장하고 수려하며 땅은 기름지고 물은 맑다. 그곳의 풍속은 돈후하고 성실하며 학문을 좋아하여 외물(外物)을 좇지 않는다. 이름난 유자(儒者)와 큰 선비가 성대하게 배출되어 끊이지 않으니 동방의 추로(鄒魯)[8]라고 일컬어진다.

나의 벗 이계진(李季眞)이 선주(善州 선산(善山))를 다스림에 학문 진흥과 선비 양성을 급선무로 삼았다. 이미 연계당(蓮桂堂)을 보수하였으니 고을의 선비와 사대부로 배움에 노닐고자 하는 자들을 기다리는 것이요, 또 그 북쪽에 문회재(文會齋)를 지으니 숙사(塾舍)에서 학문을 익히는 생도들을 양성하기 위한 것이다. 이바지하는 것이 넉넉하고 권과(勸課)하는 데에 방도가 있었는데, 천리 먼 길에 편지를 보내어 나에게 글을 구하였다.

7 문회재(文會齋)에 대한 기문 : 문회재는 선산 도호부사(善山都護府使) 이장호(李章祜)가 선비를 양성하고 학문을 진흥시키기 위해 읍성의 남문 앞에 세운 것이다. 이장호의 본명은 장조(章祚)였는데 1755년(영조31)에 개명하였다. 본관은 용인(龍仁), 자는 계진(季眞)이다. 이장호가 선산 도호부사가 된 것은 1771년(영조47) 3월이고 1774년(영조50) 8월에 이임하였다. 이 글은 1773년에서 1774년 사이에 지어진 것으로 보인다. 이계와 이장호는 벗이자 사돈관계로 이계의 아들 홍희준(洪羲俊)이 이장호의 딸과 결혼하였다.

8 동방의 추로(鄒魯) : 추로는 맹자의 고향인 추(鄒)와 공자의 고향인 노(魯)를 합칭한 말로 교화가 베풀어지고 문화가 흥성한 지역을 가리킨다. 영남에서 많은 학자들이 배출된 것을 비유하는 말이다.

중니(仲尼)의 문하에서 사람들을 가르치는 방법이 많았으나 반드시 말하기를 "문(文)으로 나를 넓혀주신다.〔博我以文〕"라고 하고 또 말하기를 "문(文)으로 벗과 만난다.〔以文會友〕"[9]라고 하였다. 이른바 문이란 것은 장구(章句)의 글자만 읽는 것을 말하는 것이 아니다. 배워서 지식을 모으고 물어서 분별하며[10] 문사(文辭)를 닦아서 이(理)를 밝히고 입언(立言)을 하여 도(道)를 지키는 것이 모두 문이다. 여기에서 연회를 베풀면 서로 잔을 주고 받고 잔을 씻어서 술을 따라 높이 드는 문장이 있고[11] 여기에서 사례(射禮)를 베풀면 읍양(揖讓)하고 단습(袒襲)하는 문장이 있으며,[12] 토론하고 보고 익히는 것이 학문이 아닌 것이

9 문(文)으로……만난다 : 《논어》〈자한(子罕)〉에, 안연(顔淵)이 공자에 대해 감탄하면서 "선생님께서는 차근차근 사람을 이끌어 주시면서, 학문으로 나의 지식을 넓혀주시고 예로써 나의 몸가짐을 단속하게 해주셨다.〔夫子循循然善誘人, 博我以文, 約我以禮.〕"라고 하였고, 《논어》〈안연(顔淵)〉에 "군자는 학문으로 벗과 만나고, 벗을 통해서 인을 보양한다.〔君子以文會友, 以友輔仁.〕"라고 하였다.

10 배워서……분별하며 : 《주역》〈건괘(乾卦) 문언전(文言傳)〉에서 인용한 구절이다. "군자는 배워서 지식을 모으고 물어서 분별하며, 너그러움으로 거하고 인으로 실행한다.〔君子學以聚之, 問以辨之, 寬以居之, 仁以行之.〕"라고 하였다.

11 연회를……있고 : 여기서 연회는 향음주례(鄕飮酒禮)를 의미하며 문장이란 향음주례의 예법과 행동거지를 말한다. 《예기》〈향음주의(鄕飮酒義)〉에 관련 내용이 보인다. 주인이 손님을 맞이할 때 읍양하며 들어가서 당에 오르는 것은 존양(尊讓)을 극신히 하는 것이고, 술잔을 깨끗이 씻어 물기를 빼는 것은 청결을 극진히 하는 것이며, 도착하는 이에게 절하고 술잔을 씻고 나서 절하고 보내면서 절하고 끝나고 나서 절하는 것은 공경을 극진히 하는 것이라고 하였다.

12 사례(射禮)를……있으며 : 이 구절은 향사례(鄕射禮)의 예법을 말한 것이다. 읍양하는 것은 활을 쏘러 사당(射堂)에 올라갔다가 내려올 때의 예법이다. 두 사람이 계단에 이를 때쯤 북쪽을 향해 읍하고 계단에 이르면 읍하고 사당에 오르면 또 읍하며 표지에 이르면 북쪽으로 읍한다. 활쏘기를 마치면 북쪽을 향해 읍하고 올라갈 때와

없고, 마시고 먹고 기거(起居)하는 것도 학문이 아님이 없다. 만남을 반드시 문으로써 한다면 그 업은 두 가지가 아닐 것이다. 두 가지가 아니라면 전일(專一)할 것이고 전일하면 공효(功效)가 있으리니 선산의 선비들은 장차 아름답게 흥기할 것이다.

나는 올 봄에 지공거(知貢擧)에 참여하여 온 나라의 여러 선비들을 모아서 뛰어난 이를 선발했는데, 선산의 두 선비가 높은 등급으로 급제하였다.[13] 무릇 온 나라의 현명한 인재들이 많지 않은 것이 아니거늘 한 고을에서 두 사람을 얻었으니 이로써 선산에 훌륭한 선비들이 많음을 볼 수 있었다. 계진이 선산을 다스린 지가 겨우 3년밖에 안 되었는데 진작(振作)하고 흥기(興起)시킨 공효가 이러하였도다.

계진은 어려서부터 학문을 좋아하여 나와 함께 자주 문회(文會)를 가졌었다. 지금 배운 바를 미루어 나아가 한 고을에 시행하니 공효를 빨리 거두는 것도 당연한 일이다. 남사고(南師古)[14]는 옛날의 통달한

마찬가지로 읍하면서 내려온다. 단습(袒襲)은 활쏘기가 끝나고 벌주를 마실 때의 예법으로 왼쪽 어깨를 드러내고 다시 옷을 입는 것을 말한다. 이긴 사람들은 왼쪽 소매를 걷고 깍지와 토시를 끼고 시위를 건 활을 잡으며 진 사람들은 벗었던 왼쪽 소매를 입고 깍지와 토시를 벗으며 시위를 푼 활을 잡는다. 두 사람이 처음 사당에 올라갈 때와 같이 읍하며 올라가 이긴 사람은 비켜서고 진 사람은 북쪽을 향해 앉아 잔대 위의 벌주를 들고 서서 마신다. 잔을 내려놓고 읍한 뒤 진 사람이 먼저 내려온다. 《儀禮 大射禮》

13 나는……급제하였다 : 이계가 과거시험의 시험관이 된 것은 1783년(정조7) 식년시(式年試)이고, 당시 선산 출신 급제자로는 엄기(嚴耆)와 이기준(李麒峻) 두 사람이 3등으로 급제하여 진사가 되었다. 《司馬榜目》

14 남사고(南師古) : 남사고(1509~1571)의 본관은 영양(英陽), 호는 격암(格菴)이다. 역학(易學)과 풍수(風水), 복서(卜筮) 등에 통달하여 앞일을 내다볼 줄 알았다고 하며, 선조(宣祖) 때의 동서분당(東西分黨)이나 임진왜란 등을 미리 예언하는 등

사람인데, 일찍이 말하기를 "우리나라의 문명의 기운이 영남에 모여 있고 영남의 문명의 기운은 하나의 선산에 모여 있다."라고 하였으니 그 말이 자못 징험이 되었다. 이에 나는 선산의 선비들을 위해 축하하는 바이다.

많은 일화가 전해진다.

비연당에 대한 기문[15]

斐然堂記

주흘산(主屹山)의 남쪽, 낙동강의 동쪽은 산천이 광대하고도 심후하게 자리 잡아 이름난 유자(儒者)와 뛰어난 현인(賢人)들이 울연히 연달아 배출되었다. 업(業)으로 삼는 것은 시서(詩書)와 문장과 덕행이고 풍속은 효성스럽고 공손하며 겸손하니, 예로부터 추로지향(鄒魯之鄕)[16]이라고 일컬어졌다. 오직 의령(宜寧) 고을은 지역이 남해(南海)와 가깝고 경사(京師)와의 거리는 천 리나 되지만 유현(儒賢)들이 일찍이 노닐며 쉬던 곳으로 충의롭고 기절(氣節) 있는 선비가 왕왕 그 사이에서 나왔으니 어찌 세월이 오래되었다 하여 자취가 민멸되었으랴!

그러나 백성들의 풍속이 점차 잘못되고 선비들의 기운이 떨쳐지지 못하자 유풍(流風)과 여운(餘韻)도 적막해져 들리지 않게 되었다. 그곳의 지방관이 된 자는 장부 작성을 중히 여기고 세금 독촉을 능사로

15 비연당에 대한 기문 : 이계의 족질(族姪) 홍낙수(洪樂綏)가 의령 현감(宜寧縣監)이 되어 학당(學堂)을 건립하자, 이를 비연당(斐然堂)이라고 명명하고 선비 양성의 의미를 부여한 글이다. 홍낙수(1746~1805)는 자는 이지(履之)이고 부친은 홍문호(洪文祜)이다. 1777년(정조1) 진사가 되어 관직에 진출하였다. 의령 현감이 된 것은 1795년(정조19) 6월 4일이고 1799년 4월에 모친상을 당하여 물러났다. 이계의 언급을 고려하면 이 글은 1797년 무렵에 지었고 이계가 쓴 '비연당'이라는 글자와 함께 전해진 것으로 보인다.

16 추로지향(鄒魯之鄕) : 236쪽 주8 참조.

여겨서, 일체 눈앞에 닥친 것만 미봉책으로 처리하는 정사를 행하니 어느 겨를에 예속(禮俗)에 미칠 수 있겠는가!

족질(族姪)인 낙수(樂綏)가 이 읍의 수령이 된 지 2년이 되어 뭇 폐단들을 모두 제거하고 개연히 백성을 교화하여 풍속을 바르게 하는 것을 급선무로 삼았다. 향교(鄕校)의 옛터에 나아가 십수 영(楹)의 학사(學舍)를 세우고 읍(邑)의 유자(儒者)를 선발하여 과시(課試)의 법도를 두고 양식을 정기적으로 지급해주었다. 경서에 통하는 것을 먼저하고 예양(禮讓)으로 인도하며 문예(文藝)를 익히도록 하니 선비들이 울연히 흥기하여 모두 말하기를, "백여 년 만에 처음으로 이러한 일을 보게 되었나."라고 하였다. 내가 이 소식을 듣고 기뻐하여 편지를 보내어 축하하며 다음과 같이 말하였다.

"좋도다, 다스림이여! 근본되는 바를 안다고 할 만하다. 무릇 학교라는 것은 다스림의 기틀이 된다. 우(虞)나라의 상(庠)이나 하(夏)나라의 서(序)[17] 이래 역대에 학교가 있지 않았던 적이 없으니 예(禮)와 악(樂)과 병(兵)과 농(農)이 모두 여기에서 나온다. 그러므로 치도(治道)의 융성하고 쇠퇴함, 인재(人才)의 많고 적음이 모두 학교에 비례하여 흥성하고 쇠퇴한다.

17 우(虞)나라의……서(序) : 옛날 중국 지방 학교의 명칭이다. 《맹자》 〈등문공 상(滕文公上)〉에 "'상·서·학·교를 설치하여 백성들을 가르쳤으니, 상은 봉양한다는 뜻이고, 교는 가르친다는 뜻이며, 서는 활쏘기를 익힌다는 뜻이다. 하나라에서는 교라 하였고, 은나라에서는 서라 하였고, 주나라에서는 상이라 하였으며, 학은 삼대가 공통으로 두었으니, 이는 모두 인륜을 밝히는 것이었다.〔設爲庠序學校, 以敎之, 庠者, 養也, 校者, 敎也, 序者, 射也. 夏曰校, 殷曰序, 周曰庠, 學則三代共之, 皆所以明人倫也.〕"라고 하였다.

우리나라는 주(州), 부(府), 군(郡), 현(縣)에 학교를 세우지 않음이 없지만 궁벽한 시골과 외진 고을은 이름만 존재할 뿐 실제로 행해지지는 않는다. 고을의 학당(學堂)에 덕을 닦는 선비가 적고 거리에 책 읽는 소리가 드물면 어떻게 치도(治道)에 도움이 있겠는가! 다행히 지금 성상께서 나라를 다스리시며 다스림의 근본을 교화(敎化)에 두시어, 유신(儒臣)들에게 《향례합편(鄕禮合編)》[18]의 편찬을 명하고 또 《오륜행실도(五倫行實圖)》[19]를 인쇄하여 팔도(八道)에 반포하고 집집마다 외우고 사람마다 익히게 하니, 하·은·주(夏殷周) 삼대와 같은 성대함을 사람들 모두가 머리를 들어 바라게 되었다.

군(君)이 이러한 시기에 백 리 되는 고을을 맡아서 학교 진흥과 선비 양성을 자신의 임무로 삼고 바닷가 모퉁이의 백성들로 하여금 모두가 성군(聖君)의 교화를 입게 하였으니, 어찌 아름다운 일이 아니겠는가! 나는 이에 그 당(堂)을 '비연(斐然)'이라 명명(命名)하고 직접 써서 주는 바이다.

위풍(衛風)의 시에 이르기를 "아름다운 군자여, 깎고 다듬는 듯하네.〔有斐君子 如切如磋〕"[20]라고 한 것은 학문을 말한 것이요, 공자가

18 향례합편(鄕禮合編) : 정조(正祖)가 이병모(李秉模) 등 각신(閣臣)에게 명하여 향례(鄕禮)에 관한 내용을 모아 엮은 책으로 3권 2책 분량이다. 권1은 향음주례(鄕飮酒禮), 권2는 향사례(鄕射禮)와 향약(鄕約), 권3은 사관례(士冠禮)와 사혼례(士婚禮)를 논하였다.

19 오륜행실도(五倫行實圖) : 1797년(정조21) 정조의 명에 의해 이병모 등이 《삼강행실도(三綱行實圖)》와 《이륜행실도(二倫行實圖)》를 합하고 수정하여 5권 4책으로 편찬하였다. 효자(孝子)·충신(忠臣)·열녀(烈女)·형제(兄弟)·종족(宗族)·붕우(朋友)·사생(師生)으로 구분하고 105인을 수록하였다.

"우리 마을의 제자들은 화려하게 문장을 이루었으나 그것을 마름질할 줄 모르는구나.〔吾黨之小子 斐然成章 不知所以裁之.〕"[21]라고 한 것은 배워서 문장을 이룸에 반드시 마름질을 기다려야 한다는 말이다. 마름질이란 바로잡는 것이다. 배우면서 바른 것을 따르지 않는다면 치우친 데로 흐르게 된다. 그러므로 성인(聖人)이 교육할 때 이치를 궁구(窮究)하여 선(善)을 가려 잡고 마음을 바르게 하여 자신을 수양하는 것을 귀하게 여겼다. 이로써 임금을 섬기고 정사(政事)에 종사하며 이로써 윗사람을 친하게 대하고 어른을 위해 목숨을 바치니 모두가 이것으로 말미암아 미루어 나가는 것이다. 후세 사람들 모두가 영우(嶺右) 지역의 학교 정책은 홍 사또로부터 비롯되었다고 칭송하리니 우리 가문에도 영광스러운 일일 것이다. 어찌 유독 의령의 백성들만을 위해 축하할 일이겠는가!"

20 위풍(衛風)의……하네 : 《시경》〈위풍(衛風) 기욱(淇奧)〉은 위(衛)나라 무공(武公)을 칭송한 노래인데, 그 중에 "저 기수 물굽이를 굽어다 보니, 푸른 대나무가 무성하도다. 아름답게 문채 나는 우리 님이여, 깎고 다듬고 쪼고 가는 듯하네.〔瞻彼淇奧, 綠竹猗猗, 有斐君子, 如切如磋, 如琢如磨.〕"라고 하였다.

21 우리……모르는구나 : 《논어》〈공야장(公冶長)〉에 보인다. 공자가 진(陳)나라에 있을 때 제자들에 대해서 한 말이다.

사달정을 중수한 일에 대한 기문[22]

四達亭重修記

홍주는 호서의 큰 고을로 관아(官衙)나 정관(亭觀)이 땅에 걸맞는 것이 마땅하지만 읍성이 들판에 있고 재물이 궁하므로 태수의 방도 이슬이 들이치는 데다 낮고 누추하여, 겨울에는 볕이 들지 않고 여름에는 바람이 통하지 않았다. 게다가 지역은 넓고 일은 번거로워서 매일 아침 아전들이 문서를 서안(書案)에 공손히 받쳐들고 오면 결재하느라 붓이 쉴 틈이 없고 백성들이 뜰에 가득 차서 울부짖으면 귀로는 송사(訟詞)를 듣고 입으로는 판결을 내렸다. 채 정오가 되기도 전에 땀이 흐르고 어지러우며 괴롭고 정신이 없어 마치 술에 취한 듯하였으니 비록 강인하고 민첩한 사람이라 하더라도 이미 견딜 수 없었다.

옛 사람이 말한 바 "무릇 심기(心氣)가 괴로우면 생각이 어지럽고 시야가 막히면 뜻이 정체된다. 군자는 반드시 유람하며 쉴 수 있는 장소와 높고 멀리 볼 수 있는 누정을 두어야 하니 그런 뒤에야 이치에 통달하고 일이 이루어진다."[23]라는 것이 참으로 옳도다. 무릇 이러한

22 사달정을 중수한 일에 대한 기문 : 사달정(四達亭)은 홍주 관아에 있던 7칸의 누정으로 1717년(숙종43) 홍주 목사(洪州牧使) 홍석보(洪錫輔, 1672~1729)가 세웠다. 사달(四達)의 의미를 풀이하였다. 홍석보는 본관은 풍산(豊山), 자는 양신(良臣), 호는 수은(睡隱), 시호는 충경(忠敬)이다. 경종(景宗) 때 노론 4대신과 세제책봉(世弟冊封)을 주장하다가 신임사화(辛壬士禍) 때 유배당하였고 영조 즉위 후 풀려나와 조정에 복귀하였다. 사달정을 세운 일에 대해서는 《홍주읍지(洪州邑誌)》 〈사달정〉에 자세하다.

까닭으로 근래 홍주의 수령이 된 이들은 대부분이 관직에 오래 머물지 못하였다. 어떤 이는 반년도 되지 않아 떠났으니 어느 겨를에 다스리는 이치에 통달할 수 있겠는가!

내가 홍주를 다스리는 몇 달 동안 마음이 답답하여 즐겁지 않았는데, 어느 날 정원의 폐허를 거닐다가 무너진 정자를 발견하니 이름이 사달정(四達亭)이라고 했다. 나이 든 아전에게 세워지고 무너진 시말을 묻자 대답하여 말하기를,

"주(州)에 본래 정자가 있었지만 오래되어 없어졌습니다. 옛날 정유년(1717, 숙종43)에 고(故) 참판(參判) 홍공(洪公)께서 이곳을 다스리실 때 옛디에다 세우시니, 땅은 비록 오래되었지만 그 공적은 새로웠습니다. 이후로 혹 수리를 하지 않아 버려둔 지 십수 년이 되었습니다."

라고 하였다. 나는 삼가 옷깃을 여미며 말하였다.

"아아, 공께서는 나의 종숙부(宗叔父)이시다. 내가 남쪽으로 내려온 때부터 고을 사람들이 훌륭한 전임 수령에 대해 논하는 말을 적이 들었는데 반드시 홍사군(洪使君)이라 말하였고 성문 바깥에 큰 빗돌을 세우고 비각을 두른 뒤 '홍공유애(洪公遺愛)'라고 새겼다. 무릇 공이 홍주에 있었던 것은 겨우 9개월인데 백성들은 지금까지 50년이나 칭송하며 덕정(德政)을 잊지 못하니 그 이술(吏術)에 필시 본받아 서술할 만한 것이 있을 것이나 애석하게도 전고(典故)에 전해지는 것이 없다. 하지만 지금 이 정자를 통해 또한 공의 정사(政事)를 알 수 있다. 비록 내가 불초(不肖)하여 앞 사람이 했던 공역(功役)을 할 수는 없지만

23 무릇……이루어진다 : 이 구절은 유종원(柳宗元)의 〈영릉삼정기(零陵三亭記)〉에 보인다.

지금 그것이 무너진 것을 보고도 수리하지 않는다면 자못 죄스러움이 있을 것이다."

이에 부고(府庫)의 재물을 동원하여 재목을 바꾸고 서둘러 명하여 새롭게 하도록 하니 한 달 만에 공이 이루어졌다. 기울어진 것을 반듯하게 하고 무너진 것은 완전하게 보수하며 갈라진 것은 메우고 썩은 것은 새로 바꾸었다. 이에 더러운 먼지를 털어내고 볼썽사납게 넝쿨진 식물을 베어버리며 물길을 터서 맑은 못을 만들고 수목은 너무 빽빽하지 않고 적당히 벌려서게 하니 심원하고 그윽하며 성대하고 밝았다. 그리고서 4월 병오일 초하루에 객과 더불어 정자의 낙성식을 가졌다. 내가 객에게 말하기를,

"그대는 사달(四達)의 뜻을 아십니까?"

하고 말하니 객은,

"이 정자는 평평한데 자리 잡아 시야가 넓게 트였고 높은 산이 뒤에 있고 흐르는 물이 앞에 있으며 바람은 서쪽의 정자에서 불어오고 달은 동쪽의 처마에서 나오니, 땅이 사방으로 통하는 것을 말하는 것인가요?"

라고 하였다. 내가 말하기를,

"아닙니다."

라고 하니 객은,

"말을 듣고 아는 것〔辭聽〕은 일에 통달한 것이고, 모습을 보고 아는 것〔貌聽〕은 실정(實情)에 통달한 것이며, 공평하게 듣는 것〔公聽〕은 멀리까지 통달한 것이고 이치로 듣는 것〔理聽〕은 은미한 것까지 통달한 것이니, 정사(政事)의 네 가지 통달한 것을 이르는 것입니까?"

라고 하였다. 나는,

"거의 그렇긴 하지만 아직 아닙니다."
라고 하고 이어서 난간을 두드리며 다음과 같이 노래하였다.

정자의 깊숙함이여 어린아이를 감싸주고　亭之深兮孩者懷之
정자의 편안함이여 노인들을 편안하게 하네[24]　亭之安兮耈者綏之
정자의 크고 넓음이여 추운 자가 의지하고　亭大而敞兮寒者是依
정자의 높고 밝음이여 근심이 풀리네　亭高而明兮憂者則夷

객이 감탄하며 말하기를,
"원대하도다, 그 뜻이여! 참으로 이와 같습니다. 장차 동해에 시행하여 통달하고, 서해에 시행하여 통달하고 남해에 시행하여 통달하고 북해에 시행하여 통달하리니, 이것이 이른바 사달이로군요."
라고 하였다. 나는 웃으면서 그 말을 기록하는 바이니 내가 능히 전인의 뜻을 계술한다고 말하는 것은 아니다.

24 정자의……하네 : 이 두 구절은 《논어》 〈공야장(公冶長)〉에 보이는 공자의 말을 따온 것이다. 자로(子路)가 "선생님의 뜻을 듣고 싶습니다."라고 하자, 공자는 "늙은이를 편안하게 해주고, 붕우에게는 미덥게 해주고, 젊은이를 감싸주고자 한다.〔老者安之, 朋友信之, 少者懷之.〕"라고 답한 일이 있다.

부용당에 대한 기문[25]

芙蓉堂記

수양관(首陽館)의 남쪽 수십 보(步)되는 거리에 수백 묘(畝)의 못〔池〕이 있다. 못 안에 돌을 쌓아 누대(樓臺)를 세우고 일만 송이 연꽃을 심은 뒤 부용당(芙蓉堂)이라고 이름하니, 만들어진 것이 빼어나

25 부용당에 대한 기문 : 이계가 황해도 관찰사로 있던 1770년(영조46) 무렵에 쓴 글이다. 부용당은 해주성(海州城)에 있는 누각으로 1500년(연산군6) 목사 윤철(尹哲)이 연못가에 누대를 짓고, 1526년(중종21)에 김공성(金公聖)이 연못에 돌기둥을 세우고 누대를 지은 뒤 두 건물을 다리로 연결하였다. 비 오는 날 부용당에서 보는 풍경이 관서팔경(關西八景)의 하나로 꼽힌다.

그림 6 부용당. 〈국립중앙박물관 소장 조선총독부박물관 유리건판〉

게 아름다워 나라 안에 널리 알려졌다.

나는 경인년(1770, 영조46) 봄 황해도 관찰사가 되어 수양관에 거처하였는데, 한가한 날을 만났기에 올라가 구경해보려고 하였다. 이에 가마꾼들이 가마〔輿〕를 대령하고 역부(驛夫)들은 일산(日傘)을 펼치며 고을의 아전들이 자리를 마련하고 무사들은 극(戟)을 들고 호위(護衛)하며 벽제(辟除)하고 옹위하니 해주부(海州府) 전체가 시끄럽게 들썩거려 귀가 따갑고 마음이 어수선해져서 발걸음이 누대에 이르기도 전에 이미 흥(興)은 열에 여덟, 아홉이 깎여버렸다. 이 때문에 올라가려다가 그만둔 적이 많아서 대략 한 달에 한 번이나 두 번 올라가는데 불과하니 성이 차지 않아 마음이 상쾌하지 못하였다.

여름의 비 내리는 계절을 맞이하자 못의 물이 바야흐로 가득 차고 연잎도 비로소 활짝 펴졌다. 백성들이 농사일로 바쁘니 옥송(獄訟)도 적고 주군(州郡)에도 별일이 없었다. 바람은 따뜻하고 날은 길어졌는데 회포를 풀 도리가 없으므로 이에 영중(營中)의 사람들에게 규약을 세워 말하기를,

"무릇 관찰사가 불시에 부용당에 오를 때 장사(將士)와 이졸(吏卒)들은 따르지 말 것이며, 공사(公事)가 아니면 들어오지 못한다."

라고 하였다.

승시 동자(童子) 한 사람은 관인(官印)을 받들고 앞서게 하고 시기(侍妓) 몇 명은 붓과 벼루 거문고와 책을 들고 뒤따르게 하여, 날 듯이 신을 끌며 나아가 부용당에 오르니 이리저리 둘러보아도 텅 비어 아무도 없었다. 홀로 맑은 못과 푸른 연잎을 그윽하게 마주하여 술상을 마련하고 시를 읊으며 유유자적하게 소요하니 퍽 흡족하였다. 공사(公事)가 있으면 처리하고 백성들의 소장(訴狀)이 있으면 들으면서 공무

를 폐하지 않았음에도 마음이 한가롭지 않은 적이 없어 간혹 날이 저물어서야 돌아왔다. 매번 달이 밝으면 올라가고 비가 와도 올라가며 좋은 손님이 오면 올라가니 한 달에 반 이상이나 부용당에 있게 되었다.

어떤 때는 작은 조각배에 거문고 한 장(張)과 젓대 한 쌍(雙)을 준비하게 하여 둥실둥실 붉은 꽃과 푸른 잎 사이를 떠다녔다. 미풍이 살짝 불고 향기로운 이슬에 옷자락 떨치는데 수선조(水仙調)[26]를 연주하고 채련곡(采蓮曲)[27]을 부르면 정신이 맑아지고 기운은 상쾌해져 표연히 허공을 날아 속세를 벗어난 듯한 생각이 드니 참으로 즐거웠다. 알지 못하겠구나, 전날 이곳에서 노닐던 사람들 또한 이러한 즐거움이 있었던가. 훗날 내 뒤를 이어 이곳에 오는 사람들도 이러한 즐거움을 몰라서는 안 될 것이다. 드디어 붓을 들고 기록하여 벽성(碧城 해주(海州))의 고사(故事)로 갖추어 둔다.

26 수선조(水仙調) : 백아(伯牙)가 연주했다는 금곡(琴曲)의 명칭이다. 백아가 성련자(成連子)에게 거문고를 배웠는데 성련자가 "거문고 곡조는 거의 배웠으니 이제는 너의 정(情)을 옮겨 바꿔야 한다."라고 말하고 섬으로 데리고 갔다. 그리고는 "내 스승이 저 건너편 섬에 계신데 모시고 올 테니 여기에서 기다려라."라고 말한 뒤 배를 타고 떠났다. 10여 일이 지나도록 성련자가 오지 않았고 파도 소리와 숲의 새 소리만 들릴 뿐이었다. 백아가 탄식하면서 "스승님이 나의 정을 바꾸려 하신 것이다."라고 말하고 금(琴)을 연주하니 성련자가 그제야 스승과 함께 돌아왔다. 이때 백아가 연주한 곡이 수선조(水仙調)라고 한다.

27 채련곡(采蓮曲) : 악부(樂府) 청상곡(淸商曲)의 하나로 연밥을 따는 여인을 소재로 삼아 남녀가 서로 그리워하는 심정을 노래하였다. 위진남북조 시대 이래로 많은 문인들이 채련곡을 지었다.

쌍청정에 대한 기문

雙淸亭記

황해도는 아름다운 산과 물이 없는데 오로지 벽성(碧城 해주)만은 산으로 둘러싸이고 바다에 임하여 누각(樓閣)과 대사(臺榭)의 승경지가 있어서 관찰사가 거처한다. 통판(通判)을 두어서 민사(民事) 다스리는 것을 보좌하는데 위치가 가깝고 직무가 밀접하여 매번 공무(公務)에 여가가 생기면 예수(禮數)를 간소하게 차리고 빈객과 막료처럼 자연스럽게 지냈다.

경인년(1770, 영조46) 내가 관찰사가 되어 벽성에 머물고 있을 때, 한산(韓山) 이대지(李大之)가 통판이 되었는데[28] 몇 달이 지나 정무(政務)에 여가가 생기자 정사당(政事堂) 동쪽을 넓혀서 작은 정자를 세우고 못을 만들어 연꽃을 심고 둘레에는 벽오동 몇 그루를 심었으며 백학(白鶴) 한 쌍을 기르면서 정자 위에 올라 거문고를 연주하고 글을 지었다.

내가 이 소식을 듣고 기이하게 여겨 술병을 챙겨들고 가 보았다. 술기운이 조금 오르자 대지가 정자의 이름을 지어주기를 청하였다. 나는 시중 드는 아이에게 유매묵(油煤墨)인 한림풍월(翰林風月)[29]을

28 한산(韓山)……되었는데 : 이대지는 이준영으로 1770년 5월 19일에 해주 판관에 제수되었다.

29 유매묵(油煤墨)인 한림풍월(翰林風月) : 한림풍월은 황해도에서 만들어 바치던 유매묵의 이름이다. 유매묵은 피마자나 돼지의 기름 등을 태울때 나는 그을음을 재료로 만들며 입자가 곱고 균일하며 광택이 있다. 《일성록》 정조 17년(1793) 12월 2일 기사

갈게 하고 상아 붓대의 큰 붓을 적셔서 '쌍청정(雙淸亭)' 세 글자를 크게 쓰고 이를 걸도록 하였다. 대지가 그 의미를 말해달라고 청하므로 나는 다음과 같이 말하였다.

"이 정자를 두르고 있는 것 중 맑지 않은 것이 없소이다. 시험 삼아 큰 것을 이야기해보지요. 뒤에는 용수산(龍首山)의 기이한 봉우리를 짊어지고 있고 앞에는 수압도(睡鴨島)의 깨끗한 바닷물을 두르고 있으니 이는 산과 물이 쌍으로 맑은 것입니다. 동쪽에는 수양산(首陽山)이 있고 앞에는 고죽사(孤竹祠)가 바라보이니[30] 이는 절의(節義)가 쌍으로 맑은 것입니다. 돌을 결쳐놓아 대(臺)로 삼고 대 둘레에는 못을 만들었으니 이는 못과 대가 쌍으로 맑은 것입니다. 물 안에서 연꽃 향기를 품고 달빛 아래의 학 울음소리를 들으니 이는 꽃과 새가 쌍으로 맑은 것입니다. 넉넉하도다, 누정의 맑음이여."

그러자 대지가 말하기를,

"이 몇 가지 것들은 맑기는 맑습니다만 모두 외물(外物)입니다. 유독 자신의 몸을 단속하고 백성들을 다스리는 방도에 대해 말하지 않으신 것은 어째서입니까?"

라고 하였다. 나는 오싹하게 놀라서 옷깃을 단정히 여미고 말하였다.

"좋도다, 질문이여. 그대와 함께 맑음의 도리에 대해 이야기할 수 있겠구려. 무릇 맑음이라는 것은 기(氣)가 정수(精粹)한 것입니다. 하

에, 매년 봄에 한림풍월 20동(同)을 정교하게 만들어 올려보내게 하자는 내용이 있다.

30 동쪽에는……바라보이니 : 고죽사는 해주에 있는 백이와 숙제의 사당이다. 우리나라의 일부 문인들은 백이와 숙제가 죽은 수양산이 황해도 해주의 수양산이라고 여기기도 하였다. 청절(淸節)의 대표적 인물인 백이(伯夷)와 숙제(叔齊)의 고사를 빗대어 말한 것이다.

늘은 이것을 얻어서 드러나고 물은 이것을 얻어서 밝으며〔明〕 사람은 이것을 얻어 신령합니다. 이것으로 마음을 다스리면 인욕(人慾)이 닦여서 천리(天理)가 온전해지며, 이것으로 몸을 다스리면 기(氣)가 조화를 이루고 행실이 고결해집니다. 사람들 사이에 처하면 엄숙하면서 신뢰가 있고 관직에 거처하면 사랑하면서 위엄이 있습니다. 그러므로 맑음이란 덕(德)의 부고(府庫)이자 명성의 보고(寶庫)입니다. 천하 사람들이 존경하여 복종하지 않음이 없으며 백 세(百世) 이후까지도 그 풍격(風格)과 성망(聲望)을 떠올릴 것입니다. 크도다, 맑음이여. 이것과 더불어 다툴 사물이 없습니다.

그렇지만 나는 그대의 물음에 적이 다르게 생각하는 점이 있습니다. 그대의 대부(大父)인 시랑공(侍郞公)[31]은 맑은 명성과 굳은 절개가 당세에 으뜸으로, 그 유풍(遺風)이 지금까지도 늠연(凜然)하여 탐욕스러운 사내를 선하게 하고 더렵혀진 풍속을 바르게 하니, 그대의 가정에는 넘치는 맑음이 있습니다. 주공(周公)은 '문왕(文王)은 나의 스승이다.〔文王我師也〕'[32]라고 하였습니다. 그대가 시랑공을 스승으로 삼아서 자신을 단속하고 관직에 임하여 오로지 선조의 행적을 법도로 삼는다면

31 대부(大父)인 시랑공(侍郞公) : 이준영의 백조부(伯祖父)인 이병태(李秉泰, 1688~1733)를 가리킨다. 이병태의 시호가 문정(文清)이므로 인급한 것이다. 이병태는 1723년(경종3) 문과에 급제하고, 홍문관 부제학(弘文館副提學)을 거쳐 수찬(修撰)에 이르렀다. 합천 군수(陜川郡守)가 되어 기민(饑民)을 구제하는 등 공을 세웠으나 수토병에 걸려 임지에서 사망하였다. 사후 청백리에 녹선되고 이조 판서에 추증되었다.

32 주공(周公)은……스승이다 : 이 구절은 《맹자》〈등문공 상(滕文公上)〉에 수록된 "공명의가 말하기를 '주공이 문왕은 나의 스승이라고 했으니, 주공이 어찌 나를 속이리요.'라고 했다.〔公明儀曰, '文王我師也, 周公豈欺我哉.'〕"라는 맹자의 말에서 따온 것이다.

맑음을 이루 다 쓸 수가 없을 것이며, 세상 사람들 또한 장차 '이씨 가문의 조부와 손자가 쌍으로 맑구나'라고 말할 것입니다. 그런데 지금 나에게서 더 보태고자 하는 것은 어째서입니까?"

군자정을 중수한 일에 대한 기문
君子亭重修記

염주(鹽州 연안(延安))의 남쪽에 큰 못이 있어 와룡지(臥龍池)라고 한다. 넓이는 일만(一萬) 무(武)이고 가로로 길고 구불구불한 것이 마치 용의 모습과 같기 때문에 이름한 것이다. 어떤 이는 그곳에 신물(神物)이 살고 있어 매년 겨울이면 얼음을 가니〔耕氷〕 그것을 보고 풍흉을 점친다고 한다.[33] 못의 동북 쪽에 있는 정자를 '군자정'이라고 부르는데 못이 크고 연(蓮)이 많아서 염계자(濂溪子)의 설[34]을 따른 것이다.

경인년(1770, 영조46) 봄 내가 황해도 관찰사가 된 지 몇 개월쯤 지났을 때, 연안 부사(延安府使) 이 사수(李士秀)[35]가 편지를 보내어 말하기를,

33 어떤……한다 : 원문의 경빙(耕氷)은 '용경(龍耕)'이라고도 한다. 겨울철의 기상 조건에 따라 얼음이 얼면서 일정한 방향으로 가로 혹은 세로의 무늬가 나타나는 것을 말한다. 농민들이 이 무늬를 보고서 농사의 풍흉을 점친다고 하였다. 본집 권14 《합호용경기(合湖龍耕記)》에 이에 관한 내용이 보인다.

34 염계자(濂溪子)의 설 : 〈애련설(愛蓮說)〉을 말한다. 염계는 북송(北宋)의 유학자 주돈이(周敦頤)의 자이다. 주돈이는 〈애련설〉에서 연꽃이 꽃 중의 군자라고 칭송하였는데, 그 중에 "국화는 꽃 중의 은자(隱者)요, 모란은 꽃 중의 부귀자(富貴者)요, 연꽃은 꽃 중의 군자이다."라는 말이 나온다. 정자의 이름이 여기에서 따온 것임을 말한 것이다.

35 이사수(李士秀) : 뒤에 수록된 〈연안 남대지를 준설한 일에 대한 기문〉과 《승정원일기》 영조 45년 7월 23일, 7월 27일 기사에는 이름이 수(琇)로 되어 있다.

"남지(南池)에 정자가 있었던 지 거의 백 년이나 되었습니다. 지난 신미년(1691, 숙종17) 상국(相國) 최공(崔公) 석정(錫鼎)이 이 고을을 다스릴 때[36] 못을 대대적으로 준설하고 그 여력을 몰아서 군자정을 수축(修築)하니 백성들이 지금까지도 칭송하고 있습니다. 근래에 와서 무너지고 폐기된 것은 실로 지방관의 책임이므로 6개월이 걸려서 비로소 일을 마쳤습니다. 한마디 말로 기문을 지어주시기를 감히 청합니다."

라고 하였다. 나는 이를 듣고 기뻐하여 답장을 보내 치하(致賀)하고 또 말하기를

"기문이란 그 실제를 서술하는 것입니다. 나는 이 정자에 올라가본 적이 없으니 일단 기다려주십시오."

라고 하였다.

얼마 되지 않아 남지를 준설하라는 특지(特旨)가 내려왔다. 나는 즉시 해주(海州)·연안(延安)·배천(白川)·평산(平山)·금천(金川) 다섯 읍의 수령에게 격문을 보내 날짜를 정해서 남지에서 모이도록 하였다. 행차가 남지 가까이 칠팔 리(里)쯤 되는 곳에 이르렀는데 갑자기 기이한 향기가 남쪽에서부터 풍겨와 왕왕 코를 스쳤다. 내가 괴이하게 여겨 묻자 따르던 이가 "이는 남지의 향기입니다."라고 대답하였는데 정신이 이미 상쾌했다. 못에 도착하자 물가의 높은 언덕으로 올라가서 두루 살펴보며 손으로 가리켜 고을마다 구역을 나누어주고 각자

36 신미년……때 : 최석정(崔錫鼎, 1646~1715)은 소론(少論)의 영수로 중요한 역할을 하였고, 성리학뿐만 아니라 수학·천문학에 뛰어났으며 서학(西學)에도 관심이 있었다. 최석정이 연안 부사가 된 것은 1690년(숙종16) 여름이고 이듬해 여름에 파직되었다.

백성들을 부려서 일을 하도록 하였다. 이어 군자정에 술자리를 마련하였는데, 시절은 바야흐로 활짝 핀 연꽃이 십여 리에 펼쳐지고 짙은 빨강과 옅은 흰색이 알록달록 어우러지니 아름답기는 비단을 펼친 듯하고 빛나기는 놀이 타오르는 듯하여 사람으로 하여금 눈은 아찔하고 마음은 취해들게 하였다. 잠시 앉아 있다가 옷과 술과 음식에서 모두 향기가 나는 것을 혼연히 깨달으니 점차점차 모두 똑같이 변했던 것이었다. 이에 비로소 염계(濂溪)가 아꼈던 것이 다른 사람들이 아꼈던 것과는 다르다는 것을 믿게 되었다. 나는 이에 술잔을 들어 연안 부사에게 권하며 다음과 같이 말하였다.

"이 못이 막힌 지 지금 몇 년이나 되었던가, 정자도 그에 따라 황폐해졌거늘 다시금 현명한 태수를 얻게 되었고 다시 못을 준설하라는 명이 마침 이러한 시기에 내려와 마치 서로 감응하는 것이 있는 듯하니 이 어찌 사물의 성쇠에 운수가 있는 것이 아니겠습니까? 염계의 〈애련설〉에 말하기를 '속은 비고 겉은 곧으며 향기는 멀수록 더욱 맑다.〔中通外直 香遠益淸.〕'[37]라고 하였습니다. 무릇 가운데가 비었다는 것은 마음이 허령(虛靈)한 것이요, 겉이 곧다는 것은 듣는 것이 공정한 것이며, 향기가 멀리 간다는 것은 교화가 행해지는 것입니다. 마음이 허령하므로 듣는 것이 절로 공정하고, 듣는 것이 공정하므로 교화가 저절로 행해지니 군자의 도는 이와 같을 뿐입니다. 지금 그대가 정사를 베푸는

37 속은……맑다 : 주돈이의 〈애련설〉에 "내가 유독 사랑하는 것은……속은 비고 겉은 곧으며, 넝쿨도 가지도 뻗지 않고, 향기는 멀수록 더욱 맑으며, 우뚝하게 깨끗이 서 있어, 멀리서 바라볼 수만 있고 가까이 가서 만질 수 없는 것이다.〔予獨愛……中通外直, 不蔓不枝, 香遠益淸, 亭亭淨植, 可遠觀而不可褻翫焉.〕"라는 구절에서 따온 것이다.

것은 바로 이 점을 음미해서가 아니겠습니까? 이 정자의 주인이 되는 것이 마땅하며 이 꽃에도 부끄러움이 없을 것입니다. 옛날 거백옥(蘧伯玉)은 혼자서 군자가 되는 것을 부끄러워하였습니다.[38] 내가 장차 부용당(芙蓉堂)에 앉아서 주자(周子 주돈이(周敦頤))의 글을 읊조리면서 군후(君侯)의 정사에 미루어서 일로(一路)에 베푼다면, 이 정자의 기문에 또 부끄러움이 없을 것입니다."

38 옛날……부끄러워하였습니다 : 거백옥은 춘추시대 위(衛)나라의 대부(大夫)로 이름은 거원(蘧瑗)이고 백옥은 자이다. 위나라 헌공(獻公)·상공(殤公)·영공(靈公) 등을 섬기며 덕치(德治)를 주장했다. 공자는 거백옥을 군자라고 인정하고 칭송한 일도 있다. 《論語 衛靈公》 "거백옥은 홀로 군자가 되는 것을 부끄러워하였다.〔蘧伯玉恥獨爲君子〕"라는 구절은 《후한서(後漢書)》 권67 〈당고열전(黨錮列傳)〉과 권56 〈장왕종진열전(張王種陳列傳)〉에 보인다.

태허루를 중수한 일에 대한 기문[39]

太虛樓重修記

황주(黃州)의 관아에 태허루가 있다. 허공을 가로질러 계단을 만들고 창문이나 문은 설치하지 않아서 넓고 환하며 높고 밝은, 서도(西道)의 웅장한 누정이다. 옛 이름은 광원루(廣遠樓)였는데 황명(皇明)의 조사(詔使)인 주지번(朱之蕃)[40]이 '태허'라고 바꾸고 직접 쓴 글씨를 현판으로 걸었다.

경인년(1770, 영조46) 나는 황해도 관찰사의 절월(節鉞)을 쥐고서 속부(屬部)를 순행하였다. 2년 동안 세 번 황주에 이르렀는데 황주에 도착하면 곧 태허루에 올라 술자리를 마련하고 시를 읊곤 했다. 강산(江山)은 옛날이나 다름이 없었지만 황화(皇華)의 옛 자취는 뜬구름이 태허(하늘)를 지나가듯 아득하니 하늘을 우러르고 땅을 굽어보면서 탄

39 태허루를……기문 : 이계가 황해도 관찰사의 임기를 마친 이듬해인 1772년(영조48)에 황주 목사(黃州牧使) 이영배(李永培, 1730~1779)의 부탁을 받고 쓴 기문이다. 태허루의 유래와 변천을 기술하고 객과의 대화를 통해서 태허의 의미를 서술하였다. 이영배는 1753년(영조29) 음사로 관직에 진출하여 장녕전 참봉(長寧殿參奉)이 되고 이후 여러 관직을 역임하였다. 황주 목사에 제수된 것은 1771년(영조47) 4월 21일이다.

40 주지번(朱之蕃) : 주지번(1546~1624)은 명나라의 관리로 자는 원개(元介), 호는 난우(蘭嵎)이다. 1595년(만력23) 과거에 장원급제하여 이부 시랑(吏部侍郎)에 이르렀다. 1606년(선조39) 황태손(皇太孫)의 탄생을 알리는 조서(詔書)를 반포하기 위해 예과 좌급사중(禮科左給事中) 양유년(梁有年)과 함께 조선에 왔다. 일체의 물품을 사양하는 등 청렴함으로 칭송받았고 문장과 글씨에 빼어나 여러 곳에 그의 글씨가 전한다.

식하고 배회하며 차마 떠나가지 못하였다. 그저 보이는 것이라고는 처마가 기울고 난간은 부서져서 퇴락하고 위태로운 모습뿐이었으니 태허루가 오랫동안 보전되지 못할까 근심스러웠다.

내가 관찰사의 임무를 마치고 돌아온 이듬해에 지주(知州)인 이구지(李久之 이영배(李永培))가 녹봉을 덜어 새로이 보수하면서 조금 넓혀서 확장하고 나에게 글을 구하였다. 내가 이것을 듣고 기뻐하며 말하기를,

"태허루는 나라 안의 이름난 누정입니다. 중화의 사신이 바라보며 감상하고 가시(歌詩)로 읊어서 중국에도 알려졌지요. 그 흥망성쇠로 족히 국력(國力)의 허실(虛實)을 살필 수 있고 치상(治象)[41]의 성쇠(盛衰)에도 관련이 되니, 구지의 공로에 기록이 없을 수가 없습니다."

라고 하였다. 객 중에 웃는 이가 있어 말하기를,

"구지의 마음씀이 참으로 부지런합니다. 그러나 차고 기우는 것은 이치〔理〕요, 흥하고 망하는 것은 운수〔數〕입니다. 이 태허루가 있은 이래로 불에 타서 잿더미가 되거나 전쟁통에 무너지거나 혹은 비바람과 새나 쥐 때문에 훼손되어 일찍이 수백 년 동안 오래 보전되지 못하였으니, 지금 이후로도 어떠할지 알 수 있지요. 길거나 짧거나 때가 되면 결국은 함께 없어질 것인데 어찌 글 짓는 데 힘을 쓰십니까?"

라고 하였다. 이에 내가 다음과 같이 답하였다.

"그대는 저 태허라는 것을 아시지요? 만물은 모두 허(虛)에서 나와서

41 치상(治象) : 옛날 정교(政敎)와 법령을 기록한 문자를 말하는데 여기서는 정치를 빗대어 표현한 것으로 보인다. 《주례》에 "이에 치상의 법을 궐문에 걸어서 만백성에게 치상을 보게 하였다.〔乃縣治象之灋於象魏, 使萬民觀治象.〕"고 하였다. 《周禮 天官 大宰》

허로 들어갑니다. 허라는 것은 실(實)의 근본이요 사물의 끝이자 시작입니다. 노자(老子)는 허를 무(無)라고 여겼고 부처는 허를 멸(滅)이라 하였으니, 이들은 모두 허의 오묘함을 아는 것이 아닙니다. 하늘이 허하므로 구름이 다닐 수 있고 계곡이 허하므로 바람이 생겨나며 못은 허하므로 물이 모이고 땅이 허하므로 누대가 지어지고 누대는 허하므로 사람이 노닐 수 있습니다. 허로써 받아들이고 실(實)로써 형체를 드러내니 한 번 허하고 한 번 실하는 데에서 변화가 생겨납니다.

태허루는 본래 허에서 일어났으니 무너지면 허로 돌아갈 뿐입니다. 태허루가 비록 무너진다 해도 허는 일찍이 변한 적이 없습니다. 비유하자면 사람이 누정을 거쳐감에 사람은 떠나가도 누정은 남아 있는 것과 같습니다. 그러나 누정으로 인해 땅이 더욱 빛나고 이름으로 인해 누정이 더욱 드러나며 문장으로 인해 이름이 더욱 알려지니 문장 또한 없어서는 안 됩니다. 내가 지지(地誌)를 읽었보았는데 임오년(1762, 영조 38) 황강(黃岡 황주)에 불이 나서 태허루가 모두 잿더미가 되었지만 유독 편액만은 날려서 못 속으로 빠졌으니 마치 보호해주는 것이 있는 듯하였다고 합니다. 참으로 기이한 일이지요. 지금 내 문장이 주지번의 글씨에 비해 어떠한지는 모르겠습니다만 태허에 의탁한 것은 동일하니 태허는 누정과 존망을 함께하지 않을 것입니다."

영파루를 중수한 일에 대한 기문[42]

映波樓重修記

황해도의 서쪽은 땅이 모두 물가의 낮은 지대에 넓게 펼쳐져 있는데 유독 서흥(瑞興)만은 산으로 둘러싸여 물에 임해 있으며, 영파루(映波樓)는 객관(客館) 앞에 위치하여 풍경이 시원하게 툭 트였다. 그러나 서흥은 서쪽으로 가는 직로(直路)[43]의 요충지에 위치하여 왕래하는 수레의 덮개와 바퀴가 서로 부딪힐 지경이니 관리된 사람은 오가는 사람을 전송하고 맞이하느라 지치고 축나는 식량으로 곤란하여, 산수와 누대(樓臺)의 즐거움이 있다는 것도 알지 못했다. 그런 까닭에 영파루가 퇴락한 지 오래되었음에도 간혹 수리한 이도 없었다.

덕수(德水) 이사수(李士秀)[44]가 염주(鹽州 연안(延安))에서 이 읍으로 옮겼는데 채 반년도 되지 않아 영파루를 새로 단장하니 날아갈 듯 높고 빛이 나는 듯 밝아졌다. 무릇 비춘다〔映〕는 것은 밝음이 사물과

42 영파루를……기문 : 영파루는 황해도 서흥 도호부(瑞興都護府)의 운종관(雲從館)에 있는 누정이다. 이계가 황해도 관찰사에서 돌아온 뒤 써준 글로 서흥 도호부사(瑞興都護府使)인 이사수(李士秀)가 영파루를 보수한 전말을 기록하고 이어 관리가 취해야 할 자세를 비춘다〔映〕는 의미로 논하였다. 이사수(李士秀)는 《승정원일기》에는 '李琇'로 되어 있다.

43 서쪽으로 가는 직로(直路) : 서울에서 의주까지 곧장 통해 있는 큰 길을 뜻한다.

44 이사수(李士秀) : 앞의 〈군자정을 중수한 일에 대한 기문(君子亭重修記)〉에는 이사수로 나와있고, 〈연안 남대지를 준설한 일에 대한 기문(延安南大池疏濬記)〉과 《승정원일기》에는 이수(李琇)라고 하였다.

접하는 것이다. 물의 본성은 안이 밝기 때문에 사물을 투영하니 하늘의 텅 빈 모습과 산의 푸르름과 해와 달의 광채와 누대의 고움이 물에 비친다. 그리고 초목(草木)의 무성함과 금수(禽獸)의 무늬〔文章〕가 각각 그 모양으로 접한다. 그러나 물결〔波〕이 잔잔해지면 비추는 것도 전일(專一)해지고 물결이 흔들리면 그 비추는 것도 흩어져 어지러워진다. 전일하면 참되고 흩어지면 변화하니 참되거나 변화함으로써 사물의 실정을 다한다. 마음은 물과 같고 다스림〔政〕은 비추는 것과 같다. 마음이 바르면 다스림이 공평하고 마음이 번거로우면 다스림도 번잡해지니, 맹자가 말한 바 "물을 보는 데에도 방법이 있으니 반드시 여울을 보아야 한다.〔觀水有術 必觀其瀾〕"[45]라고 한 것이 바로 이것을 말한 것이리라.

사수는 염주(鹽州 연안(延安))에 있으면서 일찍이 남지(南池)를 준설하고 누정(樓亭)을 수축(修築)한 일이 있다.[46] 나는 당시에 황해도 관찰사로서 글을 지어 찬미했거늘 지금 또 편지를 보내어 영파루가 완성되었음을 알려왔으니, 물을 보는 데 깨달은 바가 있지 않다면 어찌 이처럼 독실하게 좋아할 수 있으리오! 무릇 읍을 다스리는 자의 뜻은 이로움을 일으키고 해로움은 없애는 데 있으며, 즐거움은 산수와 누대에 있으니, 여기에서 그 다스림을 알 수 있고 그 사람을 알 수 있다.

45 물을……한다 : 《맹자》 〈진심 상(盡心上)〉에 보인다.

46 사수는……있다 : 이 일은 앞에 수록된 〈군자정을 중수한 일에 대한 기문〔君子亭重修記〕〉에 보인다.

청앵정에 대한 기문[47]

聽鶯亭記

지난날 내가 강동 현감(江東縣監)으로 있을 때 큰 제방을 읍의 남쪽에 축조하여 수환(水患)을 예방하고 제방 위에 버드나무를 심어 견고하게 한 뒤 이름을 만류제(萬柳堤)라고 하였다. 12년이 지난 경인년(1770, 영조46)에 윤 학사(尹學士) 빈경(賓卿)이 걸양(乞養)[48]하여 강동에 부임했는데 3년 동안 치적을 이룬 뒤[49] 나에게 편지를 부쳐 다음과 같이 말하였다.

"읍에 만류제가 만들어진 이래로 강동이 수해(水害)를 당하지 않으니 백성들이 날로 번성하고 가옥도 즐비해졌습니다. 제방 위의 버드나

47 청앵정에 대한 기문 : 강동(江東)의 만류제(萬柳堤) 외제(外堤)에 건립한 청앵정에 대해 쓴 기문이다. 청앵정은 윤사국(尹師國, 1728～1809)이 강동 현령이 되었을 때 이계가 쌓은 만류제에 외제를 쌓고 세운 누정이다. 윤사국은 본관은 칠원(漆原), 자는 빈경, 호는 직암(直庵)이다. 1759년(영조35) 문과에 급제하고 판서(判書)·한성판윤(漢城判尹)을 지낸 뒤 기로소(耆老所)에 들어갔다. 80세에 숭록대부(崇祿大夫)에 오르고 판돈녕부사가 되었다. 서예에 뛰어나 조정의 금보(金寶)·옥책(玉冊)과 사찰·누관(樓觀)의 편액(扁額)을 많이 썼다. 윤사국이 강동 현감에 제수된 것은 1770년(영조46) 3월 21일이고, 이 글은 1772년 즈음에 쓰인 것으로 보인다.

48 걸양(乞養) : 관리가 연로한 부모를 봉양하기 위해 지방 고을의 수령으로 나가기를 주청(奏請)하는 것을 말한다.

49 3년……뒤 : 윤사국은 1770년(영조46) 3월 21일 강동 현감에 제수되고 이듬해 6월 22일 부수찬에 제수되었으나 대신의 주청(奏請)으로 잉임(仍任)되었고 1772년(영조48) 7월 10일에 부교리가 되었다.

무가 모두 아름드리로 자라서 그늘을 드리우니 거주하는 사람들은 여기서 노닐고 지나가는 나그네들은 여기서 쉽니다. 빨래하는 이도 가고 낚시하는 이도 가며 봄에는 이곳에서 답청(踏靑)을 하고 여름에는 이곳에서 그네를 타니 성대하게 부유하고 번화한 지역이 되었습니다. 고을의 활 쏘는 무사들이 제방 아래에 사장(射場)을 설치하여 후(侯)를 펼치고 혁(革)을 세운 뒤[50] 작대(作隊)하여 기예를 다투니 무예가 점차 성해졌습니다.

제가 이 고을에 부임한 뒤로 증축한 바깥 제방이 오백 무(武)가량 되는데 돌을 더 모으고 버드나무를 더 심어 제방을 보호하도록 했습니다. 올 봄에는 또 그 곁에 작은 정자를 세워 무예를 닦는 장소로 삼아 잘하는 이나 못하는 이를 시험하고 상과 벌을 줌으로써 권장하였는데, 이름은 청앵(聽鶯)이라고 하였습니다. 꾀꼬리〔鶯〕의 본성은 버드나무를 좋아하니 꾀꼬리 소리를 들으면 버드나무가 있는 제방인 것을 알게 됩니다. 고을의 사람들 모두가 기뻐하면서 태수의 공덕을 칭송하기에 제가 말하기를 '정자가 완성된 것이 비록 오늘의 일이긴 하지만 제방을 쌓은 것은 실로 홍 사또부터이니, 내가 어찌 그 아름다움을 독차지할 수 있으랴!'라고 하였습니다. 이 일을 글로 남겨서 고을 사람들을 길이 깨우쳐주고자 하니 오직 그대의 말로 징험하고자 합니다."

50 후(侯)를……뒤 : 과녁을 설치한 것을 말한다. 후는 베〔布〕나 가죽으로 만드는데 후를 걸어 펼치고 그 중앙에 그림을 그리거나 가죽을 덧대어 과녁으로 삼는다. 일설에 혁은 가죽으로 만든 갑옷이나 투구, 방패 등인데 이러한 것을 과녁으로 삼아서 활쏘기를 했다고 한다.

나는 편지를 보고서 탄복하여 다음과 같이 말하였다.

"아름답도다, 그대의 다스림이여! 무릇 백성을 기르는 방법으로 이로운 일을 일으키고 해로운 일을 없애는 것보다 더 큰 것이 없습니다. 그대는 이미 제방을 증축하고 버드나무를 더 심어서 수재(水災)를 제거하였으며, 정자를 만들고 활쏘기를 익히게 하여 무력을 흥기시켰습니다. 강동은 땅이 서쪽 변새(邊塞)와 가까워서 예로부터 무(武)를 쓰는 지역이라 일컬어졌으니 다스림에 무를 높이는 것이 마땅합니다. 나도 일찍이 그러한 뜻이 있었지만 이루지는 못하였습니다. 지금 그대의 다스림은 그 요점을 얻은 것이라고 할 수 있습니다.

또 정자에 이름을 붙인 것도 참으로 좋습니다. 무릇 꾀꼬리란 것은 황조(黃鳥)입니다. 《시경》에 이르기를 '꾀꼴꾀꼴 꾀꼬리 무성한 산 숲에 그치네.〔緜蠻黃鳥 止于丘隅〕'[51]라고 하였으니 그쳐야 할 바에 편안한 것을 말한 것이고, 또 '재잘재잘 노래하는 새들이여, 벗을 구하는 소리로다.〔嚶其鳴矣 求其友聲〕'[52]라고 하였으니 같은 동류(同類)와 화목하게 지내는 것을 말한 것이며, 또 '깊은 골짜기에서 나와서 높은 나뭇가지로 옮겨가네.〔出自幽谷 遷于喬木〕'[53]라고 하였으니 자신이 거처할 곳을 선택할 줄 아는 것을 말한 것입니다.

만일 이 정자에 오르는 고을 사람이 무성한 산 숲에 그치는 것을 보면 분수에 편안할 것을 생각하게 할 것이고, 꾀꼴꾀꼴 우짖는 소리를 들으면 동류들과 화목하게 지낼 것을 생각할 것이며, 큰 나무로 옮겨가

51 꾀꼴꾀꼴……그치네 : 《시경》 〈소아(小雅) 면만(緜蠻)〉에 보인다.

52 재잘재잘……소리로다 : 《시경》 〈소아 벌목(伐木)〉에 보인다.

53 깊은……옮겨가네 : 《시경》 〈소아 벌목〉에 보인다.

는 것을 보면 인(仁)에 처하고 의(義)에 옮겨갈 것을 생각할 것이니, 이 세 가지 선함을 얻으면 백성들의 풍속이 맑아질 것입니다. 백성들을 교화하고 풍속을 이루는 도리가 여기에 근본하니 어찌 단지 이로운 일을 일으키고 해로운 일을 없애는 정도일 뿐이겠습니까! 자로(子路)가 나라를 다스리는 것에 대해 말하기를, '3년이면 백성들을 용맹스럽게 만들고 또 나아가야 할 방향을 알도록 하겠습니다.〔比及三年 可使有勇 且知方也〕'[54]라고 하였는데 그대가 매우 비슷합니다. 이상의 내용을 기문으로 삼기를 청하는 바입니다."

54 3년이면……하겠습니다 : 《논어》 〈선진(先進)〉에 공자가 제자들에게 포부를 물었을 때 자로가 대답한 말이다.

분무대를 중수한 일에 대한 기문[55]

奮武臺重修記

평양은 우리나라의 서경(西京)으로 관찰사(觀察使)가 절도사(節度使)를 겸하여 42개의 주(州)와 64개의 진(鎭)을 통솔하니 바다와 뭍의 군사와 백성들이 모두 예속된다. 그 땅은 서쪽으로 요계(遼薊)[56]와 접하고 북으로는 말갈(靺鞨)과 이웃한다. 배와 수레가 모여들고 재물과 비단이 쌓이는 것이 여러 도(道) 중에서도 으뜸이니 우뚝한 웅번(雄藩)이자 대도회지가 되었다. 성(城) 안에 오영(五營)을 설치했는데 중영(中營)이 대장대(大將臺)로 성 중앙에 자리한 높은 언덕에 있어서 성 안팎 10여 리를 굽어보니 지형의 이점을 가장 잘 얻었다. 누옥(樓屋)은 팔각(八角)에 겹기둥으로 우뚝하게 높고 툭 트여 넓으니 원융(元戎)[57]이 대장기를 세우고 호령을 내리는 장소이다.

내가 신해년(1791, 정조15)에 부절(符節)을 쥐고 서쪽으로 와서 대

55 분무대를……기문 : 이계가 평안도 관찰사로 있던 1791년(정조15) 무렵에 분무대를 중수하고 쓴 글이다. 집승대(集勝臺)를 중수(重修)하고 분무대로 이름을 바꾼 뜻을 서술하였다. 평양성은 내성(內城)·중성(中城)·외성(外城)·북성(北城)의 네 부분으로 구역이 나뉜다. 또 내성에 전영(前營)·좌영(左營)·중영(中營)·우영(右營)·후영(後營)의 오영(五營)이 있었는데, 분무대는 중영의 장대(將臺)이다.

56 요계(遼薊) : 요(遼)는 요동(遼東) 일대이고, 계(薊)는 계주(薊州)로 북경(北京)과 하북성 북동 지역에 해당한다.

57 원융(元戎) : 본래 선봉을 맡은 큰 병거(兵車) 혹은 장수라는 뜻인데 여기서는 병마절도사를 가리킨다.

에 올라 두루 살펴보니, 기둥과 서까래는 기울고 삭았으며 문과 담장은 무너지고 부서져서 좌우에서 굄대로 지탱해두었으니 정말이지 위험해서 오래 앉아 있을 수가 없었다. 내가 이 때문에 개연히 말하기를 "이것을 어떻게 군민들에게 보여줄 수 있으랴!"라고 하고 서둘러 보수할 것을 계획하였으나 때마침 흉년이 들고 재정이 궁핍하여 결행하지 못하였다. 이듬해 4월이 되어 재목을 모으고 기와를 산 뒤 좋은 날을 가려서 일을 시작하고 막료(幕僚)인 전 부사 윤수민(尹壽民)으로 하여금 공역을 살피도록 명하였다. 한 달이 걸려서 완공되어 날아갈 듯 화려하고 크고 웅장해지니 읍의 부로(父老)들이 지팡이를 짚고 흰머리를 드리운 채 와서 살펴보고는 목이 메어 감탄하며 칭찬해 말하기를,

"평양성에 이 장대가 있는 것은 배에 돛이 있고 수레에 깃발이 있는 것과 같아서 온 백성들이 주목하는 바입니다. 백 년 이래로 황폐해져서 돌아보지도 않았거늘 이제야 옛 모습을 되찾고 더욱 아름답게 되었으니, 백성들도 힘든 줄을 모르고 완성된 것을 즐거워하고 있습니다. 공의 공로는 평양성과 더불어 영원히 함께할 것입니다."

라고 하였다. 내가 말하기를,

"그대들의 말은 단지 겉모습만 본 것일 뿐이다. 내 생각에 평양성은 직로(直路)[58]의 요충지이자 사방으로 통하는 교통의 요지이다. 뒤에는 산이 있고 앞에는 강이 둘러 있어 삼면이 물로 막혔고 성은 높고 땅은 기름져서 곡식이 넉넉하고 백성이 많다. 천험(天險)의 요새로 함락시킬 수 없는 기세가 있어 지형상으로 볼 때 반드시 다투어야 할 곳이다.

단군(檀君)과 기자(箕子)가 나라를 열어 전한 시대가 천 년이고,

58 서쪽으로 가는 직로(直路) : 262쪽 주43 참조.

고구려가 이곳에 도읍하여 호시탐탐 삼한(三韓)을 노려보았다. 수(隋)나라와 당(唐)나라의 백만 군사가 갑옷을 끌며 풍비박산(風飛雹散)하였고, 발해(渤海)와 숙신(肅愼)의 나라들은 머리를 조아리고 명을 받들면서 일찍이 평양은 한 발자국도 엿보지 못하였으니, 어찌 모두 병사가 강하고 장수가 용맹했기 때문일 뿐만이겠는가, 아마도 지형의 이로움이 그렇게 만든 것이리라. 고려에 이르러서는 평양을 서경(西京)으로 삼고 때로 순행(巡幸)하였으나 요망한 도적인 묘청(妙淸)과 조광(趙匡)의 무리들이 험준함을 믿고 반란을 일으켰다.[59] 김부식(金富軾)은 중망(重望)을 업은 경험 많고 노련한 장수로서 십만의 병사를 거느리고 죄목을 성토하며 반란 토벌에 나섰지만, 성으로 들이닥쳐 한바탕 싸우지 못하였고 빙 돌아 서쪽으로 내려가서 후방의 지원을 차단하고도 1년이 지나서야 비로소 함락시킬 수 있었으니, 평양성이 험고하여 범하기 어려움이 이와 같다.

아조(我朝 조선(朝鮮))가 일어섬에 하늘이 문명을 여시어 무(武)를 중지하고 문(文)을 높이니 장수와 재상들이 태평한 시절에 익숙해져서 군사에 관한 일은 능숙하지 못했다. 임진년과 병자년에 전쟁이 일어났을 때 성을 버리고 피해 달아나버려 일로(一路)가 와해되고 적병들이 승승장구하게 만들었으니 나라가 보전된 것이 다행일 뿐이었다. 이 어찌 애통한 일이 아니랴!

59 묘청(妙淸)과……일으켰다 : 묘청의 난을 말한다. 1135년(인종13) 정월 묘청과 분사시랑(分司侍郞) 조광 등이 서경(西京)에서 일으킨 반란으로 국호를 대위(大爲)라 하고 연호를 천개(天開)라고 하였다. 이들은 교섭을 거부하고 성을 포위당한 상태로 1년 이상 항전하였으나, 1136년 2월 김부식이 이끄는 토벌군에 의해 진압되었다.

내가 이곳에 부임한 이후 성과 해자를 수리하고 관사(官舍)를 보수하며 사포(射砲)를 훈련하고 연노(連弩)를 만들며 돌을 모으고 나무를 심고 넘치는 물을 막고 못을 준설하여 위급한 일이 생겼을 때에 반드시 지켜나갈 계획을 세웠다. 지금 이 대를 건축하는 것이 어찌 한때의 좋은 볼거리일 뿐이겠는가! 모든 나의 군사와 백성들은 내 뜻을 알아야 한다. 서로 더불어 죽는 한이 있어도 떠나가지 말아서[60] 국가의 보장(保障)이 되어 만년토록 영원할 기틀을 공고히 해야만 할 것이다."

분무대의 옛 이름은 집승(集勝)으로 이는 강과 산의 아름다움을 말한 것에 불과할 뿐이니, 지금 '분무대'라고 이름을 바꾸고 직접 써서 걸어둔다. 《서경》에 "500리는 수복〔綏服〕이니 문교(文敎)를 행하고 무위(武衛)를 떨친다."[61]라고 하였다. 여기서부터 도성까지가 또한 오백 리 남짓 되니 기이한 점이 있다.

60 죽는……말아서 : 원문은 '효사물거(效死勿去)'로 맹자가 약소국이 취할 바에 피하거나 맞서 싸우는 방법이 있다고 하면서, "어떤 사람은 '대대로 지켜 내려온 땅이므로 혼자서 마음대로 할 수 있는 것이 아니니, 죽는 한이 있어도 떠나지 말라.'라고 말할 것입니다.〔或曰, 世守也, 非身之所能爲也, 效死勿去.〕"라고 하였다. 《孟子 梁惠王下》

61 500리는……떨친다 : 《서경》〈하서(夏書) 우공(禹貢)〉에 보인다. 고대 중국에서는 왕기(王畿)를 중심으로 500리씩 다섯 구역으로 나누고 전복(甸服)·후복(侯服)·수복(綏服)·요복(要服)·황복(荒服)으로 일컬었다. 수복은 가운데에 위치하므로 안쪽의 삼백 리는 천자의 문교를 헤아리고 바깥쪽의 이백 리는 무위를 떨치게 한 것이라 한다.

경파루에 대한 기문

鏡波樓記

평양은 관찰사의 치소(治所)이므로 성 안에 오영(五營)을 설치하고 병마를 다스린다. 신해년(1791, 정조15) 여름에 내가 부절을 쥐고 서쪽으로 와서 가장 먼저 군영(軍營)이 있는 곳을 물어보았는데 장사(將士)들이 대답하기를 "오영이 오방(五方)에 나뉘어 서 있는데 좌영(左營)만은 허물어져 터만 남았습니다."라고 하였다. 나는 개연히 "평양성은 나라의 서도(西都)이고 좌영은 사람 몸의 왼팔과 같거늘 하루라도 없어서야 되겠는가."라고 말하고, 급히 명을 내려 재목을 베고 기와를 구워서 그 터에다 규모를 늘려 짓게 하니 높은 난간과 화려한 누각이 우뚝하게 새로워졌다. 수십 일이 되지 않아 완공되었으므로 나는 편여(便輿)를 타고 가서 살펴보았다.

좌영은 대동강의 서쪽 절벽 위에 있으며 오른쪽 옆으로는 연광정(練光亭)과 인접하고 왼쪽으로는 부벽루(浮碧樓)가 바라보이는데 큰 강물이 앞을 비껴흐르고 깨끗한 모래사장이 그 너머로 둘러 있다. 비스듬히 주암(酒巖)[62]의 기이하고 빼어난 모습이 보이고, 아래로는 양각도(羊角島)[63]의 어여쁜 모습이 보였다. 노 젓는 소리가 서로 전해지고

62 주암(酒巖) : 평양부의 동북쪽 10리에 있으며 술이 바위 틈에서 흘러나왔기 때문에 주암이라고 불리게 되었다. 곁에는 주암사(酒巖寺)가 있다.《新增東國輿地勝覽 卷51 平安道 平壤府》현재 주암사 터가 남아 있다.

63 양각도(羊角島) : 평양 대동강 유역에 가운데 섬이다. 좁고 길쭉한 형태가 양의 뿔과 비슷하다 하여 양각도라고 불리게 되었다.

어부의 노래가 주거니 받거니 들리니 이는 연광정이나 부벽루와 공유하는 바이다. 고개를 돌려 뒤를 바라보면 십 묘(畝)의 네모난 못이 섬돌 아래에서 찰랑거리고 1만 가구 여염집들이 눈앞을 두르고 있다. 온 성의 누각과 아름다운 풍경이 눈앞에 늘어서서 에워싸고 있으니, 이는 연광정이나 부벽루도 다 갖추지 못한 것이다.

성에 올라 군사 훈련을 행할 때, 좌영장(左營將)이 대장기를 세우고 징과 북을 울리며 호상(胡床)에 걸터앉아 초루(譙樓)에 임하여 지휘하고 호령하면, 갈매기와 해오라기가 모두 날아오르고 물고기와 용이 힘차게 도약하니 이로써 군사들의 성세(聲勢)를 도와서 위세를 떨치면 완연히 강에 임하여 파도를 쏘고[64] 물을 등지고 나와 진(陣)을 치는 형세[65]가 있다. 성곽은 웅장하고 화려함을 더해주고 강산은 정채(精彩)로움을 움직이니, 이러한 것들은 이 누대가 독차지하는 것들이다. 저 연광정이나 부벽루는 나라 안에 이름난 누정(樓亭)으로 각각 승경을 차지하고 있으니 우열을 가릴 수 없다. 그런데 이 경파루는 그 둘 사이에 끼어서 대동강을 삼등분하며 정족지세(鼎足之勢)로 서 있으니, 만약 우열을 다투고 장단을 따진다면 그 품제(品題)한 순서를 식자(識者)

64 파도를 쏘고 : 오월왕(吳越王) 전류(錢鏐)가 제방을 축조할 때 조수(潮水)가 주야로 밀려왔다. 이에 3천 개의 대전(大箭)을 만들어 강노(强弩) 5백 인으로 하여금 조수를 향해 쏘게 하자 조수가 동쪽으로 물러났으므로 제방을 쌓을 수 있었다는 고사가 있다.《吳越備史 武肅王》

65 물을……형세 : 배수진(背水陣)이다. 한(漢)나라 명장 한신(韓信)이 정형구(井陘口)에서 조(趙)나라 군사와 싸울 때 종래의 병법과 반대로 물을 등지고 진을 친 뒤 싸움에 임하여 조나라 군대를 대파하고 왕을 사로잡은 일이 있다.《史記 卷92 淮陰侯列傳》

들은 스스로 변별할 것이다.

아아, 이 성이 있으면서부터 이 영(營)이 있어 왔는데 그동안 표장(表章)한 사람이 아무도 없어서 황폐해지도록 돌아보지 않았으니, 이 어찌 조물주가 기다리는 바가 있어서 그러한 것이 아니겠는가! 이에 나는 직접 편액에 쓰기를 '경파루'라고 하였으니, 이는 대동강의 물이 흐르다가 이곳에 이르러 빙빙 돌면서 맑게 빛나는 것이 마치 월주(越州)의 경호(鏡湖)[66]와 비슷하기 때문에 이름한 것이다.

66 월주(越州)의 경호(鏡湖) : 월주는 현재의 절강성(浙江省) 소흥(紹興)이다. 경호(鏡湖)는 후한(後漢) 순제(順帝) 때 마진(馬臻)이 회계 태수(會稽太守)가 되었을 때 소흥에 관개를 위해 만든 호수로 감호(鑑湖)라고 불리기도 한다.《通典 卷2 食貨2 水利田》 당나라 때 원진(元稹)이 월주 자사(越州刺史)가 되어 막료들과 승경지를 유람하면서 많은 시를 지었으므로 이를 통해 널리 알려졌다.

득월루를 중수한 일에 대한 기문[67]

得月樓重修記

득월루는 영명사(永明寺)의 전루(前樓)이다. 영명사는 모란봉(牧丹峰) 아래, 부벽루(浮碧樓)의 왼쪽에 있다. 대동강의 상유(上游)를 점

67 득월루를……기문 : 이계가 평안도 관찰사로 있던 1791년(정조15)년 즈음에 영명사(永明寺)의 전루인 득월루를 중수하고 쓴 기문이다. 평양성 북성(北城)과 영명사의 지리적인 중요성을 강조하고 전인(前人)들을 따라 국방을 위한 대책과 준비가 있어야 함을 강조하였다.

그림 7 〈해동지도〉 평양부 중 북성 부분

하여 우뚝한 을밀대(乙密臺)를 껴안고서 성안을 굽어보고 있어서 마치 목을 움켜쥐고 등에 올라탄 듯하다.[68] 평양성을 지키고자 하는 자는 마땅히 이곳을 지켜야 하니 이른바 '북산(北山)을 먼저 차지하는 자가 이긴다.'[69]라는 것이다.

숙묘(肅廟) 갑오년(1714, 숙종40)에 민 상국(閔相國) 진원(鎭遠)이 방백(方伯)이 되자 모란봉을 빙 둘러서 성 하나를 별도로 쌓고 북성(北城)이라고 이름하였다. 승려를 모아 부대를 만들고 군량을 두어 활과 총을 익히게 하며 강동 현감(江東縣監)이 북성장(北城將)을 겸하여 거느리게 하였다. 영묘(英廟) 기묘년(1759, 영조35) 내가 강동현(江東縣)을 맡게 되어[70] 겨울에 평양의 성조(城操)[71]에 참여하였는데 활집과

68 목을……듯하다 : 《사기》 권99 〈유경숙손통열전(劉敬叔孫通列傳)〉에서 유경이 유방에게 유세하면서 "다른 사람과 싸울 때 그 목을 조르고 등에 올라타지 않으면 완전한 승리를 거둘 수가 없습니다.〔夫與人鬪, 不搤其亢, 拊其背, 未能全其勝也.〕"라고 하였다.

69 북산을……이긴다 : 평양성 북성의 중요성을 강조하는 말로 《사기》 권81 〈염파인상여열전(廉頗藺相如列傳)〉에서 인용한 구절이다. 진(秦)나라와 한(韓)나라가 어여(閼與)에서 싸우던 중 한나라가 조(趙)나라에 구원을 청하자 조나라는 조사(趙奢)를 보내어 구원하도록 하였다. 이때 허력(許歷)이 "먼저 북산(北山)을 점거하는 쪽이 이길 것이고 늦게 이르는 쪽은 패할 것입니다.〔先據北山上者勝, 後至者敗.〕"라고 하였고, 조사는 급히 군사를 보내어 북산을 차지하였다. 진나라 군대가 뒤이어 도착했지만 크게 패배하였다.

70 영묘……되어 : 이계가 강동 현감에 임명된 것은 1758년(영조34)인 무인년 6월 24일이고 하직하고 임지로 떠난 것은 7월 17일이다. 이듬해 1760년 5월 14일 이석재(李碩載)로 교체되었다.

71 성조(城操) : 성(城)에서 하는 군사 훈련으로 군사를 반으로 나누어 수비와 공격 훈련을 하였다.

동개를 갖추고 깃발과 북을 세우고서 지정된 장소로 달려가니 바로 영명사였다. 호령을 내려서 병사들을 점검했더니 화살을 메거나 창을 든 병사는 단 하나도 없고 오로지 수십 명 승려들이 앞에 늘어서서 절을 할 뿐이었다. 나는 나도 모르게 허탈하여 웃으면서 말하기를 "천하가 태평하면 너희들과 함께 염불을 하면서 적을 물리치는 것도 마땅하겠으나 불행히도 농성(籠城)을 하며 굳게 지켜야 할 일이 생긴다면 비록 묵적(墨翟)에게 수비를 시킨다 해도[72] 또한 어렵지 않겠는가?"라고 하였다.

아아, 북성(北城)은 평양성의 목구멍과 같아서 북성을 지키지 않는다면 평양성도 없다. 전인(前人)들이 성을 쌓은 것은 실로 멀리 내다보는 생각이 있었던 것인데 제도가 미비하여 그저 허명(虛名)만 끌어안고 있을 뿐이니 어찌 개탄스럽지 아니하랴! 이에 이러한 형편을 하나하나 진술하여 방백(方伯)에게 신첩(申牒)[73]하고 수첩군(守堞軍)[74]을 신설해줄 것을 청하였다. 당시 방백은 민 우상(閔右相) 백상(百祥)[75]으로

72 묵적에게……해도 : 묵적(墨翟)의 고사에서 따온 말로 여기서는 성을 굳건하게 지켜내는 것을 의미한다. 묵적은 춘추전국시대의 사상가이자 병법가 묵자(墨子)이다. 초(楚)나라가 송(宋)나라를 침략할 것이라는 소식을 들은 묵적은 초왕(楚王)을 찾아가 전쟁을 중지하라고 설득하였다. 결국 운제(雲梯)라는 무기를 만든 공수반(公輸盤)과 모의 전쟁을 했는데, 9차례에 걸친 공수반의 공격을 모두 막아내었고 이에 초나라 왕도 전쟁을 중지한 일이 있다. 《戰國策 齊策》

73 신첩(申牒) : 관청에서 문서로 알리는 것 혹은 그 문서를 가리킨다.

74 수첩군(守堞軍) : 성을 지키는 군사를 말한다.

75 민우상(閔右相) 백상(百祥) : 민백상(1711~1761)은 본관은 여흥(驪興), 자는 이지(履之), 시호는 정헌(正獻)이다. 1745년(영조21) 동지사의 서장관으로 연경(燕京)에 다녀와서 백두산 동쪽 오랑캐 등등기(鄧鄧磯)의 침입을 경계하는 상소를 올렸

바로 돌아가신 민 상국(민진원(閔鎭遠)의 손자였다. 생각이 흔연히 서로 합치되어 드디어 조정에 보고하고 수첩군 2백 명을 두어 그들로 하여금 훈련을 하며 성을 지키도록 하였다. 이에 비로소 북성을 지킬 수 있게 되고 평양성도 완전한 성이 되었다.

33년이 지난 신해년(1791, 정조15) 내가 외람되이 방백이 되어 가장 먼저 옛일에 대해 물었는데, 북성의 군대는 비록 명칭이 남아 있었으나 성조는 오래전에 폐지되었고 결원(缺員)이 생긴 것도 충원되지 않고 있었다. 그 당시의 문첩(文牒)[76]과 장주(狀奏)[77]들이 모두 장고(掌故)[78]에 실려 있지 않아 후세 사람들은 다시 이에 대해 알지 못하였으니, 무너지고 흩어지지 않은 것이 얼마나 되겠는가!

이에 집안에 보관된 옛 글상자를 뒤져서 보첩(報牒)[79]의 초본(初本)을 찾아 득월루에 새겨서 걸었는데 득월루 또한 기울고 썩어 무너져가므로 오래가지 못할 듯하였다. 이에 녹봉(祿俸)을 덜어내어 서둘러 수리하니 훤하게 옛 모습을 되찾았다. 이제부터 방백이 되는 자들은 북성을 지키지 않아서는 안 되며 전인들이 계획하여 시행한 공을 살펴서 준행(遵行)해야 한다는 것을 알게 될 것이다. 하물며 이 득월루는

고, 1757년(영조33) 평안도 관찰사가 되어 청과의 밀무역에 따른 폐단의 개혁을 건의하였다.

76 문첩(文牒) : 관청에서 사용하는 문서이다.

77 장주(狀奏) : 관리들이 자신의 의견을 진술하는 것이다. 어전(御前)에 직접 올리는 것을 주장이라고 한다.

78 장고(掌故) : 국가의 전장(典章)·제도(制度)나 전고(典故)·관례(慣例)를 뜻한다. 혹은 그러한 일을 담당하는 관리를 가리킨다.

79 보첩(報牒) : 하급 관아에서 상급 관아로 올리는 공문이다.

종형(宗兄)[80]인 판돈녕부사가 창건하고 편액을 쓰기까지 하였는데, 지금 40년이 지나 내 손으로 중수하게 되었으니 이 또한 우연은 아닐 것이리라.

80 종형(宗兄) : 홍상한(洪象漢, 1701~1769)이다. 본관은 풍산, 자는 운장(雲章), 시호는 정혜(靖惠)이다. 1728년(영조4) 진사시에 급제하여 관직에 진출하였고, 1735년 문과에 급제하였다. 평안도 관찰사로 나간 것은 1752년(영조28)의 일이다.

대연정에 대한 기문[81]

大衍亭記

금상 16년(1792) 양월(陽月 음력 10월) 그믐날, 상께서 친히 북원(北苑)[82]에 임하시어 숙위 장사(宿衛將士)[83]들이 활 쏘는 것을 관람하셨다. 상께서 동궁(彤弓)에 옥파(玉弝)를 사용하여 화살 50대를 쏘아서 연속으로 49대를 맞추고, 또 거듭 5대를 쏘아 대혁(大革)과 소혁(小革)을 맞추니 버려지는 화살이 없었다.[84] 총 59대의 화살 중에 관

81 대연정에 대한 기문 : 정조(正祖)의 시지(矢紙)를 하사받은 숙천 부사(肅川府使) 김희(金熺)의 요청으로 '대연정(大衍亭)'이라는 글씨와 함께 써준 글이다. 시지는 활을 쏜 횟수와 점수를 기록한 종이이다. 1792년(정조16) 10월 30일 정조는 춘당대(春塘臺)에서 숙위(宿衛)들의 활쏘기를 관람한 뒤, 직접 활을 쏘아 만점에 가까운 높은 점수를 얻었다. 이계는 정조의 활솜씨를 칭송하고 나라의 관방(關防)인 평안도에서 무예에 뛰어난 인재들이 많이 배출되기를 기대하였다. 《正祖實錄 16年 10月 30日》《日省錄 16年 10月 30日》

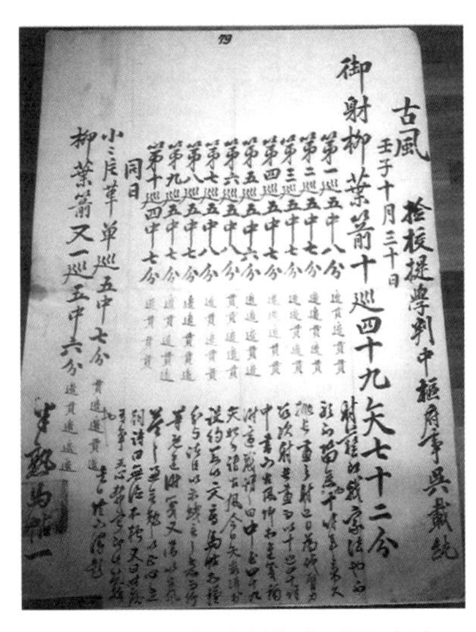

古風

檢校提學判中樞府事吳載純

壬子十月三十日

御射柳葉箭十巡四十九矢七十二分

第一巡五中八分

第二巡五中七分

第三巡五中七分

第四巡五中七分

第五巡五中六分

第六巡五中八分

第七巡五中八分

第八巡五中七分

第九巡五中七分

第十巡四中七分

同日

小小片革單巡五中七分

柳葉箭又一巡五中六分

그림 8 정조의 시지(출처 : 국궁신문)

82 북원(北苑) : 창덕궁(昌德宮)의 후원(後苑)으로 금원(禁苑)이라고도 한다.

83 숙위 장사(宿衛將士) : 궁궐에서 군주를 호위하며 지키는 무인들을 말한다.

84 상께서……없었다 : 동궁은 붉은 색으로 장식한 활로 천자나 제후가 사용하거나 혹은 정벌에 나가거나 공이 있는 신하들에게 하사해주었다. 옥파는 옥으로 만든 줌통으

홍(貫紅)[85]한 것이 반이 넘으니 장사들 모두가 뛸 듯이 기뻐하며 천세(千歲)를 외쳤다. 상께서는 숙위 고사(宿衛故事)에 따라서 차등 있게 상을 하사하셨다.

이때 별군직(別軍職)인 신(臣) 김희(金熺)[86]가 숙천 부사(肅川府使)로 있었는데 특별히 어사화지(御射畫紙)[87]를 내리시고 해낭(亥囊)[88] 1

로 줌통은 손으로 잡는 활 중앙의 두툼한 부분이다. 《일성록》 정조 16년 10월 30일 기사에 의하면 춘당대(春塘臺)에서 유엽전(柳葉箭)으로 소적(小的)에 10순(巡) 50대와 소소편혁(小小片革)에 1순 5대, 다시 유엽전 1순 5대, 총 60대를 쏘았다. 10순 50대 중 마지막 1대는 일부러 맞추지 않았다고 한다. 본문에서 말한 대혁은 소적, 소혁은 소소편혁을 가리키는 것으로 보인다.

85 관홍(貫紅) : 과녁 정중앙의 일정 구역을 맞춘 것을 뜻한다.

그림 9 《대사례의궤(大射禮儀軌)》 웅후(熊帿) 국왕의 과녁,

그림 10 〈북일영도(北一營圖)〉의 과녁

86 김희(金熺) : 김희(1729~1800)의 본관은 광산(光山), 자는 선지(善之), 호는 근와(芹窩), 시호는 효간(孝簡)이다. 별군직(別軍職)이 된 것은 1790년(정조14) 6월이고, 숙천 부사가 된 것은 1792년 2월 18일이다.

87 어사화지(御射畫紙) : 정조가 쏜 활의 성적을 표기한 종이 즉 시지를 말한다. 이날 기록은 검교제학(檢校提學) 판중추부사(判中樞府事) 오재순(吳載純)이 담당하였다.

88 해낭(亥囊) : 정월 첫 번 해일(亥日)에 임금이 내려주는 비단 주머니이다.

구(具)를 하사하여 총애를 보이셨다. 신 희(爔)는 송축(頌祝)하고 또 영광으로 여겨, 포정사(布政司)[89]로 달려와 신 양호(良浩)에게 보여주고서 이 일을 기술하여 후세에 알려주기를 청하였다.

나는 손을 씻고 받들어 열람하면서 송연(竦然)히 공경하며 감탄하였으니, 성인(聖人 정조(正祖))의 능사(能事)가 이러한 경지에 이르렀을 줄은 생각도 못했기 때문이다. 무릇 활쏘기라는 것은 육예(六藝)[90] 중의 하나로 이를 통해 덕(德)을 살펴볼 수 있으며 뭇 사람들에게 위엄을 보일 수도 있으니 실로 성왕(聖王)이 중요하게 여기는 바이지만 또한 일삼기에는 겨를이 없다. 차례로 역대 왕조들을 살펴보건대 나라를 세운 군주가 아닌 경우 그 오묘한 경지에 이른 사람이 매우 드물었다. 오직 우리 성상께서는 만기(萬機)를 총람(摠攬)하고 군서(群書)를 꿰뚫으며 부지런히 애쓰고 두려워하여 밤낮없이 계속 하면서도 한가한 여가에 오사(五射)[91]까지 두루 통달하셨다. 이번에 이렇게 많이 명중시

89 포정사(布政司) : 감사(監司)가 집무하는 관청을 말한다. 당시 이계가 평안도 관찰사로 있었기 때문에 이렇게 표현한 것이다. 숙천은 평안남도에 속한다.

90 육예(六藝) : 주(周)나라 이후로 선비들이 기본적으로 배워야 할 여섯 가지를 말한다. 《주례(周禮)》〈지관보씨(地官保氏)〉에서는 예절〔禮〕·음악〔樂〕·활쏘기〔射〕·말타기〔御〕·글씨〔書〕·수학〔數〕의 여섯 가지를 들었다.

91 오사(五射) : 옛날 사례(射禮)에서 행하던 다섯 가지 사법(射法)이다. 주나라 때 국자(國子)를 가르치는 육예(六藝)의 하나로 오사가 거론되는데 이에 관한 정현(鄭玄)의 주에서 백시(白矢)·삼련(參連)·섬주(剡注)·양척(襄尺)·정의(井儀)가 오사라고 하였다. 가공언(賈公彦)의 소(疏)에는, 백시는 화살촉이 후(侯)를 뚫어 희게 보이는 것, 삼련은 화살 한 대를 먼저 쏘고 뒤에 세 대를 연이어 쏘는 것, 섬주는 화살 깃의 머리는 높고 촉은 낮게 하여 번쩍이며 날아가게 하는 것, 양척은 신하가 임금보다 한 자 뒤로 물러나서 활을 쏘는 것, 정의는 화살 네 대를 쏘아 정(井)자 모양이 되는 것이라

킨 것은 버들잎을 쏘아 백발백중 했던 것[92]과 다를 바 없으니, 이 어찌 연습만으로 가능한 일이겠는가! 중동(重瞳)[93]이 한 번 움직임에 마치 붉은 태양이 비추는 것과 같아 미세한 것까지도 도망쳐 숨을 수 없는 것과 같고, 옥수(玉手)를 언뜻 가리킴에 마치 맹렬한 천둥이 내리쳐 초목의 싹과 껍질이 저절로 터지는 것과 같아서,[94] 주의(注擬)할 새도 없이 활시위가 열림에 곡(鵠)[95]이 맞이하니, 아아, 성대하도다.

그러나 50대에서 화살 한 대를 남겨둔 것은 지나치거나 모자란 점이 있어서가 아니고 참으로 까닭이 있어서이다. 《주역》 대전(大傳)에 이르기를 "대연의 수가 50인데, 쓰는 것은 49이다.〔大衍之數五十 其用四十有九〕"[96]라고 하였다. 하나를 비워두고 나머지를 되돌려서 조화가 생겨나니 이것이 천지자연의 수(數)이다. 지금 어사(御射)의 숫자가 알게 모르게 이와 합치되었으니 이 어찌 우연한 일이랴! 성인의 모든

고 하였다. 《周禮正義 卷26 地官 保氏》

92 버들잎을……것 : 춘추시대 초(楚)나라 공왕(共王)의 장군인 양유기(養由基)가 100보 떨어진 곳에서 버들잎을 쏘아 백발백중시켰다는 일화가 전한다. 《史記 卷4 周本紀》

93 중동(重瞳) : 눈동자가 두 개인 것으로 임금을 상징하는데 순(舜) 임금의 눈동자가 중동이었다고 한다.

94 마치……같아서 : 《주역》 〈해괘(解卦) 단사(彖辭)〉에 "천지가 풀어짐에 우레와 비가 일어나고 우레와 비가 일어남에 온갖 과일과 초목이 모두 껍질이 터져 싹이 나온다.〔天地解而雷雨作, 雷雨作而百果草木, 皆甲坼.〕"라고 하였다.

95 곡(鵠) : 과녁의 중앙을 의미한다. 옛날에는 천에 그림을 그리거나 가죽에 그림을 그려서 이를 과녁으로 삼아 활을 쏘았다. 천에 그리는 것을 정(正), 가죽에 그리는 것을 곡(鵠)이라고 한다.

96 대연의……49이다 : 《주역》 〈계사 상(繫辭上)〉에 보인다.

동작과 운용은 천지의 조화와 공(功)을 함께 하니, 어찌 기예로써 말할 수 있는 것이겠는가!

게다가 나의 직분은 서로(西路)를 지키는 것이다. 성지를 받든 이후로 갑옷을 차려입은 군자들을 흥기시키고 살피면서 〈토저(兎罝)〉에 나오는 간성(干城)의 인재[97]를 볼 것을 생각하였는데, 성상께서 활을 쏜 어사화지가 때마침 이 땅으로 내려왔다. 이 관문(關門)에서부터 바깥 천 리까지 초거(超距)하고 사소(射疏)하는[98] 무리들이 바람이 일고 구름이 솟아나듯 하리니, 청컨대 발돋움을 하고서 기다리고자 한다. 김희가 이를 듣고 크게 기뻐하면서 장차 누각을 세워 벽에다 걸어두고자 하므로 양호가 직접 써 주기를 '대연정'이라고 하고, 삼가 하도(河圖)와 낙서(洛書)에 비겨본다.

97 토저……인재 : 《시경》 〈주남(周南) 토저(兎罝)〉에 "씩씩한 무부여, 공후의 간성이로다.〔赳赳武夫, 公侯干城.〕"라는 구절이 나온다.

98 초거(超距)하고 사소(射疏)하는 : 초거는 높이 뛰어오르는 것, 사소는 활을 멀리까지 쏘는 것인데 모두 무예를 익히기 위한 활동이다.

만노문에 대한 기문[99]

萬弩門記

쇠뇌〔弩〕라는 것은 천하의 날카로운 병기이다. 성을 지키고 요해지를 점거하는 데 이보다 나은 것이 없으며, 노약자나 부녀자들도 앉아서 쏠 수 있으니 참으로 멀리 공격하는 무기 중에서 가장 뛰어나다. 내가

99 만노문에 대한 기문 : 이계가 평안도 관찰사로 있던 1793년(정조16) 즈음에 쓴 글이다. 만노문은 영변(寧邊) 철옹성(鐵甕城)의 남문으로 1789년(정조13)에 중층으로 재건되었다. 윗층에는 '고연주성문(古延州城門)', 아래층에는 '만노문'이라는 현판이 있다. 이계가 장수들로 하여금 쇠뇌〔弩〕를 개비(改備)하도록 한 경위를 말하고, 장수들의 분발을 촉구하는 내용이다.

그림 11 영변성 만노문 〈국립중앙박물관 소장 조선총독부박물관 유리건판〉

작년 가을에 평안도 관찰사로서 여러 군(郡)을 순시했는데 단 한 개의 쇠뇌도 비축해둔 곳이 없었다. 무릇 국경의 관문으로 무력을 써야 하는 지역에서 병장기의 소략함이 이와 같으니 실로 개탄스러웠다.

영문(營門)으로 돌아온 뒤 무기고에서 옛날부터 저장해두었던 것들을 널리 수색하여 화살 10대를 연속으로 쏠 수 있는 쇠뇌 수십 구(具)를 찾아내었으니, 옛 사람들이 흐리고 비 올 때를 대비한 것[100]이 실로 우연이 아님을 볼 수 있었다. 이에 절도사(節度使)의 영(營)과 여러 군(郡) 중에서 성(城)이 있는 곳에 이를 나눠 보내고 본떠서 만들도록 하였다.

이번 봄에 순행을 하면서 살펴보니 대부분 쇠뇌를 제작하여 배치하였는데 유독 영변 도호부사(寧邊都護府使)인 유 령(柳令) 효원(孝源)이 가장 많이 만든데다 더욱 교묘하여 쇠뇌 1기(機)당 20대의 화살을 넣어서 한 번 쏘면 연속으로 발사되었고 멀게는 혹 이백 보(步)까지 미쳤다. 이것으로써 성을 지킨다면 어떤 적인들 무찌르지 못하겠는가! 이 때문에 내가 찬탄했었다.

무릇 영변(寧邊)이라는 고을은 줄지어 선 높은 산봉우리가 사방을 에워싸고 우뚝 솟은 절벽은 천 길이나 되어 우리나라에서 으뜸가는 천험(天險)의 보장(保障)이므로 철옹성(鐵甕城)이라고 일컬어진다. 오직 남쪽과 북쪽 두 모퉁이만이 트여서 수레 한 대가 겨우 다닐 만하므

100 흐리고……것 : 원문은 '음우지비(陰雨之備)'로 재난을 당하지 않도록 미리 대비하는 것을 뜻한다. 《시경》 〈빈풍(豳風) 치효(鴟鴞)〉의 "하늘이 흐리고 비가 내리기 전에 저 뽕나무 뿌리를 거두어 모아다가 출입구를 단단히 얽어서 매어놓는다면 지금 이 아래에 있는 사람들이 누가 감히 나를 업신여길 수 있겠는가.〔迨天之未陰雨, 徹彼桑土, 綢繆牖戶, 今此下民, 或敢侮予.〕"라고 하였다.

로 문을 설치하고 문루(門樓)를 세워서 방비하고 있다. 내가 남문의 문루에 올라보니 편액이 '완월(翫月)'이라고 되어 있었으니 명실(名實)이 어긋나 걸맞지 않았다. 이에 '만노문'이라고 바꾸고 직접 써서 걸어 놓으니, 훗날 적병이 와서 엿보는 자가 있다면 머뭇거리며 달아나게 할 수 있을 것이다.

내가 일찍이 듣기에 신라에 만노군(萬弩郡)[101]이 있었고 대각간(大角干) 김유신(金庾信)이 실제로 그곳 출신이라고 하였다. 저 신라는 삼국(三國) 중에 땅은 가장 작았지만 병사는 가장 강하여 끝내 하나로 통일하였는데 김 각간(金角干)이 장수가 되어 명성이 중국까지 알려졌다. 이것이 어찌 단지 적합한 사람을 장수로 얻은 것 때문만이겠는가, 쇠뇌와 화살을 잘 사용한 것에 말미암는 것이리라. 내가 이렇게 명명(命名)한 까닭은 삼가 지령(地靈)이 모여들어서 각간 같은 사람이 다시 태어나 간성(干城)이 되어서 나라의 위세를 떨치기를 바라서이다. 그렇게 된다면 어찌 단지 쇠뇌와 화살의 이로움뿐만이겠는가! 무릇 후대에 이 성을 맡아 지키는 자가 문의 이름을 돌아보고 힘써야 할 바를 알기 바라며 또한 나라 사람들을 위해 축원하는 바이다.

101 만노군(萬弩郡) : 지금의 충청북도 진천(鎭川)에 해당한다.

이계집

제13권

記기

기記

니와에 대한 기문[1]

泥窩記

남산(南山) 아래에 진고개〔泥峴〕가 있다. 지대가 낮고 좁아서 물이 차면 쉬 빠지지 않고 질척질척한 진창이 되어 다니는 사람들이 곤란하게 여겼기 때문에 그 마을의 이름을 '질다〔泥〕'라고 한 것인데 내가 고갯마루에 집을 짓고 '니와(泥窩)'라고 이름하였다.

객이 말하기를

"진흙〔泥〕은 낮고 더러운 곳이자 천하고 탁한 것을 일컫지요. 사람들이 짓밟고 다니는 것인데 그대는 어찌하여 그것으로 집의 이름으로 삼으셨습니까?"

하므로 내가 답하기를

"그대가 어찌 진흙의 덕성(德性)을 아시겠소! 무릇 진흙은 흙과 물이 섞여서 만들어진 것입니다. 세상 만물은 모두 물에서 태어나고 흙에

1 니와에 대한 기문 : 홍양호가 진고개〔泥峴〕에 있는 자신의 집을 니와(泥窩)라 명명한 뒤 집에 대해 쓴 기문이다. 객(客)과의 문답을 통해서 진흙의 덕성과 군자의 출처행장(出處行藏)의 도(道)를 연결지어 의미를 부여하였다.

서 길러지지요. 그러나 물은 혼자서 생겨날 수 없으므로 흙에 의지하고 흙은 혼자서 기를 수 없어 물의 도움을 받으니, 서로 도와서 공(功)을 이루는 것입니다. 때문에 하늘이 오행(五行)을 만듦에 물〔水〕에서 시작하여 흙〔土〕에서 끝납니다. 성벽과 해자는 나라를 지키기 위함이요, 당(堂)과 실(室)은 몸을 편안케 하기 위함이며, 도공(陶工)이 도자기를 굽는 것은 양생(養生)을 위해서인데, 이는 모두 진흙으로 물건을 만드는 것입니다. 생각해보면 진흙의 공이 크지 않습니까?

태산(泰山)의 봉선(封禪)에 금니(金泥)를 사용하는 것[2]은 그 귀함을 숭상하는 것이고, 새서(璽書)의 문장(文章)에 자니(紫泥)를 사용하는 것[3]은 그 문장을 밝히는 것이며, 함곡관(函谷關)을 봉함에 환니(丸泥)를 사용하는 것은 그 무위(武威)를 빛내는 것[4]입니다. 남전(藍田)의 아래에 비탈이 있으니 청니(青泥)라 하고[5], 남쪽 변방 저 너머에 나라

2 태산(泰山)의……것 : 태산(泰山)은 옛날 황제들이 봉선(封禪)을 행했던 장소로, 현재 태산의 정상에는 옥황상제를 모신 옥황묘(玉皇廟)가 있다. 봉선에 금니를 사용했다는 것은 위패(位牌)에 금니(金泥)로 글씨를 새겨 쓴 것을 말한다.

3 새서(璽書)의……것 : 중국의 감숙성(甘肅省) 무도(武都)에 자수(紫水)가 있는데 그 물의 진흙도 자색이 난다고 한다. 옛날 중국에서 편지를 보낼 때 진흙으로 봉하고 도장을 찍었는데, 황제의 조서(詔書)는 비단 주머니에 넣고 자니(紫泥)로 봉한 뒤 인장을 찍어서 반포하였다.

4 함곡관(函谷關)을……것 : 환니(丸泥)는 흙덩이인데 일환니(一丸泥)는 험준한 요새에서 적을 막아내는 것을 의미하게 되었다. 전한(前漢) 말 왕망(王莽) 때, 왕원(王元)은 외효(隗囂)를 섬겼다. “왕원이 청하여 말하기를 ‘하나의 흙덩어리를 가지고 가서 대왕을 위해 함곡관을 봉해버리겠습니다.’〔元請, 以一丸泥, 爲大王東封函穀關.〕”라고 말한 일이 있다. 《後漢書 卷13 隗囂公孫述列傳》

5 남전(藍田)의……하고 : 남전(藍田)은 현재의 섬서(陝西) 남전현(藍田縣)으로 예로부터 옥(玉)의 산지로 유명한 곳이다. 남쪽에 비탈〔阪〕이 있다는 것은 청니판(青泥

가 있어 불니(佛泥)라고 하니,[6] 그 이름을 아름답게 여긴 것입니다. 진흙〔泥〕이라는 글자가 어찌 일찍이 더럽고 천한 것을 일컫는 명칭이었겠습니까?"

라고 하였다. 객이

"진흙의 덕이 참으로 크고 그 이름이 참으로 아름답습니다. 그러나 그대가 진흙에 거처하지만 몸은 태평성세를 만났고[7] 일찍이 높은 지위에 올랐으니, 또한 예전부터 만물을 이롭게 하는 데 뜻을 두었던 것입니다. 그런데 위로 치국의 대도(大道)[8]를 현양하고 황왕(皇王)의 대업을 보좌함으로써 황제(黃帝)와 순(舜) 임금의 융성함에 비견되게 하지 못하면, 이는 금니(金泥)와 다른 점이 있는 것입니다. 다음으로는 웅건하고 화려한 문장을 드날려 태평성세의 아름다움을 수식함으로써 전고

阪)을 가리키는 것으로 보인다. 청니판은 청니령(青泥嶺)으로 산시〔陝西〕와 간수〔甘肅〕에서 촉(蜀)으로 들어가는 길에 있는 험한 고개이다. 이백(李白)의 〈촉도난(蜀道難)〉에 "청니판은 어찌나 구불구불한지 백 보 걸을 때 아홉 번을 꺾여 바윗부리 감도네.〔青泥何盤盤, 百步九折縈巖巒.〕"라고 하였다.

6 불니(佛泥) : 불니국(佛泥國)을 말한다. 현재의 보르네오 섬 북부 브루나이 일대에 있었다고 한다.

7 몸은 태평성세를 만났고 : 원문은 '궁봉성세(躬逢盛世)'로 이는 '궁봉기성(躬逢其盛)'이라는 말을 따온 것으로 태평성대에 직접 참여하여 누리고 있다는 의미이다. 궁봉(躬逢)은 당(唐) 왕발(王勃)의 〈등왕각서(滕王閣序)〉에 "어린 제가 무엇을 알아서 이 훌륭한 잔치를 만났겠습니까.〔童子何知, 躬逢勝餞.〕"라고 한 데서 유래한 말이다.

8 치국의 대도(大道) : 원문은 '대유(大猷)'로 이는 《시경》〈소아(小雅) 교언(巧言)〉에 "웅장하고 빛나는 종묘와 궁월은 군자가 지은 것이라네. 질서정연한 크나큰 도는 성인이 정하셨다네.〔奕奕寢廟, 君子作之. 秩秩大猷, 聖人莫之.〕"라고 하였고 정현(鄭玄)의 전(箋)에 "유는 도이다. 대도는 나라를 다스리는 예법이다.〔猷, 道也. 大道, 治國之禮法.〕"라고 하였다.

(典誥)와 풍아(風雅)[9]의 성대함을 계승하지 못하면, 이는 자니(紫泥)와 다른 점이 있는 것입니다. 밖으로 준조(樽俎)의 사이에서 절충하고[10] 이오(伊吾)의 북쪽에서 검을 울려서[11] 강토를 굳건히 하고 나라의 위세를 떨치지 못한다면, 이는 또 환니(丸泥)의 능력을 갖추지 못한 것입니다.

지금 누추한 집에 거처하면서 강호에 뜻을 두어 고관대작(高官大爵)을 토개(土芥)처럼 여기고 명리(名利)를 흙탕물처럼 더럽게 여기며, 옛 사람들의 찌꺼기[12]를 탐하고 진정한 즐거움을 국얼(麴糵 술)에 부치니, 장차 총명(聰明)을 내쫓고 겉모습을 벗어나서[13] 혼돈(混沌)과 함께

9 전고(典誥)와 풍아(風雅) : '전고(典誥)'는 〈요전(堯典)〉 등의 전과 〈강고(康誥)〉 등의 고를 아울러 말한 것으로 《서경》을 가리키며, '풍아(風雅)'는 국풍(國風)과 대아(大雅)·소아(小雅)를 말한 것으로 《시경》을 가리킨다.

10 준조(樽俎)의……절충하고 : 원문은 '절충준조(折衝樽俎)'로 절충(折衝)은 적을 약화시키는 것 혹은 교섭을 뜻하며, 준조(樽俎)는 술잔과 고기요리가 올려진 도마라는 뜻에서 잘 차려진 식사 혹은 연회(宴會) 등을 의미한다. 사대교린(事大交隣)의 외교 임무를 맡아서 성공적으로 수행하는 것을 의미한다.

11 이오(伊吾)의……울려서 : 이 구절은 변방에서 이민족을 무찌르고 공을 세우는 것을 의미한다. 이오(伊吾)는 중국의 신강 위구르 지역의 하미〔哈密〕에 해당하는데 예로부터 동서교역의 요충지였다. 광무제(光武帝) 때 휘하의 장궁(臧宮)과 마무(馬武) 등이 흉노를 공격하기를 청하면서 "우는 검을 어루만지고 손을 치면서 이오(伊吾)의 북쪽을 치달리고자 합니다.〔撫鳴劍而抵掌, 志馳於伊吾之北矣.〕"라고 하였다.

12 옛 사람들의 찌꺼기 : 제 환공(齊桓公)이 대청 위에서 책을 읽고 있었다. 윤편(輪扁)이 그 아래에서 수레바퀴를 깎다가, 제 환공에게 무엇을 읽는지 물었다. 제 환공이 성인의 말씀이라고 답하자 윤편은 성인이 살아 있는지 물었고 제 환공이 이미 죽었다고 하자 윤편은 "그렇다면 임금께서 읽고 계신 것은 옛 사람들의 찌꺼기일 뿐입니다.〔然則君之所讀者, 古人之糟粕已夫.〕"라고 한 고사가 있다. 《莊子 天道》

13 총명(聰明)을……벗어나서 : 이는 《장자》 〈대종사(大宗師)〉에 보이는 안회(顔

즐기시는 듯합니다.

내가 듣기에, '동해의 해변에 한 물체가 있는데 그 이름은 니(泥 진흙)라 덩그러니 모래에 처하여 생각도 없고 하는 것도 없고 보는 것도 없고 듣는 것도 없이 꿈틀꿈틀 비실비실하는 것이 취한 사람과 같다.'[14] 라고 하였으니, 지금 그대가 이름을 붙인 까닭이 이와 매우 흡사할 것입니다."

라고 하였다. 나는 껄껄 웃으며 큰 술잔을 들고 질동이〔土缶〕를 어루만지며 노래를 불렀다.

네가 낮은 곳에 거처함은	爾居之卑兮
만물을 실어주는 덕이요	載物之德
너의 성품이 온윤함은	爾性之潤兮
만물을 이롭게 해주는 은택이네	利物之澤
뭉쳐서 형태 갖추면	搏之成形兮
네모와 원, 굽은 것과 바른 것이 되며	爲方圓與曲直
수렴하여 참으로 돌아오면[15]	斂而返眞兮

回)의 말을 인용한 것이다. "지체를 버리고 총명을 내쫓으며, 형체를 벗어나고 지혜를 제거하여 대통(大通)의 경지에 동화하는 것, 이것을 좌망이라고 한다.〔墮肢體, 黜聰明, 離形去知, 同於大通, 此謂坐忘.〕"라고 하였다.

14 동해의……같다 : 이백(李白)이 〈양양가(襄陽歌)〉에서 진(晉)나라 때의 은자 산간(山簡)을 노래하였는데 "곁에 있던 사람들이 왜 웃냐 물으니, 우스워라 산옹이 이충처럼 취했다고 하네.〔傍人借問笑何事, 笑殺山翁醉似泥.〕"라는 구절이 있다. 이충은 동해 바다에 사는 벌레인데 뼈가 없으며 물속에서는 활발하게 움직이다가 물 밖으로 나오면 죽은 듯이 가만히 있는다고 한다. 이취(泥醉)는 술에 취해 인사불성이 되어 누워 있는 것을 비유하는 말이다.

사라져서 흔적조차 없다네[16] 泯然乎無跡
넓고 깊은 그 바탕이여 渾渾兮其質
혼탁한 그 색이여 汶汶兮其色
진흙이여 진흙이여 泥哉泥哉
군자의 집이로다 君子之宅

15 참으로 돌아오면 : 원문의 '반진(返眞)'은 도가(道家)에서 득도하여 신선이 되는 것 혹은 죽음을 의미하는 말이다.

16 사라져서……없다네 : 이 구절은 진흙으로 각종 기구를 만들어 사용할 수도 있고, 또 그릇이 깨지거나 할 경우에는 다시 흙으로 돌아와 흔적조차 남지 않는다는 의미로 군자의 출처행장(出處行藏)을 비유한 것이다.

일섭정에 대한 기문[17]

日涉亭記

대총재(大冢宰) 조공(趙公)이 서호(西湖 서강)가에 터를 가려 집을 지었다. 어느 날 나를 맞이하여 술을 마시다가 이윽고 분위기가 무르익자 나를 이끌고 동산의 작은 정자로 올라가서 내게 말하기를 "이곳이 나의 일섭정(日涉亭)이니 그대의 한마디 말을 얻어서 기문(記文)으로 삼고자 합니다." 하였다.

내 생각에 공은 좋은 시절을 만나 높은 지위에 올라 밖으로는 세 지방의 수령이 되었고[18] 안으로는 육조(六曹)의 장관을 지냈으니[19] 벼슬살이의 영예를 다했다고 이를 만하다. 하지만 성주(聖主)께서 중히 여기시며 조정에서도 중히 의지하여 하루도 공을 내버려둔 적이 없었으니 바야흐로 중요한 일을 담당하고 기강을 잡으며 조정에서 읍양

17 일섭정에 대한 기문 : 조종현(趙宗鉉, 1731~1800)의 일섭정(日涉亭)에 대해 쓴 글이다. 조종현의 이력을 고려하면 이 글은 1796년에서 1798년 사이에 지어진 것으로 보인다. 조종현의 환력(宦力)과 일섭(日涉)의 의미를 대비시키며 끝맺음을 잘해야 한다고 강조하였다. 조종현은 본관은 양주(楊州), 자는 원옥(元玉), 호는 천은(天隱), 시호는 효헌(孝憲)이다. 1756년(영조32) 과거에 합격하였고 여러 관직을 거쳐 1800년(순조 즉위)에는 기로소(耆老所)에 들어갔다. 문장과 서예에 빼어난 솜씨가 있었다.

18 세……되었고 : 조종현이 지방관으로 나간 것은 1780년(정조4) 충주 목사, 1792년(정조16) 강화 유수, 1795년(정조19) 함경도 관찰사, 1798년(정조21) 개성 유수, 1799년(정조22) 전라도 관찰사 등이다. 《外案考》,《朝鮮王朝實錄》

19 육조(六曹)의……장관을 지냈으니 : 조종현은 이조(吏曹)를 제외한 나머지 육조의 판서를 모두 지냈다. 《嘉梧藁略 冊20 判中樞府事趙公謚狀》

(揖讓)하고 계책을 내면서도, 공은 강호에 자취를 숨기고 원림(園林)에 마음을 의탁하고자 도연명(陶淵明)의 〈귀거래사(歸去來辭)〉로써 정자의 이름을 붙였으니[20] 공의 뜻을 알 수 있다. 공으로 하여금 나아가 번병(藩屛)[21]에 거처하게 한다면 비록 한 해에 한 번 정자를 거닐고자 하여도 할 수 없을 것이며, 들어와 조정에 있게 한다면 비록 한 달에 한 번 정자를 거닐고자 하여도 할 수 없을 것이다. 오직 물러나 강호에 거처한 뒤에야 날마다 거닐면서 자신의 마음에 흡족할 수 있을 것이다.

공은 아마도 장차 물러날 것이지만 군자가 조정에 있음에 물러나는 것이 어려운 것이 아니요 온전하게 물러나는 것이 어려우며, 처음 시작이 선〔善〕한 것이 어려운 것이 아니요 그 끝마칠 때까지 선〔善〕한 것이 더욱 어려운 것이다.[22]

내가 이 정자를 보니 점쳐볼 수 있는 것이 있다. 서까래는 대나무를 썼으니 그 곧음을 취한 것이요, 기둥과 난간은 소나무를 썼으니 그 완전함을 취한 것이며, 지붕은 띠풀로 덮었으니 그 검소함을 취한 것이다. 곧음으로써 만년의 절의[23]를 온전케 하고 완전함으로써 영명(令名)

20 도연명(陶淵明)의 ……붙였으니 : 일섭정이라는 명칭은 도연명의 〈귀거래사(歸去來辭)〉에서 따온 것이다. "날마다 동산을 거닐며 흥취를 이루니 문은 달려 있으나 항상 닫혀 있네.〔園日涉以成趣, 門雖設而常關.〕"라는 구절이 있다.

21 번병(藩屛) : 본래 울타리와 담장처럼 제후국을 세워서 천자의 나라를 보호한다는 의미인데 여기서는 지방장관으로 나가는 것을 의미한다.

22 처음에……것이다 : 《시경》 〈대아 탕(蕩)〉에 "하늘이 만백성을 내심에 그 명을 믿을 수가 없도다. 처음에는 누구나 잘 하지만 끝맺음을 잘 하는 이 드물도다.〔天生烝民, 其命匪諶. 靡不有初, 鮮克有終.〕"라는 구절을 따온 것이다.

을 보전하며 검소함으로써 오랜 복을 기른다. 하나의 정자에 이 세 가지 덕이 구비되었으니, 글이 없어서는 안 되겠으므로 기문을 쓴다.

23 만년의 절의 : 원문은 '만절(晩節)'로 이는 송나라의 한기(韓琦)의 시 〈구일수각(九日水閣)〉에 "농부의 가을 모습 담담함을 부끄러 말고 국화꽃 늦게까지 향기로움을 보아라.〔不羞老圃秋容淡, 且看寒花晩節香.〕"라는 구절에서 따온 것이다. 만년까지도 절개를 지키는 것을 의미한다.

계고당에 대한 기문[24]

稽古堂記

태학사(大學士) 황공(黃公)이 한성(漢城)의 서쪽에 집을 짓고, 그 집에 계고지당(稽古之堂)이라 제한 뒤 나 양한(良漢)에게 기문을 짓도록 부탁하였다. 내가 일어나서 말하기를

"옛일을 상고한다[稽古]는 것은 한 가지가 아닙니다. 가장 좋은 것은 도학(道學)이요, 그 다음은 문장(文章)과 공업(功業)이며, 그 나머지는 제자백가(諸子百家)의 부류이니, 모두 한 시대에 명성을 떨쳐서 후세까지 전해지고 있습니다. 공께서 상고하는 바는 무엇인지 듣기를 원합니다."

하였다. 그러자 공은

"도학은 내가 감히 바랄 수도 없는 것이요, 공업은 내가 이룰 수 있는 바가 아니라오. 내가 배운 것은 옛 사람들의 문장입니다. 제자백가의 학설에 이르러서는 볼 겨를도 없었다오."

24 계고당에 대한 기문 : 강한(江漢) 황경원(黃景源, 1709~1787)의 계고당에 써준 기문이다. 황경원은 육경(六經) 중심의 진한고문(秦漢古文)을 좋아하고 전아(典雅)한 문장으로 영조(英祖) 때 문형(文衡)에 올라 문단의 종장(宗匠)으로 추앙받은 인물이다. 그러나 한편으로는 고문을 지나치게 좋아하고 대의명분을 강조하여 박지원(朴趾源)에게 '비단옷을 입은 시체'라는 말을 듣기도 하였다. 이계가 재도론(載道論)의 입장에서 역대 문장가들을 평하고 황경원의 문장에 모든 것이 있다고 고평(高評)하면서도 말미에서 무조건 옛것만 중시하는 귀고천금(貴古賤今)의 태도는 잘못된 것이라고 말한 것은 이러한 인식이 반영된 것으로 보인다.

라고 하였다. 내가 말하였다.

"좋습니다. 공의 선택이여! 무릇 문장이란 도(道)의 정화(精華)입니다. 도가 밖으로 드러나면 이에 문장(文章)이 이루어지니, 이는 물에 근원이 있어서 물결이 생겨나고 나무에 뿌리가 있어서 꽃이 피어나는 것과 같습니다. 문장에 나아가서 도를 보전하는 것, 이는 공께서 사양하여 자처하지 않고자 하는 것이지만 아마도 장차 이로부터 말미암아 구하고자 하는 것이겠지요.

저 공업이라는 것은 단지 그 조잡스러운 자취일 뿐입니다. 《서경》의 〈우서(虞書)〉, 〈하서(夏書)〉, 〈상서(商書)〉, 〈주서(周書)〉와 《춘추》와 《주역》의 〈계사전(繫辭傳)〉은 성인의 문장[25]이니, 마치 해와 달이 하늘에 걸려 있고 강물이 땅을 가르는 것처럼 자연스럽게 상(象)을 이루었습니다. 그 아래로 자사(子思)와 맹가(孟軻)의 문장[26]은 도학(道學)으로 말미암아 문장을 이룬 분들이요, 유향(劉向)·한유(韓愈)·구양수(歐陽脩)는 문장으로 말미암아 도학을 밝힌 분들입니다.[27] 그리고 굴자(屈子)가 〈이소(離騷)〉를 노래한 것[28]과 장수(莊叟)가 함부로

25 춘추와……성인의 문장 : 《춘추》는 공자가 편찬한 것이고, 《주역》〈계사전(繫辭傳)〉은 공자가 저술한 것이므로 성인의 문장이라고 한 것이다.

26 자사(子思)와 맹가(孟軻)의 문장 : 자사가 지은 《중용》과 《맹자》를 말한다.

27 유향(劉向)……분들입니다 : 유향(劉向)은 전한(前漢)시대의 경학가이자 문학가로 선진(先秦)시대의 전적을 수집하여 교감하였고, 《열녀전(烈女傳)》·《열선전(列仙傳)》·《설원(說苑)》·《전국책(戰國策)》 등 많은 저서를 남겼다. 한유(韓愈)는 당(唐)나라의 문학가이자 사상가로 유학사상에 기반한 문이재도(文以載道)를 주장하며 고문(古文) 운동을 일으켰고, 도통론(道統論)을 내세워 맹자의 계승자를 자처하면서 유학의 부흥을 도모하였다. 구양수는 송나라 때의 문학가이자 정치가로 한유의 고문운동을 이어나갔다.

한 말,[29] 관자(管子)와 상앙(商鞅) 및 손무(孫武)와 오기(吳起)의 기이한 변론,[30] 가태부(賈太傅)의 높은 식견(識見),[31] 태사공(太史公)의 출중한 재주[32]는 모두 문장 중의 지극한 것으로써 각자가 배운 바를 글로 펼친 것이니 도를 버리고 허튼 소리를 한 경우는 없었습니다.

예전에 가만히 공의 문장을 읽어보니 위로는 《시경》과 《서경》을 본받아 그 근원을 깊게 하였고, 삼례(三禮)[33]에 무젖어 물결을 일으켰

28 굴자(屈子)……노래한 것 : 굴자는 초(楚)나라의 대신이자 시인인 굴원(屈原)이다. 초사(楚辭)에 빼어난 성과를 이루어 한부(漢賦)에도 영향을 주었다. 〈이소(離騷)〉는 굴원의 대표작으로 간신의 모함을 받아 추방된 뒤 저술한 작품이다.

29 장수(莊叟)의 방종한 말 : 장수는 장자(莊子)이다. 《장자(莊子)》는 풍부한 상상력을 바탕으로 빼어난 문학적 성과를 이룬 책으로 평가받는다. 원문의 '방언(放言)'은 《논어》 〈미자(微子)〉에서 공자가 벼슬을 하지 않고 사는 일민(逸民)인 중옹(仲雍) 같은 이를 평하면서 "숨어살면서 말을 함부로 하였다〔隱居放言〕"라는 구절에 보인다. 여기서 말한 방종한 말이란 유학을 비판한 내용의 글을 가리키는 것으로 보인다.

30 관자(管子)와……변론 : 관자는 제(齊)나라를 패자(覇者)로 만든 관중(管仲)으로 《관자(管子)》를 남기기도 하였다. 관중은 상업을 중시하고 백성을 먼저 부유하게 만들어야 한다면서 실용주의를 강조하였다. 상앙은 법가(法家)의 사상가이다. 진 효공(秦孝公)에게 발탁되어 법치를 강조하고 개혁을 이루어 천하통일의 기틀을 만들었다고 평가받는다. 《상군서(商君書)》가 전한다. 손무(孫武)와 오기(吳起)는 전국시대의 유명한 병법가로 각각 《손자병법(孫子兵法)》과 《오자병법(吳子兵法)》을 남겼다.

31 가태부(賈太傅)의 높은 식견(識見) : 가태부(賈太傅)는 전한(前漢)의 가의(賈誼)이다. 문제(文帝) 때 최연소 박사(博士)가 되었고 태중태부(太中大夫)가 되어 개혁정책을 제안하였다. 특히 진(秦)나라의 흥망성쇠를 논한 〈과진론(過秦論)〉은 사마천(司馬遷)도 '깊고 예리하게 평론하였다'라고 하면서 감탄했다고 한다. 이계가 말한 높은 식견은 이것을 가리키는 것으로 보인다.

32 태사공(太史公)의 출중한 재주 : 태사공은 《사기(史記)》를 저술한 사마천(司馬遷)을 말한다. 《사기》는 무제(武帝) 때 쓰인 역사서로 역사서술의 한 전형을 만들어 내는 한편 문학적인 측면에서도 빼어난 성과를 이룩하여 후대 문인들의 전범이 되었다.

습니다. 사실을 기록하고 여러 가지 일을 비교할 때에는 사마천(司馬遷)의 심오한 경지를 밟았고,[34] 문장을 다듬고 이치를 분석함에 있어서는 한유(韓愈)와 구양수(歐陽脩)의 법도를 잡았으며, 거침없고 굳센 기운과 전아하고 담박한 소리로 편방(偏方)의 누추함을 한바탕 씻어내어 스스로 일가의 말을 이루었으니,[35] 공께서 옛일을 상고하여 얻은 것이 바로 이와 같습니다.

그러나 옛날〔古〕이라는 것은 그 당시의 지금〔今〕이요, 지금〔今〕이라는 것은 후세의 옛날〔古〕입니다. 옛날이 옛날이 되는 것은 연대(年代)를 이르는 것이 아닙니다. 말로는 전할 수 없는 것이 있으니 저 옛날만 중히 여기면서 지금을 천히 여긴다〔貴古而賤今〕는 것은 도(道)를 알고 하는 말이 아닙니다. 세상에는 옛것에 뜻을 둔 사람들이 있어서 그 명칭을 사모하고 그 자취에 빠져 있으니, 비유하자면 소리를 배우는 자가 끊어질 듯한 종뉴(鐘紐)[36]를 붙들고 토고(土鼓)[37]를 어

33 삼례(三禮) : 《주례(周禮)》·《의례(儀禮)》·《예기(禮記)》를 아울러 칭하는 말이다.

34 사실을……밟았고 : 《예기(禮記)》〈학기(學記)〉에 "옛날의 학자는 여러 가지 일을 비교해보고 유(類)를 비교, 고찰한다.〔古之學者, 比物醜類.〕"라는 내용이 있다. 역사적인 사실을 서술하고 그에 대한 판단을 할 때에는 사마천의 필법을 본받았다는 의미이다.

35 거침없고……이루었으니 : 《정조실록》 11년 2월 25일 황경원의 졸기에 "어려서부터 학문에 힘을 써서 삼례(三禮)를 깊이 알았고 고문(古文)을 힘써 배워……유독 무리 가운데서 뛰어났다. 그의 저작은 대부분 양한(兩漢) 시대의 자구(字句)를 표준으로 삼았으며 이따금 옛것을 사모하고 옛것으로 나아갔으므로 한 시대에서 일제히 종장(宗匠)으로 일컫게 되었다."라고 하였다.

36 끊어질 듯한 종뉴 : 원문의 '퇴려(追蠡)'는 《맹자》〈진심 하(盡心下)〉에 보인다.

루만지면서도 소(韶)와 무(武)[38]의 변화는 알지 못하고, 맛을 즐기는 자가 단지의 술을 떠 마시고 대갱(大羹)[39]을 마시지만 소금과 매실의 조화[40]는 알지도 못하면서, 사람들에게 '나는 옛것에 능하다. 나는 옛것에 능하다.'라고 외치는 것과 같으니 이것이 옳은 일이겠습니까?"

공은 기뻐 웃으며 말하기를

"그대가 옛것〔古〕에 대해 잘 말했다고 할 수 있소. 그러나 그 전할

종을 매다는 끈이 끊어질 듯한 것을 말한다. "고자가 말하길 '우의 소리가 문왕의 소리보다 낫습니다.' 하여 맹자가 묻기를 '어떻게 그것을 알았는가?' 하니 말하기를 '종뉴가 끊어질 듯합니다.'라고 하였다.〔高子曰, '禹之聲, 尙文王之聲.' 孟子曰, '何以知之.' 曰, '以追蠡.'〕"라는 내용이 있다.

37 토고(土鼓) : 북의 일종으로, 흙을 반죽하여 만든 것이다. 흙으로 구워만든 괴부(蕢桴)라는 북채로 친다.

38 소(韶)와 무(武) : 소는 순 임금의 음악이고 무는 무왕의 음악이다. 《논어》의 〈팔일(八佾)〉에, 공자는 "소(韶)를 평하되, 극진히 아름답고 극진히 좋다 하시고, 무(武)를 평하되 극진히 아름답지만 극진히 좋지는 않다.〔子謂韶, 盡美矣. 又盡善也. 謂武, 盡美矣, 未盡善也.〕"라고 말한 내용이 있다.

39 대갱(大羹) : 소금과 채소 등이 들어가지 않은 순수한 고기 국물을 말한다.

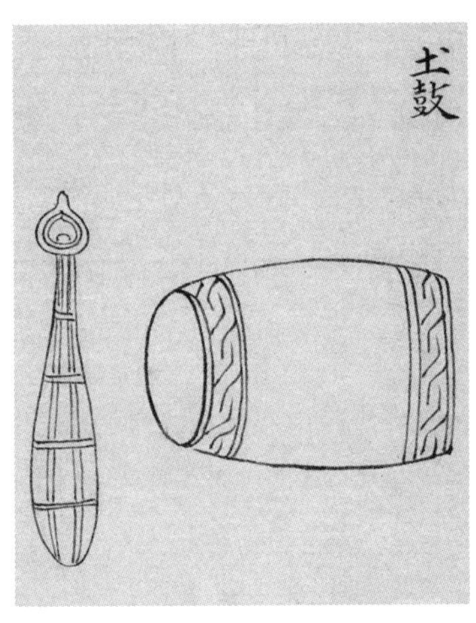

그림 12 《세종실록 오례의(五禮儀) 악기도설(樂器圖說)》

40 소금과 매실의 조화 : 소금과 매실은 음식을 조리할 때 조미를 위해 필요한 것들이다. 《서경》〈상서(商書) 열명 하(說命下)〉에 은나라 무정(武丁)이 재상인 부열(傅說)에게 "여러 가지 양념을 넣고 국을 끓일 때면, 그대가 간을 맞출 소금과 매실이 되어주오.〔若作和羹, 爾惟鹽梅.〕"라고 말한 데에서 온 말이다.

수 없는 오묘함은 나도 말할 수가 없으니, 그대의 말로써 내 집의 기문으로 삼고자 하오."

라고 하였다.

견일정에 대한 기문[41]

見一亭記

임인년(1782, 정조6) 겨울, 나는 사신의 명을 받들고 북경에 갔다. 상서(尙書) 서양직(徐養直)이 당시 평안도 관찰사였는데 대동강까지 마중 나와서 술상을 차려놓고 환대해주었다. 작별에 임하여 나에게 말하기를 "내년 봄이면 저는 해임되어 돌아가 있을 것이니 이곳에서는 다시 만나지 못할 것입니다."라고 하였다. 봄이 되어 귀환길에 대동강에 이르렀을 때 양직은 이미 임무를 교대하여 떠난 뒤였다. 나는 마음으로 서운해하면서도 그가 말한 것을 과감하게 실천한 것에 감탄했다.

내가 복명(復命)을 마치고 나자 그가 성 남쪽의 우리 집으로 찾아와서 나에게 말하기를,

"저는 재주가 남보다 뛰어난 것도 아니고 나이가 중년에 이른 것도 아닌데, 밖으로는 세 고을의 수령을 지냈고[42] 작질(爵秩)로는 팔좌(八

41 견일정에 대한 기문 : 이 글은 이계가 연행에서 돌아온 1783년(정조7)에 서호수(徐浩修, 1736~1799)의 부탁을 받고 쓴 글이다. 서호수는 본관은 달성, 자는 양직, 시호는 정헌(靖憲)이다. 정조 때 규장각의 편찬사업에 큰 역할을 하였고, 1776년(영조52)과 1790년(정조14) 두 차례 청나라에 다녀오면서 서적 수입과 청조(淸朝) 문화 도입에 기여하였다. 평안도 관찰사에 제수된 것은 1782년(정조6) 2월 4일이고 이듬해 3월 7일 상소를 올려 사직을 하였다.

42 세 고을의 수령 : 서호수는 1779년(정조3) 3월에 함경도 관찰사에 임명되었고, 1781년(정조5) 3월에는 강화 유수(江華留守)에 임명되었으며 1782년(정조6) 2월 4일 평안도 관찰사에 임명되었다.

座)의 존귀함[43]에 올랐으니 벼슬살이의 영화로움이 지극하다고 할 만합니다. 그러므로 고인들이 만족할 줄 알았던〔知足〕 뜻을 사모하여 임단(臨湍)의 위쪽에 작은 정자를 짓고 '견일(見一)'이라고 편액을 하였으니 이는 당나라 사람의 시에 '임하에서 일찍이 한 사람이라도 보았던가.〔林下何曾見一人〕'[44]라는 구절을 취하여 그 말을 뒤집어서 제 뜻을 표현한 것입니다. 공께서 저를 위해 글을 지어주시기를 바랍니다."라고 하였다. 나는 그의 뜻을 아름답게 여겼으므로 감히 사양할 수 없었다. 한 객이 이를 듣고 웃으면서 말하기를,

"서공(徐公)의 뜻이 실로 아름답습니다만 저는 명(名)과 실(實)이 서로 맞지 않을까 우려됩니다. 공은 태학사(太學士)의 적장자이자 대승상(大丞相)의 조카[45]로 젊어서 과거에 급제하였고 밝은 임금께 인정을 받아 규장(奎章)과 이문(摛文)의 청화직(淸華職)에 노닐었으며[46]

43 팔좌(八座)의 존귀함 : 조정의 여덟 가지 고위 관직 혹은 그 자리에 있는 관료를 말한다. 조선시대의 경우는 정승과 육조(六曹)의 판서(判書)까지를 말한다. 서호수는 정승은 되지 못하였으나 이조·형조·병조·예조 등의 판서를 두루 역임하였다.

44 임하에서……보았던가 : 당나라 때의 승려 영철(靈澈)이 쓴 시 〈동림사수위단자사(東林寺酬韋丹刺史)〉에 나오는 구절이다. 원시는 다음과 같다. "연로하여 마음 한가하고 일 없으니, 베옷 입고 풀방석에 앉았어도 편안하구나. 성군(聖君) 만나 도를 다하고 물러나 떠난 사람을 임하(林下)에서 일찍이 한 사람이라도 보았던가.〔年老心閑無外事, 麻衣草坐亦容身. 相逢盡道休官去, 林下何曾見一人.〕"《全唐詩》

45 태학사(太學士)의……조카 : 태학사(太學士)는 서호수의 생부인 서명응(徐命膺, 1716~1787)이고, 대승상(大丞相)은 서명응의 동생인 서명선(徐命善 1728~1791)이다. 서명응은 대제학(大提學)을 거쳐 정승이 되고 봉조하(奉朝賀)에 이르렀다. 서명선은 정조 즉위 후 중용되어 군사권을 장악하고 우의정·좌의정·영의정에 임명되었으며, 영중추부사에 이르렀다.

46 규장(圭璋)과……노닐었으며 : 규장각(奎章閣)의 관직을 거쳤다는 의미이다.

전형(銓衡)과 기밀(機密)의 요직(要職)을 두루 거쳤으니 조정에서 의지하는 바였습니다. 규장(圭璋) 같고 동량(棟梁) 같아[47] 하루라도 조정을 떠날 수 없는 것이 매우 분명하거늘 어떻게 임하(林下)에서 뵐 수 있겠습니까?"

라고 하였다. 이에 내가 풀이하여 다음과 같이 말해주었다.

"군자가 조정에 있을 때에는 그 뜻을 살펴볼 뿐이지요. 조정에 거처하나 산수(山水)를 그리워하고, 몸에 인끈과 관을 걸치고 있지만 마음으로 포의(布衣)에 가죽띠를 입을 수 있다면, 부귀도 그의 절조를 옮기지 못할 것이요 나아감과 물러남이 오직 그때에 마땅할 것이니, 조정에 있든 물러나 있든 그 뜻은 한가지입니다. 무릇 평안도는 우리 나라의 큰 번진(藩鎭)이거늘 양직이 그곳에 거처함에 무척 검약(儉約)하니 수수하여 부귀한 기운이 없었고, 그곳을 떠남에는 매우 용기가 있어 호탕하게 미련을 두는 기색이 없었으니, 여기에서도 그의 뜻을 엿볼 수 있습니다. 어찌 꼭 이원(李愿)이 말한 '울창한 나무 아래에 앉아, 맑은 샘물로 씻는다.〔坐茂樹, 濯清泉.〕'[48]라는 것과 같아진 연후에야

1780년(정조4) 6월 정조는 서호수를 규장각 직제학(直提學)으로 삼았다. 이문원은 역대 임금의 어진(御眞)·어필(御筆)·어제(御製)·교명(敎命)·금보(金寶)·옥책(玉冊) 등을 관리하던 관서인데, 정조 즉위 후 규장각에서 이를 관할하였다. 1781년(정조5) 정조는 서명응에게 3만여 권에 이르는 규장각의 장서목록을 편찬하도록 하였는데, 실제로는 서호수가 이 일을 맡아서 《규장총목(奎章總目)》을 완성하였다.

47 규장(圭璋)……같아 : 규장(圭璋)은 귀중한 옥으로 만든 예기(禮器)로 조정의 중요한 인재를 뜻하며, 동량(棟梁)은 집안의 커다란 대들보처럼 국가의 막중한 소임을 가진 사람을 뜻한다.

48 이원(李愿)이……씻는다 : 한유(韓愈)의 〈송이원귀반곡서(送李愿歸盤谷序)〉에 "곤궁하게 살아 들에 거주하고, 높은 곳에 올라 먼 곳을 보며, 무성한 나무 아래 앉아서

임하(林下)의 선비가 되는 것이겠습니까?

더구나 존공(尊公) 태학사도 일찍이 나이가 되기도 전에 조정에서 물러날 것을 청하여 과감하게 물러난 풍모[49]가 있으니, 공 또한 훗날 공(功)을 이루어 명성을 떨치게 되면 존공의 뜻을 이어 아름다움을 계승하지 않으리라고 어찌 알 수 있겠습니까? 내가 즐거이 말할 수 있는 것은 그의 뜻이 거의 이루어졌기 때문입니다.

또 '일(一)'에 대한 설이 있습니다. 무릇 일(一)이라는 것은 《주역》의 태극(太極)입니다. 만상(萬象)이 한 울타리에 근본하고〔原於一圈〕[50] 만수(萬數)가 한 획에서 시작되며 만사(萬事)가 한 마음〔一心〕에서 나옵니다. 그런 까닭에 부자(夫子)께서는 "나의 도는 하나로써 모든 것을 꿴다.〔吾道一以貫之〕"라고 하신 것입니다.[51] 배워서 그 하나를 볼

하루를 보내고 맑은 물에 씻어서 스스로를 깨끗이 한다.〔窮居而野處, 升高而望遠, 坐茂樹以終日, 濯清泉以自潔.〕"라는 내용이 있다.

49 과감하게 물러난 풍모 : 원문은 '급류용퇴(急流勇退)'로, 이는 벼슬자리에서 과감하게 물러나는 것을 비유하는 말이다. 송나라 전약수(錢若水)에 대해서 어떤 도승(道僧)이 "급류 속에서 용감하게 물러날 수 있는 사람이다.〔是急流中勇退人也〕"라고 평하였는데, 과연 그가 추밀 부사(樞密副使)에 이르렀을 때 40세도 안 된 나이로 관직에서 물러났다는 일화가 전한다. 서명응은 1767년(영조43) 윤7월 상소하여 물러나기를 청한 일이 있고, 1780년(정조4) 봉조하(奉朝賀)가 되자 역시 상소하여 지사(致仕)하고자 한 일이 있다.

50 한 울타리에 근본하고 : 《회남자(淮南子)》 〈숙진훈(俶眞訓)〉에 "다르다는 관점에서 보면 간담(肝膽)도 호(胡)와 월(越)처럼 멀리 떨어져 있고, 같다는 시각에서 보면 만물이 한 울타리 안에 있다.〔自其異者視之, 肝膽胡越, 自其同者視之, 萬物一圈也.〕"라고 하였다.

51 부자(夫子)께서는……것입니다 : 원문의 '일이관지(一以貫之)'는 모든 이치가 하나의 이치로 관통된다는 뜻이다. 《논어》 〈이인(里仁)〉에서 공자가 증자(曾子)에게

수 있다면 대본(大本)이 확립되고 달도(達道)가 행해져서, 출처(出處)가 그 상황에 꼭 들어맞게 되며 순탄할 때나 힘들 때나 절개가 달라지지 않습니다. 공은 이미 가정(家庭)에서 선천(先天)의 학문을 얻었거늘, 지금 정자의 이름을 지음에 어찌하여 이를 제대로 살피지 않고 우선 당나라 사람의 말에 의탁한단 말입니까. 나는 도리어 이것으로써 질정(質正)하고자 합니다."

"나의 도는 하나로써 모든 것을 꿴다.〔吾道一以貫之〕"라고 말한 데에서 나온 말이다.

추원당에 대한 기문[52]

追遠堂記

나는 이미 호수 선생(湖叟先生)이 시호(諡號)를 받게 된 상황에 대해 기술한 바 있다.[53] 그런데 정래휴(鄭來休) 군이 또 무릎을 꿇고 청하기를,

"선조들께서 2대에 걸쳐 수립한 공적[54]이 이와 같이 탁월합니다. 지난해에 향인들이 제향(祭享)을 올리고자 하였고 방백(方伯)이 이를 보고하여 일이 거의 이루어졌는데 조정의 금령으로 중단되었습니다.

52 추원당에 대한 기문 : 추원당은 현재 영천 자양면의 하천재(夏泉齋)에 있는 오천 정씨(烏川鄭氏)의 재실(齋室)이다. 이 글은 정세아(鄭世雅, 1535~1612)의 후손인 정래휴(鄭來休)의 부탁으로 추원당에 대해 써준 기문으로, 후손들이 선조를 본받고자 노력해야 한다는 것을 강조하는 내용이다. 정세아는 자는 화숙(和叔), 호는 호수(湖叟), 시호는 강의(剛義)이다. 1558년(명종13) 진사가 되고, 임진왜란 때 의병을 일으켜 영천과 경주에서 전공을 세웠다. 이원익(李元翼)이 여러 차례 관직에 천거하였으나 사양하다가 잠시 황산도 찰방(黃山道察訪)을 지냈다. 1732년(영조8) 병조 판서에 추증되고, 1788년(정조12) 시호가 내렸다.

53 나는……있다 : 본집의 권38에 이계가 쓴 〈증 병조 판서 정공 시장(贈兵曹判書鄭公諡狀)〉이 있다.

54 2대에……공적 : 정세아와 그 아들 정의번(鄭宜藩, 1560~1592)이 의병을 일으킨 것을 말한다. 1592년 8월 관군과 의병은 경주를 탈환하기 위해 전투에 나섰으나 왜군에 밀려 후퇴하였다. 이때 정세아가 위급하다는 소식을 들은 정의번은 부친을 구하기 위해 세 번이나 적진으로 뛰어들어 부친을 찾다가 결국 노비인 억수와 함께 전사하였다. 한편 위기를 모면한 정세아는 아들의 시신을 찾지 못하자, 아들의 옷과 만사(挽詞), 제문(祭文) 등을 관 안에 넣어 장례를 치렀고 이후 시총(詩塚)이라고 일컬어졌다.

우리 후손들은 차마 민몰(泯沒)시킬 수 없었으므로 송(宋)나라 때의 진씨(陳氏)와 서씨(徐氏) 가문의 고사[55]에 의거하여 군(郡)의 북쪽 환구(環丘) 위에 세덕사(世德祠)[56]를 건립하고 위패를 모셔 배향(配享)하였으니 이에 대해서는 제현(諸賢)들께서 이미 기술하신 바 있습니다. 세덕사의 앞쪽에는 예로부터 서재(書齋)가 있는데, 이 일로 인하여 추원당(追遠堂)이라 이름하고 후생들을 모아서 학업을 닦게 하였습니다. 감히 한 말씀 내려주시는 은혜를 구하고자 합니다."

라고 하였다. 내가 옷깃을 여미고 일어나 다음과 같이 말하였다.

"두 분 선생의 충효와 큰 절개는 사람들의 이목에 환히 빛나고 있습니다. 단지 향당(鄕黨)에서 사모할 뿐만이 아니요 온 나라 사람 모두가 그분들을 사모하거늘, 하물며 그 자손들에게 있어서이겠습니까! 그러나 효자의 마음은 항상 날이 가면 갈수록 날로 망각하는 것을 두려워하니, 날이 흘러가는 것조차 이러하거늘 하물며 세대가 멀어짐에 있어서이겠습니까! 이것이 바로 추원당이라고 이름한 까닭이겠지요.

55 송(宋)나라……고사 : 진씨는 송(宋)나라의 우부원외랑(虞部員外郎) 진지검(陳知儉)이고, 서씨(徐氏)는 요주(饒州)의 삼서묘(三徐廟)에 관한 것이다. 진지검은 사당을 세워 4대조 진성화(陳省華)의 초상을 모시고 그의 세 아들 진요수(陳堯叟), 진요좌(陳堯佐), 진요자(陳堯咨)를 함께 배향하였다. 삼서묘(三徐廟)는 당나라 때의 학사인 서연휴(徐延休)와 두 아들 서현(徐鉉)·서해(徐鍇)를 함께 모신 사당이다. 세 사람 모두 당시 명성이 있었고, 아들 형제는 '대소이서(大小二徐)'라 일컬어졌다.

56 세덕사(世德祠) : 경북 영천시 임고면 선원리에 있는 환구 세덕사이다. 호수 정세아와 그 아들 정의번을 모신 사당이다. 본래 1720년(숙종46) 정세아의 후손들이 서재를 지어 자제들의 강학 장소로 삼았던 곳이다. 1777년(정조1) 서재 뒤에 충현사(忠賢祠)를 지었고, 1784년(정조8) 충효각(忠孝閣)이 세워졌다. 대원군 때 서원철폐령으로 철거되고 일부만 남아 있다.

여러 후손들은 일족(一族)이 추원당에서 모이고 추원당에서 강학을 하면, 임금께 충성하고 부모를 사랑하는 마음이 응당 자연스럽게 생겨날 것입니다. 아침 저녁으로 여기에서 보고 느낄 것이요 노닐고 쉴 때에도 여기에서 내면을 기를 것이니,[57] 서로 권면하면서 한결같이 두 분 선생을 스승으로 삼는다면 장차 정씨의 가문에 대대로 충성스럽고 효성스러운 이가 있음을 볼 것입니다.

그렇지 못하고 그저 저명한 조상의 공렬에만 기대어 세상에서 중시해주기를 구한다면, 그 실질을 살펴봄에 결국 평범한 가문과 다를 바 없을 것이고 심한 경우에는 혹 가풍을 추락시켜 선조의 가르침에 먹칠을 하는 자가 있을 것이니, 어찌 이 당에 오를 때 낯부끄럽지 않겠습니까. 오직 기대하는 바가 중하기 때문에 책망하는 것도 엄한 것입니다. 아아, 두려워해야 합니다. 《시경》에 이르기를 "너의 조상을 생각지 않느냐, 그 덕을 닦을지어다."[58]라고 하였으니 그대들을 위해 읊어 봅니다."

57 노닐고……것이니 : 원문은 '유식(游息)'으로 《예기》 〈학기(學記)〉의 "군자는 학문할 때에 장하고 수하고 유하고 식한다.〔君子之於學也, 藏焉, 修焉, 息焉, 遊焉.〕"라는 내용에서 유래하였다.

58 시경에……닦을지어다 : 《시경》 〈대아(大雅) 문왕(文王)〉에 "너의 조상을 생각하지 않느냐 그 덕을 닦을지어다. 길이 천명에 짝하는 것이 스스로 많은 복을 구하는 길이니라.〔無念爾祖, 聿修厥德. 永言配命, 自求多福.〕"라고 하였다.

인와에 대한 기문[59]

忍窩記

이술현(李述賢)[60]은 영남(嶺南)의 훌륭한 선비이다. 나와 종유(從遊)하였는데 말하는 것이 어눌하여 마치 입에서 나오지 않는 듯하였다. 하루는 나를 만나러 와서 말하기를,

"소자는 일찍이 선대부의 유교(遺敎)를 받들어 거처하는 곳을 인와(忍窩)라고 이름하였으나 아직까지 이 이름을 부연하지 못하였으니 공께서 한 말씀을 해주시기를 기다리고자 합니다."

하였다. 내가 무슨 뜻인지 묻자 술현이 말하였다.

"조부(祖父)인 졸재(拙齋)공께서 여든둘에 병이 위독해져서 여러 손자들이 침상 주위로 모였는데, 저에게 눈짓을 하시며 무언가 말씀을 하고자 하셨으나 목소리가 나오지 않자 무언가 쓰고자 하여 저의 손을 끌어다 붓을 찾으시더니 참을 인(忍)자 한 글자를 쓰셨습니다. 제가 무릎을 꿇고 여쭙기를 '이는 욕심을 참으라는 말씀이십니까?' 하니 공

59 인와에 대한 기문 : 이술현의 호(號)이자 당호(堂號)인 인와(忍窩)에 대해 써준 글이다. 말을 조심하라는 조부(祖父)의 유언이 지닌 의미를 풀이하고 그 가르침을 변함없이 지켜나가고 있는 이술현의 의지와 행동거지를 칭송하면서, '인(忍)'이라는 한자의 가르침을 체득하여 가르치면 가문이 창성할 것임을 강조한 글이다.

60 이술현(李述賢) : 이술현(1736~1822)은 본관은 청안(淸安), 자는 학조(學祖), 호는 인와(忍窩)이다. 경주 출신으로 1765년에 진사시에 합격하고 동몽교관(童蒙教官)을 지냈다. 본집의 권14에 〈증 병조 참판 이공 정려기(贈兵曹參判李公旌閭記)〉는 이술현의 부탁으로 이계가 써준 글로, 이술현의 선조 이팽수(李彭壽)가 증직(贈職)되고 정려가 내려진 일에 관한 내용이다.

께서는 고개를 저으셨습니다. 다시 여쭙기를 '분노(忿怒)를 참으라는 말씀이신가요?' 하니 공께서는 고개를 저으셨습니다. 다시 여쭙기를 '말을 참으라는 뜻이로군요.' 하자 이에 고개를 끄덕이시고는 드디어 일을 살피지 못하게 되셨습니다. 아아, 애통합니다.

저는 이미 마음 깊이 새겼고 물러나서는 방의 벽에 붙여서 드나들 때마다 이를 보았으며, 매번 입을 벌리고 혀를 놀릴 때마다 반드시 삼가고 단속을 하였습니다. 지금까지 10여 년이 되었는데, 오직 날이 가면 갈수록 가르침을 잃게 될까 두려워서 이런 까닭에 청하는 것입니다."

나는 놀라 탄식하며 다음과 같이 말하였다.

"지극하도다, 가르침이여! 작게는 치욕을 멀리할 수 있고 크게는 덕을 이룰 수 있도다. 옛날 공자(孔子)께서 주(周)나라의 후직묘(后稷廟)에 있는 금인(金人)이 세 번 입을 봉한 것을 보시고 문인들에게 말씀하시기를, '얘들아, 잘 알아두어라. 이것이 옛날의 말을 삼가한 사람이다.'라고 하셨으니,[61] 성인께서 사물로 인하여 경계를 하신 것이 이와 같습니다.

61 공자(孔子)께서……하셨으니 : 공자가 주(周)나라 후직묘(后稷廟)에 갔을 때, 묘의 오른편에 쇠로 만든 사람〔金人〕이 있는 것을 보았는데, 입을 세 겹으로 봉하였으며〔三緘其口〕 등에는 "옛날에 말을 조심하던 사람이다. 경계할지어다. 말을 많이 하지 말라, 말이 많으면 실패 또한 많으리라.〔古之愼言人也, 戒之哉, 無多言, 多言多敗.〕"라는 글이 새겨져 있었다. 공자는 이 글을 읽은 뒤 제자들에게 기록해두라고 하고 《시경》 〈소민(小旻)〉의 전전긍긍(戰戰兢兢) 구절을 인용하며 "자신의 몸가짐이 이와 같다면 어찌 입의 과실을 걱정하겠느냐.〔行身如此, 豈以口過患哉.〕"라고 말한 일이 있다. 《孔子家語 觀周》

또 말씀하시기를 '어진 사람은 말을 어눌하게 한다.'[62]라고 하셨습니다. 어눌함은 잘 참는 것이니 어눌할 수 있다면 신중함은 기다리지 않아도 됩니다. 그러나 어눌함을 구하고자 한다면 반드시 먼저 참는 데에 힘써야 하니, 참는다〔忍〕는 것은 마음〔心〕에 칼〔刃〕을 더한 것이요 말이란 마음의 소리입니다.

마음이 입을 통해서 펼쳐지려 할 때 반드시 살피면서 '선한가, 선하지 않은가?'라고 하여, 만약 선하지 않을 경우 예리한 칼로 잘라내는 듯이 한다면 입에서 나오는 말이 모두 선할 것입니다. 말이 선하다 해도 다시 억누르면서 '때에 맞는가, 맞지 않는가?'라고 하여 만약 때에 맞지 않는 경우 예리한 칼로 잘라내듯이 한다면 남에게 하는 말이 모두 때에 맞을 것입니다. 말이 이미 선하고 하는 것이 때에 맞다면 이는 도(道)에 가까운 것이니, 어찌 단지 치욕을 멀리하는 데 그칠 뿐이겠습니까! 그러므로 나는 공의 참을 인(忍) 한 글자가 장씨(張氏)의 참을 인 100글자[63]보다 훨씬 뛰어나다고 생각합니다. 그대가 그 가르침을 체득하고 다시 후손들에게 알려준다면 이씨의 후손들은 대대로 창성할 것입니다."

62 어진……한다 : 《논어》 〈안연(顏淵)〉에 사마우(司馬牛)가 공자에게 인(仁)에 대해 묻자, "공자는 인한 사람은 그 말을 참고 어렵게 한다.〔仁者, 其言也訒.〕"라고 말한 일이 있다. 실천이 어려우니 말은 신중해야 한다는 의미이다.

63 장씨의……100글자 : 장씨는 장공예(張公藝)를 말한다. 당(唐)나라 수장(壽張) 사람으로 한 집에서 9세(世)의 친족을 모두 거느리고 살았다. 고종(高宗)이 그 집을 방문하여 비결을 묻자 장공예는 지필(紙筆)을 청한 뒤 참을 인(忍)자만 백여 차례를 썼다. 이에 고종이 눈물을 흘리며 비단을 하사하였다고 한다.

이아헌에 대한 기문[64]

爾雅軒記

지난번 내가 서쪽으로 연경(燕京)에 사신 갈 때에 경사대부(卿士大夫)들이 모두 시문으로 전송해주었다. 대부분이 감개(感慨)한 글과 사행(使行)을 위로하는 말이었으나 오직 간옹((艮翁) 이몽서(李夢瑞)만은

"근세에 서방의 천주학자들이 중국으로 흘러들어왔는데 그들은 천상역법(天象曆法)의 추보(推步)를 잘하여 집집마다 그 법을 사용합니다. 이에 천주를 섬기는 설[65]을 만들어 사람들에게 떠벌리니 신기한 것을 좋아하는 자들은 깊이 빠져든다고 합니다. 이는 이단 중에서도 더욱 심한 것으로 장차 그 화(禍)는 부처나 노자(老子)보다도 심해질 것입니다. 그대가 중국의 선비를 보게 되면 반드시 도리에 맞는 바른

64 이아헌에 대한 기문 : 이헌경(李獻慶, 1719~1791)의 이아헌(爾雅軒)에 대해 쓴 글로 서학(西學)에 대한 두 사람의 생각을 엿볼 수 있다. 이헌경은 본관은 전주(全州), 초명은 성경(星慶), 자는 몽서(夢瑞), 호는 간옹(艮翁)이다. 1743년(영조19) 정시문과에 급제하고 대사간(大司諫)에 이르렀으며 1790년(정조14) 한성 판윤(漢城判尹)이 되어 기로소(耆老所)에 들어갔다. 이헌경은 서학을 배척하는 입장이었는데 이는 《간옹집(艮翁集)》 권24 〈문견록(聞見錄)〉에도 보인다. 《천학문답(天學問答)》을 지어 서학을 배척하니 식자(識者)들이 양묵(楊墨)을 물리친 공보다 낮지 않다고 평가했다는 이야기 등이 있다.

65 천주를 받드는 설 : 원문은 '봉천지설(奉天之說)이다. 홍양호가 기윤(紀昀)에게 보낸 편지에 "소위 천주를 섬긴다는 설 또한 상제를 섬긴다는 말에 근본하니 이치가 없는 것은 아닙니다만 조물주가 만물을 만든 것을 야소〔耶穌〕에게 붙이는 것은 심합니다.〔所謂奉天之說, 亦本於昭事上帝之語, 則未可謂無理, 而稱以造物之主, 裁成萬物, 乃以耶穌當之, 甚矣.〕"라는 구절을 참조하여 번역하였다. 《耳溪集 卷15 與紀尙書書》

말로써 물리쳐주십시오. 비록 천하의 미혹된 이들이 모두 깨우칠 수는 없다 해도 우리 동방의 학문이 바르다는 것은 알릴 수 있을 것입니다."
라고 하였다. 이에 내가 웃으며 말하기를

"내 일찍이 서양 사람들의 책을 보았는데 문장은 천박하고 이치는 편벽되어 사람을 움직일 만한 점이 없었으니 그대의 우려가 지나친 것입니다."
라고 하였다.

연경에 이르러 소위 천주당(天主堂)이라는 곳을 찾아가 보았는데 상(像)을 그려놓고 존경하며 숭상하는 것은 그저 하나의 절과 같을 뿐이었고, 그 사람들과 함께 이야기를 해보니 오랑캐 중의 지혜로운 자에 불과할 뿐이어서 내가 변론을 펼칠 것도 없었다. 그런데 우리나라로 돌아온 지 몇 년이 지나자 과연 천주(天主)에 관한 책들이 크게 세상에 행해져서, 어리석은 이들이 서로 읽으며 사모하니 식자들도 점차 물들어가는 이가 왕왕 있었다. 그 귀결처는 장차 인륜을 배반하고 풍속을 무너뜨리는 것이었으니, 이에 나는 비로소 몽서의 선견지명에 감복하게 되었다. 얼마 후 몽서가 내게 편지를 보내어

"내가 새로 서실(書室)을 짓고 이아(爾雅)라고 명명하였으니, 이(爾)는 가깝다〔邇〕, 아(雅)는 바르다〔正〕는 것입니다. 그대가 나를 위해 편액을 써주고 또 그 의미를 드러내어주기를 바랍니다."
라고 하였다. 나는 감탄하며 말하였다.

"이것이 중용(中庸)의 뜻이구려. 무릇 가까우면서 행하기 쉬운 것이 어찌 '용(庸)'이 아니겠으며, 바르면서 치우치지 않은 것이 어찌 '중(中)'이 아니겠습니까! 그러나 가까우면서 고아〔雅〕하지 않으면 속된 데에 흐를 것이요, 고아하지만 가깝지 않으면 우활하다는 병통이 있을

것이니, 두 가지를 겸해야만 중용(中庸)에 가까울 것입니다. 지금 몽서는 여기에서 깨달은 바가 있는 것이니, 밝게 기미를 살피고 엄격하게 정도(正道)를 지키는 것이 마땅할 것입니다.

저 서방(西方)의 학문은 사람들에게 선을 행하라고 권하면서 화복(福禍)으로 꼬드기고, 하늘을 높인다고 의탁하지만 스스로 떳떳한 인륜을 끊어버리니, 이는 불가(佛家)와 도가(道家)를 합쳐서 우리 유학을 현혹시키는 것과 같습니다. 이것이 내가 이른바 말이 천박하면서 이치도 편벽되었다는 것으로, 이아(爾雅)와는 많이 다르니 진실로 그대의 말이 행해진다면 어찌 물리치지 못할까 근심하겠습니까? 중국인들에게 들려주지 못하는 것이 아쉽습니다."

몽서는 문장을 저술할 때에도 이아를 주로 하니 이를 통해서도 그의 학문을 알 수 있다.

청파루에 대한 기문[66]

聽波樓記

나의 벗 이사심(李士深)이 내게 말하기를,

"선인(先人)께서 남겨주신 오두막이 공산(公山 공주)의 남쪽에 있는데 이름을 청파(聽波)라고 한다네. 자네가 나를 위해 그 뜻을 밝혀 주게."

라고 하였다. 나는

"내 일찍이 자네의 집에 가보았지. 산이 둘러 있고 들은 넓으며 숲과 나무는 무성했으나 강이나 호수, 시내와 골짜기 같은 경치는 본 적이 없네. 그런데 어떻게 물결〔波〕 소리를 들을 수 있는가?"

라고 하였다. 사심은

"여기서 파(波)라고 한 것은 물을 말한 것이 아니고 바로 솔바람 소리가 파도 소리와 같아서라네."

라고 하였다. 나는 웃으면서

"소나무는 본래 소리가 없어서 바람을 기다려 울리는 것이니, 소나무에서 나오는 울림은 참된 물결이 아니라네. 무릇 외물을 기다리는 것을 거짓〔假〕이라 하고 참〔眞〕이 아닌 것은 허상〔幻〕이라고 하는데, 거짓

66 청파루에 대한 기문 : 이홍재(李洪載, 1727~1794)의 청파루에 대해 쓴 글이다. 이홍재는 자는 사심(士深), 호는 일선(一蟬)이다. 이조 참의(吏曹參議)·황해도 관찰사(黃海道觀察使)·성균관 대사성(成均館大司成) 등을 지냈고 강화 유수(江華留守)로 재임 중에 사망하였다.《老洲集 卷16 內舅司憲府大司憲李公墓誌銘》

과 허상은 군자가 말하지 않는 법일세."

라고 하였다. 얼마 후 나는 관직에서 물러나 동쪽으로 가서 화산(華山)[67] 아래에 살고 있었다. 때는 바야흐로 가을이라 밤에 어떤 소리가 멀리서부터 가까워지는 것이 들리는데 소나기인 듯 소슬하고 폭포인 듯 몰아치며 넘실넘실 출렁출렁 하는 것이 마치 높은 파도가 서로 부딪히는 듯하였다. 나는 두렵고 놀라워서 창문을 열고 내다보았다. 산 위의 달은 중천에 떠 있고 온갖 소리가 모두 잠잠한데 그 소리는 만 그루 소나무 사이에서 나오고 있었다.

나는 이에 옷매무새를 가다듬고 바르게 앉아서 정신을 집중하여 가만히 소리를 들으니, 가슴속이 넓게 툭 트이는 것이 마치 항해(沆瀣)[68]를 마셔서 장(腸)과 폐(肺)를 씻어내는 것처럼 나도 모르게 속된 생각이 깨끗이 걷히고 천기(天機)가 드러났다. 이는 어째서인가. 무릇 소나무는 식물 중의 정기(正氣)요 바람은 대지(大地)의 조화로운 가락이다.[69] 조화〔和〕와 바름〔正〕이 서로 만나 어우러지니 대악(大樂)을 연주함에 범범(渢渢)하면서 양양(洋洋)한 것[70]과 같고, 마치 사람이 정신이

67 화산(華山) : 여기서는 삼각산(三角山)을 말한다. 홍양호는 삼각산 우이동 인근 이계(耳溪)의 상류 쪽에 집을 짓고 살았다.

68 항해(沆瀣) : 맑은 이슬로, 신선이 마시는 음료를 뜻한다.

69 바람은……가락이다 : 《장자(莊子)》 〈제물론(齊物論)〉에 "큰 땅덩어리가 기운을 내뿜는 것을 바람이라 하는데, 가만히 있으면 모르지만 일단 일어났다고 하면 만 개의 구멍이 노하여 부르짖기 시작한다.〔夫大塊噫氣, 其名爲風, 是唯無作, 作則萬竅怒號.〕"라는 구절에서 인용한 것이다.

70 범범(渢渢)하면서 양양(洋洋)한 것 : 솔바람 소리를 묘사한 것이다. 범범(渢渢)은 소리가 크고 부드러우며 계속 이어지는 것을 형용하는 말이고, 양양(洋洋)은 성대하고 광원(廣遠)한 모습을 나타낸다.

맑고 기가 충만해져 사악하고 방종한 것을 한바탕 씻어내고 더러운 찌꺼기들을 없애버리는 것과 같았다. 물결 소리를 듣는〔聽波〕 오묘함이 이다지도 오묘할 줄이야!

이에 기록하노라. "소리가 화(和)하면 기운이 화하고 천지의 화기(和氣)가 응한다"[71]는 것은 바로 이것을 말하는 것이리라. 비록 그렇긴 하지만 귀로 들어와서 마음에 젖어드는 것은 밝게 스스로 깨닫고 모르는 새에 동화되어 말로는 전할 수 없거늘, 하물며 글로 전할 수 있는 것이겠는가! 듣는 사람이 스스로 터득하는 데에 달려 있을 뿐이다.

71 소리가……응한다 : 《통감절요(通鑑節要)》에 "마음이 화하면 기운이 화하고, 기운이 화하면 형체가 화하고, 형체가 화하면 소리가 화하고, 소리가 화하면 천지의 화기(和氣)가 응한다.〔心和則氣和, 氣和則形和, 形和則聲和, 聲和則天地之和應矣.〕"라는 내용이 있다. 《通鑑節要 漢紀 世宗孝武皇帝 己酉5年》

우파에 대한 기문
愚坡記

한씨(韓氏) 일족이 홍주(洪州)의 우파(愚坡)[72]에 살고 있는데 학사(學士) 한계명(韓季明)[73]이 서울에 집을 마련하여 당실(堂室)의 이름을 우파(愚坡)라 하고 나에게 편액을 청하였다.

내가 묻기를, "그대는 사는 곳은 성시(城市)인데 이름은 향촌 같고 몸은 관리인데 뜻은 시골 사람 같으니, 이렇게 명칭과 실제가 어긋나고 행적과 마음이 멀어진 것은 어째서입니까? 주자(周子)가 염계(濂溪)를 잊지 못한 일[74]을 흠모한 것입니까, 아니면 유주(柳州)가 우계(愚溪)에 자신을 의탁한 것[75]을 본받은 것입니까?"

72 우파(愚坡) : 홍주(洪州)의 동남쪽을 말한다. 이곳은 다른 곳보다 수확이 많으므로 옹주(雍州)의 황양(黃壤)에 비겨서 상전(上田)이라고 하는데, 방언에 상전을 우파(牛坡)라고 하며 우(愚)와 우(牛)의 음이 비슷하므로 우파(愚坡)라고 하였다. 《修山集 愚坡記》

73 한계명(韓季明) : 한계진(韓啓震, 1689~?)으로, 계명(季明)은 자이다. 한태진(韓泰震)·한원진(韓元震)의 동생으로 수암(遂菴) 권상하(權尙夏)에게 수학하였다. 1719년(숙종 45) 문과에 급제하고 1753년(영조29) 호조 참의(戶曹參議)가 되었다.

74 주자(周子)가……일 : 주돈이(周敦頤, 1017~1073)는 일찍이 여러 관직을 거쳐 남강군(南康軍)의 장관을 지낸 뒤 벼슬에서 물러나 여산(廬山)의 연화봉(蓮花峯) 아래에 은거하였다. 주돈이의 고향인 호남성(湖南省) 영도(營道)에 염계(濂溪)가 있었는데 연화봉 아래의 시내에 이 이름을 붙여 염계라고 불렀다.

75 유주(柳州)가……것 : 유종원(柳宗元, 773~819)이 유주 자사로 있다가 영주(永州)로 좌천되었을 때 소수(瀟水)가에 가서 그쪽에 있던 시내를 '우계(愚溪)'라 이름하고, 우계 근처의 언덕은 '우구(愚丘)', 샘물을 '우천(愚泉)'이라 하고, '우지(愚池)'를

하였다. 계명이 말하기를,

"그런가요, 그렇지 않습니다. 나는 보는 데 병이 있고 시속을 따르는 데는 졸렬하며 발은 문 밖으로 나가지 않고 몸은 관직에 매여 있지 않으니, 눈을 감고 가만히 앉아서 광원한 데에 마음을 의탁하면 숙연하기가 담장에 둘러싸인 오두막 같고 적막하기가 은자의 거처와 같습니다. 비록 성시에 거처하지만 우파에 있는 것과 같으니 내 집을 우파라 하는 것도 마땅하지 않겠습니까?"

라고 하였다. 나는 이에 감탄하며 말하였다.

"고인들 중에는 조정에 있으면서 강호에 뜻을 두고, 재상의 녹봉을 먹으면서도 명아주와 콩잎[76]을 생각하는 이가 있었습니다. 현명하다고 하더라도 두 가지로 나뉘는 것을 면하기 어려운데 지금 그대는 하나로 보면서 둘 다 잊어서, 몸이 머무는 장소는 어디를 가든 모두 우파요 마음이 즐거이 여기는 바도 우파가 아닌 적이 없으니, 이 또한 남들보다 뛰어난 것입니다. 그러나 내가 들은 바는 이와 다릅니다.

군자는 자신이 처한 위치에 맞게 행동해야 합니다.[77] 조정에 있을

만들고 우지 곁에 '우당(愚堂)'과 '우정(愚亭)'을 짓는 등 자신이 거처하던 모든 곳에 '우(愚)'자를 붙인 일이 있다. 유종원의 〈우계시서(愚溪詩序)〉에 자세하다.

76 명아주와 콩잎 : 모두 거친 음식을 말한다. 《한비자(韓非子)》〈오두(五蠹)〉에 "요임금이 천하의 왕이 되자 초가집의 이엉을 자르지 않고, 서까래를 깎지 않았고, 거친 조와 피 밥을 먹고, 명아주와 콩잎 국을 먹고, 겨울에는 사슴의 가죽옷을 입고 여름날은 칡을 엮어 입었다. 문지기가 먹고 입는 것도 이보다 못하지 않았다.〔堯之王天下也, 茅茨不翦, 采椽不斲, 糲粢之食, 藜藿之羹, 冬日麑裘, 夏日葛衣, 雖監門之服養, 不虧於此矣.〕"라는 내용이 있다.

77 군자는……합니다 : 원문은 '소기위(素其位)'로 이는 《중용》 14장에 보인다. "군자는 현재 처한 위치에 맞게 행동할 뿐이요, 그 외의 것은 바라지 않는다.〔君子素其位而

때에는 조정에서 도를 행하고 초야에 있을 때에는 초야에서 도를 행해야 하며, 출사했을 때는 만종(萬鍾)의 녹봉도 많지 않지만 은거했을 때에는 한 그릇의 밥도 적지 않습니다. 남다른 것으로 높다 여기지 않고 깨끗한 것으로 명성을 삼지 않습니다. 지금 그대가 우파라 이름한 것이 어찌 잘못된 것이겠습니까. 이는 마음에 하나의 우파가 있을 뿐인 것이니 지금 처한 상황을 말하는 것이 아닙니다. 내가 걱정스러운 것은 우파가 그대에게 누가 되는 것입니다. 병은 때가 되면 낫고 몸은 영원히 처할 수 없으니 우파가 그대에게 누가 되는 것도 그리 오래가지는 않을 것입니다. 저는 또 그것을 기다립니다."

行, 不願乎其外.]"라고 하였다.

정암에 대한 기문
井菴記

기자(箕子)[78]가 동쪽으로 와서 평양(平壤)의 외성(外城)에 도읍하니 지금까지도 정전(井田)의 유지(遺址)가 있고 또 옛 우물이 있어 달고 상쾌한 물이 마르지 않고 솟아나오니 그 주위에 담장을 두르고 비석을 세워서 기자정(箕子井)이라고 새겼다.

처사(處士) 강규(康逵)[79]가 그 곁에 살았는데 경례(經禮)[80]를 닦고 곤궁한 중에도 도의(道義)를 지키며 스스로를 수양하고, 만년에는 《주역》을 좋아하여 여든이 다 되어서도 게을리하지 않으니, 방백이 천거하여 전랑(殿郎)을 제수하였으나 나아가지 않았다. 신해년(1791, 정조15)에 내가 평안도 절도사로 있을 때 조정에서 경명행수(經明行修)의 선비를 천거하라는 명이 있어, 이에 처사를 선발하고 아울러 그가 지은 《역예설(易禮說)》을 진상하니[81] 온 도의 사람들이 모두 놀

78 기자(箕子) : 원문의 '은사(殷師)'는 기자(箕子)이다. 공자(孔子)가 말한 은나라 삼인(三仁) 중의 한 사람이며 주나라 무왕(武王)에게 홍범구주를 전해주었고 이에 무왕이 기자를 조선에 봉해주었다고 한다.

79 강규(康逵) : 강규(1714~1798)는 본관은 곡산(谷山), 자는 중홍(仲鴻)이다. 세거지는 평양이고 정전 선생(井田先生)이라고도 불렸다. 《사서강설(四書講說)》·《정전설(井田說)》·《전의고(傳義考)》 등의 저술이 있었다고 하는데 전하지 않는다. 《華泉集 卷13 井田康公墓碣銘》

80 경례(經禮) : 큰 강목이 되는 예절이다. 《예기》에 "경례(經禮)가 3백이요, 곡례(曲禮)가 3천이다."라고 하였다.

81 내가……진상하니 : 이 일은 《승정원일기》 정조 15년 12월 29일 기사에 보인다.

랐다.

내가 근세의 학자들을 보니 《주역》을 제대로 공부한 이가 드물었는데, 오직 처사는 여기에 마음을 기울였으니 분명 자득한 것이 있을 것이다. 나에게 자신이 저술한 《괘상익(卦象翼)》 몇 편을 보여주었는데, 처사의 변석(辨析)이 정심하고 해박하여 맺혔던 의문이 풀려서 서로 합치되는 점이 많았으며 때때로 내가 미치지 못한 점도 드러내었다. 무릇 관서(關西)는 지역이 국경에 가까워 무예를 숭상하며 조금 총명한 유자(儒者)라 해도 오로지 공령문(功令文)을 익혀서 과거(科擧)에만 맞출 뿐이니, 처사 같은 이는 뜻이 독실하고 학문을 좋아하는 선비라 할 만하다.

처사가 나이가 들어 문밖 출입을 할 수 없었으므로 그 손자인 인(寅)을 시켜서 서권(書卷)을 가지고 왕래하며 강론(講論)하고 질정(質正)하도록 하였다. 하루는 나에게 서실(書室)에 제(題)하여 줄 것을 청하기에 내가 사는 곳의 이름이 무엇인지 묻자 답하기를 "정전(井田)입니다."라고 하였다. 나는 옷깃을 여미고 감탄하면서 "아름답구나, 사는 곳이여! 이로써 이름으로 삼을 만하다."라고 말하고 드디어 '정암(井菴)'이라고 써서 그에게 주며 말하였다.

"무릇 정(井)이란 천지의 대용(大用)이요 성인의 대업(大業)이니[82], 흐르는 샘물이 나오는 것은 백성을 기르기 위함이요, 구역을 아홉으로

여기에는 78살의 강규가 지은 경의예설을 함께 진상했다고 되어 있다. 원문의 '경행(經行)'은 경명행수(經明行修)의 약칭으로 경서에 밝고 행실이 바른 것을 뜻한다.

82 정(井)이란……대업(大業)이니 : 정(井)에는 우물이라는 뜻과 정전(井田)이라는 의미가 있다. 천지의 대용은 우물이 만물을 길러주는 때문이고, 성인의 대업이란 정전제(井田制)를 가리켜 한 말이다.

나눈 것은 나라를 다스리기 위함이다. 구승(丘乘)[83]의 세금과 전쟁의 진(陣)이 모두 정(井)으로부터 나왔으니, 미루어 넓혀가다 보면 천하의 능사(能事)를 모두 끝마칠 수가 있을 것이다.[84] 지금 처사가 기자의 옛터에 살면서 복희(伏羲)와 문왕(文王)의 책을 읽는데, 《주역》과 《서경》 〈홍범〉은 이치가 한가지이니[85] 이것으로서 서실의 이름으로 삼는 것 또한 괜찮지 않겠는가?

나는 이에 적이 느끼는 바가 있다. 《주역》 〈정(井卦)〉의 구삼(九三)에 이르기를, '우물을 깨끗이 치웠는데 먹지 않으니 내 마음이 슬프도다.〔井渫不食 爲我心惻.〕'[86]라고 하였으니, 이는 현명한 사람이 아래에

83 구승(丘乘) : 옛날에 토지를 나눈 구획의 명칭이다. 《예기》 〈교특생(郊特牲)〉에 "오직 사(社)의 제사는 구승(丘乘)으로 제물을 갖추게 하니, 근본에 보답하여 시초에 돌이키는 뜻이다.〔唯社,丘乘共粢盛, 所以報本反始也.〕"라고 하였고, 공영달(孔穎達)의 소(疏)에 "구승이란 도읍과 시골의 정전이다. 9부가 정이고 4정이 읍이고 4읍이 구이고 4구가 승이다.〔丘乘者, 都鄙井田也. 九夫爲井, 四井爲邑, 四邑爲丘, 四丘爲乘.〕"라고 하였다.

84 천하의……것이다 : 이 구절은 《주역》 〈계사전 상(繫辭傳上)〉의 "이를 확대하여 같은 범주의 일에 적용해 나간다면, 천하에서 가능한 일은 모두 끝마칠 수가 있다.〔引而伸之, 觸類而長之, 天下之能事畢矣.〕"라는 구절에서 인용한 것이다.

85 복희(伏羲)와……가지이니 : 이는 하도낙서(河圖洛書)를 가리켜 말하는 것이다. 복희는 황하에서 나온 하도를 보고 팔괘(八卦)를 그렸고 문왕은 복희의 팔괘〔先天八卦〕를 연역하여 괘사〔後天八卦〕를 지었다. 낙서(洛書)는 우(禹)가 치수사업을 벌일 때 하늘로부터 받은 것으로 《서경》 〈홍범구주〉의 기본이 되었다.

86 우물을……슬프도다 : 성군(聖君)의 시대에 다시 등용되어 경국제세(經國濟世)의 뜻을 펼쳐보고 싶다는 말이다. 《주역》 〈정괘(井卦) 구삼(九三)〉에 "우물을 깨끗이 치웠는데도 먹지를 않으니 내 마음이 슬프다. 임금이 밝아서 길어다 먹기만 하면 모두 복을 받으리라.〔井渫不食, 爲我心惻, 可用汲, 王明, 竝受其福.〕"라는 말이 있다.

있으면서 당세에 등용되지 못한 것을 슬퍼한 것이다. 나 또한 처사에 대해서 이렇게 말할 것이다."

쌍호정에 대한 기문
雙湖亭記

용산강(龍山江)은 한수(漢水)의 하류에 위치하며 서호(西湖)의 상유(上游)[87]에 웅거하여, 서쪽으로는 반룡(盤龍)과 와우(臥牛)의 언덕을 등지고 남쪽으로는 관악(冠岳)과 청계(淸溪)의 산을 마주한다. 강물이 그 앞에서 돌아 흐르면서 갈라져 양호(兩湖)[88]를 이루니 오른쪽에는 읍청루(挹淸樓)[89]가 있고 왼쪽에는 월파정(月波亭)[90]이 있다. 중국 사신들이 바라보고 감상하며 노래와 시로 그려낸[91] 까닭에, 공자(公子)와 왕손(王孫), 공경(公卿)과 문인들이 다투어 정자와 누각을 세

87 상유(上游) : 강물의 근원지에 가까운 곳 즉 상류(上流) 혹은 그 일대 지역을 뜻하는 말이다. 여기에서는 용산강의 하류이자 서호의 상류라는 의미로 사용했다.

88 양호(兩湖) : 동호(東湖)와 서호(西湖)를 가리킨다. 동호는 두모포에서 노량진까지이고 서호는 마포, 서강, 양화진 일대를 가리킨다.

89 읍청루(挹淸樓) : 현재의 마포대교 북단 인근에 있었다. 호조에서 훈련도감 군사의 급료를 관리하기 위해 용산에 세운 별영(別營)에 딸린 누각이다.

90 월파정(月波亭) : 노량진의 서쪽 언덕에 있던 정자로 노량진 수산시장과 경인선 철로 사이에 있었다고 한다. 정약용(丁若鏞)의 〈황주월파루기(黃州月波樓記)〉 "우리나라에 월파정(月波亭)이라고 불리는 정자가 세 군데 있는데……하나는 노량진(露梁津)의 서편에 있다. 내가 일찍이 권씨(權氏)・이씨(李氏) 등 여러 사람과 이 정자 아래서 배를 띄우고 달빛이 비치는 물결을 바라본 적이 있다."라는 구절이 있다.

91 중국……그려낸 : 명(明)나라에서 사신들이 오면 으레 조선의 문신들과 한강을 유람하면서 시문(詩文) 창수(唱酬)를 하였기 때문에 한 말이다. 이때 주고받은 시를 모아서 펴낸 것이 《황화집(皇華集)》으로 1450년(세종 32)부터 1633년(인조 11)까지 24차례에 걸친 수창시(酬唱詩)가 실려 있다.

우고 동산과 언덕을 꾸며 기이함을 자랑하며 이기고자 다투었다.

나는 일찍이 관리가 되어 사방을 다녔으므로 나라 안의 큰 강과 유명한 호수에 발걸음이 닿지 않은 곳이 없다. 동쪽으로는 황려(黃驪 여주(驪州)), 소양(昭陽), 귀도(龜島)의 못〔潭〕, 남쪽으로 낙동강(洛東江), 금강(錦江), 강경(江景)의 호수, 북으로는 용흥(龍興)을 건너 토문(土門)의 근원까지 가 보았고, 서쪽으로는 패수(浿水 대동강), 살수(薩水 청천강)에 배를 띄우고 마자수(馬訾水 압록강)를 마주하기까지 수천 리를 돌아다니며 기이하고 웅장하며 아득히 넓은 것을 보았다. 그러나 한강의 용호(龍湖)에 필적할 만한 것은 없었다. 오로지 대동강의 수려함만은 약간 백중지세가 될 만했으나 다만 그 원류의 요원함과 형세의 웅장함은 상대가 되지 않았다.

나는 또 두 번 중국에 다녀오면서 요하(遼河)와 심하(瀋河)를 지나고 난수(灤水)를 건너서 곧장 통하(通河)까지 이르렀다. 대륙에 있는 큰 물결들이 모두 끝없이 넓었지만 오직 강산(江山)이라 일컬어지는 것 중에서는 우리나라 한강만큼 큰 것이 없었다. 대개 북방의 물들은 모두 황하(黃河)의 지류로 광야를 흐르니 산등성이의 맑은 여울로는 장강(長江)과 회하(淮河)와 비길 수 없기 때문이다. 그러니 어찌 작은 나라라고 하여 스스로를 작게 여길 수 있겠는가!

근래 나는 조정에서 편히 있지 못하여 임시로 용산의 물가에 머물고 있었는데 양호(兩湖)의 어름에 임해 있었다. 긴 강물이 넘실넘실 수십 리를 세차게 흘러 양화도(楊花渡)와 공암진(孔巖津)에 이르고 서쪽으로 바다까지 흘러간다. 기이한 봉우리와 깎은 듯한 절벽이 좌우에 늘어서 있고 깨끗한 모래와 어여쁜 섬들이 에워싸듯 놓여 있으며, 공물을 실은 배와 장삿배의 돛과 노가 연잇고 높은 누각과 큰 집들의 용마루와

서까래가 즐비하며 수레와 말의 왕래는 끊이지 않고 갈매기와 해오라기의 울음소리가 서로 들리니, 한번 눈을 들어 바라보면 이 모두를 볼 수 있다. 나라 안의 강산으로는 오직 한강이 가장 크며 한강의 상류와 하류 중에 번화하면서도 온화하기로는 용호(龍湖)가 으뜸이다. 그러나 강의 안팎을 따라 있는 노래하고 춤추던 누대들은 대개 안개와 대나무 사이에 잠겨 있을 뿐 살피는 이가 없으니, 조정과 강호는 참으로 함께 겸할 수 없는 것이로다.

지금 나는 관모와 관대를 풀고 초야의 옷[92]을 입고 있으니, 한가로이 자적하며 바람 부는 기둥과 달 뜨는 정자에서 시를 읊거나 때로 뱃사공[93]을 불러 작은 배를 젓게 하여 양호(兩湖) 사이를 물결 따라 떠다니노라면, 후련하기가 마치 속세를 벗어나 신선의 음료를 마시는 듯하니 인간세상의 즐거운 일 중에서는 이것과 바꿀 만한 일이 거의 없다. 장차 조정에 사직을 청하고 물러나 은거해서[94] 영영 강호의 백성이 된다면, 도롱이 쓰고 낚시하는 어옹과 함께 섞여 격의 없이 어울리며 태평사(太平詞)를 노래하고 미인곡(美人曲)을 읊으며 남은 생을 보낼 것이다. 그렇다면 비록 급류(急流) 속에서 용퇴(勇退)하는 것[95]에는

92 초야의 옷 : 원문 '야복(野服)'은 시골의 평민이 입는 옷을 말한다.

93 뱃사공 : 원문은 '황두(黃頭)'로 뱃사람을 의미한다. 뱃사람들이 노란색 모자를 썼기 때문에 황두랑(黃頭郎)으로도 불렸다.

94 물러나 은거해서 : 운문은 '현거(懸車)'로 관직에서 물러나는 것을 뜻한다. 전한(前漢) 때 설광덕(薛廣德)은 70세가 되어 벼슬을 그만둘 때 천자로부터 노인, 부인이 탈 거마(車馬)를 받고는 이를 영광으로 여겨 매달아 두고 자손에게 전했다는 고사에서 유래하였다.

95 급류(急流)……것 : 벼슬자리에서 과감하게 물러나는 것을 가리키는 말이다. 송

미치지 못한다 하더라도 또한 그칠 줄 알고 만족할 줄 알았다고[96] 이를 만할 것이다.

(宋)나라 전약수(錢若水)에 대해서 어떤 도승(道僧)이 "급류 속에서 용감하게 물러날 수 있는 사람이다.〔是急流中勇退人也〕"라고 평하였는데, 훗날 전약수가 40이 안 되어 추밀 부사(樞密副使)가 되었는데 관직에서 물러났다고 한다. 《聞見前錄 卷7》

96 그칠……알았다고 : 《도덕경(道德經)》에 "만족할 줄 알면 욕되지 않고 그칠 줄 알면 위태롭지 않으니 오래갈 수 있다.〔知足不辱, 知止不殆, 可以長久.〕"라고 하였다.

천뢰재에 대한 기문[97]

天雷齋記

무릇 천하에서 움직이는 것들은 모두 구하는 바가 있다. 조정에 가는 이는 녹봉을 구하고 저자에 가는 이는 재화를 구하며 말에 탄 사람은 사람을 구하고 배를 모는 사람은 물을 구하며 그물을 쥔 사람은 물고기를 구하고 탄환을 가진 사람은 새를 구한다. 어찌 사람만 그러하리오. 사물 또한 그러하다. 새가 밭에 내려앉거나 동물이 산을 오르거나 벌레가 땅에 구멍을 파고 쥐가 벽을 뚫는 것은 모두 먹을 것을 구하기 위해서이다. 구해서 얻으면 즐거워하고 얻지 못하면 근심하니, 기쁨과 근심이 어우러지면서 다툼이 생겨나고 재앙과 근심이 일어난다. 심하도다, 구하는 것의 해로움이여!

학사(學士) 조관보(趙寬甫)가 관직에서 물러나 서호(西湖)가에 거처하면서 책 속에서 즐거움을 찾으니 세상에 구하는 것이 없는 사람이다. 내가 예전에 그의 집으로 갔던 적이 있다. 함께 난간에 기대어 바라보고 베개에 기대어 소리를 들었는데, 종일토록 눈과 귀에 들어오는 것들은 모두가 움직이면서 구하는 것들이었다. 무릇 사물은 움직임이 없을 수 없으며 움직이면 구하는 바가 없을 수 없고 구하면 다툼이

97 천뢰재에 대한 기문 : 조홍진(趙弘鎭, 1743~1821)의 실호(室號)를 천뢰(天雷)라고 짓고 《주역》 천뢰무망괘(天雷無妄卦)에 빗대어 의미를 풀이한 글이다. 조홍진은 자는 관부(寬父), 호는 창암(窓巖)이다. 1783년 문과에 급제하였고 여러 관직을 역임한 뒤 1821년(순조21) 8월 21일 79세로 세상을 떠났다. 《冠巖全書 卷31 行司憲府大司憲窓巖趙公貞夫人東萊鄭氏合封墓誌銘》

없을 수 없으니 그 누가 그러한 것들을 그치게 할 수 있으리오! 움직임에 잘 처한 사람으로는 오직 주자(周子 주돈이(周敦頤))가 있으리라. 그가 태극(太極)의 동정(動靜)에 대해 논하기를 "정하여 중(中) 정(正) 인(仁) 의(義)로 주정(主靜)한다."[98]라고 하고, 스스로 풀어 말하기를 "욕심이 없기 때문에 정(靜)하다."라고 하였다. 욕심이 없으면 구하는 것이 없고 구하는 것이 없으면 움직임〔動〕이 항상 정(靜)하다. 이렇게 하면 천하의 움직임〔動〕을 하나로 하여 천하의 다툼을 종식시킬 수 있을 것이다. 《주역》 천뢰무망괘(天雷無妄卦)의 괘사(卦辭)에 '동하고 굳세며〔動而健〕', '크게 형통하고 바르다.〔大亨以正〕'[99]라고 하였고, 정자(程子)는 "천리(天理)로써 동하는 것이 무망(無妄)이니 무망이란 것은 무욕(無欲)을 이른다."라고 하였다. 관보가 《주역》 읽기를 좋아하였으니 이러한 이치를 보았을 것이다. 나는 이에 직접 그 실호를 '천뢰(天雷)'라고 써서 그에게 준다.

98 정하여……주정(主靜)한다 : 송(宋)나라 주돈이의 《태극도설(太極圖說)》에 "성인께서 이를 정하시어 중정인의(中正仁義)로 주정(主靜)케 하시고 인극(人極)으로 확립하셨다.〔聖人定之以中正仁義, 而主靜, 立人極焉.〕"라고 하였다. 주정은 허망한 생각을 제거하고 마음을 고요히 하여 외물(外物)의 유혹을 받지 않게 하는 것이다.

99 주역……하였고 : 《주역》 〈천뢰무망괘(天雷無妄卦) 단전(彖傳)〉에 "동하고 굳세며, 강(剛)이 중(中)에 있고 응(應)하여, 크게 형통하고 바르니, 하늘의 명(命)이다.〔動而健, 剛中而應, 大亨以正, 天之命也.〕"라는 구절이 있다. '동하고 굳세며'의 원문이 '동이건(動以健)'으로 되어 있어 '동이건(動而健)'으로 수정 번역하였다.

우이동의 별장에 대한 기문

牛耳洞莊記

소〔牛〕는 뿔이 달린 동물이니 그 정수는 뿔에 있다. 하늘에 제사 지낼 때는 뿔이 밤톨만한 송아지를 사용하고, 종묘(宗廟)의 제사에는 뿔이 네 치쯤 되는 소를 쓰니[100] 이는 그 뿔을 중히 여겼기 때문이다. 유독 춘추시대의 맹약(盟約)에 희생을 이끌고 단(壇)에 오를 때에는 뿔이 아니라 귀를 잡았으니[101] 이는 어째서인가? 대저 뿔의 성질은 강하고 귀의 성질은 부드러우니, 어쩌면 강한 것은 부러지고 부드러운 것은 오래 가서인가? 뿔의 형상은 위로 뾰족하고 귀의 모습은 아래로 드리워졌으니, 어쩌면 위로 솟은 것은 저항하고 아래로 드리워진 것은 순해서인가? 뿔의 역할은 들이받는 것이고 귀의 역할은 듣는 것이니 어쩌면 들이받는 것은 힘에 의지하고 듣는 것은 지혜에 의지해서인가? 나는 이에 환공(桓公)과 문공(文公)의 대업(大業)[102]이

100 하늘에……쓰니 : 이 구절은 《예기》〈왕제(王制)〉의 "하늘과 땅에 제사 지낼 때 쓰는 소는 그 뿔이 누에나 밤톨만하고 종묘의 제사에 쓰는 소는 뿔이 네 치 정도 되는 것을 쓴다.〔祭天地之牛, 角繭栗, 宗廟之牛, 角握.〕"라는 구절을 인용한 것이다. '견률(繭栗)'은 송아지의 작은 뿔이 고치나 밤 같은 것을 말하며, '악(握)'은 소의 뿔이 네 치 정도 자란 것을 말한다.

101 귀를 잡으니 : 원문은 '이지집(耳之執)'으로 '소 귀를 잡다.〔執牛耳〕'라는 의미이다. 고대에 제후들이 회맹(會盟)할 때에 회맹을 주관하는 맹주(盟主)가 소의 귀를 잡고서 삽혈(歃血)을 하였던 데에서 나온 말이다. 《춘추좌씨전》 애공(哀公) 17년 기사에 "제후가 맹약하는 자리에 누가 쇠귀를 잡을 것인가.〔諸侯盟, 誰執牛耳.〕"라고 하였다.

102 환공(桓公)과……대업(大業) : 제 환공(齊桓公)과 진 문공(晉文公)으로 춘추오

부드러움으로 뭇 사람들을 화목하게 하고 순함으로써 존귀한 이를 섬기며 지혜로써 승리를 꾀한 데에 있다는 것을 알았다.

동해가에 산이 있어 삼각산(三角山)이라 하고, 삼각산 아래에 골짜기가 있어 우이동(牛耳洞)이라고 한다. 산을 뿔〔角〕이라 일컫고 골짜기를 귀〔耳〕라고 하였으니, 뿔이 있는 것이 귀가 없을 수는 없을 것이다. 산은 위에 있고 골짜기는 아래에 있으니 뿔은 위를 좇고 귀는 아래를 좇는다. 산은 우뚝하게 솟아 있으니 뿔인 양 위엄이 있고, 골짜기는 비어서 감추어주니 귀처럼 받아들인다. 위엄으로 멀리까지 감복시키고 받아들여 만물을 포용하니 군자의 형상이 있도다!

나는 이에 또다시 느낀 바가 있다. 지금 천하에 주(周)나라가 없어진 지 오래여서 제후들의 회맹에서 소의 귀를 잡은 사람이 있다는 것을 듣지 못하였는데, 유독 동해가에 이 이름이 남아 있으니 노중련(魯仲連)[103]이 흠모했던 곳인가, 장자방(張子房)[104]이 노닐었던 곳인가? 그

패(春秋五霸) 중 첫 번째와 두 번째 제후이다. 두 사람 모두 부국강병(富國强兵)을 이루고 이를 바탕으로 천자(天子)를 보필하고 이민족을 물리쳤다.

103 노중련(魯仲連) : 노중련은 전국시대 제(齊)나라 사람이다. 그가 조(趙)나라에 갔을 때 진(秦)나라의 군대가 조나라의 서울 한단(邯鄲)을 포위하였는데 위(魏)나라에서 장군 신원연(新垣衍)을 보내어 진나라를 섬기라고 권하고자 하였다. 이에 노중련이 "진나라가 방자하게 황제를 칭한다면 나는 차라리 동쪽 바다에 빠져 죽을지언정 차마 그의 백성은 될 수 없다."라고 하여 논의는 실패로 돌아갔고 진나라 군대도 물러났다. 《史記 卷83 魯仲連列傳》

104 장자방(張子房) : 장량(張良, ?~기원전 189)이다. 자방(子房)은 자이다. 박랑사(博浪沙)에서 진시황을 암살하려다가 실패하였고, 황석공(黃石公)이란 노인을 만나 《태공병법(太公兵法)》을 전수받았다. 유방(劉邦)을 만나 천하 통일을 이루는 데 큰 공을 세우고 유후(留侯)에 봉해졌다. 유방이 천하를 통일하고 한나라를 세운 뒤 속세를

렇다면 이 골짜기에 거처하는 사람 또한 노중련이나 장자방과 같은 부류일 것이다. 숭정(崇禎, 명 의종(明毅宗)의 연호) 이후로 이곳에 홍씨의 집이 있으니 이제 삼대째라고 한다.

떠나 신선술을 익히며 여생을 보냈다.

겸산루에 대한 기문
兼山樓記

풍산자(豐山子)가 이계(耳溪)가에 집을 지었다. 높은 천관봉(天冠峰)을 머리에 이고 수려한 수락산(水落山)을 마주하며, 만장봉(萬丈峰)은 북쪽에 있고 삼각산(三角山)은 서쪽에 있다. 이곳에 다섯 기둥을 세우고 경쇠 모양으로 굽은 오른쪽에 누각을 세웠으니, 그 높이는 설 수 있을 만큼이요 넓이는 다리를 뻗을 만큼이며 땅에서부터는 이마보다 조금 높이 있다. 누각의 이름은 겸산(兼山)[105]이라고 하였는데, 아우른다는 말〔兼〕은 함께〔幷〕요 겹침〔重〕이니 뭇 산들의 승경이 빙 둘러 함께 있기 때문이다.

산에서 땔감을 베어가던 나무꾼이 지나가다가 비웃으며 말하기를,

"이 땅이 산을 아우른〔兼山〕 지 오래되었거늘 그대가 어찌 그 이름을 붙일 수 있는가?"

하므로 풍산자는

"무슨 말씀이십니까?"

하였다. 나무꾼이 말하기를,

"산을 아우른다는 것〔兼山〕은 중간(重艮)[106]이다. 삼각산은 정족(鼎

105 겸산(兼山) : 《주역》〈간괘(艮卦) 상전(象傳)〉에, "산이 거듭함이 간이니, 군자가 보고서 생각함이 그 지위를 벗어나지 않는다.〔兼山艮, 君子以, 思不出其位.〕"라고 하였다.

106 중간(重艮) : 팔괘(八卦)의 간괘(艮卦 ☶)가 겹쳐서 64괘 중 간괘(艮卦)가 되었다는 뜻이다.

足)의 형세라 배가 불룩하고 아래로 갈수록 줄어드는 까닭에 복정(覆鼎)이라고도 하니 이는 주발을 엎어놓은 듯한 형상이요, 천관봉이 우뚝하게 앞에 서 있어 관(冠)의 윗면처럼 평평하지만 뒤에 있는 두 봉우리는 모두 입을 벌린 듯 가운데가 터져 있으니 일기이우(一奇二耦)의 획(畫)[107]이며, 땅이 한성(漢城)의 동북쪽에 있으니 만물을 처음부터 끝까지 하는 위치이다.[108] 이는 자연스럽게 그렇게 된 것일 뿐이니 어찌 누각이 이루어지길 기다린 뒤에야 그렇게 될 것이며, 어찌 그대가 이름을 지은 데에서 빌린 것이겠는가! 그러나 그 수는 칠(七)이고 칠은 소양(少陽)이라, 노(老)는 변하지만 소(少)는 변하지 않으니 군자가 지조를 바꾸지 않는 것이다. 그 덕성은 그침〔止〕이니 그쳐야 할 때 그치고 응당 그쳐야 할 바에 그치는 것이다.[109] 오직 이러한 덕이 있는 사람이라야 거처할 수 있다."

라고 하였다. 풍산자가 깜짝 놀라 기이하게 여기면서 앞으로 나아가 읍하면서 말하기를

"그대께서는 《주역》에 밝은 분이 아니십니까? 바라건대 그 길흉에

107 일기이우(一奇二耦)의 획(畫) : 기(奇)와 우(耦)는 기수(奇數)와 우수(耦數)로, 기는 양(陽)이 되고 우는 음(陰)이 된다. 따라서 양이 하나, 음이 둘인 것으로 간괘(☶)의 모습을 말한 것이다.

108 한성의……위치이다 : 《주역》 〈설괘전(說卦傳)〉에 "간은 동북(東北)의 괘이니 만물이 완성되는 곳인 동시에 시작되는 곳이다. 그러므로 간에서 이룬다고 한 것이다.〔艮, 東北之卦也, 萬物之所成終而所成始也. 故曰: 成言乎艮.〕"라고 하였다.

109 그쳐야……것이다 : 《주역》 〈간괘(艮卦) 단사(彖辭)〉에 "그쳐야 할 때는 그치고 행해야 할 때는 행하여 동정 간에 그때를 잃지 않으니 그 도가 광명하다.〔時止則止, 時行則行, 動靜不失其時, 其道光明.〕"라고 하였다.

대해 듣고 싶습니다."

라고 하였다. 나무꾼은

"무릇 길함과 흉함, 후회와 한탄〔吉凶悔吝〕은 모두 움직임〔動〕에서 생겨나니[110] 그쳐서 움직이지 않는다면 무슨 후회와 한탄이 있으리오. 정(貞)은 명을 세우는 것〔立命〕이요, 변(變)은 정도(正道)를 따르기 위한 것이니, 이를 지난 이후부터는 혹 알 수 없는 것이로다."[111]

라고 말하고는 땔감을 짊어지고 가면서 노래를 불렀다.

"누각 위에 하늘 있으니 어리석은 이 엎디어 있네. 누각 아래 못〔澤〕 있으니 약(約)으로 거처하네. 바람이 위로 지나니 덕이 날로 새로워지네. 우레가 아래로 지나니 몸이 편안하다네."

풍산자가 한동안 멍하니 있다가

"이제야 알겠도다. 군자는 물러나〔遯〕[112] 뜻을 구하고, 덜어내어〔損〕[113] 허물을 적게 하며, 점차점차〔漸〕[114] 덕으로 나아가며, 턱〔頤〕으

110 길함과……생겨나니 : 《주역》 〈계사전 하(繫辭傳下)〉에 "길(吉)·흉(凶)·회(悔)·인(吝)은 동(動)함에서 생기는 것이요.〔吉凶悔吝者, 生乎動者.〕"라는 내용이 있다.

111 이를……것이로다 : 《주역》 〈계사전 하(繫辭傳下)〉의 "이를 지난 이후는 혹 알 수 없으니, 신을 궁구하여 조화를 앎이 덕의 성함이다.〔過此以往, 未之或知也. 窮神知化, 德之盛也.〕"라고 하였다.

112 물러나〔遯〕 : 《주역》 〈둔괘(遯卦)〉는 은둔을 뜻하는 괘로서, 군자(君子)가 그 지위에서 물러나 세상을 피해 산다는 뜻이 있다. "둔(遯)은 물러감이요 피함이니, 떠나감을 이른다."라고 하였다.

113 덜어내어 : 손(損)은 '덜어낸다'는 뜻이다. 《주역》 〈손괘(損卦) 단사(彖辭)〉에 "아래를 덜어내서 위를 더해준다.〔損下益上〕"라고 하였다.

114 점차점차 : 점(漸)은 서서히 나아간다는 뜻이다. 《주역》 〈점괘(漸卦)〉에 "산 위

로 양생(養性)을 하면[115] 이에 허물이 없을 것이니 무슨 점칠 일이 있으리오. 이렇게 하면 이 누각에 거처할 수 있을 것이다."

라고 말하였다. 드디어 이 내용을 누각에 쓴다.

에 나무가 있는 것이 점이니 군자가 어진 덕에 처하여 풍속을 교화시킨다.〔山上有木, 漸, 君子以, 居賢德, 善俗.〕"라고 하였다.

115 턱으로 양생을 하면 : 《주역》〈이괘(頤卦)〉에 "이는 기름이니 사람의 입은 마시고 먹어서 사람의 몸을 기르는 것이다.〔頤, 養也, 人口, 所以飮食, 養人之身, 故名爲頤.〕"라고 하였다.

소귀당에 대한 기문

小歸堂記

겸산자(兼山子)가 이미 관직에서 물러나 우이동 계곡에 땅을 골라 거처하였는데, 그 당의 이름을 '소귀(小歸)'라고 지은 뒤 차조술을 빚고 산나물 안주를 갖추어 촌로(村老)들을 불러서 낙성식을 하였다. 술이 돌기 시작함에 겸산자가 말하기를

"조정에서 벼슬하던 사람이 집에서 쉬는 것을 '귀(歸)'라고 합니다. 옛날에 치사(致仕)하여 멀리 가버려 돌아오지 않은 사람으로는 기해(祈奚)가 늙음을 이유로 청하고,[116] 이소(二疏)가 나이가 많다며 물러나기를 청한 일[117] 같은 것은 '대귀(大歸)'라 할 수 있습니다. 지금 나의 귀향은 병 때문이지 나이가 들어서가 아니며 교외에서 쉴 뿐이지 영영 떠나는 것은 아니므로 '소귀'라고 말한 것입니다. 그러나 벼슬을 하는 예(禮)는 마흔에 처음 나아가고 예순에 명을 받아 대부가 되고 일흔에는 관직을 내놓고 물러나니[118] 30년을 한도로 합니다.

116 기해(祈奚)가……청하고 : 《춘추좌씨전》 양공(讓公) 3년 기사에 보인다. 진(晉)나라 대부 기해(祁奚)가 연로하다는 이유로 벼슬에서 물러나기를 청하였다. 진후(晉侯)가 후임자를 묻자 원수지간인 해호(解狐)를 천거하였다. 해호가 취임하기 전에 죽자 다시 그 아들 해오(解午)를 천거하였다. 신하가 공평무사하게 현인(賢人)을 천거하고 임금을 보좌한 일화로 일컬어진다.

117 이소(二疏)가……청한 일 : 원문의 '걸해(乞骸)'는 해골을 돌려달라는 말로 늙어서 벼슬을 은퇴하고자 청한다는 뜻이다. 이소는 한나라 선제(宣帝) 때의 명신이었던 소광(疏廣)과 그의 조카 소수(疏受)이다. 소광이 태부(太傅)이고 소수가 소부(少傅)였는데, 두 사람이 동시에 연로함을 이유로 벼슬을 그만두기를 청하였다.

나는 재주도 없으면서 서른이 채 되기 전에 이름을 조적(朝籍)에 올렸고, 마흔이 되기 전에 대부들의 뒤를 따랐으며, 금년에는 쉰 남짓 되었으니 30년 한도에 겨우 몇 해만 남겨두었을 뿐입니다. 비록 치사할 나이에 이르지는 않았지만 또한 관직에서 은퇴하겠다고 아뢸 만하니 소귀란 대귀의 과정입니다."

라고 하였다. 손님 하나가 술잔을 들고 칭찬하면서 말하였다.

"당에 붙인 이름이 아름답구려! 여기에서 그대의 뜻을 볼 수가 있습니다. 내가 또 도(道)에 비유해보아도 괜찮겠지요? 무릇 천하의 형체가 있는 것은 작은 것으로 말미암아 큰 것으로 나아가지 않는 것이 없으며, 천하의 움직이는 것은 처음에 갔다가 끝에 돌아오지 않음이 없습니다. 도에 뜻을 둔 선비는 작은 일도 조심한 연후에야 큰 일을 이룰 수 있으며, 그쳐야 할 바를 안 연후에 지선(至善)의 경지로 나아갈 수 있습니다. 백 척의 누대는 한 삼태기의 흙을 쌓아 되는 것은 아니지만 그것을 이루는 것은 노력이며, 만 리의 길은 하루에 가는 것은 아니지만 끝까지 가는 것은 의지입니다. 그런 까닭에 작은 것은 큰 것의 시작이고 돌아오는 것은 움직임이 그치는 것이니 시작을 이루고 끝을 이루는 도입니다. 이 내용으로써 그대의 집을 꾸미기를 청합니다."

라고 하였다. 겸산자가 절하고 받으면서

118 벼슬을……물러나니 : 《예기》 〈내칙(內則)〉에 "40에 벼슬을 시작하여 사물의 이치를 따라 계책을 내되, 임금과 도가 맞으면 따르고 맞지 않으면 떠난다. 50에는 대부가 되어 국정에 참여하며, 70에는 치사한다.〔四十始仕, 方物出謀發慮, 道合則服從, 不可則去. 五十命爲大夫, 服官政. 七十致事.〕"라고 하였다.

"송축(頌祝)해주신 말씀이 참으로 좋습니다. 장로(張老)[119]도 이보다는 못할 것입니다."

라고 하였다. 또다시 잔을 들며 말하는 이가 있었으니, 그가 말하기를

"작게 돌아간다는 것은 작은 것이 돌아감입니다. 음(陰)은 작다고 하고 양(陽)은 크다고 하니 작은 것이 돌아가면 큰 것이 옵니다. 《주역》의 〈태괘(泰卦)〉에 '작은 것이 가고 큰 것이 오니 길하고 형통하다' 라고 하였으니 간다는 것〔往〕 또한 돌아감〔歸〕입니다. 때〔時〕에 있어서는 하늘과 땅이 어우러져 만물이 통창함이 되며, 사람에게 있어서는 천리(天理)가 우세해지고 인욕(人欲)이 물러나게 됩니다. 그대는 장차 선악(善惡)이 쇠하고 성하는 기미를 살펴보게 될 것입니다."

라고 하였다. 참으로 훌륭한 말씀이로다! 두 분이 지은 글은 각각 한 가지 의미가 있어서 족히 나를 계발해주는 점이 있는 까닭에 나란히 기록해두고 살펴보고자 한다.

119 장로(長老) : 춘추시대 진(晉)나라의 대부인 장맹(張孟)을 말한다. 《예기》 〈단궁 하(檀弓下)〉에 진나라 헌문자(憲文子)가 새 집을 완성하자 여러 대부들이 축하하였는데, 장로가 "아름답도다! 높고 큼이여, 아름답도다! 찬란히 빛남이여. 여기에서 노래하며 여기에서 곡하며 여기에서 왕족과 빈객(賓客)들을 모을 것이로다.〔美哉輪焉！美哉奐焉！歌於斯, 哭於斯, 聚國族於斯.〕"라고 하였다. 훗날 장로는 송축(頌祝)을 잘한 사람의 비유로 많이 쓰인다.

우이동의 구곡에 대한 기문[120]

牛耳洞九曲記

삼각산(三角山)의 동쪽에 만경대(萬景臺)가 있어 높이는 백운봉(白雲峯)이나 인수봉(仁壽峯)과 나란하고 늘어서 있는 봉우리들이 마치 병풍과 같아 하늘의 가운데까지 가로질러 있다. 난간을 펼친 듯 에워싸고 있는 봉우리들 사이로 여러 물줄기가 앞다투어 흘러 나가는데 그 앞 목구멍에 해당하는 곳에는 큰 석벽이 있다. 높이는 열 길〔丈〕가량이요 폭은 높이의 절반이 더 되며, 석벽 전체가 깎아지른 듯하여 다람쥐나 원숭이도 더위잡고 오를 수 없다. 물결이 그 꼭대기에서부터 마치 비단결 같이 떨어지는데 그 소리가 몇 리나 진동한다. 이름하여 만경폭포〔萬景瀑〕라고 하니, 이것이 제1곡(第一曲)이다.

그 아래로 10여 무(武)[121] 되는 곳에 큰 바위가 누워 있는데 평평하고 넓어 마치 평상 같아서 수십 명에서 백 명은 앉을 만하니 이름하여 깸바위〔醒石〕라고 한다. 대개 유람하는 사람들이 이곳까지 이르면 반드시 술을 마시는데 술을 마셔도 쉬이 깨어난다. 이곳에서부터 산이 점차 낮아지고 골짜기가 다시 합쳐지면서 그 좌우에 있는 푸른 석벽(石壁)이 들쭉날쭉 마주하고 서 있어 그 사이를 지나는 물살이 빠르게

120 우이동의 구곡에 대한 기문 : 만경대 아래에서부터 시작되는 우이구곡(牛耳九曲)에 대해 쓴 기문으로 한편의 유기(遊記) 같은 구성과 분위기이다. 구곡은 만경폭포〔萬景瀑〕·적취병(積翠屛)·찬운봉(攢雲峰)·진의강(振衣崗)·세묵지(洗墨池)·월영담(月影潭)·탁영암(濯纓巖)·수재정(水哉亭)·재간정(在澗亭)이다.

121 무(武) : 길이의 단위로 1/2보(步)이고 주척(周尺)으로는 약 60cm이다.

쏟아지듯 흐른다. 사람들은 바위 옆면을 비스듬히 옆으로 가야 하니 두 발을 나란히 할 수도 없는데 빠른 물살이 빗겨 쏟아지며 벽면에 부딪힌다. 이름하여 적취병(積翠屛)이라고 하니, 이곳이 제2곡이다.

이곳에서 벼랑을 따라 물결 흐르는 대로 내려오면 바위의 색이 알록달록 뒤섞였는데 물이 그 위로 흐르니 마치 무늬가 있는 비단을 펼쳐 놓은 듯하다. 그 왼쪽 언덕은 층층바위가 봉우리를 이루었는데 우뚝하게 솟아 있어서 지나가는 구름을 잡을 수 있을 듯하고 먼 평야를 조망할 수 있다. 이름하여 찬운봉(攢雲峰)이라고 하니, 이곳이 제3곡이다.

다시 산을 빙 돌아서 1리쯤 가면 몇 길이나 되는 큰 바위가 흐르는 물 앞에 우뚝하게 서 있는데 넓직하고 평평하다. 더위잡아 올라가보니 여러 골짜기들이 모두 드러나 보였으며 솔바람 소리와 흐르는 물소리가 숙연하게 들렸다. 이름하여 진의강(振衣岡)이라고 한다. 그 앞에는 둥근 바위가 있어 형상이 마치 큰 종과 비슷한데 물결이 부딪쳐 울리는 소리가 멀리까지 맑게 울려퍼지니 들을 만했다. 이곳이 제4곡이다.

다시 시내를 따라 수백 궁(弓)[122]을 내려가면 큰 바위가 대(臺)를 이루어 계곡 입구를 막고 있다. 하얗기로는 구름이 쌓인 듯하며 반짝이기로는 옥을 잘 닦아놓은 듯하다. 흐르는 맑은 물이 바위의 아래쪽 사방에서 물결을 일으키니 이름하여 옥경대(玉鏡臺)라고 한다. 바위가 매끄럽고 평평하여 큰 글자를 쓸 만하며 그 가운데가 갈라져 구덩이를 이루었는데 마치 큰 말구유 모양 같아 세묵지(洗墨池)라고 일컫는다. 이곳이 제5곡이다.

122 궁(弓) : 옛날 길이를 재던 단위로 보(步)와 같은 의미이며 8척이나 6척을 뜻한다. 혹은 땅의 길이를 재던 기구인 보궁(步弓)을 가리키기도 한다.

이곳으로부터 약간 북쪽으로 가면 물이 땅 아래로 흘러서 보이지 않는다. 몇 리쯤 가면 흰 바위들이 울퉁불퉁하게 사방에 펼쳐 있고 물이 맑고 깨끗하여 마치 거울처럼 비춰볼 수도 있는데 가운데에 동그랗게 연못이 이루어지니 넓이는 반 무(畝)쯤 된다. 뭇 봉우리들이 그 주위를 둘러싸고 있지만 동천(洞天)이 넓게 트여 있어서, 앞쪽으로 수락(水落)과 도봉(道峰) 등 여러 산들이 하늘 높이 수려하게 솟아 있는 모습이 보이니 마치 그림 병풍을 세워놓은 듯하다. 더욱이 달빛 아래에서 그림자를 바라보노라면 사람의 정신을 맑게 해준다. 이름하여 월영담(月影潭)이라고 하니, 이곳이 제6곡이다.

다시 수백 보를 더 가면 기암괴석이 휑한 골짜기에 있으니 부딪힌 물결이 작은 폭포를 이룬다. 그 오른쪽에 큰 바위가 물길을 막고 있는데 위로 둥글게 솟은 모양이 마치 집과 같아서 모여 앉아 술잔을 나눌만 하니, 이름하여 탁영암(濯纓巖)이라고 한다. 서쪽으로는 천관봉(天冠峰)이 반공(半空)에 높이 솟아 있는 것이 보이는데, 장중하게 높이 솟아 있어 마치 높은 관을 쓴 도인(道人)이 구름을 헤치고 단정히 앉은 듯하다. 이곳이 제7곡이다.

다시 시내를 따라 수백 보 내려가면 골짜기는 점점 넓어지고 물도 점점 많아지는데 조용하고 완만하게 구비진 곳을 따라 천천히 흘러 물소리도 나지 않는다. 홀연히 돌들이 어지러이 널려 있는 것이 보이니 마치 양떼가 들판에 흩어져 있는 것 같고[123] 군진(軍陣)의 말들이 물을

123 양떼가……같고 : 갈홍(葛洪)의 《신선전(神仙傳)》〈황초평(黃初平)〉에 보면, 황초평이 양을 몰고 산에 갔다가 도사를 만나 신선술을 배워 40년간 집으로 돌아가지 않았다. 그 형이 동생을 찾아왔는데 양이 한 마리도 없자 양은 어디 있는지 물었고

마시는 것 같기도 하다. 그 가운데에 높은 대가 있으니 자연적으로 만들어진 것인데 나는 듯한 여울물이 이리저리 흩날려 영롱하게 울리는 소리가 맑기도 하니 이름하여 명옥탄(鳴玉灘)이라고 한다. 그 서쪽에 작은 시내가 있어 천관봉 아래에서 발원하여 구불구불 쉼없이 돌아 흘러오다가 언덕과 나란히 동쪽으로 내달리니 이름하여 연미천(燕尾川)이라고 한다. 그 기슭에 작은 집을 지어 소귀당(小歸堂)이라 하였으니 이는 삼대에 걸친 우리 집안의 재실(齋室)이다. 그 북쪽에는 작은 누각을 세워 겸산루(兼山樓)라고 하니, 단풍나무, 소나무, 꽃나무와 과일나무가 울창하게 자라서 짙은 그늘을 드리운다. 그 동쪽으로 수십 보(步) 되는 곳에는 육면(六面)의 누각이 큰 바위 위에 자리 잡아 절벽에 임하여 있으니 이름하여 수재정(水哉亭)이라고 한다. 명옥탄의 물과 연미천의 시내가 이 정자 아래에서 합류하여 맑은 연못이 되니 이것이 제8곡이다.

여기에 이르면 양쪽의 언덕이 훤하게 트이며 물은 맑고 모래는 깨끗한데, 몇 개의 기둥을 바위 위에 얽어서 흐르는 물에 임하여 세운 정자가 있으니 재간정(在澗亭)이라고 한다. 이는 바로 3대째 재상을 지낸 서공(徐公)[124]의 옛 별장이다. 이곳이 제9곡이다.

이상을 모두 합하여 우이동(牛耳洞)이라고 한다. 물은 이곳을 지나 꺾여서 동쪽으로 흘러 큰 들판으로 나간다. 대개 만경대에서부터 재간

이에 황초평이 들판에서 소리를 지르자 바위들이 다 양으로 변해 움직였다는 내용이 있다.

124 서공(徐公) : 서공은 서지수(徐志修, 1714~1768)이다. 서지수와 부친 서명균(徐命均, 1680~1745), 조부 서종태(徐宗泰, 1652~1719) 삼대가 모두 영의정을 지냈다.

정까지는 5리(里)가 조금 더 되는 정도에 불과하지만 냇물의 바닥은 거의 모두 돌이고 걷다보면 기암괴석과 층을 이룬 폭포들이 계속 나타나는데 손가락만으로는 이루 다 열거할 수도 없어서 그중 큰 것만 들어도 아홉 곳이나 되니 어찌 그리 많단 말인가!

무릇 '구(九)'라는 숫자는 양(陽)이 왕성한 것이요 수(數)의 끝이다. 때문에 건괘(乾卦)의 책수(策數)는 용구(用九)이고[125] 홍범(洪範)에는 구주(九疇)[126]가 있으며 우공(禹貢)에는 구주(九州)[127]가 있고, 골짜기에는 구곡(九曲)의 명승이 있는 것이니 역시 자연의 수이다. 저 주부자(朱夫子)께서 무이(武夷)의 비경(秘境)을 드러낸 이래[128]로 우리나라 사람 중에서도 명승지를 점하고 있는 이들은 대다수가 '구(九)'라는 수를 사용하였는데, 영남의 도산(陶山)과 해서(海西)의 석담(石潭)[129]

125 건괘(乾卦)의 책수(策數)는 용구(用九)이고 : 용구는 육효(六爻)가 모두 구(九)인 것을 말하는데 《주역》 〈건괘(乾卦)〉에만 보인다. 《주역》 〈건괘 문언(文言)〉에 "건원이 구를 쓰는 것은 천하가 다스려진 것이다.〔乾元用九, 天下治也.〕"라고 하였다.

126 홍범(洪範)에는 구주(九疇) : 주 무왕(周武王)이 은나라를 정벌한 뒤 기자에게 이륜(彝倫)을 펴는 이치에 대해서 묻자 기자가 대답한 것이 홍범구주이다. 오행(五行)·오사(五事)·팔정(八政)·오기(五紀)·황극(皇極)·삼덕(三德)·계의(稽疑)·서징(庶徵)·오복(五福) 등이다. 《書經 周書 洪範》

127 우공(禹貢)에 구주(九州) : 《서경》 〈하서(夏書) 우공(禹貢)〉을 말한다. 이는 우(禹)가 순(舜)의 명을 받아서 황하(黃河)의 치수사업을 수행한 뒤 천하를 구주(九州)로 구획(區劃)하고 토산물에 따라 공부(貢賦)를 정한 것이다. 기(冀)·연(兗)·청(青)·서(徐)·양(揚)·형(荊)·예(豫)·양(梁)·옹(雍)의 아홉개 주로 나누고, 각 주의 산천(山川)과 지형(地形)·토양(土壤)·물산(物産) 등을 기록하였다.

128 무이(武夷)의……이래 : 무이는 중국 복건성(福建省) 무이산(武夷山)이다. 주희(朱熹)가 이곳에 무이정사(武夷精舍)를 짓고 문인들과 강학(講學)을 하였는데 1184년 무이 계곡의 아름다움을 읊은 〈무이구곡가(武夷九曲歌)〉를 지었다.

이 그 중에서도 더더욱 알려졌으나 어찌 오로지 그 땅이 승경지라는 것 때문만이랴. 아마도 그 사람으로 인하여 더욱 드러난 것이리라.

지금의 우이구곡 중에서 만경폭포의 웅장함과 기이함, 월영담의 맑고 빼어남은 무이구곡과 비교하여 어느 것이 나은지 모르겠으나, 도산구곡이나 석담구곡은 갖추고 있지 못한 것이다. 그렇긴 하나 그것이 드러나고 드러나지 못하는 것은 역시 훌륭한 사람을 기다려야만 할 것이다.

129 영남의……석담(石潭) : 도산은 이황(李滉)의 〈도산구곡가(陶山九曲歌)〉이고 석담(石潭)은 이이가 해주 석담(石潭)을 읊은 〈고산구곡가(高山九曲歌)〉이다. 조선시대에도 〈무이구곡가〉의 영향을 받은 작품들이 많은데, 그 중에서도 이황과 이이의 글이 널리 알려졌다.

우이묘산에 대한 기문[130]

牛耳墓山記

옛날 나의 증조이신 판결사 부군(判決事府君)[131]께서는 숙묘(肅廟) 경인년(1710, 숙종36)에 세상을 떠나셨다. 생전에 묏자리를 마전(麻田) 땅에 미리 마련해두셨지만 이때에 이르자 다른 논의들이 많았으므로 한양 가까운 곳에 다시 묏자리를 얻고자 하였다. 취촌(醉村) 이상공(李相公)[132]은 부군의 맏사위인데 "선묘(先墓) 인근 산기슭에 산을 잘 보전하고 치표(置標)[133]를 해둔 곳이 많으니 시험삼아 이곳에서 구해보지 않겠습니까?" 하였다. 이에 지사(地師)를 보내어 우이동(牛耳洞)의 천관봉(天冠峰) 동쪽 규암(圭巖)의 아래 경좌(庚坐)의 언덕에 자리를 정하고 드디어 장례를 치렀는데 얼마 되지 않아 묘를 훼손한 자가 있어서 동쪽 산기슭으로 이장하였다.

130 우이묘산에 대한 기문 : 이계가 홍씨 가문의 묘산(墓山)을 우이동에 마련하기까지의 전말을 기록한 글이다. 묘소가 홍씨 가문의 소유가 된 것은 1767년이고, 이 글은 1790년 이후에 쓰인 것으로 보인다.

131 판결사 부군(判決事府君) : 홍만회(洪萬恢, 1643~1710)이다. 자는 여곽(汝廓), 호는 사의당(四宜堂)이다. 부친은 영안위(永安尉) 홍주원(洪柱元)이고 모친은 선조의 첫째 딸인 정명공주(貞明公主)이다. 이계가 쓴 〈증조고판결사 증이조참판부군묘지명(曾祖考判決事贈吏曹參判府君墓碣銘)〉에 자세하다.

132 취촌(醉村) 이상공(李相公) : 이집(李㙫, 1664~1733)이다. 본관은 덕수(德水)이고 자는 노천(老泉)이다. 《경종실록》 편찬에 참여하였고 우의정에 이르렀다.

133 치표(置標) : 묏자리를 미리 잡아둘 때 광중(壙中) 자리에 표적(標的)을 묻고 무덤처럼 만들어두는 것을 말한다.

영종(英宗) 신해년(1731, 영조7) 증조모[134]께서 세상을 떠나자 두 분을 합장(合葬)하고자 하였으나 수환(水患)을 만나 다시 옛 광중(壙中)의 아래쪽에 모셨다. 이를 본 사람들이 모두 다 명당 자리라고 일컬으니 참으로 사물에는 주인이 따로 있다는 것이다.

취촌공께서 살아계실 때 미처 문서를 만들어서 나누어 갖지 못하였기 때문에 묘역 안의 땅 한 치나 나무 한 그루까지도 모두 이씨 가문에 속해 있어서 묘지기가 일을 할 수 있는 방법이 없었으니, 사세(事勢)에 불편할 뿐만 아니라 또한 후손들이 점차 멀어지면 행여 분쟁의 단서가 생길까 염려되었다.

임신년(1752, 영조28) 내가 과거에 급제하여 영소(榮掃)[135]하고 이어 종조고(從祖姑) 정경부인(貞敬夫人)의 묘에 가서 참배하였다. 당시 취촌공의 적장손(嫡長孫)인 이은(李溵)[136] 상국(相國)이 묘 아래쪽에 와서 거주하고 있었으므로, 내가 산소에 관한 일을 이야기하며 대가를 치를 것이니 문서로 만들자고 청하였다. 이공이 말하기를

"우리 조부께서 이미 장지(葬地)를 드렸고 우리 선인(先人)께서는 판결사 공 보기를 외조(外祖)와 똑같이 하셨습니다. 우리 집안이 이미

134 증조모 : 이게의 증조부는 홍민회이고 증조모는 남양 홍씨(南陽洪氏)로 영의정 홍서봉(洪瑞鳳)의 손녀이자 홍명일(洪命一, 1603~1651)의 딸이다.

135 영소(榮掃) : 자신이나 후손들이 과거에 급제하거나 높은 관직에 오르는 등 경사가 있을 때 선조의 무덤에 이 사실을 고하면서 제사를 지내는 것을 말한다.

136 이은(李溵) : 이은(1722~1781)은 본관은 덕수(德水), 자는 치호(稚浩), 호는 첨재(瞻齋)이다. 1759년 정시에 급제하였고 관직은 좌의정·우의정을 지내고 영중추부사에 이르렀다. 1777년에는 진하 겸 사은사(進賀兼謝恩使)로 청나라에 가서 《고금도서집성(古今圖書集成)》 5,020권을 구입하여 돌아오기도 하였다.

외손(外孫)으로 자처하고 있거늘 무엇하러 문서가 필요하겠습니까?"
하였다. 내가 말하기를

"백대(百代)의 먼 훗날을 어찌 보장할 수 있겠습니까?"
하며 굳이 간청하자 이공께서 승낙하였다.

어느덧 세월이 흘러 임오년(1762 영조38)이 되었다. 내가 경주에서 돌아온 뒤[137] 전에 했던 이야기를 다시 하자 이공은 편지를 보내어

"산 하나의 전국(全局)을 모두 돌려드려야 마땅합니다. 다만 요절한 두 사람의 묘지가 오른쪽 언덕 너머와 묘사(墓舍) 뒤에 있습니다. 비록 와관(瓦棺)에 직주(堲周)[138]이기는 하지만 골육지친(骨肉之親)이 의탁하는 바이므로 차마 다른 사람의 소유가 되게 할 수는 없으니 묘역을 둘러싼 산등성이 하나로 경계를 삼아주기를 청합니다."
라고 하였다. 내가 답장하기를

137 경주에서 돌아온 뒤 : 이계는 1760년(영조37) 가을 경주 부윤이 되었고, 이듬해 5월 대사간에 임명되었다가 경주 부윤에 잉임되었으며, 1763년 3월 대사간에 임명되었다.

138 와관(瓦棺)에 직주(堲周) : 와관은 진흙을 구워 만든 관이고 직주는 흙을 구워 벽돌을 만들어서 관의 사방에 두르는 것이다. 두 사람이 15세 이하와 7세 이하의 어린 나이에 요절한 것을 의미한다. 《예기》 〈단궁 상(檀弓上)〉에 "유우씨(有虞氏)는 와관(瓦棺)을 사용하였고, 하후씨(夏后氏)는 직주(堲周)를 사용하였으며, 은(殷)나라 사람들은 관(棺)과 곽(槨)을 사용하고, 주(周)나라 사람들은 담장〔牆〕으로 삽(翣)을 설치하였다. 주나라 사람들은 은나라 방식을 따라 은나라 사람들의 관으로 장상(長殤)을 장사 지냈고, 하후씨의 직주로 중상(中殤)이나 하상(下殤)을 장사 지냈으며, 유우씨의 와관으로 무복(無服)의 상(殤)을 장사 지냈다.〔有虞氏瓦棺, 夏后氏堲周, 殷人棺槨, 周人墻置翣, 周人棺槨, 葬長殤, 堲周, 葬中殤下殤, 瓦棺, 葬無服之殤.〕"라고 하였다. 장상(長殤)은 16~19세, 중상(中殤)은 12~15세, 하상(下殤)은 8~11세, 무복(無服)은 7세 이하에 해당한다.

"선조의 의관을 갈무리한 묘소가 이제 저에게로 돌아왔으니 감히 절하며 공경히 받들지 않겠습니까? 그러나 산 하나를 절반으로 나누면 장차 송백(松柏)을 기르고 촌락이 모일 도리가 없을 것입니다. 공께서 곤란하게 여기는 바는 다만 요절한 분들의 묘소인데, 두 가문이 의(義)를 같이하는 지친(至親)의 집안이니 지키고 보호하는 방법에 어찌 피아(彼我)를 달리하겠습니까? 비석을 세워 표시하기를 청합니다.

국내(局內)의 산전(山田)과 밤나무 동산에 이르러서는, 저는 빈손으로 받을 수 없으며 공께서는 돈을 받고 팔고자 하지 않으시니 토지로 토지를 바꾼다면 명분이 바르게 되고 이치에도 순할 것입니다. 우리 집안의 밤나무 동산이 저동(猪洞)에 있는데 이곳에서 몇 리쯤 되는 가까운 곳에 있으니 이것과 바꾸기를 청합니다."
라고 하였다. 이공이 이에 동의하고 이어 분산설(分山說)을 지어 보내주었으며 저동의 원림(園林)으로 산의 국내외(局內外)와 교환하였다. 이어 작은 비석을 마련하여 요절한 두 분의 묘 앞에 나누어 세우고 새기기를 "이는 덕수(德水) 이씨(李氏)의 묘지이다. 국내(局內)는 본래 이씨의 소유였으나 이제부터 홍씨에게 속한다. 바라건대 나의 후손들은 영세토록 이를 수호하여 두 집안의 돈독한 우호를 상하는 일이 없도록 하여라." 하고 그 아래에 "정해년(1767, 영조43) 3월 이은이 기록하고 홍양한이 쓰다"라고 썼다.

아아, 경인년(1709)으로부터 정해년(1767)에 이르기까지 58년이나 되고 3대가 지났는데 만세(萬世)의 유택(幽宅)이 비로소 객지에 있는 것을 면하였으니 이 어찌 크게 다행스러운 일이 아니겠는가! 이로부터 비로소 나무를 심고 과실을 기를 수 있게 되어 묘지기 또한 산을 관리하면서 묵정밭을 일구고 채마밭을 가꾸어 이에 의지하여 편안히 있을 수 있게 되었다.

묘막은 예전에 팔영(八楹)의 기와집이 있어서 지키는 노비가 거주하고 제기를 보관했는데, 정유년(1777, 정조 원년)에 내가 조정에서 편히 있을 수가 없었기에[139] 관직에서 물러나 교외(郊外)에 거처하면서 외사(外舍) 칠영(七楹)을 지었고, 냇가에는 작은 누각을 세워 겸산(兼山)이라 편액을 하였다. 천관봉(天冠峰)에서 발원한 석간수(石磵水)가 분묘가 있는 산자락을 감싸고 남쪽으로 흐르다가 오른쪽 언덕을 빙 돌아서 우이의 큰 냇물과 합류하니 이것이 연미천(燕尾川)이다. 이 물이 누각 앞에 이르면 자그마한 폭포를 이루는데 맑고 시원한 것이 사랑스러워 성심종(醒心淙)이라 이름 붙이고 이에 무성하게 우거진 초목을 베어내고 모래와 자갈을 치워 물길을 터주니 더욱 맑고 넓어졌다. 누각의 왼편으로는 네모지게 연못을 파서 연꽃을 심고 물고기를 길렀는데 연못가에 화영지(花影池)라 새기고 연못 둘레에 온갖 꽃을 심으니 꽃들이 수면에 비쳤다.

무신년(1788, 정조12) 내가 상중(喪中)에 있을 때[140] 묘막의 북쪽에 다시 띠집 사영(四楹)을 지어 안과 밖을 가렸으며, 마굿간과 창고

139 조정에서……없었기에 : 1776년 정조 즉위 후 세손(世孫)을 극력 반대했던 정후겸(鄭厚謙)이 역적으로 유배되고 사사(賜死)되었다. 이계는 당시 권세를 장악한 홍국영(洪國榮)과 사이가 썩 좋지 못하였는데, 정후겸의 일파로 지목당하여 처벌을 요구하는 상소가 올라오자 정조는 이계를 경흥 부사(慶興府使)로 임명하여 외직으로 나가게 하였다.《屐園遺稿 卷10 大提學耳溪洪公諡狀》

140 상중에 있을 때 : 이계는 1787년 계비(繼妣) 윤부인(尹夫人)의 상을 당하였고 1789년에 복(服)을 마쳤다.

및 문랑(門廊)을 만들어서 장차 식솔들을 이끌고 이곳으로 오고자 하였다.

선조들의 분묘를 어버이처럼 공경하며 의지하고[141] 속세의 번잡스럽고 시끄러움을 막아 멀리하며 여기서 서책을 읽고 후손들을 가르치면서 남은 여생을 마칠 수 있다면 큰 허물은 거의 면할 수 있을 것이다. 무릇 나의 후손들은 항상 사업을 시작할 때의 어려움과 완성되었을 때의 노고를 생각하여, 공경과 근면함을 다해서 지켜 보전함으로써 잘못되는 일이 없도록 하여라.

141 선조들의……의지하고 : 원문은 '첨의송추(瞻依松楸)'로 첨의는 어버이처럼 항상 바라보고 의지한다는 말이다. 《시경》〈소아 소변(小弁)〉에 "뽕나무와 추자나무도 공경해야 하니 우러러 존경할 분 아버님이요 친애하고 의지할 분 어머니라네.〔維桑與梓, 必恭敬止, 靡瞻匪父, 靡依匪母.〕"라는 내용이 있다.

이계를 유람한 일에 대한 기문
遊耳溪記

이계(耳溪)의 당(堂)이 이미 완성되었으므로 9월 기망(旣望 16일)에 필마에 올라 소동(小僮)을 거느리고 책 한 상자와 술 한 통을 챙겨 표연히 동곽(東郭)을 나서서 소나무 숲과 밤나무 동산 사이를 구불구불 돌아 한 번도 쉬지 않고 도착하였다. 사립문을 열고 흙 계단에 오르니 절벽의 단풍은 붉게 물들기 시작하고 울타리의 국화는 이미 노랗게 피어 있었다. 이에 삿자리 평상을 떨고 연궤(硯几)를 정돈하니 술독에선 향기가 피어나고 서안(書案)에는 책이 있어서 날마다 《주역》의 괘(卦) 하나를 읽고 《하도(河圖)》와 《낙서(洛書)》의 수(數)[142]를 연구하며 선천도(先天圖)[143]를 그렸다.

매일 아침 식사를 한 뒤에는 지팡이를 가지고 앞에 있는 시냇가로 나아가 헤엄치는 피라미를 구경하거나 돌아가는 기러기의 울음소리를 들었다. 사방에 인적이 없으나 이따금 초동의 노랫소리가 계곡에

142 하도(河圖)와 낙서(洛書) : 하도는 복희씨 때 황하에서 나온 용마(龍馬)의 등에 1부터 10까지 새겨진 무늬로, 복희가 이를 보고 팔괘(八卦)를 그렸다. 낙서는 하나라 우왕(禹王) 때 낙수(洛水)에서 나온 거북의 등에 1에서 9까지 수가 나열된 것으로, 우왕이 이를 보고 《서경》의 홍범구주를 지었다. 두가지 모두 천지 만물의 중요한 원리로 간주되어 왔다.

143 선천도(先天圖) : 《주역》의 원리를 해설하는 그림이다. 복희가 그린 것을 〈선천도〉라고 하고 문왕(文王)이 그린 것을 〈후천도(後天圖)〉라고 한다. 송(宋)나라 때 소옹(邵雍)은 복희의 〈선천도〉를 바탕으로 선천상수학(先天象數學)을 발전시켰다.

서부터 들려와 물소리와 어우러졌다. 시간이 흘러 나무의 그림자가 조금 옮겨가면 유유자적하게 돌아왔다. 저녁이 되어 달이 동쪽 봉우리 위로 떠오르고 온 세상이 고요해져 만물이 움직임을 멈추면, 다시 지팡이를 끌면서 시냇가로 갔다. 흰 돌과 맑은 물에 달빛이 어리비치고 북두성이 아래로 드리워져 몸을 굽혀서 주울 수 있을 듯하게 되면, 드디어 큰 바위에 기대어 몇 잔 술을 들면서 〈겸가(蒹葭)〉의 백로(白露)[144]를 낭송하니, 수풀 속의 새들은 모두 날개를 떨쳐 날아가고 물고기는 바위 아래에서 고개를 들고 듣는 듯하며 반딧불은 나뭇잎 사이에서 날아와 때때로 옷소매에 앉으니 빛나는 것이 마치 유성 같았다.

바로 이러한 때에는 비방과 칭찬이 귀에 들어오지 않고 기쁨과 슬픔에 마음이 동하지 않는다. 밝기로는 달이 빛나는 것과 같고 맑기로는 물이 맑은 것과 같으며 희기로는 돌이 깨끗한 것과 같고 고요하기로는 중뢰(衆籟 온갖 소리)가 거두어진 것과 같으며 툭 트이기로는 태허(太虛 하늘)의 공활함과 같다. 초탈하여 속세를 벗어난 곳에 홀로 서 있는 듯하고 멍하니 홍몽(鴻濛)[145]의 앞에서 정신이 노니는 듯하다. 맹자는 일찍이 이것을 일러 "야기(夜氣)"라 하였고[146], 굴원(屈原) 또한 "원기

144 겸가(蒹葭)의 백로(白露) : 《시경》 〈진풍(秦風) 겸가(蒹葭)〉에 "긴 갈대 푸른데 흰 이슬이 서리 되었네. 저기 바로 저 사람이 물 저편에 있구나. 물길 거슬러 올라가니 험한 길이 멀기도 하네.〔蒹葭蒼蒼, 白露爲霜. 所謂伊人, 在水一方. 遡洄從之, 道阻且長.〕"라고 하였다.

145 홍몽(鴻濛) : 우주가 생성되기 이전의 혼돈 상태를 말한다.

146 맹자는……하였고 : 야기(夜氣)는 한밤에 사물의 생장(生長)을 돕는 맑은 기운으로, 인의(仁義)의 마음을 자라도록 돕는다고 한다. 《맹자》 〈고자 상(告子上)〉에 "짓

(元氣)가 크게 신묘하니 한밤중에 존재한다"[147]라고 말한 것이 바로 이것을 이르는 말일 것이다. 무릇 천하의 모든 즐거움을 가지고도 이것과 바꾸기에는 부족하다. 그렇지만 이는 도리어 외물을 기다리는 바가 있는 것이니, 안자(顏子)가 굶주리면서도 즐거워하고 누추한 데 거처하면서도 즐거워하는 것[148]만은 못하다.

또 나는 이 당(堂)에 겨우 한 달에 한 번 오고, 당에서 이계에 오는 것은 또 하루에 한 번 아니면 두 번일 뿐이니, 그 즐거움이란 것은 이른바 "하루나 한 달에 한 번 이를 뿐"[149]인 것이다. 가령 나로 하여금 벼슬을 그만두고 이곳에서 여생을 보내면서 오랫동안 거처하여 깊이 수양하며 편안하게 익혀서 참된 것을 깨닫게 한다면, 이에 그 즐거움이 완전하게 되어 끝내 안자가 즐거워한 경지에 이르는 것도 어렵지는 않을 것이다. 안자의 즐거움은 무엇이던가? 잘못을 깨닫고 되돌려서

밟기를 반복하면 야기가 보존될 수 없고, 야기가 보존될 수 없으면 금수(禽獸)와 거리가 멀지 않게 된다.〔梏之反覆, 則其夜氣不足以存, 夜氣不足以存, 則其違禽獸不遠矣.〕"라고 하였다.

147 굴원(屈原)……존재한다 : 《초사(楚辭)》 〈원유(遠游)〉에 "전일한 그 기운 참으로 신령하여 한밤중에 존재하네.〔壹氣孔神兮, 於中夜存.〕"라고 하였다.

148 안자(顏子)가……것 : 《논어》 〈옹야(雍也)〉에 "어질도다 안회여. 한 그릇의 밥과 한 표주박의 음료로 누추한 시골에 있는 것을 딴 사람들은 그 근심을 견뎌내지 못하는데 안회는 그 즐거움을 변치 않는구나. 어질도다, 안회여.〔子曰, 賢哉, 回也. 一簞食一瓢飮. 在陋巷. 人不堪其憂. 回也不改其樂. 賢哉, 回也.〕"라고 말한 것을 이른다.

149 하루나……뿐 : 《논어》 〈옹야(雍也)〉에서 공자가 "안회는 그 마음가짐이 석 달 동안 인(仁)의 도리를 어기지 않는다. 그 밖의 사람들은 하루나 한 달에 한 번쯤 인의 경지에 이를 뿐이다.〔回也, 其心三月不違仁, 其餘則日月至焉而已矣.〕"라고 말한 구절을 인용한 것이다.

후회하는 일이 없도록 하는 것[150]이리라!

150 잘못을……것 : 잘못을 깨닫고 바른길로 들어서는 것을 말한다. 《주역》〈복괘(復卦) 초구(初九)〉에 "멀지 않아서 되돌아오니, 후회하는 일이 없을 것이요, 크게 좋을 것이다.〔不遠復, 无祇悔, 元吉.〕"라고 하였고, 또 공자는 노나라 애공(哀公)에게 "안회라는 제자가 학문을 좋아하여 노여움을 옮기지 않고 허물을 거듭 범하지 않았는데 불행히도 단명하여 죽었습니다."라고 말한 일이 있다.

함흥본궁의 어물에 대한 기문[151]

咸興本宮御物記

정유년(1777 정조1) 겨울 10월 함주(咸州 함흥(咸興))에 이르러 본궁(本宮)을 알현하여 관포(冠袍)를 갖추어 입고 내정(內庭)에서 숙배(肅拜)하였다. 사관(祠官)이 금으로 장식한 옻칠 함 두 개를 받들고 나와 앞쪽의 기둥에 두었다.

신(臣)은 관수(盥手)[152]한 뒤 당에 올라 열어보았다. 함 하나에는 흑사립(黑絲笠) 하나가 있었다. 은(銀) 장식을 갖추어 은일정(銀日頂)과 은월정(銀月頂)이 각각 하나씩이고 공작깃이 넷이다. 다른 함에는 각궁(角弓) 1장(張)이 있으니 길이는 7자에 활시위〔絲弦〕가 있고 흑칠(黑漆)한 가죽 활집〔皮帒〕도 갖추고 있었다. 화살〔羽箭〕도 열세 개가 있어서 길이는 6자이고 쇠촉이며 황칠(黃漆)한 가죽 화살집도 갖추고 있었다. 이는 모두 우리 태조 강헌대왕(太祖康獻大王)께서 사방을 정벌할 때 친히 사용하시던 것이다.

151 함흥본궁……기문 : 이계가 경흥 부사로 부임할 때 함흥본궁(咸興本宮)을 배알하고 태조(太祖)의 유물과 그 의미에 대해 쓴 글이다. 함흥본궁은 현재 함경남도 흥남시에 있다. 태조 이성계(李成桂)가 왕위에 오르기 전에 살았던 집인데 왕위에 오른 뒤 새로 집을 짓고 조상들의 신주를 모셔 제사를 지내게 하였다. 목조(穆祖)와 효공왕후(孝恭王后), 익조(翼祖)와 정숙왕후(貞淑王后), 도조(度祖)와 경순왕후(敬順王后), 환조(桓祖)와 의혜왕후(懿惠王后), 태조와 신의왕후(神懿王后)의 위판(位版)을 봉안하였고, 정전 안에는 태조의 관(冠)과 의복, 활과 화살, 활집 등이 보관되어 있었다고 한다.

152 관수(盥手) : 공경을 표시하기 위해 손을 깨끗이 씻는 것을 말한다.

신(臣)이 무릎을 꿇고 부복한 채 공경히 받들어 어루만져 본 뒤 물러나 탄식하며 말하였다. "주(周)나라에서 적도(赤刀)와 홍벽(弘璧)을 서서(西序)에 진설(陳設)한 것[153]은 선왕의 수택(手澤)[154]을 중히 여긴 것이요, 한(漢)나라 때 참사검(斬蛇劍)을 무고(武庫)에 보관한 것[155]은 천명을 받은 부절(符節)을 현창하기 위해서이다.

지금 이 어립(御笠)과 활, 화살은 이것들을 사용하여 비바람을 무릅쓰고 칼과 화살에 맞서셨으며, 이것들을 이용하여 강한 적들을 무너뜨리고 사방에 위엄을 떨치셨다. 백 대가 지난다 하더라도 이것들을 통해서 나라를 세우는 어려움과 공렬(功烈)의 성대함을 볼 수 있으니 주나라나 한나라처럼 오래되기만 한 물건일 뿐만이 아니다. 그리고 왕조의 발자취가 시작된 터전에 보관해둔 것은 그 근본을 잊지 않았음을 보이는 것이니 어찌 더욱 보배롭고 중하게 여기지 않겠는가!

153 주(周)나라에서……진설한 것 : 적도는 주 무왕(周武王)이 주(紂)를 정벌할 때에 사용했다는 적색으로 장식한 보도(寶刀)이고, 대훈은 문왕(文王)·무왕(武王)의 가르침이다. 홍벽(弘璧)은 큰 벽옥(璧玉)이고, 완염(琬琰)은 옥으로 만든 홀(笏)의 일종으로 완규(琬圭)와 염규(琰圭)이다. 《서경》 〈주서(周書) 고명(顧命)〉에 "옥(玉)을 오중(五重)으로 하며 보물을 진열하니, 적도(赤刀)와 대훈(大訓)과 홍벽(弘璧)과 완염(琬琰)은 서서(西序)에 있고, 대옥(大玉)과 이옥(夷玉)과 천구(天球)와 하도(河圖)는 동서(東序)에 있다.〔越玉五重, 陳寶, 赤刀·大訓·弘璧·琬琰在西序, 大玉·夷玉·天球·河圖在東序.〕"라고 하였다.

154 수택(手澤) : 물건에 남은 옛 사람들의 손때나 흔적을 말한다.

155 한(漢)나라……것 : 참사검(斬蛇劍)은 한 고조 유방이 뱀을 벤 칼을 말한다. 유방이 미천했을 때 술에 취해 가다가 큰 뱀이 길을 가로막고 있는 것을 보고는 칼을 뽑아서 베어 죽였다. 뒤에 오던 사람이 그 장소에 이르렀을 때 늙은 노파가 울면서 "내 아들은 백제(白帝)의 아들인데 뱀으로 변해서 길에 나왔다가 적제(赤帝)의 아들에게 죽임을 당하였다."라고 말하였다. 《史記 卷8 高祖本紀》

정전(正殿)의 북쪽에 오래된 소나무 세 그루[156]가 있어서 크기가 모두 10여 아름은 되는데 태조께서 활을 걸어놓던 곳이라고 전해진다. 만력 임진년(1592) 왜적들이 한 그루를 도끼로 찍자 피가 솟구쳐 뿜어져 나오고 바람과 우레가 크게 일어나니 왜적들이 놀라 달아나서 감히 다시는 접근하지 못하였으므로 오랫동안 전해지던 어물(御物)들도 온전할 수 있었다고 한다. 아아, 기이하도다. 나무의 뒤쪽에 아직도 도끼 자국이 남아 있어서 구리로 감싸두었다.

156 소나무 세 그루 : 함흥 본궁의 이 소나무 들에 관해서는 전하는 기록마다 약간의 차이가 있다. 이긍익(李肯翊)의 《연려실기술(燃藜室記述)》 〈사전전고(祀典典故) 원묘(原廟)〉에는 정전 뒤에 "태조가 손수 심은 여섯 그루의 소나무가 있고, 전 안에는 성조(聖祖)의 관복·활·화살·활집 등 물건을 간직해 두었다."고 하였다. 이유원(李裕元)의 《임하필기》 권31 〈함흥본궁어물(咸興本宮御物)〉에는 "궁전 북쪽에 고송(古松) 세 그루가 있었는데, 활을 걸어두던 곳이다. 지금은 한 그루가 앞뜰에 남아 있다. 뒤에 있던 것은 왜구들이 칼로 찍고 화살을 마구 쏘아 말라 죽었는데, 칼자국이 남아 있다."라고 하였다.

사룡대에 대한 기문[157]

射龍臺記

공주(孔州)[158]에서 남쪽으로 10리에 있는 함림산(咸林山)[159] 아래에 물이 모인 연못이 있으니 이것이 적지(赤池)[160]이다. 둘레는 20리(里)이고 깊은 곳은 들어갈 수 없으며 동북쪽으로 두만강(豆滿江)에 이어져 있는데 그 위에 사룡대의 옛터가 있다.

《공주지(孔州誌)》에 이르기를 "옛날 우리 도조왕(度祖王)[161]께서 망덕산(望德山) 아래에 거처하셨다. 어느 날 밤 꿈에 흰 옷을 입은 어떤 노인이 문을 두드리고 말하기를 '저는 남지(南池)의 용입니다. 적이 침입해 와서 장차 제가 있어야 할 곳을 잃게 될 형편입니다. 듣기에 공께서 활을 잘 쏘신다 하니 저를 도와주시기를 원합니다. 후세에 반드

157 사룡대에 대한 기문 : 이계가 경흥 부사로 부임한 뒤 1778년(정조2) 즈음에 경원(慶原)에 있는 사룡대를 중수(重修)하고 쓴 글이다. 사룡대는 태조 이성계의 조부(祖父)인 도조(度祖) 이춘(李椿)이 용을 쏘았다는 전설이 있는 곳이다. 이 글은《북관읍지(北關邑誌)》 권4 〈경원(慶源) 사룡대(射龍臺)〉에도 수록되어 있다.

158 공주(孔州) : 경원(慶源)과 경흥(慶興) 일대의 옛 이름이다. 여기서는 경흥을 가리킨다.

159 함림산(咸林山) : 현재 함경북도 나선시에 있는 남봉산이다.

160 적지(赤池) : 함경북도 경흥군(慶興郡)에 있는 연못이다. 이성계의 조부 이춘에 얽힌 전설이 전해지며, 조선시대에는 왕업이 시작된 곳이라하여 중시하였다.《國朝寶鑑 권72 正祖朝4 11年》《弘齋全書 卷15 慶興府 赤池紀蹟碑銘》

161 도조(度祖) : 이성계의 조부인 이춘(李椿)이다. 1394년(태조3) 태조의 4대조를 추존할 때 '도왕(渡王)'이라고 했다가 2년 뒤에 다시 도조로 격상되었다

시 경사로운 일이 있을 것입니다.' 하므로 도조께서 수락하셨다.

다음날 아침 활과 화살을 차고 남봉(南峰)에 올라 멀리 바라보니, 연못 위에 갑자기 비바람이 몰아치면서 하늘이 어두컴컴해졌다. 흑룡(黑龍)이 동북쪽에서 나타나 백룡(白龍)과 함께 싸우기 시작하니 거세게 부딪히고 똬리를 틀어 버티면서 서로 번갈아 진퇴를 거듭하였다. 도조께서는 누가 객이고 주인인지 분별할 수가 없었으므로 화살을 거두고 돌아왔다. 이날 밤 신옹(神翁)이 다시 나타나서 말하기를 '공께서는 어찌 쏘지 않으셨습니까?' 하므로 도조께서 그 까닭을 말하였다. 신옹은 '흰 것이 저이고 검은 것이 적입니다. 공께서는 오로지 검은 것을 쏘시면 됩니다.' 하였다. 이에 도조께서 깨달으시고 다시 연못가로 가셔서 두 용이 다시 어울려 싸우기 시작하자 곧바로 흑룡을 쏘았다. 한 발이 그 허리에 맞으니 피가 샘물처럼 솟구쳐 연못이 모두 붉게 물들었다. 이에 흑룡은 꼬리를 끌며 언덕을 무너뜨리고 달아났다. 연못 아래에 아직도 깊은 도랑이 있으니 종횡으로 이지저리 구불구불 꺾인 것이 7, 8리나 되어 강으로 들어간다. 그곳 사람들은 그 연못을 적지라 하고, 그 강어귀는 굴신포(屈伸浦)라고 한다."라고 하였다.

금상 원년 정유년(1777) 겨울 신 양호가 공주(孔州)를 맡아 다스리게 되어 한가한 날 적지에 나아가 용을 쏜 유적지를 찾았으나 가시덤불만 무성하고 돌더미는 기울어 쏟아질 듯하였으며 마을의 나이 든 이들도 아는 자가 없었다. 이에 개연히 탄식하며 "우리 성조(聖祖)께서 용을 쏜 것은 정히 큰 연못가에서 뱀을 베었던 것[162]과 같아서 실로 천명

162 큰 연못가에서……것 : 한 고조 유방이 큰 뱀으로 변한 백제(白帝)의 아들을 벤

(天命)을 받았다는 부신이자 왕업을 일으킨 자취이거늘, 지금까지 사백여 년 동안 거친 풀로 뒤덮인 채 보수도 하지 않았고 표지조차 없으니 이는 수신(守臣)의 죄이다."라고 말하였다.

드디어 나무와 돌을 깎고 기와와 벽돌을 구워 이듬해 가을 그 위쪽에 정자를 건립하고 사(辭)를 지어 이상을 서술하였다. 사는 다음과 같다.

적지가 넓고 넓으니	赤池兮汪汪
구름이 뭉게뭉게[163] 위에 있네	雲英英兮在上
은 갑옷 같은 비늘에 옥 같은 발톱	銀甲兮玉爪
용[164]이 노니니 물결도 호탕하구나	靈之游兮水浩蕩
신인께서 적도[165]에 내려오시니	神人降兮赤島
백린을 타고 매를 부리시네	乘白鱗兮御蒼鳥

것을 말한다. 363쪽 주155 참조.

163 구름이 뭉게뭉게 : 원문은 '운영영(雲英英)'인데 이는 《시경》〈소아(小雅) 백화(白華)〉에 나오는 '영영운(英英雲)'을 도치한 것이다. "영영(英英)한 흰 구름도 왕골과 띠풀에 이슬을 내리네.〔英英白雲, 露彼菅茅.〕"라는 구절의 주자(朱子)는 "영영은 가볍고 밝은 모양.〔英英, 輕明之貌.〕"이라고 하였다.

164 용 : 원문은 '영(靈)'으로 신령한 동물을 의미한다. 《예기》〈예운(禮運)〉에 "무엇을 사령이라 하는가? 기린과 봉황과 거북과 용을 사령이라 한다.〔何謂四靈, 麟鳳龜龍, 謂之四靈.〕"라고 하였다.

165 적도(赤島) : 함경북도 나진선봉직할시 선봉군 굴포리 남쪽 바다에 있는 섬이다. 이성계의 증조부인 익조(翼祖) 이행리(李行里)가 자신을 해치려는 여진족을 피하여 이곳에 머물다가 덕원(德源)으로 돌아온 일이 있다. 다음의 〈적도기(赤島記)〉에 관련 내용이 보인다.

용이 무엇 때문에 옮겨와 머물고자 하는가　靈何爲兮遷次
한밤중에 갑작스레 달려와 고하였지　夜恍惚兮奔告
요궁과 보과 들고　珧弓兮寶戈
홀로 우뚝이 남쪽 언덕에 서 계셨네　表獨立兮陽之阿
우레가 몰아치고 해는 어두워져　雷陝陝兮日冥冥
먹구름 짙어지고 파도치는데　黝雲合兮水揚波
활시위 열림에 번개가 날아가니　弦開兮電飛
뻣뻣한 갈기 꺾이고 선혈이 낭자했다네　怒鬣摧兮血淋漓
용이 위풍당당하게 하늘에 올라 춤을 추니　靈矯矯兮上騰舞
거북과 교룡 많이 모여들어　龜螭兮葳蕤
상서로움 배양하여 공로에 보답하네　鞠祥兮報功
번쩍이는 광채가 번쩍여 하늘까지 닿고　光剡剡兮薄上穹
금척[166]과 요경이　金尺兮瑤鏡
나를 인도하니 기자의 영토[167]라네　導予之兮箕封
용은 아홉 아들[168]에 천억의 후손 있으니　靈有九子兮孫千億

166 금척(金尺) : 이성계가 잠저(潛邸)에 있을 때 꿈에 신인(神人)이 금척(金尺)을 잡고 하늘에서 주면서, "시중(侍中) 경복흥(慶復興)은 청백하지만 늙었고, 도통(都統) 최영(崔瑩)은 강직하지만 조금 어리석다. 이것을 가지고 나라를 바로잡을 사람은 공이 아니면 누구겠는가."라고 말했다고 한다.《太祖實錄 1年 7月 17日》이 내용을 바탕으로 만든 악장(樂章)이 정도전(鄭道傳)의 〈몽금척(夢金尺)〉이다.

167 기자의 영토 : 원문 '기봉(箕封)'은 기자(箕子)의 봉토(封土)라는 뜻으로 조선을 의미한다.

168 용은 아홉 아들 : '용생구자(龍生九子)' 이야기를 따온 것으로 보인다. 명(明)나라 서응추(徐應秋)의 《옥지당담화(玉芝堂談薈)》에 "용(龍)이 새끼 아홉을 낳는데 용은 되지 않고 각기 좋아하는 것이 있다.〔龍生九子, 不成龍, 各有所好.〕"라고 하고 아홉

넓은 바다에 웅거하여 용이 되셨다네 據左溟兮爲鱗宗
우리 백성 살려주고 우리나라 보우하사 穀我民兮壽我邦
좋은 비 뿌려주고 거센 바람 막아주소서 灑靈雨兮呵烈風

날을 잡아 대(臺)를 쌓고자 하였는데 일을 시작하기 하루 전날, 일을 감독하는 이가 멀리서 대의 터를 바라보니 어떤 물체가 누워 있는 듯했다. 크기는 기둥만 했고 길이는 두어 길〔丈〕이나 되며 몸에서는 오색의 빛이 나와 땅을 비추니 일하는 사람들이 놀라고 두려워하며 모두 달아났다. 잠시 후 몸을 뒤집어 연못으로 들어갔는데 정신을 차리고 보니 꿈이었다.

날이 밝자 관청에서 술과 제수(祭需)를 갖추고 축문을 읽어 신명에게 기원을 한 뒤 그 종이를 말아서 돌에 묶어 연못에 던졌다. 그러자 갑자기 종이가 가라앉은 곳으로부터 회오리바람이 일어나고 거센 파도가 높이 솟구쳐 한동안 계속되다가 잦아들었고 이를 본 사람들은 모두 놀랐다.

북쪽 변방은 일찍부터 추워져서 8월이면 이미 눈이 내리지만 이 일이 진행되는 십수 일 동안은 바람도 불지 않고 눈도 내리지 않았다. 10월 8일에 대가 완성되고 기와를 얹으려 하였는데 온종일 햇살이 따뜻하고 화창하여 마치 봄 같으니 인부들도 추위에 시달리지 않았다. 일이 모두 끝나고 사람들이 흩어지자 짙은 안개가 자욱하게 끼어서 밤새도록 대와 연못을 구분할 수가 없었다. 이 지방 사람들은 모두 이 연못이 신이함이 있다고 말한다. 누군가 혹 비린내가 나는 더러운

가지 좋아하는 것을 풀이하였다.

물건을 물에 넣으면 갑자기 비바람이 몰아치고, 농사짓는 사람이 못가의 두둑을 파내면 곧 바람이 일어서 모래를 불어다 메워버리기 때문에 쟁기나 괭이는 감히 가까이 대지도 못한다. 그러니 이번에 이 일도 아마 천지신명이 도움이 있은 것이라고 한다.

이릉에 대한 기문
二陵記

목조왕(穆祖王)의 침원(寢園)을 덕릉(德陵)[169]이라고 하는데, 공주(孔州)의 남쪽 십 리에 있는 적지(赤池)의 동쪽에 있다. 효비(孝妃)의 침원은 안릉(安陵)[170]이라고 하는데, 옛날에는 공주에서 동북쪽으로 이십 리 되는 곳, 두만강(豆滿江) 너머 향각봉(香角峰)[171] 남쪽에 있었다. 전하는 말에 철룡(鐵龍)을 산등성이에 묻어서 지맥(地脈)을 보(補)하였다고 한다.[172]

169 덕릉(德陵) : 목조는 조선 태조 이성계의 고조부 이안사(李安社)이다. 그의 묘는 함경남도 신흥군 가평면 능리에 있다. 1392년(태조1) 8월 8일 태조는 이방원(李芳遠)을 동북면으로 보내서 4대 선조의 능실에 제사를 지내어 왕위에 오른 것을 고하고 능호(陵號)를 올렸으며, 같은 해 11월 6일에는 4대 선조들의 존호(尊號)를 책봉(冊封)해서 올렸다. 《太祖實錄 1年 8月 8日, 11月 6日.》 이색(李穡)의 〈전주이씨이거삭방이래분묘기(全州李氏移居朔方以來墳墓記)〉에 분묘의 위치과 비석을 세운 사실 등이 있다.

170 안릉(安陵) : 효비는 이성계의 고조모인 효공왕후(孝恭王后) 이씨(李氏)로 천우위 장사(千牛衛長史) 이공숙(李公肅)의 딸이다. 안릉은 현재 함경남도 신흥군 가평면 능리에 있다.

171 향각봉(香角峰) : 알동(斡東)에 있는 산봉우리의 이름이다. 알동은 경흥 인근 두만강 건너편으로 현재 러시아 지역으고 알려져 있다.

172 철룡(鐵龍)을……한다 : 철룡을 묻었다는 이야기는 남구만(南九萬)의 차자에도 보인다. 《숙종실록》 23년 5월 18일 기사에 "지금 두만강 북쪽인 알동(斡東)과 해관성(奚關城) 사이는 옛날 덕릉(德陵)과 안릉(安陵)을 손가락으로 가리킬 만하며, 그곳에서는 철룡이 산에 묻히고 백마(白馬)가 물을 건넜다는 고사가 변방의 백성들 사이에 지금까지도 전하고 있습니다."라고 하였다.

태조(太祖) 4년(1395)에 두만강 안쪽으로 옮겨 이봉(移奉)하였다. 사방의 들판이 낮아 물기가 많은 진창이고 그 가운데에 작은 언덕이 솟아 있는데 지맥이 이어진 곳이 없으니, 감여가(堪輿家)들은 진흙에 빠진 거북이라고 하였다. 두 능(陵)이 2, 3리 거리에서 서로 바라보며 모두 앞쪽으로 두만강에 임해 있으니 그곳 사람들은 능평(陵坪)이라고 한다.

태종 10년(1410) 인접한 지역의 여진(女眞) 때문에 다시 함흥부(咸興府)로 이봉하였다. 옛 비석이 들판의 잡초 속에 파묻힌 채 세월이 오래되어 있는 곳을 몰랐는데 숭정(崇禎) 원년(1628, 인조6)에 부사인 최진립(崔震立)[173]이 적지의 곁에서 덕릉비(德陵碑)를 찾아내어 옛 능 앞에 세웠다. 영종(英宗) 기사년(1749, 영조25)에는 부사 홍중일(洪重一)[174]이 비각을 세워 보호하고자 안릉비(安陵碑)를 두루 찾았지만 발견하지 못했었다. 그런데 일을 담당한 자의 꿈에서 한 노인이 장소를 알려주어서 땅을 파내어 비석을 찾으니, 드디어 비석을 옮겨 세운 뒤 모두 지붕을 덮고 담장을 둘러세웠다.

덕릉비는 전면에 '목조 덕릉(穆祖德陵)'이라 새겼고 후면에는 '홍무

173 최진립(崔震立) : 최진립(1568~1636)은 본관은 경주(慶州), 자는 사건(士建), 호는 잠와(潛窩), 시호는 정무(貞武)이다. 임진왜란 때 동생 최계종(崔繼宗)과 함께 의병을 일으켰다. 1594년(선조27) 무과에 급제하였고 1626년(인조4) 경흥 부사가 되었다. 1636년(인조14) 7월 공주영장(公州營將)이 되었고 병자호란 때 용인 험천(險川)에서 전사하였다. 병조 판서에 추증되었다.

174 홍중일(洪重一) : 홍중일(1700~?)은 본관은 풍산(豊山), 자는 수이(壽爾)이다. 1730년(영조6) 문과에 급제하였다. 1738년(영조14) 경성 판관(鏡城判官) 북평사(北評事)로 나가게 되었다. 1751년(영조27)에 경흥 부사에 제수되었고 이듬해 다시 대사간이 되었다. 본문에서 이계가 말한 내용은 이 시기에 해당한다.

(洪武) 28년(1395, 태조4) 2월 일 세우다.'라고 새겼다. 안릉비는 전면에 '효비 안릉(孝妃安陵)'이라 새겼고 후면은 덕릉비와 마찬가지로 연월일을 새겼는데, 모두 갈고 쪼아대어 획이 마멸되니 새긴 것이 지워져서 무슨 글자인지 겨우 분별할 수 있었다. 읍인들이 전하는 말로는 야인(野人)들이 노략질할 때 한 짓이라고 하였다.

아아, 공주(孔州)는 성조께서 발상한 지역으로 의복과 신발을 보관한 옛 유적이 지금까지도 완연하니 수령의 직임을 맡은 신하는 의리상 정성껏 지키고 잘 수호해야 마땅하지만, 수백 년 동안 묻히고 가려 드러나지 못함으로써 초동(樵童)과 목동(牧童)들이 경외할 줄 모른 채 짓밟고 훼손해 왔던 것을 어찌할 수 있겠는가!

최공이 앞에서 일을 시작하고 홍공이 뒤에서 일을 이루어서, 드러내고 보호한 것이 이미 엄밀하게 갖추어졌으니 두 공은 맡은 직분을 잘 수행했다고 할 만하다. 이에 삼가 두 능의 구역 및 천장한 시말을 갖추어 기록함으로써 국사(國史)의 참고 자료로 갖추어두고자 하며, 또한 두 공이 전후로 일을 계획하고 시행한 노고를 기록하여 수령의 모범으로 삼고자 한다. 최공은 순국하시어 대명(大名)을 세우기가 어려웠으며, 홍공은 신(臣)의 족조(族祖)이다. 그 정성에 느끼는 바가 있어 꿈속에서 징험을 하였으니 또한 기록하지 않을 수가 없다.

적도에 대한 기문[175]

赤島記

적도는 공주(孔州)의 남쪽 40리 되는 큰 바다 속에 있다. 8월 16일에 노산창(蘆山倉)에서부터 소이선(小耳船)을 타고 적도에 들어가니 해안과의 거리는 10리쯤이었다. 바위줄기 하나가 바다로 들어가 물속

175 적도에 대한 기문 : 이계가 경흥 부사로 있을 때 지은 글이다. 이성계의 선조인 익조(翼祖)의 신이한 행적을 서술하고 조선 건국의 기틀이 적도(赤島)에서 시작되었다는 것을 말하였다.

그림 13 《북관읍지(北關邑誌)》 경흥. 왼쪽 상단의 섬이 적도이다.

에 잠겨서 뻗어 엎드렸다가 다시 나오니 백여 보(步) 거리쯤 되는 곳에 큰 바위들이 우뚝하게 물 위로 몇 길〔仞〕쯤 솟아 있다. 그 너머로는 바위줄기가 잘린 듯 보이지 않아서 섬이 물에서 솟아난 듯하니, 멀리서 바라보면 마치 큰 거북이가 물에 떠 있으면서 꼬리와 등을 은근히 감춘 듯한데 은은히 붉은 빛이 감돌고 있었다. 가까이 다가가니 바위가 모두 붉게 반짝이며 구리처럼 매끄러워 햇빛이 내리쬐면 물 아래까지 온통 검붉었다.

바위의 끄트머리는 울퉁불퉁 쌓여 있는데 반듯한 것은 마치 창을 세워놓은 듯하고 굽은 것은 마치 매달린 경석(磬石)인 듯하며 갈아서 문을 만들고 가로놓아 다리를 만든 듯, 기괴한 형상이 뒤섞여 솟아 있었다. 동쪽 가까운 곳은 바위의 형세가 조금 낮아 배를 댈 만하였으므로 이에 배를 기슭에 정박시켰다.

위태로운 곳을 디디고 허공으로 건너뛰며 더위잡고 올라가니 사면의 석벽이 깎아낸 듯이 높다. 중앙의 봉우리는 원만하고 수려하며 동향으로 서 있는데 구불구불 이어져 오른쪽으로 감아도니 펼쳐져서 감싸는 듯하였으며 땅은 기름져서 윤택한 기색이 있다. 가운데 토실(土室)[176]의 옛터가 있다.

세상에 전해지기로는 익조(翼祖)께서 알동(斡東)에 계실 때 위엄과 덕이 점차 높아지자 다른 천호(千戶)들이 꺼려하여 거짓말로 사냥하러 간다고 하고 해관성(奚關城)에서 갑사(甲士)를 빌려다 해치려 하였

176 토실(土室) : 원문은 '도혈(陶穴)'로 옛날에 땅을 파고 만든 토실(土室)을 말하는데, 여기서 토실은 이성계의 증조부인 이행리(李行里) 즉 익조(翼祖)가 여진인들의 음모를 피하여 움집을 파고 살던 곳을 말한다.

다.[177] 한 시골 노파가 이를 은밀히 일러주니 익조께서 깨닫고 급히 가인(家人)들에게 배를 타고 두만강을 따라 내려가서 적도에서 기다리라고 하였다. 손부인과 함께 백마를 타고 가서 바닷가에 이르렀는데 배는 아직 도착하지 않았고 추격하는 기병들은 이미 뒤를 따라왔다. 이때 바닷물이 갑자기 빠져서 가로질러 건널 수 있었고, 따르는 이들이 모두 건너자 물이 다시 차올라서 적들은 건널 수가 없었다. 이에 익조는 적도에 흙집을 짓고 거처하셨다. 북방 사람들 중에서 이 이야기를 듣고 기이하게 여겨 성심으로 복종하는 이들이 많았다.

섬 안에 덩굴로 자라는 풀이 있으니 줄기는 자줏빛이고 잎은 비취빛으로 이름은 자지(紫芝)라고 하며 향이 있고 맵지만 먹을 만하다. 또 감천(甘泉)이 바위 틈에서 마르지 않고 끊임없이 나왔다. 백성들 중에 나무를 베거나 풀을 베는 이가 있으면 비바람이 몰아쳤으므로 초목이 항상 울창하고 무성하였다. 삼가 이어 송(頌)을 짓는다.

어찌 섬이 그리 붉으며	何島之赤
어찌 말이 그리 흰가[178]	何馬之白
흰색이 해처럼 밝고	白如日光
붉은 것은 양의 덕일세	赤是陽德
하늘이 신의 구역 만듦에	天作神區
제왕의 공업이 열리고	以啓王跡

177 빌려다 해치려 하였다 : 《홍재전서》 권15 〈경흥부적도기적비명(慶興府赤島紀蹟碑銘)〉의 내용을 참고하여 추가 번역하였다.

178 말이 그리 흰가 : 익조와 손부인이 백마를 타고 갔던 것을 의미한다.

땅이 영령함을 바치니 地獻其靈
큰 물결 가운데가 갈라졌네 洪波中坼
파도 앞 임하심에 물러나 있으니 臨流却立
많은 기병들 뒤떨어졌네 千騎振落
용이 날아오르고 거북이 서려 있으니[179] 龍躍龜蟠
진인께서 이에 집을 지으셨네 眞人爰宅
상서로움 징험하여 덕을 흠모하니 徵祥慕德
물이 골짜기로 모여드는 듯 如水歸壑
지초는 산에서 자라나고 芝茁于山
샘물은 바위에서 솟아나네 泉涌于石
굴 있어 빈과 같으니 有穴如豳
우리나라의 기틀이라네[180] 基我東域
산 높고 물 넓으니 山高水濶
천만억년 이어지리 於千萬億

179 용이……서려 있으니 : 이는 글 앞부분에 기술한 바 적도의 형세(形勢)를 표현한 것이다.

180 굴……기틀이라네 : 빈(豳)은 《서경》〈우공(禹貢)〉에 나오는 옹주(雍州)로 기산(岐山) 북쪽 원습(原隰)의 들에 있었다고 한다. 후직(后稷)의 후손인 공류(公劉)가 후직(后稷)의 업(業)을 닦고 덕정(德政)을 펴서 백성들을 다스리다가 빈땅으로 옮겨갔는데, 훗날 주(周)나라가 일어나는 발판이 되었다. 이 구절은 빈이 주나라의 기틀이 된 것처럼 적도가 조선이 일어나게 된 발판이 되었다는 의미이다.

알섬에 대한 기문
卵島記

적도의 동쪽 발해(渤海)[181]의 가운데에 섬이 있다. 봄에서 여름으로 바뀔 때쯤이면 어김없이 뭇 새들이 모여들어 교미를 하고 수풀 사이에 알을 낳는다. 흰 것도 있고 파란 것도 있고 누런 것도 있으며 또 알록달록 무늬가 있는 것도 있으며 크기는 주먹만하다. 어부들이 왕왕 알을 주워서 쪼개면 단단하고 두꺼워 술잔으로 쓰기에 적당하며 맑고 깨끗하기는 마치 옥과 같다. 그러므로 그 섬을 알섬〔卵島〕이라고 한다. 패사(稗史)에서 북해(北海)를 한해(瀚海)라고 일컫는 것은 새들이 이곳에서 알을 품어 기르는 까닭에 한(翰)이라는 글자를 따른 것이다.[182]

무릇 제비나 참새는 집에서 새끼를 기르므로 아이들이 집어가고, 까마귀와 솔개, 황새와 까치는 나무에 둥지를 틀기에 뱀이 물어간다. 오직 이 새만은 푸른 바다 외딴 섬 인적 없는 곳에 훌쩍 떨어져 살기에

181 발해(渤海) : 중국의 동쪽 바다를 발해라고 쓰는데 여기서는 동쪽 바다라는 의미로 발해라는 표현을 쓴 듯하다.

182 패사(稗史)에서……것이다 : 본래 한해(瀚海)는 북쪽의 사막 혹은 북해(北海)라는 의미가 있는데 북해는 시대마다 가리키는 곳이 다르다. 한(翰)에는 조류(鳥類) 내지 날개〔羽毛〕 등의 의미가 있어서 이렇게 말한 것이다. 《지봉유설》 권7 문자부(文字部)에 '한(翰)' 자에 대해 설명하면서 "한해(瀚海)는 북해(北海)의 이름이다. 소설에서 새들이 이 곳에서 알을 낳아 기르는 까닭에 이름하였다. 지금 동북쪽 바닷새와 물새들은 알을 많이 낳는데 호인들이 항상 취해다 먹는다고 한다."라고 하였다.

해로움을 피하여 번식할 수 있다. 영리한 놈은 띠풀을 묶어서 시렁처럼 만들어서 알을 물에다 띄우는데 어부들 또한 찾지 못하니 우환에 대한 대비가 더욱 주밀하다. 날개 달린 짐승의 지혜가 이처럼 교묘할 줄 누가 생각이나 했겠는가!

공자께서는 일찍이 "새가 사람의 기색이 좋지 않은 것을 보면 날아올라 빙빙 돌며 살펴보고 나서야 내려앉는다."[183]라고 하셨고, 또 "잘 놀라는 까닭에 해(害)를 멀리할 수 있다."[184]라고 하셨으니, 이는 날아다니는 새가 기미를 밝게 보는 것[185]에 대해 감탄하신 것이다. 이 새는 또 능히 무리에서 벗어나고 속세를 초월해서 사물에 구속받지 않으니, 어찌 다만 기미를 보는 것뿐이겠는가! 그 높은 의표와 지혜가 사람을 부끄럽게 할 만하므로 이에 글을 쓰노라.

183 새가……내려앉는다 : 《논어》 〈향당(鄕黨)〉에 "새가 사람의 기색이 좋지 않은 것을 보면 날아올라 빙빙 돌며 살펴보고 나서 내려앉는다.〔色斯擧矣, 翔而後集.〕"라고 하였다.

184 잘……있다 : 《공자가어(孔子家語)》 〈육본(六本)〉에 보인다. 공자가 그물로 참새를 잡는 사람을 보았는데 모두 새끼였다. 그래서 그 이유를 사냥꾼에게 묻자 큰 새는 잘 놀라서 잡기 힘들고, 어린 것은 먹이를 탐내기 때문에 쉽게 잡을 수 있다고 하였다. 이에 공자가 제자들에게 "놀라기만 잘해도 해를 멀리할 수 있고, 먹는 것만 탐내다가는 환난도 잊어버리게 되는구나. 이것은 모두 그 마음에 달려 있다.〔孔子顧謂弟子曰, 善驚以遠害, 利食而 忘患, 自其心矣, 而以所從禍福, 故君子愼其所從. 以長者之慮, 則有全身之階, 隨小者之戇而有危亡之敗也.〕"라고 하였다.

185 기미를 밝게 보는 것 : 원문은 '견기(見機)'로 이는 《주역》 〈계사전(繫辭傳)〉에 보인다. "군자는 기미를 보고 일어나서 하루가 다하기를 기다리지 않는다.〔君子見幾而作, 不俟終日.〕"라고 되어 있고, 그 주에 이르기를 "군자는 기미를 보기 때문에 지나침에 이르지 않는다.〔君子見於幾微, 故不至於過也.〕"라고 하였다.

서수라에 대한 기문[186]

西水羅記

공주(孔州)에서 동쪽으로 30리를 가면 조산보(造山堡)이고 산이 바다로 들어가기 시작하는데 물을 끼고 동쪽으로 20여 리를 가서 산은

186 서수라에 대한 기문 : 이계가 경흥 부사로 재임할 때 쓴 글로 1778년(정조2) 즈음에 쓰인 것으로 보인다. 서수라의 지형적 위치와 특징, 특산품 등에 대해 기술하였다.

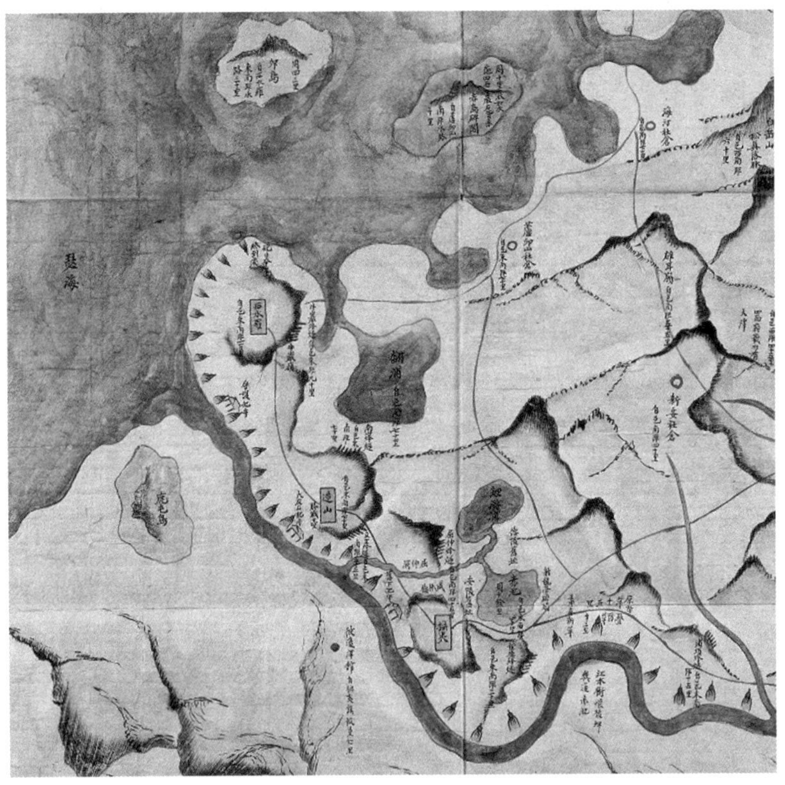

그림 14 〈1872년 지방지도〉 경흥 부분도. 왼쪽 중앙부분이 서수라이다.

끝나고 바닷물이 둘러 있다. 가늘어 끊어질 듯하고 솟구치듯 튀어나온 곳에 석성(石城)이 산을 등지고 바다를 안고 있으니 드리워진 것은 쓸개가 매달린 듯하고, 넓기로는 날개를 펼친 듯하니 이것이 서수라이다.

그 오른쪽 날개는 해망대(海望臺)요, 왼쪽 날개는 오갈암(烏碣巖)이니 모두 바위봉우리로 마주하여 솟아 있다. 양 끝단에는 총석(叢石)이 바닷물 속으로 떨어져서 서 있는데 대나무처럼 모여 있어 전암(箭巖)이라고 하니 물이 그 안쪽으로 돌아 들어온다. 형상은 반원형의 벽〔半璧〕과 같고 동쪽으로 터져 있어서 일출을 볼 수 있다.

거주하는 백성은 100가구가량이며 모두 어업을 한다. 배는 모두 통나무를 못으로 박아서 합친 것으로 길이가 사람 키의 두 배에 지나지 않는다. 물고기는 가자미〔比目〕, 대구(大口), 문어〔八梢〕가 많다. 거기의 벌레는 담채(淡菜)와 니(泥)[187]로 모두 비늘이 없다. 거기의 해초는 미역〔水藿〕과 다시마〔昆布〕로 바위에 얽혀서 붙어 살아간다. 호물(互物 갑각류의 총칭)로는 백합(白蛤)과 푸른 소라(翠螺)가 있고 붉은 게(紫蟹)의 큰 것은 껍질이 그릇만하다. 햇빛이 비치기 시작하면 긴 물고기가 무리지어 물에서 노니는데, 반쯤 드러난 등이 마치 지붕 같으며 입으로 뿜어내는 흰 파도는 마치 비와 같다. 물어보니 고래라고 하였다.

187 니(泥) : 전설상의 바다 생물인데 여기서는 정확히 무엇을 말하는지 알 수 없다. 이충(泥虫)이라고도 한다. 동해 바다에 사는 벌레로 뼈가 없으며 물속에서는 활발하게 움직이다가 물 밖으로 나오면 죽은 듯이 가만히 있는다.

오갈암에 대한 기문[188]

烏曷巖記

서수라를 경유하여 바다를 따라 왼쪽으로 가서 기울고 굽어지고 얽히고 끊긴 곳으로 거의 10리쯤 가 오갈암에 올랐다. 모든 바위가 검은 빛으로 바다에 걸쳐서 솟아 있는데 좌우는 깎은 듯한 절벽으로 천 길이나 되니 뾰족하기가 마치 칼등 같아서 겨우 사람의 발을 디딜 만큼이었다. 정상에 이르자 바윗면이 조금 넓직해져서 방석을 깔고 앉을 만했는데, 방석 하나 바깥이 모두 큰 바다로 하늘과 맞닿아 끝이 없었다. 오갈암의 북쪽으로 몇 리쯤 되는 곳은 두만강 어귀인데 여진인들은 슬해(瑟海)라고 한다. 그 해안가는 온통 흰 조약돌과 누런 띠풀이고, 나무는 없으며 눈길 닿는 끝까지 사람 사는 흔적이라고는 보이지 않았다.

늙은 어부 하나가 일찍이 조정의 명을 받아 해구(海寇)를 정탐하고자 슬해로 들어간 적이 있었다.[189] 오갈암에서 배를 띄워 20여 리를

188 오갈암에 대한 기문 : 이계가 경흥 부사로 재임 중이던 1778년(정조2) 즈음에 쓰인 것으로 보인다. 오갈암(烏碣巖)은 서수라와 두만강 사이 해안가의 바위이다. 오갈암 자체보다는 당시 조정에서 문제시 되던 등등기(鄧鄧磯)에 대한 관심이 더욱 드러나 있다.

189 조정의……있었다 : 당시 등등기에는 영고탑 등지의 청인(淸人)들과 조선의 북쪽 변경 지역 백성들이 유입되어 살고 있었다고 한다. 변방의 안전과 세금 문제 등으로 인해 1746년(영조22) 5월에 정탐대를 보냈지만 큰 성과가 없었고 6월에 남제극(南濟極)을 비롯한 사람들을 다시 보냈다. 이때 남제극 등이 정탐기(偵探記)를 남겼고 이를 성해응(成海應)이 정리하여 간략하게 기술한 것이 《연경재전집(研經齋全集)》 권50에

가서 장자도(鏘子島)[190]·토라산(吐羅山)[191]·안자암(鞍子巖)·쌍정산(雙鼎山)·대수저거(大愁齟居)·소수저거(小愁齟居)[192]를 지나 고고봉(高高峰)에 올라서 홍기포(紅旗浦)를 바라보았는데 그 어디에서도 경작지나 집은 보지 못하였다.

사냥하러 나온 호인(胡人)을 만나 실정(實情)을 묻자, 만여 명의 사람들이 섬으로 도망가서 살고 있었으나 청나라 사람들이 모두 잡아가서 그 땅이 비어있다고 하였다.[193] 또 말하기를 홍기포의 북쪽으로 등등기(登登磯)[194]가 있지만 물길이 지극히 험하여 갈 수가 없다고 하

수록된 〈홍도정탐기(紅島偵探記)〉이다. 《승정원일기》 영조 22년 9월 14일 기사에도 상세하다.

190 장자도(鏘子島) : 성해응의 〈홍도정탐기(紅島偵探記)〉에서는 '장자도(醬子島)'로 되어 있다.

191 토라산(吐羅山) : 성해응의 〈홍도정탐기〉에서는 '호라산(胡羅山)'으로 되어 있다.

192 대수저거(大愁齟居), 소수저거(小愁齟居) : 성해응의 〈홍도정탐기〉에서는 오수저거(五愁鋤居)로 되어 있다.

193 만여……하였다 : 관련된 내용이 《영조실록》 23년 12월 18일 기사에 보인다. 요약하자면 다음과 같다. 월경죄(越境罪)를 범한 삼례(參禮)·소업(小業) 등 두 여자가 서울로 잡혀왔다. 이들은 경흥(慶興)의 여종으로, 남의 유혹과 협박을 받아 같이 배를 타고 바다를 건너 홍기가(紅旗街)를 거쳐 등등기(登登磯)에 들어가서 남해(南海) 섬 가운데서 자식을 낳아 기르다가 순찰하는 병사들에게 잡혔고 이후 영고탑(寧古塔)과 심양(瀋陽)을 거쳐 한양까지 오게 된 것이다. 당시 영조가 등등성(登登城)의 일로 근심하고 있었으므로 현지의 상황을 물어보았으나 우둔하고 비루하여 아는 바가 없었다고 한다.

194 등등기(登登磯) : 《영조실록》에는 등등기(鄧鄧磯)라고 되어 있다. 1746년(영조 23) 3월 28일 동지사(冬至使)인 조관빈(趙觀彬) 등이 복명(復命)하였는데 등등기가 우리나라를 침략한다는 소식을 전함으로써 조정에 소란이 일어났다.

였다.

홍기포에서부터 남쪽으로 15일 동안 가면 후춘강(後春江)[195]에 이르고, 후춘에서 동북쪽으로 5일 동안 가면 영고탑(寧古塔)에 도착하며, 영고탑의 북쪽에는 또 삼성(三姓), 칠성(七姓), 팔성(八姓) 등의 부락이 있는데 흑룡강(黑龍江)이 이 부락들을 에워싸고 북쪽으로 흘러서 슬해(瑟海)로 들어간다.

195 후춘강(後春江) : 두만강의 지류인 훈춘강〔琿春江〕을 말하는 것으로 보인다. 중국 지린성〔吉林省〕 훈춘〔琿春〕시 동쪽으로 흘러서 두만강으로 들어온다.

무이보에서 본 일출과 월출에 대한 기문[196]

撫夷堡日月出記

7월이라 16일에 공주에서부터 북쪽으로 30리를 가서 무이보(撫夷堡)에 이르렀다. 두만강에 임하여 황산(黃山)과 팔지(八池)를 조망하고, 저물녘이 되어서는 동쪽 봉우리를 바라보며 달이 뜨기를 기다렸다. 해가 저물어 봉우리 꼭대기가 여전히 어두웠는데 홀연히 흰 기운이 동남쪽 산기슭 위로 올라왔다. 오른쪽으로 고개를 돌려 바라보니 바로 달이 떠오르는 빛이었다.

나는 입을 다물지도 못한 채 놀라서 말하기를 "무릇 해와 달이 떠오르는 것은 항상 사람 눈의 왼쪽에 있다. 해와 달을 보는 사람은 반드시 동쪽을 향하는데, 해와 달은 각수(角宿)와 항수(亢宿)[197]에서 떠올라 하늘을 따라 왼쪽으로 돌기 때문이다. 그런데 지금 이 달은 사람 눈의 오른쪽에서 떠올라 손(巽 동남쪽)과 사(巳 남남동)의 사이에 있는 듯한 것은 무엇 때문인가?

196 무이보에서……기문 : 이계가 경흥 부사로 재임 중이던 1778년(정조2) 즈음에 쓴 것으로 보인다. 북쪽 변방인 무이보에서 월출과 일출을 본 뒤, 해와 달이 뜨는 방향이 전과 다르다는 점에 착안하여 자신의 생각을 풀이하였다. 옛 사람들의 천문과 지리에 대한 인식을 볼 수 있고 또 콜럼버스와 세계일주를 언급한 점도 흥미롭다.

197 각수(角宿)와 항수(亢宿) : 이십팔수(二十八宿) 중 동방(東方)에 있는 창룡칠수(蒼龍七宿)의 첫번째와 두번째 별자리이다. 창룡칠수는 동남쪽에서부터 각(角)·항(亢)·저(氐)·방(房)·심(心)·미(尾)·기(箕)의 순서이다. 방위로는 동남에서 동동남에 해당한다.

하늘을 올려다보니 북두성이 머리 위에 똑바로 드리워져서 자루가 지면 가까이 있으니 그 빛이 배나 더 밝았다. 이에 비로소 내 몸이 북두성의 바로 아래에 있다는 것을 깨달았으니 달이 내 오른쪽에서 떠오르는 것도 이상할 것이 없었다. 하늘이 밝아지려 함에 다시 해가 뜨기를 기다렸다가 자오침(子午針 나침반)을 사용하여 헤아려보니, 해가 뜬 곳은 인(寅)의 미수(尾宿 북동쪽)요, 달이 뜬 곳은 묘(卯 정동쪽)였으며, 나는 해자(亥子 북북서쪽)의 사이에 있었다. 이로써 살펴보건대 하늘은 일찍이 방위를 바꾼 적이 없으나 땅은 실로 모양이 다르므로 북쪽에서 동쪽을 본다면 참으로 남쪽인가 하는 의문이 생긴다.

아아, 이곳에서부터 더 북쪽으로 간다면 해와 달의 뒤로 나가게 될 것이니 남쪽에서 북두성을 보게 될 것이다. 《산해경(山海經)》에 이른바 촉룡(燭龍)[198]이 대신 비춰준다는 곳은 얼마나 멀 것인가. 내가 듣자하니 대서양(大西洋)에 각룡(閣龍)[199]이라는 이가 있어 일찍이 배를 타고 남극(南極)의 아래까지 갔었다는데 거기에서 일출과 월출을 보는

198 촉룡(燭龍) : 《산해경》의 〈대황북경(大荒北經)〉에 "서북쪽 바다 바깥, 적수의 북쪽에 장미산이 있다. 이 산에는 신이 있는데 얼굴은 사람, 몸은 뱀, 전신은 새빨갛고 그 눈은 세로로 되어 있다. 이 신이 눈을 감고 있을 때 세상은 캄캄하게 되고, 눈을 뜨면 낮이 된다. 이 신은 먹지도 않고, 자지도 않고, 숨을 쉬지도 않고, 다만 바람과 비를 부리고, 구음(九陰)을 밝히는데, 이것을 촉룡이라고 한다.〔西北海之外, 赤水之北, 有章尾山, 有神人面蛇身, 而赤直目正乘, 其瞑乃晦, 其視乃明, 不食不寢不息, 風雨是謁, 是燭九陰, 是謂燭龍.〕"라고 하였다.

199 각룡(閣龍) : 콜럼버스(Christopher Columbus, 1451~1506)를 말한다. 이탈리아 제네바 출신의 탐험가이다. 에스파냐의 이사벨 여왕의 후원을 얻어 인도로 가는 탐험에 나섰다. 인도에는 이르지 못하였으나 바하마제도, 쿠바, 아이티, 파나마까지 이르렀으며, 서인도 항로를 발견하여 유럽인들이 아메리카 대륙에 진출하는 길을 열었다.

것은 또 어떠했겠는가? 《오도부(吳都賦)》에서도 "북쪽 창을 열고 해를 바라보네."[200]라고 하였으니, 하물며 남극에 있어서는 더 말할 것이 있으랴. 물어볼 수 없는 것이 참으로 애석하도다.

200 오도부(吳都賦)……바라보네 : 〈오도부(吳都賦)〉는 진(晉)나라 좌사(左思)가 지은 삼도부(三都賦)의 하나이다. 삼도부는 〈촉도부(蜀都賦)〉, 〈오도부〉, 〈위도부(魏都賦)〉이다. 황보밀(皇甫謐)이 서문을 써준 뒤 유명해져서 사람들이 다투어 베끼는 바람에 낙양(洛陽)의 종이값이 올라갔다는 이야기가 전한다. 〈오도부〉에 "북쪽 창문을 열어 해를 바라보니 남명이 유도와 나란하다네.〔開北戶以向日, 齊南冥於幽都.〕"라는 구절이 있다.

안시성에 대한 기문[201]

安市城記

안시성(安市城)[202]은 봉황산(鳳凰山) 동쪽 30리에 있으니 책문(柵門)과의 거리는 5리(里)로 가까운데 이곳이 바로 당 문황(唐文皇)[203]이 고구려를 정벌하다가 패배한 곳이다. 나는 고구려인이므로 어렸을 때부터 안시성의 이름을 들었지만 가서 볼 방도가 없는 것이 한스러웠다. 임인년(1782, 정조6)에 사신이 되어 연경(燕京)에 갈 때 책문(柵門)에 들어가 바라보니, 들판 한가운데에 높은 산이 무척 수려하여 용이 날아오르고 봉이 날갯짓 하는 것 같았는데 이름은 상룡산(翔龍山)이라고 하였다. 벌려 선 일천 봉우리가 땅에서 솟구친 듯 높이

201 안시성에 대한 기문 : 이계가 1782년(정조6) 10월 동지 겸 사은부사(冬至兼謝恩副使)로 북경에 다녀올 무렵에 쓴 글로 판단된다. 안시성에서 감회와 당 태종(唐太宗)의 행적에 대해 득실(得失)을 따졌다. 글 전반부에서 안시성의 형세를 묘사한 부분이 1791년에 연행을 다녀온 김정중(金正中)의 《연행록(燕行錄)》에 나오는 안시성 관련 기사와 거의 동일한 것으로 보아, 영향을 준 것으로 보인다.

202 안시성(安市城) : 요동에 있던 고구려의 성이다. 고구려 28대 보장왕(寶藏王) 4년(645) 6월 당나라 태종(太宗)이 공격해 왔을 때, 성주(城主) 양만춘(楊萬春)이 이곳을 지키며 당나라 군대를 크게 격파하였다.

203 당 문황(唐文皇) : 당 태종(唐太宗) 이세민(李世民 599~649)이다. 당 고조(唐高祖) 이연(李淵)의 둘째아들로 626년(武德9) 현무문(玄武門)에서 난을 일으켜 스스로 태자가 되었다. 국정을 안정시키고 이민족을 제압하며 율령(律令)을 정비하는 등 다방면에 걸쳐 많은 업적을 남기고 정관지치(貞觀之治)를 이루었으나, 말년에 고구려 정벌에 나섰다가 실패하였다.

서서 병풍처럼 에워싸고 있는데 그 서쪽만 터져 있어 물이 흘렀으며 겨우 수레 한 대가 통과할 만했다. 양쪽 언덕 위에 석성(石城)의 옛터가 있어서 야인(野人)에게 물어보니 바로 옛날의 안시성이라고 하였다.

드디어 말을 달려 언덕을 따라서 안으로 들어가자 그 안은 넓게 툭 트여 있어서 만여 명을 들일 만했고 네 면의 석벽은 깎아낸 듯이 높이 솟아 구름까지 닿아 있었다. 올려다보니 마치 큰 독 안에 앉아 있는 듯하였으니 참으로 하늘이 베풀어 놓은 금성(金城)이었다. 그 중앙에는 높은 언덕이 바위를 이고 불쑥 서 있었는데 그 꼭대기는 평평하여 장막을 칠 만하였고 성 바깥 수십 리까지 굽어볼 수 있으니 옛날의 장대(將臺)인 듯하였다. 장대에 올라 사방을 조망하자 나도 모르게 감개가 무량해졌다.

무릇 당 태종 같은 뛰어난 무용(武勇)과 원대한 지략(智略)으로 친히 육사(六師)[204]를 통솔하여 기세를 몰아서 왔으니, 징과 북소리는 하늘을 울리고 깃발은 해를 가리며 의기(意氣)와 위풍당당한 위세의 장엄함은 곧바로 동해를 뛰어넘어 삼한(三韓)을 유린할 만하였거늘, 하물며 이 탄알만큼 작은 성에 있어서이겠는가.

그러나 이곳에서 머뭇거린 2년 동안 끝내 뜻을 이루지 못하여 병사들은 지치고 기운이 다하여 죽어가는 이를 구하고 다친 이를 부축하며 갑옷을 거두어 서둘러 돌아갔으니 어찌 그리도 쇠퇴했던가. 지리(地利)가 충분히 의지할 만했기 때문인가, 아니면 사람의 계책이 쓸 만하

204 육사(六師) : 주(周)나라 때 천자가 통솔하던 육군(六軍)을 말한다. 1군에 1만 2천 5백 명씩 모두 7만 5천 명으로 이루어졌다.

지 못했던 탓인가.[205] 내가 안시성을 보건대 이처럼 험하고 견고한 데다 또 양만춘(楊萬春)[206]을 얻어서 지켰으니, 지형적으로 우세하면 참으로 가벼이 공격하여 이길 수 없다.

당나라 역사책을 보니 강하왕(江夏王) 이도종(李道宗)이 황제에게 아뢰기를 "청컨대 정예병을 얻어서 곧바로 평양(平壤)을 공격하고자 합니다. 그렇게 한다면 개소문(蓋蘇文)의 머리를 장막 아래로 가져올 수 있습니다."라고 하였다. 황제가 처음에는 생각하지 못했다가 귀환한 뒤 이정(李靖)의 말을 듣고서야 깨우쳤으니[207] 사람의 지모(智謀)가

205 지리(地利)가……탓인가 : 《맹자》〈공손추 하(公孫丑 下)〉에 "하늘이 주는 좋은 때도 지형적인 이로움만 못하고 지형적인 이로움은 사람들 간의 화합만 못하다.〔天時不如地利, 地利不如人和.〕"라는 말을 인용한 것이다. 지리(地利)는 지형적인 이로움으로 안시성의 지형적인 위치를 말하고, 사람의 계책이란 당 태종과 휘하 장수들의 고구려 정벌 계획을 말하는 것이다.

206 양만춘(楊萬春 ?~?) : 고구려 보장왕 때 안시성의 성주이다. 642년(영류왕25) 연개소문(淵蓋蘇文)이 정변을 일으켰을 때 복종하지 않고 맞섰다. 645년 당 태종이 군대를 거느리고 고구려를 침공하여 10여 개 성을 함락시키고 말갈의 군사 15만 명을 물리쳤으나, 양만춘이 안시성을 굳건히 지키며 이를 막아내었다. 퇴각하던 당 태종이 비단 백 필을 선물로 주어 칭송하였고 양만춘은 성 위에 올라 예를 갖추어 송별했다는 이야기가 전한다.

207 강하왕(江夏王)……깨우쳤으니 : 이도종(李道宗, 602~653)은 당나라 초기의 무장이다. 당 고조(唐高祖)의 당질(堂姪)로 일생을 전쟁터에서 보냈으며 당나라의 통일과 영토 확장에 큰 공을 세웠다. 이정(李靖, 571~649)은 당나라 때의 무장이다. 지략이 뛰어나고 용병(用兵)에 능하여 당나라의 건립과 발전에 큰 공을 세웠고, 동돌궐(東突厥) 등 이민족 제압에도 공을 세웠다. 이도종이 한 말과 당 태종이 이정의 말을 듣고 깨우쳤다는 이야기는 《수당가화(隋唐嘉話)》 상권(上卷)에 보인다. 요약하자면 다음과 같다.

이정은 당 태종의 고구려 침공에 따라나섰으나 병이 심해져 가지 못하였다. 당 태종

모든 면이 좋다고는 할 수 없는 것이다.

그러나 내가 보기에 당나라 군대가 이기지 못할 것은 식자(識者)들은 이미 먼저 알고 있었으니, 어찌 견고한 성 아래에 군대를 주둔하기를 기다릴 필요가 있었으랴. 《춘추전(春秋傳)》에 이르기를 "명분이 바른 군대는 사기가 왕성하지만 명분이 없는 군대는 쇠하기 마련이다."[208]라고 하였고, 〈병지(兵志)〉에서는 "장수가 교만해지고 병졸이 게을러지면 패한다."[209]라고 하였으니 군사의 많고 적음으로써 이기고 지는 것을 따지지 않는 것이다.

무릇 연개소문의 죄는 실로 토벌할 만하지만 외국의 일로 중국을 번거롭게 하기에는 부족하니 죄를 묻지 않아도 된다. 만약 그만둘 수 없다면 한 사람의 장수에게 명하여 국경까지 가서 죄를 묻게 하고 장문의 격문을 보내어[210] 스스로 개과천선하도록 유도했다면 고구려의 군신

이 주필산(駐蹕山)에 이르렀을 때 강하왕(江夏王 이도종)이 정예병 오천을 빌려달라고 하였으나 답을 하지 않았다. 패배하고 돌아와서 자신이 조그만 이적들에게 곤란을 당한 까닭이 무엇인지 묻자 이정은 이도종이 답할 것이라고 하였고 이어 이도종은 주필산에서 자신이 했던 말을 다시 해주었다. 그러자 당 태종은 씁쓸히 웃으면서 "그때는 경황이 없어 생각하지 못했노라."라고 말했다고 한다.

208 춘추전(春秋傳)에……마련이다 : 이 말은 《춘추좌씨전》 희공(僖公) 28년 3월 기사에서 자범(子犯)이 한 말이다. 다만 《춘추좌씨전》에는 "師直爲壯, 曲爲老."이라고 되어 있으나 《이계집》에는 "師直爲壯, 曲爲老兵"라고 하였다.

209 장수가……패한다. : 이 말은 《사기》 〈항우본기(項羽本紀)〉에 보인다. "송의(宋義)가 항량(項梁)에게 간언하면서 '싸움에 이겼다고 장수가 교만하고 병졸이 게으르면 패배합니다.'라고 하였다.〔宋義乃諫項梁曰, '戰勝而將驕卒惰者敗.'〕"라는 내용이 있다.

210 장문의 격문을 보내어 : 원문은 '치척이지소(馳尺二之詔)'로 '척이(尺二)'는 1척 2촌의 긴 서독(書牘)을 의미한다. 《문심조룡(文心雕龍)》 〈격이(檄移)〉에 "장의가 초나라에 격문을 보냈을 때, 1척 2촌 길이의 글을 썼다.〔張儀檄楚, 書以尺二.〕"라는 구절

들도 머리를 조아리며 명을 받들기에 겨를이 없었을 것이다. 어찌하여 만승의 존귀함을 가벼이 여기고 천하의 병력을 동원하기에 이르렀단 말인가. 그런 까닭에 저수량(褚遂良)은 그 불가함을 극언(極言)하고[211] 이대량(李大亮)은 유소(遺疏)를 올려 힘껏 간하였으니,[212] 승패의 운수는 여기에서 이미 결정된 것이다.

아아, 태종이 젊었을 때에는 용병술이 귀신 같아서 싸우면 이겨 전공을 취하였으니 향하는 곳마다 대적하는 이가 없었다. 태평성대를 이루고 사방의 오랑캐들이 복종함에 이르러 그 능력을 쓸데가 없어지니 이에 풍부(馮婦)가 호랑이를 잡던 습관[213]처럼 외국에 한번 시험해보고

에서 유래한 말이다.

211 저수량(褚遂良)은……극언(極言)하고 : 저수량(596~658)은 당나라 때의 관리이자 서예가이다. 구양수(歐陽脩), 우세남(虞世南) 등에게 배웠고 이후 홍문관을 주도하였다. 저수량은 당 태종이 고구려를 공격하겠다고 했을 때 극력 반대하면서 "오랑캐를 정벌하고자 멀리까지 원정을 나가니 승리한다면 괜찮겠으나 잘못되면 위망(威望)이 크게 손상될 것이고, 이를 설욕하고자 다시 군사를 일으킨다면 안위를 예측하기 어렵습니다."라고 간언하였다.

212 이대량(李大亮)은……간하였으니 : 이대량(586~644)은 당나라의 개국 공신이다. 당 고조 이연(李淵)이 장안(長安)으로 진군했을 때 항복하였다. 당 태종 때에는 교주(交州)와 양주(涼州)의 도독(都督), 공부상서(工部尙書) 등을 거쳐 무양현공(武陽縣公)에 봉해졌다. 당 태종이 고구려를 공격할 때 남아서 방현령(房玄齡)과 협조하여 장안을 지키게 하였는데 얼마 되지 않아 59세로 세상을 떠났다. 태종이 통곡을 그치지 못하였고 병부상서, 진주도독(秦州都督)으로 추증하였다. 시호는 의(懿)이다. 유소는 임종을 앞두고 올리는 상소이다.

213 풍부(馮婦)가……습관 : 예전의 좋지 않은 습관을 버리지 못한 것을 지적한 말이다. 풍부는 진(晉)나라 사람으로 호랑이를 잘 때려잡았는데 훗날 선비가 되었다. 어느 날 사람들이 호랑이를 산모퉁이에 몰아놓고서 접근하지 못하고 있었는데 마침 풍부가 수레를 타고 오는 것을 보고 달려가 맞이하자, 풍부가 팔뚝을 걷어붙이고 수레에서

자 하였으나 군대를 일으킬 만한 명분이 없는데 뜻은 교만하고 적을 가벼이 여기니 큰 나라는 헤아릴 수 없으나 해외에도 역시 인재가 있다는 것을 알지 못한 것이다. 끝내 군대를 잃고 위엄이 손상되어 천하의 웃음거리가 되었으니 어찌 애석한 일이 아니겠는가.

그러나 나는 이 일에 대하여 당 태종에게 임금다운 도량 두 가지가 있음을 보았다. 군사들을 돌려 철수할 때 성을 지킨 장수가 명에 거역한 것을 죄 삼지 않고 백 필의 비단으로써 나라를 위해 굳건하게 지킨 것에 대해 상을 준 것과 환도(還都)한 뒤에 분명하게 뉘우친다는 것을 보이며 말하기를 "만약 위징(魏徵)[214]이 있었다면 어찌 짐(朕)으로 하여금 이번 행차를 하게 했으랴." 하고 역마(驛馬)를 달려보내어 제사를 지내게 한 것이다. 영걸(英傑)한 군주가 아니라면 이렇게 할 수 있겠는가? 내가 특별히 그 일을 자세히 기록한 것은, 첫째 제왕은 신중하게 먼 곳을 경략해야 한다는 경계로 삼고자 하는 것이며, 둘째 남의 신하된 자는 맡은 일에 마음을 다해야 한다는 법으로 삼고자 하는 것이다. 또한 왕이 공평무사하게 선(善)을 권하고 허물을 고치는 데 용감했던 것도 밝게 드러내고자 한다.

내렸다. 이에 사람들은 기뻐했지만 선비들은 그를 비웃었다고 한다. 《孟子 盡心下》

214 위징(魏徵, 580~643) : 당 태종 때의 명재상이다. 수(隋)나라 말 혼란기에 당 고조에게 귀순하여 장자 이건성(李建成)의 측근이 되었다. 이세민(李世民)이 즉위한 뒤에 위징을 불러들였고 이후 요직을 역임한 뒤에 재상(宰相)에 올랐다. 직간(直諫)을 잘하였고 각종 편찬 사업에도 기여했으며, 당 태종을 도와 정관지치(貞觀之治)를 이루는 데 공헌하였다.

산해관에 대한 기문[215]

山海關記

산해관(山海關)[216]은 만리장성(萬里長城)의 동쪽 문이다. 조선의 홍양호가 연경(燕京)에 사신으로 가면서 산해관을 통과하여 만리장성에 임하니 영웅들의 유적을 바라보며 흥망성쇠(興亡盛衰)의 무상함을 느꺼워하였다. 이에 개연히 탄식하며 말하기를

"나는 장성을 보고 진시황(秦始皇)의 공(功)이 만세(萬世)에 있다는 것을 알았고,[217] 산해관을 보고 고황제(高皇帝)[218]의 명철함이 후대까

215 산해관에 대한 기문 : 이계가 1782년(정조6) 10월 동지 겸 사은부사(冬至兼謝恩副使)로 북경에 다녀올 때 쓴 글로 판단된다. 당시의 일반적인 견해와 달리 만리장성과 산해관을 세운 진시황과 명 태조의 업적을 칭송하면서 멸망의 원인으로 조고(趙高)와 이자성(李自成)을 거론하였다.

216 산해관(山海關) : 만리장성의 동쪽 끝에 있는 관문으로 발해만(渤海灣)에 접해 있다. 북경에서 요동과 만주로 이어지는 통로로서 17세기까지 북경을 방어하던 전략적 요충지이다. 진(秦)나라 때 장군 몽염(蒙恬)이 이 일대에 느릅나무를 심어서 유관(楡關)이라고 불리기도 하였다. 명나라 때 성과 관문을 새로 설치한 뒤 산을 등지고 바다를 두르고 있다 하여 산해관이라는 이름을 붙였다.

217 장성을……알았고 : 진시황 때에 만리장성의 기틀이 잡혔으므로 이렇게 말한 것이다. 전국(戰國)시대에 각 나라들이 방어를 위해 각자 성을 쌓았는데, 그중 연(燕)·조(趙)·진(秦) 등 북방 이민족과 접한 나라들은 호인(胡人)들을 막기 위한 장성도 함께 쌓았다. 진시황이 통일한 이후 각 나라들 사이에 있던 성은 철거하고 각 나라의 장성을 연결하였으며 후대 왕조에서 지속적으로 확장하고 보완하였다.

218 고황제(高皇帝) : 명 태조(明太祖) 주원장(朱元璋, 1328~1398)이다. 승려가 되었다가 환속하고 원(元)나라 순제(順帝) 지정(至正) 연간에 홍건군(紅巾軍)에 투신

지 비춘다는 것을 알았다.”
라고 하였다. 객 중에 행차를 따라온 이가 묻기를

“진나라가 망한 것은 백성들을 힘들게 하여 원망을 쌓고, 안에 호해(胡亥)[219]가 있음은 알지 못한 채 밖으로 흉노만 일삼았던 것에 말미암으니 이것이 바로 어리석다고 하는 이유이거늘 어찌하여 공(功)이라 하시오?”
라고 하였다. 내가 답하여 말하였다.

“무릇 진나라를 망하게 한 것은 조고(趙高)[220]이지요. 가령 진시황이 사구(沙丘)[221]에서 죽지 않았다면 호해가 반드시 황제가 되지는 않았을

하였다. 이후 점차 출세하고 세력을 넓혀서 호걸들과 각축을 벌인 끝에 1368년 명나라를 세우고 연호를 홍무(洪武)로 정하였다. 주원장은 1381년(홍무14)에 유관(楡關) 일대에 성을 쌓고 관문을 설치하였으며 위(衛)를 두어 지키게 하고 명칭을 산해관으로 바꾸었다.

219 호해(胡亥) : 진(秦)나라의 두번째 황제로 이세황제(二世皇帝)라고도 일컬어진다. 진시황의 급작스러운 죽음 이후 승상(丞相) 이사(李斯)와 환관(宦官) 조고(趙高)에 의해 황제가 되었으나 조고의 전횡을 방치하고 대규모 토목 사업과 징병(徵兵)을 실시하여 민심(民心)을 잃었다. 진승(陳勝)·오광(吳廣)의 난이 일어난 이후 각지에서 반란이 계속되고 조고가 자신을 죽이려 하자 자살하였다.

220 조고(趙高) : 진나라 말기의 환관이다. 법을 잘 알아서 진시황의 신임을 얻고 호해를 가르쳤다. 진시황이 순행(巡幸) 중에 갑작스레 죽자 이사와 짜고 거짓 조서(詔書)를 꾸며 호해를 황제로 만들고 진시황의 장남인 부소(扶蘇)와 장군 몽염(蒙恬) 등은 자살하게 만들었다. 각지에서 반란군이 일어나자 조고는 스스로 황제가 되고자 하였으나 부소의 아들 자영(子嬰)에게 죽임을 당하였다.

221 사구(沙丘) : 현재 중국 허베이성〔河北省〕 싱타이〔邢台市〕이다. 진시황이 다섯번째로 순행을 하던 중 병이 심해져 7월에 사구의 평대(平臺)에서 죽었다. 조고와 이사가 유조(遺詔)를 위조하여 호해를 황제로 만들고 부소와 몽염은 자살하게 만들었는데, 이를 사구의 변(沙丘之變)이라고 한다.

것이며 몽염(蒙恬)[222]이 반드시 죽임을 당하지도 않았을 것이외다. 부소(扶蘇)[223]가 황제가 되고 몽염이 장군이 되었다면 비록 진승(陳勝)과 오광(吳廣)[224] 같은 무리가 수백 명이 있다 한들 어찌 감히 준동할 수 있었겠소? 이는 만리장성의 죄가 아니거늘 어찌 성패(成敗)를 논할 수 있단 말이요.

천하의 어리석음이라면 저 융적(戎狄)보다 더한 이가 없지요. 상(商)나라와 주(周)나라 이래로 훈육(獯鬻)이니 험윤(獫狁)[225]이니 하는 따위들이 대대로 화하(華夏)를 침범하였으며 심지어는 여산(驪山)에서 왕(王)을 시해[226]하기에 이르니 그 재앙이 지극했습니다. 진시황

222 몽염(蒙恬) : 몽염(기원전 259~기원전 210)은 진(秦)나라의 명장이다. 진시황의 총애를 얻어 동생 몽의(蒙毅)와 함께 '충신(忠信)'으로 일컬어졌다. 천하를 통일한 뒤에도 대군을 이끌고 흉노를 공격하여 하남(河南) 지역을 수복하고 만리장성과 구주(九州)의 도로를 건설하였다. 진시황이 죽은 뒤 환관 조고와 승상 이사의 계략으로 감옥에 갇혔다가 약을 먹고 자살하였다.

223 부소(扶蘇) : 부소(?~기원전 210)는 진시황의 맏아들이다. 어질고 총명하여 어려서부터 신망이 있었다. 천하를 통일한 뒤 토목사업과 가혹한 정책을 시행하자 여러 차례 간언하였으나, 진시황은 몽염(蒙恬)의 군대를 감독하라는 명을 내려 북방으로 보냈다. 진시황 사후 위조된 유조(遺詔)에 의해 사사(賜死)되었다.

224 진승(陳勝)과 오광(吳廣) : 진(秦)나라 때 최초로 농민반란을 일으킨 인물들이다. 진승은 양성(陽成) 사람으로 자는 섭(涉)이다. 어양(漁陽)의 군인이었는데 반란을 일으켜 스스로 초왕(楚王)이 되었으나 패망하였다. 오광은 자(字)는 숙(叔)이고 양하(陽夏) 사람이다. 진승과 함께 반란을 일으켜 가왕(假王)이 되었다가 피살당하였다. 이들의 반란은 실패하였으나 이를 계기로 각지에서 반란이 일어나 결국 진나라가 망하게 되었다. 《史記 卷48 陳涉世家》

225 훈육(獯鬻)이니 험윤(獫狁)이니 : 흉노족의 갈래인 북방 이민족들의 이름이다.

226 여산(驪山)에서 왕(王)을 시해 : 서주(西周)의 마지막 왕인 유왕(幽王)이 여산에서 살해되어 서주가 망한 것을 말한다. 유왕은 애첩 포사(褒姒)에게 빠져 정사를

은 그러한 일을 감계(鑒戒)로 삼아 북쪽으로 흉노를 이천 리나 몰아내고 대대적으로 장성을 쌓아서 안과 밖의 경계로 삼은 것입니다. 이 이후로 초(楚)나라와 한(漢)나라에 이르기까지 온 천하가 요란스레 뒤흔들렸지만 호인(胡人)들은 감히 남쪽으로 내려와 말에게 물을 먹이지 못하였으며, 장도(臧荼)나 노관(盧綰)[227]같이 재주 없는 이들조차도 오히려 봉해받은 영지를 보전할 수 있었으니 이는 진시황의 남은 위세입니다.

아래로 내려와 한나라와 당나라 이후에 이르면 중국이 지금 울타리로 여겨 의지하는 관외(關外)나 요계(遼薊)[228] 지역 또한 중국의 판도에 들어왔으니 이것은 누구의 공적이겠소? 탁발씨(拓拔氏)나 야율씨(耶律氏)[229]가 할거(割據)한 것은 오호(五胡)의 내란[230]에서 시작된 것

돌보지 않았고 왕후인 신후(信后)와 태자를 폐위시키는 등 실정을 거듭하였다. 신후의 아버지 신후(申侯)가 견융(犬戎) 등을 이끌고 쳐들어왔을 때 제후들이 구원하러 오지 않아 결국 여산(驪山) 기슭에서 살해되었고, 그 아들 평왕(平王)이 동쪽의 낙읍으로 도읍을 옮김으로써 동주(東周)시대가 시작되었다.《史記 卷4 周本紀》

227 장도(臧荼)나 노관(盧綰) : 장도(?~기원전 202)는 원래 연나라의 장수였다가 항우를 따르게 되고, 이후 연나라 왕이 되었다가 다시 한신(韓信)에게 귀순하였다. 유방이 항우를 물리친 뒤에는 반란을 꾀하였다가 사로잡혀 처형되었다. 장도가 처형된 뒤에는 장도 대신 유방을 따르던 노관(盧綰)이 연나라 왕에 봉건되었다. 노관은 유방이 죽은 후에 흉노로 망명하였다.

228 관외(關外)나 요계(遼薊) : 관외(關外)는 산해관의 동쪽 지역을 가리키며, 요계(遼薊)는 현재의 요녕(遼寧)과 계주(薊州)로 북경 일대를 가리키는 말이다.

229 탁발씨(拓拔氏)나 야율씨(耶律氏) : 탁발씨는 선비족(鮮卑族)의 한 부락이다. 산서(山西) 북쪽에 살다가 4세기 말 중국으로 들어와 북위(北魏)를 세웠고, 효문제(孝文帝) 때 탁발을 원(元)으로 바꾸는 등 적극적인 한화(漢化) 정책을 시행하기도 하였다. 야율씨는 선비족의 한 갈래인 거란족의 부락으로 요수(遼水) 상류에서 유목을 하

이고, 완안씨(完顔氏)나 기악씨(奇渥氏)가 멋대로 중국을 주무른 것[231]은 그 같은 부류에서 스스로 취한 것일 뿐입니다. 그러나 중국에 군주가 있으면 즉시 무기와 병사를 거두어 피해갔으니 만리장성의 경계는 예전 그대로입니다. 이 어찌 만세의 이로움이 되지 않겠습니까?"

객이 말하기를

"이는 그렇습니다만, 산해관을 설치한 것이 명나라가 멸망하는 것을 구하지 못하였거늘 무엇으로써 고황제의 명철함을 볼 수 있습니까?"

라고 하였다. 내가 말하였다.

며 살았다. 오대(五代)의 혼란기에 북방의 한인(漢人)들이 거란 지역으로 유입되면서 점차 발전했고 9세기에 이르러 야율아보기(耶律阿保機)가 등장하여 요(遼)나라를 세웠다.

230 오호의 내란 : 오호십육국(五胡十六國)시대를 말한다. 304년 유연(劉淵)이 산서에서 나라를 세운 것에서부터 439년 북위(北魏)가 통일하고 남북조가 시작되기까지의 혼란기로서, 중국 화북(華北)지역에서 다섯 이민족과 한족이 번갈아 나라를 세우며 흥망을 거듭하였다. 오호는 당시 중원을 차지하고 황제라 칭했던 다섯 이민족으로 흉노(匈奴)・갈(羯)・선비(鮮卑)・저(氐)・강(羌)을 가리킨다. 이후 한(漢)나라 때에는 점차 영토가 확장되면서 주변 이민족들이 중국 내부로 옮기는 경우가 늘어났다. 그러나 이들은 압박과 설움을 당하는 경우가 많았으므로 크고 작은 반항을 계속하였다. 이계가 '오호의 내란'이라고 말한 것은 중국 내부로 들어와서 살던 이민족들이 난을 일으켰기 때문이다.

231 완안씨(完顔氏)나……것 : 완안씨는 금(金)나라를 세운 여진족, 완안부를 가리킨다. 완안씨는 여진어로 왕(王)이라는 의미라고 한다. 본래 요(遼)나라의 지배를 받았지만 완안부의 세력이 커지자 그 우두머리인 아골타(阿骨打)가 제위(帝位)에 올라서, 국호를 금(金)이라고 하였다. 기악씨(奇渥氏)는 기악온씨(奇渥溫氏)로 몽고족의 성씨이다. 《원사(元史)》 권1 〈태조본기(太祖本紀)〉에 "태조 법천계운성무황제(太祖法天啓運聖武皇帝)는 휘(諱)가 철목진(鐵木眞)이고, 성은 기악온씨이며, 몽고부인(蒙古部人)이다."라고 하였다.

"아아, 황명(皇明)이 멸망한 것은 이자성(李自成)으로 말미암은 것이요,[232] 청인(淸人)들이 들어온 것은 오삼계(吳三桂)로 말미암은 것입니다.[233] 청인들이 처음 일어나 백 번 싸우면 백 번 이겨서 요양(遼陽)과 심양(瀋陽)을 모두 차지하고, 호시탐탐 노려보면서 장차 사해(四海)를 병탄하고 육합(六合)을 차지하려는 뜻이 있었으나, 끝내 산해관 안쪽으로는 한 발자국의 땅도 엿볼 수가 없었습니다. 오삼계가 관문을 열고 맞아들였을 때에도 머뭇거리며 멈춰 서서 감히 서둘러 들어오지 못하다가 급기야 성벽을 헐기에 이르러서야 들어올 수 있게 되었으니,[234] 만리장성을 범할 수 없다는 것을 더더욱 잘 볼 수 있는

232 황명(皇明)이……것이요 : 이자성(1605~1645)은 명나라 말기 농민 반란의 지도자이다. 1631년 대기근으로 혼란이 가중되자 반란군에 가담하였다. 초기에는 약탈을 금지시키고 빼앗은 식량과 토지를 농민들에게 나눠주어 민심을 얻었다. 1643년 서안(西安)을 점령하여 나라를 세우고 국호는 대순(大順)이라 하고 자신은 틈왕(闖王)이라고 하였으며, 이듬해 북경을 함락시킴으로써 의종(毅宗)이 자살하고 명나라는 멸망하였다. 이후 산해관을 지키던 오삼계(吳三桂)가 청군을 끌어들여 북경을 공격하자 패배하여 퇴각하던 중 살해당하였다. 이 구절은 이자성으로 인해 의종황제가 자진하고 명나라가 망하였기 때문에 말한 것이다.

233 청인들이……것입니다. : 오삼계(1612~1678)는 명말 청초의 무장이다. 산해관에서 청군과 맞서던 중 1644년 이자성이 북경을 함락시키고 의종 황제가 자진(自盡)하자, 청군과 결탁하여 산해관을 열고 북경을 공격하여 이자성을 물리쳤다. 이후 청나라가 중국을 차지하는 데 공을 세워 1662년 운남(雲南) 평서친왕(平西親王)에 봉해졌고, 광동(廣東)의 상가희(尙可喜), 복주(福州)의 경정충(耿精忠)과 함께 삼번(三藩)으로 일컬어졌다. 1673년 상가희・경정충과 반란을 일으켜 형양(衡陽)에서 주(周)나라를 세우고 황제가 되었으나 다섯 달 뒤에 병사하였다.

234 오삼계가……되었으니 : 처음 오삼계가 청군과 결탁하여 산해관의 관문을 열었을 때에 청나라 병사들은 속임수가 있을까 두려워하여 들어오지 못했다. 이에 오삼계가 구왕(九王)의 요청을 받아들여 성벽을 일부 헐어내자 그제야 청나라 병사들이 무너진

것이지요.

그러나 만리장성의 서북쪽 경계에는 관문을 세운 것이 10여 개나 되는데, 유독 산해관 하나만 천 길의 벼랑에 기대고 깊은 계곡에 임하여 겹문〔重門〕을 설치한 것이 다섯이요, 큰 글자로 '천하제일관(天下第一關)'이라고 쓴 것은 어째서이겠습니까? 이것이 바로 고황제의 신묘한 계책이니, 먼 훗날의 근심이 오직 동방에 있다는 것을 멀리 내다보셨기 때문입니다. 그 당시에 몽골이 막 패배하여 사막으로 도망쳐 들어갔으니 여전히 남아 있는 근심거리라고는 오로지 저 장백(長白) 일대에 거주하는 여진이지만 그저 하나의 작은 부락일 뿐이었지요. 그러므로 산해관부터 동쪽으로 수천 리 땅에 위(衛)를 세우고 진(鎭)을 설치하여 바둑알을 펼쳐놓은 것처럼 맞서서 버티며, 은혜로 위무(慰撫)하고 위엄으로 굴복시켜 큰 적에 대비하도록 한 것입니다. 이것이 어찌 의도하는 바 없이 그렇게 했던 것이겠습니까. 저 산해관을 헐어내고 따라서 들어오도록 한 것은 하늘의 뜻이지 사람의 꾀로 미칠 바가 아닙니다. 나는 이러한 까닭에 말하기를 '산해관을 보고 고황제의 명철함이 후대까지 비춘다는 것을 알았다'라고 말한 것입니다."

산해관을 따라 남쪽으로 수백 보쯤 여전히 성을 헐어낸 곳이 남아 있는데 청인들은 온전하게 보수하지 않은 채 단지 철망으로 막아두기만 했을 뿐이다. 저들의 의도는 만리장성의 안쪽에서 반란군이 일어났을 때 중국의 굳건한 관문이 되지 않게끔 하려는 것이리라.[235] 아울러

성벽을 통해 산해관을 넘어서 관내(關內)로 들어왔다고 한다.

235 안쪽에서 ……것이리라 : 이 말은 중국 내부에서 한족이 반란을 일으켰을 경우 산해관이 반란군의 요새로 쓰이지 못하게 하고자 했다는 의미이다.

산해관 동쪽의 봉수(烽戍)도 모두 철거하였으니, 이 또한 영웅의 원대한 식견이리라. 이에 나는 이 모두를 기록해두고 훗날의 식자(識者)를 기다린다.

망해대에 대한 기문[236]

望海臺記

진(秦)나라의 만리장성이 동쪽으로 발해(渤海)까지 치달려 바다로 수십 리를 들어갔는데 구리쇠를 녹여 그 아래에 부어서 큰 파도를 막게 하였으니, 진시황이 돌을 몰아서 바다로 달리게 했던 곳[237]일 것이다. 지금까지 수천 년 동안 쌓아놓은 돌무더기가 움직이지 않았으니 아마도 사람의 힘으로 만든 것이 아닌 것 같다. 성이 끝나는 곳에 누대를 쌓았는데 높이가 10여 길로 이름은 망해대(望海臺)[238]라고 하며 그 북쪽에 또 층루(層樓)가 서 있어 징해루(澄海樓)[239]라고 하니, 중

236 망해대에 대한 기문 : 이계가 1782년(정조6) 북경에 다녀온 뒤에 쓴 글로 보여진다. 산해관의 망해대에서 발해(渤海)를 바라보는 감회를 서술하였다. 발해 즉 중국의 동해를 우리나라의 동해와 비교하고 경험적 인식의 상대적 차이를 말하면서 욕심을 버리고 이치를 밝게 깨우쳐야 함을 강조하였다.

237 진나라의……했던 곳 : 현재의 노룡두(老龍頭)를 말한다. 바닷속에 쇳물을 붓고 그 위에 성을 세웠다는 이야기는 여러 연행록에서 보인다. 진시황이 돌을 몰아갔다는 이야기는 다음과 같다. 진시황이 동해(東海)에 돌다리를 놓아서 해가 뜨는 곳에 가고자 하니, 한 신인(神人)이 이를 도와 산에 있는 바위들을 몰아서 바다로 들어가게 하였다. 바위가 빨리 가지 못하면 신인이 채찍을 휘둘렀는데 이 때문에 바윗돌들이 모두 피를 흘려 붉게 변했다고 한다.

238 망해대(望海臺) : 연행록을 보면 망해대에 대한 언급이 보이지 않는데, 이계가 말한 망해대는 징해루 앞에 바다를 향해 쌓은 대(臺)를 말한 것으로 보인다.

239 징해루(澄海樓) : 만리장성의 동쪽 끝 기점(起點)이다. 산해관 관성(關城)의 남쪽 해안가의 노룡두(老龍頭) 위에 있는 층루(層樓)이다. 명나라 초기에 관해정(觀海亭)이라고 일컬어졌고, 만력(萬曆) 연간에 병부주사(兵部主事) 왕치중(王致中)이 증축하

국 사람들이 천하의 장관이라고 일컫는다.

삼한(三韓)의 홍양호(洪良浩)가 요동(遼東)에서 연경(燕京)으로 가면서 만리장성을 따라가다가 내려가서 망해대를 보았다. 종자(從者)를 돌아보며 말하기를 "이는 요좌(遼左 요동(遼東))에 있는 하나의 도랑물일 뿐이니, 어찌 이걸 가지고 바다라고 할 수 있겠느냐?" 하고는 한 번 망해대에 올라 조망해 보았다.

서쪽에는 갈석산(碣石山)[240]이 있으니 유주(幽州)와 청주(青州)[241] 사이를 길게 뻗어 갈랐고, 남쪽에는 낭야(瑯琊)[242]의 여러 산들이 구름 사이로 은은하게 보였다. 오직 그 동쪽을 볼 때에는 물가의 언덕조차 보이지 않았는데, 방향을 헤아려보면 바로 우리나라의 서쪽 경계와 정면으로 마주하고 있다. 물길로 가면 불과 천 리이지만 단지 시력이 미치지 못하는 것일 뿐이다. 갈석산부터 아래로 등주(登州)와 내주(萊州)[243]에 이르기까지가 모두 그러하므로, 등주와 내주의 어선 중 우리나라의 변경까지 와서 고기를 잡고 해초를 뜯는 것들은 순풍을 타면

여 징해루(澄海樓)라고 하였는데, 망해정(望海亭)이나 지성루(知聖樓)라고 불리기도 하였다.

240 갈석산(碣石山) : 중국 산동성 진황도(秦皇島) 창려현(昌黎縣)에 있는 산이다. 진시황이 순수(巡狩)하다가 갈석산 입구의 바위에 자기의 공을 새긴 다음 성곽을 허물고 제방을 터서 물이 통하게 하였다고 한다. 《史記 卷6 秦始皇本紀》

241 유주(幽州)와 청주(青州) : 유주는 《서경》 〈우공(禹貢)〉에서 말한 기주(冀州) 지역으로 산서(山西) 하북(河北) 및 동북쪽 일대를 가리키며, 청주는 현재의 산동성 북부 지역을 말한다.

242 낭야(瑯琊) : 현재 산동성 동남부에 있는 린치〔臨沂〕 지역의 옛 명칭이다.

243 등주(登州)와 내주(萊州) : 중국 산동반도 북동부에 있는 지역들의 옛 명칭이다. 현재 발해에 인접한 연태시(煙台市) 일대에 해당한다.

며칠 만에 도달한다.

우리나라의 동해와 비교해본다면 단지 강하(江河)를 도랑물과 비교하는 것 정도가 아닐 것이다. 때문에 나는 일찍이 말하기를 "중국 사람들은 바다를 본 적이 없다."라고 하였다. 비록 장수(莊叟 장자(莊子))와 같은 해박한 사람도 바다를 이야기함에 '새로는 붕(鵬)이 있고 고기로는 곤(鯤)이 있다'고 말하였지만, 예로부터 지금까지 곤과 붕을 목격한 사람이 있다는 것은 들은 적이 없으니 어찌 참으로 이러한 동물이 있었겠는가. 중국에서 바다를 본 사람이 없기 때문에 그저 과장된 말로 세상을 기만하면서 마음껏 웅변을 토해낸 것일 뿐이다.

진시황(秦始皇)이나 한 무제(漢武帝)의 경우는 또 바다에 속임을 당한 자이다. 일찍이 동쪽의 태산(泰山)에 봉(封)[244]하면서 처음으로 큰 발해(渤海)를 보고, 그곳에는 신기하고 기이한 사물들이 있을 것이라 생각하여 흔연히 사모하게 되었으니, 여기서부터 신선(神仙)의 이야기가 나오게 된 것이다. 배와 돛을 갖추고 바람과 파도를 무릅쓰며 죽지 않는 사람과 오래 사는 약을 구하고자 하였는데, 이에 우리나라의 서해 쪽으로 아득한 구름과 물 사이를 가리키며 '봉래(蓬萊)와 방장(方丈)[245]이 저기에 있다'거나 '주궁(珠宮)과 패궐(貝闕)[246]에 갈 수

244 봉(封) : 봉선(封禪) 즉 황제가 단을 쌓아 천지와 사방 산악(山嶽)의 신에게 제사를 지내는 것을 말한다. 봉은 태산(泰山)에서 하늘에 지내는 제사이고, 선은 양보산(梁父山)에서 땅에 지내는 제사이다. 《史記 卷28 封禪書》

245 봉래(蓬萊)와 방장(方丈) : 신선이 살고 있다는 섬의 이름으로 전설에는 발해(渤海)에 있다고 하였다. 영주(瀛州)와 함께 삼신산(三神山)으로 일컬어진다.

246 주궁(珠宮)과 패궐(貝闕) : 주궁은 용궁(龍宮)을 가리키고 패궐은 물의 신 하백(河伯)이 사는 궁궐이다.

있다', '재계하고 정성을 들이면 볼 수 있을 것이다.'라고 말하면서 죽을 때까지 깨우치지 못하기도 하고 계속 해도 효과가 없자 그제야 후회하였다.[247] 이 어찌 가소로운 일이 아니겠는가?

아아, 저들은 모두 영웅스러운 임금들이었거늘 어찌 망령스러운 사내들에게 속임을 당했던가. 단지 마음에 크게 하고자 하는 바가 있었고 눈으로는 보지 못한 바가 있었던 까닭에 그러한 언설(言說)이 쉽게 받아들여진 것이다. 오직 성인이라야 욕심이 없으면서 이치에 밝아서 보고 보지 못한 데에 제한을 받지 않는다. 맹자가 말하기를 "바다를 본 사람에게는 물이라 인정받기가 어려우며 성인의 문하에서 노닌 사람에게는 훌륭한 말이라 인정받기가 어렵다."[248]라고 하였으니, 이는 본 것이 크기 때문이다.

247 죽을 때까지……후회하였다 : 죽을 때까지 깨우치지 못했다는 것은 한 무제를, 효과가 없자 후회하였다는 것은 진시황을 가리킨다. 진시황 28년 서불(徐市)에게 신선을 찾게 하고, 32년에는 노생(盧生)을 시켜 신선인 선문(羨門)과 고서(高誓)를 찾게 하였으며 또 한종(韓終)·후공(侯公)·석생(石生)을 시켜 신선의 약을 구하게 하였다. 그런데 34년 노생과 후생이 "황제가 권세를 탐하는 것이 이 지경이니 선약을 찾아서는 안 된다."라고 하고 도망쳤다. 이에 진시황은 크게 노여워하면서 "방사(方士) 한중(韓衆)은 소식조차 없고 서불은 불사약은 못 구하고 이익만 챙긴다는 보고가 들어온다. 내가 노생 등을 존중하였지만 도리어 나를 비방한다."라고 하여 화를 낸 일이 있다. 《史記 卷秦6 秦始皇本紀》

248 바다를……어렵다 : 《맹자》〈진심 상(盡心上)〉에 "공자는 노나라 동산(東山)에 올라 노나라를 작게 여겼고, 태산(太山)에 올라 천하를 작게 여겼다. 그러므로 바다를 본 사람에게는 큰 물로 인정받기 어렵고, 성인의 문하에서 배운 사람에게는 훌륭한 말로 인정받기 어렵다.〔孔子登東山而小魯, 登太山而小天下. 故觀於海者, 難爲水, 遊於聖人之門者, 難爲言.〕"라는 내용이 보인다.

요야에서 본 일출에 대한 기문[249]

遼野日出記

나는 동해(東海) 사람이다. 여러 차례 바다에서 일출을 보았으므로 일찍이 말하기를 "세상에서 일출을 본 사람들 중 나만한 사람은 없을 것이다."라고 했었다. 올해 사신의 일로 연경에 가면서 요동 벌판 칠백 리를 지나게 되었다. 매일 해를 등지고 서쪽으로 갔으므로 일출을 볼 수가 없었으나 심양(瀋陽)에 이르자 길이 꺾여 남쪽으로 향하게 되었다.

새벽에 일어나 들판을 가는데 새벽 빛이 동쪽에서 밝아오는 것을 어렴풋이 깨닫고 고개를 돌려 바라보니 홀연 붉은 해가 땅에서 불쑥 솟아나왔다. 햇바퀴의 거대함이나 빛줄기의 밝음은 해상에서 보던 것보다 더욱 가깝고 밝았다. 이에 비로소 일출을 보는 데에 정해진 장소도 없고 일정한 모양도 없어서 바다에 사는 사람은 바다에서 나온다고 말하고 들판에 사는 사람은 들판에서 나온다고 말하며 산에 사는 사람은 산에서 나온다고 말하여, 오직 사람이 보는 눈에 따라 그 지경이 달라질 뿐임을 알게 되었다.

그러나 내 생각에 해는 하늘에 달라붙어 있는 것이니 어찌 일찍이

249 요야에서……기문 : 이계가 1782년(정조6) 동지 겸 사은부사(冬至兼謝恩副使)로 북경에 다녀올 무렵에 쓴 글로 보인다. 바다가 땅 안에 들어 있다고 하고 마테오 리치의 〈곤여만국전도(坤輿萬國全圖)〉와 태서(泰西) 사람들이 바다 끝까지 가본 사실을 언급하면서 한편으로는 그 원리는 경서(經書)에 모두 언급되었다고 하면서 주자학에 기반한 사유체계를 보여준다.

나오고 들어간 적이 있겠는가! 이는 단지 낮〔晝〕과 밤〔夜〕이라고 이름을 붙인 것으로 낮에는 땅 위로 행하고 밤에는 땅 아래로 행할 뿐이다. 어찌 바다로 들어갈 리가 있겠는가. 옛날에 함지(咸池)[250]니 부상(扶桑)[251]이니 하는 말을 한 사람들은 모두 엉터리일 뿐이다.

근세에 태서(泰西) 사람이 처음으로 곤여지도(坤輿之圖)[252]를 만들었는데 바다가 땅 안에 있다는 것을 분명하게 말하였다. 저들은 일찍이 배를 타고 바다 끝까지 가본 이들이니 그들의 말에는 참으로 근거가 있다. 세상에서 하늘과 땅에 대해 이야기하는 이들은 그들의 설을 기이하게 여기며 "옛 사람들이 말하지 않았던 바"라고 하지만 나는 "성인(聖人)께서 이미 먼저 알고 게셨다."라고 하겠다.

《중용》에서 지체(地體)를 논하여 말하기를 "화악(華嶽)을 싣고 있어도 무거워하지 않고 하해(河海)를 거두어도 새지 않는다."[253]라고

250 함지(咸池) : 《회남자(淮南子)》 〈천문훈(天文訓)〉에 "해는 양곡에서 떠올라 함지에서 목욕한다.〔日出於暘谷, 浴於咸池.〕"라고 하였다. 해가 지는 곳을 말한다.

251 부상(扶桑) : 동해에 있다는 신목(神木)의 이름으로, 해가 뜨는 곳을 의미하기도 한다. 《산해경》 〈동산경(東山經)〉에 "흑치국(黑齒國) 북쪽에 탕곡(湯谷)이 있다. 탕곡에는 부상(扶桑)이라는 커다란 신수(神樹)가 서 있는데, 10개의 태양이 목욕하는 곳이다. 부상은 반쯤 물에 잠겨 있고 가지는 물 위로 나와 있다. 9개의 태양은 물 밑의 아래쪽 나뭇가지에 머무르고, 태양 하나가 물 위로 솟은 가지에 머물고 있다."라고 하였다.

252 곤여지도(坤輿之圖) : 이는 〈곤여만국전도〉를 가리킨다. 〈곤여만국전도〉는 이탈리아인 선교사 마테오 리치(Ricci, M. 利瑪竇)가 1602년에 북경에서 목판으로 제작하여 간행한 것이다. 〈곤여만국전도〉는 동아시아의 지식인들에게 서양 및 세계에 대한 정보를 전달하는 데 큰 역할을 하였으며, 전통적인 동양적 세계관이 바뀌게 되는 계기가 되기도 하였다. 우리나라에서는 1708년(숙종34) 숙종의 명으로 관상감(觀象監)에서 모사본을 만들기도 하였다.

하였으니, 이는 지력(地力)이 능히 산과 바다를 실을 수 있음을 말한 것이다. 《맹자》에서는 또 우(禹)의 치수(治水)에 대해 말하면서 "물을 땅 사이의 깊은 도랑으로 흐르게 한다."[254] "물의 성질을 따른 것이다."[255]라고 하였다. 물은 땅에 의지하여 흘러가는 것이 그 본성이니 어찌 땅 밖으로 흘러가는 이치가 있겠는가? 《주역》에 이르기를 "하늘이 일로써 수(水)를 낳는다." "땅은 육으로 이를 완성시킨다."[256]라고 하였다. 무릇 물〔水〕은 하늘에서 생겨나서 땅에서 이루어지니 땅이란 물을 담는 그릇이다. 물이 땅 사이의 깊은 도랑에서 그치면 괘

253 화악(華嶽)을……않는다 : 《중용장구》 26장에 "땅은 한 줌의 흙이 많이 모인 것인데, 그 광후(廣厚)함에 이르면 화악(華嶽)을 싣고 있어도 무거워하지 않고 하해(河海)를 거두어도 새지 않으며 온갖 만물이 실려 있다.〔今夫地一撮土之多, 及其廣厚, 載華嶽而不重, 振河海而不洩, 萬物載焉.〕"라고 하였다.

254 물을……한다 : 《맹자》 〈등문공 하(滕文公下)〉에 "우(禹)에게 홍수를 다스리게 하니 우가 땅을 파서 물줄기를 바다로 흘러들게 하고 뱀과 용을 몰아 수초가 우거진 늪에 가두며 물이 땅 사이의 깊은 도랑을 통해 흘러가게 하였는데, 양자강과 회수(淮水)와 하수(河水)와 한수(漢水)가 이것이다.〔使禹治之, 禹掘地而注之海, 驅蛇龍而放之菹, 水由地中行, 江淮河漢是也.〕"라고 하였다.

255 물의……것이다 : 《맹자》 〈고자 하(告子下)〉 11장에 백규(白圭)가 자신의 치수(治水)가 우(禹)보다 낫다고 하자 맹자는 "그대는 지나칩니다. 우왕의 치수는 물의 성질에 따른 것입니다. 이 때문에 우왕은 사해(四海)를 물 받는 곳으로 삼았는데 지금 그대는 이웃나라를 물 받는 곳으로 삼았습니다.〔子過矣. 禹之治水, 水之道也. 是故禹以四海爲壑, 今吾子以鄰國爲壑.〕"라고 말하였는데, 그 주에 "물의 성질을 순히 한 것이다〔順水之性也〕"라고 하였다.

256 하늘이……완성시킨다 : 이는 소옹(邵雍)이 하도낙서(河圖洛書)를 언급한 것에 대한 주자(朱子)의 주에 보인다. 1·3·5·7·9는 천(天)의 숫자이고, 2·4·6·8·10은 지(地)의 숫자이다. 이 숫자들이 오행과 맞물려 변화하는데, 천(天)이 1로 수(水)를 낳으면 지(地)가 6으로 이를 완성하므로 완성시킨다고 한 것이다.

(卦)로는 태괘(兌卦)가 되고 그 상(象)은 연못이니[257] 바다가 바로 큰 연못이다.

이로써 본다면 사해(四海)의 물은 모두 대지(大地)의 안에 있으며, 해와 달의 운행은 바다를 벗어난 적이 없다는 것이 명백하다. 중국 사람들은 모두 해내(海內)에 있는 까닭에 해가 바다에서 나온다고 의심했던 것이니, 하늘에 붙어 있는 해가 항상 땅 위에서 나온다는 것을 어찌 알 수 있었겠는가. 그러한 즉 예전에 바다에서 보았던 것은 해가 나오는 장소가 아니요, 지금 땅에서 본 것이 바로 해가 뜨는 바로 그곳이다. 이제부터 비로소 "세상에서 일출을 본 사람들 중 나만한 사람은 없다"라고 해도 괜찮으리라.

257 괘(卦)로는……연못이니 : 태괘(兌卦)는 두 양(陽) 위에 하나의 음(陰)이 있는 형태(☱)로 굳은 땅 위에 물이 출렁이는 상이다. 《주역》〈태괘(兌卦)〉는 태괘가 겹친 모양(䷹)으로서 "두 못이 연결되어 있는 형상이 태(兌)이니, 군자가 이를 본받아 붕우 간에 강습한다.〔麗澤兌, 君子以, 朋友講習.〕"라고 하였다.

난하 청절사에 대한 기문[258]

灤河淸節祠記

내가 일찍이 서해도 관찰사(西海道觀察使 황해도관찰사(黃海道觀察使))가 되어 해주(海州)에 개부(開府)[259]하였다. 주의 동쪽에 산이 있으니 이름은 수양(首陽)이라 하였고 그 아래에는 사당[260]이 있어서 백이(伯夷)와 숙제(叔齊)에게 제사를 지냈는데, 내 마음에는 괴이하게 여겨졌으므로 우리나라 사람들이 근거 없이 옛일을 좋아하는 것을 항상 비웃었다.

10여 년이 지나서 사신의 명을 받아 연경에 가게 되어 영평부(永平府)를 지나는데 이는 바로 옛날의 고죽국(孤竹國)[261]이다. 듣자하니 난하(灤河)의 상류에 청절사(淸節祠)가 있어 묵태씨(墨胎氏) 두 분[262]

258 난하……기문 : 이계가 1782년(정조6) 동지 겸 사은부사(冬至兼謝恩副使)로 북경에 다녀올 무렵에 쓴 글로 보인다. 난하의 수양산과 청절사 그리고 황해도 해주의 수양산과 청성묘(淸聖廟)를 비교하며 백이·숙제의 행적에 의문을 표하는 내용이다.

259 개부(開府) : 개부는 고위관리들이 관청을 설치하고 관리를 두어 업무를 시작하는 것을 말한다. 이계는 1770년(영조46) 2월 황해도 관찰사가 되었다.

260 사당 : 황해남도 해주시 수양산 기슭에 있던 청성묘(淸聖廟)로 1687년(숙종13) 백이와 숙제를 모시기 위해 지어졌다. 본래 이름은 이제묘(夷齊廟)였는데 해주 유생(儒生) 최침(崔沈) 등의 청원이 있자, 1701년 숙종이 친필로 청성묘라고 써서 내려주었다. 《肅宗實錄 27年 4月 2日》

261 고죽국(孤竹國) : 옛날 중국 하(夏)나라, 상(商)나라 때의 제후국이다.

262 묵태씨(墨胎氏) 두 분 : 백이와 숙제를 말한다. 묵태는 고죽국 임금의 성으로 묵태(墨台) 등으로도 쓴다. 하(夏)나라 때 하우(夏禹)가 염제(炎帝)의 후손을 태(台)

의 소상을 모셨다고 하기에 서둘러 가서 찾아보았다. 물은 맑고 산은 수려하여 고인(高人)이 머물만 하였는데 그 곁에 고죽군(孤竹君)[263]의 사당이 있었다. 그 남쪽에 있는 산을 수양산이라고 일컫는데 두 분이 옛날 머물렀던 곳이니 참으로 근거가 있다.

그러나 나는 일찍부터 의문점이 있었다. 두 분이 이미 나라를 사양하고 달아났으니, 이는 응당 태백(泰伯)과 중옹(仲雍)이 형만(荊蠻)으로 간 것[264]과 같아서 그대로 본국에 머물러 있는 것은 합당치 못하다. 맹자는 백이가 주(紂)를 피해 북해(北海)의 해변에 머물렀다고 했으나[265] 고죽국은 바다와의 거리가 매우 멀기 때문에 바닷가라고 일컬은 것도 온당치 못하다. 바다를 따라서 동쪽으로 우리나라에 들어오지 않았다는 것을 어찌 알겠는가.

백이와 숙제 두 분은 처음부터 이미 주(紂)를 피하였고 나중에는

에 봉하고 묵태씨(墨台氏)라고 하였으며, 상(商)나라 때 묵태씨의 후예가 제후가 되어 고죽국(孤竹國)을 세웠다. 백이의 이름은 묵태윤(墨胎允), 자는 공신(公信)이며, 숙제의 이름은 묵태지(墨胎智), 자는 공달(公達)이다.

263 고죽군(孤竹君) : 백이와 숙제의 부친으로 이름은 초(初)이고 자는 자조(字朝)라고 한다.

264 태백(泰伯)과……것 : 태백과 중옹은 주나라의 고공단보(古公亶父)의 장남과 둘째이다. 고공단보는 막내인 계력(季歷)이 태어날 때 여러 길조가 있었고, 계력의 아들 창(昌)이 뛰어난 것을 보고 계력을 후계자로 여겼다. 이를 알게 된 태백과 중옹은 계력이 후계자가 될 수 있도록 형만으로 피해갔고 구오(句吳)라는 나라를 세웠다. 창이 훗날의 문왕(文王)이다.《史記 卷31 吳太伯世家》

265 맹자는……했으나 :《맹자》〈이루(離婁)〉에 보인다. "백이가 주왕을 피해 북해가에 살다가 문왕이 일어났다는 말을 듣고 흥기하여 말하였다.〔伯夷辟紂居北海之濱, 聞文王作興曰.〕"라는 구절이 있다.

늙은이를 잘 보살핀다는 서백(西伯)에게 봉양을 받다가 목야(牧野)에서 간언하기에 이르자 부축하여 보낸 것이니[266] 본국으로 돌아가는 것도 불가할 것은 없다. 그러나 그 당시 고죽국의 중자(中子)[267]는 분명히 이미 신하로서 주(周)나라에 복종하고 있었을 것이니 두 사람의 행적이 편안했겠는가, 그렇지 못했겠는가?

그들의 〈채미가(採薇歌)〉[268]에 이르기를 "신농(神農)과 우(禹)와 하(夏)나라의 도가 갑작스럽게 사라짐이여 나는 장차 어디로 귀의할까." 하였으니 아마도 장차 옛 은거지였던 바닷가를 찾고자 하였을 것이다. 하물며 기자(箕子)는 감옥에서 석방되자 즉시 조선(朝鮮)으로 갔으니

266 서백(西伯)에게……것이니 : 서백(西伯)은 주(周)나라의 기틀을 닦은 문왕(文王)으로 본명은 희창(姬昌)이다. 목야(牧野)는 상(商)나라의 수도인 조가(朝歌) 인근으로 현재의 허난성〔河南省〕 치현〔淇縣〕 남쪽이다. 상나라와 주나라의 마지막 결전이 있었던 장소이다. 간언했다는 것은 주 무왕(周武王)이 상을 공격하러 출전할 때 백이와 숙제가 말고삐를 잡으며 간언했던 것을 말한다. 좌우의 신하들이 두 사람의 목을 베고자 하였으나 태공(太公)이 의로운 사람들이라고 하며 두둔하여 돌려보냈다. 《史記 卷61 伯夷列傳》

267 고죽국의 중자(中子) : 백이의 동생이자 숙제의 형으로 이름은 묵태아빙(墨胎亞憑)이다. 본래 8대왕 묵태초(墨胎初)는 셋째인 묵태윤 즉 숙제에게 왕위를 물려주고자 하였다. 묵태초가 죽은 뒤 백이는 부친의 뜻이라 하여 왕위를 사양하고 숙제는 예법이라 하여 왕위를 사양한 끝에 형제가 함께 나라를 떠나고 둘째인 묵태아빙이 왕위에 올랐다.

268 채미가(采薇歌) : 백이·숙제가 고사리를 캐면서 불렀다는 노래이다. 전체 내용은 다음과 같다. "저 서산에 올라 고사리를 캐는구나. 포악함으로 포악함을 바꾸면서 잘못된 줄을 모르는구나. 신농(神農)과 우(虞), 하(夏)의 도(道)가 홀연 사라지니 나는 장차 어디로 귀의할까. 아아 가리라 명이 다하였도다.〔登彼西山兮, 采其薇矣. 以暴易暴兮, 不知其非矣. 神農虞夏忽焉沒兮, 我適安歸矣. 吁嗟徂兮, 命之衰矣.〕"

그가 갈 때 당연히 고죽국을 지나갔을 것이다. 두 분이 뒤도 돌아보지 않고 떠나고자 하는 심정으로는 사방을 둘러보아도 몸을 의탁할 만한 곳이 없었는데, 주나라의 신하가 되지 않겠다는 유로(遺老)를 만남에 서로 손을 맞잡고 동쪽으로 왔다는 것 또한 이치나 형세상으로 이상한 일은 아니다. 이로 말미암아 본다면 두 사람이 생을 마친 장소가 우리나라에 있지 않을 줄을 어찌 알 수 있으랴!

내가 난하(灤河)에서 이른바 수양산이라는 것을 보았는데 들판 가운데 있는 하나의 언덕에 불과할 뿐이어서 몸을 숨기고 고사리를 캐 먹기엔 부족했다. 반면 해주에 있는 수양산은 산이 높고 골짜기는 깊으며 거기서 나는 고사리도 퍽 맛이 있다. 마음속으로 의심하던 차에 당(唐)나라 이발(李渤)의 기록을 보니 "고려의 해주에 수양산이 있으니 백이와 숙제가 은거한 곳으로 기자가 왕래한 흔적이 있다."[269]라고 하였다. 이발은 해박하고 바른 선비이니 그 말은 분명 근거가 있을 것이다.

이로써 본다면 해주에서 백이와 숙제에게 제사를 지내는 것도 근거가 없다고 할 수는 없을 것이다. 또 산의 서쪽으로 10여 리에 대련(大

269 고려의……있다 : 이발(李渤, 773~831)은 당(唐)나라의 문신으로 자는 준지(濬之), 호는 소실산인(少室山人)이다. 백록선생(白鹿先生)이라 불렸으며, 훗날 그가 머물던 곳이 송(宋)나라 때 백록동서원(白鹿洞書院)이 되었다. 시와 문장에 뛰어났고 서화(書畵)에도 솜씨가 있었다. 서명응(徐命膺)의 《보만재집(保晩齋集)》〈청절사에서 다시 부사의 시에 차운함(淸節祠再次副价韻)〉이라는 시의 주석에 "당나라 이발의 기문에 이르기를 '고려의 해주에 수양산이 있는데 바로 백이 · 숙제가 은거했던 곳이며 기자가 왕래한 흔적이 있다.'라고 하였다.〔唐李渤記云, 高麗海州有首陽山, 乃伯夷叔齊隱處, 有與箕子往來之跡.〕"라는 내용이 보인다.

連)과 소련(小連)[270]의 옛터가 있다. 이들은 공자(孔子)가 '동이의 아들들'이라고 일컫고 백이·숙제와 함께 나란히 일민(逸民)에 열거한 사람들이니 어쩌면 백이·숙제의 풍모를 들었던 것이 아닐까?

270 대련(大連)과 소련(小連) : 부모의 상을 잘 치렀다 하여 공자가 칭찬한 인물들이다. 《예기》〈잡기 하(雜記下)〉에 "공자가 말하기를 소련과 대련은 거상(居喪)을 잘하여 사흘간 게을리 하지 않았고 1년을 슬퍼하였고, 3년을 근심하였으니 이는 동이의 아들이다.〔少連大連, 善居喪, 三日不怠, 三月不解, 期悲哀, 三年憂, 東夷之子也.〕"라는 내용이 있다.

이계집

제14권

記기

기記

평산부의 천사거사비각에 대한 기문[1]

平山府天使去思碑閣記

내가 어렸을 적에 선배들에게 다음과 같은 말을 들었다. 천사(天使 명(明)나라 사신(使臣)) 강왈광(姜曰廣)이 사신의 명을 받들고 우리나라에 왔을 때[2] 하루종일 향을 피우고 단정하게 앉아서 남과 더불어 말하

1 평산부의……기문 : 1770년(영조46) 이계가 황해도 관찰사로 있을 때 쓴 글이다. 명나라의 사신으로 1626년(인조4) 조선에 왔던 강왈광(姜曰廣)과 왕몽윤(王夢尹)의 거사비(去思碑)를 발견하고 비각을 지은 뒤 그 전말을 기록하고 감회를 기록하였다.

2 강왈광이……왔을 때 : 강왈광과 왕몽윤은 1625년 10월에 명 희종(明熹宗)의 황자(皇子)가 탄생하자 이 사실을 알리는 조서(詔書)를 받들고 왔다. 조서의 내용은 《인조실록》 4년 6월 13일 기사에 보인다. 한림원편수관(翰林院編修官) 강왈광이 정사(正使)이고 공부급사중(工部給事中) 왕몽윤이 부사(副使)이다.

강왈광(1583~1649)은 자는 거지(居之), 호는 연급(燕及)·희호노인(浠湖老人)이다. 1619년(만력47) 진사가 되었다. 귀국한 뒤 숭정제(崇禎帝) 때 첨사(詹事)가 되어 남경(南京) 한림원(翰林院)을 맡았고, 복왕(福王) 때 예부상서 겸 동각대학사(禮部尙書兼東閣大學士)가 되었다. 청나라에 맞서 싸우다가 패하여 죽었다. 왕몽윤(?~?)은 1619년(만력47) 진사가 되고, 1625년에 공과급사중(工科給事中)이 되어 조선에 사신으로 왔다. 태상시소경(太常寺少卿), 좌통정(左通政)을 지내고 우첨도어사(右僉都禦史)로 호광순무(湖廣巡撫)를 겸하기도 하였다.

지 않으며 오로지 책을 읽거나 시를 읊을 뿐이었고, 왕경(王京)으로 돌아갈 때가 되어서는 규례에 따라 증정한 예폐(禮幣)도 모두 물리치고 받지 않았다. 우리 장릉(長陵 인조(仁祖))께서 매우 공경하고 중히 여겨 예물을 주고자 하였으나 공의 뜻에 어긋날까 우려하시어 유사(有司)를 시켜 관동(關東)의 설화지(雪花紙)에 당시(唐詩)를 인쇄한 책 한 질(帙)을 보내시니 그제야 받았다. 공은 풍채(風采)가 빼어나 속세의 사람이 아닌 듯하였다. 숙묘(肅廟, 숙종(肅宗)) 때 평양의 늙은 아전 중에 공을 직접 본 이가 있었는데 이 사람이 항상 말하기를 "나라 안의 이름난 사대부들을 많이 보았지만 일찍이 이러한 분은 본 적이 없다."라고 하였다. 공은 중국으로 돌아가 젊은 나이에 입각(入閣)하였으나 결국 홍광(弘光) 연간 남천(南遷)하였을 때[3] 죽었다고 한다.

신묘년(1771, 영조 47) 가을, 나는 황해도 관찰사가 되어[4] 순찰을 하다가 동양(東陽 평산도호부(平山都護府))을 지나게 되었다. 길 왼편에 오래된 비석이 있는 것을 보았는데 거리가 멀어 글자를 분별할 수 없으므로 사람을 시켜서 베껴오게 했더니, 바로 공과 천사(天使) 왕몽윤(王夢尹)의 거사비(去思碑)[5]여서 나도 모르게 오싹하게 놀랐다. 그 글을

3 홍광(弘光)……때 : 1644년 숭정제(崇禎帝)가 경산(景山)에서 자살하여 명나라가 멸망하자 일부 황족들이 남경(南京)으로 가서 남명(南明)을 수립한 것을 말한다. 남명은 청에 저항을 계속하면서 1664년까지 지속되었다. 홍광은 홍광제(弘光帝) 주유숭(朱由崧)의 연호로 1644년부터 1645년까지 사용되었다.

4 황해도 관찰사가 되어 : 이계가 황해도 관찰사에 제수된 것은 1770년(영조 46) 2월이고 이듬해 10월에 파직되었다.

5 거사비(去思碑) : 본래 감사(監司)나 수령(守令) 등 지방관이 교체된 뒤 백성들이 그들의 공덕을 기려 세우는 비석이다. 강왈광 등이 기존 사신들과 달리 청렴하여 문제

읽자 공의 높은 덕행과 엄정한 몸가짐을 더욱 잘 알게 되었으니, 참으로 예전에 들었던 말들에 틀림이 없었다.

무릇 황화(皇華) 사모(四牡)의 행차[6]는 백성들에게 황제의 은택을 끼쳐줌이 없는 것인데도, 수레가 지나는 곳마다 백성들로 하여금 사모하고 기뻐하여 잊지 못하였으며, 심지어는 비석을 세워 자신들의 심정을 의탁하기에 이르렀던 것이다. 공의 덕이 있는 풍채와 행동거지가 사람들을 감복시킨 것이 이 얼마나 성대했던 것인가! 겉으로 드러난 것이 이와 같다면 그 마음속에 보전한 바를 알 수 있으니, 천하의 중한 명망을 한 몸에 지니고 만세(萬世)토록 강상(綱常)을 떠받치는 것이 당연할 것이다. 왕공(王公 왕몽윤)은 문장이 순정(醇正)하고 우아하며 풍모(風貌)는 엄숙하고 장중하여, 강공(姜公 강왈광)과 서로 우열을 겨룰 수 없으니 또한 당세의 현대부(賢大夫)이다.

아아, 두 공의 행차는 실로 천계(天啓) 병인년(1626)에 있었던 것으로, 조사(詔使)가 우리나라에 왔던 것은 여기에서 끝나게 되었다.[7] 하물며 이 비석은 지천(遲川) 최공(崔公)[8]이 서술하고 선원(仙源) 김공

를 일으키지 않았고 또 명나라에서 온 마지막 사신이었기 때문에 비석을 세운 것으로 보인다.

6 황화(皇華) 사모(四牡)의 행차 : 사신의 행차를 말한다. 황화는 황화사(皇華使)로 천자의 명을 받들고 가는 사신을 뜻하는데 《시경》 〈소아(小雅) 황황자화(皇皇者華)〉에서 유래한 말이다. 사모(四牡)는 《시경》 〈소아 사모(四牡)〉로, 명을 받고 나간 사신의 노고를 위로하는 노래이다.

7 조사(詔使)가……되었다 : 1621년 3월 후금(後金)의 누르하치가 심양과 요양을 점령하고 이후 세력을 넓혀 요동 반도를 지배하게 되자 육로로 명나라에 가는 것이 불가능해졌다. 육로사행이 어려워지자 조선은 1621년부터 1636년까지 15년간 바닷길을 통해 명나라에 사신을 보냈고, 병자호란이 일어난 뒤로는 명과의 외교관계가 단절되었다.

(金公)[9]이 전서(篆書)로 옮겼으며 죽남(竹南) 오공(吳公)[10]이 쓴 것인데, 이분들은 모두 우리나라에서 명성을 날린 뛰어난 분들이니 그 말에 어찌 근거가 없겠으며, 그 흔적이 어찌 중요하지 않겠는가! 이 비석을 황무지의 잡초더미 속에 쓰러져 민멸되게 할 수는 없는 노릇이므로 이에 백성들에게 명하여 대(臺)를 쌓아 안치하고 각(閣)을 세워 보호하게 함으로써 나무꾼이나 목동들이 상하게 하고 소나 양이 훼손하지 못하게끔 하였다. 내가 이렇게 한 까닭은 단지 그분들을 흠모하여 차마 잊혀지지 않도록 하고자 하는 것일 뿐만 아니라 후세에 사신의 명을 받들고 외국에 가는 이들이 본받도록 하려는 것이다.

8 지천(遲川) 최공(崔公) : 최명길(崔鳴吉, 1586~1647)이다. 자는 자겸(子謙), 호는 지천(遲川), 시호는 문충(文忠)이다. 1605년(선조38) 문과에 급제하였다. 정묘호란과 병자호란 때 강화를 주장하여 지탄받았으나 청나라와의 외교와 전란 수습에 공을 세웠다. 학문과 문장에 뛰어났으며 서법(書法)으로도 이름이 있었다.

9 선원(仙源) 김공(金公) : 김상용(金尙容, 1561~1637)이다. 자는 경택(景擇), 호는 선원(仙源), 시호는 문충(文忠)이다. 동생이 김상헌(金尙憲)이다. 1590년(선조23) 문과에 급제하여 관직에 진출하였다. 병자호란 때 종묘와 사직의 신주를 받들고 강화도로 갔다가 성이 함락되자 화약에 불을 질러 순절하였다. 왕희지(王羲之)체와 전서(篆書)에 빼어났다고 한다.

10 죽남(竹南) 오공(吳公) : 오준(吳竣, 1587~1666)이다. 자는 여완(汝完), 호는 죽남(竹南)이다. 1618년(광해군10) 문과에 급제하였고 두 차례 북경에 다녀왔다. 문장에 능하고 글씨를 잘 써서 왕희지체에 능했다. 왕가의 책문(冊文)과 삼전도비(三田渡碑) 등 많은 비명(碑銘)을 썼다.

안악군 거사비각에 대한 기문[11]

安岳郡去思碑閣記

나의 증왕고이신 판결사 부군(判決事府君 홍만회(洪萬恢))은 숙묘(肅廟) 무진년(1688, 숙종14) 악주(岳州 안악(安岳))의 군수로 나가셨다. 겨우 일 년이 지난 기사년(1689, 숙종15) 곤궁(坤宮)께서 폐위되자,[12] 부군께서는 눈물을 흘리며 아전과 백성들에게 말한 뒤 드디어 관직을 사임하고 물러나셨다. 군수로 있은 지 겨우 십여 개월이었으나 아전과 백성들이 부군의 덕을 추모하여 비석을 세워 칭송하였다.

그 이후로 82년이 지난 경인년(1770, 영조 46) 증손인 양한(良漢)[13]이 해서 관찰사가 되어 순찰을 하면서 안악군을 지나게 되었다. 길 왼편에 큰 비석이 있는 것이 보였는데 규수(圭首)에 귀부(龜趺)이고[14]

11 안악군……기문 : 이계가 황해도 관찰사로 있던 1771년(영조47) 즈음에 쓴 글이다. 이계의 증조부 홍만회(洪萬恢, 1643~1709)의 선정비를 발견하고 비각을 세운 뒤 감회와 관리로서의 마음가짐을 서술하였다.

12 곤궁(坤宮)께서 폐위되자 : 숙종의 계비인 민씨(閔氏) 인현왕후(仁顯王后)가 폐위된 것을 말한다. 1689년(숙종15) 5월 2일 왕비 민씨를 폐하여 서인(庶人)으로 삼는다는 내용의 비망기(備忘記)가 있다.

13 양한(良漢) : 홍양호의 초명(初名)이다. 1777년(정조1) 1월에 '양한(良漢)'에서 '양호(良浩)'로 바꾸었다.

14 규수(圭首)에 귀부(龜趺)이고 : 규수는 비석 윗부분의 모서리를 사선으로 접어 뾰족하게 만든 것이다. 귀부는 비석을 받치는 비대(碑臺)의 모양이 거북이 모양인 것을 말한다. 원문에는 귀부(龜負)로 되어 있으나 비석의 제도를 고려하여 귀부(龜趺)로 번역하였다.

앞면에 '홍공청백선정지비(洪公清白善政之碑)'라고 새겨 있었다. 나는 즉시 수레에서 내려 비석 앞에 공손하게 서서 우러러보고 어루만졌다. 옛 고사(故事)를 물어보고 싶었으나 그 당시의 노인들은 남은 이가 없었고, 더구나 올해는 또 부군께서 돌아가신 지 회갑(回甲)이 되는 해이므로 이리저리 살펴보면서 서글픈 마음에 머뭇거리며 차마 떠나지 못하였다. 이에 고을 수령에게 부탁하여 재목을 모으고 목수를 찾아서 비각을 세워 안치하고 단청을 칠해 꾸미도록 하였다.

어떤 이가 말하기를,

"공께서 이번 일을 행하신 것은 실로 선조가 남긴 유적(遺跡)을 흠모하여 후대에 민멸되지 않게끔 하려는 데에서 나온 것이니 그 의도가 참으로 아름답습니다. 그러나 비석은 오래갈 것이라 믿기에는 부족합니다. 비석이 오래도록 남아 있을 수 없다면 비각을 만든다 한들 어디에 쓰겠습니까? 두원개(杜元凱)가 한수(漢水)에 비석을 빠뜨린 것[15]은 단지 언덕과 골짜기가 변한다는 것만 안 것이요, 돌이 갈라지고 깨질 수 있다는 것은 모른 것입니다. 공께서는 이 비석에 탈이 없으리라는 것을 보장하실 수 있겠습니까?"

하였다. 이에 나는 씁쓸하게 옷깃을 여미며 말하였다.

15 두원개(杜元凱)가……빠뜨린 것 : 두원개(杜元凱)는 진(晉)나라의 장수이자 학자인 두예(杜預, 222~285)로 원개(元凱)는 그의 자이다. 두예가 형주(荊州)를 맡아 지키고 있을 때 부하들과 함께 양양에 있는 현산(峴山)에 올라갔다가 탄식하면서 말하기를 "이 산은 항상 있지만 산에서 놀던 사람은 천추 뒤에 누가 알겠는가."라고 말한 뒤 비석 두 개를 만들어 자신의 사적을 새겼다. 하나는 현산 위에 세웠고 다른 하나는 먼 훗날 산이 연못이 되고, 연못이 육지가 될 거라 하여 연못 속에 던져넣은 일이 있다. 《晉書 卷34 杜預列傳》

"이러하구려. 내가 믿는 바는 돌에 있는 것이 아니거늘 하물며 비각이겠습니까. 그러나 우리 선조의 덕(德)은 안악에 있고 안악 백성들의 사모함은 비석에 있는데, 돌은 없어질 때가 있지만 백성들은 없었던 적이 없지요. 지금 내가 이곳에 부임함에 백성들이 필시 '아무개 후〔某侯〕가 나라에 충성하고 관직에 청렴하더니 덕을 쌓은 보답으로 과연 훌륭한 후손이 있구나'라고 말할 것입니다.

만약 불초(不肖)가 이 고을을 다스림에 다행히 이 백성들에게 죄를 얻지 않고 우리 선조께 누를 끼치지 않는다면, 백성들은 장차 '아무개 후의 현명함이 그 후손으로 하여금 선대의 아름다움을 잇게 하였도다'라고 할 것이요, 또 '아무개가 방백(方伯)이 되어 선조의 공렬(功烈)을 더욱 빛나게 하였도다'라고 할 것입니다. 모두들 손으로 비석을 가리키면서 감탄하고 자제들을 훈계하여 엄숙하게 공경하며 아껴 보호하기를 마치 현수(峴首)의 비석[16]이나 소백(召伯)의 감당(甘棠)나무[17]처럼 할

16 현수(峴首)의 비석 : 진(晉)나라 때의 명신(名臣) 양호(羊祜)는 군진(軍陣)에 있을 때에도 항상 가벼운 갖옷을 입고 띠를 느슨히 맨 채 갑옷을 걸치지 않아 선비의 기풍이 있었다. 양호가 양양현(襄陽縣)을 지키고 있을 때 선정을 베풀었는데 훗날 그가 죽었을 때 양양의 백성들이 현산(峴山)에 추모비를 세우고 비석을 보기만 하면 추모의 눈물을 흘렸다. 이에 두예(杜預)가 비석에 타루비(墮淚碑)라고 이름을 붙였다. 《晉書 卷34 羊祜列傳》

17 소백(召伯)의 감당(甘棠)나무 : 소백은 주 무왕(周武王)의 동생이다. 연(燕)나라에 봉해졌지만 계속 호경(鎬京)에 머물면서 무왕(武王)과 성왕(成王), 강왕(康王)까지 보좌하여 성강지치(成康之治)를 이루는 데 공헌하였다. 소백이 남국(南國)을 순행하며 문왕(文王)의 정사를 펼 때 감당나무 아래에 머문 적이 있는데 그 뒤로 백성들이 그의 덕을 사모하여 감당나무를 아끼고 보전하였다고 한다. 이 일을 노래한 것이 《시경》〈소남(召南) 감당(甘棠)〉이다.

것이니, 그렇다면 이 비석은 처음부터 끝까지 이 읍과 함께할 것입니다. 내가 믿는 바는 바로 여기에 있습니다."

비각이 완성됨에 드디어 이 내용을 써서 스스로를 면려하노라.

훈련원 정에 추증된 손공의 정려에 대한 기문[18] 손공은 손종로(孫宗老)이다

贈訓鍊院正孫公 宗老 旌閭記

양호가 경주 부윤(慶州府尹)이 됨에 먼저 향선생(鄉先生)의 유적을 예방(禮訪)하여 동강서원(東江書院)[19]에 배알하면서 월성군(月城君) 손공(孫公)[20] 및 그 선고(先考) 계천군(鷄川君)[21]의 2대에 걸친 명망

18 훈련원……기문 : 1783년(정조7) 정조가 대대적으로 민몰된 효자와 충신, 열녀 등을 표창할 때 경주 출신의 손정구(孫鼎九)가 그의 선조 손종로(孫宗老)에 관한 일을 아뢰어 정려를 받게 되었다. 이후 손정구가 경주 부윤을 지낸 이계를 찾아와 기문을 부탁하여 써준 글이다.

손종로(孫宗老, 1598~1636)의 자는 고경(考卿)이다. 1618년(광해군10) 무과에 급제하였으나 인목대비(仁穆大妃) 폐비 사건이 일어나자 낙향하였다가 인조반정 이후인 1631년(인조9) 다시 출사하였다. 병자호란 때 종 억부와 함께 근왕(勤王)을 위해 남한산성으로 갔으나 이천(利川)에서 적에게 막히자, 경상 좌병사(慶尙左兵使) 허완(許完)의 막하로 갔고 쌍령(雙嶺 경기도 광주군 동쪽) 전투에서 전사하였다. 훈련원 정(訓鍊院正)을 증직받았고, 1783년(정조7) 가을에 5대손 손정구(孫鼎九)의 상언이 받아들여져 정려가 내렸으며, 1816년(순조16) 8월에 다시 증직되었다.

19 동강서원(東江書院) : 경상북도 경주시 강동면 유금리에 있는 서원이다. 1695년(숙종21) 지방 유림들의 논의로 손중돈(孫仲暾)의 학문과 덕행을 추모하기 위해 세워졌다가 서원철폐령으로 훼철되고 근래에 다시 복원되었다.

20 월성군(月城君) 손공(孫公) : 손중돈(孫仲暾, 1463~1529)이다. 자는 태발(泰發), 호는 우재(愚齋), 시호는 경절(景節)이다. 아버지는 계천군(鷄川君) 손소(孫昭)이고, 어머니는 유복하(柳復河)의 딸이다. 김종직(金宗直)의 문인으로 1482년(성종13) 사마시에 합격하고 1489년 식년 문과에 급제하여 관직을 두루 역임하였다. 연산군 때 파직당하고 중종반정(中宗反正) 이후 상주 목사(尙州牧使)가 되었다. 상주 목사

과 덕행을 상세히 들었다. 또 《점필재집(佔畢齋集)》을 보니 계천군의 형님인 장령공(掌令公)이 이시애(李施愛)의 난이 일어났을 때 절개를 지켰던 일이 기재되어 있고,[22] 《동경지(東京誌)》를 보니 "전 현감(前縣監) 손종로(孫宗老)가 쌍령(雙嶺) 전투에서 전사하였다"라고 되어 있었다.[23] 이에 나는 놀라움과 경탄을 금치 못하며 "손씨 가문에 어진 이가 어찌 이리도 많단 말인가!"라고 말하고, 현감의 후손을 찾

시절 선정을 베풀어 백성들이 생사당(生祠堂)을 세워 추모했다고 한다. 관직은 의정부 우참찬에 이르렀고 청백리에 녹선되었다.

21 계천군(鷄川君) : 손중돈의 부친 손소(孫昭, 1433~1484)이다. 자는 일장(日章), 시호는 양민(襄敏)이다. 1453년(단종 원년) 생원(生員)이 되었다. 이시애의 난에 공을 세워서 이등공신이 되어 적개공신(敵愾功臣)의 훈호(勳號)를 받았으며 계천군(鷄川君)으로 봉해졌다. 《연려실기술(練藜室記述)》 〈세조조 고사본말〉에는 손소가 그의 형 손욱(孫旭)의 시신을 찾기 위해 종군했던 일이 기록되어 있다.

22 점필재집(佔畢齋集)을……있고 : 《점필재집》에 수록된 〈계천군손공묘갈명(雞川君孫公墓碣銘)〉을 말한다. 손소의 형 손욱이 형조 정랑(刑曹正郎)으로 있다가 경차관(敬差官)으로 함흥에 갔는데 이시애의 난이 일어나 살해되었다. 이시애의 난은 1467년(세조13) 길주 출신의 이시애가 세조의 중앙집권 강화 정책에 반발하여 북도인들과 여진족까지 끌어들여 일으킨 반란이다. 반란을 일으킨 지 3달 만에 토벌군에게 사로잡혀 처형당하였다.

23 동경지(東京誌)를……있었다 : 《동경지(東京誌)》는 경주의 역사와 문화, 지리, 인물 등을 망라한 역사지리지로 원저자는 미상이다. 《동경지》를 바탕으로 1669년(현종10)에 경주 부사 민주면(閔周冕)이 증보하고 수정하여 《동경잡기(東京雜記)》를 간행하였고, 1711년(숙종37)과 1845년(헌종11)에도 수정 증보되었다. 쌍령은 경기도 광주군 동쪽에 있는 고개 이름으로, 남한산성의 동남쪽 약 40리 지점에 있다. 조선군이 소수의 청군에게 패배하였다. 《동경잡기》 권3 〈과목(科目)〉 항목에 "손종로는 시(時)의 아들로 벼슬이 현감에 이르렀다. 병자호란 때 쌍령(雙嶺)에서 전사하였다.〔孫宗老, 時之子, 官至縣監, 丙子之戰死於雙嶺.〕"라고 하였다.

아 유사(遺事)를 얻어서 읽어보았다.

공은 월성군의 현손(玄孫)이다. 인묘(仁廟) 병자년(1636)에는 관직에서 물러나 집에 거처하고 있었는데, 나라가 어렵다는 소식이 전해지자 분연히 말하기를 "우리 가문이 대대로 나라의 은혜를 받았으니 어찌 죽음으로써 보답하지 않으랴!"라고 하였다. 이에 즉시 가동(家僮)을 거느리고 칼을 들고서 서쪽으로 길을 떠나자 고을 사람인 신상뢰(辛商賚)와 박홍원(朴弘遠)이 공을 따라나섰다.

길을 가던 중 청나라 병사들이 가득하다는 것을 듣자 상뢰는 죽령(竹嶺)을 따라 원주영(原州營)으로 가고자 하였다. 그러자 공은 "지금이 어느 때인데 길을 돌아가면서 온전히기를 구하랴!" 하고는 박홍원과 함께 곧장 조령(鳥嶺)으로 달려갔다. 하루에 남들보다 두 배의 길을 가서 이천(利川)에 도착하였으나 남한산성은 이미 여러 겹으로 포위당하여 들어갈 수가 없었으므로, 결국 좌병사(左兵使) 허완(許完)의 군중에 투신하여 쌍령(雙嶺)에 웅거하였다. 공은 활을 잘 쏘아서 쏘기만 하면 명중하므로 적들이 감히 가까이 다가오지 못하였다.

하루는 군중(軍中)에서 실화(失火)하였는데 적병들이 후방에서 이 틈을 노리니 우리 군사들이 큰 혼란에 빠져 모두 목책을 넘어 도망쳤다[24] 박홍원이 다급하게 공의 소맷자락을 잡아당겨 함께 도망치자고 하면서 "헛되이 죽지 말고 훗날의 공효(功效)를 도모하십시오."라고 하였다. 이에 공은 눈을 부릅뜨고 꾸짖어 말하기를 "임금께서 다급한

24 하루는……도망쳤다 : 《연려실기술》에서는, 처음에는 승기를 잡았지만 전투 중에 급히 화약을 나누어주다 불이 떨어져 폭발하였고 이로 인해 진중이 동요하였는데 이 틈에 적군이 총공세를 펼치자 조선군이 패배하였다고 하였다..

상황에 처하시어 달려왔거늘 어찌 죽음을 피한다는 말인가!"라고 하고 드디어 힘껏 싸우다가 전사하였다. 노비인 억부(億夫) 또한 주인 곁을 떠나려 하지 않고 함께 죽으니, 이날이 바로 정축년(1637) 1월 3일이다. 박홍원이 돌아와 공의 집안에 알려준 것이 이상과 같았다.

처음 공이 근왕(勤王)하고자 모부인(母夫人)께 떠날 것을 청하니 부인께서는 흔쾌히 허락하면서 "너는 참으로 네 가문의 후손이로다. 나 때문에 염려하지 말거라." 하시고, 솜을 넣은 짧은 옷을 꺼내 주시며 화살과 탄환을 막도록 하였다.[25] 공은 절을 하고 이를 받아 출발하면서 가인들에게 말하기를 "나는 진중에서 죽을 것이니, 왼쪽 어깨에 있는 검은 사마귀와 솜옷으로 내 시체라는 것을 알 수 있을 것이다."라고 하였다.

공의 아들 수(鐩)가 변고를 듣고 달려가서 산처럼 쌓인 시체를 살펴보았지만 피부가 얼어 색이 변한데다 솜옷 또한 비슷한 것들이 많아 구별할 수가 없었다. 그리하여 결국 시복(矢復)[26]을 하고 돌아와서 남긴 옷가지로 묘를 만드니 고을 사람들이 초혼장(招魂葬)[27]이라고 하였다.

아아, 국가가 난리를 당함에 많은 군사를 거느리고 후한 녹봉을 받는

25 솜을……하였다 : 일종의 면갑(綿甲)으로 솜으로 누벼서 만든 옷을 말하는 것으로 보인다. 옛날에는 조총의 총알이 솜으로 두껍게 만든 옷을 뚫지 못한다고 여겼다. 실제로 신미양요 때 강화도의 병사들이 입은 면갑은 면 30겹을 누벼 만든 것으로 당시 조선에 있던 조총의 총알은 이를 뚫지 못했다고 한다.

26 시복(矢復) : 전사한 사람에 대하여 초혼(招魂)하는 의식이다.

27 초혼장(招魂葬) : 망자의 시신을 찾지 못했을 경우 생전에 사용하던 의복이나 물건으로 가묘(假墓)를 만들어 장사하는 것이다.

자들 또한 대부분 관망하고 머뭇거리기만 하였다. 그런데 공은 관직도 낮고 거주하는 곳도 멀어 나아가고 물러남에 모두 책임이 없었거늘, 강개하게 눈물을 뿌리며 한번 죽기로 맹서를 하였고, 모자(母子) 간의 은혜도 끊어버리고 군부(君父)의 어려움에 달려갔으며, 서슬퍼런 칼날을 무릅쓰면서도 두려워하지 않고 들판에 시체로 버려지면서도 후회하지 않았으니, 어찌 그리 장하단 말인가! 또한 그 모친의 현명함에 있어서는 오로지 대의(大義)로써 면려(勉勵)하시고 단 한마디도 사사로이 미련을 남기는 말씀은 하지 않으셨으니, 이러한 아들을 낳는 것이 마땅하도다!

내기 훗날 남한산성을 지나다가 쌍령에 이르렀는데 길 가는 사람들이 여전히 병자년에 싸웠던 장소를 손으로 가리켰다. 끊어진 언덕은 가파르게 솟아 있고 그 아래로는 깊은 연못에 임해 있어 물빛은 검푸른데다 괴이한 새가 날아가며 울어대니, 머뭇머뭇 서성대며 차마 떠날 수가 없었다.

그 당시의 일이 알려지자 공에게 훈련원 정(訓鍊院正)을 예증(例贈)하였다. 그 뒤 병자년(1696)에는 본도의 많은 선비들이, 그해가 다시 돌아와 회갑을 맞이했다 하여[28] 방백에게 상서(上書)하여 추증을 더해 줄 것을 요청하였으나 받아들여지지 않았다. 금상께서 즉위하신 7년(정조7, 1783), 영남에 어사를 파견하여 충신, 효자, 열부(烈婦) 중에 인몰(湮沒)된 이들을 찾아보라고 하시니, 공의 오세손인 생원 정구(鼎九)가 발을 싸매고 경사(京師)까지 달려와 그 선조가 순절(殉節)한 정황을 진술하여 상언(上言)하였다.

28 그해가……하여 : 1636년과 1696년이 같은 병자년이므로 이렇게 말한 것이다.

주상께서 을람(乙覽)하시고 탄식하며 말씀하시기를 "손종로와 그 노비가 순절하였으니 그 절조가 남달리 우뚝하여 고경(杲卿)[29]에게도 뒤지지 않는도다."라고 하시고 이 일을 예조(禮曹)에 내렸다. 예관(禮官)들이 논의하여 "신하가 임금을 위해 죽고 노비가 주인을 위해 죽었으니 응당 모두 정려(旌閭)하는 것이 마땅합니다."라고 아뢰자 "그렇게 하라."라고 하교(下敎)하셨다. 이에 정구는 양호가 일찍이 그 땅을 다스렸으므로 일의 본말을 상세히 알고 있다 하여 나에게 정려의 기문을 청하였다.

아아, 천고에 나라를 위해 죽은 선비로는 안상산(顔常山 안고경)보다 더 열렬한 이가 없는데 훌륭한 임금이 칭송하고 높여준 것 또한 그 사람에게 걸맞아서[30] 백세(百世)토록 빛이 나고 있으니 무엇을 다시

29 고경(杲卿) : 당 현종(唐玄宗) 때의 충신 안고경(顔杲卿, 692~756)이다. 자(字)는 흔(昕)이다. 안사의 난(安史之亂)이 일어났을 때 상산군(常山郡) 태수로 아들 안계명(顔季明)과 함께 지키고 있었는데 이곳은 안녹산(安祿山)의 관할지역 안에 있었다. 평원군(平原郡) 태수로 있던 종제(從弟) 안진경(顔眞卿)과 함께 반란군을 견제하고 상산에 머무는 안녹산의 부장들을 제거하고 군사를 모아 훈련시켰으며 황하 이북 지역에 격문을 보내는 등 많은 활동을 하여 현종의 칭송을 받았다. 756년 사사명(史思明)이 이끄는 반군이 상산을 공격하자 끝까지 저항하였으나 중과부적으로 성이 함락되고 사로잡혔다. 낙양(洛陽)으로 끌려간 뒤 안녹산이 자신을 배반한 이유를 묻자, 자신은 대신(大臣)의 가문으로 충의를 지키고자 했을 뿐이라며 황제가 무엇을 섭섭하게 했기에 반란을 일으켰냐고 안녹산을 크게 꾸짖다가 처형당하였다.

30 임금이……걸맞아서 : 당나라 황제들이 안고경을 추증하고 시호를 내려준 것 등을 말한다. 안고경이 피살된 후 그의 수급을 대로변에 내걸어두었고 아무도 장례를 치러주지 못하였는데, 장주(張湊)라는 인물이 안고경의 머리카락을 얻어 황제를 알현하였다. 그날 밤 숙종(肅宗)의 꿈에 안고경이 나타났으므로 제사를 지내주었고, 또 758년에는 태자태보(太子太保)를 추증하고 충절(忠節)이라는 시호를 내렸으며 부인을 청하군부

더해주랴! 그러나 상산(常山)은 관리가 되어 자신의 임지에서 죽은 것으로 이는 그의 직분일 뿐이다. 공의 경우는 혈혈단신으로 나라의 어려움에 달려가 죽음에 나아가기를 집에 돌아가는 것처럼 여겼으니, 옛 사람들과 비교해보더라도 더더욱 어렵다. 삼가 손을 씻고 기록하나니, 나라에서 절의(絶義)의 인물을 배양한 성대함이 단지 손씨(孫氏) 한 가문의 영광이 되는 것만은 아니라고 하겠다.

인(淸河郡夫人)으로 봉하였다. 779년 대종(代宗)은 안고경 등 여덟 명을 일등공신으로 삼았으며, 782년에 덕종(德宗)은 다시 사도(司徒)를 더 추증하였다. 이 구절은 이러한 상황을 가리킨 것으로 보인다.

병조 참판에 추증된 이공의 정려에 대한 기문[31] 이공은 이팽수(李彭壽)이다

贈兵曹參判李公 彭壽 旌閭記

계림(鷄林)은 신라(新羅)의 옛 도읍지이니 예로부터 장대하고 걸출한 선비들이 많다고 일컬어졌다. 경진년(1760, 영조36) 내가 경주부윤이 되어 직접 산에 오르고 물을 건너[32] 고인들의 자취를 찾아보았다. 일찍이 속현(屬縣)인 안강현(安康縣)을 지나는데 길가에 도끼 같은 모양의 봉분[33]이 있는 것을 보았다. 그곳 사람들이 그것을 가리키며 말하기를

"이는 이 의사(李義士)의 초혼장(招魂葬)[34]입니다."

31 병조 참판에……기문 : 1783년(정조7) 정조는 대대적으로 민몰된 효자와 충신, 열녀 등을 표창하였다. 이때 경주 출신 이술현(李述賢)이 자신의 선조인 이팽수(李彭壽, 1520~1596)에 대해 상언(上言)하여 정려가 내려졌고, 이술현이 경주 부윤을 지낸 이계에게 부탁하여 쓴 글로 1784년(정조8)에 쓰인 것으로 보인다. 이팽수는 임진왜란 때 선조가 몽진했다는 소식을 듣고 무예를 익히기 시작하여 1594년(선조25) 무과에 급제하였다. 이듬해 경상좌도 병마절도사 박진(朴晉)의 권유로 울산진(蔚山陣) 전투에 참여하여 1596년(선조29) 1월 4일 왜군의 대대적인 공격에 전사하였다.

32 산에……건너 : 원문은 '궁리산천(躬履山川)'으로 이는 '발리산천(跋履山川)'을 차용한 말이다. 여정(旅程)이 힘들고 어려움을 나타내는 말로 쓰였다.

33 도끼 같은……봉분 : 무덤의 윗부분이 좁고 길어서 마치 도끼의 날처럼 생긴 봉분을 말한다. 《예기》 〈단궁(檀弓)〉에 보인다. 자하는 공자가 봉분을 도끼처럼 쌓는 것을 따르겠다고 했다고 하면서 소위 말갈기 봉분〔馬鬣封〕이라고 한 일이 있다.

34 초혼장(招魂葬) : 죽은 이의 시신이 없는 경우 그 사람의 의관이나 신발 등을 가지고 혼을 부른 뒤 매장하는 것을 말한다.

라고 하므로 양호가 수레에서 예를 표하며 공경하였다. 남은 후손이 있는지 물어보니 이술현(李述賢)이라는 이가 유생(儒生)으로서 와서 인사를 하였는데, 인물이 수려하고 재주가 있어 향숙(鄕塾)에 머물고 있었다. 그가 선조의 일사(逸事)를 가지고 와서 보여주었다.

공의 휘는 팽수이다. 본래 대대로 사환(仕宦)에 오른 사대부 가문으로 호서(湖西)에서 영남(嶺南)으로 옮긴 지 사세(四世)가 되었다. 어려서부터 자질이 빼어났고 열 살에 부친을 여의자 곡벽(哭擗)을 하며 빈소를 떠나지 않으니 향리에서 효자라고 칭송하였다. 성장한 뒤 만력 임진년이 되었을 때 왜구의 침범으로 임금님의 수레가 서쪽으로 옮겨 가사, 공은 깅개히 눈물을 흘리며 말하기를 "임금께서 몽진(蒙塵)하셨거늘 내가 대대로 녹을 받은 집안의 후예로서 어찌 앉아서 서재만 지키고 있으랴!" 하고는 드디어 붓과 벼루를 내던지고 활과 말을 익혀서 갑오년(1594, 선조27)에 무과에 급제하였다.

을미년(1595) 겨울 절도사 박진(朴晉)[35]이 공의 명성을 듣고 격문을 보내어 공을 복병장(伏兵將)으로 삼았다. 당시는 적들이 바닷가에 웅거하여 군세(軍勢)가 매우 성하고 관군(官軍)은 여러 차례 붕괴된 때였으나, 공은 흔연히 떨쳐 일어나며 부인 손씨(孫氏)에게 "내가 이제 죽을 곳을 얻게 되었소."라고 말하였다. 어린 아들이 포대기에 싸여 있었지만 돌아보지도 않고 즉시 가동(家僮) 대여섯 명과 길을 떠나니

35 박진(朴晉) : 박진(?~1597)은 자는 명부(明夫), 시호는 의열(毅烈)이다. 1589년(선조22) 심수경(沈守慶)의 천거로 등용되었다. 임진왜란 때 경상좌도 병마절도사가 되어 항전하였다. 의병과 함께 영천성(永川城)을 탈환하였고 경주성을 탈환하여 영남 일대를 방어하였다. 전라도와 황해도 병마절도사 등을 지내고 참판(參判)에 이르렀다.

마을에서 이십여 명이 따라나섰다.

드디어 울산(蔚山)의 진지에 도착하여 한 부대를 거느리고 서생포(西生浦)[36]에 진을 쌓아 강어귀에 복병을 두고 적이 나오기를 노려 습격하였다. 공이 매번 팔뚝을 걷어부치고 앞장서니 적들이 공을 꺼려 감히 함부로 하지 못하였다. 몇 달이 지난 뒤 왜군들은 대군을 이끌고 와서 더욱 급박하게 공격하였다. 공은 병사가 적은데다 화살까지 떨어지자 칼을 쥐고 힘껏 싸웠지만 일군(一軍)이 모두 전사하였으니, 이때가 병신년(1596, 선조29) 1월 4일이다. 난리가 평정된 뒤 가인(家人)들이 공의 시신을 찾았으나 찾지 못하였으므로 결국 공이 남긴 의복으로 초혼(招魂)을 하고 장례를 치렀다고 한다.

술현이 울면서 말하기를

"선조께서 국난(國難)에 순절하신 것이 이처럼 장렬합니다. 그러나 그 당시 고립무원의 군사들이 모두 전사하여 사적(事蹟)이 드러나지 않았고 자손들이 보잘 것 없어 지금까지도 현양(顯揚)하지 못하고 있으니, 이것이 한스럽습니다."

라고 하였다. 내가 개연히 탄식하며 말하기를

"임진년의 난리에 나라를 위해 죽은 이들이 많소. 어떤 이는 왕명(王命)을 받들다가 죽었고, 어떤 이는 임지를 다스리다가 죽었지요. 공의 경우는 미미하게 새로 출신(出身)[37]한 사람이었을 뿐입니다. 조정에서

36 서생포(西生浦) : 울주군(蔚州郡) 서생면(西生面)에 있는 포구 이름이다. 임진왜란 초에 일본 장수 가등청정(加藤淸正)이 일본식 성을 쌓았고, 이후 조명(朝明) 연합군과 왜군 사이에 치열한 격전이 벌어졌던 곳이다.

37 출신(出身) : 조선시대 문과나 무과, 잡과 등 과거 시험에 합격한 사람을 일컫는 말이다.

명을 받은 적이 없음에도 앞장서서 전장으로 달려갔고 강한 적을 힘껏 막다가 끝내는 들판에 피를 뿌리게 되었으니, 장렬한 장부라고 일컬을 만합니다. 애석합니다, 수백 년 동안 인몰되어 드러나지 못했던 것이." 라고 하였다.

그 뒤로 20여 년이 지난 금상(今上) 7년, 각 도에 어사들을 파견하여 절의(節義)를 세운 이들을 찾아보게 하셨다. 이에 술현(述賢)이 천리 길을 단숨에 달려와 연로(輦路)에 엎디어 상언(上言)하니 주상께서 감탄하여 칭송하시고 본도에 명을 내려서 사실을 조사하여 아뢰도록 하셨다.[38]

많은 선비들의 칭송하는 말에 근거하여 관찰사가 급히 아뢰기를 "이모(李某)가 집에 거할 때는 부모에게 효도하고 출신(出身)하여서는 나라를 위해 순절(殉節)하였으니 특별히 표창하는 것이 마땅합니다." 라고 하였다. 이에 주상께서는 특명(特命)으로 그 집에 '충신지문(忠臣之門)'이라는 정려(旌閭)[39]를 세우도록 하셨고, 영의정 정존겸(鄭存謙)이 상주(上奏)함으로 인해 가선대부 병조참판(嘉善大夫兵曹參判)을 추증하였다.[40] 술현이 이를 영광으로 여기고 나에게 와서 기문을 청하

38 주상께서……하셨다 : 《정조실록》 7년 8월 29일 기사에 보인다. 성소는 노신(道臣)에게 믿을 만한 글을 참고하고 사림의 여론을 채취하여, 이팽수의 행적을 장문(狀聞)하라고 명하였다.

39 충신지문(忠臣之門)이라는 정려(旌閭) : 정려문에 쓰인 글은 다음과 같다. "충신 증 가선대부 병조참판 겸동지의금부사 훈련원도정 이팽수지문 상지칠년 계묘 11월(忠臣 贈 嘉善大夫 兵曹參判 兼同知義禁府事 訓鍊院都正 李彭壽之門. 上之七年癸卯十一月.)"

40 정존겸(鄭存謙)이……추증하였다 : 《정조실록》 8년 3월 20일 기사에 보인다. 정존겸은 정려를 세우긴 하였으나 이팽수와 동시에 사절(死節)한 김호(金虎)는 10년 전

였다. 나는 이미 공이 순국(殉國)한 전말을 모두 알고 있었으므로 일어나서 칭송하며 다음과 같이 말하였다.

"사군자(士君子)는 자신의 몸을 죽여서 인(仁)을 이루는 일이 있으니[41] 명성을 구하고자 해서가 아니다. 그러나 앞시대의 사람들이 강상(綱常)을 바로 세우지 않는다면 후세인이 무엇으로써 면려(勉勵)받을 수 있겠는가. 때문에 《서경》에서는 "사는 마을에 정표(旌表)하여 교화를 수립한다.〔表厥宅里 樹之風聲.〕"[42]라고 하였으니, 이는 왕도정치에서 급선무로 삼는 바이다. 우리 성상(聖上)께서 이 점을 더욱 깊이 생각하여 지난달에는 손씨에게 정려를 내리고[43] 이 달에는 이씨에게 정려를 내렸는데 이들은 모두 경주 사람들이다. 이로부터 영외(嶺外)의 선비들 중에는 반드시 이분들의 풍도(風度)를 듣고 흥기(興起)하는 이들이 많을 것이다."

대신(大臣)의 연주(筵奏)로 증직되었으니 이팽수 역시 증직해주어야 한다고 하였다.

41 자신의……있으니 : 공자는 "지사와 인인은 삶을 구해서 인을 해치는 일이 없고, 몸을 죽여서 인을 이루는 일이 있다.〔志士仁人, 無求生以害仁, 有殺身以成仁.〕"라고 하였다. 《論語 衛靈公》

42 사는 마을에……수립한다 : 《서경》 〈주서(周書) 필명(畢命)〉에 나온다. 〈필명〉은 강왕(康王)이 필공(畢公)을 태사(太師)로 삼아 은(殷)나라 유민들이 있는 동교(東郊)를 맡아 다스리게 하면서 권면하는 내용이다. "선과 악을 구별하여 표창하고 사는 마을에 정표한다.〔旌別淑慝, 表厥宅里.〕라고 하였다.

43 손씨에게……내리고 : 손씨에게 정려를 내렸다는 것은 병자호란 때 경기도 광주의 쌍령전투에서 순절한 손종로(孫宗老)를 추증하고 정려문을 세운 것을 말한다. 앞의 글 〈증 훈련원정 손공 정려기〉 참조.

승지에 추증된 권공의 정려에 대한 기문[44]

권공은 권사민(權士敏)이다

贈承旨權公 士敏 旌閭記

금상(今上) 8년 갑진(1784) 가을 8월에 어가가 영릉(永陵)[45]에 행행(幸行)하셨는데, 경주 사람 권학인(權學仁)이 연로(輦路)에 엎드려 상언(上言)하여 7대조인 사민(士敏)에게 충(忠)과 효(孝)의 큰 절개가 있음을 아뢰고 표창을 내려줄 것을 청하자 그 일을 예조에 내리셨다. 참판 신 양호가 그 행장을 살펴본 뒤 의논하여 다음과 같이 아뢰었다.

"고(故) 사옹원 주부(司饔院主簿) 권사민(權士敏)은 임진년 섬나라 오랑캐들의 난리를 당함에 그 학도(學徒)들을 거느리고 의병(義兵)을

44 승지에……기문 : 권사민(權士敏, 1557~1634)의 정려문에 제한 글이다. 권사민은 본관은 안동(安東), 자는 수언(粹言), 호는 매헌(梅軒)이다. 임진왜란 때 의병을 일으켜 곽재우(郭再祐)와 연합하여 화왕산성(火旺山城)을 지키는 등 공적을 세웠다. 전쟁이 끝난 뒤 선무원종공신(宣武原從功臣)에 책록되고 언양 군수(彦陽郡守)에 제수되었으나 나아가지 않았다. 1781년(정조5)에 통정대부(通政大夫) 승정원좌승지(承政院左承旨)에 추증되었고, 1841년(헌종7)에는 관찰사의 장계에 의해 좌승지(左承旨)에 추증되었으며 "국가를 위하여 창의하고 산성을 지키며 충성을 바쳤다.〔爲國倡義 守成效忠.〕"라는 여덟 글자를 하사하였다.

45 영릉(永陵) : 영조(英祖)의 맏아들 효장세자(孝章世子, 1719~1728)와 그의 비 효순왕후(孝純王后) 조씨(趙氏, 1715~1751)의 능으로 파주에 있다. 효장세자는 세자에 책봉된 지 3년 만인 10살에 요절하였다. 영조는 1764년(영조40) 2월 20일 세손(世孫)인 산(祘)을 효장세자의 양자로 삼아 선원전(璿源殿)에 고하고 공식화하였다. 정조가 즉위한 1776년에 효장세자를 진종대왕(眞宗大王)으로, 효순 현빈(孝純賢嬪)을 효순왕후(孝純王后)로 추숭하였으며 능호(陵號)를 영릉(永陵)이라고 하였다.

일으켰습니다. 팔공산(八公山)을 근거지로 삼고 기이한 계책을 내어 적들을 습격하니 참획(斬獲)한 것이 매우 많았으며, 인근의 여러 의로운 선비들이 소문을 듣고 몰려와 귀부(歸附)하였습니다. 이에 홍의장군(紅衣將軍) 곽재우(郭再祐)[46]와 병사를 합하여 화왕산성(火旺山城)[47]에서 적병을 크게 무찌르니 영남(嶺南)의 십여 개 읍(邑)들이 이에 힘입어 온전하게 보전될 수 있었습니다.

군영(軍營)에 있을 때 모친의 상을 당하자 무기를 풀어놓고 귀향하여 염(殮)하고 장사 지내며 제사를 올리는 것 모두 《주문공가례(朱文公家禮)》[48]를 준행(遵行)하며, 피눈물로 삼년상을 치르니 슬픔이 이웃을 감동시켰습니다. 어느 날 맹호(猛虎) 한 마리가 묘 앞에 나타나서 포효하였는데 사민이 곡을 하며 타이르기를 '너는 백수 중의 신령한 자가 아니더냐, 어찌 차마 사람의 체백(體魄)을 놀라게 하느냐?'라고 말하자 호랑이가 고개를 숙이고 가버렸으니, 사람들은 모두 지극한 효성에 감동한 것이라고 하였습니다.

지난해에는 관찰사가 올린 장계(狀啓)로 인해 의병을 일으킨 공로를

46 곽재우(郭再祐) : 자는 계수(季綏), 호는 망우당(忘憂堂), 시호는 충익(忠翼)이다. 임진왜란이 일어나자 의병을 일으켜 천강홍의장군(天降紅衣將軍)이라 칭하면서 의령을 거점으로 활약하면서 왜군의 호남 진출을 막았고, 정유재란 때에도 경상좌도방어사(慶尙左道防禦使)로서 화왕산성을 수비하면서 가등청정(加藤淸正)의 공격을 막아내는 등 큰 공을 세웠다.

47 화왕산성(火王山城) : 경남 창녕에 있는 석성(石城)으로 가야(伽倻) 때 축성되었다고 전해진다. 정유재란이 일어났을 때 곽재우가 이곳을 근거지로 활약하여 공을 세웠다.

48 《주문공가례(朱文公家禮)》: 《주자가례(朱子家禮)》라고도 한다. 주희(朱熹)가 사대부 집안의 관혼상제 예법을 정리한 책이다.

표창하고 관직을 추증하라는 명이 내렸습니다. 그런데 그의 효행(孝行) 또한 남달리 우뚝하니 이른바 '효자의 가문에서 충신을 구한다.'는 것입니다. 별도로 드러내고 현양하여 사람의 자식된 이들을 권면하는 것이 마땅합니다."

주상께서 주청(奏請)을 받아들이시어 특명(特命)으로 정려문(旌閭門)을 내리셨다. 학인이 특명을 받은 뒤 나를 찾아와서 그 일을 기술하여 정려문에 걸어두고자 한다고 청하였다. 내가 일찍이 경주를 맡아 다스릴 때 평소 공의 절조와 품행을 흠모했는데 지금은 예관(禮官)으로서 정려(旌閭)로 표창하는 데에 참여하였으니 참으로 광세지감(曠世之感)[49]이 있다.

무릇 사람의 대절(大節) 중에서 충효보다 더한 것이 없는데 오직 공께서는 이미 충(忠)으로써 관직을 추증받으셨고 또 효(孝)로써 정려문을 세우게 되었다. 아아, 성대하도다. 공의 자(字)는 수언(粹彦)이요, 자호(自號)는 매헌(梅軒)이다. 선고(先考)의 휘는 덕린(德麟)[50]으로 문원공(文元公 이언적(李彦迪))의 학통을 얻었으니 영남 사람들은 구봉선생(龜峰先生)이라고 일컫는다.

49 광세지감(曠世之感) : 동시대에 태어나지 못하여 서로 만날 수 없는 것에 대해 안타까워하고 서글퍼하는 감정이다.

50 덕린(德麟) : 권덕린(1529~1573)은 본관은 안동(安東), 자는 군서(君瑞), 호는 구봉(龜峰)이다. 이언적(李彦迪)의 문인으로 1553년(명종8) 문과에 급제하고, 전적(典籍)·좌랑(佐郞)을 거쳐 합천 군수(陜川郡守)에 이르렀다. 스승 이언적이 벽서사건(壁書事件)에 연루되어 유배되었다가 사망하자 영구(靈柩)를 맞이하여 돌아왔으며 옥산서원(玉山書院)을 세워 제향하였다.

고씨 세 효자의 정려에 대한 기문

高氏三孝旌閭記

강진(康津)의 조규운(趙奎運)[51] 문보(文甫)는 호남의 장사(莊士)이다. 일찍이 내게 말하기를

"나의 고향에는 한 가문에 효자 셋이 있었으니 바로 탐라 고씨(耽羅高氏)입니다. 조정에서 그 마을에 정려(旌閭)하였으니 향리에서는 그 풍모를 기린 지 오래되었거늘 아직까지도 대인선생이 높이 드러내줌을 얻지 못하였습니다. 바라건대 공의 한마디 말을 얻고자 합니다."

라고 하였다. 나는 깜짝 놀라서 말하기를,

"참으로 이러한 일이 있단 말인가. 무릇 효(孝)라는 것은 온갖 행실의 으뜸이니 한 나라에서 한 사람을 얻거나 한 시대에 한 사람을 얻는 것도 어려운 일이거늘, 하물며 한 가문에 세 사람이나 됨에 있어서랴, 하물며 멀고 외진 바닷가 마을에 있어서이겠는가. 자세히 듣기를 바라오."

라고 하였다. 문보가 다음과 같이 말하였다.

"수정(守精)이라는 이는 부친의 장례를 지내려고 섬에서 덧널〔槨〕감을 구하였으나 날짜가 되어도 목공(木工)이 이르지 못하자 나무를 껴

51 조규운(趙奎運) : 조규운(1725~1785)은 자(字)는 문보(文甫), 호는 덕림(德林)이다. 강진 사람으로 정약용(丁若鏞)을 비롯한 사람들과도 교류가 있었다. 《덕림실기(德林實記)》가 전한다. 이계는 조규운의 고조인 조팽년(趙彭年)의 〈계음 조공의 묘표〔溪陰趙公墓表〕〉를 짓기도 하였다.

안고 통곡하면서 3일 동안 먹지도 않았습니다. 진관(鎭官)이 이를 듣고 슬피 여겨 병사를 시켜 나무를 베어 배에 실어 보내주었습니다. 시묘살이를 하는 동안에는 죽만 먹었으며 직접 불을 지펴 제수를 올리니, 성묘(成廟 성종(成宗))께서 특명(特命)으로 정려하시고 관직을 내려주시어 현감에 이르렀습니다.

수검(守儉)은 수정(守精)의 동생입니다. 부모를 섬김에 정성을 다하였고 그 형과 함께 묘를 지키며 삼년상을 마쳤는데 까마귀와 까치가 길이 들어 무릎 위에 내려와 앉았습니다. 사람들이 대련(大連)과 소련(小連)[52]에 비겼으며, 이 일이 알려짐에 형제가 모두 정려를 받았습니다.

명달(命達)이라는 이는 수검의 증손(曾孫)입니다. 그 아비가 병이 들어 산짐승 고기를 먹고 싶어하므로 크게 통곡하면서 구하러 다니자 노루 한 마리가 제발로 집의 마당 안에 들어왔고, 시묘살이를 할 때에는 버섯이 수십 일 동안이나 계속 묘 앞에 돋아나므로 이것을 취하여 제수에 이바지하였으며, 산불이 나서 묘를 태울 지경이었으나 고두(叩頭)하며 불을 향해 통곡하니 바람이 반대방향으로 불어 불이 꺼졌습니다. 이 일이 알려지자 이 또한 정려를 내렸습니다. 이는 그 대략일 뿐입니다. 명달의 누이인 이영(李泳)의 처 또한 거상(居喪)을 잘하였는데, 선묘(宣廟 선조(宣祖))께서 승하(昇遐)하심을 당하자 3년 동안

52 대련(大連)과 소련(小連) : 부모의 상을 잘 치렀다 하여 공자가 칭찬한 인물들이다. 《예기》〈잡기 하(雜記下)〉에, "공자가 말하기를 소련과 대련은 거상(居喪)을 잘하여 사흘간 게을리 하지 않았고 1년을 슬퍼하였고, 3년을 근심하였으니 이는 동이의 아들이다.〔少連大連, 善居喪, 三日不怠, 三月不解, 期悲哀, 三年憂, 東夷之子也.〕"라고 하였다.

소식(素食)을 하였습니다. 그 가문에 전해 내려오는 훌륭한 행실이 이와 같습니다."

나는 옷깃을 여미며 감탄하여 말하였다.

"기이하도다. 천하의 자식된 자들 중에서 그 누가 자신의 부모를 사랑할 줄 모르겠는가마는 오로지 고씨가 대대로 효(孝)를 다할 수 있었으니, 이는 신인(神人)의 후예[53]로 뭇사람들과는 달랐기 때문이 아니겠는가. 그것이 아니라면 나라에서 교화(敎化)시킨 성대함이 바닷가 모퉁이 끝까지 이르렀음을 볼 수 있으니, 부녀자들도 모두 효(孝)에 흥기되기에 이르렀던 것이다. 이 어찌 단지 하나의 고을, 한 가문의 영광일 뿐이겠는가. 이는 역사책에 수록되어 후세에 전해질 만한 일이거늘, 어찌 나의 말을 기다려서야 경중이 가려지리오. 지금은 성인께서 위에 계시어 일세의 풍속을 교화하시니, 장차 이남(二南 영남과 호남) 외에도 집집마다 고씨 같은 효자들이 있음을 보게 될 것이다. 눈을 씻고서 기다려보기를 청하노라."

53 신인(神人)의 후예 : 신인이란 삼성혈(三姓穴) 신화에 나오는 제주고씨(濟州高氏)의 시조 고을나를 말한다. 신화의 내용은 대략 다음과 같다. 본래 제주도에는 사람이 없었는데, 어느 날 한라산 북쪽 기슭 모흥혈(毛興穴)에서 세 신인이 솟아 올라왔으니 양을나(良乙那), 고을나(高乙那), 부을나(夫乙那)였다. 사냥을 하며 살아가던 중 바다에서 떠내려온 나무상자가 있었고 그 속에는 벽랑국(碧浪國)에서 온 여인 세 사람과 망아지·송아지 및 오곡의 씨앗 등이 나왔다. 이에 세 신인은 각각 여인들을 아내로 맞이하고 정착하여 농경을 시작하였으며 이후 탐라국(耽羅國)으로 발전했다.

종부시 첨정으로 이조 참판에 추증된 권공의 정려에 대한 기문 권공은 권산해(權山海)이다

宗簿寺僉正贈吏曹參判權公 山海 旌閭記

금상 15년 신해(辛亥, 1791) 춘(春) 정월(正月)에 어가(御駕)가 현륭원(顯隆園)[54]에 나아가셨는데, 노량진(露梁津)을 건너면서 멀리 사육신(死六臣)의 사당이 보이자 서글픈 감회가 일어나 친히 제문을 지어서 제사를 지내게 하셨다.[55] 환도(還都)하신 후에는 사신(史臣)을 강화도로 보내어 비장(秘藏)을 열고[56] 장릉(莊陵 단종(端宗)) 때 의(義)를 위해 목숨을 바친 여러 신하들을 상고하셨으니, 장차 육신(六臣)[57] 같은 이들에게 포장(褒章)을 더해주고자 해서였다.

54 현륭원(顯隆園) : 현륭원은 현재 경기도 화성시에 있는 융릉(隆陵)으로 정조의 생부 사도세자(思悼世子)와 혜경궁 홍씨(惠慶宮洪氏)의 능이다. 영조는 사도세자를 경기도 양주 배봉산(拜峯山)에 예장하고 수은묘(垂恩墓)라고 하였다. 1776년 정조가 즉위한 뒤 수은묘를 영우원(永祐園)으로 개칭하고 존호도 사도에서 장헌(莊獻)으로 개칭하였다. 1789년(정조13)에는 영우원을 현륭원(顯隆園)으로 바꾸고 10월 7일 현재의 자리로 이장하였다. 고종(高宗) 때 장헌세자를 장종(莊宗)으로 추존하였다가 장조(莊祖)로 바꾸었고, 현륭원도 융릉(隆陵)이라고 하였다.

55 노량진(露梁津)을……하셨다 : 《승정원일기》 정조 15년 1월 17일 기사에 보인다. 정조는 16일에 사육신 등의 묘를 보고 제사를 지내라는 하명을 하였고, 직접 제문을 지은 뒤 이계에게 잘못된 곳이 없는지 물어보았다.

56 비장(秘藏)을 열고 : 비장은 정족산사고(鼎足山史庫)를 가리킨다. 즉 사고(史庫)를 열고서 《실록》을 살펴보았다는 의미이다. 1660년(현종 원년) 정족산성이 완성되자 사고를 마련하고 《실록》과 의궤(儀軌) 등을 보관하였다.

57 육신(六臣) : 사육신(死六臣)과 생육신(生六臣)이 있으나 주로 사육신(死六臣)을

이때 강원도 관찰사 윤사국(尹師國)[58]이 행부(行部)[59]하던 중 영월부(寧越府)에 이르러 자규루(子規樓)[60]의 옛터를 찾았다가 재목을 구하여 중건하면서 관각(館閣)에 글을 요청하였다. 그런데 마침 주상께서 이를 들으시고 기이하게 여기시어[61] 드디어 하명하시기를, 권자신(權

지칭한다. 1456년(세조2) 단종의 복위를 도모하다가 처형된 이개(李塏)·하위지(河緯地)·유성원(柳誠源)·성삼문(成三問)·유응부(兪應孚)·박팽년(朴彭年) 등이다. 생육신(生六臣)은 김시습(金時習)·원호(元昊)·이맹전(李孟專)·조려(趙旅)·성담수(成聃壽)·남효온(南孝溫)이다.

58 윤사국(尹師國) : 윤사국(1728~1809)은 본관은 칠원(漆原), 자는 빈경(賓卿), 호는 직암(直庵)이다. 1759년(영조35) 문과에 급제하였고 1789년(정조13) 12월 15일 강원도 관찰사가 되었다. 판서·한성 판윤·대사헌 등을 지냈다. 서예에 뛰어나 조정의 금보(金寶)·옥책(玉冊)과 사찰·누관(樓觀)의 편액(扁額)을 많이 썼다.

59 행부(行部) : 관찰사나 감사 등이 관할 지방을 순행(巡行)하며 정사(政事)를 평가하는 것을 말한다.

60 자규루(子規樓) : 영월의 객관인 관풍헌(觀風軒) 동남쪽에 있는 누각으로 본래 이름은 매죽루(梅竹樓)이다. 단종이 관풍헌에 머무는 동안 이 누각에 올라 〈자규사(子規辭)〉와 〈자규시〉를 읊었기 때문에 자규루라고 불리게 되었다. 선조 연간(1605년)에 홍수로 인해 누각이 무너진 뒤 민가가 들어서 있었으나, 1791년(정조15)에 강원도 관찰사 윤사국과 영월 부사 이동욱(李東郁)이 중건하였다.

61 주상께서……여기시어 : 윤사국이 자규루를 중건한 전말과 정조가 이를 기이하게 여겼다는 것은 《정조실록》 15년 2월 6일 기사에 보인다. 요약하면 다음과 같다. 윤사국이 자규루 터를 찾아 측량하고자 할 때 천둥이 치고 비가 쏟아져 일을 못했는데 그 다음날 불이 나서 민가 5채가 타버리자 자규루 터가 드러났다. 또 겨울이라 목재와 돌을 구할 수 없었는데 사흘 동안 비가 내려 강물이 불고 땅이 미끄러워졌으므로 나무를 베어 강물에 띄우고 돌을 캐어 끌고 올 수 있었다고 하였다. 이를 들은 정조는, 사육신의 충절에 관해 《실록》을 상고하여 보고한 날이 마침 자규루의 기둥을 세운 날이었다면서 기이하게 여겼다. 이어 모든 비용을 공곡(公穀)으로 탕감할 것과 이복원(李福源)은 일을 기록하고 채제공(蔡濟恭)과 홍양호(洪良浩)는 상량문을 지어 올리라

自愼)과 구인문(具人文)[62] 등 신하들에게 모두 좋은 시호를 하사하고, 장릉(莊陵)의 수각(隧閣) 앞에 단(壇)[63]을 설치하여 함께 제사를 지내도록 하였다.

이에 기호(畿湖)·영남(嶺南)·호남(湖南) 3도(道)의 유생들이 상소하여 말하기를,

"고(故) 종부시 첨정(宗簿寺僉正) 권산해(權山海)는 고(故) 상신(相臣) 진(軫)의 종손(從孫)으로 현릉(顯陵 문종(文宗))의 국구(國舅)인 권전(權專)[64]의 사위입니다. 평소 사림(士林)의 중망(重望)을 받았으며

는 명을 내렸다.

62 권자신(權自愼)과 구인문(具人文) : 두 사람 모두 단종에 대해 충절을 지킨 인물들이다. 권자신(?~1456)은 본관은 안동(安東), 부친은 화산부원군(花山府院君) 권전(權專)이고 모친은 최용(崔鄘)의 딸이다. 단종(端宗)을 낳자마자 죽은 현덕왕후(顯德王后)의 아우이다. 세조가 즉위한 뒤 추충좌익공신(推忠佐翼功臣)에 봉해졌으나 단종복위 운동이 발각된 뒤 사육신 등과 함께 거열형(車裂刑)을 당하였다. 1699년(숙종25) 권전·권자신 부자가 복관(復官)되었고, 1769년(영조45)에는 충장(忠莊)이라는 시호를 내렸으며, 1791년(정조15)에는 장릉(莊陵)의 배식단(配食壇)에 포함되었다. 구인문(1409~1462)은 본관은 능성(綾城), 자는 장숙(章叔) 호는 수옹(睡翁)이다. 시호는 충장(忠莊)이다. 1455년 세조가 즉위하자 고향으로 돌아가 눈뜬장님 행세를 하며 벼슬에 나가지 않았고, 온천에 목욕하러 간다는 핑계로 영월에 가서 단종에게 문안을 올렸다. 1791년(정조15) 채제공의 건의로 이조 판서에 추증되고 1793년에 이라는 시호를 받았다.

63 수각(隧閣) 앞에 단(壇) : 장릉의 배식단(配食壇)이다. 단종을 위해 충절을 지켰던 인물들을 추모하기 위한 제단이다. 총 286명으로 정단(正壇)에 배식된 인물이 사육신을 포함하여 32명, 별단(別單)에 배식된 사람이 236명이다.

64 권전(權專) : 권전(1371~1441)은 본관은 안동(安東)이다. 1431년(세종13) 딸이 세자궁 승휘(世子宮承徽)로 간택되면서 출세하였다. 사후에 영의정부사(領議政府使) 화산부원군(花山府院君)으로 추증되었으나 단종복위사건 때 아들 권자신이 처형

성삼문(成三問) 등과 교분을 맺었습니다. 장릉(莊陵)께서 손위(遜位)하기에 이르러 관직에서 물러나 자취를 감추어 침상에서 눈물을 삼켰으며, 성삼문과 이보흠(李甫欽)[65] 등이 잡혔다는 소식이 전해지자 권산해는 읍에서 하늘을 우러러 '이것이 하늘의 뜻인가'라고 말하고 드디어 높은 누각에서 투신하였습니다. 얼마 후 사자(使者)가 이르러 잡아가고자 하였으나 산해는 이미 죽은 뒤였습니다. 그의 죄는 삭탈관직(削奪官職)에 그쳤으나 온 집안이 먼 변방으로 옮겨지고 자손들은 백 년 동안 금고(禁錮)를 당하였으니,[66] 그 우뚝한 절의는 사육신에게도 전혀 부끄럽지 않습니다. 지난해 비록 관직과 품계는 추복(追復)되었으나 순절(殉節)한 여러 신하들이 함께 포장(褒奬)을 받은 데에는 참여하지 못하였습니다. 이에 거듭 간청하오니 은혜로운 명을 내리시어 풍교(風教)를 세우고 후세를 권면하십시오."

라고 하므로 이 일을 유사(攸司)에게 내리셨다. 예조 판서 이치중(李致中)이 복주(覆奏)[67]하여 말하기를,

"많은 선비들의 간청은 실로 공의(公議)에서 나온 것이니 추증(追

당한 뒤 서인으로 격하되었고, 1699년(숙종25) 신원되었다.

65 이보흠(李甫欽) : 이보흠(?~1457)은 자는 경부(敬夫), 호는 대전(大田)이다. 1429년(세종11) 문과에 급제하였다. 1457년(세조3) 유배 중이던 금성대군(錦城大君) 이유(李瑜)와 영남 사인들을 규합해 단종복위를 모의했다는 혐의를 받고 유배된 뒤 교살되었다.

66 집안이……당하였으니 : 집안이 먼 변방으로 옮겨졌다는 것은 전가사변(全家徙邊)으로 죄인을 가족과 함께 평안도나 함경도의 변방으로 강제 이주시키는 것이다. 금고(禁錮)는 죄인 등을 벼슬에 등용하지 않는 것을 말한다.

67 복주(覆奏) : 보내온 공문을 다시 심사하여 임금에게 아뢰는 것이다.

贈)하는 데 합당합니다."라고 하자 대신(大臣)들에게 의논하도록 명하셨다. 좌의정 채제공은 "권산해의 사적이 비록 밝게 드러나지는 않았으나 그 당시에 이미 가족들은 변방으로 옮겨지고 후손들은 금고되는 형벌을 당하였으니, 그가 육신과 더불어 뜻을 같이하고 절개를 나란히 했다는 것을 알 수 있습니다. 지금 장릉께 절개를 바친 뭇 신하들을 표장(表奬)하는 날을 당하였으니, 많은 선비들의 요청을 따라 정문(旌門)을 세우고 관직을 추증해도 지나치지 않을 듯합니다."
라고 하니 주상이 허락하셨다. 이에 이조 판서 홍양호가 계(啓)하기를
"권산해를 추증하여 이조참판 겸 동지의금부사(吏曹參判兼同知義禁府事) 오위도총부 부총관(五衛都摠府副摠管)으로 삼고, 영남(嶺南)의 수신(守臣)에게 명하여 그의 옛 집에 가서 정문(旌門)을 세우게 하십시오."
라고 하였다.

권산해의 12세 손인 종락(宗洛)이, 내가 일찍이 경주 부윤을 지내면서 고로(故老)들의 이야기를 익숙하게 들었고 또 지금은 이조 판서로 있으면서 추증해줄 것을 청하였다고 하여, 찾아와서 정려문에 기문(記文)을 써달라고 요청하였다.

나는 일어나 탄식하며 말하기를

"아아, 절개로는 육신보다 더 꿋꿋한 이가 없고 사안(事案)으로는 장릉보다 엄한 것이 없소. 육신의 절사(節死)가 비록 이미 밝게 드러나 찬란히 빛나고 있기는 하지만 그 당시의 일은 시대가 멀어져 상고할 바가 없으니, 사람들이 감히 말하지 못할 뿐만 아니라 또한 아는 사람도 없지요. 권공 같은 높은 절개가 지금까지 희미하게 가려 드러나지 못하였거늘, 다행히 우리 성상께서 영고(寧考)의 유지(遺志)에 따라

한 시대를 충의(忠義)로 면려하고자 하심에 힘입어서, 장릉께 절의를 세운 모든 신하들을 널리 상고하여 두루 천양(闡揚)하지 않음이 없었으므로, 권공처럼 오랫동안 어둡게 가려 있던 분들 또한 수백 년 뒤에 밝게 빛날 수 있게 되었습니다. 이미 정문(程門)을 세우고 또 관작을 추증했으니 어찌 단지 권씨 한 가문만의 영예로움이겠습니까, 장차 만세토록 남의 신하 되는 자들을 권면하게 될 것입니다. 아아 거룩하도다! 나로서는 이름을 적는 것만으로도 영광이 될 것이니 어찌 감히 이를 사양하리오."

라고 하고, 삼가 수립한 바의 대개(大槩)와 진퇴(進退)의 시말을 서술하여 문미에 걸어두게 하였다.

열부 이씨의 정려에 대한 기문
烈婦李氏旌閭記

부인의 행실 중에서 남편을 따라 죽는 것이 열(烈)이 되는데 이는 하늘에서 부여받은 떳떳한 도리에서 얻어지는 것이므로 위항(委巷)의 부녀자들도 왕왕 그렇게 한다. 손가락을 잘라서 피를 입에 흘려주는 이가 있고 적을 만나 대신 죽은 이가 있으며 맹수를 때려서 어금니와 아가리를 빠져나온 이도 있으니 이는 사전(史傳)에 수록된 것에서 상고할 수 있다. 직접 살을 잘라내어서 다물어진 입에다 먹임으로써 이미 끊어진 맥(脈)을 이어나간 경우는 지금 정씨(鄭氏)의 부인에게서 볼 수 있다.

부인은 효령대군(孝寧大君)[68]의 후예이다. 학생(學生) 정익주(鄭翊周)에게 시집가서 집안이 매우 가난했지만 시아버지를 잘 봉양하였다. 영종(英宗) 경인(庚寅, 1770)년 겨울, 익주(翊周)가 10여 일 동안 병을 앓아 위중했는데 마침 시아버지는 멀리 출타했고 다른 형제들도 없었다. 이씨가 홀로 병수발을 들어 돌보면서 의원을 불러 살펴보게 하였는데, 의원이 낙담한 채 앉아서 말하기를

"맥이 이미 끊어졌습니다."

68 효령대군(孝寧大君) : 효령대군(1396~1486)은 초명은 호(祜), 자는 선숙(善叔), 시호는 정효(靖孝)이다. 태종 이방원의 둘째 아들이며 어머니는 원경왕후(元敬王后) 민씨(閔氏)이다. 문장을 잘하였고 서예도 솜씨가 있었다. 불교에 심취하여 불경(佛經)을 강론하고 사찰을 중수하기도 하였다.

하고는 뒤도 돌아보지 않고 가버렸다. 친척들도 와서 살펴보고는 "아아, 어찌할 수가 없구나."
라고 말한 뒤 이불로 덮고[69] 나갔다. 이에 이씨는 통곡하면서 줄을 매달아 자신이 먼저 죽고자 하였다.

이웃의 한 부인이 말하기를,

"살아 있는 사람의 피와 살점은 죽은 사람도 일으킨다고 들었습니다만 대체 어디서 이걸 구할 수 있겠습니까."
라고 하였다. 이씨는 인사를 하고 이웃 부인을 돌려보냈다. 이어 얼음을 깨어 몸을 씻고 마당에 자리를 깐 후 북두칠성을 우러러 기도를 올렸다. 곧바로 방으로 들어가 칼을 들어 넓적다리를 찔러 피가 줄줄 흐르자 이불을 헤치고 입에 흘려넣었다. 그리고는 넓적다리의 살을 잘라내니 사방 네 치〔寸〕쯤 되었는데, 이를 조각조각 잘라서 불에 구워 입에 넣기를 밤새도록 멈추지 않았다. 새벽이 되자 익주의 목구멍에서 가늘게 물을 찾는 소리가 나므로 급히 고깃국에 물을 섞어서 마시게 하였다. 며칠 동안을 이렇게 하여 잘라낸 살점이 다 떨어지자 병이 나았다.

이씨는 바야흐로 임신을 한 상태였는데 심한 상처로 인하여 결국 유산을 하고 말았으나 혼자 힘으로 아픔을 참으면서 오직 남편이 알게 될까 걱정하였다. 계집종에게 말하지 말라고 당부하였으나 결국은 알

69 이불로 덮고 : 원문은 '복이금(覆以衾)'이다. 《상변통고(常變通攷)》〈상례(喪禮) 습(襲)〉에 "시자는 습을 마치고 이불로 덮는다.〔侍者卒襲覆以衾〕"라고 하였고, 그 주에 "복건을 씌우고, 귀를 막으며, 멱목을 설치하고, 신을 신긴 뒤 심의를 입히고 대대(大帶)을 매듭짓고, 악수를 설치하고 이에 이불로 덮는다."라고 하였다. 이 구절은 친척들도 모두 정익주가 죽었다고 생각했다는 의미이다.

려지게 되었는데, 익주가 이를 알고 크게 놀라 상처를 어루만지며 눈물을 흘리면서 말하기를

"죽고 사는 것은 운명이거늘 어찌하여 이렇게까지 스스로 몸을 상하게 하는가?"

라고 하였다. 그러자 이씨는 대수롭지 않게 말하기를,

"당신은 형제도 없고 또 자식도 아직 없으니 당신이 죽는다면 집안이 망하는 것입니다. 내 어찌 몸뚱아리를 아껴가면서 경각에 달린 목숨을 차마 구하지 않겠습니까? 지금 다행히 하늘의 영령에 힘입어 당신이 완쾌되고 나 역시 온전하니 다시 무엇을 근심하겠습니까?"

라고 하였다.

원근에서 이 일을 들은 사람들은 모여서 위로하며 감탄하지 않은 이가 없었다. 사대부들이 그녀의 행실을 기록하여 조정에 상달(上達)하고자 하였는데 이씨가 이를 듣고서 부끄러이 여겨 시아버지에게 말하기를,

"여인네가 남편을 위해서라면 비록 몸을 죽인다 해도 기특한 일이 되지 못합니다. 하물며 규합(閨閤) 안에서의 일을 위로 조정까지 알려가면서 은혜로운 포장(褒奬)을 바라겠습니까? 제가 차라리 죽을지언정 차마 듣지 못하겠습니다."

라고 하였다. 익주가 부인의 말을 전하며 힘껏 말리니, 듣는 이들이 더더욱 의롭게 여겨 논의가 중지되었다.

19년이 지난 무신년(1788, 정조12) 우리 성상께서 풍화(風化)를 돈독히 하고 절의(節義)를 면려(勉勵)하시고자 널리 중외(中外)에서 찾으니 작은 것까지도 드러나지 않음이 없었으며[70] 임금님과 가까이 있는 이들도 이 일을 감히 끝까지 숨기지 못하였다. 이에 예관이 사실

에 의거하여 아뢰자 상께서 가상히 여기시고 서둘러 명하시어 그 문에 정려하도록 하였다.

이씨의 아들 정전(鄭銓)이 내가 태사(太史)의 직임에 있다 하여 찾아와 그 일을 기술해달라고 청하였다. 나는 그 행장을 다 읽고 숙연하게 옷깃을 여미며 말하였다.

"우뚝하도다, 이씨의 열(烈)은 예로부터 듣지 못했던 것이다. 《서경》에 이르기를 '그 마을에 정표(旌表)하여 교화를 세운다.〔表厥宅里, 樹之風聲.〕'[71]라고 하였다. 아아, 성인의 교화가 훈증(薰蒸)한 듯 흘러 넘쳐서 아래로 여항(閭巷)까지 이르렀으므로 이처럼 아름다운 절개가 있게 되었으니 지극한 정성이 하늘을 감동시켜서 신명이 음덕(陰德)을 내려준 것이리라."

이 일은 노래와 시로 불려지고 나라의 역사책에 실릴 만하므로, 드디어 그 일의 본말을 써서 정려문에 걸어둔다.

70 우리 성상께서……없으시니 : 《일성록》 정조 12년(1788) 9월 15일 기사에 각 도에서 아뢴 효자와 열녀의 별단이 있으며, 정익주의 처 이씨를 비롯하여 33명의 효자와 열녀가 실려 있다.

71 그……세운다 : 《서경》 〈주서(周書) 필명(畢命)〉에 나온다. 436쪽 주42 참조.

강화도의 남문루를 중수한 일에 대한 기문[72]

江都南門樓重修記

강화도는 우리나라의 진양(晉陽)[73]이다. 진양은 산과 계곡의 험고함에 의지하므로 반드시 유능한 자가 나와야만 지킬 수 있다. 오직 강화도는 바닷가에 웅거하여 이를 해자로 삼으니 가장 범하기 어렵다고 일컫을 만하다. 먼 옛날 단군(檀君)과 기자(箕子)의 시대로부터 혈구(穴口)라고 불렸으니[74] 마치 굴처럼 험하고 좁은 것을 말한 것이다.

고려(高麗) 때에는 저 몽원(蒙元)의 병력으로도 오히려 에워싸고 공격할 수 없었으므로, 단지 협박하고 을러대어 많은 무리로 압박하면서 열 번이나 사신을 보내 꾸짖었지만 돌아보고 담소(談笑)로 대응하

72 강화도의……기문 : 강화도의 성첩(城堞)을 보수한 일을 계기로 관리의 역할과 관방(關防)의 중요성을 논하고 사람들이 원대한 계획 없이 눈앞의 이익만 좇는 세태를 비판하였다. 이 글은 이계의 동생인 홍명호가 강화 유수(江華留守)로 있을 때인 1799년(정조23)에 지어졌다.

73 진양(晉陽) : 나라가 위급한 상황에 놓였을 때 대피하여 힘을 기를 수 있는 보장지(保障地)라는 의미이다. 춘추전국시대 진(晉)나라의 조간자(趙簡子)가 윤탁(尹鐸)을 보내어 성을 쌓게 하였는데, 윤탁은 조간자의 바람과 달리 진양에 가서 성벽을 높이 쌓고 선정(善政)을 베풀었다. 훗날 조간자의 아들 조양자(趙襄子)가 지백(智伯)의 공격을 받았을 때 진양으로 피신했는데, 진양의 백성들이 한데 뭉쳐 지백의 군대를 무찔렀다. 《國語 卷15 晉陽》

74 혈구(穴口)라고 불렸으니 : 강화도는 고구려 때 혈구군(穴口郡)이라고 하였고 고려 초에 강화로 고쳤다. 《新增東國輿地勝覽 卷12 江華都護府》

면서 편안하게 한 올의 머리카락도 움직이지 않았다.[75] 저들 역시 치지도외(置之度外)하여 어떤 일도 묻지 않았으니 이는 바로 하늘이 금성탕지(金城湯地)의 굳건함을 만들어 우리 자손 백성들에게 은혜를 베풀어주신 것이다.

저 정묘년의 침입(정묘호란(丁卯胡亂))은 빠르기가 풍우와 같았지만 우리가 병사들을 모아 강화로 들어가고 올곧은 말로 따짐으로써 전쟁터에서 화살 하나도 소비하지 않고 화친을 맺게 하였으니, 이른바 "아름답구나 산하여, 나라의 보배로다.〔美哉山河 國之寶也.〕"[76]라는 것이다. 그런데 유독 병자년의 변란(병자호란(丙子胡亂)) 때에는 충신들은 서로 연이어 목숨을 바치고 종묘사직은 위태로움에 빠졌다가 근근이 보전되었다. 이것이 도대체 어찌 된 까닭인가.

이는 지키는 신하의 죄이니 수없이 살을 저며서 죽인다 해도 오히려 가볍지만, 그렇게 된 연유를 찾아보면 환난(患難)은 험준함을 믿기만 하고 방비를 잊은 데에서 생겨났을 뿐이다. 《주역》에 "문을 겹으로 설치하고 목탁을 치며 순찰하여 도적에 대비한다.〔重門擊柝, 以待暴客.〕"[77]라고 하였다. 이미 그 문을 겹으로 설치한데다 또 목탁을 치는

75 고려(高麗)……않았다 : 고려가 강화로 수도를 옮겼던 기간을 가리킨 것이다. 1232년(고종19)부터 1270년(원종11)에 개경(開京)으로 환도하기까지 38년간 고려의 수도였다.

76 아름답구나……보배로다 : 이 구절은 《사기》 〈손자오기열전(孫子吳起列傳)〉에 나오는 구절을 차용한 것이다. 위무후(魏武侯)가 배를 타고 서하(西河)를 따라 내려가면서 주변을 둘러 보고 오기(吳起)에게 말하기를 "아름답구나, 산하의 견고함이여! 이것이 위(魏)나라의 보배이다.〔美哉乎山河之固, 此魏國之寶也.〕"라고 말한 고사가 있다.

것이니, 성인께서 경계한 것이 만세토록 변하지 않음이 이러하다. 때문에 나라에서도 강화도에 대해 엄밀히 조처하고 대비하는 것[78]이 이보다 더할 수 없을 정도이다.

나의 아우 명호(明浩)가 이조 참판(吏曹參判)으로 있다가 유수(留守)의 직임을 제수받아[79] 정성을 다해 직분을 수행하였으며, 더욱이 비가 올 때를 대비[80]하는 데에 관심을 두었다. 부임한 지 반년 동안 씀씀이를 줄이고 민력(民力)을 비축하여 성첩(城堞)이 붕괴된 곳을 개축(改築)하니 터진 곳을 보수한 것이 1,800여 무(武)였다. 남쪽과 북쪽의 문루(門樓)가 기울어 넘어진 것을 재목을 교체하고 기와를 바꾸어 단청을 칠하고 담장을 바르니 환하게 새로운 모습으로 바뀌었으며, 남쪽의 장대(將臺)인 진해루(鎭海樓)[81]를 중건하고 성의 창고도

77 주역에……대비한다 : 《주역》 〈계사전 하(繫辭傳下)〉에 "문을 겹으로 설치하고 목탁을 치며 밤에 순찰을 하여 도적에 대비한다.〔重門擊柝, 以待暴客.〕"라고 하였다.

78 엄밀히……것 : 원문의 '주무(綢繆)'는 미리 대비하여 환란을 막는다는 의미이다. 《시경》 〈빈풍(豳風) 치효(鴟鴞)〉에 "하늘에서 장맛비가 내리지 않을 때에, 저 뽕나무 뿌리를 거두어 모아다가 출입구를 단단히 얽어서 매어놓는다면, 지금 이 하민(下民)들이 혹시라도 감히 나를 업신여길 수 있겠는가.〔迨天之未陰雨, 徹彼桑土, 綢繆牖戶, 今此下民, 或敢侮予.〕"라는 구절에서 유래한 것이다.

79 명호(明浩)가……제수받아 : 홍명호가 강화 유수에 제수된 것은 1798년(정조22) 9월 9일이다. 이듬해 4월 형조 판서가 되었다가 다시 잉임(仍任)되었고, 1800년 4월 26일 지중추부사(知中樞府事)가 되었다.

80 비가……대비 : 비가 온다는 것은 국가에 환란이 일어나는 비상시국을 의미한다. 원문은 '음우(陰雨)'인데 이는 《시경》 〈빈풍 치효〉에서 인용한 것이다. 앞의 주 78 참조.

81 진해루(鎭海樓) : 진해루는 강화 외성(江華外城)의 문루(門樓) 중 하나로 갑곶나루 바로 옆에 위치하여 강화도의 관문 역할을 하였다. 강화 외성은 1233년 몽골의 침입

수리하여 증축하였다. 남서쪽의 큰 못〔大池〕과 동북쪽의 작은 못〔小池〕은 모두 준설하여 깊게 하였는데 그 비용도 관청에서 출연하여 백성들의 힘을 번거롭게 하지 않았다. 국가의 보장(保障)이 이에 더욱 공고해졌고 사람들이 우러러보는 것은 이에 더욱 엄숙해졌으니, 수신(守臣)의 직분을 저버리지 않았다고 이를 만하다.

그러나 나는 일찍이 선배들이 "강화도가 보장(保障)이지만 사람의 꾀가 잘못되면 도리어 천연의 험지를 잃게 된다."라고 하는 것[82]을 들었다. 이는 무엇을 말한 것인가? 무릇 강화도라는 섬[83]은 사면이 바다로 둘러싸였고 작은 물길이 나 있어서 마치 개미굴이나 소라껍데기 같다. 밀물이 들어오고 썰물이 빠져나가며 진흙은 켜켜이 쌓여서 사람이 발을 디딜 수조차 없거늘 배가 어떻게 돛을 펼치고 다닐 수 있겠는가! 이와 같은 까닭에 갑곶(甲串)이나 승천(昇天)[84]이 아니면 애초부터 배가 다닐 수 있는 길이 없으니 이 한 방면에 성을 쌓고 진(鎭)을 설치해서 왕래하도록 하고 삼가 방어하여 지키도록 했을 뿐이다. 비록 채찍을

에 맞서 강화도의 동쪽 해안을 방어하기 위해 적북돈대부터 초지진까지 쌓은 성이다.

82 선배들이……하는 것 : 조경(趙絅)의 《용주유고(龍洲遺稿)》를 보면, "강화도로 말하자면 삼남으로 가는 뱃길이 통하지 않는 곳이 없고 큰 바다로 둘러싸여 있고 나루도 험하니, 참으로 하늘이 내린 험지입니다. 병자년에 지키지 못했던 것은 땅의 죄가 아니라 사람의 꾀가 좋지 않았기 때문이니다."라는 구절이 보인다.

83 강화도라는 섬 : 원문은 '심지위도(沁之爲島)'로 '심(沁)'은 강화도를 의미한다. 고려 때 강화 또는 심주(沁州)라고 했다가 강화로 천도한 뒤 강도(江都) 혹은 심도(沁都)라고도 일컬어졌다. 《江華府志 建置沿革》

84 갑곶(甲串)이나 승천(昇天) : 강화도에 있었던 나루터를 말한다. 갑곶은 강화의 동북쪽으로 현재의 강화대교 인근에 있고, 승천은 승천보(昇天堡)로 한강과 임진강, 예성강이 모두 모이는 강화도 북쪽에 있으며 개성과 강화를 연결하는 나루였다.

던져 강물을 막을 만큼의 많은 병사들[85]이나 쇠를 녹일 만한 강한 적이 있다 해도 지모(智謀)는 교묘함을 다할 수 없고 용기는 힘을 쓸 수가 없어서, 머뭇거리기만 하다가 도리어 물러나니 감히 해안가 위는 한 발자국도 엿보지 못할 것이다. 이야말로 천하의 지극히 험한 곳으로써 온 나라의 성읍(城邑)[86] 중에서는 더불어 상대할 만한 것이 없다.

근세 이래로 인구가 점차 번성하여 민력(民力)이 더욱 커졌으므로 방죽을 쌓아 조수(潮水)를 막고 개펄을 변화시켜 밭으로 만드니 포구(浦口)가 변하여 물이 본래의 물길을 잃게 되었는데도 상선들과 고기잡이배의 닻을 내리는 데 편리하다고만 여기는 이들이 태반이다. 눈앞의 이익만 좇아 엿보면서 만세(萬世)토록 이어질 장구한 계책은 소홀히 하니, 이 안타까움을 어찌 이길 수 있으랴!

지금부터 해야 할 일로는 방죽을 트고 밀물과 썰물을 통하게 하는 것만한 것이 없으니 물의 본성을 순순히 따라서 다시 하늘이 내려준 험지를 회복해야 옳을 것이다. 비록 그렇지만 백년이나 된 좋은 밭을

85 채찍을……병사들 : '투편단류(投鞭斷流)'를 가리키는 말이다. 병사들의 말채찍을 던진 것만으로도 강물을 막을 만큼 군사가 많고 세력이 큰 것을 뜻한다. 전진(前秦)의 부견(苻堅)이 동진(東晉)을 공격할 때 부하인 석월(石越)이 진(晉)나라의 장강(長江)이 험하니 가벼이 움직여서는 안 된다고 하였다. 부견은 "나의 많은 군사들이 채찍을 강에 던지기만 해도 그 흐름을 막을 수 있다. 어찌 험한 것을 믿을 수 있겠느냐?"라고 하며 호기롭게 진군하였으나 비수(淝水)에서 크게 패배하였다. 《晉書 卷114 苻堅載記》

86 온 나라의 성읍(城邑) : 원문은 '해내제국(海內諸國)'으로 '해내'는 '나라 안', 제국(諸國)은 '여러 성읍들'이라는 의미로 사용되었다. 《국어(國語)》 〈주어(周語)〉에 "성읍에는 집행하는 일에 차례가 있고, 현(縣)에서는 백성들이 하는 일에 질서가 있게 된다.〔國有班事, 縣有序民.〕"라는 구절이 있고, 위소(韋昭)의 주(注)에 "국은 성읍이다.〔國, 城邑也.〕"라고 하였다.

훼손하여 여러 백성들의 먹을 거리를 빼앗게 되는 일이므로 하루아침에 가벼이 논의할 수 없는 점이 있다. 그러니, 우선 돈대와 성루(城壘)를 증축하고 멀리 요망(瞭望)[87]을 설치하여 낯선 배[88]가 범하는 것에 대비한다면, 관문을 열어두고 적을 맞아들인다는 근심을 거의 면할 수 있을 것이다.

87 요망(瞭望) : 먼 곳을 살펴보기 위한 망루(望樓) 등을 의미한다.

88 낯선 배 : 원문은 '객선(客船)'인데 여기서는 청나라의 배 혹은 황당선(荒唐船) 등을 가리키는 것으로 보인다. 황당선은 우리나라 연해에 출몰한 국적 불명의 외국 배를 가리키는데, 숙종(肅宗)·영조(英祖) 연간에 많이 출몰하여 문제시되기도 하였다.

무열사를 중수한 일에 대한 기문[89]

武烈祠重修記

평양(平壤)의 무열사(武烈祠)는 바로 황명(皇明) 여러 장군들의 영령을 모시는 장소이다. 저 옛날 만력(萬曆) 임진년(1592) 왜적들이 대거 침입하여 삼경(三京)[90]이 함락되니 우리 선묘(宣廟, 선조(宣祖))께서도 적병을 피해 서쪽으로 내려가시어 용만(龍灣)에 머무셨다. 황조(皇朝)에 구원을 요청하자 신종황제(神宗皇帝)[91]께서 측연(惻然)히 불쌍히 여기시어 군대를 일으켜 구원해주시니, 대사마(大司馬) 석공(石公, 석성(石星))이 실로 그 논의를 주도하였다.

89 무열사를……기문 : 이계가 평안도 관찰사로 있던 1792년(정조16) 가을 평양의 무열사(武烈祠)를 중수한 뒤 무열사의 의미와 배향된 인물들에 대해 쓴 글이다. 무열사는 명나라의 병부 상서 석성(石星)을 기리고자 세운 것이다. 1594년(선조27) 10월 11일 선조(宣祖)는 석성의 생사당을 세우라는 명을 내리고 건립과 동시에 사액(賜額)하였다. 이후 이여송·이여백(李如柏) 형제와 양원(楊元)·장세작(張世爵)이 배향되었고, 1792년 무열사를 중수한 뒤에 이계가 올린 장계에 따라 낙상지(駱尙志)도 추향(追享)하였다.

석성(1537~1599)은 자는 공진(拱辰), 호는 동천(東泉)이다. 1559년 진사(進士)가 되어 관직에 진출하여 1591년 병부 상서에 이르렀다. 임진왜란 때 구원병 파견을 강력히 주장하였고 전쟁 중에 일본과 강화(講和)를 주장하였으나 협상이 결렬되고 정유재란이 발발하자 1597년에 감옥에 갇혔다가 병사하였다.

90 삼경(三京) : 남경(南京)인 한양(漢陽), 중경(中京)인 개성(開城), 서경(西京)인 평양(平壤)을 말한다.

91 신종황제(神宗皇帝) : 명나라의 13번째 황제로 이름은 주익균(朱翊鈞, 1563~1620)으로 연호는 만력(萬曆)이다.

제독(提督) 이공(李公, 이여송(李如松))[92]이 부절(符節)을 들고 삼군(三軍)을 통솔했으며 총병(總兵)인 양원(楊元),[93] 이여백(李如栢),[94] 장세작(張世爵)[95]이 각각 중협장(中協將), 좌협장(左協將), 우협장(右協將)이 되었다.

계사년(1593) 정월, 평양에 바짝 다다라 진을 치자 적들은 성을 둘러싸고 굳게 지켰다. 화살과 탄환이 비처럼 쏟아짐에 사람들이 감히 접근하지 못했는데 참장(參將) 낙공(駱公)[96]이 대포를 옆구리에 끼고

92 이여송(李如松) : 이여송(1549~1598)은 자는 자무(子茂), 호는 앙성(仰城)이다. 부친은 요동총병(遼東總兵) 이성량(李成梁)이다. 1592년 영하(寧夏)에서 일어난 보바이〔哱拜〕의 난을 평정하는 데 공을 세웠고, 임진왜란 때 구원병을 거느리고 조선으로 출전하여 1593년(선조26) 1월 평양성을 탈환하였다. 그러나 벽제관(碧蹄館) 전투에서 패배한 뒤 소극적으로 활동하다가 1593년 말에 귀국하였다. 1598년 요동 총병관(遼東總兵官)으로 토번(土蕃)과 전투에서 전사하였다.

93 양원(楊元) : 양원(?~1598)은 부총병(副總兵)으로 이여송의 휘하에서 좌협장을 맡아 조선에 출전하였다. 평양성 전투와 벽제관 전투에 참여하여 공을 세웠고, 정유재란 때 남원(南原)을 지키다가 중과부적으로 패배하였는데 패전의 책임을 물어 참수당하였다.

94 이여백(李如栢) : 이여백(1553~1620)은 자는 자정(子貞), 호는 초성(肖城)이다. 이여송의 동생이다. 이여송의 좌협장으로 평양성을 탈환하는 데 공을 세웠다. 명나라로 돌아가 귀주총병(貴州總兵)이 되고 1595년 영하(寧夏)로 옮겼다가 병으로 사임하였다. 20년 뒤 다시 기용되어 후금(後金)과 전투를 벌이다 패하자 1621년에 자살하였다.

95 장세작(張世爵) : 장세작의 호는 진산(鎭山)이다. 부총병관(副總兵官)으로 이여송의 우협장이 되어 평양성을 탈환하는 데 공을 세웠다. 벽제관 전투에서 패배한 뒤 회군(回軍)해야 한다는 입장을 견지하여 조선의 군신(君臣)들과 마찰이 있었다.

96 참장(參將) 낙공(駱公) : 낙상지(駱尙志)이다. 임진왜란 때 보병 3천을 거느리고 조선으로 출전하였다. 용맹하고 용력이 뛰어나 사람들이 '낙천근(駱千斤)'이라고 불렀고 평양성 탈환 때 선봉에서 많은 활약을 하였다. 조선의 찬획사(贊畫使)인 이시발(李

연달아 쏘고 불화살도 쏘아대니 검은 연기와 화염이 산처럼 피어오르고[97] 성안이 진동하였다. 또 손으로 병사의 시체를 들어 성 위로 던지니 적들이 이를 보고 크게 놀라 명나라 병사들이 날아서 성에 올라왔다고 여기고, 내성(內城)[98]으로 퇴각하여 수비하였다. 낙공이 이에 성문(城門)을 깨부수자 군사들이 개미처럼 뒤따라 기어올랐으며, 제독이 대군을 지휘하여 북을 울리며 진군시키니 적들이 버티지 못하고 달아나 토굴(土窟)로 들어갔다.

적들이 토굴을 많이 파놓아 멀리서 바라보면 마치 벌집 같았는데 굴에서 탄환을 쏘아대니 천병(天兵 명나라 병사)이 많이 맞아 죽었다. 제독이 명령을 내려 군사들을 걷어들이면서 말하기를 "궁지에 몰린 도적들을 몰아붙여서는 안 된다."고 하였다. 적들이 사람을 보내어 목숨을 구걸하고 밤에 대동문(大同門)을 통해서 달아나 하룻밤 사이에 평산(平山)까지 치달리니 길에 넘어지고 고꾸라져 죽은 자들이 많았다. 제독이 병사들을 이끌고 추격하여 삼경을 모두 수복(收復)하자, 경략(經略) 송응창(宋應昌)[99]이 황제께 아뢴 첩보(捷報)에서 "이번 전

時發)이 감복하여 의형제를 맺었는데, 낙상지가 중국 책 수천 권을 주었다고 한다. 《正祖實錄 16年 8月 6日》

97 대포를……피어오르고 : 원문은 '공액대포 방화전 흑염여산(公腋大砲, 放火箭, 黑焰如山.)'인데 《정조실록》 기사에 수록된 홍양호의 장계에는 "낙상지가 겨드랑이에 대포를 끼고서 크게 외치며 연달아 쏘니 연기가 하늘까지 뻗쳤다.〔尙志腋挾大砲, 大呼連放, 烟焰漲天.〕"라고 되어 있다. 이를 참조하여 '연달아 쏘고'를 추가하여 번역하였다.

98 내성(內城) : 원문은 '내부(內郛)'인데 평양성의 구조를 참고하여 내성으로 번역하였다. 평양성은 북성(北城), 내성(內城), 중성(中城), 외성(外城)의 4구역으로 나뉜다. 내성이 궁궐이 있던 자리이고 중성은 관청이 있었으며, 외성은 백성들의 거주지역이다.

투에서 죽은 왜군 병사는 2만 여 인입니다."라고 말하였다. 난리가 평정된 뒤 관찰사 이원익(李元翼) 공이 조정에 알리자 평양에 사당(祠堂)을 건립하고 화공(畵工)을 보내어 다섯 공의 초상을 그려 걸어두고 봄가을로 희생과 폐백을 차려 제사를 지내게 하였다.

그 이후로 201년이 지나, 양호가 관서(關西)의 관찰사를 맡음에 먼저 무열사를 참배하였다. 석 상서(石尙書)와 이 총병(李總兵)의 화상(畵像)은 엄연(儼然)하며 늠름한 것이 마치 살아 있는 듯하였으나, 이 제독(李提督) 및 양원(陽元)·장세작(張世爵) 두 공의 화상은 병란에 없어졌으므로 목주(木主 나무로 만든 신위(神位))로 대신하였다. 또한 문정(門庭)이 좁고 좁은데다 건물도 퇴락하여 간간히 수리는 했지만 끝내 크게 넓히지는 못하였으니 이는 재조지공(再造之功)[100]에 높이 보답하는 방법이 아니다.

이에 나무를 베고 돌을 떠다가 서둘러 명을 내려 중창하게 하고, 먼저 정당(正堂)을 수리하여 채색 감실〔龕〕로 장식을 하였다. 다음으로는 두 재(齋)를 만드니 동쪽의 재는 숭의(崇義)라 하고 서쪽의 재

99 송응창(宋應昌) : 송응창(1536~1606)은 명나라의 관리로 자는 시상(時祥), 호는 동강(桐岡)이다. 1565년 진사가 되어 강주지주(絳州知州)가 되었다. 병부좌시랑(兵部左侍郞)에 이르고 우도어사(右都禦史)를 더하였다. 임진왜란 때 조선과 요계(遼薊) 등지의 군무를 담당하였다. 병부상서 석성이 군대를 물리고 일본과 강화를 맺자고 주장할 때, 송응창은 군사들을 남겨두어 지켜야 한다고 주장하다가 소환당하였다. 얼마 후 관직을 사임하고 서호(西湖) 고산(孤山)에 은거하였다.

100 재조지공(再造之功) : 재조지은(再造之恩)을 말한다. 망한 나라를 다시 일으켜 세워주었다는 의미로, 임진왜란 때 명나라 신종(神宗)이 원병을 파병해준 것에 대한 감사의 의미로 사용된 말인데, 여기서는 석성 이하 신하와 장수들이므로 재조지공이라고 표현한 것이다.

는 진무(振武)라 하였다. 바깥 뜰을 확장하여 넓히며 대문을 세우고 양무(兩廡)를 두었으며 편액을 동주문(東注門)이라고 달았다. 변실(籩室)·생주(牲廚)·제정(祭井)·망료석(望燎石)[101]이 차례차례 모두 갖추어졌다.

일이 모두 끝남에 사람들에게 고하기를 "임진왜란과 정유재란의 전쟁에 다섯 분 공(公)들이 마땅히 으뜸가는 공신이지만, 만 번 죽을 위험을 무릅쓰고 호랑이굴을 두들겨서 가장 먼저 적들의 흉악한 예봉(銳鋒)을 꺾어 빠르게 성(城)을 수복할 수 있게 한 것은 바로 낙 장군의 힘이었다. 평양에서의 한 번 승리가 실로 우리나라가 중흥(中興)의 업(業)을 세우는 기틀이 되었으니, 지금까지도 우리나라 사람들이 의관을 두르고 먹고 마시며 자손을 보호하고 있는 것, 이것이 누구의 덕분이겠는가! 이 땅과 이 사당에 어떻게 낙공(駱公)이 없을 수 있겠는가!"라고 말하였다.

드디어 역마를 달려보내어 이러한 사정을 갖추어 아뢰고 다섯 공(公)의 다음에 낙공을 추향(追享)하겠다는 청을 올렸다. 주상께서 허락하시고 길일을 골라서 사당에 추향할 것과 도독(都督)의 오세손(五世孫)으로 우리나라에서 벼슬을 하여 총관(摠管)이 된 이원(李源)을 파견하여 향축(香祝)을 받들고 와서 제사를 올리도록 명하셨다.[102] 이

101 변실(籩室)……망료석(望燎石) : 변실은 제기를 보관하는 방이고, 생주(牲廚)는 희생을 마련하는 주방, 제정(祭井)은 우물, 망료석은 망료위(望燎位) 즉 제향을 올린 뒤 축문을 불사르는 곳이다.

102 역마를……명하셨다 : 이와 관련된 내용은 《정조실록》 16년 9월 18일 기사에 보인다. 이원(李源)을 헌관(獻官)으로 삼아 보냈으니 맞이하여 의식대로 예를 행하라는 것과 무사들에게 잔치를 베풀고 기예를 시험하여 포상하라는 내용 등이 있다.

보다 앞서 이원의 아들 효승(孝承)이 전(前) 중군(中軍)이었는데 막부(幕府)로 불러들여서 사당 세우는 일을 감독하게 하니 사람들이 모두 영광으로 여겼다. 이때 열읍(列邑)의 수령들로 와서 모인 자가 20여 원(員)으로 모두 갑주(甲冑)를 차려입고 제사에 참여하여 거들었으며, 유생(儒生)과 무사(武士)로 소문을 듣고 참여하러 온 사람들이 7천여 인(人)이었다. 주상의 명으로 다음날 과거(科擧)를 행하여 활쏘기로 시험을 보고, 급제한 자 90여 인(人)에게 주연(酒宴)을 마련하고 대합악(大合樂)[103]을 울리며 잔치를 베푸니, 온 도내의 사람들이 고무되어 환성소리가 우레와 같았다.

내가 감탄하며 말하기를, "이 사당이 세워진 때부터 지금까지 이백여 년인데 이제야 비로소 아름다운 일이 있게 되었다. 사람들 모두가 존주의리(尊周義理)와 조방(造邦)의 공[104]을 알게 되었으니, 이는 실로 우리 성상께서 큰 공적을 추념(追念)하사 특별한 예우를 크게 거행하시어 사람들로 하여금 보고 느껴 흥기하도록 하심이 여기까지 이른 것이다. 그러니 고을 사람들이 높이는 도리에 있어서는 더욱 경건하게 정성을 다하여 영원히 쇠퇴하지 않기를 꾀해야 마땅할 것이다."라고 하였다.

이에 유향(儒鄕)[105]의 자제로 나이가 어리고 재주있는 자들을 권장하

103 대합악(大合樂) : 육률과 오음을 모두 연주하고, 여덟 가지 악기와 모든 춤을 함께 베푸는 것을 말한다. 여기서는 음악을 성대하게 연주했다는 의미로 쓴 말이다.

104 존주의리(尊周義理)와 조방(造邦)의 공 : 존주의리는 화이론(華夷論)에 바탕한 것이다. 본래 제후국이 주(周)나라 천자를 높인다는 뜻이었는데, 중화(中華)를 존중하고 오랑캐를 배척한다는 의미로 사용되었다. 이 구절에서는 명(明)나라를 존숭한다는 의미로 사용한 것이다. 조방의 공은 462쪽 주100 참조.

여 흥기시키고자 강사(講射)[106]를 통해 10인을 선발하여 두 재(齋)에 나누어 거처하게 하였다. 희름(餼廩)을 주어 양성하고 재주를 시험하여 상을 주면서 시간을 들여 교화시킨다면[107] 성대하게 재주를 이루기를 바랄 수 있을 것이다. 《시경》에 "씩씩한 무사여, 공후의 간성이로다.〔赳赳武夫 公侯干城〕"[108]라고 하였고, 전(傳)에 말하기를 "산동에서 재상이 나오고, 산서에서 장수가 나온다.〔山東出相 山西出將〕"[109]라고 하였으니, 모두 평소에 잘 양성하였다가 사용할 때에 방법이 있음을 말하는 것이다.

105 유향(儒鄕) : 유향은 유생(儒生)과 향청(鄕廳) 즉 유향소(留鄕所)에 있는 사람들을 말한다. 유향소는 향리(鄕吏)를 규찰하고 향촌 교화를 위해 설치된 것으로 선조(宣祖) 이후에는 수령을 보좌하여 행정 실무의 일부를 담당하기도 하였다.

106 강사(講射) : 병서(兵書)를 강(講)하고 활쏘기를 통해 시험하는 것을 말한다.

107 교화시킨다면 : 원문은 '점마(漸磨)'인데 교육으로 감화시킨다는 뜻이다. 《한서(漢書)〈동중서전(董仲舒傳)〉에 "태학을 세워 나라에서 가르치고 상서를 설치하여 지방 고을에서 교화시켜서, 백성을 점차 인으로 교화시키고 백성을 의리로 연마시켜야 한다.〔立大學, 以教於國, 設庠序, 以化於邑, 漸民以仁, 磨民以義.〕"라고 한 데에서 유래한 말이다.

108 시경에……공후의 간성이로다 : 《시경》〈주남(周南) 토저(兔罝)〉에 보인다. 〈토저〉는 교화가 행해져 풍속이 아름다워짐에 어질고 재주있는 사람이 많아졌다는 것을 읊은 시로 문왕(文王)의 덕화(德化)가 행해짐을 칭송하는 내용이다.

109 전(傳)에……나온다 : 《한서(漢書)》 권69 〈조충국신경기전(趙充國辛慶忌傳)〉에 나오는 말이다. "관동에서 재상이 나오고 관서에서 장수가 나온다.〔關東出相, 關西出將.〕"라고 말하기도 한다. 한편 《후한서(後漢書)》 권58 〈우후전(虞詡傳)〉에는 "속말에 이르길 '관서에서 장수가 나오고 관동에서 재상이 나온다'고 하였다.〔喭曰, '關西出將, 關東出相.〕'"라는 구절도 있다.

수충사에 대한 기문[110]

酬忠祠記

발해(渤海)의 서쪽, 살수(薩水)의 북쪽에 산이 있어 묘향(妙香)이라고 하니 단군씨(檀君氏)가 내려온 곳이다. 봉우리와 골짜기가 웅장하고 깊숙하여 신선의 흔적들이 많으며 고승(高僧)이나 기이한 승려들은 왕왕 이곳에 은거하여 나오지 않았다. 아아, 우리 목릉(穆陵 선조(宣祖))께서 다스리실 때에 청허대사(淸虛大師)[111]라는 이가 석장(錫

110 수충사에 대한 기문 : 임진왜란 때 승병(僧兵)을 이끌었던 서산대사(西山大師) 휴정(休靜)의 사당인 수충사(酬忠祠)를 세우고 거기에 제한 글이다. 수충사는 평안북도 묘향산 보현사(普賢寺) 경내에 있고, 서산대사와 그 제자 사명대사(四溟大師) 유정(惟政), 처영(處英)의 화상이 있다. 편액은 이계가 명을 받아 쓴 것인데 1795년(정조19) 늦봄에 쓴 것으로 이 글 역시 이 무렵 쓰인 것으로 보인다.

그림 15 수충사 편액

111 청허대사(淸虛大師) : 서산대사(西山大師) 휴정(休靜, 1520~1604)이다. 1589년(선조22) 정여립(鄭汝立)의 역모가 있었을 때 역모에 가담했다는 무고가 있어 하옥되었으나 곧 석방되었다. 1592년(선조25) 선조의 부름에 응하여 격문을 돌려서 승려들

杖)을 날려 이곳으로 와서 가르침을 닦고 중생을 제도하였다.

임진년(1592) 섬나라 오랑캐들이 쳐들어와 우리의 삼경(三京)을 점령하자 거가(車駕)가 서쪽으로 몽진(蒙塵)하셨다. 대사가 검을 짚고 산에서 내려와 길가에서 지영(祗迎)하니 목릉께서 위로하며 말하기를,

"나라의 일이 위급하게 되었으니 네가 능히 자비로운 마음을 펼쳐서 백성들을 널리 구제할 수 있겠느냐?"

하였다. 대사가 머리를 조아리며 아뢰기를,

"신은 이제 늙어 감히 군사를 따르지는 못합니다만, 신의 제자들이 제로(諸路)에 흩어져 있으니 응당 서둘러 의병을 일으킬 것입니다."

라고 하였다. 이에 팔로 십육종 도총섭(八路十六宗都摠攝)을 제수하고 관찰사들에게 효유(曉諭)하여 그의 명을 듣게 하니, 유정(惟政)[112]은 관동(關東)에서 승병을 일으키고 처영(處英)[113]은 호서(湖西)에서

이 의병을 일으키도록 하였고, 자신도 승군을 거느리고 명군과 협력하여 평양성을 탈환하는 데 공을 세웠다. 이후 관직에서 물러나 묘향산으로 돌아왔고 1604년(선조37) 자신의 영정 뒤에 시를 남기고 입적하였다.

112 유정(惟政) : 유정(1544~1610)은 속명은 임응규(任應奎)이고 호는 사명당(四溟堂)·송운(松雲)이다. 1562년(명종17) 승과(僧科)에 합격하고 박순(朴淳)·임제(林悌) 등 유생과 사귀며 노수신(盧守愼)에게 학문을 배우기도 하였다. 1589년(선조22) 정여립의 역모 때 무고를 받았으나 강릉의 유생들이 무죄를 주장하여 석방되었다. 1592년(선조25) 휴정의 격문을 받고 강원도에서 승병을 일으켰으며 순안(順安) 법흥사(法興寺)에서 휴정과 합류하여 평양성 탈환에 공을 세웠다. 임진왜란 때 많은 공을 세웠고 전쟁이 끝난 뒤에는 선조의 명으로 일본에 다녀오면서 포로를 귀환시키기도 하였다. 밀양 표충사(表忠祠)와 묘향산 수충사에 배향되었다.

113 처영(處英) : 처영(?~?)은 휴정의 제자로 임진왜란 때 호남에서 승병을 이끌고 봉기하였다. 권율(權慄)과 함께 전투에 참가하여 공을 세웠으며 남원의 교룡산성을 쌓기도 하였다. 정조의 명으로 표충사에 배향되었다.

승병을 일으켰다. 대사 역시 문도(門徒)들을 통솔하여 모두 오천여 인(人)이 순안(順安) 법흥사(法興寺)[114]에 집결해서 천병(天兵)에게 협조하였고, 계사년(1593) 정월 평양에서 크게 적을 무찌르니 적들은 한밤중에 달아났다.[115] 드디어 삼경이 수복(收復)됨에 대사가 용사(勇士) 일백 인을 거느리고 거가를 맞이하여 도성으로 돌아오자, 이 제독(李提督 이여송(李如松))이 시를 써 주었고 우리나라를 구원하러 온 명나라의 문무(文武) 제신(諸臣)들이 이름을 나열하고 서찰과 폐백을 갖추어 예를 올렸다. 산인첩(山人帖)이 보현사(普賢寺)[116]에 보전되어 있다. 대사가 임종에 즈음하여 작은 화상(畵像)을 가져다 쓰기를 "팔십 년 전 그가 나였고, 팔십 년 후엔 내가 그였다.〔八十年前渠是我, 八十年後我是渠.〕"라고 하고 내원(內院)에 안치해두었다.

기묘년(1759, 영조35)에 내가 강동(江東)의 수령으로 있으면서[117] 묘향산을 유람하며 대사의 상(像)을 배알하고 서첩(書帖)을 완상하였는데 그 펼쳐지지 못한 것을 애석해했었다. 33년 뒤인 신해년(1791, 정조15) 관서의 관찰사가 되어서 다시 묘향산에 이르렀을 때에는, 명

114 법흥사(法興寺) : 평안남도 평원군 신성리 강룡산에 있다. 고구려 때 창건되었고 고려 인종(仁宗) 때 3년에 걸쳐 중건되었다. 임진왜란 때 서산대사가 승려들에게 궐기할 것을 호소하고 승군을 조직한 곳이다.

115 계사년……달아났다 : 1593년 1월 6일부터 1월 8일에 걸쳐 있었던 조명(朝明) 연합군의 평양성 탈환 전투를 말한다. 앞의 글 〈무열사를 중수한 일에 대한 기문〉 참조.

116 보현사(普賢寺) : 평안북도 향산군 묘향산에 있는 사찰로 고려 광종(光宗) 때인 968년에 창건되어 후대로 갈수록 규모가 확대되어 묘향산을 대표하는 사찰이 되었다. 서산대사가 이곳에서 입적하였고 경내에 수충사가 있다.

117 기묘년에……있으면서 : 홍양호는 1758년 6월에 강동 현감(江東縣監)을 제수받았다.《承政院日記 英祖34年 6月 24日》

나라 사람들의 글을 새긴 돌을 취하여 뭇 승려들에게 크게 말하기를 "청허(淸虛)의 공적이 나라 안에 성대하거늘 어찌 너희들만이 높이 받들게 할 수 있겠는가."라고 하였다. 드디어 그 무리 중에서 스승의 가르침을 잘 닦는 정인(井印)이라는 이를 뽑아 도승통(都僧統)으로 삼아서 화상(畵像)을 받들고 향화(香火)를 주관하도록 하였다. 그리고 도내(道內)의 여러 사찰에 격문을 보내어 매년 정월 23일 청허가 적멸(寂滅)에 든 날에 각각 깨끗한 쌀을 걷어서 기일 전에 보현사에 와서 향을 사르고 제수를 마련하여 대사의 공덕에 보답하도록 하였다.

갑인년(1794, 정조18) 봄 이공(李公) 병모(秉模)[118]가 나의 후임으로 왔다가 탄식하여 말하기를 "청허의 화상은 특별히 사당을 세워서 경건함을 바쳐야 하지 않겠습니까?" 하고 드디어 장계(狀啓)를 올려 청하니, 상께서는 극구 옳다고 여기시어 '수충(酬忠)'이라고 사액(賜額)하셨다. 나에게 명하시어 편액을 써서 걸게 하고 예관을 파견하여 제사를 지내게 하였으며, 이제부터는 해마다 관(官)에서 제수(祭需)를 이바지하게 하고 또 쌀 330섬〔石〕을 내려주어 장인(匠人)들이 일하는 비용으로 돕게 하시니[119] 이에 관찰사와 고을 수령들이 힘을 합쳐 사당

118 이병모(李秉模) : 이병모(1742~1806)는 본관은 덕수(德水), 자는 이칙(彛則), 호는 정수재(靜修齋), 시호는 문익(文翼)이다. 1773년(영조49) 진사시를 거쳐 문과에 급제하여 관직에 진출하였다. 두 차례 청나라에 다녀왔고 1799년(정조23)에는 영의정이 되었다. 이병모가 평안도 관찰사가 된 것은 1792년(정조16) 11월이다.

119 갑인년 봄……돕게 하시니 : 1794년(정조18) 3월 16일에 정조는 이병모가 올린 장계에 따라 서산대사 휴정의 사당에 수충사(酬忠祠)라는 이름을 내려주고 관원을 보내어 치제하는 동시에 제위전(祭位田)을 주었다. 또 관찰사 이병모는 비문(碑文)을, 전임 관찰사 홍양호는 편액을 쓰게 하고, 제사와 제전(祭典)은 표충사(表忠祠)의 전례를 따르며, 제문은 예조 판서 민종현(閔鍾顯)이 지으라는 명을 내렸다.

을 완공하였다.

규(圭)를 보현사 앞에 세우고 4월 17일에 터를 넓혔으며 28일에 들보를 세우고 6월 23일에 진상(眞像)을 안치하였다. 강원(講院)·요사(寮舍)·범루(梵樓)·종각(鐘閣)·재실(齋室)·주방〔庖〕이 차례대로 완성되니, 용마루와 서까래는 높고 오묘하며 난간은 화려하였다. 겨우 3개월 만에 완공되니 바람과 비도 이르지 않았고 나무와 돌에서도 이적(異蹟)이 나타나니 마치 남몰래 돕는 이가 있는 듯하였으며, 화상을 안치하는 날에는 무지개 같은 흰 기운이 내원(內院)에서 일어나 영당(影堂)까지 이어지니 보는 사람들의 낯빛이 모두 엄숙하게 변하였다.

청허(淸虛)의 법명(法名)은 휴정(休靜)이고 항상 묘향산에 거처하였으며 자호(自號)는 서산(西山)이라고 한다. 비단 가사〔錦袈裟〕·수정구슬〔玻瓈珠〕·패엽선(貝葉扇)·무회목(無灰木) 발우〔鉢〕[120]가 보현사에 소장되어 있다. 관찰사가 또 예부에 청하여 도총섭의 직인(職印)을 만들어 내려줌으로써 일로의 모든 사찰들을 거느리게 하고, 승직(僧職) 6인을 두어 달마다 곡식을 지급하여 화상을 지키게 하였다. 이 일을 조정에 알리자 주상께서는 친히 명(銘)과 서(序)를 지으시고 판자에 새겨 걸도록 명하셨다. 처음에는 청허가 무고(誣告)를 당하여 감옥에 갇히기도 하였으나 목릉께서 그것이 잘못되었음을 살피시고 시로써 총애하셨다.[121]

120 무회목(無灰木) 발우 : 발우는 승려들의 식기이다. 무회목은 불회목(不灰木)의 별칭인데 썩은 나무 같지만 태워도 불에 타지 않으며 약재로 쓰인다. 《本草綱目 金石 不灰木》

지금 성상께서 그의 충(忠)을 아름답게 여기시어 다시 영당(影堂)에 명(銘)을 내려 현양하시니, 산인(山人)의 영예로는 예로부터 없었던 것이었다. 임진년(1592)부터 갑인년(1794)에 이르기까지 203년이 되는데 나라에서 대사의 공덕에 보답한 것이, 이에 유감이 없게 되었다. 이제부터 천만년이 계속된다 하더라도 대사가 나라의 은혜에 보답한 것은 응당 이 산과 더불어 영원히 다함이 없을 것이다.

121 무고(誣告)를……총애하셨다 : 무고를 살폈다는 것은 1589년 일어난 기축옥사(己丑獄死)와 정여립 사건에 관련되어 성희(性熙)라는 승려의 무고로 하옥되었다가 풀려난 것을 말한다. 《선조수정실록》 23년 4월 1일 기사에 보인다. 휴정도 국문을 받았으나 저서(著書)가 대개 문장이 단아하고 임금을 축복하는 내용이므로 상이 즉시 석방시키고 어서(御書) 당시 절구(唐詩絶句)와 묵죽(墨竹) 한 장을 하사하여 위로하고 돌아가게 하였다. 시로써 총애하였다는 것은 한양을 수복한 뒤 휴정이 용사들과 함께 어가(御駕)를 맞이했을 때 선조가 시를 내려준 것을 말하는 것으로 보인다. 선조의 시는 다음과 같다. "해동에 금강산 있어, 영웅과 현자 몇이나 잉태했나. 대사의 고명을 태산북두처럼 우러르니, 오늘 세상의 여래로다.〔東海有金剛, 雄賢幾鍾胎. 高名山斗仰, 今世是如來.〕" 또 손수 묵죽(墨竹)을 그린 병풍에 휴정에게 하사하는 시를 적었는데, 다음과 같다. "댓잎은 붓끝에서 나온 것이요, 뿌리는 땅에서 자란 게 아니네. 달그림자야 보기 어렵다지만, 바람 불어도 소리조차 없어라.〔葉自毫端出, 根非地面生. 月影雖難見, 風動未聞聲.〕" 이에 대해 휴정이 화운한 시도 있다. 《국역 무명자집(無名子集) 시고(詩稿) 4책 〈서산 대사에게 내린 어제시에 화운하여〉》

금몽암을 중수한 일에 대한 기문[122]

禁夢菴重修記

관동의 영월은 우리 장릉(莊陵 단종(端宗))께서 손위(遜位)하신 곳이다. 옛날 단묘(端廟)께서 궁궐에 계실 때 이곳에 대한 꿈을 꾸신 뒤 터를 잡아 절을 세우시고 금몽사(禁夢寺)라고 하셨는데, 노릉(魯陵)[123]의 왼쪽에 있어서 드디어 원당(願堂)이 되었다. 만력(萬曆) 임진년(1592, 선조25)의 병란으로 인해 불에 탔다가, 경술년(1610, 광해군2) 군수인 김후(金侯) 택룡(澤龍)[124]이 승려들을 모아서 개축(改構)하고 다시 이름하기를 노릉암(魯陵菴)이라고 하였다. 숭정(崇禎) 임인년(1662, 현종3) 동토(童土) 윤공(尹公)[125]이 이 군의 수령이 되

122 금몽암을……기문 : 단종의 원당(願堂)이었던 금몽암을 중수한 전말을 기록한 글로 1792년(정조16) 무렵에 승려인 지첨(知添)의 부탁을 받아 쓴 글이다.

123 노릉(魯陵) : 단종(端宗)의 능(陵)을 가리킨다. 단종이 폐위되어 노산군(魯山君)이 되었으므로 노릉이라고 하였고, 1698년(숙종24)에 위호를 회복하여 묘호(廟號)는 단종으로, 능호(陵號)는 장릉(莊陵)이라고 하였다.

124 김후(金侯) 택룡(澤龍) : 김택룡(1547~1627)은 본관은 예안(禮安), 자는 시보(施普), 호는 와운자(臥雲子)이다. 1588년(선조 21) 문과에 급제하여 관직에 진출하였다. 1604년(선조37) 10월 강원도 도사(江原道都事)가 되었다.

125 동토(童土) 윤공(尹公) : 윤순거(尹舜擧, 1596~1668)이다. 본관은 파평, 자는 노직(魯直), 호는 동토이다. 1645년(인조23) 대군사부(大君師傅)로 관직에 나가 여러 관직을 거쳤다. 1660년(현종1) 영월 군수가 되어 《노릉지(魯陵志)》를 편찬하고 지덕암(旨德菴)을 중건하였다. 이때 윤순거가 지덕암에 제한 글이 《동토집(童土集)》 권5 〈노릉 지덕암 중건기(魯陵旨德庵重建記)〉이며, 이와 관련된 내용이 《명재유고(明齋遺稿)》 권15 〈나현도에게 답함 11월〉에도 보인다.

자 녹봉을 덜고 재물을 모아서 제운대사(霽雲大師), 이름은 응잠(應岑)이라는 이에게 맡겨서 중건하고 편액을 '지덕(旨德)'이라고 바꿨으니 능호(陵號)를 피하여 지명을 취한 것이다.[126] 숙종(肅宗) 무인년(1698, 숙종24)에 단묘께서 복위되자 묘(墓)를 능(陵)으로 올리고 절터를 확장하여 큰 사찰로 만들어서 '보덕사(報德寺)'라고 이름하니 금몽암은 드디어 폐사(廢寺)되었다. 영묘 을축년(1745, 영조21) 장릉 참봉(莊陵參奉) 나삼(羅蔘)이 개연히 말하기를 "금몽암은 단묘께서 꿈을 꾸시고 창건한 것이니 어찌 폐기된 채 전하지 않을 수 있으랴!"라고 하고 이에 사재를 출연하고 인연이 있는 사람들을 모아 다시 옛터에 암사를 세웠다. 이에 노릉의 고사가 빠짐이 없게 되었으며 선왕의 유적이 사라지지 않게 되었으니, 나후(羅侯 나삼(羅蔘))의 뜻과 공적은 후세에 전할 만하다.

이제부터 이 지방 사람 중에 송백의 울창함을 우러르고 사대부들이 나와서 노니는 것을 바라보다가, 푸른 풀잎 위로 꽃이 피어 있고 서늘한 달빛 아래 구름이 모여들 때 두견새 소리가 위아래로 울려 종소리와 서로 어우러지면, 처연히 상심하여 뚝뚝 눈물 흘리지 않을 자가 있겠는가. 내가 일찍이 자규루(子規樓)의 아랑지사(兒郎之詞)를 짓고서[127] 한 구절을 읊을 때마다 한 차례씩 탄식하며 차마 다 읽지도 못했는데,

126 편액을……취한 것이다 : 〈노릉 지덕암 중건기〉에 의하면 "새로 이름하기를 지덕(旨德)이라고 하니 지명인 을지분덕(乙旨分德)에서 따온 것이다.〔新其名曰旨德. 蓋取諸乙旨分德 地名也.〕"라고 하였다.

127 내가……짓고서 : 아랑지사(兒郎之詞)는 상량문이다. 본집의 권22에 이계가 정조의 명으로 지은 〈자규루 상량문(子規樓上樑文)〉이 있다. 단종과 자규루에 대해서는 444쪽 주60, 61 참조.

지금 금몽암의 기문을 지으니 또다시 깊은 시름에 잠기게 되었다.

금몽암은 모두 31영(楹)으로 보덕사(報德寺)와 함께 임자년(1792, 정조16) 정월에 수리를 시작하여 8월에 일을 마쳤다. 발원(發願)한 자는 승려 한명(漢溟)이고 감독한 자는 재선(載禪)이며 나에게 기문을 청한 자는 지첨(知添)이라고 한다.

보은사를 중수한 일에 대한 기문[128]

報恩寺重修記

장백산(長白山)이 위로 동쪽 끝까지 다다랐다가 훌쩍 뛰어 구불구불 이어져서 남으로 2천 리(里)를 뻗어내려 철령(鐵嶺)이 되고, 철령이 드넓게 자리하여 횡으로 서려 있다가 서북으로 5백 리를 치달려 도봉산(道峰山)이 되었다. 도봉산은 우뚝하고 기이하며 웅장하여 수려함과 순수함을 배태하고 온축(蘊蓄)하여 흩리지 않다가 남쪽으로 터져서 복정산(覆鼎山 삼각산(三角山))이 되었다. 세 개의 봉우리가 정립(鼎立)하여 용이 솟구치고 봉황이 나는 듯 우뚝하게 서서 한성(漢城)의 진산(鎭山)이 되니, 이에 동방의 신령하고 맑은 기운이 들어오고 나가고 풀어지고 맺히면서 모여들어 만년(萬年)토록 영원할 신령스러운 도읍지를 이루었다는 것을 알게 되었다.

도봉산에서 서쪽으로 갈라져 나온 산줄기 하나가 오뚝하게 솟아서 위로 은하수까지 닿는 것을 만장봉(萬丈峰)이라고 하고, 만장봉 아래에 깎아지른 듯한 층층 바위가 마치 모자를 쓰고 서 있는 듯한 것을 사모봉(紗帽峰)이라고 한다. 사모봉 아래에 작은 가람(伽藍)이 있어 원통사(圓通寺)라고 하는데 뭇 봉우리들이 에워싸고 둘러서 있으니

128 보은사를……기문 : 보은사는 현재의 도봉산 원통사(圓通寺)이다. 원통사를 중수(重修)한 뒤 승려 유인(宥仞)이 이계에게 부탁하여 쓴 글로, 이계가 절의 이름을 보은사(報恩寺)로 바꾸고 그 의미를 풀이하였다. 원통사는 863년(경문왕3) 도선(道詵)이 창건했고 고려와 조선에 걸쳐 여러 차례 중건되었다.

마치 선관(仙官)들이 줄지어 시립(侍立)한 듯하며 위쪽으로 평평한 대(臺)가 이루어지니 이를 칠성대(七星臺)라고 한다. 삼각산이 그 오른쪽에 솟아 있고, 수락산(水落山)이 왼쪽에 우뚝하며, 남으로는 한수(漢水)가 띠처럼 빙 둘러 있는 것이 바라보이니 한양 동쪽의 승경지로 유독 일컬어진다.

그러나 이 사찰은 궁벽하고 그윽한 곳에 있었기 때문에 어느 시대에 창건되었는지 알지 못한다. 여러 차례 무너지고 중수하고 했는데 지금 또 중수한 지 백 년이나 되니 다시 무너지려 하였다. 승려들이 서로 더불어 논의하기를 "이 산은 도읍의 진산이요, 이 사찰은 명산(名山)의 주인이거늘 내버려두고 돌아보지 않을 수 있겠는가."라고 하고 드디어 내사(內司)와 예조(禮曹)로 달려와 고하고 첩(牒)을 보내어 모연(募緣)[129]을 청하였다. 두 해가 되기 전에 일을 마쳤다고 알려오니 불전(佛殿)과 요사(寮舍)・범루(梵樓)・재주(齋廚)가 환연히 일신(一新)되었다.

이때 나라에 큰 경사가 있어서 뭇 백성들이 서로 즐거워하였는데 이 절이 마침 완성되니 모두 말하기를 "이는 나라의 은혜이고 부처의 힘이며 신명이 도운 것이다."라고 하였다. 이에 절의 이름을 고쳐서 보은사(報恩寺)라고 하니, 하나는 나라의 은혜에 보답하는 것이요, 하나는 부처의 은혜에 보답하는 것이고, 또 하나는 산천의 은혜에 보답하는 것이다.

내가 이계(耳溪)의 정사(精舍)에 있었는데 산인(山人)인 유인(宥

129 모연(募緣) : 돈이나 물건을 시주하여 좋은 인연을 맺기를 바라는 것이다.

牣)이 와서 그 일을 기록해줄 것을 청하였다. 내가 사람들에게 일러 말하기를,

"좋도다, 이름이여! 무릇 임금이 일찍이 한 사람 한 사람마다 입혀주고 먹여주지 않았지만 온 백성들이 각자 이루고, 부처는 일찍이 한 사람 한 사람마다 제도(濟度)해주지 않았지만 중생이 스스로 깨우치며, 산천은 운행하고 움직이는 것을 볼 수 없지만 만물이 모두 번식한다. 일부러 사람들에게 은혜를 베풀지 않지만 이보다 큰 은혜가 없고 사람들에게 갚기를 요구하지 않지만 보답이 끝이 없다. 너희들이 칠성대에 올라서 만 년을 축수(祝壽)하고, 여래(如來)의 불당에 참배하며 무량(無量)의 게(偈)를 외우고, 만장봉을 우러르며 불건(不騫)의 송축[130]을 바치면서, 날마다 밤마다 해마다 대대로 잊지 않고 게을리하지 않는다면, 큰 은혜를 갚음이 이 산과 함께 무궁할 것을 기약할 수 있다. 〈우서(虞書)〉에 이르기를 '생각이 여기에 있고 버려도 여기에 있으며 이름하여 말해도 여기에 있다.〔念茲在茲 釋茲在茲 名言茲在茲〕'[131]라고 하였으니, 너희들이 성인의 가르침을 따를 수 있다면 이 또한 성인의 무리이다."

130 불건(不騫)의 송축 : 《시경》〈소아(小雅) 천보(天保)〉에 "초승달처럼, 아침 해처럼, 변함없는 저 남산처럼, 이지러지지도 않고 무너지지도 않으리.〔如月之恒, 如日之升, 如南山之壽, 不騫不崩.〕"라는 구절이 있다.

131 생각이……있다 : 《서경》〈하서(夏書) 대우모(大禹謨)〉에 순(舜)이 우(禹)에게 선양(禪讓)하려 할 때 우가 백성들이 고요(皐陶)를 흠모하고 있다고 하면서, "생각이 여기에 있고, 버려도 여기에 있으며, 이름하여 말해도 여기에 있고, 진심에서 나와도 여기에 있으니, 황제께서는 그의 공을 생각하소서.〔念茲在茲, 釋茲在茲, 名言茲在茲, 允出茲在茲, 惟帝念功.〕"라고 하였다.

라고 하였다. 이에 무리들 모두가 합장하고 절하며,

"삼가 가르침을 받겠습니다."

라고 말하였다. 드디어 이를 써서 벽에 걸어둔다.

연안 남대지를 준설한 일에 대한 기문[132]

延安南大池疏濬記

우리나라에 세 개의 큰 못이 있다. 하나는 호서(湖西) 홍주(洪州)의 합덕지(合德池)[133]요, 하나는 영남(嶺南) 함창(咸昌)의 공검지(恭儉池)[134]이고, 하나는 해서(海西) 연안(延安)의 남대지(南大池)이다. 금상 40년 갑신년(1764, 영조40) 가을, 내가 홍주 목사가 되었을 때 고을 사람이 아뢰기를 "지난 여름에 합호(合湖)의 둑이 터져 못 아래의 논밭 수천 마지기 전부 벼가 없습니다."라고 하였다. 내가 이를 듣고 크게 놀라 직접 가서 살펴보니 과연 그러하였다. 이듬해(1765, 영조41) 이를 관찰사에게 보고하고 이웃 고을의 백성들 만여 명을 징발하여 대대적으로 제방을 축조하니 백성들은 물이 부족하지 않게 되고 그해의 농사도 잘 되었다.

경인년(1770, 영조 46) 봄, 황해도 관찰사에 임명되어 겨우 한 달쯤

132 연안……기문 : 이계가 황해도 관찰사가 된 뒤 연안(延安)에 있는 남대지(南大池)를 준설하게 된 경위와 이후 포상(褒賞)하는 과정에 이르기까지 전말을 기록한 글이다. 임금의 은혜에 감사하고 함께 일했던 인근 고을 수령들의 공로를 기리는 내용이다.

133 합덕지(合德池) : 충청남도 합덕에 있었던 저수지로 후백제 때 견훤(甄萱)이 이곳에 둔전(屯田)을 개간하면서 건설하였다고 하며, 1964년 저수지를 폐지하고 농경지로 만들었다.

134 공검지(恭儉池) : 경상북도 상주 공검면에 있는 저수지이다. 의림지(義林池), 벽골제(碧骨堤) 등과 함께 삼한시대에 만들어진 것으로 전해진다.

지났을 때 상께서 신(臣)에게 하유(下諭)하시기를 "연안의 남지(南池)는 나라의 큰 저수지이거늘 근래에 폐기되어 백성들이 그 이로움을 잃게 되었다. 네가 가서 그것을 다스려 홍주의 합덕지처럼 만들라."라고 하셨다.[135] 당시 상께서는 문학지사(文學之士)를 선발하여 지도를 살피며 옛일을 상고하다가 남지에 대해 전임 안찰사(按察使)에게 하문(下問)하셨는데 막혔다고 아뢰었다. 이에 상께서 개연히 남지를 정비하고자 하셨는데, 상신(相臣) 중에서 신(臣) 양한(良漢)이 일찍이 합호의 제방을 쌓은 일이 있다는 것을 우러러 아뢴 이가 있었으므로 이러한 명이 있었던 것이다.

나는 두려운 마음으로 공손히 명을 받들어 공문을 보내고 연안 군수(延安郡守)를 소환하여 지형을 측량하고 공정(工程)을 나누어, 남지 둘레에 있는 백 리 되는 다섯 읍의 백성들을 거느리고 농한기를 기다렸다가 일을 하도록 하였다. 이윽고 7월 7일이 되어 연안(延安)·배천(白川)·해주(海州)·평산(平山)·금천(金川) 다섯 읍의 수령이 남지에 모였다. 주한정(晝寒亭)[136]의 옛터에 올라가서 남지를 내려다보았는데 제방은 무너져 평탄해지고 모래가 가득 메워져 아득히 넓은 갈대밭이 되어 소와 말을 방목하고 있었다.

135 경인년……하셨다 : 1770년(영조46)에 내려진 영조의 전교를 거론함으로써 준설의 이로움을 임금의 은택으로 돌린 것이다. 《승정원일기》에 의하면 이해에 이계가 남대지 준설에 관한 장계를 올렸고, 4월 27일과 5월 14일 조정에서 논의가 이루어졌으며, 7월 15일에는 영조가 주변 고을 수령들과 함께 백성들을 무휼(撫恤)하고 권면하여 일을 마치라는 전교를 내렸다. 9월 9일 영조는 이계에게 숙마(熟馬) 1필을 하사하였고, 이계는 9월 20일에 사은(謝恩)하는 소(疏)를 올렸다.

136 주한정(晝寒亭) : 연안 남대지의 남쪽에 있던 정자이다.

사람을 시켜 먹줄을 당겨서 재어보니 못의 둘레는 27리(里)로, 보(步)로 계산하면 일만 보에서 24무(武)가 모자랐다. 길이는 둘레와 비교하면 4분의 1이고, 너비는 길이와 비교하면 4분의 1이므로 드디어 못을 구획하여 다섯으로 나누었다. 언덕에서부터 동쪽으로 3천 무(武)는 연안에, 북쪽으로 2천 무는 해주에, 남쪽으로 1천 5백 무는 배천에, 서북으로 2천 무는 평산에, 서쪽으로 1천 5백 무는 금천에 분배하고, 각각 그 지역의 백성들을 거느려 일하도록 하고 진흙을 준설하고 둑을 보강하는 일을 기한을 정해 끝마치기를 독려하였다. 7월 보름에는 희생(犧牲)을 바쳐 못의 신령에게 제사를 지내어 공사가 시작됨을 고하였고, 8월 하순이 되자 여러 군(郡)들이 차례대로 일을 마쳤음을 알려왔다. 연안에서 부린 백성은 4,972인(人)이고, 배천은 3,107인, 평산은 4,809인, 해주는 1만 2,884인, 금천은 1,976인이며, 가까운 곳에 사는 사람들은 3일을 일하고, 멀리 사는 사람들은 하루 이틀 일을 부역하니 이에 남지의 일이 완성되었다. 제방의 양쪽에는 버드나무를 심고 십만 전(錢)을 출연(出捐)하여 곳간에 두고 그 이자를 취하여 제방 수리하는 비용으로 충당케 하였다. 이어 장계(狀啓)에 전후사정을 갖추어 써서 역말을 통해 보내니 상께서 새서(璽書)를 내려 위로하고 구마(廐馬)를 하사하셨다. 나는 의장(儀仗)을 갖추어 교외에서 영접하고 여러 태수들과 함께 남지에서 연회를 베풀어 영광으로 삼을 계획을 하였으나, 그해 가을이 흉년이어서 시행하지 못하였다.

이듬해 봄 2월에 나는 동쪽으로 순행(巡行)을 시작하면서 다시 다섯 읍의 수령들과 남지의 군자정(君子亭)에서 모여 술과 음악을 마련하고,[137] 일을 맡았던 여러 고을의 아전들도 불러모아 차등 있게 상을 내려주었다. 이때 바야흐로 봄물이 가득 차 수위가 제방과 나란하여 강이나 바다의 물이 불어난 듯 넘실거리니 예전의 못이 아니었다. 사방의 사녀(士女)들이 양식을 싸들고 몰려드니 구경하는 이들이 못 속의 부들풀 같았다. 술이 몇 순배(巡杯) 돌았을 때 나는 고을의 부로(父老)들에게 나아가 유시(諭示)하여 말하기를,

"이번 일에 백성들의 힘을 많이 썼으니 너희들에게 원망과 고달픔이 없을 수 있겠는가!"

라고 하니 답하여 말하기를,

"이 못이 폐기된 지 수십 년째입니다. 물 대는 것을 목숨처럼 여기는 백성들이 몇 만이나 되는데 황폐한 채로 다스리지 않는다면 항업(恒業)을 잃게 됩니다. 다행히 우리 성주(聖主)께서 먼 곳의 백성들을 염려해주신 데 힘입어 준설하여 옛 모습을 회복하였으니 이후로 백성들이 곡식을 먹게 된 것은 모두 우리 임금께서 내려주신 것입니다.[138] 백성들이 먹을 것을 위해 백성들의 힘을 쓰심에 저희들이 기꺼이 달려왔거늘 어찌 원망이 있겠으며, 또 태수께서 몸소 삽을 쥐고 앞장서심에 백성들은 수고로운지도 몰랐거늘 어찌 고달픔이 있겠습니까?"

라고 하였다. 나는 이어서 여러 태수들에게 술을 따라주고 다음과 같

137 이듬해……마련하고 : 본집의 권4에 〈해서록(海西錄)〉에 수록된 시 〈군자정에서 여러 사또들과 함께 연꽃을 감상하다.〔君子亭同諸倅賞蓮〕〉와 〈남지를 준설한 뒤 군자정에서 연회를 베풀었는데 동생이 서울에서 와서 함께하였다.〔南池疏濬後 設宴君子亭 舍弟自京來會〕〉 등에 관련된 내용이 보인다.

138 백성들이……것입니다 : 이 구절은 《시경》 〈주송(周頌) 사문(思文)〉에서 따온 것이다. "우리 많은 백성들에게 곡식을 먹게 하시니 그의 덕이 지극하지 않음이 없다.〔蓋使我烝民得以粒食者, 莫非其德之至也.〕"라고 하였다.

이 말하였다.

"옛날 주관(周官) 직방씨(職方氏)가 구주(九州)의 지도를 담당하여 천하의 산천과 물산(物産)을 서술하면서 반드시 첫머리에는 그 수택(藪澤)을 썼으니,[139] 구구(具區)나 망저(望諸)의 부류[140]는 수리(水利)를 중시함으로써 백성들의 먹거리를 풍족하게 하기 위함이다. 지금 우리 성상께서 지도를 살펴보고 물으시어 백 년이나 막혀 있던 호수를 뚫어서 한 달 만에 공을 이루시니, 바닷가 모퉁이의 창생(蒼生)들이 모두 그 은택을 입게 되었다. 아아, 성대하도다! 더구나 우리들은 지방관의 직분을 맡아 내려주신 명(命)을 받들어 따라서 허물을 면했으니 어찌 영광에 참여한 것이 아니겠는가! 수령이 솔선하여 백성들이 기쁘게 일하고 비용은 간략하게 쓰면서 공은 빨리 이룬 것은 실로 뭇 대부들의 힘이었거늘, 하사한 은택이 유독 공(功)이 없는 신하에게 미쳤으니 나는 이를 부끄러워한다. 그러나 무릇 못 주위에서 농사를 짓거나 푸른 제방을 따라 노니는 이들이 모두 손으로 가리키

139 직방씨(職方氏)가……썼으니 : 《주례(周禮)》 〈하관 사마(夏官司馬)〉에 구주(九州)를 언급하면서 산과 호수를 가장 먼저 기록한 것을 말한다. 예를 들면 다음과 같다. "정동(正東) 쪽은 청주(青州)이니 진산은 기산(沂山)이고 그 택수는 망저(望諸)이며 그 냇물은 회(淮)·사(泗)이고 그 큰 못은 기(沂)·목(沭)이며 그 생리는 갈대와 생선이다.〔正東曰青州, 其山鎭曰沂山, 其澤藪曰望諸, 其川淮·泗, 其浸沂·沭, 其利蒲·魚.〕"

140 구구(具區)나 망저(望諸)의 부류 : 둘 다 9주에 있는 큰 못들이다. 구택은 9개의 큰 호수로, 양주(揚州)의 구구(具區), 형주(荊州)의 운몽(雲夢), 예주(豫州)의 포전(圃田), 청주(青州)의 망저(望諸), 연주(兗州)의 대야(大野), 옹주(雍州)의 현포(弦蒲), 유주(幽州)의 해양(貕養), 기주(冀州)의 양우(楊紆), 병주(幷州)의 소여기(昭餘祁)이다. 《周禮 夏官司馬 職方氏》

며 일컬어 말하기를 '아무 곳부터 아무 곳까지는 아무개 읍의 사또가 쌓은 제방이다. 아무 곳부터 아무 곳까지는 아무 읍의 사또가 심은 나무이다.'라고 하면, 이는 여러 대부들이 독차지할 수 있는 것이니 그 명성은 이 못이 사라져야 없어질 것이다. 이 어찌 위대한 일이 아니겠는가!

훗날 나라의 역사에 직방고(職方考)를 찬술하면서 나라 안에 있는 세 개의 큰 못을 서술한다면 남지에서의 일을 특별히 쓸 것이다. 삼가 그 시말을 기재하고 또 그 지형(地形)을 그려서 태사씨의 채록(採錄)을 기다리지 않을 수 있겠는가! 연안 부사는 덕수(德水) 이수(李琇)[141], 배천 군수는 완산(完山) 이지광(李趾光), 해주 군수 한산(韓山) 이준영(李俊永), 평산 군수 완산 이정묵(李廷默), 금천 군수는 평산(平山) 신대관(申大觀)이다.

141 이수(李琇) : 본집 권12 〈군자정을 중수한 일에 대한 기문(君子亭重修記)〉와 〈영파루를 중수한 일에 대한 기문(映波樓重修記)〉에는 이름이 이사수(李士秀)로 되어 있고, 《승정원일기》 영조 45년 7월 23일, 7월 27일 기사에는 수(琇)라고 하였다.

만류제 외제에 대한 기문[142]

萬柳外堤記

내가 만류제를 쌓은 지 33년 만에 관찰사로서 강동(江東)에 다시 오게 되었다. 제방은 완전하고 둑 위의 나무는 오래되어 물이 멋대로 흘러넘치지 않으니 고을의 형편도 넉넉해졌다. 이에 뭇사람의 뜻을 따라 비석을 다시 세워서 이 일을 기록하였다.

이때에 온 경내의 부로(父老)들이 술병을 손에 들고 개고기 찐 것을 품에 안고서 허리를 굽히고 나와서 말하기를,

"제방이 만들어지고 훼손되는 것은 실로 고을의 성쇠와 관련이 있습니다. 지금은 이미 나무를 심어서 보호하고 돌을 쌓아 눌러두고 있습니다만 그러나 변화가 무상한 것이 물길이요, 막기 어려운 것이 바람에 출렁이는 여울이니, 가리고 막아두지 않으면 날마다 뜯기고 달마다 벗겨질까 두렵습니다. 나무는 뽑힐 때가 있고 바위는 구를 때가 있으니, 공께서 수립한 공적도 역시 이지러질 때가 있을 것입니다. 공께서

142 만류제……기문 : 이계가 평안도 관찰사로 있던 1791년(정조15), 강동(江東)의 만류제 바깥쪽에 세 번째 제방을 쌓은 뒤 쓴 글이다. 만류제는 본래 1759년(영조35) 이계가 강동 현감이 되었을 때, 현 남쪽의 수정천(水晶川)이 해마다 넘치는 것을 막고자 백성들을 동원하여 축조한 제방이다. 이계는 그 당시 강동 현감 이우제(李遇濟)가 제방을 쌓은 경위와 만류제가 수해(水害)를 막아주어 고을이 넉넉해진 것을 밝혔다. 참고로 이 일이 끝난 뒤 비석도 다시 만들었는데, 이 비석을 탁본한 《강동 만류제비 탁본첩》이 규장각에 소장되어 있다. 여기에는 1759년 이래 만류제를 쌓은 경위와 1791년 당시 일했던 관리들의 명단도 수록되어 있다.

는 어찌하실 것이며 장차 우리 백성들은 어찌해야 하겠습니까?"

라고 하였다. 나는 한참을 말없이 있다가 대답하기를,

"이는 내가 미칠 수 있는 바가 아니요, 바로 이 고을 수령의 책무로다!"

라고 하였다. 지현(知縣)인 이 학사(李學士) 우제(遇濟)[143]가 말하기를,

"백성들은 근심하지 말라. 공께서 그 처음 시작을 잘 하셨거늘 내가 감히 잘 마치기를 도모하지 않겠는가!"

라고 말하였다. 드디어 물을 밟아가며 땅을 측량하여 높이를 살피고 넓이를 재서 제방의 바깥쪽에 이방(二防)[144]을 설치하고 백성들을 모아서 나무를 베고 흙을 북돋아 제방의 머리부터 시작하여 강 가운데까지 지세(地勢)에 따라 높이고 낮추면서 물길을 인도하여 남쪽으로 흐르게 해서 곧바로 능경(凌鏡) 어구로 닿게 하였다. 제방의 길이는 450보(步)이고 높이는 2장(丈) 반이며 넓이는 높이의 배이다. 부린 백성들은 날마다 수백 명이고 걸린 일수(日數)는 20여 일이 채 안 되는데 모두 공로를 따져 값을 치러주니 백성들이 힘든 줄 몰랐다. 만

143 이학사(李學士) 우제(遇濟) : 이우제(1738~미상)는 본관은 전주(全州)이다. 1777년(정조1) 생원이 되고 1784년(정조8) 가주서(假注書)를 시작으로 내외의 관직을 두루 역임하였다. 강동 현감이 된 것은 1790년(정조14) 4월 26일이고 이듬해 4월 28일 홍문관 부수찬에 낙점되었다.

144 이방(二防) : 본래 있던 제방의 바깥쪽에 제방을 하나 더 만든 것인데, 본문에서 언급한 이방은 세 번째 제방이다. 《관암전서》 1책 〈만류제부(萬柳堤賦)〉의 원주에 "임진년(1772, 영조48)에 외제(外堤)를 증축하고 신해년(1791, 정조15)에 외제의 바깥에 제방을 또 쌓아서 세 개의 제방이 나란하니 만류제에 있는 버드나무의 가지를 잘라다가 옛 제방처럼 줄지어 심었다.〔壬辰增築外堤, 辛亥又築外堤之外, 三堤竝峙, 仍伐萬柳之條, 列植如舊堤.〕"라는 내용이 보인다.

류제에 있는 버드나무의 가지를 잘라서 원래의 제방처럼 줄지어 심었다. 이에 세 개의 제방이 나란히 우뚝 서 있고 물은 그 너머에서 흐르니 고을 사람들이 모두 둘러서서 바라보며 칭송하기를,

"이제부터는 수정천(水晶川)[145]의 물이 다시 북으로 역류하지 못할 것이니 비록 산더미 같은 물결이 일어난다 해도 어찌 세 겹의 제방을 넘어서 백성들의 거주지까지 닥칠 수 있겠습니까? 우리 사또가 아니었다면 우리 공(公)의 공적이 오래갈 수 없었을 것이요, 우리 공이 아니었다면 우리 사또의 뜻이 이루어질 수 없었을 것입니다. 두 분이 끼친 은혜의 전말이 이 고을과 더불어 나란히 전해질 것입니다."

라고 하였다. 마침 이때 이 학사는 조정의 부름을 받아 관사를 떠난 뒤이므로 고을 사람들이 그 일을 마친 뒤 찾아와서 완성되었음을 알려주었다. 이에 나는 기뻐하며 그 사적(事蹟)을 기록하고 제방 옆의 정자에 걸어두게 하였다.

145 수정천(水晶川) : 강동현 읍치(邑治)의 남쪽을 흘러 대동강으로 합류하는 물줄기이다.

합호의 용경에 대한 기문

合湖龍耕記

갑자년(1744, 영조20) 11월 16일, 홍자(洪子)는 밤에 합호(合湖)의 작은 정자에서 책을 읽고 있었고 마을의 동자가 곁에서 시중을 들고 있었다. 당시는 날씨가 추워 가랑눈이 내리며 호수의 물이 얼기 시작한 때였다. 갑자기 우레가 치듯 쿵쾅거리고 수레가 구르는 듯 우르릉거리는 소리가 멀리서도 나고 가까이서도 나고 남쪽에서도 나고 북쪽에서도 나면서 한동안 계속되다가 그쳤다. 내가 이 소리를 듣고서 괴이하게 여겨 고개를 돌려 동자에게 말하기를,

"이게 무슨 소리냐?"

하고 물었다. 동자가 앞으로 나와 대답하기를,

"이것이 용경(龍耕)이라고 하는 것입니다."

라고 하였다.

"무엇을 용경이라고 하는가? 용도 밭을 가는 일이 있단 말이냐?"

하였다. 말하기를,

"마을 어른에게 듣자하니 어떤 신물(神物)이 호수에 있어서 해마다 얼음이 얼면 얼음을 갈고〔耕〕, 갈면 소리가 나는데 꼭 밤에만 소리가 납니다. 날이 밝으면 그 흔적을 볼 수 있고 이것으로 다음해 농사의 풍흉을 점치는데 신통하기 때문에 용(龍)이라고 한답니다."

라고 하였다. 나는 내심 허황되다 여겼으므로 동자가 망녕스레 답했다고 생각했다.

다음날 아침에 일어나 살펴보니 호수 남쪽가의 얼음이 홀연 갈라져

서 한 자〔尺〕 남짓 솟았는데 길이와 너비가 몇 무(畝)는 되어 보이는 것이 땅을 갈아놓은 것과 같은 형상이었다. 나는 크게 놀라서 마을의 노인을 불러 그 점(占)에 대해서 물어보았다. 노인이 대답하기를,

"갈아놓은 모양이 남쪽에서 북쪽으로 세로로 물가에 가까우면 그 해는 대풍이 들고, 서쪽에서 동쪽으로 호수의 가운데를 끊듯이 만들어지면 흉년이 되며, 서쪽이나 동쪽, 남쪽, 북쪽으로 갈라져 종횡으로 일정치 않은 경우에는 흉년과 풍년이 반반인데, 이듬해의 풍흉을 미루어보면 번번이 징험되었습니다. 그러나 입에서 입으로 전해지던 것이라 언제부터 시작되었는지는 알지 못합니다만 아마도 그렇지 않은 해가 없었던 듯합니다. 지금은 갈린 형상이 조금 남쪽으로 물가에 가까우니 내년은 거의 풍년일 듯합니다."

라고 하였다. 이듬해 가을이 되자 과연 크게 풍년이 되었다. 나는 이에 탄식하며 말하기를,

"무릇 용(龍)이란 만물 중에서도 신령한 것이다. 구름을 타고 변화를 일으키며 하늘을 오르내리며 강과 바다를 집으로 삼아 비늘 달리고 껍질이 있는 것들의 군주가 된다. 그러한 것이 어찌 호수에 엎디어 있으면서 고개를 숙여 공손하게 얼룩소가 밭 가는 것을 배우겠는가! 나는 그것이 용인지 알지 못하겠다. 내가 듣기로 땅의 요괴(妖怪)는 분양(羵羊)이라고 하고 물의 요괴는 기(夔)·망상(罔象)이라고 하니[146] 이것이 바로 이른바 요괴라는 것인가? 그러나 이 신물을 살펴보

146 땅의……하니 : 《국어(國語)》 권5 〈노어 하(魯語下)〉에 보인다. 계환자(季桓子)가 우물을 파다가 양이 들어 있는 질장군 같은 것을 얻게 되자 이에 대해 물은 일이 있다. 공자의 답변 중에 "나무나 돌의 괴이한 것은 기(夔)·망량(蝄蜽)이라 하고, 물의

건대 상서롭지 못하고 경악스러워서 사람을 미혹시키는 것이 달리 없으며, 단지 그해의 풍흉을 사람에게 간곡히 알려줌으로써 마치 사람들로 하여금 먼저 알아서 미리 대응하도록 하는 듯했다. 사람에게 이로운 은택을 주려는 마음을 지니고 있으니 요괴라고 말해서는 안 된다. 어쩌면 용이 변화하여 승천하기 전에 이 땅에서 수직(受職)하여 홍수와 가뭄을 주관할 수 있게 된 것이리라. 그러나 생각해보면 구름을 일으켜 비가 내리게 해서 널리 천하를 이롭게 하지는 못하고 구구하게 한 지방에서만 영험이 드러나게 할 뿐이다. 아아, 용 또한 불우한 것인가!"

나는 이 일을 기록함으로써 지식이 해박한 군자를 기다린다. 어떤 이가 말하기를,

"호수의 서쪽 물가에서 수십 보(步) 아래에 우물 같은 구덩이가 있는데 진흙이 무너지므로 가까이 갈 수가 없습니다. 새끼줄을 묶어 드리워 보았지만 깊이를 알 수 없고 때로 운기(雲氣)가 그 위에 맴도는데 지방 사람들이 용혈(龍穴)이라고 부릅니다."

라고 하였다.

괴이한 것은 용(龍) · 망상(罔象)이라 하고, 흙의 괴이한 것은 분양(墳羊)이라고 합니다.〔木石之怪曰夔 · 蝄蜽, 水之怪曰龍 · 罔象, 土之怪曰羵羊.〕"라는 내용이 있다. 이계가 기 · 망상이라고 한 것은 공자의 말을 혼동한 것으로 보인다. 기(夔)는 다리가 하나인 전설상의 동물로 《산해경(山海經)》 〈대황기(大荒記)〉에 보인다.

탐라 삼성에 대한 기문[147]

耽羅三姓記

탐라(耽羅)는 남해(南海) 한가운데에 있는데 사방 400여 리로 구한(九韓)[148] 중의 하나이다. 큰 산이 우뚝 솟아 있어 '한라산(漢拏山)'이라고 부르는데 그 높이가 은하수를 잡을 수 있을 정도라는 의미이다. 지리지(地理志)에는 다음과 같이 나와 있다.[149]

"먼 옛날에는 인물(人物)이 없었는데 한라산 북쪽에서 홀연히 신인(神人) 세 사람이 땅에서 솟아 나왔다. 스스로 이름하기를 첫째는 고을나(高乙那), 둘째는 양을나(良乙那), 셋째는 부을나(夫乙那)라고 하였

147 탐라……기문 : 제주도를 본관으로 하는 세 성씨인 고씨(高氏)·양씨(梁氏)·부씨(夫氏)의 유래에 대해 기록한 글이다. 이계는 1757년(영조33) 34세의 나이로 탐라독운어사(耽羅督運御史)가 되어 호남에 간 적은 있으나 제주도에는 가본 적이 없는 것으로 추측된다. 본문에서 이계의 벗 신경준이 제주 목사로 있었다는 것이 언급되고 있는데 신경준은 1774년(영조50) 6월 3일 제주 목사에 제수되어 약 1년 동안 제주도에 머물렀다. 따라서 이 작품은 그 이후에 저술된 것으로 추정된다.

148 구한(九韓) : 삼국시대에 신라 주변에 존재하던 아홉 개의 국가와 부족을 가리킨다. 《삼국유사(三國遺事)》 〈기이(紀異) 마한(馬韓)〉에, "《해동안홍기(海東安弘記)》에 이르길, '구한이란, 첫째는 일본, 둘째는 중화, 셋째는 오월, 넷째는 탁라, 다섯째는 응유, 여섯째는 말갈, 일곱째는 단국, 여덟째는 여진, 아홉째는 예맥이다.〔海東安弘記云, 九韓者, 一日本, 二中華, 三吳越, 四乇羅, 五鷹遊, 六靺鞨, 七丹國, 八女眞, 九穢貊.〕' 하였다."라고 한 것이 보인다.

149 지리지(地理志)에는……있다 : 이하 내용은 《세종실록》 〈지리지 전라도 제주목〉, 《신증동국여지승람》, 《탐라지(耽羅志)》 등에 실려 있는데, 세부적인 내용은 조금씩 차이가 있다.

다. 외모가 매우 헌걸찼고 가죽으로 옷을 만들어 입고 고기를 먹으며 낚시와 사냥을 생업으로 삼았다.

어느 날 세 사람이 한라산에 올라갔다가 배〔舟〕처럼 생긴 물체가 바다에 떠 와서 금당(金塘)의 해안 -지금의 조천사(朝天沙)[150]- 에 정박한 것을 보았다. 그 안에는 옥함(玉函)이 있었는데 자니(紫泥)로 봉해 있었다. 가서 함을 열자 젊은 여인 세 사람이 한껏 단장한 채 앉아 있었고 또 푸른 옷에 붉은 가죽 띠를 두른 사람들이 그 뒤를 따라 나왔다. 두 번 절하고 말하기를 '우리는 동쪽 바다에 있는 벽랑국(碧浪國)[151]의 사신입니다. 우리 왕께서 여기 계신 따님 세 분을 낳았는데 나이가 차도록 좋은 배필을 얻지 못하였습니다. 근래에 자소각(紫霄閣)에 올라 서쪽 바다를 바라보니 자줏빛 기운이 하늘까지 이어져 있었으므로 세 분 신인이 탄생하신 것을 알았습니다. 그리하여 신(臣)을 보내어 따님 세 분을 바치도록 명하셨습니다. 부디 배필(配匹)로 삼으시어 대업(大業)의 기틀을 다지십시오.'라고 하였다.

아울러 그들은 가지고 온 암수 망아지와 송아지, 오곡(五穀)의 씨앗을 남겨주고 곧 하늘로 솟구쳐 사라졌다. 세 사람은 놀라서 서로에게 '이는 하늘이 우리들에게 내리신 것이다.'라고 축하한 뒤 즉시 희생

150 조천사(朝天沙) : 현재의 제주시 조천읍(朝天邑)의 조천포(朝天浦)로 추정된다. 조천포의 다른 이름은 금당포(金塘浦)로, 진시황(秦始皇)의 명을 받고 불로초를 찾으러 제주도에 온 서불(徐市)이 이곳에 처음 정박했다는 전설이 있다.

151 벽랑국(碧浪國) : 현재의 전라남도 완도군 소랑도(小浪島)에 위치했던 나라로, 탐라에 농경, 목축, 직조 등을 전수하였다. 《세종실록(世宗實錄)》〈지리지(地理志) 전라도(全羅道) 제주목(濟州牧)〉, 《신증동국여지승람(新增東國輿地勝覽)》〈전라도 제주목〉 등에서는 이들이 일본에서 왔다고 하였다.

(犧牲)의 피를 취해 하늘에 고하고, 나이순으로 세 여인과 각각 혼인하고 화살을 쏘아 살 곳을 정하였다. 고을나는 한라산 북쪽 일사리(一徙里)-지금의 제주(濟州)-, 양을나는 한라산 오른쪽 산방리(山方里)-지금의 대정(大靜)-, 부을나는 한라산 왼쪽 토산리(土山里)-지금의 정의(旌義)-에 살면서 들에는 곡식을 파종하고 산에는 가축을 풀어 키우니 날로 부유하고 사람도 늘었으며 자손들도 번창하였다. 900여 년이 흘러 고씨(高氏)가 가장 번성했고 인심도 모두 그에게 쏠리자 마침내 나라를 세워 탁라(乇羅)라고 하였다. 고을나의 15세손인 고후(高厚)·고잉(高孕)·고계(高季) 삼형제가 배를 만들어서 바다를 건너 탐진(耽津)-지금의 강진(康津)-에 정박하였는데, 이는 곧 신라(新羅)의 남쪽 경계였다.

이때 객성(客星)이 남쪽 하늘에 나타났으므로 태사(太史)가 아뢰기를 '먼 곳의 사람이 내조(來朝)할 것입니다.'라고 하였는데, 얼마 후 고후 등이 이르자 신라의 국왕은 매우 기뻐하여 후하게 상을 주고 작호(爵號)를 성주(星主)라고 하니, 그가 별자리에 응하여 찾아왔기 때문이다. 고잉은 양자로 받아들여 왕자(王子)로 삼고 이름은 청(淸)으로 바꾸었으며,[152] 고계는 도내(都內)의 관작에 제수(除授)하였다. 탁라의 이름을 '남화국(南化國)'으로 바꾸고 의관(衣冠)과 보개(寶蓋)를 하사해 보내니, 이때부터 남화국은 대대로 번신(藩臣)의 예를 행하였다.

152 고잉은……바꾸었으며 : 왕자(王子)는 일종의 작호(爵號)로 생각된다. 《신증동국여지승람》 〈전라도 제주목〉에서는 《고려사(高麗史)》 〈고기(古記)〉를 인용하며 "고청으로 하여금 가랑이 밑을 지나게 한 뒤 자식의 자식처럼 아끼며 왕자라고 불렀다.〔令淸出胯下, 愛如己子, 稱曰王子.〕"라고 하였다.

신라(新羅) 열종(烈宗 태종무열왕(太宗武烈王)) 때 남화왕 고담(高聃)이 신하인 양탕(良宕)과 부계량(夫繼良)을 보내 입조하게 하였는데, 왕이 후하게 상을 내리고 '양(良)'은 '양(梁)'으로, '부(夫)'는 '부(浮)'로 바꾸게 하였다.

고려(高麗) 태조(太祖)가 삼한(三韓)을 통일하자 남화국의 태자 말로(末老)가 입조하였고, 숙종(肅宗) 10년(1105)에는 국호를 탐라(耽羅)로 바꾸었다. 그 뒤에 혹 원(元)나라에 복속되었을 때에도 고씨가 그 전처럼 성주와 왕자의 작위를 습봉(襲封)하였다. 훗날 문씨(文氏)가 대신 왕자가 되었는데, 그 자제들이 빈공(賓貢)의 신분으로 고려의 성시(省試)에 합격하여 높은 관직에 이른 자들이 많았다.

우리 태종(太宗) 2년 임오년(1402)에 성주 고봉례(高鳳禮)[153]와 왕자 문충세(文忠世)가 작호가 참람한 듯하다며 바꿔줄 것을 청하므로 이에 좌도지관(左都知管)과 우도지관(右都知管)이라고 하였다. 16년 병신년(1416)에는 탐라를 나누어 '제주(濟州)'·'대정(大靜)'·'정의(旌義)' 세 고을을 설치하였다. 세종 27년 을축년(1445)에 다시 좌도지관과 우도지관을 혁파하고 고승조(高承祖)를 도지상장무(都知上將撫)로 삼았는데, 고승조는 위로 시조인 고을나를 계승하여 61세손이 된다. 고씨와 양씨의 후손으로 호남에 흩어져 살고 있는 이들은 모두 탐라를 관향으로 한다."

153 고봉례(高鳳禮) : 원문에는 고예봉(高禮鳳)으로 되어 있는데 《태조실록(太祖實錄)》·《태종실록(太宗實錄)》·《고려사절요(高麗史節要)》·《신증동국여지승람》 등에는 '고봉례(高鳳禮)'로 되어 있다. 오기(誤記)로 보여 수정하였다. 고봉례는 탐라성주(耽羅星主) 고신걸(高臣傑)의 아들이다.

내 생각에 삼성(三姓)이 땅에서 솟아나왔다는 일은 매우 괴이하므로 군자가 말할 바가 아니다. 그러나 천지가 처음 개벽할 때에는 인물이 모두 기(氣)로 화생(化生)[154]하였다. 상(商)나라의 현조(玄鳥)와 주(周)나라의 무민(武敏) 같은 것들이 《시경》과 《서경》에 실려 있으니[155] 거짓말이라 할 수 없다.

우리나라에 있어서는 단군(檀君)이 탄생한 것이 당요(唐堯)의 시대와 나란하고 신라의 박씨(朴氏)·김씨(金氏)·석씨(昔氏)가 나라를 일으킨 것이 서한(西漢) 선제(宣帝) 때에 해당하며,[156] 일본에서 천황(天皇) 협지야(狹地野)는 주(周)나라 유왕(幽王) 때에 태어났다.[157] 이

154 화생(化生) : 암수의 교접이 아닌 천지와 음양의 기운이 뭉쳐져 저절로 태어나는 것을 말한다.

155 상(商)나라의……있으니 : 현조는 제비이다. 고신씨(高辛氏)의 차비(次妃)이자 유융씨(有娀氏)의 딸인 간적(簡狄)이 현조의 알을 삼키고 상(商)나라의 시조 설(契)을 낳았다고 한다. 무민은 발자국의 엄지발가락 부분으로, 주(周)나라의 시조 후직(后稷)을 낳은 고신씨의 세비(世妃) 강원(姜嫄)은 제사를 지낸 뒤에 상제(上帝)가 남긴 발자국의 엄지발가락 부분을 밟자〔履帝武敏〕 태기(胎氣)가 생겼다고 한다. 《詩經 商頌 玄鳥》《詩經 大雅 生民》

156 단군(檀君)이……해당하며 : 《삼국유사(三國遺事)》에 《위서(魏書)》와 《고기(古記)》라는 책을 인용하며 단군왕검(檀君王儉)이 조선(朝鮮)을 개국한 것이 요(堯)임금과 같은 시대라고 하였다. 《三國遺事 紀異 古朝鮮》 신라는 박혁거세(朴赫居世)에 의해 기원전 57년에 건국되었고, 이는 서한(西漢) 선제(宣帝)의 재위기간(기원전 91~기원전 48) 중이다.

157 천황(天皇)……태어났다 : 천황 협지야(狹地野)는 일본의 초대 천황(天皇)인 사노노미코토(狹野尊), 즉 진무천황(神武天皇)을 가리킨다. 진무천황은 실존 여부는 불확실하지만 《고사기(古史記)》와 《일본서기(日本書紀)》에 의하면 경오년인 기원전 711년에 태어났다고 하며 이는 주나라 환왕(桓王) 때이다. 여기서 주나라 유왕이라고 한 것은, 주나라 유왕이 살해당한 기원전 771년도 경오년이기 때문에 착오가 있었던

는 풍기(風氣)가 열릴 때 멀고 가까움에 따라 저절로 더디고 빠른 구별이 있는 것이니, 비유하자면 봄볕이 따스한 기운을 펼치면 온갖 초목이 다투어 피지만 깊은 산 그늘진 골짝에는 여전히 눈과 얼음이 쌓여 있는 것과 같다. 그 이치가 이것과 무엇이 다르겠는가! 그렇다면 지금 시대에도 기로 화생한 자가 궁벽한 바다 끝이나 아득히 먼 지방에서 다시 태어나는 일이 없으리라는 것을 어찌 알 수 있겠는가! 이는 괴이하게 여길 것이 못 된다.

나의 벗 신순민(申舜民)[158]은 사물에 해박하고 옛것을 좋아하는 군자이다. 예전 제주 목사(濟州牧使)가 되었을 때 직접 삼성이 솟아나왔다는 구멍을 보았는데 모양은 '품(品)'자와 같고 그 지역 사람들은 '모흥혈(毛興穴)'[159]이라고 부른다. 제단을 쌓고 문(門)을 세워 보호하며 봄과 가을로 제사를 지낸다.

것으로 보인다.

158 신순민(申舜民) : 신경준(申景濬, 1712~1781)이다. 본관은 고령(高靈), 자는 순민(舜民), 호는 여암(旅庵)이다. 1754년(영조 30)에 43세 나이로 향시에 합격했는데 이때 시험관이 바로 이계였다. 이계와 교분이 두터웠고 이계가 문집의 서문과 묘갈명을 썼다. 좌승지(左承旨)·북청 부사(北青府使)·제주 목사(濟州牧使) 등을 역임하였고, 성운학(聲韻學)과 지리학(地理學)에 일가견이 있어《운해훈민정음(韻解訓民正音)》·《강계지(疆界志)》 등 많은 저술을 남겼다.

159 모흥혈(毛興穴) : 삼성혈(三姓穴)이다. 제주의 시조 고을나·부을나·양을나가 솟아나왔다는 구멍이다. 1526년(중종21) 제주 목사 이수동(李壽童)이 혈의 북쪽에 홍문(紅門)과 비석을 세우고 고씨·부씨·양씨의 후손들에게 제사를 올리도록 하였고, 1698년(숙종24)에는 삼을나묘(三乙那廟) 즉 지금의 삼성전(三姓殿)을 세워 위패를 봉안하였다.

인륜을 접친 일에 대한 기문
筮倫記

공주(孔州 경흥(慶興))에 도착하여 정사(政事)를 본 지 사흘째 되는 날이었다. 한 사내가 관아의 문 앞으로 와서 갓과 신을 벗고 뜰에 엎드리더니 울면서 하소연하였다.

"소인은 공주의 백성으로 이름은 원수(元秀)라 하는데, 나이가 스무 살이 되도록 제 성(姓)을 알지 못하니 참으로 천하의 죄인입니다. 부디 관아에서 성씨(姓氏)를 내려주셔서 사람답게 살 수 있도록 해주시기를 바랍니다."

내가 놀라 그 까닭을 묻자 또 울면서 말하기를,

"소인의 어미는 공주 사람 김영룡(金永龍)의 처로 시집에서 쫓겨나 친정으로 돌아간 지 3년 만에 사내아이를 낳았습니다. 괴이하게 여겨 아이를 들판에 버렸는데 고씨(高氏) 성을 쓰는 사람이 거두어 길러주었습니다. 소인의 어미가 친정을 따라서 무산(茂山)으로 갔다가 얼마 되지 않아 죽었습니다. 소인은 결국 고씨로 지냈는데 조금 자란 뒤에 비로소 제가 고씨의 아들이 아니라는 것을 듣게 되었습니다. 김영룡은 '내 아내가 낳은 아들이니 내 아들이다.'라고 선언하였고 마을 사람들 중 어떤 이는 '이 아이는 이 고을 사람인 김덕후(金德垕)의 아들이다.'라고 하였습니다. 어미가 진즉에 세상을 떠났고 김덕후도 죽어서 확인할 데가 없어서 관아에 하소연한 지가 3년인데, 거듭하여도 결론을 내리지 못하니 오랫동안 아비 없는 사람이 된 채로 있으니 천지 사이에서 있을 도리가 없습니다. 생각건대 백성들에게 관청은 부모와 같으니 불쌍히 여겨 성을 지어주시기를 바랍니다."
라고 하였다. 내가 그를 불쌍히 여겨 그의 친척과 이웃을 불러 물어 보았으나 끝내 근거할 만한 명확한 증거가 없었다. 몇 개월 동안 가만히 생각해본 다음에,

"옛날 사람들은 첩을 들일 때조차 성을 알지 못하면 점〔卜〕을 쳐서라도 결정하였다. 하물며 인륜(人倫)에 대한 의문이야 어떠하겠는가."
라고 말하고는 드디어 몸가짐을 재계하고 엄숙하게 점을 쳤는데, 동인괘(同人卦)가 가인괘(家人卦)로 변하는 점괘가 나왔다.[160] 그 단사(彖辭)와 효사(爻辭)를 살펴보니, 단사에서는 "사람과 함께 하되 들에서 하니 큰 내를 건너는 것이 이롭다."라고 하였다.[161] 사람과 함께 한다는 것은 남과 더불어 함께 하는 것이고 들에서 한다는 것은 밖으로 가는 것이며 큰 내란 강과 바다이다. 원수의 어미가 실제로 바닷가에 살았는데 어떤 사람이 건너온 것이다. 가인괘의 단사에, "여자가 바른 것이 이롭다."라고 하였으니,[162] 여자가 정숙하지 못한 것을 경계한 것이다. 세효(世爻)가 삼효(三爻)에 있으니 원수의 자리가 되는데,[163] 동인괘의 구삼효(九三爻)에 "병사를 숲속에 숨겨두고 높은

160 동인괘(同人卦)가……나왔다 : 동인괘와 가인괘는 사효(四爻)만 다르고 나머지는 동일하다. 곧 동인괘가 가인괘로 변하는 점괘가 나왔다는 것은, 동인괘의 사효(四爻)인 양효(陽爻, ―)가 음효(陰爻, --)로 바뀌는 점괘가 나왔다는 말이다.

161 단사에서는……하였다 : 《주역》 〈동인괘〉의 괘사(卦辭)에, "사람과 함께 하되 들에서 하면 형통할 것이니, 군자가 바른 것이 이롭다.〔同人于野, 亨, 利涉大川, 利君子貞.〕"라고 하였다.

162 가인괘의……하였으니 : 《주역》 〈가인괘〉의 괘사에, "가인(家人)은 여자가 바른 것이 이롭다.〔家人, 利女貞.〕" 하였다.

구릉에 올라가서 3년이 되도록 일어나지 못한다."[164]라고 하였으니, 곧 원수가 초야에 버려져 고씨에게 길러지는 동안 모친이 여러 해 동안 찾지 않았다는 것을 말한다. 납갑법(納甲法)으로 동인괘의 구삼효는 해(亥)에 속하는데,[165] 원수가 태어난 해가 을해년(1755, 영조31)이다. 초효(初爻)는 부모의 자리가 되는데,[166] 가인괘의 초구효(初九

163 세효(世爻)가……되는데 : 세효란 그 괘의 변화를 대표하는 뜻을 가진 효(爻)이자 《주역》점에 있어 점의 당사자에 해당하는 효이다. 한(漢)나라 경방(京房)의 《경씨역전(京氏易傳)》에서는 《주역》의 64괘를 상괘(上卦)와 하괘(下卦)가 같은 8개의 순괘(純卦)가 변화하는 모습에 따라 팔궁(八宮)으로 분류하는데, 동인괘는 리궁(離宮)에 속한다. 동인괘는 리궁의 마지막인 귀혼괘(歸魂卦)로 세효는 삼효(三爻)이다.

164 병사를……못한다 : 《주역》〈동인괘 구삼(九三)〉에, "병사를 숲속에 숨겨두고 높은 구릉에 올라가서 3년이 되도록 일어나지 못한다.〔伏戎于莽, 升其高陵, 三歲不興.〕" 하였다. 정이(程頤)의 《이천역전(伊川易傳)》과 주희(朱熹)의 《주역본의(周易本義)》에서는 이를 동인괘의 구삼효(九三爻)가 유일한 음(陰)인 육이효(六二爻)를 동화시키려 하지만 육이효가 중정(中正)을 이루고 있으므로 어쩔 수 없는 형상이라고 해설하였다.

165 납갑법(納甲法)으로……속하는데 : 납갑법이란 천간(天干)을 《주역》의 팔괘(八卦)에 배속시키는 이론으로 《경씨역전(京氏易傳)》에서 유래하였고, 후대의 복서가(卜筮家)들에 의해 간지(干支)·괘효(卦爻)·오행(五行)·오방(五方)을 서로 짝을 짓는 데까지 확대되었다. 납갑법에 의하면 하괘가 리괘(離卦, ☲)인 동인괘는 초구(初九)는 묘(卯), 육이(六二)는 축(丑), 구삼(九三)은 해(亥)에 해당한다. 아래에 나오는 가인괘 역시 하괘가 리괘로 동일하다.

166 초효(初爻)는……되는데 : 역학(易學)에서는 괘(卦)의 각 효가 상호간에 작용하는 것을 육친(六親)에 비유하여 설명하는데, 자신을 낳아주는 것〔生〕을 부모(父母)라고 한다. 이계가 점을 쳐서 얻은 동인괘는 오행(五行)의 불〔火〕을 의미하는 리궁에 속하므로 목생화(木生火)의 원리에 따라 오행의 나무〔木〕에 속하는 지지(地支)인 인(寅)·묘(卯)·진(辰) 중 하나에 해당하는 효가 부모의 자리가 된다. 동인괘의 경우 납갑법에 의해 초구가 묘에 해당하므로 초효가 부모의 자리가 된다.

爻)에 "집안을 법도로 단속하면 후회가 없어지리라.〔閑有家 悔亡.〕" 라고 하였으니, 자신의 아내를 단속하지 못하면 후회가 있으리라고 말한 것이다. 가인괘의 초구효는 납갑법으로는 묘(卯)에 속하는데 김덕후가 태어난 해가 계묘년(1723, 경종3)이다. 나는 이에 산가지를 거둬들이고 탄식하며 말하였다.

"무릇 동인괘란 것은 하나의 음과 다섯 양으로 이루어진 괘이니, 많은 양이 하나의 음과 다투는 형상이다. 변해서 가인이 되는데 가인괘란 아비는 아비답고 자식은 자식다우며 남편은 남편답고 아내는 아내답다는 괘이다.[167] 동인괘의 상사(象辭)에 '군자는 이것을 써서 족속을 분류하고 사물을 분별한다.'라고 하였으니[168] 족류(族類)를 분별함을 말한 것이다. 신기하구나! 신명(神命)께서 어쩌면 이렇게도 친절하게 알려주시는가! 이미 신명과 모의하였으니 이제 사람에게서 징험할 수 있을 것이다."

167 가인괘란……괘이다 : 가인괘는 아내가 집에서 바르게 행동하고 남편이 밖에서 바르게 행동하여 가족 구성원이 각자 자신의 몸가짐과 의무를 철저히 하는 것을 의미한다. 《주역》〈가인괘 단사(彖辭)〉에, "아비는 아비답고 자식은 자식다우며 형은 형답고 아우는 아우다우며 남편은 남편답고 부인은 부인다우면 집안의 도가 바르게 될 것이니, 집안을 바르게 하면 천하가 안정될 것이다.〔父父子子兄兄弟弟夫夫婦婦而家道正, 正家而天下定矣.〕"라고 하였다.

168 동인괘의……하였으니 : 《주역》〈동인괘 상사(象辭)〉에, "하늘과 불이 동인이니, 군자는 이것을 써서 족속을 분류하고 사물을 분별한다.〔天與火, 同人, 君子以, 類族辨物.〕" 하였다. 동인괘는 하늘을 뜻하는 건괘(乾卦, ☰) 아래에 불을 뜻하는 이괘(☲)가 있는 형태인데, 불의 성질이 타올라서 하늘을 향하는 것〔炎上〕은 하늘과 불이 같은 부류라서 서로 모이기 때문이다. 그래서 동인괘에는 족속의 분류와 사물의 분별이라는 상징적인 의미가 있다. 여기에서 이계가 이 말을 인용한 것은 《주역》점으로 동인괘를 얻은 이계가 과연 그 상징대로 원수의 부친을 찾아냈기 때문이다.

원수의 외조모가 무산에 있다는 것을 듣고 공문을 보내 불렀는데 늙어서 먼 길을 올 수가 없으므로 대신 아들을 보냈다. 그녀가 울면서 말하기를,

"내 딸이 죽음을 앞두고 내게 말하기를 '고씨가 키우고 있는 아이는 김덕후의 아들이에요. 창피해서 숨기고 말하지 않았는데 이제 죽음을 앞두고 끝까지 숨길 수는 없는 노릇이지요. 내가 죽은 뒤에 요행히 아이가 성장하여 와서 묻는다면 사실대로 알려주어 인륜을 그르치지 않도록 해주세요.'라고 하였으니 너는 가서 관아에 아뢰려무나."

라고 하였다. 아들은 와서 어미가 말한 대로 말하였다. 또 김덕후에게 지식이 있다는 것을 듣고는 불러서 이 일에 대해 물었더니,

"아버지께서 임종을 앞두고 말씀하시기를 '바깥 여인에게서 얻은 자식이 있는데 미처 거두지 못한 것이 한스럽구나.'라고 하였는데 소인이 어릴 때여서 더 묻지 못하였습니다. 그저 이렇게 말씀하신 것만은 기억이 납니다."

하였다. 양쪽의 말이 모의하지도 않았는데도 꼭 맞으니 그가 김덕후의 아들이라는 것은 의심할 바가 없었다. 그래서 이에 원수를 덕후의 아들로 보내고 성을 김(金)으로 하게 하였더니 고을 사람들도 이견(異見)이 없었다. 덕후를 아는 이들은 모두 원수의 외모가 덕후를 닮았다고 하였다.

꿈속에서 서예를 논한 일에 대한 기문[169]

夢中論書記

정미년(1787, 정조11) 10월 12일 밤, 꿈속에서 어느 산에 이르렀는데 원교거사(圓嶠居士)의 집이 그 산 속에 있다는 것을 듣고 서둘러 찾아갔다. 때마침 거사는 한창 낮잠을 자는 중이었는데 흰 머리에 수척한 모습이 마치 그림 속의 신선 같았다. 곁에 있던 사람이

"아무개가 왔습니다."

하고 알리자, 거사는 하품을 하며 기지개를 켜고 일어나서 눈을 부릅뜨고 나를 바라보며 말하였다.

"자네는 내 명성을 덮어버리고자 하는가?"

내가 대답하기를,

"명성(名聲)이란 공기(公器)이니 뺏는다고 얻을 수 있는 것이 아니요 양보한다고 해도 얻을 수 있는 것이 아닙니다. 오직 그 실질이 어떠한지를 따질 뿐이니, 제가 어찌 감히 공의 명성을 덮겠습니까?"

169 꿈속에서……기문 : 이계가 꿈에서 이광사(李匡師) 부자(父子)를 만나 서예에 대해 토론했던 일을 기록한 글로, 서화고동(書畫古董)에 대한 이계의 인식과 관심이 드러난다. 훗날 이계가 평안도 관찰사로 나갔을 때, 꿈속에서 이광사가 부탁한 대로 성천(成川)의 흰 옥을 이용해 향로를 만들기도 하였다. 이 옥향로에 대한 기록은 이계의 손자 홍경모(洪敬謨)의 〈가장기완명(家藏器玩銘)〉에도 보인다.

이광사(李匡師, 1705~1777)는 본관은 전주, 자는 도보(道甫), 호는 원교(圓嶠)·수북(壽北)이다. 정제두(鄭齊斗)에게 양명학(陽明學)을, 윤순(尹淳)에게 필법을 배워 시(詩)·서(書)·화(畵)에 모두 이름이 났다. 특히 서예에 빼어나 자신만의 필체인 원교체(圓嶠體)를 확립하였다.

하였다. 거사가 웃으면서

"참으로 그렇지, 그렇고 말고. 자네의 글씨는 예스러운 느낌은 있지만 법도가 부족하고, 내 글씨는 법도는 넉넉하지만 풍류와 운치가 적다네. 그러나 나는 스스로 한 사람의 거장(巨匠)이니, 끝내 나를 능가할 수는 없을 걸세."

라고 하므로,

"제가 어찌 감히 그러겠습니까. 다만 공의 글씨를 보면 자연스러운 홍취가 부족하니 저로서는 예전부터 아쉬움이 없을 수 없었을 뿐입니다."

라고 하였다. 거사의 아들 영익(令翊)[170]이 곁에 있다가,

"아버지의 필체는 만년에 거의 화(化)하는 경지에 이르렀습니다.[171]"

라고 말하고 이어 근래의 작품 몇 첩(帖)을 보여주니 과연 혼후(渾厚)하게 이루어져 생경한 병통이 없었다. 또 옛 법첩(法帖)을 보여주었는데 대다수가 위중장(韋仲將)[172]의 글씨로 본 적이 없는 것들이었다.

170 영익(令翊) : 이광사의 아들 이영익(李令翊, 1739~1780)이다. 자는 유공(幼公), 호는 신재(信齋)이다. 부친 이광사에게서 양명학을 전수받아 정제두로부터 이어지는 학통을 계승하였고, 시와 음악, 서화에도 조예가 있었다. 《신재집(信齋集)》 2책이 전한다.

171 거의……이르렀습니다 : 원문은 '변어화의(幾於化矣)'인데, 여기서 '화(化)'란 내면에 축적되어 밖으로 환히 드러나는 미덕이나 역량이 자연스럽게 변화하여 성인의 영역으로 들어가는 것을 말한다.

172 위중장(韋仲將) : 위탄(韋誕 179~253)으로, 중장(仲將)은 자이다. 삼국시대 위(魏)나라 장안(長安) 사람으로, 한나라 헌제(獻帝) 때 낭중(郎中)이 되었고 위나라 때 시중(侍中)과 광록대부(光祿大夫)를 역임했다. 서예가이자 먹을 잘 만들기로 유명하였다. 모든 서체에 뛰어났고 특히 큰 글자를 잘 써서 위나라 왕실 보물의 제명(題銘)

이어 그들 부자와 함께 서예를 논하였다. 자리 오른쪽을 보니 석종(石鐘) 같은 문석(文石)이 있었는데 빙 둘러가며 전서(篆書)와 주서(籀書)로 글을 새긴 것이 기이하고 고아(古雅)하여 예사롭지 않았다.

거사가 나에게 말하기를

"내가 예전에 석정(石鼎)을 만들어서 창려(昌黎 한유(韓愈))의 시를 새기려고 하였으나 실행하지 못했다네. 그대가 할 수 있지 않겠는가?"

라고 말하였다. 드디어 읍하고 작별하다가 화들짝 놀라 잠에서 깨어났다.

신해년(1791, 정조15) 관서 지방을 안찰(按察)하게 되었을 때 성천(成川)의 흰 옥[173]을 가져다 솥〔鼎〕을 만들었는데, 주(周)나라 용정(龍鼎)[174]의 모양을 본떴다. 조치행(曹穉行)[175]에게 청하여 예서(隸書)로 〈석정연구

은 거의 그가 썼다고 한다.

173 성천(成川)의 흰 옥 : 성천의 백령산(白嶺山) 석굴(石窟)에서 나는 흰 옥이 유명하였다. 《新增東國輿地勝覽 卷54 成川都護府》

174 주(周)나라 용정(龍鼎) : 주나라 때 사용하던 용 문양을 새긴 솥이다. 솥으로 요리를 하면 상제(上帝)를 흠향하거나 성인(聖人)을 기르는 데까지 용도가 무궁한데 이런 점이 자유자재로 변하는 용의 속성과 닮았다고 하여 용의 문양을 새긴 것이라고 한다. 《重修宣和博古圖 卷4 鼎 周龍鼎》

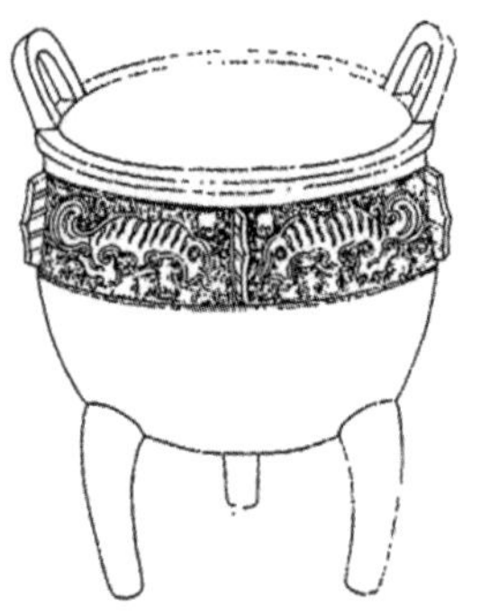
그림 16 주(周)나라 용정(龍鼎)

175 조치행(曺穉行) : 조윤형(曺允亨, 1725~1799)이다. 본관은 창녕, 자는 치행(穉行), 호는 송하옹(松下翁)이다. 1766년(영조42)에 문음(文蔭)과 학행(學行)으로 관직에 진출하여 호조 참의(戶曹參議)·지돈녕부사(知敦寧府事) 등을 지냈다. 서화에 능하여 서사관(書寫官)을 역임하였고, 특히 초서와 예서에 뛰어났다.

(石鼎聯句)〉[176]를 써서 솥의 배에 새기고 이것을 향로로 삼아 문방(文房)을 아름답게 꾸몄다.[177]

176 석정연구(石鼎聯句) : 도사(道士) 미명(彌明), 진사(進士) 유사복(劉師服), 교서랑(校書郎) 후희(侯喜) 3인이 차 달이는 돌솥〔石鼎〕을 두고 교대로 읊은 연구(聯句)이다. 《韓昌黎集 補遺 石鼎聯句詩》

177 아름답게 꾸몄다 : 홍경모의 〈가장기완명〉에 의하면 이 향로는 문왕의 솥〔鼎〕의 제도에 박산로(博山爐)의 모양을 본뜬 것으로, 솥귀가 두 개에 다리가 세 개이고, 솥의 사면(四面)에 발톱이 아홉 개인 용을 새겼으며 사이사이에 우레 무늬와 도철(饕餮)을 새겼다. 위로는 박산(博山) 모양을 깎아 네 귀퉁이를 덮는 뚜껑을 만들고, '유주용정(有周龍鼎)' 네 글자를 새겼다고 한다. 향로의 배 부분에는 예서로 한유(韓愈)의 〈석정연구〉를 새겼고 첫번째 다리에는 "당나라 원화(元和) 7년으로부터 981년 후인 임자년 맹하(孟夏)에 조선의 조윤형이 쓴다.〔唐元和七年, 後九百八十一年壬子孟夏朝鮮曺允亨書.〕"라고 새겼다. 또 홍경모는 이계의 명을 받아 둘째, 셋째 다리에 "이계의 〈몽중논서기(夢中論書記)〉에, 〈석정연구〉를 솥의 배에 새겼으니 문방의 기이한 완상거리로 삼을 만하다 하였다. 지금 성천의 흰 옥으로 주나라 왕실의 용정을 본떠 만들고 그 시를 새김으로써 고인의 말을 실천한다. 이계의 손자 조영(祖榮)이 삼가 쓴다.〔耳溪夢見圓嶠論書, 爲言石鼎聯句刻之鼎腹, 可作文房奇玩. 今以成都白玉倣製周家龍鼎, 刻其詩以踐古人言, 耳溪孫祖榮謹書.〕"라고 새겼다고 한다. 조영은 홍경모의 초명(初名)이다. 《冠巖全書 冊10 家藏器玩銘》

기러기의 뱃속에서 나온 탄알에 대한 기문[178]
雁丸記

두만강에서 주살질을 하는 이가 기러기 한 마리를 잡아 거죽을 벗겼는데 작은 탄환이 거죽과 살 사이에 있어 검고 매끄러웠다. 크기는 게〔蟹〕의 눈알만 했는데 던져보니 쟁그랑 소리가 나는 것이 쇠였다. 식견이 있는 고로(故老)에게 물어보니 말하기를,

"이것은 소인국(小人國)의 물건입니다. 기러기가 그 지역을 지나갈 때 사람들을 보고 쉽게 여겨서 가까이 가지요. 탄알에 맞아도 죽지 않으니 몸에 탄알이 있는 채로 날아간답니다. 이곳 사람들이 종종 이런 것을 얻는데, 탄알을 보면 탄알을 쏜 사람이 어떤 사람인지도 알 수 있답니다."

라고 하였다. 그 말이 참으로 황당하긴 하나 어찌 전해들은 것이 없이 허튼소리를 지어냈겠는가. 내가 들으니 지리지에서 동해에 대인국(大人國)과 소인국이 있다고 하였다.[179] 고구려 때에 소매가 몇 길

178 기러기의……기문 : 이계가 경흥 부사로 있던 1777년(정조1) 무렵에 두만강 근처에서 잡힌 기러기의 몸에서 발견된 탄알에 대해 쓴 글이다. 고로(故老)에게 탄알이 소인국의 물건이라는 이야기를 듣고 한편으로는 황당한 이야기라고 하면서도 다른 한편으로는 지리지의 내용을 근거로 합리적인 분석을 시도하였다. 이 일은 이계에게 깊은 인상을 남겼던 듯한데 본집 권1 시 〈강변안(江邊雁)〉에도 기러기와 탄알 이야기가 나온다. 또 홍경모의 〈가장기완명〉에도 이 탄알이 언급되는 것을 보면 이계가 탄알을 가지고 돌아와서 보관했던 것으로 보인다.

179 지리지에서……하였다 : 《산해경(山海經)》 권14 〈대황동경(大荒東經)〉을 보면, 동해 바깥의 대황(大荒)에 파곡산(波谷山)이 있는데 이곳에 대인국이 있고 정인(靖

이나 되는 긴 옷이 해변에 떠밀려 온 적이 있고,[180] 서한(西漢) 때에는 초요국(僬僥國)이 입공(入貢)했는데 신장(身長)이 석 자였다고 한다.[181] 어쩌면 그 지방이 이 나라와 가까운 곳일까? 아, 세상에 호시(楛矢)를 분별한 성인[182]이 없으니, 내 어디에서 이를 질정하겠는

人)이라는 이름의 소인국이 있다고 하였다.

180 고구려……있고 : 《후한서(後漢書)》 권85 〈동이전(東夷傳)〉에, 북옥저(北沃沮)의 해안에서 몸통은 중국인의 옷과 비슷하지만 양쪽 소매의 길이가 세 길이나 되는 베옷이 발견된 적이 있다는 기록이 보인다. 이는 《산해경》에 보이는 장비국(長臂國)을 말한 것으로 장비국은 동쪽 끝 해변에 있고 팔이 긴 사람들이 산다고 한다. 《山海經 卷海6 海外南經》

181 서한(西漢)……한다 : 초요(僬僥)는 난쟁이라는 뜻이다. 초요국은 중국으로부터 동쪽으로 40만 리 떨어진 곳에 있는 나라로 사람들의 키가 1자 5치라고 한다. 《列子 湯問》 사람의 키를 물어보는 객(客)의 질문에 공자가 "초요씨는 키가 3자이니 가장 작다.〔僬僥氏長三尺, 短之至也.〕"라고 대답한 일이 있다. 《國語 魯語下》《史記 孔子世家》《후한서(後漢書)》 권2 〈현종 효명제기(顯宗孝明帝紀)〉 17년 3월에 "서남쪽 오랑캐인 애뢰·담이·초요·반목·백랑·동첩 여러 종족이 앞서거니 뒤서거니 의를 사모하여 공물을 바쳤다.〔西南夷, 哀牢·儋耳·僬僥·槃木·白狼·動黏諸種, 前後慕義貢獻.〕"라고 하였고, 〈숙종 효장제기(肅宗孝章帝紀)〉에는 "멀리 있는 사람들이 사모하고 감화되어 초요·담이·관새가 스스로 이르렀다.〔遠人慕化, 僬僥·儋耳·款塞自至.〕"라고 하였다. 본문에서 이계는 이를 서한(西漢) 때의 일이라고 하였고 또 〈송조상서이진부입연서(送趙尙書 爾眞 赴燕序)〉에서도 한 무제(漢武帝) 때의 일이라고 말한 바 있다. 추측건대 이는 《한서(漢書)》 권65 〈동방삭전(東方朔傳)〉에서 동방삭의 꾀에 넘어가 한 무제에게 살려달라고 읍소한 키 3자의 마구간지기 난쟁이 주유(侏儒)의 일과 혼동한 것이 아닌가 생각된다.

182 호시(楛矢)를 분별한 성인 : 호시는 싸리나무 화살로 잘 부러지지 않는다. 옛날 동이족(東夷)의 부류였던 숙신씨(肅愼氏)가 호시를 중국에 공물로 바쳤다. 《국어》 〈노어 하(魯語下)〉에 공자가 돌살촉을 분별한 일이 실려 있다. 진(陳)나라 궁정(宮庭)에 돌살촉으로 만든 호시에 맞은 송골매가 떨어져 죽어 있었는데, 공자(孔子)가 이것을

가. 우선 상자에 넣어두고 해박한 군자를 기다리노라.

보고 "송골매는 먼 곳에서 온 것이다. 이 화살은 숙신씨의 화살이다. 옛날 무왕이 상나라를 정복한 뒤에 사방 오랑캐들과 교통하며 각기 토산물을 공물로 바치게 하면서 직분을 잊지 않게 하였다. 이에 숙신씨가 호시와 돌살촉을 바쳤다.〔隼之來也遠矣. 此肅愼氏之矢也. 昔武王克商, 通道于九夷百蠻, 使各以其方賄來貢, 使無忘職業, 於是肅愼氏貢楛矢・石砮.〕"라고 하였다.

숙신씨의 돌살촉에 대한 기문[183]

肅愼氏石砮記

《산해경(山海經)》〈대황북경(大荒北經)〉에 "대황(大荒) 가운데에 산이 있어 불함산(不咸山)이라고 하는데 숙신씨(肅愼氏)의 나라가 있다."라고 하였고, 그 주석에 "불함산은 곧 장백산(長白山)이니 요동(遼東)에서부터 3천여 리 떨어져 있고, 그곳 사람들은 동굴에서 살고 가죽으로 옷을 해 입는다. 모두 활을 잘 쏘며 호목(楛木)으로 화살을 만드는데 길이는 1자 5치이고 석청(石靑)으로 살촉을 만든다."라고 하였다.[184] 사서(史書)에서는 주 무왕(周武王) 때 숙신씨가 호시(楛矢)와 돌화살촉을 공물로 바쳤다고 하였고, 춘추시대에 진후(晉侯)의 궁정에 송골매가 날아들어 죽었는데 호시가 꽂혀 있으므로 이에 대해 공자(孔子)에게 물은 일이 있다.[185]

183 숙신씨의……기문 : 이계가 1777년(정조1) 경흥 부사에 임명되어 부임하던 중 북청 도호부(北靑都護府) 북쪽의 토성(土城)에서 발견한 돌살촉과 돌도끼를 보고 감회를 서술한 글이다. 무상한 성쇠를 논하며 개탄스러운 심정을 드러내었다. 이계가 말한 돌살촉은 홍경모의 〈가장기완명〉에도 언급되고 있다.

184 산해경(山海經)……하였다 : 진(晉)나라 곽박(郭璞)의 주석에는 불함산이 장백산이라는 내용은 보이지 않는다. 불함산이 장백산이라는 것은 《만주원류고(滿洲源流考)》 권8 〈강역(疆域)〉이나 《옹정 팔기통지(雍正 八旗通志)》 권54 〈씨족지(氏族志)〉, 《어정성경통지(御定盛京通志)》 권23 〈건치연혁(建置沿革) 흑룡강(黑龍江)〉 등 청대(淸代)의 기록들에서 주로 나타난다. 여진인들의 인식이 반영된 것으로 보인다.

185 사서(史書)에서는……있다 : 주 무왕(周武王) 때 공물로 바쳤다는 것은 《후한서(後漢書)》 〈동이열전(東夷列傳)〉을 말한 것으로 보인다. "무왕(武王)이 주(紂)를 멸

지금의 철령(鐵嶺)에서부터 북쪽과 장백산에서부터 동쪽은 모두 숙신씨의 옛 영토이다. 나는 정유년(1777, 정조1)에 북새(北塞)로 나가면서 청해(青海 북청(北靑))의 고을을 지나게 되었는데 숙신씨의 옛 성이 북쪽 30리 되는 곳에 있었다.[186] 들판에 흙으로 쌓은 것으로 성채와 해자의 형태가 남아 있었는데 그곳의 땅을 파보면 간혹 돌화살촉이 나온다고 하였다.[187] 3년이 지난 봄철(1779)에 나는 남쪽으로 돌아가다가 청해에 머물렀다. 하루는 숙신씨의 옛 유물을 찾아보다가 돌살촉 한 개와 돌도끼 한 개를 발견했는데 모두 푸른색으로 단단하기가 쇠와 같아서 끝을 갈아보니 나무를 벨 수 있을 정도였다. 옛 기록에 "나라의 동북쪽에서 돌살촉이 생산되는데 얻을 때 반드시 먼저 신명에게 기도한다."라고 하였다.[188]

하자 숙신이 와서 돌살촉과 호시를 바쳤다.〔及武王滅紂, 肅愼來獻石砮・楛矢.〕"라고 하였다. 호시(楛矢)를 분별한 성인은 공자가 숙신(肅愼)의 돌살촉을 분별한 일을 말한다. 507쪽 주182 참조.

186 숙신씨의……있었다 : 북청에 있는 청해토성(青海土城)을 가리킨다.

187 돌화살촉이 나온다고 하였다 : 청해토성에서는 조선시대에도 돌칼과 돌살촉 등 석기(石器)가 출토되었는데, 이러한 석기류 특히 돌도끼〔雷斧〕 같은 경우는 벼락과 함께 떨어진 것이라 하여 의학적인 효험이 있다고 믿어지기도 하였다.《世宗實錄 23年(1441) 5月 18日》 이 석기들이 숙신의 유물이라는 것을 처음 밝힌 사람을 추사(秋史) 김정희(金正喜)라고 보는 견해가 있는데, 이계의 글을 보면 추사보다 앞 시대의 다른 문인들도 숙신의 유적임을 알고 있었던 것으로 보인다.

188 옛……하였다 :《진서(晉書)》 권97 〈사이열전(四夷列傳)〉에, "특산물로 돌살촉, 가죽과 뼈로 만든 갑옷, 3자 5치 길이의 단궁(檀弓), 1자 8치 길이의 호시가 있다. 그 나라 동북쪽에 있는 산에서 돌이 나는데 날카롭기가 쇠를 뚫는다. 채취하려 할 때에 반드시 귀신에게 기도한다.〔有石砮皮骨之甲, 檀弓三尺五寸, 楛矢長尺有咫, 其國東北有山出石, 其利入鐵, 將取之, 必先祈神.〕"라고 하였다.

숙신씨가 어느 시대부터 흥기하였는지는 모르겠지만 바야흐로 동굴에서 살고 가죽으로 옷을 만들었다. 쇠를 단련하여 무기를 만들 줄도 몰랐으므로 나뭇가지를 휘어 화살을 만들고 돌을 갈아 살촉을 만들어서 사슴이나 돼지를 쫓고 도적들의 약탈을 막을 뿐이었을 것이다. 그 질박하고 보잘것없는 것이 이러하였는데 후대에 이르자 숙신이 변해서 물길(勿吉)이 되고 물길은 말갈(靺鞨)이 되었으며, 말갈은 여진(女眞)이 되고[189] 여진은 더욱 강해지고 커져서 금(金)나라가 되고 청(淸)나라가 되어 두 번이나 중국을 차지하였다. 만약 돌살촉과 돌도끼가 지금까지 변하지 않았다면 이들은 단지 동북쪽에 있는 하나의 작은 오랑캐일 뿐이었을 것이니, 언감생심 중국을 노릴 수나 있었겠는가! 아, 공교함과 졸렬함이 변하여 강함과 약함이 달라지고 마침내는 천하의 큰 근심거리가 되었다. 어떻게 하면 사해(四海)의 모든 나라들로 하여금 그들의 도끼와 살촉을 모두 돌이 되게 할 수 있을까!

189 숙신이……되고 : 《신오대사(新五代史)》 권74 〈사이부록(四夷附錄)〉에 "흑수말갈은 본래 이름이 물길인데, 후위 때 처음으로 중국에 나타났다. 그 나라는 동쪽으로는 바다, 남쪽으로는 고려, 서쪽으로는 돌궐, 북쪽으로는 실위와 경계를 접하니, 이는 숙신씨의 땅이다.〔黑水靺鞨本號勿吉, 當後魏時見中國, 其國東至海, 南界高麗, 西接突厥, 北隣室韋, 蓋肅愼氏之地也.〕"라고 하여, 말갈족의 주류인 흑수말갈이 숙신씨의 땅에 있던 물길이라고 하였다. 또 《금사(金史)》 권1 〈본기(本紀)〉에서도 "금나라의 선조는 말갈씨에서 나왔으니 말갈은 본래 이름이 물길이다. 물길은 옛 숙신씨의 땅이다.〔金之先, 出靺鞨氏, 靺鞨本號勿吉, 勿吉, 古肅愼地也.〕"라고 하여, 여진족이 숙신에서 비롯된 말갈에서 나왔다고 하였다. 여진 중에서 건주여진(建州女眞)의 누르하치〔努爾哈赤〕가 청나라 태조(太祖)이다.

송나라 동전에 대한 기문[190]

宋錢記

오국성(五國城)은 송(宋)나라의 두 황제가 구류되었던 곳이다.[191] 고려의 삭방도(朔方道)[192]는 옛날 여진의 땅이었다. 지금 회령부(會寧府)의 보라진(甫羅鎭)[193]에 오래된 산성이 있는데 이 지역 사람들 사이에서는 오국성이라고 전해진다. 내가 정유년(1777, 정조1)에 북새(北塞)에서 관직 생활을 하게 되어 부임하면서 회령을 지날 때 이른

190 송나라……기문 : 이계가 1777년(정조1) 경흥 부사로 부임할 때 쓴 글이다. 회령도호부(會寧都護府)의 산성에서 종종 발견된다는 송나라 때의 동전을 입수한 뒤 이를 모티브로 삼아 송나라의 흥망에 대한 감회를 기록함으로써 후인(後人)들이 역사적 사실을 교훈으로 삼아야 한다는 당위성을 말하였다. 이계가 오국성이라고 믿은 이 산성에 대한 기록은 권12의 〈북관고적기(北關古蹟記)〉에도 보이며, 이때 입수한 동전에 대한 기록은 손자 홍경모의 〈가장기완명〉에서도 확인할 수 있다.

191 오국성(五國城)은……곳이다 : 오국성은 오국두성(五國頭城)이라고도 하는데, 발해가 요(遼)나라에 멸망당한 뒤에 요나라의 지배에서 벗어난 생여진(生女眞) 5개 부락 연맹체의 성이다. 현재 헤이룽장성〔黑龍江省〕 이란현(依蘭縣)에 터가 남아 있다고 한다. 북송 말기인 1227년에 휘종(徽宗)과 흠종(欽宗) 두 황제가 금나라에 사로잡혀 이곳으로 압송되었고 돌아가지 못한 채 사망하였다. 이계는 그 지방에서 구전되는 이야기를 바탕으로 회령도호부에 있는 산성을 오국성으로 본 듯하다.

192 삭방도(朔方道) : 고려 성종(成宗) 14년(995)에 설치한 행정 구역이다. 신라의 9주(州) 중 하나인 삭주(朔州)의 이름을 따서 명명하였으며, 7주 62현을 관할하였다. 현재의 강원도 북부부터 평안도, 함경도 지역에 해당한다.

193 보라진(甫羅鎭) : 회령부 서쪽 25리 되는 곳에 있던 진(鎭)이다. 1509년(중종4)에 처음 설치하였다. 《新增東國輿地勝覽 卷50 會寧都護府》 문헌에 따라 보을하진(甫乙下鎭) 혹은 볼하진(乶下鎭)이라 표기되어 있기도 하다.

바 오국성에 대해 물어보았다. 서쪽으로 20리 되어 보이는 곳에 산기슭이 우뚝하게 솟아 두만강에 인접한 것을 속칭 유단(游端)이라고 한다. 그 아래로 수십 리 되는 곳에 있는 구릉처럼 큰 무덤을 황제총(皇帝塚)이라고 부르고 곁에 있는 작은 무덤 백여 개는 시신총(侍臣塚)이라고 부르는데, 농부들이 흙을 파다 보면 종종 송나라 때의 동전이 나온다고 하였다.

내가 고을 사람들에게 구해달라고 부탁하여 동전 네 닢을 얻었는데, 하나는 '황송통보(皇宋通寶)', 하나는 '경덕원보(景德元寶)', 하나는 '원풍통보(元豐通寶)', 하나는 '원우통보(元祐通寶)'라고 적혀 있었다.[194] 두께나 테두리와 구멍이 옛날의 오수전(五銖錢)[195]과 같았으며 어떤 것은 전서(篆書) 어떤 것은 예서(隷書)로 쓰여 있어 자획(字劃)을 전부 분간할 수 있었다. 이에 나는 동전을 어루만지면서 탄식하였다.

"이것은 조씨(趙氏) 송나라의 옛 동전이다. 송나라가 망하고 지금까지 500여 년이 되었는데, 그 사이에 중원의 주인은 벌써 세 번이나 성(姓)이 바뀌었으니, 천하 사람들이 더 이상 송나라가 있었는지도 알지 못한다. 그렇거늘 옛날의 동전이 떠돌아 다니다가 유독 해동(海東)의 한 모퉁이에 남아 있으니, 슬프도다! 악비(岳飛)가 죽임을 당하

194 하나는……있었다 : 황송통보·경덕원보·원풍통보·원우통보는 모두 북송 때 발행된 주화로, 각각 1039년부터 1053년까지, 경덕(景德) 연간(1004~1007), 원풍(元豐) 연간(1078~1085), 원우(元祐) 연간(1086~1093)에 주조되었다. 모두 원형에 사각 구멍이 있는 형태이다.

195 오수전(五銖錢) : 한 무제 때 사용했던 동전으로 무게가 5수(銖)여서 오수전이라고 불렸다. 기원전 119년에 처음 주조되어 기원후 621년까지 유통되었다. 윤곽은 원형에 사각의 구멍이 있으며, 오수(五銖)라는 문자가 표면에 양각되어 있었다.

고 진회(秦檜)가 전횡을 일삼으면서부터[196] 북쪽을 향한 바퀴 자국을 다시는 남쪽으로 돌릴 수 없게 되었다.[197] 구차스럽게 고려에 길을 빌려서 두 황제에게 연락을 취하기를 바란 것은[198] 어쩌면 그리도 어리석었던가!

나는 이 동전에 대해 거듭 느끼는 바가 있다. 무릇 송나라에 닥친 재앙은 실로 원풍(元豐) 연간에 기반한 것으로, 원우(元祐) 연간에는 여러 현인들이 무리지어 일어났지만 이를 구제할 수가 없었다.[199] 만일 송나라에 원풍 연간이 없게 하였더라면 어찌 오국성의 변고가 있었겠

196 악비(岳飛)가……일삼으면서부터 : 악비(1103~1142)는 송나라의 명장(名將)으로 금(金)나라와 화친에 반대하며 금나라의 침입에 맞서 여러 차례 대승을 거두었다. 그러나 고종(高宗)과 그의 총애를 받는 재상 진회(秦檜)의 미움을 사 결국 처형당하였다. 진회는 1141년 금나라와 중국의 남북을 나누어 다스리고 매년 세폐(歲幣)를 바치겠다는 화의를 맺었고, 악비를 모반죄로 몰아 처형하는 한편 정권 유지를 위해 대규모 옥사(獄事)를 일으켜 반대파들을 숙청하였다.

197 북쪽을……되었다 : 원문은 '북철불가부남(北轍不可復南)'으로, 이미 사태가 너무 악화되어 더 이상 올바른 방향으로 되돌릴 수 없게 되었다는 말이다.

198 고려에……것은 : 고려 인종(仁宗) 6년(1128) 6월에 송나라 사신 양응성(楊應誠)과 한연(漢衍)이 와서 오국성에 잡혀 있는 휘종과 흠종을 맞이하러 가기 위해 길을 빌려줄 것을 요청한 일이 있다. 양응성 등은 두 달을 머물며 요청하였으나 결국 고려는 금나라를 거스를 수가 없어 거절하였다. 《高麗史節要 卷9 仁宗恭孝大王 戊申 6年》

199 무릇……없었다 : 신법당과 구법당의 대립을 말한다. 원풍(元豐)은 북송 신종(神宗)의 연호이다. 이 시기에 왕안석(王安石)을 위시한 채확(蔡確)·채경(蔡京) 등의 신법당(新法黨)이 집권하여 개혁정책을 단행하였다. 이후 철종(哲宗)이 즉위하고 선인태후(宣仁太后)가 섭정하던 원우(元祐) 연간에는 원우 제현(元祐諸賢)이라 불리는 구법당(舊法黨)의 사마광(司馬光)·문언박(文彦博)·여공저(呂公著) 등이 집권하여 신법당을 축출하고 신법을 폐지하였다. 선인태후가 죽고 철종이 친정(親政)을 시작하자 다시 장돈(章惇) 등의 신법당이 기용되어 구법당을 배척하고 신법을 실시하였다.

는가. 뒤이은 황제가 항상 원우 연간의 정사를 따르게 했다면 지금까지도 존속할 수 있었을 것이다. 저 원풍과 원우 연간은 송나라의 흥망이 갈리게 된 기틀이다. 훗날에 천하와 국가를 소유하는 이는 이 동전을 보면 취사선택할 바를 알 것이니, 이 동전을 만세의 귀감(龜鑑)으로 삼아도 좋을 것이다."

두만강에 버들을 심은 것에 대한 기문

豆滿江植柳記

공주성은 동북쪽으로 두만강에 임해 있는데 강 너머는 전부 산으로 우거진 숲과 맹수들이 많으니, 이곳이 바로 옛날 생여진(生女眞)[200]이 살던 터이다. 강 안쪽은 모두 나무가 없는 평평한 들판으로 백성들이 강기슭 가까운 곳에서 농사를 짓는다. 해마다 여름이 되어 물이 불어나면 기슭이 곧잘 무너져서 땅이 날로 줄어들며 겨울이 되어 얼음이 얼면 백성들이 간혹 강을 건너가서 나무를 해오는데 발각되어 죽기도 한다. 이 지역은 거센 바람이 많이 불어서 종종 집이 무너지고 기와가 날아가기도 한다.

나는 정유년(1777, 정조 1) 겨울에 죄로 인하여 공주에 폄적(貶謫)되었는데 추워서 나갈 엄두를 내지 못하였다. 이듬해 3월이 되어 얼음이 녹기 시작해서야 편여(便輿)를 타고 강가를 순찰하였는데 북쪽에서부터 남쪽까지 총 800여 보(步)였다. 인근의 성정군(城丁軍)[201] 7500

200 생여진(生女眞) : 현재의 중국 지린성(吉林省) 동북지방에 살던 여진족의 일파이다. 거란의 지배를 받으며 지린성 서남지방에서 살던 여진족을 숙여진(熟女眞), 거란의 지배권 밖인 동북지방에서 부락생활을 하던 여진족을 생여진이라 하였다. 흑수여진(黑水女眞)·동여진(東女眞)이라고도 불렀다.

201 성정군(城丁軍) : 당시 경흥 지방에서 운용하던 병과(兵科)로, 유자(儒者)나 무인(武人), 상인(常人)이나 천인(賤人)이나 관계없이 13세 이상의 남자는 모두 편입되었다. 횃불과 방망이를 들고 성가퀴에 서서 지키는 임무를 부여받았으며, 종종 야간 훈련도 행해졌다. 매년 병마절도사의 순조(巡操) 때 모여서 사열을 받았다.《耳溪外集 卷12 北塞記略 孔州風土記》

명을 징발하여 사람마다 버들가지 5개씩을 가지고 강변에 줄지어 심되 1보(步)당 4개씩 심도록 지시하였더니 빽빽하기가 목책(木柵)과 같았다. 어느 객(客)이 내게 말하기를

"급한 일도 아닌데 백성들이 너무 피로하지 않겠습니까? 옛말에 십 년을 살려면 나무를 심으라고 하였습니다. 지금 그대가 이 고을에 머무는 것은 짧게는 반년이요, 길어도 일 년을 넘지 않을 것인데 나무는 심어 무엇을 한단 말입니까?"

하였다. 내가 말하기를

"무릇 '새(塞)'란 '막는다〔塞〕'는 의미이니 안과 밖을 나누는 것입니다. 그러므로 옛날에는 유새(楡塞)가 있었고 유성(柳城)이 있었던 것입니다.[202] 지금 우리는 여진(女眞)과 강 하나를 사이에 두고 살고 있는데 말 타고 사냥하는 이들이 아침저녁으로 와서 강기슭에 오릅니다. 우리들이 움직이고 먹고 마시는 모든 행동거지가 저들의 눈길 안에 들어 있으니 하루라도 편안할 수 있겠습니까?

지금 내가 버드나무를 심은 것에는 다섯 가지 이로운 점이 있습니다. 첫째는 우리 강역을 가릴 수 있다는 것이고, 둘째는 말을 타고 돌격해 오는 것을 방어할 수 있다는 것이며, 셋째는 땅이 침식되어 무너지는 것을 막을 수 있다는 것입니다. 넷째는 땔감에 보탤 수 있고, 다섯째는 바람을 막을 수 있지요. 한 가지 이익을 일으키는 것은 하나의 해로움

202 유새(楡塞)가……입니다 : 유새는 유현(楡縣)에 있는 관문이란 뜻으로 산해관(山海關)의 별칭으로 쓰이기도 한다. 진(秦)나라 때 장군 몽염(蒙恬)이 느릅나무를 심어 요새를 만들었는데 명(明)나라 때 서달(徐達)이 현재 자리로 옮겨서 성을 쌓고 산해관이라고 하였다. 유성(柳城)은 청나라 순치제(順治帝) 때부터 강희제(康熙帝) 때까지 만주에 한족과 몽고족이 유입되는 것을 막기 위해 설치한 버드나무 목책이다.

을 없애고자 하는 것이니 이런 일로 백성을 부리는 것은 백성에게 해독을 끼치는 것이 아닙니다. 하물며 한 가지를 거행함으로써 다섯 가지 이익을 다 얻을 수 있는데 어찌 급하지 않다고 하십니까?

제가 비록 여기에서 오래 지내지는 못하겠지만 저의 후임으로 오는 사람이 도끼로 베고 불로 태워버리지 않는다면 채 몇 년이 되기도 전에 백성들이 그 이익을 누릴 수 있을 것이니, 어찌 십 년이나 기다릴 것이 있겠습니까! 백성들이 이롭게 여긴다면 온 고을이 버드나무를 지키려 할 것입니다. 그렇다면 백 년, 천 년이라고 해도 괜찮을 것이거늘 어찌 십 년을 위한 계책에만 그치겠습니까! 공자는 '사람이 먼 일에 대한 염려가 없으면 반드시 가까운 시일 내에 근심이 생긴다.〔人無遠慮 必有近憂〕'[203]라고 하였습니다. 오직 눈앞의 실적을 올리는 데에만 급급해하지 않고 먼 일을 도모하는 것, 이것이야말로 급선무인 것입니다."

라고 하였다. 마침내 이 일을 관아의 벽에 써두어 훗날의 군자를 기다린다.

203 사람이……생긴다 : 《논어》 〈위령공(衛靈公)〉에 보인다.

두만강의 해당화에 대한 기문
豆滿江海棠記

북새(北塞)는 춥고 바람이 많이 불어 봄에도 꽃이 피지 않는다. 오직 진달래만이 종종 산굽이에 기대어 피긴 하지만 키가 한 자를 넘지 않는다. 여름이 절반쯤 지났을 무렵 나는 두만강을 유람했는데, 해당화 떨기가 모래톱에서 자라나 피어 있었다. 녹색의 잎사귀와 가시 돋친 가지에 꽃은 매우 붉고 크기는 작약(芍藥)만 하며 진한 향기가 강렬하게 코를 찔렀다. 중국 사람이 해당화에 향기가 없다고 한 것[204]은 어쩌면 해당화의 성질이 남쪽인지 북쪽인지에 따라 달라지기 때문일 것이리라.

무릇 북쪽은 음기(陰氣)가 쌓이는 지방이라서 온갖 초목이 꽃을 피우지 못하거늘 유독 이 꽃만은 아름답게 피어나고 짙은 향기를 피우며, 빛깔은 순수한 적색이고 잎은 모두 일곱 닢이니 소양(少陽)의 기운을 얻었다.[205] 모래사장에 뿌리를 내리니 그 성품은 개결하고, 자리

204 중국……것 : 송(宋)나라의 유연재(劉淵材)는 자신은 평소에 아쉬운 것이 별로 없으나 유독 나섯 가지 훌륭한 것들에 결점이 하나씩 있는 것이 아쉽다고 말한 중에 거론되었다. "첫째로 아쉬운 것은 준치에 가시가 많다는 것, 둘째로 아쉬운 것은 금귤이 너무 시다는 것, 셋째로 아쉬운 점은 순채가 성질이 차다는 것, 넷째로 아쉬운 점은 해당화에 향기가 없다는 것, 다섯째로 아쉬운 점은 증공이 시를 잘 짓지 못한다는 것이다.〔第一恨鰣魚多骨, 第二恨金橘太酸, 第三恨蓴菜性冷, 第四恨海棠無香, 第五恨曾子固不能作詩.〕"라고 하였다. 《冷齋夜話 卷9 劉淵材迂闊好怪》

205 잎은……얻었다 : 소양(少陽, ⚎)은 역학(易學)에서 말하는 사상(四象) 중의 하나로, 태극(太極)에서 양(陽)과 나뉜 음(陰) 위에 양(陽)이 한 번 더 겹친 상(象)이다.

잡은 땅에 안주하여 옮기지 않으니 그 덕은 올곧으며, 바람에도 꺾이지 않고 눈에도 시들지 않으니 그 절개는 굳세다. 옛사람들이 국화를 은자(隱者)에 비기고 연꽃을 군자(君子)에 비겼는데[206] 이 해당화는 꽃 중의 곧은 선비〔貞士〕이리라. 그러나 궁벽한 변방의 땅 머나먼 황무지의 물가에 피어나서 현명한 이와 재주 있는 선비의 찬양을 받지 못한 채 소나 양의 발굽에 차이고 밟히며 나무꾼과 어부에게 잘리고 꺾인다. 강가를 따라 다니는 사람이라곤 모두 갑옷을 입고서 쇠뇌를 밟아 당기는[207] 무부(武夫)들뿐이어서 날마다 스쳐 지나가면서도 돌아보지는 않는다. 아, 자신을 알아주는 이를 만나지 못한 것이로다! 하지만 알아주는 이를 만나지 못해도 변하지 않으니 이야말로 올곧은 까닭이다.

여기에서 해당화가 소양의 기운을 얻었다고 한 것은 역학에서 7이 소양을 상징하는 수이기 때문이다.

206 옛사람들이……비겼는데 : 동진(東晉)의 시인 도잠(陶潛)은 국화를 시의 소재로 자주 사용하여 자신의 은일자(隱逸者)적인 지향을 투영하였다. 송나라의 주돈이(周敦頤)는 도잠은 국화를 좋아했고 자신은 연꽃의 고결함을 사랑한다면서 "국화는 꽃 중의 은일자이고 모란은 꽃 중의 부귀한 자이며 연꽃은 꽃 중의 군자이다.〔菊花之隱逸者也, 牡丹花之富貴者也, 蓮花之君子者也.〕"라고 하였다. 《古文眞寶後集 愛蓮說》

207 쇠뇌를 밟아 당기는 : 원문은 '궐장(蹶張)'으로 억센 쇠뇌를 발로 밟고서 당기는 것을 말한다. 《주역》 〈명이괘(明夷卦) 육이(六二)〉에 "오직 쇠뇌를 당길 때 왼쪽 다리로 밟고 당긴다.〔喩蹶張用左〕"라는 구절이 있다

청해부의 모란에 대한 기문[208]

青海府牧丹記

나는 젊었을 적에 북로(北路)에 진기한 모란이 있는데 오국성(五國城)에서 난다는 이야기를 듣고서, 이것은 간악산(艮岳山)의 남은 종자[209]일 것이라고 생각한 적이 있다. 정유년(1777, 정조 원년)에 북새(北塞)에서 관직 생활을 하게 되어 오국성을 지나면서 육진(六鎭)을 두루 살펴보았지만 모란이 없으니 비로소 전에 들은 것이 헛소문인가 의심하게 되었다.

기해년(1779, 정조 3) 봄에 해직되어 돌아오다가 청해(青海 북청(北青))에 이르렀는데 남병사(南兵使)[210]가 내게 말하기를,

"절도사영(節度使營)에 모란이 자라는데 활짝 피면 장관입니다."

라고 하므로 나는 드디어 절도사영으로 갔다. 문을 들어서자마자 이

208 청해부의……기문 : 이계가 경흥 부사에서 해임되어 돌아오던 1779년(정조3)에 북청의 절도사영에서 모란을 구경하고 쓴 글이다. 진귀한 모란이 송(宋)나라로부터 온 품종일 것이라고 추측하고 송나라의 멸망에 대한 감회를 모란에 빗대어 서술하였다.

209 간악산(艮岳山)의 남은 종자 : 간악산은 북송의 수도 개봉부(開封府) 성 안 동북쪽에 있던 산이었는데, 송 휘종(宋徽宗)이 이곳에 누각을 짓고 각종 진기한 동식물을 기르며 감상하였다고 한다. 이계가 오국성에 진기한 모란이 있다는 소문을 듣고 간악산의 남은 종자라고 추측한 것은 금나라가 개봉부에 침입했을 때 휘종과 흠종(欽宗) 부자가 오국성으로 잡혀왔기 때문이다.

210 남병사(南兵使) : 남병사는 함경남도 병마절도사를 가리킨다. 당시 함경남도의 절도사영이 북청에 있었다.

미 기이한 향기가 풍겨와 코에 닿았다. 뜰로 가자 못가에 선 작은 누각이 보였고 뜰 가운데에 있는 못의 사면(四面)을 모란이 두르고 있었다. 높이는 모두 사람보다 크고 줄기는 굵어서 한 손으로 움켜쥘 수 없을 정도이고, 꽃은 진한 홍색으로 크기는 부용만 하였으며 향기가 짙게 피어 정원을 가득 채웠는데 백여 그루가 숲처럼 빽빽하게 서 있으니 참으로 성대하였다.

무릇 모란이란 종류의 꽃은 한양보다 성대한 곳이 없는데 한양에서도 이런 것은 본 적이 없다. 그리고 설사 있다고 한들 청해는 한양에서 천 리나 떨어진 먼 곳이니 누가 겹겹의 고개를 넘어서 가져올 수 있겠는가! 관북(關北)으로 말할 것 같으면 춥고 바람이 많아 온갖 꽃들이 피어나지 않는 곳이니 하물며 모란이겠는가. 그러니 간악산의 종자라고 해도 이상할 것은 없다. 그러나 간악은 조씨(趙氏)[211]가 망한 원인이다. 도군(道君)[212]이 북쪽으로 잡혀올 때 아버지와 아들이 서로를 지켜주지도 못하였거늘 꽃과 돌 따위의 자잘한 완상거리를 챙겨왔다면 이것이 어찌 인지상정(人之常情)이겠는가! 혹자는 금(金)나라 사람이 변경(汴京 개봉(開封))에 입성했을 때 간악산에 있던 것들을 연(燕) 지방으로 옮겼기 때문에 이름난 꽃과 신기한 식물들이 북쪽으로 유입되었다고도 한다. 이 두 가지 이야기가 나는 모두 의심스럽다.

211 조씨(趙氏) : 송(宋)나라를 말한다. 후주(後周)의 무신 조광윤(趙匡胤)이 선양을 받아 건국한 한족 왕조이다. 수도는 개봉(開封)이고 북송(北宋, 960~1127)과 남송(南宋, 1127~1279)을 합쳐 319년간 존속하였다.

212 도군(道君) : 북송의 휘종을 가리킨다. 휘종은 도교(道教)에 심취해서 살아 있는 동안 아들 흠종에게 제위를 넘기고, 자신을 교주도군황제(教主道君皇帝)라고 칭하였다.

아, 모란은 꽃의 왕이니 제왕의 도성에 있어야 마땅하거늘 이제는 떠돌다 궁벽한 바닷가 머나먼 황무지에 있는 물가에 버려져 있으니, 이는 참으로 송나라 황제의 꽃이로다. 아아, 슬프도다!

노목에 대한 기문

老木記

이계(耳溪)의 위쪽에 오래된 나무가 한 그루 있으니 밤나무이다. 나무껍질은 벗겨지고 줄기는 진액이 흘러나오며 몸통은 갈라져 작은 벌레들이 살고 있다. 닭과 개와 삵은 뚫린 구멍으로 지나다니고, 나무꾼들은 껍질을 벗겨내어 불쏘시개로 쓰며, 기름을 짜는 이들은 줄기에 구멍을 내어 기구를 물리고 돌을 쌓아 눌러놓는다. 멀리서 바라보면 뻗은 가지들이 추하고 기괴하니 오뚝히 선 한 그루의 죽은 그루터기였다. 그러나 그 위를 바라보면 한 줄기 가지가 울연한 덮개와 같아서 잎사귀는 이들이들 무성하며 열매는 주렁주렁 크기도 했다.

나는 매우 괴이하게 여겨 가까이 다가가서 그 뒤쪽을 살펴보았다. 뿌리에서부터 줄기에 이르기까지 껍질이 벗겨지지 않은 부분이 겨우 몇 뼘 정도 너비에 지나지 않았으나, 물과 땅의 기운이 이를 통해서 꼭대기까지 올라가고 비와 이슬이 윤택하게 적셔주는 것은 이를 통해서 아래까지 흘러내려가니 이것이 바로 나무가 살아 있는 까닭이었다. 나는 깜짝 놀라 탄식하며 다음과 같이 말하였다.

"기이하도다! 나무가 꿋꿋하게 오래 사는 것은 아마도 뿌리에 생기(生氣)가 완전하게 남아 있기 때문일 것이다. 뿌리가 손상되지 않았다면 비록 가지와 줄기가 죽었다 하더라도 살아 있는 것과 같고, 가지와 줄기에 비록 꽃이 피었다 하더라도 뿌리가 좀먹었다면 쓰러지게 된다. 사람에게 비유하자면 병에 걸려서 비록 겉모습이 초췌해지고 사지를 못 움직인다 해도 맥이 끊어지지 않으면 죽지 않은 것과 같고, 천하

국가에 비유하자면 혼란함으로 인해 비록 땅이 줄어들고 전쟁이 일어난다고 해도 기강(紀綱)이 남아 있으면 망하지 않는 것과 같다. 그러므로 한자(韓子 한유(韓愈))는, '병치료를 잘 하는 이는 사람이 마르고 살찐 것을 보지 않고 맥(脉)이 병들었는지 아닌지를 관찰하며, 천하를 잘 계획하는 자는 천하가 편안한지 위태로운지를 보지 않고 기강이 잡혀 다스려지는지 혼란한지를 관찰한다.'[213]라고 말하였으니, 이러한 이치에 밝았던 것이다.

그러나 맥이 병약하지 않은 것은 혈기(血氣)가 마르지 않는 것에 말미암으며, 기강이 어지럽지 않은 것은 인심(人心)이 변하지 않는 것에 말미암는다. 양생(養生)을 잘 하는 자는 반드시 혈기를 깨끗하게 하고, 나라를 잘 다스리는 자는 반드시 인심을 공고히 다지니, 이는 나무가 살아감에 땅을 기다리는 것과 같은 것이리라. 그러므로 나무는 땅에 붙어 있고 사람은 혈기로 살아가며 나라는 백성에게 의지한다. 사물이 비록 하찮다고 해도 큰 것을 비유할 수 있다.

213 병치료를……관찰한다 : 한유(韓愈)의 〈잡설(雜說)〉에 보인다. 《唐宋八大家文鈔 昌黎文鈔9 雜說》

지은이 **홍양호(洪良浩)**

1724(경종4)~1802(순조2). 본관은 풍산(豐山), 초명은 양한(良漢), 자는 한사(漢師), 호는 이계(耳溪), 시호는 문헌(文獻)이다. 홍진보(洪鎭輔)의 장남으로 태어났다. 외숙인 저촌(樗村) 심육(沈錥)에게 수학(受學)하였다. 24세(1747, 영조23)에 생원시에 합격하고 29세(1752, 영조28)에 문과 정시(文科庭試)에 급제하였다. 내외의 관직을 두루 거쳐 70세(1793, 정조17)에 대제학에 올랐으며 이후 여러 차례 대제학을 맡아 문형(文衡)을 주관하였다. 59세(1782, 정조6)에 동지겸사은부사(冬至兼謝恩副使), 71세에 동지정사(冬至正使)로 중국에 다녀왔다.

소론(少論) 가문의 후예로 조실부모하고 준소(峻少)의 수장 격이었던 외가마저 몰락하였으며 18세기 노론이 정국을 주도하는 정치 상황 속에서도 일시적 풍파는 겪었으나 당색에 구애받지 않고 원만한 관계를 유지하며 비교적 순탄한 환로(宦路)를 걸었다. 영조와 정조로부터 '박학(博學)'의 역량을 인정받으면서 《여지도서(輿地圖書)》·《동문휘고(同文彙考)》 등 국가 편찬 사업에 주도적으로 참여하였고, 평소 지니고 있던 이용후생(利用厚生)과 제해흥리(除害興利)의 신념을 자신의 관력(官歷) 속에서 충실히 구현하여 국계(國計)와 민생(民生)을 위한다는 평을 받았다.

문장은 육경(六經)에 근본하고 제자(諸子)를 참작하여 순정하고 웅혼하며 법도가 구비되어 있다는 평을 얻었는데 이는 시속(時俗)에 구애받거나 수식을 일삼는 것 없이 자연스러운 인심의 발현을 주장한 천기론(天機論)으로 발현된다. 또한 청(淸)나라 기윤(紀昀)으로부터 화평하고 온유하여 기교와 수식이 없고 국계와 민생을 항상 잊지 않아 음풍농월(吟風弄月) 하는 기습이 없다는 평을 받기도 하였는데, 이는 국토와 백성의 현실을 진솔하게 드러내고 민요나 설화 등 민족 문학의 성취를 수용한 성과에서 확인할 수 있다. 영·정조 중흥기에 실용적이고 현실주의적 입장을 견지하며 정치와 문학 양방면에서 주목할 만한 성과를 이뤄낸 관인이자 학자이자 문인이라 할 수 있다.

옮긴이 **서한석(徐漢錫)**

성균관대학교 한문학과와 대학원을 졸업하였다. 단국대학교 동양학연구원 연구원, 한국고전번역원 전문위원을 지냈고 현재 성균관대학교 대동문화연구원의 거점번역연구소에 재직중이다. 주요 저술로 《月汀 尹根壽의 散文에 관한 硏究》, 《白沙 李恒福의 散文에 관한 硏究》 등이 있고, 역서로 《갑인연행록(甲寅燕行錄)》, 《기사진표리진찬의궤(己巳進表裏進饌儀軌)》, 공역서로 《지정연기(芝汀燕記)》, 《주영편(晝永編)》, 《신편 백호전집》 등이 있다.

권역별거점연구소협동번역사업 연구진

연구책임자 이영호(성균관대학교 HK 교수)
공동연구원 이희목(성균관대학교 한문학과 교수)
진재교(성균관대학교 한문교육과 교수)
안대회(성균관대학교 한문학과 교수)
책임연구원 김채식
이상아
이성민
이승현
서한석
연구원 임영걸

교열 임정기(전 한국고전번역원 명예교수)
윤문 최원경(성균관대 한문학과 강사)

이계집 5

홍양호 지음 | 서한석 옮김
2020년 12월 31일 초판 1쇄 발행
편집 · 발행 성균관대학교 출판부 | 등록 1975. 5. 21. 제1975-9호
주소 (03063) 서울시 종로구 성균관로 25-2
전화 760-1253~4 | 팩스 762-7452 | 홈페이지 press.skku.edu
조판 고연 | 인쇄 및 제본 영신사

값 25,000원
ISBN 979-11-5550-456-7 94810
979-11-11-5550-451-2 (세트)